인간은 어리석은 판단을 멈추지 않는다

# 인간은 어리석은 판단을 멈추지 않는다

*The Story of Stupidity*

제임스 F. 웰스 지음 | 박수철 옮김

이야기가있는집

# 시작하는 글

역사는 여러 가지 방식으로 연구할 수 있는 다면적 학문이다. 특정 시대나 문명은 정치사, 경제사, 사회사, 인물사, 문화사, 지성사 등의 측면에서 분석될 수 있다. 지금까지 기록된 많은 사료史料 때문에 과거의 기록을 바라볼 새로운 방법이 없을 듯하지만, 이는 역사라는 학문의 한 가지 단면을 간과한 것이다.

지성사 전문가들은 서양 지성의 발달 과정을 무지나 어리석음에 대한 진보적 지력知力의 승리로 여겨왔다. 어리석음은 대체로 여담의 소재나 어떤 시점의 특수성으로 인해 우연히 빚어진 골치 아픈 예외적 조건으로 간주됐다. 어리석음의 개별적 사례는 고약한 관계자들 때문에 우연히 발생한 일종의 역사적 사고로 취급됐을 뿐이고, 특별한 유형의 바보 짓을 극복하는 방식에만 관심이 집중됐다. 문명과 시대를 막론하고 역사적 기록에 많은 어리석음의 사례가 존재한다는 사실에 주목하는 사람은 드물었다(어리석음을 인간의 보편적 특성으로 여긴 몰리 어빈스Molly Ivins는 예외다).

이 책은 지금까지 한 번도 독립적으로 검토된 적 없는 과거의 단면을 분석한 결과물이다. 지금은 역사적 기록에서 엿보이는 보편적 특성 중 하나인 어리석음에 그 어느 때보다 많은 관심이 필요하다. 과거와 달리 오늘날 어리석음에 대한 비용이 우리가 감당할 수 없는 수준으로 증가했기 때문이다. 모쪼록 인간의 어리석은 행동을 연구함으로써 미래에는 일어나지 않는 방법을 찾아내길 바란다. 장담하건대 우리는 역사 분석에 하나의 시각을 추가함으로써 인간 본연의 모습을 더 확실히 이해할 수 있을 것이다.

그런 점에서 몇 가지 밝혀둘 게 있다. 이 책은 전문 역사가들을 위한 책이 아니다. 이 책은 예외적인 현란한 일반론으로 가득하다. 평계를 대자면 압도적인 자료의 양 때문에 입문 성격의 이 책을 쓰는 과정에서 폭과 깊이가 모두 희생될 수밖에 없었다. 마음만 먹었다면 이 책의 두께가 두 배로 두꺼워질 수도 있었지만, 처음 목표로 삼은 일반 독자를 잃을 위험을 감수할 필요는 없다고 생각했다.


끝으로, 뉴욕 주 그린포트에 있는 플로이드기념도서관Floyd Memorial Library의 자료 담당 사서들, 특히 마리아 히니Maria Heaney에게 고마움을 전하고 싶다. 세목과 참조 사항을 정리하는 작업에서 빛난 그녀의 능력은 더할 나위 없이 소중하고 고마웠다.


-뉴욕 주 오리엔트에서
JFW

# 목차

**일러두기**

본문에 등장하는 몇몇 인물의 이름 옆에 있는 괄호 안의 연도는 다음을 나타낸다. 국왕, 황제, 교황 같은 통치자의 경우 연도는 재위 기간을 가리킨다. 다른 인물의 경우 연도는 생존 기간을 가리킨다. 비교적 드물기는 하지만, 중요한 의미가 담긴 특정 연도도 등장하는데 그것은 특정 사건이 일어난 해를 알려주는 이정표 역할을 한다. 문맥상 대략적인 연도를 알 수 있는 경우에는 굳이 표시하지 않았다.

# 1장

# 어리석음이란
# 무엇인가

어리석음이란 무엇인가? '학습에 의해 변질된 학습Learned corruption of learning', 즉 인위적으로 변질된 학습을 말한다. 우리가 처한 환경에서의 자신에 대한 학습은 불완전한 과정이며, 최악의 경우 자기 파멸로 이끌 수 있다. 왜냐하면 어리석음은 우리가 처한 환경이나 우리에게 미치는 영향력과 지식을 인정하지 않음으로써 부적응적 행동을 초래하기 때문이다.

일반적으로 학습을 조정하고 통제하는 역할을 하는 것을 '스키마Schema(도식, 외부의 환경에 적용하도록 환경을 조작하는 감각적 · 행동적 · 인지적 기술을 통틀어 이르는 말)'라고 한다. 인간은 이 스키마를 통해 각자 자신의 정보를 조직하여 인지 계획을 수립하는 주체가 된다. 스키마는 인간이 지각적 영역에서 사건을 해결할 수 있도록 전후 사정을 파악하고, 행동 프로그램을 제공하는 정신의 집합이다. 적절하고 적합한 스키마는 '좋은 스키마'다. 현재 당면한 상황과 문제에 부적절하다면 '나쁜 스키마'다. 좋은 스

키마를 쓸데없이 변형시켜 파괴하거나, 자신이 해를 입으면서까지 나쁜 스키마를 고집하는 것을 '어리석음'이라고 한다. 인간은 일반적으로 이 두 가지 행태를 모두 수행한다. 스키마를 곧 '나'라고 여기며, 누구나 자신의 스키마와 감정적으로 얽혀 있다. 그래서 자신의 이미지에 맞게 스키마를 변화시키지만, 주변 환경에서 주어지는 정보와 일치하도록 자신의 스키마를 변화시키지는 않는다.

기본적으로 스키마는 신념의 체계다. 사람은 누구나 신념, 즉 자신이 믿고 의지할 수 있는 무엇을 필요로 한다. 대표적인 것이 초자연적 힘과 존재를 신봉하는 종교적 신념 체계다. 이는 인간이 만든 제도에 대한 추종이나 개인의 믿음(세속적 종교)을 수반한다. 스키마의 근거가 무엇이든 상관없이 신봉자가 세상과 맺는 관계를 합리화하여 적절한 행위를 규정한다.[1] 모든 스키마에는 예외 없이 '이데올로기'가 따라다닌다. 이데올로기란 특정 신념을 지적이고 논리적으로 표현한 것이다. 그런데 인간에게는 내재된 역설이 있는데, 중요한 문제에 있어서 자신의 행동이 특정 이데올로기와 일치하지 않는 경우가 비일비재하다는 사실이다.

이처럼 인간의 본성에 자기 기만적 측면이 존재하는 것은 무엇 때문일까? 그 이유는 인간이 집단을 형성하는 데 있어서 스키마가 일정한 역할을 담당하기 때문이다. 스키마는 개인이 가지고 있는 행동-신념 체계인 동시에 사회를 하나로 묶어주는 동력이다. 그런데 언어, 사회규범, 집단사고Group think, 신경학적 역설Neurotic paradox를 통해 긍정적인 피드백 시스템이 만들어질 때 어리석음이 생겨난다. 이런 피드백 시스템으로 외부 조건에 부당하고 해가 되는 행동을 취하게 되는 것이다.

언어는 그룹의 의사소통 체계인 동시에 구성원들의 정신을 규정하는 가치 체계로, 인간의 어리석음에 크게 일조한다. 긍정적인 면에서 볼 때 언어는 사람들이 당면한 문제와 각종 절차, 현상들을 논의할 수 있게 해준다. 그러나 다른 한편으로 언어는 사람들의 인식 과정에 미묘한 방식으로 영향을 미친다. 즉 언어는 중요한 상황에서 흔히 자신의 신념과 행동 사이의 명백한 불일치를 묵과할 정도로 사람들의 인식 과정을 모호하게 만들기도 한다. 예를 들어 십자군 전사들의 살생은 예수를 위해서였고,[2] 자본가들이 정부의 지원을 요청한 것도 자유경쟁으로 자신들의 이익이 위협받는다고 느꼈기 때문이다. 언어로 인해 인식이 모호해지고 주관적이 되면서 어리석음이 생겨났다(물론 의도적으로 어리석음을 유발한 것은 아니지만). 사람들은 자신의 실패를 무마하려는 목적으로 언어적 프레임을 통해 자기 행동을 합리화하거나[3] 희생양과 변명거리를 찾아낸다.

이렇듯 스키마가 가진 언어적 성질은 달갑지 않은 현실과 욕망하는 환상 사이의 경계를 모호하게 만듦으로써 인식을 형성한다. 인식은 사실 지각자Perceiver가 주변 환경의 특정한 일부를 관심의 대상으로 선택하는 능동적인 과정이다. 중요한 과정임에도 지각자가 의미 없고 재미없는 것으로 간주하면 무시되는 경우가 많다. 인간은 실제로 일어나지 않았거나 존재하지 않는 일도 상상으로 만들어내는 탁월한 능력을 갖고 있다. 즉 상상만으로도 사건을 생생하게 눈으로 보는 것처럼 그려낼 수 있다. 반대로 인간은 실제로 일어난 일도 왜곡시킨다. 자신의 정신세계에 부합하도록 그 일에 관한 세부사항을 마음대로 덧붙이거나 생략하는 것이다.

마지막으로 이것이 가장 중요한데, 감각기관으로 받아들이는 원래의 데

이터가 지각자가 가진 특정 가치 체계에 따라 암호화되고 재조직되면서 특정한 의미를 부여한다.[4] 이렇듯 인식은 자신의 경험, 태도, 동기, 심리적 방어기제 같은 것에 크게 영향을 받는다. 그리고 경험, 태도, 동기, 방어 등을 형성하는 기제는 특정 언어가 가진 가치에 따라 '범주화categorizing'한다.

인식을 범주화하는 과정을 통해 인간은 자신만의 실재를 창조한다. 이 실재들은 자신이 속한 특정 언어 그룹이 만들어낸 스키마의 심리적 구성물이라고 할 수 있다. 그리고 이 심리적 구성물은 그룹에 속한 개인의 정신세계를 창조하고 언어 규칙을 결정한다. 이는 곧 다양한 사건과 대상들 사이의 관계를 설명하는 범주와 가정을 만들어 그것을 구성원들의 인식에 대칭시키는 과정이다.[5]

언어 체계는 인간과 환경 사이에 놓인 스크린 같은 역할을 한다. 그룹 구성원들에게 공통된 인식을 창조하게 함으로써 협력을 촉진한다. 언어가 다르면 의식과 인식도 달라지기 때문에, 다른 언어를 사용하는 그룹 사이의 갈등을 조장하기도 한다.[6] 이처럼 언어는 객관성을 담보하는 데 장벽이 될 뿐만 아니라, 서로 다른 언어 그룹 간의 협력을 방해하기도 한다. 최악의 경우, 언어는 구성원들이 무슨 행동을 하고 있는지 제대로 알지 못하게 만든다.

완곡어법Euphemism은 현실을 위장하는 매우 효과적인 언어 도구다. 예를 들어 독일 나치스는 "독일 민족을 보호한다"라는 명분 아래 '국가와 나치스 정권의 고난을 경감하기 위한 헌법 조항'을 새롭게 만들어 독재 권력을 행사했다.[7] 어떤 언어권에서도 이러한 명분에 반박하기란 어렵다. 독일 나치스에게 완전히 불가능한 일이었다. 당을 위해 나치스는 심지어 신조어를 만들어내기까지 했다. 햇볕이 가득한 화창한 날씨에 '히틀러 날씨'라는 이름을 붙이는 식이었고, 어떤 단어는 의미를 변질시키기도 했다.[8]

　일반적으로 사람들은 역기능에 대한 신념을 가지고 있다. 자신의 의식적 스키마가 국가, 종교집단, 연합체 같은 준거집단이 내건 언어적 가치에 따라 형성되기 때문이다. 준거집단에 속한 모든 사람이 똑같이 편향된 언어를 사용하는 상황에서 구성원들이 자기만의 독창적인 사고, 자기 교정적 사고를 하기란 쉽지 않다. 그래서 내부자가 자신이 속한 집단에 객관적이고 비판적인 분석을 행하기는 어렵다. 만약 그렇게 한다면 그것은 어리석은 일로 평가될 뿐만 아니라, 대부분 이단으로 간주된다. 사람들은 그를 슬슬 피하면서 집단의 정체성에 위협을 가하는 인물로 보게 된다(하지만 비판자보다 한 집단에 더 해로운 존재는 실제로 그 집단의 신조에 따라 사는 이상적 구성원이다).

　사람은 세상을 판단하는 데 있어 자신이 속한 그룹과 사용하는 언어의 가치를 기준으로 삼는다. 그렇기 때문에 완전히 객관적이기는 불가능하다. 사람은 판단을 내리는 존재다. 사람들은 사물이나 사건을 인식할 때 자신의 특정한 사회적 경험에 의해 형성된 기준을 따른다. 그 기준에 따라 좋거나 나쁜 것으로 판단하는 것이다. 그런데 그 기준이 집단의 언어나 규칙과 일치하는 만큼 객관적 비판을 행하기는 어려워지고, 거기서 어리석음이 생겨난다. 이렇게 생겨난 어리석음은 사람들이 당면한 문제에 적절하게 대처하지 못하고, 자신들에게 해로운 사고방식과 행동방식에 매달리게 된다.

## 어리석음이 초래한 집단사고의 맹신

인간이 가진 보편적 실재 가운데 하나는, 모든 인간 집단에는 구성원들이 긍정적이고 바람직하다고 간주하는 특성뿐만 아니라 집단을 스스로 합리화하고 영예롭게 보는 특성이 함께 존재한다는 사실이다. 구성원들은 사회화 과정을 통해 집단의 규칙을 내면화시킴으로써 이러한 특성들을 키워 간다.[9] 이런 과정을 통해 하나의 집단이 만들어지며, 구성원 개개인이 집단에 대한 소속감을 갖게 된다. 의복, 행동 양식, 몸짓을 비롯해 사회적으로 학습된 많은 행동은 구성원 간의 통일성을 고취시킴으로써 집단의 일체성과 정체성을 키운다. 더욱이 집단 상위층이 보여주는 '성공' 모델과 언어적 명령, 공식적인 교정 수단 등은 모두 집단이 정한 기준에서 이탈하는 것을 막는 역할을 한다. 집단이 정한 기준에서 볼 때 '좋다고' 간주되는 성질을 가진 사람이 곧 '좋은 사람'이다(반면 집단 외부인과 외집단에 대해서는 집단 사이의 경쟁 정도에 따라 부정적 특징을 덮어씌운다).[10]

사회적으로 용인되었지만 비판적 · 분석적 사고를 방해하는 생각과 구성원들이 공유하는 환상에 대한 인식의 기준이 마련되면 집단의 결속력은 커진다. 그러나 이것이 극단으로 치달으면 집단의 현실 검증Reality testing(외부와 자신을 구별하는 객관적 평가-역주) 기능이 정지된다. 그리고 이러한 '집단사고'는 구성원들로 하여금 집단의 힘과 정당성을 과신하게 만든다. 또한 구성원들이 자신들의 행동에 내재된 위험성에 아랑곳하지 않으며, 자신들의 행동이 가져올 결과에 지나치게 낙관적인 기대를 품는다. 그렇게 성공에 대한 자신감으로 충만해지면 위험한 모험을 감행할 가능성도 커진다.

그런 태도는 집단 내 특정 그룹, 예를 들어 교전 중인 군부대 같은 곳에는 도움이 될 수도 있지만, 긍정적인 면만 있는 것은 아니다. 1961년 4월 미국이 감행한 피그스만 침공(1961년 4월 피델 카스트로의 쿠바 정부를 전복하기 위해 미국이 훈련한 1,400명의 쿠바 망명자들이 미군의 도움을 받아 쿠바 남부를 공격하다 실패한 사건. 이 사건으로 쿠바와 미국 간의 관계가 급속히 냉각되고, 1962년 10월 쿠바 미사일 위기가 초래된다.-역주)은 집단 맹신 때문에 위험한 행동을 감행한 최악의 사례로 남아 있다.[11]

집단 획일 사고에 빠진 사람들은 자신을 무적의 존재, 언제나 옳은 존재라고 생각한다. 물론 그건 그들의 기준일 뿐이다. 일단 스스로를 도덕적인 존재라고 가정하게 되면 집단 내에서는 누구도 그 기본적인 신념에 의문을 제기할 수 없다. 이렇게 집단 구성원들은 점점 자신들의 행동으로 초래될 도덕적 결과를 무시하게 된다. 자신들이 언제나 옳고 자신들의 행위가 언제나 선하다고 믿기 때문이다. 외부 집단에 대해서는 전형적으로 사악하고 나약하며 어리석은 적으로 간주하고 적대시한다.[12]

기본적으로 집단사고는 단일체로 결속된 구성원들의 생각을 폐쇄적으로 만든다. 정책을 입안할 때도 신중하게 고려하기보다는 섣불리 합리화한다. 정책과 상충하는 데이터들은 살펴보지도 않고 무시해버린다. 곧 닥칠 실패의 전조도 논의하지 않는다.[13] 집단 스키마는 이런 식으로 지속된다는 사실이 무엇보다 중요하다. 집단의 이미지와 이데올로기를 유지하기 위해서라면 특정 행동이 적절한지, 실행 가능성이 있는지는 부차적인 문제로 전락하고 만다.

집단 내부에는 통일성에 대한 압박감이 존재하는데, 이런 압박감으로 인해 한 집단이 갖는 이미지와 이념, 자부심은 점점 커진다. 집단은 검열을 통해 지배적 합의에서 벗어나려는 구성원들의 행동을 억압하고 의심을 최소화한다. 그 결과, 구성원들이 내리는 판단이 곧 대다수의 의견과 일치한다는 만장일치의 환상에 사로잡힘으로써 동의하지 않는 것은 곧 집단에 충성하지 않는 것으로 간주된다. 집단이 가진 정형화된 생각과 망상, 정책에 진지하게 의문을 제기하는 구성원에게는 압력이 가해진다. 게다가 집단은 '마인드가드Mindguard'를 통해 구성원들의 잘못된 인식을 깨뜨리거나 효율성과 정당성을 뒤흔드는 정보를 미연에 차단한다.[14]

집단사고에 순응하는 자기 행동과 관련해 환상에 사로잡힌 자들은 자신들이 원치 않는 부정적 인식에 대해 '인지 부조화Cognitive dissonance(지각, 판단, 사고 등이 결합되어 형성된 하나의 다른 인지들과 불일치하여 발생하는 부조화 단계)' 반응을 보인다.[15] 즉 집단 스키마를 유지하는 데 방해가 되는 데이터는 왜곡해서 해석한다. 명백한 실패로 판명될 경우에는 엉뚱한 곳으로 비난의 화살을 돌린다. 대개의 경우 명령 계통의 가장 아래쪽이 그 대상이 된다. 제 1차 세계대전 당시 장군들은 정공법이 효과가 없다는 진실을 외면했다. 장군들은 정공법이라는 전술에 문제가 있는 것이 아니라 전술을 실전에 옮기는 야전 장교들이 문제라고 주장했다.[16]

명백한 진실을 보지 못하는 삶은 불균형의 상태라고 할 수 있다. 특히 사람들이 서로 어울려 사는 사회적 삶은 '목표 달성'과 '집단 생존'이 적절히 절충된 상태여야 한다. 둘 중 하나를 선택하면 다른 하나를 희생시킬 수밖에 없다. 그리고 하나를 선택할 경우, 희생된 다른 쪽 관점에 있는 사람들의 행동을 어리석다고 평가한다. 특히 정부기관들은 효율성을 희생시켜가면서 자신들의 몸집을 불리는 것으로 악명이 높다. 관료제가 발전하고 정착하는 과정에서 정부기관은 주변 환경에 효과적으로 대응하는 능력이 떨어졌다. 공무원들의 눈에 기관이 확대되는 모습은 성공의 징표로 보이겠지만, 실제적인 일 처리를 기대하는 시민의 입장에서 볼 때 그로 인한 효율성 저하는 어리석은 결과일 뿐이다.

판단은 인식자의 관점뿐만 아니라 효과를 평가하는 시간 길이에 의해서도 좌우된다. 이런 점에서 어리석음의 가장 든든한 지원군은 '신경증적 역설'이란 놈이다. '신경증적 역설'이란, 즉각적이고 단기적인 보상이 주어질 경우 그것이 장기적으로 부적응적인 결과를 낳는다 해도 뇌가 특정 행동을 강화시키는 자멸적 학습 패턴을 가리킨다.[17] 마약 중독은 신경증적 역설을 보여주는 좋은 예다. 마약은 한 대의 주사만으로도 즉각적인 만족감을 느낄 수 있다. 장기적으로 보면 치명적으로 해로운 것인데도 말이다. 그래서 마약 중독자는 마약 주사를 맞는 것이 죽음에 한 발 더 다가서는 일임을 알면서도 그 순간 자신에게 꼭 필요한 (따라서 좋은) 일이라고 순간적으로 판단을 내린다.

판단은 무의식적이고 자의적인 선택의 관점에 따라 형성되며, 매우 주관적이다. 그렇기에 자신에게 해가 되는 행동을 하면서도 그것이 어리석은 행동이라고 생각하지 않는다. 사람들이 그런 행동을 계속 하는 이유는 내면에 자신의 행동을 성공적인 것으로 간주하며, 부정적 결과에 대해서는 인식을 방해하는 스키마가 생기기 때문이다. 주류 심리학에서 주장하는 것과 달리, 주변에서 주어지는 피드백이 반드시 긍정적 결과를 낳는 적응 행동으로 이어지는 것은 아니다. 사람들은 주변에서 입력되는 데이터를 자신의 인식 방어 체계를 통해 일단 걸러낸다. 그 과정에서 입력 데이터가 인식자의 기존 신념 체계와 맞지 않을 경우 그것을 왜곡하거나 잘못 해석하게 된다.

이러한 자기기만은 개인의 자신감을 키워줌과 동시에 집단 내의 협력을 촉진하는 효과적인 자기 방어 메커니즘이다. 이런 자기기만이 심해지면 어리석고 부적응 행동으로 이어지게 된다. 그런데 행동적·문화적 추세가 자기 보상이나 긍정적 피드백 시스템으로 발전할 가능성도 있다. 이렇게 되면 외부 결과와는 무관하게 행동의 패턴 그 자체가 보상이 된다. 특정 행동이 만족스러운 내면의 보상 시스템인 스키마에 의해 강화되면 극단으로 치닫게 된다. 이런 자기강화 행동을 외부 조건에 적용할 때 비판적인 자기반성 없는 이데올로기는 자기기만의 희생양이 될 것이다.[18] 왜냐하면 내면에서 조정된 행동이 통제를 벗어나 개인과 집단에 해로운 자멸적 행위를 초래하기 때문이다.[19]

그러므로 '학습에 의해 변질된 학습'인 어리석음은 피드백을 방해하는 동시에 창조하는 기제라고 할 수 있다. 어리석음은 특정 자극과 교훈, 생각을 차단하는 동시에, 적극적 상상을 통해 부적응 행동을 촉진하여 만족스러온 인식을 창조한다. 이로 인해 인간의 정신세계와 외부의 현실적인 환경은 동떨어진 것이 되기 쉽다. 인간은 그 결과로 생긴 불균형을 참아내고 있다. 그러므로 어리석음은 정신과 현실의 두 극단 중 한쪽에 치우친, 인간의 정상적인 심리로 봐야 한다.

어리석음은 뇌리에 깊이 박힌 경직된 부적응적 스키마 때문에 생길 수도 있다. 아니면 망상을 일으키는 지나친 환상으로 인해 잘못된 인식이 만들어진 결과로 생길 수도 있다. 어느 경우든 그렇게 만들어진 사고방식은 우리의 생물적 유산과 문화적 환경이 함께 작용한 결과이다.


## 잘못된 학습의 결과로 초래된 어리석음

변화된 학습 내용에 적응하는 데 있어서 기존 학습 내용이 방해가 되는 것은 인간에게서만 발견되는 문제가 아니다. 지렁이를 대상으로 한 '전극 통로' 실험이 있다. T자 모양으로 된 상자에서 갈림길에 맞닥뜨린 지렁이에게 전류 자극을 주어 전류가 흐르지 않는 반대쪽을 선택하게 한다. 한쪽에 전류 자극이 주어지면 지렁이는 그쪽을 회피하는 학습을 하게 된다. 그런데 이 경우에도 지렁이는 전류가 흐르지 않는 반대쪽으로 선뜻 방향을 바꾸지 못한다.[20] 변화된 환경 조건에 적응하는 데 있어서 이전 학습 내용이 방해가 되기 때문이다. 이 실험에서 알 수 있듯, 효과적인 스키마를 새로 형성하기 위해서는 먼저 이전에 배운 학습 내용을 말끔히 지워야 한다.

곤충과 새들 중에는 자기 종種과 사기꾼을 구분하지 못하는 경우가 있다. 특히 집단을 이루어 생활하는 곤충이 이처럼 자기 종과 사기꾼을 구분하지 못할 경우, 이들은 기생생물의 좋은 숙주가 된다. 기생생물이 평생 동안 숙주 곤충에게 기생해 사는 경우도 있다.

기생생물이 이종 집단에 들어갈 수 있는 것은 수렴진화(계통이 다른 생물이 외견상 서로 닮아 가는 현상-역주)를 통해 숙주동물과 유사한 특징을 발현시키는 생리적·행동적 메커니즘이 있기 때문이다. 다시 말해 숙주동물이 기생생물을 받아들이는 이유는 숙주동물이 자기 종의 분명한 특성으로 인식하는 몇몇 핵심적인 자극을 기생생물이 제공하기 때문이다.[21]

물론 숙주동물이 침입자를 차단하지 못하는 이유가 반드시 후천적인 학습 능력이 부족하기 때문만은 아니다. 여기에는 선천적인 인식 능력도 한계로 작용한다. 일부 동물과 인간은 어리석다기보다 정신지체나 학습장애가 있다고 간주될 수 있다.

이 책에서 주목하는 대상은 지능지수 75 미만인 사람들이 아니라 지능지수가 평범하거나 높은 사람들, 그중에서도 후천적 신념이나 상상의 비약 때문에 새로운 정보에 맞게 행동하지 못하는 사람들이다. 이것은 매우 심각한 문제이다. 왜냐하면 지능지수가 낮은 사람들의 어리석음은 사소한 것으로 치부될 수 있지만, 아주 영리한 지도자들이 어리석은 행동을 저지를 때 이것은 매우 심각한 문제이고, 실제로 그런 일들은 일어나고 있기 때문이다.

무엇인가를 학습하지 못한다고 해서 그것 때문에 그들을 어리석다고 할 수는 없다. 유전적 이유이든, 학습 때문이든, 아니면 계통 발생적이나 존재론적 이유 때문이든 환경적 우연성에 반응하는 생물적 프로그램의 범위가 제한되어 있을 뿐이다. 유전자 때문에 특정 유기체의 학습 능력이 제한될 수 있는데, 여기서 말하는 '어리석음'은 그런 것이 아니다.

곤충보다 더 다양한 통로로 정보를 입수하는 척추동물은 그만큼 '가짜'도 더 잘 가려낸다. 그래서 대부분의 척추동물에게서는 기생생물을 찾아보기 어렵다. 그런데 기생 행위로 자신의 알을 잃는 새들이 있다. 찌르레기는 자신의 알을 같은 다른 찌르레기 둥지뿐만 아니라 특정 숙주동물의 둥지에도 낳는다. 숙주동물 중에는 찌르레기 알에 대한 관용적인 놈도 있고, 그렇지 못한 놈도 있다. 자신의 알과 아주 비슷하게 생긴 알이 아니면 거부하는

놈이 있는가 하면, 크기나 색깔, 모양이 달라도 크게 가리지 않고 받아주는 놈도 있다.[22]

　일반적으로 포유류의 학습 전략은 다른 유기체의 구조화되고 제한된 학습 영역보다 더 광범위하다. 포유류의 학습 과정은 고정된 유전 프로그램이 아니라 주변 환경에 대한 경험에 더 많은 영향을 받는다. 그렇기 때문에 포유류는 주변 환경에서 일어나는 변화에 더 잘 적응한다.[23]

　물론 항상 그런 것은 아니다. 예를 들어 물가에 사는 뒤쥐는 학습 때문에 기이한 행동을 보인다. 뒤쥐는 학습이 적응적(유기체의 학습이 주변 환경에 적응하는 과정에서 이루어진다)이라는 기본 원칙에 위배되는 모습을 보인다. 뒤쥐는 한 번 형성된 습관을 쉽게 바꾸지 않는 특성이 있다. 이 점에서 뒤쥐는 전형적으로 '어리석은' 동물이라고 할 수 있다. 뒤쥐는 자신이 갈 길을 한 번 정하고 나면 그 길이 완전히 바뀌어도 계속해서 동일한 이동 패턴을 유지한다(특정 지점의 돌 위에서 뛰는 법을 익힌 뒤쥐는 그 돌을 없애도 그 장소에 이르면 펄쩍 뛰어오른다).[24]

　이처럼 뒤쥐는 행동 변화를 야기하는 주변 환경의 변화에 맞닥뜨려도 자신의 감각을 무시한다. 하나의 습관이 정착되고 나면 뒤쥐는 지식이나 더 좋은 정보, 다시 말해 더 좋은 스키마를 형성하려고 하지 않는다. 지능이 높은 포유동물은 대부분 인지 습관에 의해 학습이 이루어지는데, 학습보다 정해진 이동 패턴을 우선시하는 것은 뒤쥐에게서 볼 수 있는 매우 특이한 현상이다.[25]

　동물은 인식(주변 환경에 대한 인식)에 맞게 자신의 행동을 조절하는 능력을 갖고 있다. 이에 대해 미국의 행동주의 심리학자 B. F. 스키너의 '미신

믿는 비둘기Superstitious pigeon' 실험을 통해 확인할 수 있다.* 이 실험에서 무작위로 강화 기제를 제공하자 비둘기들은 먹이를 얻기 위해 각자 자기만의 특이한 행동을 보였다.[26]

제인 구달의 침팬지들에게서 관찰된 레인 댄스(일부 아메리카 원주민들이 전통적으로 기우제 때 추던 춤)도 주변 환경에 대한 동물의 인지 능력이 행동으로 표현된다는 사실을 보여준다. 침팬지들은 하늘에 살고 있는 비를 내리게 하는 비비(개코원숭이)의 아들에게 위협을 가함으로써 비가 오게 할 수 있다고 믿었던 것일까. 물론 그것은 단순히 비가 오지 않는 데 대한 분통을 겉으로 터뜨리는 행위일 수 있다.[27] 그렇지만 침팬지들이 보이는 공격적 행동은 스스로 미신을 창조하고, 그에 따라 행동하는 정신 구조를 가지고 있음을 암시한다.

## 인간의 어리석음의 특성

이렇게 볼 때 인간의 어리석음은 특별한 것이 아닌지도 모른다. 어쩌면 인간과 동물은 질적으로 다른 게 아니라 그저 양적으로만 차이가 나는 것인지 모른다. 다시 말해 인간은 동물만큼 혹은 동물보다 더 어리석은 존재

---

• 비둘기를 새장에 가두고 20초마다 버저를 울리며 먹이를 먹을 수 있게 문을 열었다. 실험을 몇 번 되풀이하자 비둘기는 버저가 울리면 먹이를 먹을 수 있다는 것을 깨달았다. 이번에는 버저를 울리는 것과 문을 여는 것을 무작위로 섞어서 실험했다. 비둘기는 혼란스러워했다. 버저가 울렸는데도 먹이통 문이 열리지 않거나, 먹이통 문이 열렸는데도 버저가 울리지 않았기 때문이다. 그러다 비둘기는 먹이통이 열렸을 때 자신이 먹이통의 문을 쪼았다는 사실을 깨달았다. 먹이통 문을 쪼면 문이 열리는 것을 깨달은 비둘기는 계속 먹이통 문을 쪼아댔다. ─역주

일 수 있다.

실제로 인간은 다른 동물들에 비해 지나치게 높은 수준의 학습 능력, 즉 어리석음과 관련된 정신적 능력을 갖추고 있다. 물론 다른 동물도 학습 능력이 있지만, 인간은 생물적으로 이것을 최고도로 발달시켰다.[28] 우리는 무엇이든 학습한다. 그것이 말이 되든, 되지 않든 말이다. 무엇에서든 교훈을 찾아내는 인간 능력에 유일한 한계가 있다면 그것은 인간의 지나친 상상력일 것이다. 인간은 '자연'에서 일어나는 사건을 '초자연적으로' 설명하는 능력을 가졌다. 그럼에도 불구하고 인간이 아주 단순한 원인과 결과 관계조차 제대로 연결시키지 못하는 것은 역설이다.

한때 제기되었던 산아 제한에 대한 전 세계적 필요성은 인간이 간단한 인과관계조차 연결 짓지 못한다는 것을 잘 보여준다. 인구 과잉 문제에 직면한 인간은 제대로 된 조치를 취하지 못했다. 이는 과거 역사에서 인류가 자신들의 문제점을 제대로 다루지 못했던 어리석음을 보여준다.

그러나 인간을 단지 어리석은 동물이라고만은 할 수 없다. 인간 진화의 두 번째 견해에 따르면 인간의 어리석음을 다른 동물의 어리석음과 질적으로 차별화하는 요소가 있는데, 그것이 바로 '언어'다. 앞에서 보았듯 언어는 집단의 정체성을 강화시키고, 자기기만을 촉진하며, 자신을 제어하는 능력을 제한시킨다. 인류 역사는 각 문명이 부흥과 쇠망을 거듭하면서 이어져 왔다.[29] 각 문명의 패망 원인이 다른 요인으로 대체됐을 뿐, 그 방식은 놀랍도록 똑같다. 편향된 가치 판단이 문화적·자연적 환경과의 상호작용을 방해했고, 그 결과 마침내 문명이 붕괴했다.

그리고 새롭지만 똑같이 편향된 체계를 가진 문명으로 대체됐다. 대부분의 경우, 인류 문명을 이끈 지도자들은 이 같은 기본적인 문제를 문제로 인식조차 하지 못했다. 그 이유는 그들의 정신적 스키마를 형성한 언어 때문일 것이라고 생각된다. 즉 언어가 그들이 인식하는 세상을 규정함으로써 세상에 대한 그들의 반응을 제한시킨 것이다.

일반적 인간성(인간의 오류 성향)이 언어화 때문이라면, 인간의 특수한 정체성은 특정한 삶의 방식에 익숙해지도록 훈련시키는 학습 과정인 사회화 때문이라고 할 수 있다.[30] 이런 점에서 인간 사회는 두 가지 기본적인 문제를 갖고 있다. 첫째로 기존 사회 조직에 적응하지 못한 사람과 둘째로 변화하는 세상에서 사람들의 변화하는 필요에 맞게 스스로를 재조직하지 못하는 기존 조직이다. 두 경우 모두에서 어리석음은 불가피한 국가적 자살 행위로 이어지는 중요한 요인이 된다.[31]

인간의 진화가 성공을 향해 있다면 똑똑한 사람과 효과적인 조직은 다른 사람이나 조직에 비해 생존상 이점을 갖고 있어야 한다. 만약 이것이 사실이라면 다음과 같은 질문이 제기된다. "왜 오늘날에도 우리는 여전히 어리석은 것일까?" 여기에는 두 가지 명확한 대답이 존재한다. 바로 자연Nature과 양육Nurture이다. 우리는 이 두 가지를 통해 어리석음을 키우고 있다.

진화적·문화적으로 인간은 천재성을 희생해 협력 정신과 전체의 단합을 얻으려는 집단 성향이 존재해왔다. 인간은 개인이 아니라 사회 집단으로 진화해왔으며, 그렇기 때문에 집단과 구성원 사이 그리고 집단 간의 협력은 필수적이었다. 그것은 지금도 마찬가지다.[32] 지적인 삶을 양보하는 대신에 얻어낸 협력이 사회에 이로운 효과를 주었기 때문이다.

문명의 진화에는 두 가지 놀라운 사실이 있다. 하나는 지금까지 인류사에서 발달한(비록 번창하지는 못했더라도) 문명이 매우 다양하다는 사실이다. 어떤 문화 체계도 최소한 내적 일관성과 군사력만 갖추면 한동안 유지될 수 있다.[33] 또 하나는 이들 문명은 대부분 내부적 병폐나 외부적 경쟁으로 인해 멸망했다는 사실이다. 역설적이게도, 이 두 가지 원인으로 인한 문명의 쇠망은 문화가 양의 피드백 체계(한쪽 방향으로 계속 되먹임 하는 시스템)를 갖고 있다는 사실에 기인한다. 즉 각각의 문명에는 자신의 발전을 내부적으로 감시하는 시스템이 마련되어 있지 않다.[34] 문명이 지나치게 일관적이지 못한 경우, 경직될 정도로 지나치게 일관적인 경우, 자신과 경쟁하는 다른 경직된 문화 체계와의 갈등으로 인해 제거당하는 경우에 붕괴한다.

한편 거대 시스템에서 그러하듯, 서로 경쟁하는 문화가 균형을 이루고 있을 때는 개개의 문화가 모두 번창한다.[35] 예를 들어 20세기 미국에서 노동자들이 기업을 견제하면서 두 집단 모두 번창했다. 이로 인해 미국적 정신은 꽃을 피울 수 있었다. 한편 민족주의적 야망은 대개 다른 국가의 민족주의에 의해 견제 당한다. 이처럼 인간의 생물-문화적 삶의 작용은 그와 똑같은 크기의 힘이 반대 방향으로 작용한다는 뉴턴의 제3법칙(작용과 반작용의 법칙)을 따르고 있다. 만약 이것이 진실이라면 인간사에서 일정 정도의 대립은 피할 수 없는 것인지 모른다. 만약 그것이 비폭력적이라면 대립은 긍정적인 결과를 만들어낼 수도 있다.

사실 인간은 종 사이의 경쟁을 종 내부(문화적인)의 경쟁으로 대체시켰다는 점에서 생물학적으로 볼 때 아주 예외적이다. 그 결과, 인간은 자기 이외의 다른 종을 두려워할 필요가 없게 됐다. 그래서 오늘날 인간이 직면한 주요한 문제는 특정 문화가 다른 문화로 대체되는 패턴이 앞으로도 계속

될 것인가 하는 점이다. 만약 앞으로도 이런 패턴이 계속된다면 우리는 특정 문화 집단이 사라져가는 현상에 대해 (특히 그것이 우리가 속한 문화 집단이라면) 낙담하게 될 것이다. 그러나 그 패턴이 지속되지 않는다면, 그것은 다음 두 가지 이유 때문일 것이다. 우리가 모든 문화적 삶을 완전히 파괴했든가, 아니면 (성미가 고약한) 우리 자신과 더불어 살아가는 법을 알게 됐기 때문이다.

인간은 오랜 학문적 연구를 통해 자신에 대해 배우고, 함께 사는 방법을 찾을 수 있다는 희망이 있었다. 실제로 인간 본성을 이해하는 기초가 되는 결정적인 행동(인간에게만 존재하는 보편적인 행동)을 찾아내기 위한 노력이 있었다.[36] 지금까지 우리가 찾아낸 최선의 해답은 인간이 소통하는 방식을 의미하는 언어였다.[37] 문화의 수많은 데이터 더미를 뒤져봐도 인간에게만 유일하게 나타나는 비언어적 행동양식은 보이지 않았다(문화 자체도 인간의 고유한 특성이라고 할 수 없다. 많은 척추동물이 정상적 학습 발달 과정에서 세대에 걸쳐 정보를 전달한다). 사실 인간은 기본적인 생물적 문제(자식을 키우고 에너지를 모으며 스스로 방어하는 것 같은)를 처리하고 논의하는 데 있어 주변 환경의 특수성이나 언어적 제약에 따라 문화 간에 커다란 차이를 보인다.

어리석음이 인간의 고유한 특성은 아니더라도, 언어적으로 경도된 인간의 어리석음에 대한 이해는 지금까지 괴롭혀온 심리적·철학적 실수들을 피하는 데 어느 정도 도움이 될 수 있다. 무엇보다 우리는 인류 역사를 통틀어 어리석음이 인간의 영원한 길동무였다는 사실을 인정하는 데서부터 연구를 시작해야 한다. 역사적 맥락에서 어리석음을 연구하는 사람이라면 인간 경험에 관한 기본적인 사실을 학습함으로써 인간의 정신에 대한 통찰을 갖추어야 한다.

어리석음을 연구하는 사람이 알게 되는 첫 번째 사실은 인간은 음식, 물 같은 생물적 필요뿐만 아니라 자신의 행동에 대한 프로그램이라고 할 수 있는 스키마를 필요로 한다는 것이다. 두 번째 사실은 인간은 우주의 본성이나 인간과 우주의 관계를 설명할 수 있는 이데올로기(이념)를 필요로 한다는 것이다. 이데올로기는 스키마의 언어적 측면을 의식적·체계적으로 표현한 것으로, 초자연 세계에 대한 종교적 신념과 일상에서 얻어진 세속적 관념을 이어주는 다리 역할을 한다. 이러한 신념과 관념이 반드시 사실에 기초해야 하는 것은 아니다. 또 논리적으로 일관성을 갖춰야 하는 것도 아니다. 실제로 그런 경우는 매우 드물다. 신념과 관념의 역할은 사람들이 자연 환경, 문화 환경과 상호작용할 때 집단의 협력을 촉진하는 것이다.

그런데 이데올로기에는 문제점이 있다. 그것은 이데올로기 자체로 경험이 이루어지는 것이 아니라, 그것이 가진 불합리한 성격에 따라 사람의 인식을 형성한다는 사실이다. 다시 말해 이데올로기는 인간의 삶을 규정하는 스키마다. 이 때문에 인간은 자신에게 달갑지 않은 사실은 정보로 취급하지 않고, 지적 죄악, 즉 특정 신념 체계 안에서 신에 대한 위반이라고 생각한다. 실제 삶에서 대부분의 정치·경제 시스템이 논리적 정합성(무모순성, 공리계에서 논리적 모순이 없는 것)과 체계성을 갖추지 않지만, 시스템이 무리 없이 작동한다. 외부에서 사건을 논리적으로 분석하는 객관적 관찰자가 있다면 그는 현대의 정부와 정치를 보고 무척 당혹스러울 것이다.[38] 그럼에도 불구하고 현대 정부나 정치와 함께하는 사람들이 그것을 믿는 한, 그들은 (다시 말해 그 안에 사는 사람들과 체계성을 갖추지 못한 시스템은) 적어도 한동안 살아남을 것이고, 심지어 번창할 것이다.

'확립된 체계'는 자신들의 행동에 관한 낡고 부정확한 이론에 계속 집착한다는 점에서 매우 반反경험적이고(경험에 따라 행동을 조정하지 않는다는 뜻) 비과학적이다. 권력의 자리에 오른 자들은 보수적인 성향을 띤다. 그들은 자신이 그 자리에 오르는 데 함께한 사상을 존경한다.[39] 그리고 그들을 정상의 위치에 오르게 해준 가치의 관점에서 세상을 바라본다. 기본적으로 지도자들은 자신의 권력을 유지하고 싶어 하며, 변화 없이는 해결되지 않는 문제가 존재한다는 사실을 인정하지 않는다. 권력자의 계속되는 지배는 한 사회의 다양한 문제를 하나의 맥락으로 규정한다. 시대를 통틀어 영원하고 궁극적인 정치적 문제는 '통제를 행하는 자들을 어떻게 통제할 것인가'였다. 그리고 권력의 끝없는 남용은 권력자들이 어떠한 변화도 거부했기 때문에 가능했다.

새롭게 변화하는 환경 요인에 맞게 자신의 인식을 수정하지 못하면 극단적으로 불균형한 상태에 이르게 되는데, 이 상태는 자신을 제외한 누가 보아도 어리석음으로밖에 보이지 않는다. 만약 대부분의 인식 체계가 그와 상충하는 다른 인식 체계의 견제를 받지 않는다면 이런 일은 실제보다 훨씬 자주 일어날 것이다. 젊음의 열정은 부모의 지도에 견제받고, 기업은 정부의 견제를 받으며, 정부는 다시 국민과 다른 정부의 견제를 받는다. 서로 견제해야 할 체계들이 서로를 강화시키는 관계에 있을 때 어리석음이 생겨난다.

미국과 구소련의 군비 경쟁은 이를 잘 보여주는 예다. 과거에는 서로 맞서 견제하던 두 체제가 군사 경쟁에서 앞서기 위해 서로를 자극했다.[40] 천

만다행으로 1987년 12월에 두 체제는 군축협정에 서명했다. 이로써 인류의 자멸 가능성은 낮아졌고, 인류 공동의 과거에 뿌리를 둔 광기의 이중나선[41]에 조금이나마 온전한 정신을 불어넣을 수 있었다.

## 문명화된 어리석음의 탄생

문명화된 어리석음의 이야기는 문명과 함께 시작됐다. 문명화된 어리석음은 처음부터 본래의 왕권에 대한 부적응이며, 허세에 대한 이야기였다. 각각의 사례는 단순한 비극 이상의 무엇이었다(이런 예는 우리 시대에도 찾을 수 있다. 베트남 전쟁이라는 재앙에서 교훈을 얻지 못한 우리는 또다시 이라크 전쟁을 일으켰다. Schlesinger, 2006). 뒤이은 문명은 이전 문명에서 그 어떤 교훈도 배우지 못했다. 정복자들은 다른 정복자의 침입으로 정복당할 때까지 획득한 풍요로움으로 문명화된 후 내부 투쟁으로 인해 약화되는[42] 순환패턴을 반복한다. 기존 지배자와 지배 계층이 새로운 지배자와 계층으로 대체되는 과정에서 근본적으로 변한 것은 아무것도 없었다.[43] 수메르인 역시 이렇게 사라져갔다. 이들의 유전자는 종족 간 교배로 분산됐으며, 셈족(셈어Semitic를 사용하는 아랍인, 유대인 등-역주)에게 항복하면서 언어도 사라졌다. 셈족은 다시 아리아인에게 자리를 내주었고, 기원전 330년경 알렉산더 대왕의 통치 시기 전까지 페르시아인이 지배력을 행사했다.[44]

수메르인은 8000년 전 티그리스-유프라테스 강변에 서아시아 최초의 제국을 건설했다. 이 제국은 4000년 동안 지속됐다. 지속성을 성공의 유일한 기준으로 본다면, 수메르 제국은 역사상 가장 성공적인 제국 가운데 하나다. 그러나 수메르 제국은 존재했던 대부분의 기간 동안, 그리스 도시국가의 (그리고 서구 국가 군사 전통의) 선례가 되는[45] 여러 도시국가로 분할하였다. 당시 수메르 제국의 도시국가들은 서로 전쟁을 벌였는데, 그 이유는 주변에 특별히 싸울 만한 대상이 없었기 때문이었다.

수천 년 동안 제국에서는 전투가 격렬히 지속됐다. 하지만 그 전투로 수메르인이 정복한 종족은 다른 수메르인이었을 뿐이었다.[46] 이탈리아의 르네상스 때처럼 수메르제국의 도시국가들의 광신적 애국심을 바탕으로 한 분리주의는 삶과 예술을 활성화시켰지만, 동시에 시민들의 폭력 행위와 동족상잔의 비극을 초래했다. 이로써 소규모 도시국가들의 세력은 약화됐고, 마침내 제국은 멸망하였다.[47] 이렇게 서서히 쇠망해가던 수메르인들은 셈족에 의해 대체됐다.

티그리스-유프라테스 두 강 사이의 땅인 메소포타미아의 초기 역사에서 셈족과 비非셈족의 투쟁이 시작됐다. 기원전 4500년 키시Kish(수메르인, 악카드인의 고대 도시. 이라크 남부 바빌로니아 유적에서 동쪽으로 약 13킬로미터 되는 곳에 있다. -역주)에 자리 잡은 셈족 도시와 왕조 간의 충돌 그리고 기원전 3500년경 우르Ur(유프라테스 강 하류에 있었던 고대 도시 -역주)에 자리 잡은 비셈족 도시와 왕조 간의 충돌[49] 이래로 민족 간 혹은 문화 간 충돌은 역사에 피비린내 나는 주제로 남아 있다(오랜 역사를 겪어온 분쟁을 해결하고자 하는 현대의 정치인이라면 이 점을 마음에 새기고 그에 따라 자신의 야망을 수정해야 할 것이다).[50]

문명의 초기 단계에서는 종교와 정치 사이에 명확한 구분이 없었다. 실제로 정부와 종교는 '제사장-왕'을 뜻하는 파테시Patesi를 중심으로 한데 엮여 있었다.[51] 이러한 종교적 정치 상황에서 이따금 개혁가가 나타나 압제에 저항하는 일이 있었다. 파테시 중에서 가장 눈에 띄는 인물은 기원전 2900년경 수메르 도시국가 라가시Lagash의 왕이었던 우루카기나Urukagina다. 그는 종교개혁가인 루터처럼 성직자의 강제 징수에 격분해 그들의 부패와 탐욕을 비난하며, 노동자들에게 과다한 세금을 징수하는 성직자를 척결했다. 우루카기나는 관료들의 뇌물 수수 행위를 근절하고, 무고한 사람들을 강탈에서 보호하는 데 어느 정도 성공을 거두었다.[52] 그러나 그가 백성들에게 주었다고 자부했던 개혁과 자유는 그리 오래가지 않았다. 라기시의 전성기에 루갈 작기시Lugal Zaggisi가 침입해 우루카기나를 무너뜨리고 라가시를 약탈한 것이다.[53]

우루카기나가 무너지자 성직자들은 권력을 다시 잡았다. 이집트에서 아케나톤Akhenaton이 물러났을 때와 비슷했다.[54] 이로써 권력남용과 부패가 다시 만연해졌다. 이런 부당한 일이 일어날 수 있었던 것은 사람들이 근거 없는 믿음을 가졌기 때문이었다. 사람들은 그것이 무엇이든 일정한 믿음을 필요로 한다. 성직자들은 믿음이라는 영원하고 심원한 필수품을 제공하는 척하면서 터무니없이 과한 가격을 매겼다. 어떻게 보면 오늘날의 신화 장사꾼이나 다름없었다.

기원전 2800년경, 무역이 번성하면서 파테시와 도시 분리주의는 그 수명을 다했다. 이로써 제국이 건설됐는데, 이는 곧 상업 발달의 영향으로 중세 유럽의 지역 분리주의가 해체되었다. 이는 또한 그로부터 4000년 후 민족주의가 번창하는 길을 열어주었다. 당시 지배력을 행사하던 수메르의 전제군주는 여러 도시들을 복속시키고, 그 도시들의 파테시를 자신의 권력 아래 두었다. 하지만 전제군주는 제국 승계의 황금률을 적용해 자신이 권력을 얻은 것과 똑같은 방식으로 누군가 자신을 유폐시킬지도 모른다는 두려움에 시달렸다.[55]

기원전 2400년경, 우르엔구르Ur-engur(수메르 우르 제3왕조의 창설자. '우르남무Ur-Nammu'라고도 한다.-역주)가 서아시아 전역을 평화적으로 복속시키면서 역사상 최초의 법률을 마련했다. 그리고 "나는 샤마시Shamash의 정당한 법으로 영원한 정의를 확립하노라"고 공포했다.[56] 4000년 전에 이미 영원한 정의가 확립됐다는 사실은 우리에게 안도감을 준다. 태양신 샤마시의 법률적 정당성으로 우르엔구르 왕의 통치 아래 누렸던 우르 왕조의 정의와 평화, 영광은 2357년 동안 지속됐다. 우르 왕조는 그다지 평화적이지 않은, 그러나 번창하고 있는 이웃 국가들에 약탈당하고 만다.[57]

기원전 2350년경, 셈족은 사르곤 1세(아카드 왕조의 시조. 주변 민족을 정복해 페르시아만에서 지중해에 걸친 대제국을 건설했다.-역주)의 통치 아래 수메르

**우르의 스탠더드** 우르의 유적지에서 발견되어서 우르의 스탠더드라고 불린다. 조개껍질과 청금석을 이용하여 그린 그림으로 사회의 온갖 계급자들을 그린 큰 두루마리 그림이다.

도시국가에서 서북쪽으로 320킬로미터 정도 떨어진 아카드에 왕국을 건설했다. 사르곤 1세는 메소포타미아의 일부를 다스리는 데 불과했기에 자신을 '보편적 지배권을 가진 왕'이라고 낮춰 불렀다. 이후 역사가들은 그를 '대왕The Great'이라고 불렀지만, 그는 수메르인들을 정복하는 과정에서 여러 도시를 침략하고 많은 전리품을 약탈했으며 많은 사람을 죽였다. 그는 한번도 자신이 천명한 이름에 걸맞게 살지 않았다. 그는 자신의 통치 영역을 페르시아만에서 지중해로 확장하면서 역사상 최초의 '위대한' 제국을 건설했다. 55년에 걸친 그의 통치 기간 막바지에 반란이 일어난 것으로 보아 그의 제국은 위대하다기보다는 광범위하다는 표현이 더 적절하다.[58]

수메르 문화는 사르곤 1세의 정복에 굴하지 않고 끈질기게 살아남았다. 수메르 문화의 중요성은 장기간에 걸친 몰락기보다 그 형성기에 있다. 역사상 최초의 문화 중 하나인 수메르 문화는 여러 가지 '최초'를 발명했다. 수메르인들은 글을 발명했을 뿐 아니라,[59] 역사상 최초로 대규모 노예제도, 전제정치, 신권중심주의, 제국주의 등 문명화된 죄악을 자행했다. 수메르인들의 자연적 불평등은 문화적 불평등과 인간적 부당성으로 보충됐다. 이들은 강자에게 위안을, 약자에게 노동을 제공했다.[60] 수메르는 바빌로니아의 함무라비 왕이 권력을 잡은 뒤 사라졌다.[61]

바빌로니아는 성직자들의 집단적 동의 아래 운영되는 신정神政국가였다. 종교와 국가가 일치했으며, 왕은 성직자들이 부여하는 국왕의 권력을 가지고 신의 대리자 역할을 수행했다(일반적으로 볼 때, 역사상 신들은 당대의 주류 정치 시스템을 옹호할 만큼 정치적으로 약삭빨랐다). 물론 이런 상황은 정치와 종교 모두에 상호 이익을 주는 체제였다. 왕좌에 깃든 초자연적 아우라 덕분에 잠재적 반란이 현실화될 가능성은 낮아졌다. 반란은 더 없이 불경한 행위이며 불법일 뿐 아니라, 이단으로 간주됐다. 신의 이름으로 거둬들인 세금은 사원의 금고로 흘러 들어갔다.[62] 또한 불안했던 부유층이 신과의 공생을 위해 납부하는 배당금을 축적하면서 사원은 점점 더 부유해졌다.[63]

종교기관들은 단순히 부를 축적하는 것을 넘어 한때의 권력을 차지할 뿐인 폭군에 비해 유리한 위치를 점하고 있었다. 바로 영원한 권력인 신성 神性을 기반으로 유지되었다. 왕들은 바뀌었으나 6만 5,000여 신들은 영원했다. 성직자들은 공동의 영속성을 갖추고 있었기 때문에 장기간에 걸친 계획이나 지속적인 정책을 수립할 수 있었다. 이는 오늘날 종교단체에서도 확인할 수 있는 특징이다.[64]

바빌로니아와 관련해서 가장 유명한 이름은 건국자이며, 가장 위대한 통치자인 함무라비다. 함무라비는 기원전 1729년부터 1686년까지 43년간 통치했다. 오늘날까지도 기억되고 있는 〈함무라비 법전〉 서문에서 그는 '이 땅에 정의를 확립하기 위해, 사악한 무리를 무찌르기 위해, 강자들이 약자들을 억압하지 못하도록 하기 위해, 이 땅에 빛을 가져오고 사람들의 복지를 증진하기 위해' 법을 만들었다고 말했다.[65] 법전 후기에서는 '만대를 위한 번영의 기틀을 마련했다'고 말했다. 하지만 바빌로니아는 함무라비가 원했던 대로 지상 낙원이었던 것은 아니다. 다만, 크리스토퍼 도슨에 의하면[66] 함무라비 대왕이 통치했던 시기에 바빌로니아는 아시아에서 그 누구도 능가할 수 없는 (월 듀란트에 의하면 페르시아, 인도, 중국을 제외하고) 물질문명 수준에 이르러 있었다.[67] 그러나 윤리적으로 〈함무라비 법전〉에 담긴 이상理想들이 실제로 바빌로니아에서 구현된 적은 한 번도 없었다. 그리고 그 이상들은 부끄럽게도 오늘날까지도 아직 실현되지 못하고 있다.

함무라비가 마음에 그린 이상적 상태가 바빌로니아에서 실현되지 못한 이유는 〈함무라비 법전〉이 '사회적 계층과 성에 따른 평등한 정의'라는 원칙에 기초하기 때문이다. 또한 세속적인 법전이 시민들의 복종과 충성을 의도하는 보수적인 종교 철학에 의해 공식적으로 보완됐기 때문이다. 신에 대한 충성심만 있으면 악도 좋은 것으로 간주됐다. 인간이 이해할 수 없는 신의 계획이 존재하며, 인간은 단지 믿고 순종하면 되는 것이다. 결국 인간들의 요청에 대응하기 위해 준비하고 있던 신들에 의해 충성과 용기는 보상을 받고, 적들은 벌을 받는다고 생각했다.[68]

실제로 바빌로니아의 현실은 세속적 이상과 극명하게 대비될 뿐 아니라 신학적 설명과도 정면으로 배치됐다. 익명의 관찰자는 이렇게 말했다. "사람들은 극악한 살인자를 칭송한다. 죄를 짓지 않은 가난한 자들을 폄하하며, 사악한 자들을 정당화시킨다. 공정함을 몰아내고, 강자가 약자를 약탈하도록 돕는다." 이 점에서 지난 4000년 동안 근본적인 변화가 없었기 때문에 문명은 변함이 없었다. 세속적 종교를 지휘하는 현대의 성직자들(기존 제도를 믿고 추종하게 만드는 미디어 거물들)은 지금도 거부들(기업 스폰서들)과 한 패거리를 이뤄 활동하고 있다. 마치 권력을 쥐었던 바빌로니아의 성직자들처럼 말이다.[69]

바빌로니아의 실제 삶은 명백히 불공평했음에도 불구하고, 바빌로니아의 번영이 사그라지고 함무라비가 꿈꿨던 이상이 서서히 무대 뒤로 사라져 갔음에도 불구하고, 사람들이 위안을 주지 못하는 종교에 그토록 오랫동안 충성했다는 것은 그리 놀라운 일이 아니다. 진실한 신자들에게는 계속해서

신에게 은총을 구하고, 권력을 쥔 성직자들을 경건하게 떠받드는 것 말고는 다른 대안이 없었다. 힘센 권력자들과 유착관계에 있던 거만한 성직자들에게 도전할 방법은 없었다. 신념 체계의 정당성을 인정받는 유일한 방법은 지식을 통한 것이었다. 시민들의 개인적 체험과 상관없이 바빌로니아에서 공식적으로 인정받은 유일한 지식은 신과의 신성한 관계를 통해 성직자로부터 나온 지식이었다.[70] 이 지식이 기존 시스템을 강화시켜주었음은 두말할 나위 없다.

이 지식을 근간으로 사회 시스템을 정당화하는 신화가 탄생한 것도 놀라운 일이 아니다. 메소포타미아 신화들은 신이 인간을 창조한 방식에 관해서는 서로 매우 다른 이야기를 내놓았다. 하지만 신들이 자신의 피조물, 즉 인간에게 불만을 품었을 때 홍수를 일으켜 파괴한 점은 일치했다. 현실이라는 프로그램을 짠 우리의 신처럼 바빌로니아 신들도 때로 어리석은 짓을 범했다는 사실은 어느 정도 위안이 된다. 홍수를 일으키자마자 신들은 울면서 자신의 신성한 어리석음에 대해 이를 악물고 "이제 누가 신에게 제물을 바치겠는가?"라고 물었다. 다행히도 지혜의 신 에아Ea가 인간에 대한 연민의 마음에서 샤마시-나피시팀Shamash-napishtim 부부를 구원해 (당신의 짐작대로) 방주를 만들어 홍수에서 살아남도록 했다. 그리고 이들 부부는 경이로움과 은혜에 보답하기 위해 신들에게 제물을 바쳤다.[71]

이런 전설 외에 제국이 형성되기 이전 바빌로니아 도시들의 초기 문명 생활에 종교가 미친 영향은 지적 정체 현상이다. 특히 의료 분야에서 이런 현상이 두드러졌다. 과학의 발전을 가로막은 성직자들의 영향력은 사람들의 맹신으로 인해 더욱 강화됐다. 당시 사람들은 초자연적인 진단과 치료

**고대 바빌로니아** 바빌로니아제국의 후반기에 가서는 종교의 영향력에서 어느 정도 벗어나 있었다.

법을 따랐다. 의사보다 인기가 있었던 마법사와 주술사는 영향력을 행사해 비합리적인 의료 관행을 부추겼다. 바빌로니아 사람들은 죄 때문에 질병이 생긴다고 믿었기 때문에 주문과 마술, 기도로 질병을 치료하고자 했다. 주문, 마술, 기도로 환자를 붙잡고 있는 악귀를 진정시키거나 쫓아낼 수 있다고 믿었던 것이다.[72]

그러나 함무라비가 왕위에 오르자 상황이 달라졌다. 의사들은 자신을 성직자들로부터 분리시켰다. 그리고 의료업은 법으로 정한 일정한 보수를 지불하고 (잘못될 경우) 벌금을 물리는 방식으로 정착됐다. 환자들은 자신이 돈을 얼마나 지불해야 할지 미리 알 수 있었다. 그리고 가난한 사람에게는 수입에 맞게 의료비를 할인해주었다. 의료 과실이 있으면 의사들은 피해액을 보상해야 했다. 중대한 과실의 경우, 다시는 실수하지 못하도록 의사의 손가락을 절단하기도 했다.[73]

하지만 의료의 발전에도 불구하고 바빌로니아의 성직자들은 계속해서 전권을 행사했다. 긍정적인 면에서 볼 때 성직자들은 바빌로니아 사회에 문화적 연속성을 제공했다. 성직자들은 하층 사회에 순종의 미덕을 고취시 켰다. 그러나 상류 계층, 특히 바빌로니아제국의 후반기에 가서는 종교의 영향력에서 어느 정도 벗어나 있었다. 문화적 지체 현상으로 시민의 부패 가 심각해지면서 바빌로니아는 방탕한 사회가 됐다. 타락에 빠져들어 죄악 의 소굴로 전락하면서 바빌로니아는 고대사회에서 사치와 향락, 부도덕의 대명사가 되고 말았다.[74]

한편 이집트에서는 최고로 번성했던 고대 문명의 특징인 장기 지속적 인 안정/침체의 복잡성이 주요한 문화 원리로 반복되어 발현되었다. 진보 라는 역동적 감각이 없었던 이집트 사람들은 언제나 그대로인 태양과 끝없 는 모래사막 그리고 영원히 흐르는 강물 등 변함없는 환경과 정해진 공식 에 대응하려 했다. 이집트 사람들은 엄격한 기록 보관자였다. 그들은 계속 해서 반복되는 사물을 설명하기 위해 전통적인 언어를 사용하여 끊임없이 기록했다.[75]

심지어 개인 사이에 주고받는 서신도 개성 없는 공허한 형식으로 표현 될 정도로, 이집트의 가장 특징적인 인상은 '몰개성(비인격성)'이다. 이집트 사람들은 자신의 독창성과 개성을 표현하려는 욕망이 없었다. 그들은 다 른 사람과 그리고 가능하다면 선조들과 똑같이 행동하기를 갈망했다. 그들 의 주된 철학적 관심은 시간을 무시하고, 시간 바깥에서 사는 것이었다. 그 들은 호기심이 부족했으며, 자신이나 어떤 사물에 관해서든 깊이 사고하지 않았다. 그들은 역사가들이 이집트 왕조에 대해 던지는 질문들에 대답하지 않았을 뿐 아니라, 그런 질문을 던지지도 않았다. 이런 점에서 그들에게 우리는 낯선 이방인이라고 할 수 있다.[76]

우리가 가진 해답으로 볼 때, 기원전 5000년 왕조 이전의 이집트에서는 두 개 국가가 전쟁 중이었다. 당시 상上 이집트(나일강 상류와 남부 이집트)의 왕은 흰색 왕관을 썼고, 삼각주 델타 지역의 왕은 붉은색 왕관을 썼다. 그래서 전쟁을 벌인 이 두 국가를 각각 '백군'과 '적군'이라고 불렀다. 지금으로부터 6500년 전 나일강에 적군과 백군의 함성이 울려퍼졌다는 사실은 우리에게 많은 것을 생각하게 한다. 이후 기원전 3300년까지 근 1000년간 평화롭게 공존했다. 그러나 역사상 희귀한 시기를 보낸 뒤, 두 왕국은 다시 서로 적대시하였다. 마침내 상 이집트가 승리하고 메네스Menes(나르메즈)가 두 지역을 통일하면서 이집트 왕조의 초대 왕이 됐다.[77]

이후 1000년 동안 이집트는 피라미드를 쌓느라 국토를 거의 초토화시켰다. 이집트의 상징이자 죽음과 어리석음의 기념비인 피라미드를 능가할 수 있는 것은 아직 없다. 기원전 2650년 이집트 고왕국 제4왕조의 제2대 파라오인 쿠푸Cheops는 높이 146.5미터, 무게 500만 톤 규모의 최대 피라미드를 쌓아올렸다. 피라미드를 축조하는 데 사용된 돌은 모두 사람들이 직접 나른 것이었다.[78] 이 피라미드 때문에 이집트는 커다란 전쟁을 치른 것처럼 황폐화됐다.[79]

두 번째 1000년에 이르러 이집트는 아크나톤(1370~1352)의 개혁 의지와 맞닥뜨렸다. 아크나톤은 이집트 왕조의 영적 근원인 아몬라Amon-Ra가 아니라, 태양의 창조 원리인 아톤Aton을 이집트의 유일신으로 인정했다. 아톤에 대해서는 홍겨움과 지적 자유를 즐길 수 있었지만, 아크나톤은 여기서 한

발 더 나아가 아몬라에 대해 무심한 편견자의 분노로 대했다. 그는 통찰하기를 "현명한 사람은 자주 의심을 품고 마음을 바꾼다. 반면 어리석은 자는 완고하며 의심을 품지 않는다"고 했다.[80] 이 말로 미루어보건대, 그의 자기 파괴적인 신학적 분노는 사실 테베(고대 이집트의 수도) 성직자들의 무쇠 같은 권력을 무너뜨리기 위한 위장술임을 알 수 있다. 그러나 그가 시도한 개혁은 모든 사람을 소외시켰다. 죽음에 이르렀을 때 그는 자신이 아몬라의 대중적 인기와 왕조의 돈줄을 쥐고 있던 성직자들의 영향력을 과소평가하는 어리석음을 범했다는 사실을 깨달았다.[81]

## 어리석음을 답습하다

우리는 어리석음에 초점을 맞추고 있지만 수메르인과 마찬가지로 고대 이집트인들 역시 잘한 부분이 있음을 인정해야 한다. 이집트 후손들의 이야기는 오늘날의 거울로 삼기에 충분하다. 이는 결코 이집트인들의 생존 능력을 얕잡아보는 것이 아니다. 이집트 문명은 처음에는 수메르 문화와 이후 바빌로니아 문화와 동시대에 존재했다. 그리고 수메르와 바빌로니아 문화가 사라진 뒤에도 이집트 문명은 오랫동안 존재했다. 이집트인들이 잘한 점은 그들이 처한 자연환경과 문화적으로 균형을 이뤘다는 것이다. 그러나 오랜 시간 자기만족적인 평온한 감각을 유지한 것은 이후 주변의 공격적인 아시아, 무슬림, 서구 세력에 예속당하는 빌미를 제공하기도 했다.

마지막 1000년의 중기에 이르러 이집트의 상황은 이집트인에게는 비극이자, 당시 지배세력이었던 터키인들에게는 어리석음으로 초래되었다. 오

스만제국의 맘루크조(시리아, 이집트를 지배)의
통치자들은 피통치자들과 종교는 같았지만,
언어가 서로 달라 통치자와 피통치자 사이의
연대의식이 약했다. 실제로 당시의 소작농들
은 착취의 대상으로 여겨졌다. 맘루크조가 지
배한 1250년에서 1517년까지 이집트의 부 축
적에 크게 기여한 것은 상인 계급이었다. 그러
나 15세기 말 국가의 간섭으로 상인 세력이 약
해지면서 이집트의 상업도 쇠퇴하기 시작했
다.[82]

**가말 나세르** 1961년 시리아 홈스에
서 군중들에게 연설하는 모습

19세기가 되자 터키 지배자들은 거대 외국 자본의 유입을 기반으로 수
출 위주 경제를 추구했다. 그러나 지나친 자금 차입 때문에 급기야 1875년
수에즈운하 회사는 이집트가 보유한 주식을 고작 2,000만 달러에 영국에
매각하고 말았다.[83] 이집트는 단기 처방을 얻은 대신 수에즈운하의 영향력
과 최대 외국 자산으로부터 얻을 수 있는 추가 이익을 상실했다.

20세기 들어 이집트는 지속적인 경제 성장을 추구했다. 이로 인해 국가
주도의 정부 정책이 세워졌다. 재정 관리에서 국가가 차지하는 역할도 점
점 커졌다. 이집트의 대통령 가말 나세르Gamal Nasser(1956~1970)는 자기 파괴
적인 애국적 행동에 취해 외국 회사를 국유화함으로써 당시 이집트가 절실
하게 필요로 하던 자본과 기술력을 내쫓는 결과를 초래하고 말았다. 그의
통치 아래 이집트 경제는 성장이 둔화됐고, 증가하는 인구로 인해 재원은
큰 압력을 받았으며, 국가 이익도 위협받게 됐다.[84]

나세르는 자신이 세운 이론상의 장기 계획을 현실 세계에서 단기적으로 실현시키지 못했다. 그런데 나세르와 마찬가지로 안와르 사다트Anwar Sadat도 인구 증가 등의 장기 문제에 제대로 대처하지 못했을 뿐 아니라, 이집트의 생활수준을 끌어올리는 데 필요한 정부 차원의 장기 투자를 제대로 실행에 옮기지 못했다. 그는 지나치게 이상에 치우친 통치자로, 자신의 가장 위대한 단기 업적(이스라엘과의 화해)에도 불구하고 자신의 지지 세력인 군대와 적대 세력인 종교적 극단주의자들을 모두 등지게 만들었다는 사실을 깨달았다. 변화에 저항하는 나라에서 그의 암살은 그를 자유주의를 향한 순교자로 만들었다.[85]

실제로 사회와 개인의 활력이 사라진 곳은 이집트뿐만이 아니다. 인도도 마찬가지였다. 기원전 250년 불교를 믿던 아소카왕은 모든 인간의 존엄성과 종교적 관용, 비폭력을 내세움으로써 오늘날 인도 정치사상의 기초를 놓았다. 그러나 그의 시도는 큰 성공을 거두지는 못했다.[86] 그다음 1000년 동안 숙명론자인 힌두교도들이 국가적 열반에 헌신함으로써 무슬림의 침략과 지배를 허용했다. 아마도 제2차 세계대전 이전까지 가장 많은 피를 흘린 전쟁인 이슬람 정복은 문명의 균형상태가 외부의 침략자와 내부의 공격으로 인해 언제든 전복될 수 있음을 보여준다. 힌두교도들은 내부의 분열과 내전에 힘을 낭비했다. 게다가 그들은 현생에서의 사명을 무력하게 만드는 불교나 자이나교 같은 종교를 선택했다. 그들은 실용적 측면에서 가장 중요한 자신들의 국경, 독립을 방어하는 데 자신들의 힘을 적절하게 조직화하는 데 실패했다.[87]

인도인들은 일반적으로 현생에서의 생존에 무관심하고 냉담했다. 이런 분위기 속에서 인도의 사무라이라고 할 수 있는 호전적인 라자(인도 소왕국의 왕, 수장)에 의해 메와르Mewar를 비롯한 몇몇 지역에 봉건 문명이 건설됐다. 대략 600년부터 1600년 사이에 봉건영주들은 최선을 다해 미래의 침입자들로부터 자신들과 인도 전역을 방어했다. 이들은 전쟁을 최고의 예술로 간주했지만, 이런 자부심은 동시에 이들에게는 비극을 초래했다. 왜냐하면 외부의 침입으로부터 방어해주던 바로 그 정신이 오히려 소왕국의 내분을 초래해 분열되어 약화되는 결과로 이어졌기 때문이다. 이는 스스로를 극복하지 못한 민족의 전형적인 사례라 할 수 있다.

군국주의의 스키마로 자신들을 정의했지만, 동시에 내부 분열을 일으켜 국가의 멸망으로 이어졌다. 이들의 용맹한 정신은 득보다 실이 많았다.[88] 이렇게 인도의 군국주의는 극명한 대조를 이룬다. 즉 군국주의가 없을 때는 국가 방어에 치명적인 약점으로 작용했다면, 반대로 그것이 존재할 때는 국가의 내분을 조장하는 치명적인 힘으로 작용한 것이다.

700~1000년 사이의 300년 동안 인도는 부를 축적하면서 활발한 정복 활동을 펼쳤다. 훈족과 아프간, 터키는 인도의 국력이 쇠한 틈을 타 침략하기 위해 국경을 서성거렸다. 수백 년간 외부의 침입을 받은 이후(이 정도면 인도인들이 위험으로부터 스스로 방어하기 위한 준비를 갖추기에 충분한 시간이었다), 11세기부터 수세기에 걸쳐 무슬림의 본격적인 침략이 시작됐다.[89] 침입자의 입장에서 어리석음이 있었다면, 그들이 자신의 이익을 위해 사용할 수도 있었을 상당 부분의 부를 파괴해버렸다는 것이다.

무슬림이 침략하기 이전의 인도가 전쟁으로 인해 분열된 나라였다면, 침략 이후의 인도는 이슬람과 힌두교의 종교적 각축에 의해 분할된 나라였다. 그 결과 일어난 충돌과 유혈사태에 대해서는 중세의 시인 카비르Kabir가 표현한 종교적 이상을 읽어보면 더 슬프게 다가온다. 어떠한 도그마도 없는 심원한 종교적 정신을 지녔던 그는 이슬람과 힌두교 두 종교의 최고 교리를 한데 융합시켰다. 그는 세속과 하늘의 유일신의 신념에 차이를 두지 않았다. 그러나 슬프게도 1518년 죽음으로 그의 시도는 실패했다. 무슬림과 힌두교도들은 그의 유해를 매장할 것인가 화장할 것인가를 두고 설전을 벌였다. 비록 인도 구어 전통에서 그의 말은 크게 주목받지 못했지만, 이슬람교와 힌두교는 두 종파를 한데 뭉치려 했던 시인의 정신을 함께 존중하면서도 여전히 무슬림과 힌두교를 분리하는 데 급급해 있다.[90]

침입 세력에 예속된 인도인들이 종교에서 위안을 구하면서, 그들은 기독교도 쉽게 받아들였다. 기독교는 인도인들이 수세기 동안 떠받든 여러 도덕 계율과 일치하는 면이 있었기 때문이다. 실제로 기독교는 기독교인들이 보여준 특성과 행동만 아니라면 인도뿐만 아니라 전 세계적으로 사랑의 표준을 고양시키는 데 크게 기여했을 것이다. 기독교인들이 보여준 교리와 실천 사이의 괴리로 많은 잠재적 개종자가 기독교에 의심을 품고 빈정거리며 떠났다. 왜냐하면 선교사들의 겸손한 외침은 서양식 허풍으로 들렸기 때문이다.[91]

선교사들은 인도에서 신성한 말씀을 전파하는 데 어려움을 겪어야 했다. 왜냐하면 힌두교가 기독교보다 더 많은 기적을 보여주었기 때문이다. 힌두교도들은 누군가가 죽은 자리에서 일어났다는 말 따위에 그다지 감명

받지 않았다. 유럽인들이 아무리 '이것이 실제로 일어난 일'이라고 설득해도 그들은 별다른 반응을 보이지 않았다.[92] 기독교의 장점이 선교 사업에는 오히려 일정한 장애로 작용했다. 기독교에도 기적이 많지만 기독교는 다른 어떤 종교보다 합리적 인간들이 믿기에 적합했다.[93] 이는 기독교가 미신에 깊이 젖어 있는 잠재적 개종자들에게는 감정적으로 설득력을 갖지 못했음을 의미한다.

실제로 서양이 동양에 큰 영향력을 행사할 수 있었던 것은 종교 교육이 아닌 세속적 배움, 신학이 아닌 실용 기술이었다. 서구 사상이 인도 사상에 영향을 미친 것은 종교가 아니라 인문 교육이었다. 영국인들이 식민지 주민들에게 영국 역사를 가르친 이유는 충성스러운 백성을 기르려는 것이었지만 본의 아니게 그들에게 민주주의와 자유, 평등의 개념을 심어준 결과를 가져왔다.[94]

철도, 전화, 매스미디어도 전 세계에 걸쳐 광범위한 문화적 변화를 일으켰다. 인도가 산업화를 받아들이는 데 주저한 것은 영국의 기계가 그들을 가난으로 몰아넣었던(동시에 고성능 총이 그들에게 겸손을 가르쳤던) 것뿐만 아니라, 인도 사회의 속성이 작용한 결과였다. 예를 들어 인도인들이 철도를 반대한 이유는 철도로 인해 사회적 혼합을 촉진해 카스트 제도를 약화시킬 것이라는 생각 때문이었다.[95]

정적인 농경 문명에서 발달한 카스트 제도는 인도 사회에 질서를 성립했지만, 천재성은 고사하고 개인의 능력조차 키우지 못했다. 카스트 제도는 발명에 대한 자극도, 기업가적 시도에 대한 자극도 제공하지 못했다. 산업혁명으로 약화된 카스트 제도는 지금까지도 명맥을 유지하고 있지만, 오늘

날 대부분의 인도 공장에서 노동자들은 카스트 신분에 관계없이 일하고 있다.[96]

종교적 전통 문화를 가지고 있던 인도에 비해 중국은 성인이 아닌 현자에 기초한, 보다 철학적이고 지적인 문화에 가까웠다. 중국은 선善보다 지혜를 향해 움직였다. 중국인들의 이상은 신을 향한 경건한 헌신이 아니라, 성숙한 자기 숙고였다. 묵묵하게 실천하는 자가 가장 존경받았다. 진정한 지혜란 말이 아니라 행동으로 표현되는 것이라고 생각했기 때문이다.[97]

중국의 전통적인 지혜는 불교의 이념과 일반적으로 일치한다. 형식상으로 볼 때 기능적 지식이란 존재하지 않았다. 쇼펜하우어가 말한 텅 빈 공空이야말로 영원한 이상이며, 물질적 소유는 가치 없는 것으로 간주됐다. 루소와 마찬가지로 노자(기원전 550년경)는 현실주의가 아니라 적절한 희망이 뒤섞인 이상주의적 관점의 글을 남겼다. 도시인이 자연을 낭만화하고 예수가 사람을 이상화시킨 것처럼 노자는 모든 것을 온화하게 만들었다.[98] 그러나 실제로 그러한 달콤함은 도외시됐고, 현실적인 중국인들은 추상적 철학에 대해 평온하게 사유하기보다 자신들의 상대보다 한 수 앞서 그들을 어리둥절하게 만들었다.

첫 번째로 어리둥절하게 만든 사람은 노자였다. 노자는 기원전 6세기에 질서와 예절, 전통 의례의 준수를 중요시하는 유가의 형식주의에 반대하며 도가를 일으켰다. 도가는 우주의 운영 원리이자, 조화로운 우주를 유지시키는 근원이라고 할 수 있는 도道를 따를 것을 강조했다. 중국인들에게 도는 신神의 다른 이름이었다. 도가의 영향으로 통치자들은 정치적 무행동주의와 지적인 정적에 빠져들었다. 이에 따라 백성들도 단순하고 가난한 생활을 해야 했다. 유교에서 종교적 열정을 배제한 도가는 백성들 사이에서 인기가 있었다. 백성들은 지식인들처럼 공자에게 친밀감을 느끼지 못했다.[99]

뭐니 뭐니 해도 중국 최고의 철학자는 공자(551?~479?)다. 공자는 전통적인 관행의 순수한 철학적 버전을 제공하기를 열망했다. 그는 개인의 올바른 인격과 정부의 사심 없는 봉사를 부활시키기 위해 종교철학, 도덕철학을 집대성했다.[100] 그가 보기에 당대의 혼란은 삶의 방식에 대한 고대의 신념이 약화되면서 회의주의가 확산된 결과로 생긴 도덕적 무질서였다. 이에 대한 공자의 처방은 튼튼한 가정에 기초한 도덕적 부흥이었다. 튼튼한 가정은 곧 질서 잡힌 국가로 이어진다고 생각했다.

공자는 지식이 성실성으로, 성실성이 정돈된 욕망으로, 정돈된 욕망이 규율 잡힌 가정으로, 규율 잡힌 가정이 번성하는 국가로 이어진다고 보았다.[101] 손쉬운 논리적 사고임에는 틀림없지만 인생에 대한 정확하고도 기술적인 분석으로는 턱없이 모자라다(사도 바울도 이렇게 지나치게 단순한 논리를 전개했다. 예를 들어 고통은 인내로 이끌고, 인내는 신의 사랑을 보여주는 희망으로 이끈다는 식이다. 로마서 5:2~5).

공자는 더할 나위 없이 완벽한 도덕 체계를 구축하려고 한 나머지 인간이 도달할 수 없는 이상을 추구했다는 점에서 지나치게 철학에 경도된 면이 있다. 지식이 반드시 사람을 더 성실하고 훌륭하게 만드는 것은 아니다. 오로지 자신의 무의식적이고 하찮은 목표를 달성하는 데 지식을 이용한다면 지식 때문에 허위의식에 물든 형편없는 인간이 될 수도 있다. 이것은 자신이 주변 환경에 미치는 영향에 관한 객관적 정보를 얻기 위해 정당한 노력을 기울이지 않은 채 그저 '좋은' 효과만을 노리는 사람에게 일어나기 쉽다. '좋음'이라는 관념의 형태로 편견에 빠져 있는 한, 지식 자체만으로 인격이 향상되지는 않는다.

지식은 어떤 목표든 그것의 달성을 더 용이하게 만들어준다. 그러나 '동방의 소크라테스' 공자는 정의로운 통치자는 신성한 카펫처럼 언제나 도덕적 권위를 펼칠 수 있고, 덕이 있는 정부는 언제나 승리할 것이라고 가르쳤다. 그리고 실제로 자신도 그렇게 생각했다.[102] 그는 덕으로 인도받고, 의례를 잘 지키는 사람은 스스로를 개혁할 수 있다고 보았다.[103]

혼란스러운 세계에서 성장한 플라톤이나 아리스토텔레스처럼 공자도 모든 것이 자신에게 합당한 자리가 있으며, 모든 것은 자기 자리에 있어야 마땅하다고 생각했다. 공자의 말은 성경처럼 수세기에 걸쳐 구전되어 하나의 격언집이 됐다(이 책은 1300년경에 완성됐다). 루터의 성경이 독일인에게 그러했던 것처럼, 공자의 글은 중국 문어의 표준이 됐다. 그러나 아리스토텔레스, 갈레노스(130~200, 그리스의 의사), 뉴턴의 작품이 후대의 사상이 발전하는 데 방해가 됐던 것처럼, 공자의 글도 후대 신봉자들의 지식이 발전하는 데 장애로 작용했다.[104]

공자를 연구하는 학자들은 이상적 인간상에 매료되어 자유롭고 창조적인 질문에 적대적인 반反지성적 관료제를 형성하기에 이르렀다. 1200년에서 1900년 유교는 중국인들의 정신을 형성하는 주도적인 역할을 담당했다. 이때 중국인들은 체계적 사고 시스템의 도움 없이 배움을 이어갔다.

효孝를 강조한 중국은 과학적 혁신에 있어서는 퇴보했다.[105] 세상의 사건과 관계 맺는 용인된 체계가 없었던 중국은 일반적이고 불분명한 가치 체계를 발전시켰다. 그것은 지나치게 실제적이고 상식적이며 평범한 것이어서 토론과 분석, 개혁의 대상이 되지 못했다. 공자는 추상적인 방식으로 가르쳤다. 공자와 그의 추종자들이 유순한 시종들을 위해 만든 동양의 지식적인 구속에서 벗어나기 위해 중국에는 혁신이 필요했다.[106]

그렇다고 해서 공자를 정통으로 간주한 중국 철학이 사고를 멈춘 자기모순적인 그리고 현실과 유리된 일방통행식 철학이었던 것은 아니다. 기원전 5세기 공자에 대한 평형추로서 묵자는 보편적 이타주의 철학을 제시했다. 묵자는 낯선 사람이라도 자신의 혈족처럼 사랑하라고 가르쳤다.[107] 묵자의 가르침은 중국에서 크게 유행했다.

중국에서는 진보라는 관념이 자라나지 못했다. 기원후 1000년경 송나라 때 자신들의 문화적 전통에 대한 자부심이 대단했던 중국인들은 중국의 안정성에 암묵적으로 동의했다. 그런 이유로 중국에는 사람과 사상의 자유, 혁신적 사고가 없었으며, 기존 질서에 의문을 제기하지도 않았다. 게다가 온갖 혁신 기술(지폐, 활자, 새로운 작물, 나침반, 격자 지도, 기계식 시계 등)을 발명했는데도 그것이 다방면으로 꽃을 피우지 못했다. 이처럼 중국인들이 발명품의 실용적 활용에 관심이 없었던 것은 그리스에서처럼 군자와 기술인을 엄격하게 구분했던 유교적 사회 시스템 때문이었다. 더욱이 중국인들은 외국인에게 무언가를 배우려는 의지도 약했다.[108]

현대에 이르러 중국에서는 유교가 퇴장하고 과학이 주목받았다. 이는 자신들을 다른 민족과는 다른 특별한 존재라고 여기는 중국적 정신에 대해 실용주의와 철학이 승리한 결과라고 할 수 있다. 중국인들의 기본적인 태도는 현대적 기능주의로 전환됐는데, 이런 현상은 20세기 초 역사가이자 철학자인 후스胡適(1891~1962)가 공공연하게 아시아의 '영적 가치'를 경멸하면서 '동양의 지혜'보다 정부와 산업의 재편이 훨씬 중요한 일이라고 주장한 데서 확인할 수 있다. 르네상스와 종교개혁, 계몽기, 산업혁명을 거친 나라는 수학과 공학이 보편화되어 동양의 나폴레옹을 많이 배출했다.[109]

마오쩌둥만큼 대단한 카리스마를 발휘하지는 못했지만 1958년 후스의 대약진 운동은 몇 년 후 중국이 소련과 마찬가지로 농업 집단화라는 잘못을 똑같이 범하게 되면서 중대한 퇴보로 전략하고 말았다. 1961년, 마오쩌둥은 완고하게도(어리석게도) 1961년의 현실에 직면하기를 거부했다. 마침내 실패를 인정할 수밖에 없게 되자 마오쩌둥은 당원들과 관료, 지식인들을 희생양으로 삼았다. 1960년대 후반 '문화혁명'은 당과 나라 전체를 갈가리 찢어놓았다.[110]

자신의 이미지와 권력을 유지하려는 정치 지도자들의 욕망으로 혁명적 문화가 제지당하면서 중국 사회에서는 현대와 전통의 단층 지대가 형성됐다. 중국인들은 자신들이 경멸하는 외국인들을 그대로 따라 함으로써 서양에 예속되기보다 산업화를 선택할 수밖에 없었다. 그래서 자신들의 기준을 포기하고 서양 문화 가운데 최악의 것들(특히 농업과 음악을 비롯한 기술적 필수품들)을 받아들였다.[111] 이전 시기 일본이 그랬던 것처럼 중국인들은 과학과 대량생산 같은 서양의 방법론을 흉내 냈지만, 자유주의와 인본주의 같은 서양의 가치들은 무시했다.

✝

산업혁명이 일어나기 전까지 동양인들은 서양의 활기를 결코 이해하지 못했다. 동양인들은 사업과 야망에서 오직 피상적인 유치함만을 보았다. 마치 서양인들이 동양에서 오직 무기력과 정체만을 본 것처럼 말이다. 동양이 서양 기술을 채택하는 방향으로 나아가고 있는 지금, 서양인은 여전히 요지부동이다.[112] 이제 '왜?'라는 질문을 서양인들 스스로에게 던져야 할 때가 된 것이다.

# 2장

# 그리스적 사고의
# 어리석음

 고대 그리스를 바라보는 세 가지 관점이 있다.

첫째, 그토록 오래전에 일어난 일에 무심한 태도다.

둘째, (르네상스 시기에 보편화된) 숭배의 태도다.

셋째, 과학 발달을 후퇴시키는 등 수세기 동안 서양 문명의 진보를 방해한 문화라고 비난하는 것이다.[1]

세 번째 태도를 취하려면 기술 발전을 곧 진보와 동일시하는 우리의 성향에 유의해야 한다. 실제로 서양 역사를 관통하는 일관된 주제가 있다면, 그것은 지식, 특히 과학 지식이 도덕성 계발과 인간 향상에 기여하지 못했다는 점이다. 그리고 인간이 주변 환경과의 관계를 개선하지 못했다는 점이다.

우리는 그리스적 사고의 단점과 그것이 그리스인과 그들의 추종자에게 미친 해로운 영향에 대해 살펴볼 것이다. 하지만 그리스인들이 존경받아야 한다는 점은 인정해야 한다. 그리스인들은 수학적 발견과 연역적 추론으로 인류의 지적 삶에 실제적으로 기여했다. 특히 그리스인들이 발명한 기하학은 그리스의 정적인 정신을 잘 보여준다. 논리 일반의 보다 넓은 맥락에서 봤을 때, 관찰된 사실에서 귀납적으로 진리를 추론하는 것이 아니라 자명한 진리로부터 연역적으로 추론하는 방식에서 그리스인들의 천재성이 분명히 드러난다.[2]

역설적이게도 그리스인들의 장점은 또한 단점으로도 작용했다. 철학적 추상화에서 그리스인들이 보여준 발명의 천재성은 뒤집어 말하면 그들이 직면한 문제들에 현실적으로 대응하지 못했다는 의미이기도 하다. 예를 들어 그리스인들은 민주주의라는 원대한 사상을 생각해냈으나 모든 사람에게 도움이 됐을 협력적 노력을 통해 자신들의 도시국가를 통일하는 데는 실패했다.

일반적으로 그리스인들의 세계는 기하학적이고 작았으며, 정돈됐지만 조각상처럼 정지된 상태였다. 그리스인들은 위대한 천재성을 발휘했음에도 불구하고 그리스의 모든 것을 한눈에 파악하기란 그리 어렵지 않다. 그리스인들의 정치적 이상은 소규모의 정적인 도시국가, 즉 폴리스Polis였다. 그리스인들의 신은 전능한 힘을 가진 신이 아니라 최상의 형태였다. 그들의 종교 의식은 형식적인 경건함이었지 고양된 감정의 표현이 아니었다. 그들의 위대한 윤리 체계(스토아주의와 에피쿠로스의 쾌락주의)는 지속성을 이상적인 상태로 간주했다. 즉 욕망을 충족하기보다는 제한하는 것이 목적이었다. 인간에게 존재하는 욕망은 흥분이 아니라 질서를 위한 것이었다. 그들의 과학은 에너지가 아니라 형식이었다. 그들의 수학은 역동적이 아니라 기하학적인 것이었다.

지평선도 원근감도 없는 그들의 회화는 공간감과 깊이감을 전혀 표현하지 못했다. 또한 그들의 건축은 기둥에 기초를 두고 있었다(물론 도리아 양식의 기둥, 이오니아 양식의 기둥, 코린트 양식의 기둥 같은 변형은 있었다. 그러나 이것들도 가장 기본적인 건축 요소 표면에 주름을 새긴 것에 불과했다).[3]

우리는 그리스인들이 기술적·문화적으로 매우 제한된 세계에 살았다는 사실을 염두에 둬야 한다. 그리스인들에게는 수력水力도, 손수레도, 게시판도, 성경도 없었다.[4] 그러나 그리스인들의 어리석음을 그러한 물품이 부재했던 제약된 상황의 탓으로 돌리는 것은 적절치 않다. 그리스인들의 어리석음은 기본적으로 도시국가(그리스 정치사에서 분열을 초래하는 역할을 했다), 노예제도(특히 행동과 사고를, 그리고 사람들 사이를 분리시켰다), 철학적 사고(특히 연역 논리와 플라톤의 이상론)의 상호작용으로 인한 것이었다.

**그리스의 아크로폴리스** 도시국가는 그리스인의 사고와 정체성 발달을 가로막는 장애 요인으로 작용, 분열을 초래하는 역할을 했다.

## 그리스의 분열을 초래한 도시국가

자치를 누리던 도시국가들은 그리스 최고의 정치적 영예인 동시에 치명적인 한계였다. 왜냐하면 도시국가는 그리스인들의 사고와 정체성 발달을 가로막는 장애 요인으로 작용했기 때문이다. 도시국가는 정치적 삶의 궁극적 형태로 간주됐다. 외부의 영향에 휘둘리지 않고 안정적인 현실을 확보할 수 있는 소규모의 정적 세계라는 그리스적 이상을 구체화한 것이 바로 도시국가였다. 그러나 정치체로서 성장과 발전의 역량이 없었던 도시국가들은 이웃 도시국가와 조약을 맺거나 싸움을 벌이는 정도에 머물 뿐이었다. 나아가 모두가 절대주권을 열망했음에도 그리스인들은 지속성을 갖는 정치적 통일체를 만드는 데 실패했다. 만약 그런 정치 통일체가 성립됐더라면 도시국가 간의 다툼을 중재하는 공통의 법체계를 갖추었을 뿐만 아니라, 교통과 상업을 촉진하는 도로를 건설하는[6] 것도 가능했을 것이다.

플라톤은 1,000~5,000명의 시민들로 구성된 도시국가가 이상적인 규모라고 생각했다. 이 정도 규모라면 비슷한 수준의 라이벌 국가에 대항해 충분히 자신을 지켜낼 수 있다고 보았다. 플라톤이 이런 생각을 한 것은 페르시아인들이 세계 제국의 시대는 끝나가고 있다는 믿음으로 헬레스폰트 해협(다르다넬스 해협의 고대 그리스어 명)을 건넌 지 1세기가 지난 후였다. 이때 서양에서는 제국의 시대가 막 시작되고 있었다.[7] 이런 잘못된 생각을 플라톤만 했던 것은 아니다. 알렉산더 대왕이 도시국가를 무용지물로 만들었지만, 아리스토텔레스는 도시국가 이외의 다른 정치 체제에서 어떤 장점도 찾을 수 없었다.[8] 그는 플라톤과 마찬가지로 마케도니아 제국이 건설될 때까지 도시국가를 찬양했다.

한편 일말의 비전을 가진 사람들도 있었다. 예를 들어 헤로도토스(485?~425)는 페르시아의 침략에 관한 역사를 집필해(기원전 6세기 페르시아의 다리우스 왕은 그리스인들에게 자신의 통치 방식을 강요했다가 크게 비난을 샀다. 1

**좌 | 헤로도토스** 페르시아 침략에 대한 역사를 집필했다.
**우 | 아리스티데스** 큰 명예를 얻었다는 이유로 아테네에서 추방당했다.

세기 후 그의 어리석은 아들 크세르크세스는 다리우스의 실수를 똑같이 반복했다) 그리스인들이 복수를 위해 통일할 것을 요청했다. 그의 이런 생각이 실질적으로 결실을 맺은 것은 그로부터 100년이 지난 뒤 알렉산더 대왕의 무공으로 가능했다.[9] 그때까지 그리스인들에게는 정치나 미래에 대한 관념이 전혀 없었다.[10] 아니, 그리스가 존재하지 않았다고 하는 것이 옳을 것이다. 아테네와 스파르타 같은 여러 도시국가만이 존재했다.

이들 도시국가는 자신들의 차별성을 강조하면서 헤로도토스가 정한 공통의 혈연과 언어, 종교와 관습이라는 기준에 따라 자신들을 '헬레네(그리스인)'로 집단화함으로써 차별화했다. 490년 페르시아의 침입 위협에 대항하여 그리스인들은 '그리스다움'이라는 감각을 무언가 기능적이고 단일한 실체로 전환하려고 시도했다. 그 시도는 군사적으로는 성공했지만 정치적으로는 실패하고 말았다.[11]

이처럼 우리가 오늘날 그리스 문명이라고 부르는 것은 실제로 독립적인 정치적 국가들의 연합체였다. 각 정치 국가들은 종교적 헌신과 애국적 헌신에 있어서 모두 서로 다른 특성을 지니고 있었다. 정체성의 정도도 나라와 시대마다 크게 달랐다. 극단적인 경우, 국가에 대한 충성은 완벽한 평등이 아니면 무엇이든 억압할 정도로 개인적 자유의 이상과 배치되는 면이 있었다. 예를 들어 에페시아Ephesia에서는 자신을 평균 이상으로 추켜세우는 사람은 누구든지 민주적 철학에 따라 처벌받았다. "우리는 우리들 가운데 최고인 사람을 필요로 하지 않는다. 그런 사람이 있다면 다른 지역, 다른 사람들과 함께 살게 하라."[12]

비슷한 맥락에서, 483년 아리스티데스Aristides는 자신에게 적합한 것보다 더 큰 명예를 얻었다는 이유로 아테네에서 추방당했다.[13] 스파르타에서 개인의 자유는 나치스 독일이나 스탈린 치하의 러시아만큼 억압당했다.[14] 한편 아테네에서는 5세기 후반 자유가 번창하면서 귀족의 개인주의와 사업의 발달이 절정에 달해 시민의 협력이 좌절되고, 마침내 자유가 파괴되는 결과로 이어졌다.[15]

페리클레스Pericles(495?~429)는 이 시기 아테네의 가장 위대한 지도자는 였다. 그는 평민들에게 더없이 좋은 지도자였다. 초창기의 링컨처럼 그는 자신의 명민한 정치력을 고귀한 이상에 대한 깊은 열정(반면 링컨과는 다르게 아름다운 것들에 대한 사랑)과 결합시키는 법을 알았다. 지배자라기보다는 진정한 지도자에 가까웠던 페리클레스는 주변 사람들이 천재성을 발휘하도록 배려했다. 그러나 다른 위대한 사람들과 마찬가지로 그도 자신이 살았던 시대와 화해하지 못했다. 그의 정당한 순수성에 분개한 시민들은 그가 창조한 아름다움을 알아보지 못했고, 그의 탁월함을 불편해했다.[16] 그는 결

**페리클레스** 시대와 화해하지 못한 페리클레스는 성공을 시기한 천박한 시민들의 공격을 받았다.

국 그의 성공을 시기한 천박한 시민들에게 공격당했다.

이처럼 천박한 민주주의와 덕의 실현 사이의 갈등은 한쪽으로 치우쳐 있었다. 황금시대의 아테네는 짐승 같은 인간이라도 편하게 여길 만큼 저속한 사회였다. 애국주의로 가장한 명예 훼손과 중상모략, 탐욕으로 인한 스캔들이 지금처럼 만연한 시대였다. 페리클레스의 문제는 그가 주변에 만연한 천박함을 딛고 일어난 정직한 선동 정치가였다는 점이다. 이성적이든 아니든 간에 그는 계속 앞으로 나아가야 했다. 하지만 주변의 말을 듣지 않았던 페리클레스는 친구들로부터 공격을 당했다. 아테네로 환영하며 맞았던 아낙사고라스Anaxagoras가 태양과 별이 신이 아니라는 이설을 제기한 페리클레스는 쫓겨나는 신세가 됐다.[17]

페리클레스가 통치했던 아테네는 어떤 면에서 19세기 영국과 비슷하다. 즉 귀족이 주도하는 민주주의였다는 점이다.[18] 해외에서 보였던 아테네의 제국적 행태는 아테네 귀족들의 이기적 개인주의로 인해 펠로폰네소스 전쟁(431~404)으로 이어졌다. 아테네는 권력 확장보다 더 높은 수준의 도덕적·정치적 이상에 의해 제어되지 않은 상태에서 상업적 야망으로 파괴적 전쟁에 휘말려 들어갔다.[19]

나중에 로마제국의 멸망에서 보게 되듯이 아테네의 쇠락은 그 전성기부터 예정되어 있었다. 아테네는 국제 무역 거점인 에게 해의 치안을 단속하면서 다른 도시국가들을 자신의 지배하에 복속시켰다. 복속 국가에 대한 무력을 바탕으로 민주적 아테네의 상업적 헤게모니가 유지된 것이다. 그 과정에서 부와 자부심이 커지자 처음에는 불편해하는 데 그치던 복속 국가들이 반란을 일으키게 됐다. 이런 상호작용은 아테네가 헤게모니를 주장하는 한편, 다른 모든 도시국가는 이에 저항하는 문화적 이중나선 구조를 형성하게 했다. 이로써 도시국가들의 관계는 악화됐고, 마침내 극단적인 전쟁으로 치달았다.[20]

불행히도 아테네의 상업 귀족들이 모든 아테네 사람에게 해를 입힌 것과 마찬가지로 도시국가들도 서로 전쟁을 일으켰다. 그리스의 가장 큰 비극은 각 도시국가의 세력과 도덕성을 통합해 펠로폰네소스 전쟁을 막을 수 있는, 즉 각 국가의 자유를 제한할 수 있는 상위 차원의 법률이 없었다는 점이다. 그 결과 스파르타는 승리했고, 그리스는 완파 당했다.[21]

흔히 지적하듯 겉으로 드러난 세속 권력의 정치사는 속임수와 폭력, 잔혹함으로 채워져 있다. 그러나 사상과 감정, 성격 같은 내면의 세계는 현실적 관심과 다소 동떨어져 있다. 정치 지도자들은 과거의 선례, 규정, 사상 외에 당대의 현실에 비추어 자신의 행동을 결정한다. 하지만 지식인들은 스키마를 종합하는 데 분주한 나머지 장래의 지도자에게 제약을 가하고 혼란을 안긴다. 기원전 5세기 그리스가 바로 그랬다. 그리스가 아테네의 헤게모니에 대한 해법을 찾느라 도시국가의 틀 안에서 정치인과 군인이 서로 다투는 와중에 추상적 사고는 더욱 횡행했다. 즉 시민적 혼란에 대해 이상주의자들은 그리스를 제국으로 이끌지 못하고, 서양 세계 전체를 연역 논리에 대한 결벽과도 같은 몰두로 이끌었다.

## 사고와 인간 사이를 분리시킨 노예제도

그리스 철학자들에 대한 우리의 숭배는 적절하지 않다. 논리에 치우친 나머지 그리스와 서양을 과학과 현실 세계에 관한 분석적 사고에서 멀어지게 만든 장본인이 그리스 철학자들이기 때문이다. 지난 400년 동안 우리는 겨우 그리스적 사고의 유산을 극복하고 추정된 이치에서 연역하는 아테네의 믿음을 사실적 데이터로부터 추론하는 현대적 믿음으로 대체할 수 있었다.[22] 지나치게 논리에 함몰됐던 그리스를 비난할 수도 있다. 하지만 노예제도가 그리스 사상가들로 하여금 순수 이성을 강조하는 철학 체계를 받아들이도록 했다는 점을 상기하면 논리에 함몰된 그리스를 이해하는 게 불가능하지만은 않다. 도시국가가 그리스의 어리석음에 배경을 제공하고 어리석음의 범위를 확정했다면, 노예제도는 그것을 형성하고 그 성격을 확정지었다고 할 수 있다.

노예제도는 그리스 삶의 기본 조건으로서 계층 간의 공감을 차단했다는 점에서 매우 부도덕한 제도다. 그럼에도 불구하고 대부분의 그리스인들은 노예가 없는 삶을 상상하지 못했다. 몇몇 저명한 철학자들이 노예가 없는 삶을 시도했지만, 오직 견유학파(명예와 부를 멀리 하고 자연과 일체된 삶을 강조한 고대 그리스의 금욕주의 학파-역주)만이 성공했다. 스토아학파와 에피쿠로스학파도 노예제도를 부자연스러운 제도라고 비난했다. 그러나 전복하기에 너무나 강력한 제도였기에 그들은 노예제도가 인간의 영혼에 영향을 미치지 않으므로 무시해도 좋다고 결론 내렸다. 플라톤은 일부의 정신적 소외계층이 있다는 이유로 노예제도를 수용했다. 아리스토텔레스에게도 그리고 현실적인 대다수 사람에게도 노예제도의 폐지란 상상할 수 없는 일이었다. 어떤 사람에게는 '타고난 노예'라는 이름표를 붙였고, 플라톤의 "모든 것은 제자리에 있어야 한다"는 철학에 따라 그들은 자신이 속한 자리에 그대로 머물렀다.[23]

노예제도는 도덕적으로 비난받을 만한 일일 뿐만 아니라, 지식적으로도 제약이 있었다. 노예제도는 그리스 지도자들이 현실 세계에 대한 배움을 얻는 데 방해가 됐다. 머릿속으로 생각만 하는 사람보다 실천하는 사람을 더 존경하는 이유는 철학자가 아니라 행동하는 사람들이 우리 사회를 건설했다고 믿기 때문이다. 그러나 기원전 6~5세기의 귀족과 부호들은 다른 기준을 갖고 있었다. 그들은 학문적 진리를 추구하는 사람들을 더 높이 생각했다. 그리고 열등한 사회 구성원들의 노동으로 생활하는 자신들만의 평등 사회를 형성했다.[24]

이들 열등한 사회 구성원의 주를 이루는 것이 노예였다. 교양 있는 상류 계층들은 장인이나 기술자 등 노동자들에게서 무언가 가치 있는 것을 배우는 일은 생각하지도 못했다. 이렇게 그리스 지식인들은 피타고라스가 만들고 플라톤이 발전시킨 철학적 사고를 중요시한 나머지 이오니아 지방에서 발달한 과학적 사고를 배척했다. 그리스인들은 자신들이 내세운 주장의 이유와 근거로 과학적 실험을 인용하는 법이 결코 없었다.[25]


## 그리스적 어리석음을 초래한 철학적 사고

정신 대 의식의 이야기가 시작되기 이전에는 예언자와 신탁은 지혜의 전달자로 간주되었다. 조언을 청할 때 현명한 충고와 조언을 해준다고 믿었다. 이는 기본적으로 부모에 대한 존경의 확장이었다. 부족 연장자가 결정을 내리지 못할 때는 세상을 떠난 이들에게 물었다. 그리스가 발전하면서 사제들은 신의 뜻인 '테미스Themis'를 예언하는 전문가 계급을 형성했다.[26] 그리스 신들은 일반적으로 유쾌한 존재였다. 그리스인들은 일반적으로 어떤 것도 동의하지 않았지만, 맹목적 믿음을 요구하지도 않았다. 그리스 신들은 자신들의 본성과 활동에 의문을 제기하는 신도들에게 관대했다. 이런 면에서 그리스 신들은 간접적으로 철학의 발달에 자극을 주었다고 할 수 있다.[27]

그리스에서 신학과 별개로 철학이 시작된 것은 기원전 6세기부터다.[28] 그리스가 정치 이론에 크게 기여한 부분이 있다면 바로 정치학을 발명한 것이다. 자연철학(과학)에 그리스가 가장 크게 기여한 부분은 단순히 민간 전통을 수용하기보다 사물에 대한 철저한 사유라는 혁명적 방법을 통해 과학을 출범시켰다는 점이다.[29] 아리스토텔레스는 스스로 행동하는 민주적 대중을 유도하기 위해 신화의 혼합물을 창조했다.[30] 특히 수학과 천문학 분야에서는 그리스인들의 기여가 두드러진다.[31]

그리스인들은 기하학에 뛰어났다. 이들은 아무런 기능이 없는 이상적인 형태에 대해 사고하는 데 뛰어난 지력을 발휘했다. 이들은 이미지화된 추상적이고 정적인 인식적 이상의 세계에서 뛰어놀았다. 그리스의 이상은 본질로 환원되는 물리적 대상이 아니라 현실이 될 수 없는 추상의 이론적 모형이었다. 그리스 철학자들은 추상적 대상을 정적이고 비非대수적Non-algebraic 사고방식을 통하여 서로 연관시키는 데 즐거움을 느꼈다.[32] 순수수학이나 순수철학에서 볼 때 그리스인들은 역동적 기능을 표현하는 어떠한 상징

기호 체계도 발전시키지 못했
다.[33] 천문학에서 볼 때 그리스
인들의 기본적인 접근 방식은
천체를 기하학적 패턴과 법칙
에 일치시키는 것이었다. 이런
측면에서 이들은 프톨레마이
오스의 천동설을 성공적으로

**기하학(파피루스)** 그리스인들은 이상적인 형태에 대해 사
고하는 데 뛰어난 지력을 발휘했다.

정착시켜 그 후 2000년 동안 천체의 움직임에 관한 사고가 거의 정지하다
시피 했다.


### 그리스 비극의 시작, 밀레토스학파(이오니아학파)

그리스 문화의 최대 비극은 이오니아(소아시아의 서부 연안, 즉 터키)에서
시작되어 번창한 과학이 연역 논리와 플라톤의 이상(관념적 이상)을 선호한
나머지 도태됐다는 사실이다. 연역 논리와 플라톤의 이상에서는 데모크리
토스의 원자론(기원전 400년)을 원자의 먼지 정도로 간주하지 않았다.[34] 과
학의 시작은 밀레토스학파(이오니아학파라고도 함)까지 거슬러 올라간다. 밀
레토스학파의 그리스 정신은 이오니아의 도시 밀레토스에 위치한 바빌로
니아 및 이집트 문화와 접촉하면서 만들어졌다. 494년 페르시아에 예속되
기 전까지 밀레토스는 그리스에서 가장 중요한 지역이었다. 이후 밀레토스
의 뒤를 이어 부상한 아테네는 유구한 유산보다 그 용감한 시작으로 더 중
요한 지역이다.[35]

이집트에서 바빌로니아에 이르기까지 이오니아 사람들은 수학의 몇

**밀레토스의 그리스식 극장** 상업의 중심지인 밀레토스는 다양한 문화와 접촉했다.

몇 경험 법칙을 도출하고 천문 관찰에 관한 기록을 남겼다.[36] 그러나 행성의 궤도에 관한 지식은 종교적 비밀로 여겼다.[37] 이들 고대 문명에서 과학은 우주와 창조에 관한 신화적 해석을 넘어서지 못했다. 이런 해석은 사제들에 의해 전해 내려오면서 정치적 목적(현대의 종교가 그렇듯이 사회 안정에 기여했다)에 주로 이용됐다.[38]

이렇듯 밀레토스학파는 이들 문화와 접촉하면서 탄생했으나, 동양 사상이 들어가는 입구가 아니라, 동양 사상을 극복하는 방법이었다는 점에 중요성이 있다.

## 과학, 어리석음을 드러내다

어느 시대나 물질과 사물을 조작하는 기술자들이 존재한다. 예를 들어 사제들은 기도와 설교로 사람들을 조작하려고 한다. 이오니아 사상가들의 독창성은 기술적 영역에서 추출한 사고방식을 자연현상을 해석하는 데 이용했다는 점에 있다. 이것은 엄청난 문화 혁신이었다. 만약 이들 신출내기 과학자가 기존 신화를 조롱하지 않았더라면 그들은 더 크게 인정받았을 것이다. 그러나 그들은 악마와 신을 무시하면서[39] '지상'의 일에 대한 경험에 비추어 '천상'의 일을 해석함으로써 세계와 우주를 설명하고자 했다.[40]

이것은 분명히 과학의 대의에 상처를 입혔다. 하지만 이오니아인들의 종교에 대한 무심한 태도 때문에 자연현상에 대한 자연주의적 설명의 길이 열렸다. 이는 밀레토스가 풍요로운 상업 중심지라는 사실에 기인한다. 이곳에서는 다양한 문화와 접촉함으로써 편견이 들어설 여지가 줄어들었다. 사제 같은 역할이 없었던[41] 이오니아 사람들은 상대적으로 독립적인 사색가들로서, 신인동형론神人同形論, Anthropomorphism(인간의 모습이나 성질 등에 비교하여 자연의 여러 현상, 세계의 성립을 설명하는 견해-역주)에 의하지 않은 과학 가설을 제시했다. 그들이 제시한 과학 가설은 유행하는 도덕관에 일치해야 한다거나, 문화적인 정답을 찾아야 한다는 필요성에 영향받지 않았다. 이 때문에 이오니아인들은 상식의 감각이 무뎌졌다고 할 수 있을지 몰라도, 적어도 그들은 훌륭한 질문을 던지는 데는 성공했다. 여기서 훌륭한 질문이란 질문에 대한 답을 통해 더 많은 질문과 연구, 학습이 일어나는 질문을 말한다.[42]

밀레토스학파의 모든 질문자 가운데 가장 중요한 인물은 의심의 여지없이 탈레스Thales(636?~546?)다. 탈레스의 과학과 철학은 조악한 수준이었지만, 그는 경험적 검증을 통해 그리스인들이 전형적으로 보이는 경솔한 가설을 개선하려고 했다.[43] 또한 그는 신화의 용어가 아닌 논리적 용어로 자신의 생각을 표현했다.[44] 이러한 사고방식 덕분에 밀레토스 시대는 지적으로 그리스에서 가장 위대한 시기였다. 사고가 경험적 관찰과 조화롭게 어울렸으며, 그것이 더 많은 사상을 억압하는 것이 아니라 자극을 주었다. 탈레스는 이집트 여행 중 자신이 모은 정보를 가지고 585년 5월 29일 개기일식이 일어날 것을 예측했다. 그로부터 200년 후 아리스토텔레스는 이날을

그리스 철학의 탄생일로 삼았다.[45]

탈레스는 지식사에서 가장 위대한 도약 중 하나를 이루었다.* 바로 계절성 홍수가 일어나는 원인이 신들의 변덕이 아니라 내륙 지역에 내린 비(자연적 원인) 때문이라는 사실을 밝혀냈던 것이다. 체계적 관찰을 통해 자연 세계를 이해할 수 있다는 사실을 최초로 인식한 그리스인들은 자연법칙을 따라 움직이는 자연과 실수 가능한 인간이 만든 변화하는 법칙에 따라 움직이는 인간사의 차이를 인식하게 됐다.** 그들은 나아가 인간은 자연에 순응하며 살아야 한다고 인식하게 됐다.[46]

탈레스의 계승자는 아낙시만드로스Aniximander(610~546)였다. 그는 '물질'과 진화의 일반 개념을 만들었다. 그는 인간이 신으로부터 내려온 존재가 아니라 물고기 같은 하위 형태의 생명에서 발전했다고 주장함으로써 인류의 지적 역사에서 기념비 같은 도약을 이뤘다. 운문이 아니라 산문체로 글을 썼던 그는 우주는 수학적이고 기하학적인 성질을 가졌으며, 신성神性이 없는 천체가 원형 패턴으로 배열되어 있다는 견해를 제시했다.[47]

페르시아 군대의 침입으로 이오니아가 쇠락한 뒤 그리스 사상은 아테네에서 살아남는 과정에서 처음에는 부패했다가 다음에는 무력해졌다. 그

---

• 또 탈레스는 호박琥珀을 의미하는 그리스어인 '전자electron'라는 용어를 만들었다. 호박을 열심히 문지르면 지푸라기 같은 가벼운 물체를 끌어당기는 현상을 설명하기 위해 만든 용어였다. 자철석이 철을 끌어당기는 힘이 있다는 것을 관찰한 그는 '자력magnetism'이라는 용어를 만들었다. 이는 테살리아 지역에서 자철석이 많이 생산되는 마그네시아magnesia 지역의 이름에서 따온 말이다(Klein, p. 61).
•• 비슷한 시기에 솔론(B. C. 638?~558? 아테네의 입법가, 그리스 7현인賢人의 한 사람)은 신들은 인간사에 개입하지 말라고 권했다(Watson, 2011, p. 361). 이것은 무예의 발달이 정치의 세속화, 민주주의의 발전, 언제 전통 없이 지내고 언제 새로운 조건을 맞이해야 하는지에 관한 논리와 실용적 감각의 규율 잡힌 사용으로 이어진, 서양사에서 획기적인 전환이었다(같은 책, p. 363).

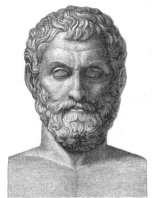

좌 | **탈레스** 경험적 검증을 통해 그리스인들의 가설을 개선하려고 했다.
우 | **아테네 학당에 나와 있는 아낙시만드로스** 라파엘로의 그림 중 일부

리스 사상이 이렇게 서서히 지적 불임에 빠져든 일반적인 이유는 철학자들이 우주가 아닌 인간에 몰두해 있었기 때문이다. 이러한 인간 정신의 자기중심화 경향이 처음으로 극단적으로 표현된 것은 피타고라스학파에 이르러서였다. 이들은 수가 곧 지식이라고 간주한 밀레토스학파와 동시대의 경쟁자였다. 그다음으로 아테네학파의 길을 열어준 파르메니데스Parmenides 같은 이상주의자가 등장했다.[48] 아테네학파에는 '철학을 도덕에 관한 퀴즈 게임으로 축소시킨' 소크라테스, '이상을 위해 현실을 거부한' 플라톤,[49] '분류학과 관련 사실들을 즐겼던' 아리스토텔레스가 있었다.

### 피타고라스학파

피타고라스는 기원전 540년에서 510년까지 남부 이탈리아에서 이름을 날리며 중요한 인물로 인정받았다. 그는 수학을 창립한 신비론자이자 마술사였다(연역 논증을 보여주었다는 의미에서). 그는 수학을 통해 철학에 심오한,

그러나 유감스러운 영향을 미쳤다.[50] 사실 그의 영향력과 성공은 그의 체계가 가진 철학적 공허함 덕분이었다. 피타고라스의 접근방식이 이오니아인들의 그것보다 그리스인들에게 더 다가갈 수 있었던 이유는 엄격한 과학성을 갖기보다 오히려 종교적인 성격이 더 컸기 때문이다.

이오니아학파와 달리 피타고라스학파는 물질 요소와 물리 과정의 행동을 통해 우주를 묘사하려는 시도를 하지 않았다. 피타고라스학파는 오직 수를 가지고 우주를 설명함으로써 물질이 아니라 실재의 형식을 제공했다.[51] 즉 점은 숫자 1에, 선은 2에, 면은 3에, 입체는 4에 대응한다. 그들에 따르면 점은 모여서 선이 되고, 선은 모여서 면이 되며, 면은 모여서 입체가 된다. 그러나 이것은 사실과 다르다. 점과 선이 합해져야 면(숫자 3)이 되기 때문이다. 그럼에도 불구하고 세상을 이루는 숫자들의 총합인 10은 신성한 수로 간주됐다.[52]

원자론자(기원전 425년경)는 수중심론자Numerist의 반대편에 있었다. 원자론자들은 우주가 자신의 내재적 본성에 따라 서로 부딪혀 커다란 구성물을 형성하는 작은 조각들로 구성되어 있다고 주장했다. 그들은 실재를 불활성의 생명 없는 기계라고 보았다. 거기에는 마음도, 신성도 개입할 여지가 없었다. 이 견해는 신성한 목적이나 인간 자유에 대한 여지를 남겨놓지 않았다는 점에서 예나 지금이나 그다지 큰 호소력을 갖지 못하고 있다.[53]

피타고라스학파의 수 철학이 이오니아의 자연(과학) 철학에 승리를 거두면서 수학적 관계로 사건을 설명하는 것이 물리적 과정에 기초한 설명보다 보편화됐다. 그런데 여기서 피타고라스 체계가 과학에 승리를 거둘 수 있었던 이유가 더 우수했기 때문이 아니라는 점을 지적할 필요가 있다. 피타고라스 체계는 사실적이 아니라 추상적이라는 점에서 당시 그리스 지도자들에게 더 큰 호소력을 가졌다. 이것은 당시 사람들이 자연 현상의 관찰을 통해서가 아니라 모래 위에 그린 그림으로 우주에 대해 알아갔다는 점에서 일종의 후퇴라고 할 수 있다. 뿐만 아니라 수학적 접근은 변동성이 매우 심해서 특정 신학과 사상에 맞게 그것을 쉽게 변형하였다는 점에서도 커다란 손실이라고 할 수 있다.[54]

물론 피타고라스는 숫자를 자신의 개인적인 신학으로 변모시키는 데 성공했다. 신은 곧 대수에 중독되어 있는 신성한 기하학자로 여겨졌고, 수학은 영원하고 정확한 진리의 원천으로 간주됐다. 이것은 피타고라스로 하여금 완벽한 형태를 갖춘 초감각적 이상의 우주가 있다고 믿게 했다. 이 우주는 불완전한 사물을 부정확하게 관찰하는 실제 세계와는 동떨어진 세계였다. 피타고라스를 추종하며 수비학數秘學에 빠져든 그리스 철학자들은 그만큼 변화무쌍한 현실에는 관심을 갖지 않았다.[55]

피타고라스의 영향력으로 가장 문제를 드러낸 분야는 천문학이었다. 당시에는 천문학 역시 의학을 제외한[56] 모든 그리스 과학과 마찬가지로 관찰이 아니라 수학적이고 연역적인 원리 위에 구축됐다. 이로써 이론적인(프톨레마이오스적) 우주 모형이 만들어졌다. 여기서는 우주가 겹겹이 둘러싸인 구체로 이루어져 있으며, 그 구체 위에서 정지한 지구를 중심으로 천체들이 원을 그리며 돌고 있다고 보았다(천동설). 그런데 이런 모형이 천체의 실제 움직임과 일치하지 않음을 관찰자들이 알아차리자 이 시스템에 더 많은 숫자를 집어넣어 전체 스키마를 보존했다. 이후 프톨레마이오스의 천동설은 2000년 동안 어떤 도전도 받지 않았다.[57]

역설적이게도 피타고라스학파의 가장 위대한 발견이 결국 그들의 실패 원인이 되고 말았다. 그들이 발견한 직각삼각형의 정리(피타고라스의 정리로 직각삼각형에서 빗변의 제곱은 직각을 이루는 두 변의 제곱의 합과 같다. -역주)는 무리수의 발견으로 이어졌다.[58] 정수를 좋아했던 피타고라스학파는 2의 제곱근을 정수로 표현할 수 없다는 사실에 위협을 느꼈고, 영원히 해결되지 않는 문제로 남을지 모른다고 생각했다.[59] 이는 피타고라스학파가 구축한 수학적 스키마에 일종의 위협으로 작용했다. 왜냐하면 그들의 정신세계가 부정확하고 불충분하며 불완전하다는 것을 드러내는 꼴이 됐기 때문이다.

설상가상으로 그들이 구축한 정신세계는 적용이나 확장을 통해 정확하고 완벽하게 만들 수 없었다. 그들이 이론적으로 이상적이라고 상정한 세계조차 불완전한 것이었다. 그렇다면 위대한 그리스의 수학 철학자들은 어떻게 이런 인식의 위기에 대처해 나갔을까? 그들은 무리수의 존재를 증명한 히파수스Hippasus(기원전 425년경)[60]를 익사시키는 등 사람들이 2의 제곱근을 알지 못하도록 억압했다.[61]

마찬가지로 그들은 피타고라스학파 이상주의의 또 하나의 골칫거리였던 십이면체도 억압했다. 이 점에서 그들은 매우 성공적이어서 십이면체가 무엇인지 거의 아무도 알지 못했다. 그리스의 어리석음에 관심 있는 사람이라면 피타고라스학파가 다섯 가지 완벽한 입체, 즉 사면체, 정육면체, 팔면체, 이십면체, 십이면체에 대해 알고 있었다는 사실에 유의할 필요가 있다. 이 중 사면체, 정육면체, 팔면체, 이십면체는 그리스 세계를 구성하는 네 가지 요소, 즉 흙, 공기, 불, 물과 연관 지어 생각했다. 그리고 십이면체(아리스토텔레스는 하늘의 구성물을 설명하기 위해 다섯 번째 원소인 '에테르'를 상정

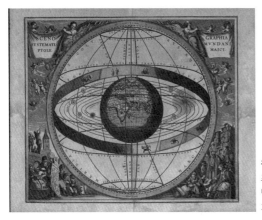

**천동설을 나타내는 천체도**
프톨레마이오스의 천동설로 인해 2000
년 동안 천체 움직임에 대한 사고가 정
지됐다.

했다(Klein, 76). 에테르는 20세기 초까지 매우 오랫동안 유행했다)는 전체 우주의
상징, 즉 다른 네 가지 정수로 간주됐다.[62] 이렇게 십이면체는 비세속적이
고 초자연적이며 어쩌면 위험할 수도 있는 힘을 대변한다고 생각했다.[63] 일
반 사람들에게는 마치 '비밀의 지식'인 양 십이면체에 대해 숨겼다. 피타고
라스학파는 이 놀랍고 체제 전복적인 주제를 다룬다는 사실이 밝혀지기 전
까지 인기를 누렸다. 이 사실이 드러난 후에 그들은 억압당하고 심지어 사
형을 당하기도 했는데, 지식 이단아들을 박해하는 서양의 전통이 시작된
것도 이때부터였다.[64]

　역설적이게도 사람들이 볼 때 피타고라스는 순수한 이성을 이상적 지
식의 원천으로 확립한 동시에, 명백한 도덕적 목적을 부여함으로써 순수한
이성을 타락시킨 측면도 있다. 도덕을 위해 동양사상의 종교적 전통 요소
를 폐기하여 처음에는 마술적 수학이었던 것이 도덕적 수학으로 변모했다.
서양의 신학(사상)을 동양과 구분 짓는 것도 바로 이 점 때문이다. 그런데 이로써 그리스의 (그리고 이후의) 철학자들은 합리적인 동시에, 도덕적인 형이상학의 토대가 되는 논리적이고 영원한 윤리학을 만들어야 하는 문제에 봉착하게 됐다.[65]

이렇게 고전 세계는 정확성과 실제성이 아니라 그 세계가 원하는 도덕의 관점에서 이상과 사상을 다루는 스키마의 지배를 받았다.[66] 이는 일련의 사고를 위한 출발점이 될 수 있으나 실제와의 일치하지 않는 그저 논리적인 정합성만을 추구하는 철학이 만들어질 수도 있다. 더 나쁜 것은 특정한 윤리적 목적을 위해, 다시 말해 특정한 정치적·사회적 정책을 정당화하기 위해 이런 부자연스러운 시스템을 만들어낼 수도 있다는 사실이다. 그리고 오늘날까지도 이런 시스템은 존재하고 있다.[67]

그러나 그리스 사상가들에게 있어 합리적 도덕에 대한 탐구는 그들이 빠져 있던 순수사고와의 로맨스에 가려져버렸다. 피타고라스학파의 본질은 순수사고였고, 영원한 세계는 인간의 보편적 감각으로 알 수 있는 것이 아니라 오직 지식인들에게만 스스로를 드러낸다고 생각했다.[68] 수학자는 (자기 재료의 노예인) 경험론자와 다르게, (자기 재료의 창조자인) 음악가처럼 질서정연한 아름다움을 갖춘 완벽한 세계를 창조할 수 있다. 그러므로 순수지식을 드러내는 데는 이성 하나만으로 충분했다. 만약 그리스인들이 천착하고 있던 사고가 그들의 생각만큼 순수한 것이 아니라면, 그것은 도덕적 질서에 깃든 모종의 편재성이나 그에 대한 필요성 혹은 욕망에 오염된 것이라고 봐야 한다. 그럼에도 불구하고 오염되지 않은 순수한 사상을 다루고 있다고 믿었던 그들은 피타고라스의 전통을 이어갔다. 파르메니데스와 플라톤(둘 다 이상적 논리를 추구했다)은 그런 유산을 고스란히 상속하는

동시에 그것을 더 공고히 했다.[69]

순수이성 철학의 발명자인 파르메니데스Parmenides(기원전 500~450)는 자신에 대적할 상대가 없다고 생각했다. 그는 감각에 의존하여 정보를 수집하고 연구하는 방법을 맹공격하였고, 오직 이성에만 의존했다. 논리를 중요시한 그의 세계는 아무것도 변화하지 않을 뿐 아니라, 변화할 수도 없는 정적인 세계였다. 말할 필요도 없이 그는 항상 능동적으로 자연을 변화시키려고 했던 이오니아의 '행동가들'에게 반대했다. 그는 변화는 감각이 정신에 건 속임수로 인한 인식의 착오라고 주장했다. 그는 모든 경험을 환영이라고 폄하하며, 자신의 주장을 견고하게 펼쳤다. 그러나 그에 대한 증거는 제시하지 못했다. 그도 그럴 것이 그의 논지에 따르면 증거를 얻는 것 자체가 불가능한 일이기 때문이다.[70] 이로 인해 사고는 경험과 모순되거나, 그로부터 완전히 독립된 위치에 서게 됐다. 파르메니데스는 경험을 비난하고 거부했다. 그는 실제 세계와의 접촉에 의한 경험을 거부함으로써 합리적 광기에 이를 정도였다.[71]

이성 대 현실의 이 불행하고도 불필요한 전투에서 패배자는 아테네 철학자들과 그들의 지적 전통을 추종하는 사람들이었다. 아테네는 논리로 무장한 피타고라스 원리의 계승자가 됐다. 서양 문명에 이르는 길에서 첫 발걸음을 뗀 것도 순수한 합리주의의 외피를 입은 아테네 철학자였다. 이들은 오늘날 우리가 여전히 고민하는 (진리란 무엇인가? '선함'이란 무엇인가? 같은) 질문들을 역사상 처음으로 던졌다. 오늘날 우리가 당면한 근원적인 철학적 문제들을 해결하기 위해 최초로 시도한 사람도 이들이었다. 주의 깊게 분석된 단어와 진술이라는 도구를 이용해 체계적으로 사고하는 서구의 독특한 전통을 처음 출발시킨 것도 이들이었다. 아무리 무지하고 협소하며 추상적이고 이상적으로 보일지라도 그들의 저작은 오늘날 우리 시대의 새벽을 열었다고 말할 수 있다.[72]

이처럼 5세기 말경 아테네의 지적 삶은 인류의 사고 발전에서 분수령을 이뤘다. 아테네의 지적 삶은 경험으로부터 일정한 거리를 유지했는데 그것은 피타고라스와 파르메니데스의 영향 때문이었다. 아테네 철학자들이 던진 질문과[73] 그에 대한 답은 도덕적 편향을 유지했다. 그로부터 2000년 후, 이 과도한 언어적 논리는 다시 실험과 연결되면서 과학이 재탄생했다. 비록 도덕적 요소는 그대로 유지됐지만 말이다.

### 아낙사고라스, 아테네의 어리석음을 논하다

고대 아테네에는 객관적이고 분석적인 사고에 대한 저항이 일반화되어 있었다. 아낙사고라스Anaxagoras(500?~428?)는 이에 크게 실망했다. 이오니아의 지적 전통을 따르던 그는 아테네에 철학을 처음 소개한 인물이다. 아테네가 페르시아의 침입에서 살아남은 반면, 이오니아는 그러지 못했다. 그는 아테네에서 거의 30년 동안 살면서(462~432) 지성과 어리석음에 대해 논했다. 그러나 타인의 삶을 향상시키려 노력했던 그는 사람들로부터 적의와 증오를 샀다.[74]

앞서 이야기했듯 페리클레스가 증오의 씨앗을 뿌렸을 때 공격당한 것은 그의 친구들이었다. 아낙사고라스는 종교를 믿지 않으면서 '높은 곳에 있는 사물'에 관한 이론을 가르치는 자들을 고소할 수 있는 법이 통과되면서(438년경) 박해를 받게 되었다. 특히 그는 태양은 시뻘겋게 달아오른 돌이

며, 달은 흙으로 되어 있다는 등 신성모독
적인 발언을 했다는 이유로 고소를 당했
다. 이후 그는 아테네를 떠나 이오니아로
돌아가서 학파를 세웠고, 그곳에서 의견
이 같은 사람들과 배움을 갈망하는 사람
들에게 안전하게 가르침을 펼칠 수 있었
다.[75]

**아낙사고라스** 아테네의 어리석음을 논하다.

아테네 문화는 아낙사고라스와 그가
대변한 이오니아의 전통을 거부했다. 이
는 노예 소유주들이 실제 세계와 물질적 우주를 다루는 사람들에게 배우려
는 마음이 없었기 때문은 아니다. 그리고 정치 지도자들은 사람들이 사물
의 본질에 관해 사색하는 것을 원하지 않았기 때문도 아니다. 그것은 당시
과학에 사회 윤리에 대한 신념이 부족했기 때문이다. 과학에서 도덕적 중
립성은 정확하고 분석적인 사고를 하게 한다. 한편 서구의 지적 전통에서
자기 정당성에 사로잡힌 편견으로 인한 왜곡 효과는 주로 피타고라스와 플
라톤의 철학적 유산이었다. 두 사람 모두 순수사고보다 윤리적 사고를 중
요시했다.[76] 어찌 됐든(아낙사고라스와 그 밖의 이오니아인들의 노력에도 불구하
고) 과학에서 멀어진 그리스의 사고는 도덕철학의 성격을 띠게 됐다. 수많
은 논란으로 점철된 도덕철학은 태동기 이후로 발전을 이루지 못했다(선악
과의 열매를 따 먹은 인간의 죄를 신이 사형죄로 규정했다는 것은 얼마나 아이러니한
가. 창세기 2:9, 16~17). 그러나 경제학에 대해서만큼은 과학적 사고를 허용했
다. 인간은 신처럼 객관적일 수 없기 때문에 인간은 도덕을 판단할 존재가

아니라고 여겼다.

그리스인들은 '어떻게?'보다 '왜?'라는 질문을 던졌다. '왜?'라는 질문은 목적론적 답을 요구한다. 즉 일정한 목적을 상정한다. 반면 '어떻게?'라는 질문의 답은 기계론적인 성격을 지니고 있으며, 인과관계를 상정한다. '왜?'라는 질문에 대한 답은 오랜 세월 맹위를 떨쳤으며, 지금도 소중한 인재들을 소진시키며 끝도 없이 무용한 논쟁으로 이어졌다. 반면 '어떻게?'라는 질문에 대한 답은 과학으로 이어졌다. 다만 그것은 그리스인들이 실제세계의 기능에 관한 질문을 멈추고 2000년이 지나서야 비로소 가능했다.[77]

아테네 철학자들이 서양의 어리석음에 기여한 공로를 이해하기 위해서는 외면당한 이오니아인들이 경험을 토대로 추론하면서, 우주와 그 안에서 인간의 위치를 이해하려고 했던 과학자임을 상기할 필요가 있다. 440년경 인간을 만물의 척도로 세우면서 신은 오직 인간의 마음속에만 존재한다고 했던 프로타고라스 덕분에,[78] 아테네인들은 초기 휴머니즘을 서양 사상에 도입했다. 이로써 인간은 자기 목적적 탐구의 중심이 됐으며, 유용성이 아니라 도덕성이 사회가 답을 받아들이거나 비난하는 기준이 됐다(오늘날까지도 그리스의 유산은 기본 스키마를 위협하거나 그것의 절충을 요구하는 교훈을 거부하는 우리의 습성에 그대로 남아 있다).[79]

## 아테네의 무지를 설파한 소크라테스

이러한 사상가들 중 최초의 사람이 소크라테스Socrates(470?~399)다. 그는 자연에 대한 탐구를 자제하면서 불사의 영혼을 믿는 이상적인 이론으로 대체했다. 소크라테스를 따라 아테네인들은 과학을 버리고 도덕적 이상주의라는 피타고라스의 전통에서 말하는 인간에 대한 종교적 관점을 받아들였다. 철학자로서 (사실 그는 철학자가 아니었다.) 소크라테스는 (플라톤과 크세노폰의 의견에 따르면) 논리학자라기보다는 형이상학자에 가까웠다. 그의 주된 관심은 정치윤리학이라는 모순된 분야였다.[80] 소크라테스의 특기는 질문을 던지는 것이었는데, 그 질문들에 답하지 않는 것이 그의 더 큰 특기였다.

이 같은 특기는 논외로 하더라도, 그의 유일한 신념은 '앎이 곧 덕'이라는 것이었다. 그에게 있어서 어떠한 사상이나 신념을 평가하는 진정한 척도는 그것이 진실이냐 아니냐가 아니라, 그것이 인간의 덕을 고취시키느냐 그렇지 않느냐는 것이었다. 소크라테스의 질문법으로 사람들의 덕행이 커졌을 것이라고 생각할 수 있다. 하지만 실제로 추종자들에게 그의 질문법은 천한 욕망을 억제하는 도덕 습관을 상실하는 결과로 이어졌을 뿐이다. 자기도취와 자기 변명에 빠진 이 악당들 중에는 펠로폰네소스 전쟁 말기에 스파르타의 폭군으로 아테네 교육제도를 파괴한 크리티아스Critias, 스파르타를 등에 업은 또 한 사람의 폭군인 카르미데스Charmides, 아테네와 그리스를 무너뜨리기 위해 온갖 짓을 서슴지 않았던 궁극의 배반자 엘키비아데스Alcibiades가 있다. 이들을 비롯하여 소크라테스의 제자들의 신념과 애국주의는 덕을 추구하는 소크라테스에 의해 파멸당했다.[81]

소크라테스의 냉소에 신물이 났던 아리스토파네스는 자신의 저서 《구름》(423년, 고대 아테네의 희극 소피스트들을 풍자하는 내용을 담고 있으며, 철학자 소크라테스가 등장)에서 소크라테스를 중년의 행상꾼이자 허풍쟁이로 묘사했다. 그는 소크라테스를 게으르고 부유한 엘리트들의 머리를 말장난과 상대주의적 도덕으로 가득 채운, 겉만 번드르르한 소피스트 중 최악의 인물

**바구니에 담긴 소크라테스** 희극 《구름》의 한 장면(1564년)

로 그렸다. 아테네가 스파르타와 전쟁을 치르는 동안 무기력과 타락이 만연하면서 문화적으로 쇠락에 접어든 것도 소크라테스의 영향 때문이라고 주장했다.[82]

만약 열매를 가지고 나무를 판단할 수 있다면 소크라테스는 아테네 젊은이들을 타락시키고 그들에게 불경한 태도를 전파했다는 죄목을 붙여도 마땅하다. 그러나 다른 한편에는 소크라테스를 경건한 인물로 생각한 사람들도 있었다. 그들은 소크라테스가 사람들에게 건전한 영향을 미친다고 보았다. 소크라테스가 시민 지도자들의 분노를 샀던 이유는 그가 아테네 젊은이들에게 미친 영향 때문이 아니었다(소크라테스는 404년 아테네 정부를 전복한 우파 혁명가들을 가르친 적도 있다). 그것은 능력 있는 자들을 정부의 요직에 앉히려던 그의 노력 때문이었다.

민주적 아테네의 한 가지 문제는 고위 관료를 능력이 아니라 제비뽑기로 선출했다는 점이다.[84] 이런 방식은 아직까지도 민주주의의 특징이라고 여겨지는 태도인 전문가에 대한 증오, 기득권에 대한 의심, 상식에 대한 믿음의 잘못된 기초를 마련했다.[85] 이런 태도를 정당화하더라도 지도자를 제비뽑기로 선출한 방식까지 정당화할 수는 없다. 국민의 집단적 지혜가 반드시 국민에 의해 선출된 특정 개인의 효과적인 리더십으로 전환되는 것은 아니기 때문이다. 어쩌면 그 특정 지도자는 주어진 역할이나 임무에 적합하지 않은 사람일 수도 있다.

아테네의 자발적 잔소리꾼[86]이었던 소크라테스는 사람들의 심기를 불편하게 만드는 능력을 갈고 닦았다. 그는 권력을 쥔 자들은 자신이 무슨 행동을 하고 있는지 알아야 하며, 거기서 더 나아가 올바르게 행동해야 한다는 견해를 옹호했다.[87] 무지에 대한 관념을 최초로 제시한[88] 소크라테스는 그것을 그냥 두고 보지 못했다. 가식적인 관료들의 무지를 지속적으로 폭로하며, 관료들의 능력과 덕성을 요구했다.

소크라테스는 국민의 선거로 선출된 자들을 적으로 간주하지는 않았지만, 그들을 경원시했다. 관료들은 당연히 소크라테스의 이런 선동을 중지시켜야 한다고 생각했다. 그것은 단 한 잔의 독배로 간단하게 해결되었다. 일반적인 의미에서 소크라테스의 죽음은 인지적 조화가 잘못된 예를 상징한다. 소크라테스가 30인 참주(고대 그리스 · 로마에서 과두정치를 이끈 30명의 세력자-역주)가 저지른 죄에 가담하지 않은 탓에 그들은 당시 가장 정직한 사람에게 날조된 죄를 뒤집어 씌워 사형선고를 내렸다(그의 실제 죄목은 '도시의 신들을 믿지 않는' 것이었다(Stone, 1988, p. 201). 어떤 의미에서 소크라테스의 도전에 두려움을 느낀 기존 제도에 의해 희생당했다는 점에서 예수를 떠올리게 한다. Hanson, p. 421).

소크라테스는 인간으로서는 성인이었지만 철학자로서는 죄인이었다. 그는 철학적 논리를 따지기보다 덕을 증진시키는 데 더 관심이 많았지만, 철학자로 기억되고 있다는 사실은 그의 삶과 유산이 남긴 아이러니라고 할 수 있다. 그는 사람들을 도덕적으로 일깨우기 위해 자신의 지적 일관성을 기꺼이 포기했다. 그는 영혼이 가장 중요하다고 하면서도 학생들의 머리를 일깨우기 위해 노력했다. 또한 인간적 정신을 강조하면서도 이성과 지식을 통해서만 덕을 갖출 수 있다고 보았다. 그는 인간의 무신론적 선을 위해 인류 역사상 최초로 지적·도덕적 자유를 주창한 사람이다.[89]

소크라테스는 진리를 중시했지만 압력이 가해지면 그 상황에서 가장 바람직한 결론을 내리는 것을 더 중요시했다. 만약 소크라테스가 덕을 증진시키는 일관된 사고 체계를 만들어내지 않았다면, 어느 누구도 그 일을 하지 못했을 것이다. 소크라테스는 바람직한 결과를 얻기 위해 철학자들이 '지식의 탐색'으로 간주하는 '부정직dishonesty'[90]이라는 매우 인간적인 습관(관행)에 몰두했지만, 실패했다.

소크라테스는 지식의 탐색을 가장 중요하다고 생각했지만, 과학을 경원시했다. 왜냐하면 과학은 불확정적·잠정적 윤리라는 목적을 성취하는 데 도움이 되지 않았기 때문이다. 유교, 불교, 힌두교 등 동양의 영적 전통을 무시하고,[91] 동양철학의 묵상적 양식에도 무관심했던[92] 그는 방법론적 의문을 차용하여 서양의 체계적 사고 확립에 공헌했다. 그의 관심사는 도덕 용어에 대한 정의를 탐색하는 것이었다. 그러나 용기와 우정, 경건함과 물질에 대한 문제를 탐구하는 과정에서 그는 특정한 목적을 위해 각각의 주장을 조직했다. 무의식적으로 그리고 은근슬쩍 자신의 주장을 고집할 때도 그는 자신이 무지하다고 말했다. 그리고 언제나 자신이 아는 유일한 것은 자신이 아무것도 모른다는 사실뿐이라고 주장했다.

소크라테스가 배움에 관해 표명한 순진한 낙관주의에는 무언가 실망스러운 구석이 있다. 그는 마음이 모든 것의 처리요, 원인이라고 주장했다. 소크라테스는 마음이 모든 것을 최선으로 처리하며, 구체적 사실을 최상의 위치에 둔다고 결론지었다.[93] 소크라테스는 과학자들이 '왜'보다 '어떻게'에 초점을 맞춘다는 사실에 실망했다. 그래서 인간 지성에 대한 자신만의 근거 없는 신념을 통해 내면을 향하고 있었다. 그러면서 고의로 죄를 짓는 사람은 없기 때문에,[94] 덕 있는 사람을 만드는 데는 오직 지식만 있으면 된다는 순진한 주장을 펼쳤다(소크라테스의 유산 중 이것이 가장 널리 전파됐고, 가장 오래 살아남았으며, 가장 극복하기 어려운 것이다. 바로 사람은 이성적인 존재이므로 그들이 올바른 행동을 하는 데 필요한 것은 오직 더 많은 지식이란 주장이다).

그러나 이것 역시 아무것도 증명하지 못했다. 광장에 머물면서 현실 생활의 역경으로부터 한 발 떨어져 있는 그의 태도를 보여줄 뿐이었다. 이는 또한 그가 무의식적으로 죄를 지었으며 아는 것이 매우 적었음을 생각하면 그는 그다지 덕이 있는 사람도 아니었다는 것을 의미한다.[95]

지식과 덕을 연결시키는 이러한 소크라테스적·플라톤적 난센스는 그리스 사상에서 흔히 발견되며,[96] 다소 귀족적인 성향을 띤다고 할 수 있다. 사람은 덕을 쌓는 법을 배워야 한다. 그러나 머리로 배우고 논리에 의존한다고 해서 덕이 생겨나는 것은 아니다. 타인에 대한 연민과 공감을 연마해야 덕이 생겨난다. 그런데 이런 덕의 발달은 그리스에서 원천적으로 차단됐다. 노예 소유주들이 문화적으로 득세하면서 그들의 사회적 스키마가 주류의 도덕 가치를 결정지었기 때문이다.

## 서양의 어리석음의 대표주자, 플라톤

역설적이게도 인간사에 대한 소크라테스의 성향은 그의 제자인 플라톤 (427?~347?)에 이르러 심화되는 동시에 더욱 편향됐다. 플라톤은 문화 제도에 관심이 있었다. 그러나 불행히도 소크라테스의 사상이 지닌 사회적·정치적 함의에 관한 감각에 너무 민감했던 나머지 그의 사고는 왜곡됐고, 결국 시대를 통틀어 서구의 어리석음을 대표하는 사람이 됐다. 그의 과도한 지성은 고대 세계의 학습에 부정적 영향을 미쳤다. 특히 아리스토텔레스의 노력에도 불구하고 플라톤이 이상적 합리화된 방법으로 철학을 사용하면서 과학의 발전은 크게 지연됐다.[97]

소크라테스와 마찬가지로 플라톤도 자신의 관심사를 인간사로 제한하면서 우주의 나머지 부분을 등한시했다. 이것이 반드시 나쁜 것만은 아니다. 그러나 그가 합리적 도덕성이라는 명분 아래 위대한 질문자의 지적 부정직함Intellectual dishonesty이라는 전통을 공고히 했다는 점은 한탄할 만하다. 이같은 지독한 난센스를 그토록 매혹적인 드라마(대화)로 포장한 사람은 그 누구도 없었다.[98] 만약 그가 자신의 견해를 간명하게 표명하고, 진리를 국가의 이익보다 우위에 두었다면 아마 역사상 가장 위대한 철학자가 됐을 것이다.[99] 그러나 그가 제시한 원칙은 그것이 초래한 사회적 결과에 따라 평가받았다. 그가 옹호한 특정 견해가 그의 추종자들을 덕이 있는 사람으로 만들었을 수도 있다. 하지만 그에게 있어 덕이란 곧 '복종'을 의미했다.

만약 플라톤을 지적으로 숭배한다면 그것은 '적절한(다시 말해 자신이 원하는)' 결론으로 이끌어내기 위해 주장을 비틀고 토론을 조종하는 프로크루스테스Procrustean 방법론(폭력적 규준, 무리한 획일화 : 그리스 신화에 등장하는 프로크루스테스라는 거인이 잡은 사람을 쇠 침대에 눕혀 키 큰 사람은 다리를 자르고 작은 사람은 잡아 늘였다고 한 데서 유래한 표현이다.-역주) 때문일 것이다.

플라톤이 서양 사상에 이런 악덕을 행한 이래로 질문자는 자신의 마음 속에 도달하려는 결론을 미리 정한 후 형식적인 형이상학적 탐구를 수행했다.[100] 불행히도 플라톤은 철학자 가운데 가장 영향력 있는 사람이었다. 내재한 편견 위에서 미리 정한 결론을 끌어내는 방법을 플라톤이 공인하자 목적 중심의 분석론이 서양 사상의 기초를 형성하게 됐다. 이는 그 후 오랫동안 지적 정직성을 훼손하는 결과를 초래했다.

이 특정한 철학적 오류와 인간사에 대한 플라톤의 사상은 소크라테스에게서 기원했다고 할 수 있다. 그러나 플라톤은 재능 있는 제자의 천재성을 발휘하면서 어리석음을 새로운 분야에 적용하고 확장시켰다. 그리고 이 점에 있어서는 자신의 스승을 능가했다고 할 수 있다. 아테네의 명문가에서 태어난 플라톤에게 있어 정치적 성향은 분명히 귀족적인 성격을 띠고 있었다. 그는 펠로폰네소스 전쟁에서 아테네가 패한 것을 자신이 경멸하던 민주주의 탓으로 돌렸다. 민주적 지도자들이 존경하는 스승을 죽음으로 몰아가자 민주주의에 대한 그의 경멸은 더 커졌다.[101] 더욱이 전쟁을 겪으며 성장한 탓에 미래를 두려워하는 성향[102]을 갖게 된 플라톤은 혼란스러운 아테네 사회에 평화와 질서를 도모하는 방향으로 사고를 전환시켰다. 그러나 아테네는 기원전 260년 마케도니아가 정복하기 이전까지 민주주의를 유지했다.[103]

한편 플라톤은 인간이 신의 법칙에 복종함으로써 평화와 질서를 이룰 수 있다고 믿었다. 그는 또 신의 법칙을 이해하면 소크라테스가 말하는 덕을 증진시키는 것이 아니라 더 잘 복종하게 된다고 보았다. 그리고 자신과 같은 사상가들이 절대적 진리를 결정지어 널리 전파한다면 고요한 사회를 유지할 수 있다고 생각했다. 그의 기본적이고 순진한 가정 중 하나는, 진리를 알면 진리와 어긋나는 방식으로 행동하기 불가능하다는 생각이었다.

플라톤의 저서 《공화국Polateia》의 영감을 준 국가의 모델은 펠로폰네소스 전쟁에서 승리를 거둔 스파르타(군국주의)였다. 여느 때처럼 플라톤은 자신의 작품에 진짜 마음을 솜씨 좋게 위장시켜 놓았다. 독자들은 어리석게도 그가 유토피아적 전체주의를 옹호하고 있다는 사실을 알아차리지 못했다.[104] '공화국'이란 말은 그 자체로 오해의 소지를 불러일으켰다. 그러나 사람들은 '전체주의적 공화국'이 모순되는 개념이지만 실재할 수 있다는 것을 알게 됐다. 예를 들어 독일에 공화국과 민주주의를 혼용한 독일민주주의공화국(구동독)을 고려한다면 '전체주의 공화국'이 모순되는 개념이지만, 실재할 수 있음을 알 수 있다.

플라톤이 말한 몇 가지 특정 사항 중 하나는 정부는 원래부터 거짓말을 할 수 있다는 것이었다.[105] 소크라테스에게 물려받은 '고상한 거짓말(정부는 '진실을 공개하지 않을' 권리를 보유해야 한다고 말한 마거릿 대처 정권의 내각처 장관의 논평을 주목하라. Wheen, 297)'에 대해 자세하게 이야기하며 플라톤은 신화를 의무적으로 받아들이는 것은 철학과 배치되며, 지성을 저해하는 교육을 낳게 된다는 사실에 대해서도 태연한 태도를 보였다.

플라톤이 지적 무결성보다 공공의 질서에 가치를 두었다는 사실은 그

**좌 | 플라톤과 아리스토텔레스** 플라톤(왼쪽)이 옆에 끼고 있는 책이 《티마이오스》다. 오른쪽은 아리스토텔레스이다(라파엘로의 〈아테네 학당〉 일부)

**우 | 라파엘로의 〈아테네 학당〉** 고대의 대학자들을 한 자리에 모은 상상화(1510~1511. 프레스코, 5x7.7m)

가 철학자보다 그리스인에 가까웠음을 보여준다. 모든 사람과 사물에는 각자의 자리가 있으며, 그 자리를 지켜야 한다는 질서의 관념은 그리스적 스키마의 기본이다. 플라톤은 고의로 속이는 행위가 지식을 사랑하는 사람에게 혐오스러운 일이라고 해도 문화적 이상을 실현하는 방법이라면 괜찮다고 보았다.[106] 이것은 플라톤에게 있어 교차점과 같은 것이었다. 왜냐하면 그가 나타나기 전까지 그리스 문화는 이론적 이상과 추악한 현실 사이에서 적절하게 절충하고 있었기 때문이다. 플라톤은 이상과 현실 사이에 드러나는 분명한 대비를 강조하면서 이상을 더 선호했다. 그러나 그는 고상한 거짓말이 필요하다는 실용적 필요성도 인정했기에 거짓말 자체를 이상의 경지로 격상시켰다.

《공화국》에서 플라톤은 철인 왕을 통한 질서 구현이라는 비전을 제시하였다. 그리고 권력 남용에 대한 유일한 대비책은 오직 법밖에 없다는 결론을 내렸다.[107] 어느 곳이든 권력이 한 곳에 집중되면 부패로 이어질 가능성이 크다는 점에서 위험한 일이었다. 그는 자의적 권력은 어리석음으로 이어지고, 이것은 다시 권력의 효율성을 저해한다고 보았다. 어리석음은 지나친 권력에 대한 견제책이 될 수 있다고 보았는데, 권력이 지나쳐 불공정해지면서 어리석음에 이르게 되면 무질서를 야기하고, 생산성을 떨어뜨리기 때문이다.

질서라는 명분을 위해 《공화국》은 지적 통일성뿐만 아니라 자유와 평등까지도 희생시켰다. 예를 들어 그는 호메로스와 헤시오도스가 철학적이지 않은 비도덕적인 신들을 노래했다는 이유를 들어 시를 불법으로 규정했다.[108] 전체주의적 유토피아는 대부분의 사람은 자치自治 능력이 없기 때문에 국가를 위해 일하고 싸워야 한다는 플라톤의 귀족적 정치관에 근거한다. 사회적으로 신분 제도는 사람들을 노동자, 전사, 철인 왕으로 구분 지었다. 그에게 국가의 실제 모델은 스파르타였지만, 이상적 모델은 자유도 개인주의도 아닌, 오직 공동체에 대한 전체주의적 헌신만 존재하는 사회였다.[109] 즉 의례와 예식, 종교를 통해 '선함'을 추구하는 사람들의 헌신만을 요구했다. 오직 그가 구상한 상상 속 공동체의 귀족 지식인들만이 철학의 기쁨을 추구하고 진리와 아름다움을 갈망할 수 있었다.[110]

나아가 그는 (세속 질서에 대한 갈망으로) 마음속에 그린 상징적 환상세계를 왜곡했다. 이 점에서 그는 순진하게 비논리적인 수학자, 가정을 제시하는 데 그칠 뿐 그것을 인식으로 증명하지 못한 오류를 범한 수학자와는 달랐다. 또한 그는 자신의 가정을 논리적이고 상징적으로 재현한 이상적인 정신세계를 구축하지 않았다는 점에서 창의적인 수학자와도 거리가 멀었다. 그는 질서정연한 상태에 대한 무의식적 욕망에 따라 자신의 스키마를 형성했기 때문에 불합리한 환상으로 바뀌었다. 그가 신중을 기해 만들어낸 주장들은 그의 이상화된 독립적 정신세계 속에서만 유효할 뿐이었다. 그는 아테네에 복종을 퍼뜨리는 데 사용할 이미지(선동까지는 아니라 해도)를 창조하기 위해 자기 인식의 일관성을 포기했다. 즉 그의 철학은 현실을 외면하면서도 신들을 대변할 수 있는 행성을 구상했다. 왜냐하면 그에게 있어 신은 실제적인 것이며 회의론자들도 부정할 수 없는 것이었기 때문이다.[111] 가장 나쁜 것은 논리와 수학이 추악한 현실세계를 대변한다고 주장함으로써 지식에 피해를 주었다는 점이다.

실제로 당시의 범속한 정치 현실에 깊숙이 관여했던 플라톤이 극단적 이상주의자였다는 사실은 다소 아이러니하다.[112] 그에게 있어 이상화란 찬란한 고독 속에서 지어낸 꿈같은 추상화가 아니라, 지성화(사고)의 역할과 중요성을 과대평가한 결과로 생긴 것이었다. 삶의 핵심을 다루는 것에 대한 보상으로 그는 최초의 어리석은 사람이 되었다. 그의 사상은 대부분 현실과 연관성이 거의 없었다.[113] 예를 들어 그는 순진하게도 공공의 수호자(경찰)에게 또 다른 수호자(감독기관)를 두어 견제한다는 것이[114] 어리석다고 생각했다. 왜냐하면 그의 이상적 덕의 세계에서 공무를 담당한 자는 자신이 마땅히 해야 할 일을 하도록 되어 있기 때문이다.

역설적이게도 플라톤의 창조 신화는 삶에서 지성의 중요성을 강조하는 한편, 이전에 일정한 변화(퇴화)가 일어났던 사실도 인정했다. 그가 제기한 변화는 생물체의 기원에 관한 것으로, 생명체는 완벽한 신에서 인간을 거쳐 하등의 유기체로 연결된다는 것이었다. 그는 《티마이오스Timaios》(플라톤의 자연학에 대한 대화편)에서 살아있는 생명체는 앎과 어리석음의 득실에 따라 모습을 바꾼다고 보았다. 그의 세계에서는 일반적으로 앎보다 어리석음이 더 많았다. 플라톤의 신은 지각과 지성을 갖춘, 모든 존재 가운데 가장 위대하고 공정하며 완벽한 최상의 존재인 반면,[115] 인간은 그보다 아래 있으며 동물은 더 아래 있었다.

그러나 플라톤의 기본적인 문제는 사회 윤리와 정치 질서를 위해 역설적으로 지성과 논리적 비일관성에 전념한 것만은 아니다. 그 밖에도 그는 자신의 순수 정신세계에서 실제적인 삶의 경험을 모조리 배제했다. 예를 들어 그가 잠을 잤던 침대는 실재하는 침대가 아니었다. 그에게 실재하는 침대는 천상의 어딘가에 있는 이상적인 침대였다. 플라톤에게 있어 자신이 실제로 사용했던 침대는 상상 속에만 존재하는 원형의 '형상(완벽하게 '실재하는' 침대)'을 허술하게 모사한 것에 지나지 않았다. 그가 말하는 '실재'는 이상적인 추상화로서의 실재이며, 우리가 말하는 '현실'은 플라톤에게 있어 추잡한 모방품에 지나지 않았다.[116] 용어 오용에 따른 이러한 혼란*은 플라톤주의자들을 '실재론자Realists'라고 부르면서 끝이 났다. 그들을 실재론자라고 부른 이유는 오직 순수한 사상만이 어떤 실체(영원성, 통일성 적법성)를

---

* 공정하게 말해 플라톤의 사상 체계는 아름다움 같은 추상적인 개념에 더 잘 적용된다는 사실을 인정할 수밖에 없다. 아름다운 여자와 멋진 일몰을 볼 때도 우리는 아름다움 자체를 보지 못한다. 우리의 마음속에 최상의 상태로 존재하는 것은 추상화된 이상이다. 예술 분야에서 그리스 문화 애호가들은 자연이나 단순한 실재보다 우월한 머릿속 이미지를 창조했다(Wickelmann, Blanning의 p. 508~509에서 인용).

가졌다고 보았기 때문이다.[117] 나중에 플라톤은 형상이 실재하느냐에 관해 모호한 태도를 보였지만 선함이 궁극의 표현이라는 생각은 언제나 그의 가장 중심적인 사상이었다. 그리고 철학은 영혼이 그런 이상에 도달할 수 있는 영적인 방법이었다.[118]

자신의 견해를 신뢰한 (그리고 다른 사람들도 거기에 동의한다고 생각한) 플라톤은 사람들에게 주변 세계로부터 독립된 자신의 마음속에서 진리를 찾으라고 했다. 이렇게 함으로써 그는 관찰에 기초한 과학적 분석이 아니라 홀로 하는 묵상으로부터 참된 지식이 생겨난다는 믿음을 일관되게 유지했다. 실제로 플라톤은 인간이 참된 지식을 가질 수 없는 이유는 인간을 오도하는 기만적인 감각 때문이라고 보았다.[119] 플라톤은 다른 사람들도 자신과 동일한 결론에 이를 것이라고 생각했고, 사람들은 플라톤과 비슷한 정도로 똑같은 결론에 이르렀다. 그런데 어쩌면 플라톤은 사람들이 그들 자신의 마음이 아닌 그의 마음을 들여다보기를 원했는지도 모른다.

플라톤은 분명히 사람들이 자신이 원하는 그 무엇은 자기 마음을 들여다봄으로써 찾을 수 있다고 생각하지 않았다.[120] 그리스 시대부터 르네상스, 계몽기를 거쳐 포스트모더니즘에 이르기까지 다양한 형태의 휴머니즘의 특징을 형성하고 변질시킨 것도 바로 이러한 자기중심적이고 주관적인 성향 때문이었다. 즉 순수형상과 관련해 플라톤은 원을 좋아한 반면, 에피쿠로스학파는 피라미드나 사각형을 더 선호했다. 이러한 모호성은 플라톤의 사상 체계에서는 해결될 수 없는 문제로, 배움에 도움이 되는 게 아니라 오히려 장애물로 작용했다. 사람들은 원래부터 서로 다를 뿐만 아니라 변화해가는 존재다.[121] 주관적인 (편견에 빠진 정도는 아니라 해도) 판단의 근거를 이루는 자의적 이상은 예술 등에서 사물의 해석을 흐리게 만들고, 정신 이상 같은 증상의 평가를 모호하게 만든다.[122] 플라톤은 아마 이런 문제점을 인식한 것으로 보인다. 플라톤은 《공화국》에서 객관적인 과학에서 얻은 앎과 대비되는 의견을 통해서는 실재에 대한 앎의 그림자만 얻게 된다는 점을 인정했다. 이로써 자신의 후배이자 지적 계승자인 아리스토텔레스에게 길을 열어주었다.

### 아리스토텔레스, 사상의 발전을 늦추다

아리스토텔레스(384~322)는 스승인 플라톤과 달리 사실적 현실을 매우 중시했다. 그는 소크라테스와 플라톤을 비판했지만,[123] 자신이 관찰한 바를 플라톤적 이상과 조화시키기 위해 노력했다.[124] 과학자로서 그의 이런 노력은 플라톤의 영향력을 넘어서기 위해서였다(마찬가지로 형이상학자로서 아리스토텔레스는 상식을 조금 가미함으로써 플라톤의 영향력을 희석시키려고 했다. 물론 이 둘은 잘 섞이지 않았다). 아리스토텔레스는 플라톤의 아카데미에서 20년에 걸쳐 감각세계의 실재성을 부정하는 형상 이론을 철저하게 세뇌받은 우수한 학생이었다. 또 그는 태양 아래 모든 것을 광범위하게 모으는 위대한 사실 수집가가 됐다.

아리스토텔레스는 플라톤의 전제적 유산을 극복하고 자연을 연구하고자 했다. 하지만 아쉽게도 그 역시 정해진 진리에서 결론을 도출해내며 자신의 믿음을 사물에 강요하는 방법에 있어서는 플라톤과 같은 모습을 보였다. 그만큼 그에게는 플라톤적 사고가 감각보다 훨씬 중요했다. 그의 사상(철학적 스키마)은 우주는 질서를 이루고 있으며, 모든 것이 지적으로 우아하게 서로 정합적인 상태에 있다고 가정함으로써 실제로 그것이 그러한지 자연에 대해 확인하는 작업을 등한시했다.[125]

따라서 그의 논리학은 언제나 그의 과학보다 영향력이 컸다. 그의 전문 분야가 대전제를 검증할 수 없는 삼단논법이었다는 사실은 주목할 만하다. 이처럼 가정(전제)을 검증할 수 없었던 그리스 사상은 독단론과 자의적 주장이라는 습관에 빠졌다. 여기서는 주장의 유효성이 가장 중요했으며, 결론의 진실성은 문제가 되지 않았다.[126]

플라톤과 마찬가지로 격변의 시기를 살았던 아리스토텔레스도 질서와 안정을 추구했다.[127] 그는 시스템(체계) 속에서 질서와 안정을 보았다. 소크라테스가 모든 것에 대해 질문을 던졌고, 플라톤이 모든 것을 이상화시켰다면, 아리스토텔레스는 모든 것을 조직했다고 할 수 있다. 플라톤이 삶을 고치려고 했다면, 아리스토텔레스는 탈레스처럼 삶(생명)을 이해하고자 했다. 그리고 사물, 특히 살아있는 생명체를 비교하고 분류해 얻은 체계적 지식을 통해 생명을 이해할 수 있다고 보았다. 생명에 대한 이런 이해를 성취하려는 노력의 일환으로 그는 생물학을 자신의 개인적 종교로 삼고, 변화를 신과 같은 완벽함을 향해가는 진화 과정으로 받아들였다. 그의 종교는 모든 생명이 신을 향해 진화하고 있는[128] 이상적이고 정적인 그리스의 완벽함을 추구했다. 자신에 관해 생각할 줄 아는 마음을 가진 부동不動의 살아있는 원동력은 바로 신이었다.[129]

아리스토텔레스의 문제점은 사상가로서 크게 성공한 나머지 오히려 이후의 사상 발전에 장애물로 작용했다는 것이다. 실제로 그에 필적할 만한 철학자가 나오기까지는 그로부터 2000년이란 세월이 필요했다. 물론 이것은 그가 사상가로서 크게 성공한 이유도 있지만, 제자들의 역할도 컸다. 제자들은 아리스토텔레스를 모든 지식이 흘러나오는 지식의 원천이자, 모든 사상이 하나로 만나는 궁극의 지점으로 신격화했다. 제자들의 노력으로 철학과 과학에서 아리스토텔레스의 권위가 지나치게 높아진 나머지 그의 유산이 오히려 발전의 장애물로 작용했다. 긍정적인 면에서 보면 그는 초자연에 의존하는 것으로부터 자연스러운 사고양식으로의 길로 이끌었다(이제 기적은 인과법칙의 설명에서 제외됐다).[130] 부정적인 면에서 보면 1600년 이후 진지한 지적 발전들은 그의 교리를 극복해야만 했다.[131]

게다가 아리스토텔레스가 이후 1000년에 걸쳐 유럽의 수동적 스키마를 형성했던 성공은 그리스의 실패를 가져온 것과 동일한 성공이었다. 행동보다 사고를 중시하는 그리스의 귀족적인 선호 때문에 기술 발전이 지체됐다. 그리스인들은 농업을 발전시키는 데 실패했으며, 강제 노동을 제외하고 어떤 자원도 제대로 활용하지 못했다. 이것은 슬픈 모습일 수도 있지만《공화국》과 아리스토텔레스의 《형이상학Metaphysics》의 구체적인 실현이자 반영이기도 했다. 이로 인해 그리스의 사고가 그 자체로 고정되고 비현실성을 유지함으로써, 과학뿐만 아니라 사회 전반의 발전이 지체됐다.[132]

### 알렉산더 대왕, 위대한 실패

그럼에도 아리스토텔레스의 가장 걸출한(그리고 아마도 가장 께름칙한) 학생이었던 알렉산더 대왕(356~323)은 누구 못지않게 그리스와 서양의 역사를 재편하는 데 공을 세웠다. 그의 통치시대에 제국이나 문명 차원이 아닌 도시국가 차원의 정치철학이 마련되었다.[133] 그러나 마케도니아(그리스인이 아닌)의 행동가였던 그는 그리스인들의 정신 능력을 뛰어넘은 정치, 경제, 사회적 관계에 대한 재검토를 강요했다.[134]

이렇게 알렉산더는 한 시대의 마지막인 동시에 새로운 시대의 시작이었다. 그는 이미 노후한 고대 그리스를 혁파한 자리에 제국이라는 서구적 개념이 생기기도 전에 최초의 다문화 제국 통일자로 등장했다. 그가 등장하기 전 그리스의 가장 원대한 정치적 야심이라고 해봐야 고작 페르시아를 그리스화하는 것뿐이었다. 하지만 헤로도토스의 사상을 받아들인 알렉산더 대왕은 그것을 뛰어넘었다. 전 세계 정치 질서의 상징이자 로마 황제의 롤 모델이던 그가 등장한 이후에야 보편법칙에 따른 세계의 조직이라는 생각이 가능해졌다.[135] 사실 그는 시대와 장소를 잘못 타고난 로마 장군 카이사르의 선례라고 할 수 있다.

그가 이룬 성취로 볼 때 알렉산더는 역사의 창공에서 혜성같이 반짝 등장한 존재였다. 그는 많은 것을 웅장하게 창조했지만 꾸준히 지속되지는 못했으며, 자신이 파괴한 것보다 더 많이 창조하지도 못했다. 그는 아드리아 해에서 인더스 강에 이르는 지역을 단일 통치 세력 아래 통일했지만 자신의 제국을 오래 지속시키지는 못했다.[136] 그가 계획해서 만들었던 도시(아직도 남아 있는)의 수는 그가 파괴한 도시의 수와 맞먹었다. 그는 또한 동방을 그리스화하는 데 실패했다. 그의 통치 이전 바빌로니아와 이집트에는 그리스의 이름이 수두룩했으며, 그의 통치 이후에도 동방의 색깔을 유지했다. 그는 도로를 건설하지도, 안정적인 해로를 확보하지도 못했다. 자신의 위대함에 취해 사고의 범위가 제약되었다는 점에서 알렉산더 대왕이 만든 가장 위대한 발명품은 자신의 신화였다.[137]

신화적 존재이자 롤 모델로서 알렉산더 대왕은 후세의 많은 사람에게 영감을 주었지만, 그가 남긴 직접적 유산은 혼란과 야만, 극악무도함이었다. 그가 죽자, 그가 세상에 실현하려 했던 질서도 온데간데없이 사라졌다. 그렇게 산산조각 난 제국의 자리에 지역의 귀족 통치자들이 들어섰다.[138] 또 그의 가문도 파괴됐다. 광란의 살인에 연루된 그의 어머니는 희생자의 친구들에게 죽임을 당했다.[139]

이러한 혼란의 유산은 알렉산더가 유랑한 방식에서 원인을 찾을 수 있다. 이 점에서 그는 그리스 역사 중 헬레네 시기(마케도니아가 지배했던 시기) 전체를 대변하는 진정한 화신이었다. 그들이 가진 스키마에 의해 행동의 의미와 무의미가 만들어지는 세계에서, 그의 통치 이후에 일어난 모든 주요한 발전은 그리스 문명의 쇠망에 기여했다. 성격은 운명이라는 헤라클레이토스의 말대로[140] 이 위대한 실패의 원인은 인간의 본성이 아닌 그리스적 정신세계에 처음부터 내재된 결함 때문으로 볼 수 있다.

## 창조와 쇠퇴의 헬레니즘 시대

헬레니즘 시대Hellenistic(알렉산더 대왕 이후의 그리스)의 가장 혁혁한 성취들은 물질적 · 실용적 면에서 로마보다 시기적으로 앞섰다. 이 시기에 그리스인들은 공공도로, 수도교水道橋, 항구, 계획도시를 대규모로 축조했다. 사업이 성장하고 상업이 활발하게 확장되면서 상인 계급의 부가 크게 증대했다. 이런 일시적 성공은 사치를 동반한 부도덕이라는 악덕을 낳았다. 문화적 창조성이 멈추면서 부르주아의 안일함으로 대체됐고, 그것은 다시 로마의 타락을 가져온 원인인 나태한 천박함으로 변질됐다.[141] 학자들은 형식에 얽매여 활기를 잃었으며, 신들은 감상으로 지나치게 부풀려져 의인화됐다.

이 모든 물질적 성취와 그에 따른 도덕적 붕괴는 정치적 혼돈기에 일어났다. 이는 당시 광범위하게 퍼져 있던 사회적 불안정과 약탈을 일삼는 마케도니아 군대 때문에 생긴 현상이었다. 그들은 칼의 힘을 뛰어넘는 정치 원리에 의한 영토 분쟁에 혈안이 되어 있었다.[142] 낡은 도시국가 모형을 대체할 새로운 제국의 이상이 부재했던 것도 이러한 혼란 상황을 더 부추긴 요인이 됐다.

하지만 그리스 사상가들은 변화하는 헬레니즘 세계에 적절하게 대응하지 못했다. 플라톤의 추상적 이상주의에 걸맞게 그리스 철학은 현실 세계와의 접촉을 피하면서 자신을 이론 속에 함몰시켰다. 문화생활에 영향을 준 자기 함몰적 성향은 당시 가장 번창한 도시인 알렉산드리아의 지적 생활에서 분명하게 드러났다.

정치철학 영역에서 알렉산드리아의 과도한 자유는 대중성을 중요시하는 방향으로 나아갔다. 정치 토론은 프톨레마이오스 1세(367?~283)의 후원으로 장려받기도 하고 제약을 받기도 했다. 이후 다양한 의견들이 만개하면서 미신과 편견마저 학문 세계에 유입됐고, 이에 따라 명료하고 독립적인 사고의 풍토는 크게 훼손됐다.[143]

여론의 자유 남용과 정치사상이 혼란한 한편, 누구도 과학과 수학의 창의적 사고에 필요한 지적 자유를 추구하기 위해 알렉산더박물관을 충분히 이용하지 못했다. 알렉산더 대왕 이후의 지식인들은 결론에 이르기 전에 사실을 충분히 조직하고 분석하라는 아리스토텔레스의 제안에 주의를 기울이지 않았다. 당시 박물관 종사자들은 사고의 방법과 우주의 운행 방식에 관해 과거로부터 전해 내려오던 그리스의 주류 의견을 안일하게 답습할 뿐이다.

위대한 책 중 하나인 유클리드의 《원론Elements》(기원전 300년경)은 그리스 지성의 최고 기념비로, 정적靜的인 사고의 승리를 상징적으로 보여준다. 이 책은 수학(기하학)을 통해 논리적이고 이해 가능한 세계를 만들 수 있다는 플라톤과 아리스토텔레스의 신념을 완성시켰다.[144] 이 책이 채택한 방법론은 완전히 연역적이어서

유클리드 《원론》 첫 번째 영어판 표지. 플라톤과 아리스토텔레스의 철학을 완성

그것이 기초한 가정을 기하학적 완벽함의 순수한 이상적 체계 안에서 검증할 방법이 없었다. 이 점에서 이 책이 가진 한계는 전형적인 그리스의 것이라고 할 수 있다. 기하학의 가정들은 자명한 진리라고 생각되나,[145] 오직 관찰을 통해서만 그것이 실제로 진리인지 알아볼 수 있다. 그러나 이런 방식의 검증은 유클리드가 개인적으로 건설한 작은 세계 안에서는 불가능했을 뿐 아니라 생각조차 할 수 없는 것이었다. 가설의 검증은 19세기 독일의 칼 가우스Carl Gauss가 문제점을 드러내기 전까지 기다려야 했다.[146] 게다가 플라톤의 현실 경멸 성향을 강하게 따랐던 유클리드는 실생활에 응용할 수 있는 기하학에 반감을 가지고 있었다.[147]

이 시대에 또 한 명의 전형적인 그리스 천재가 있었으니, 그가 바로 아르키메데스Archimedes(287~212)다. 그는 위대한 수학자이자 공학자였으나, 그

**아르키메데스** 공학을 경멸하는 위대한 공학자로 남
았다.

의 일관성에 대한 사랑은 과학을 실
제로 응용하는 것을 주저하게 만들
었을 뿐만 아니라 그것을 경멸하게
했다. 이렇게 그는 공학을 경멸하는
위대한 공학자로 남게 되었다. 그
는 순수이론에 기여한 공로로 명예
를 떨치고 싶어 했지만, 기하학 논
리에 취약했던 그는 이론적 관심의
범위까지도 제약을 받았다. 예를 들
어 그는 운동motion이 비논리적이라
고 생각한 나머지 자신을 정역학靜

力學(정지한 물체에 관한 역학)의 범주 안에 가두고 말았다.[148]

기하학과 이론 공학 외에 알렉산드리아 시대(알렉산드리아는 B. C. 3세기에
서 B. C. 1세기에 정치·통상·학예 등 모든 점에서 헬레니즘 세계의 중심이었기 때문
에 이때를 알렉산드리아 시대라고도 한다)의 가장 혁혁한 과학적 성취로 천문학
을 빼놓을 수 없다. 천문학은 이전 사상의 억압적 성격이 다른 학문보다 더
분명하게 드러난 학문이다. 아리스토텔레스는 태양 중심의 우주(태양계)에
대한 가능성을 염두에 두었으나 곧 무시하고 말았다. 대신 그는 한곳에 고
정된 구체 모양의 지구를 가진 우주관을 선호했다.

기원후 2세기에 프톨레마이오스는 그 한 곳을 모든 사물의 중심으로 삼
았다. 이 생각은 이후 1300년간 그대로 지속됐다. 천체의 운동에 관해 인간
위주의 가정에 집착한 나머지 천문학자들은 설명 불가능한 천체의 움직임

을 애써 무시하려 했다. 이론과 맞지 않은 천체의 움직임을 (콜럼버스가 나타나기 전까지 항해사들은 항해에 필요한 정보를 이 체계로부터 얻었다) 설명하지 않았던 것이 문제가 아니라, 당시의 주류 이론으로 그것을 설명할 수 없었다는 것이 문제였다. 인간 위주의 가설은 고대 인문주의자들의 자존심을 충족시키며 그들과 궁합이 맞았으나 그것을 그대로 받아들이기란 근본적으로 곤란했다. 그럼에도 불구하고 가설을 완벽한 것으로 만들려고 시도했던 사람들은 그 이유를 알고 있었다.[149]

이것은 주류의 신념에 반하는 정보는 인간의 습성을 잘 보여주는 예다. '규칙에 부합하지 않는 현상들'이 일어나자 그들은 그것을 설명할 수 있는 스키마를 억지로 만들어냈다. 실제로 이오니아 사람 중에는 새로운 신념 체계를 만들어낸 사람이 있었는데, 사모스의 아리스타르코스Aristarchus(기원전 250년경, 고대 그리스 천문학자, 수학자, 지구의 일주운동과 최초로 지동설을 제창)다. 그는 천체 운행의 코페르니쿠스 체계를 만들었으나, 결국 자신이 종교적 편견에 도전한 것이라는 사실을 깨달았다. 주전원周轉圓, Epicycle(140년경 그리스의 천문학자 프톨레마이오스가 천구상에서 행성들의 역행과 순행을 설명하기 위해 제창한 행성의 운동궤도로 16세기 중엽에 코페르니쿠스가 지동설을 제창할 때까지 계속 신봉됐다)으로 지구 주변 행성의 움직임을 설명한 프톨레마이오스의 천동설에 가려 아리스타르코스의 이론은 무시되었다.[150]

## 알렉산드리아의 역설 : 지식의 실패

정치사상의 혼란기에 지식의 억압(천문학에서 보였던)과 주요한 과학적 성취(에라토스테네스의 지구 둘레 구하는 법)가 동시에 나타났다는 점이 알렉산드리아의 역설이라고 할 수 있다. 그러나 알렉산드리아는 그때나 그 이후에나 사람들의 삶에 실질적으로 영향을 미치지 못했다. 그것은 알렉산드리아에는 당시 일어난 사고에 부응할 만한 실용주의 신념 체계가 존재하지 않았기 때문이다. 이 점에서 알렉산드리아는 그리스 정신의 진정한 실현이라고 할 만하다.

철학은 세속을 환영으로 치부해 내팽개치는 동시에 플라톤적인 고귀한 사상의 세계에 안주해 있었다. 세속 세계의 범속한 경험을 폄하한 그리스 사상은 그로부터 동떨어진 채 이상화시켰다. 이로써 그리스 사상은 정적이고 부적절한 것으로 변해갔다. 철학자들은 팔짱을 끼고 앉아 알렉산더 대왕 같은 행동가들이 전권을 행사하는 것을 보고만 있었다. 귀족 사상가들은 실제 행동하는 사람들과 보조를 맞추는 데 실패했다. 왜냐하면 끊임없이 변화하는 세계라는 역동적 관념은 정적인 그리스 정신으로는 도저히 이해할 수 없었기 때문이다.

기원전 3세기 무렵 이러한 지식의 실패는 그리스 문화의 도덕적 부패를 조장했다. 당시에는 누구나 믿고 따를 수 있는, 도덕적 행동의 기준이 되고 사회 안정의 근간이 될 만한 대의와 신념이 부재했다.[151] 오래된 도시국가에는 시민 정신이 아직 살아 있었다(물론 거의 소멸되기 직전이었지만). 그러나 알렉산더 대왕이 세운 새로운 도시에는 시민들이 자랑스러워할 만한 전통도, 정치적 통일에 대한 감각도 발달하지 못했다. 이 때문에 헬레니즘 시대의 윤리의식은 지극히 취약해졌다.[152]

보다 일반적인 의미에서 말하자면 고대 그리스의 도시국가와 철학이 쇠퇴하면서 기독교의 초자연적 영성이라는 서양 정신이 대두하는 바탕이 형성됐다. 알렉산더 대왕이 등장하기 전까지만 해도 철학자들은 지혜가 곧 힘이라고 생각했다. 그런데 역설적이게도, 외양의 세계를 폄하했던 피타고라스와 플라톤마저도 지배자를 성인聖人으로 변화시키려는 계획을 갖고 있었다. 마케도니아가 이 지역을 접수하고 철학이 쇠퇴하면서 사람들은 철학 대신 마술이나 점성술, 종교에 눈을 돌렸다. 공공의 덕에 대한 관심은 개인적 구원에 대한 흥미로 대체됐다. 이에 따라 개인의 주관적 종교 체험을 중시하게 되면서 기독교가 등장하는 길이 열렸다.[153]

이처럼 서양의 지식 생활이 아리스토텔레스와 그의 질서정연한 지식 컬렉션에서 종교적 영성론으로 방향을 급선회한 것은 바로 헬레니즘 시기였다. 이 시기 보통 사람들은 가치 있는 미지의 목적지에 도달하기 위해 자기 스스로 새로운 길을 개척하는 것이 아니라, 그저 발길 닿는 대로 쉬운 길을 가고자 했다. 이와 관련해서 이 시기에 버림받은 철학자들은 완벽하고 새로운 유토피아적 삶의 방식에 대한 기획을 아무렇지도 않게 방기한 채 인식적 회피의 세계 속을 떠돌았다.

견유학파(키니코스학파)는 세상을 포기했다.[154] 신과 맺는 영혼의 관계를 더 없이 중시했기 때문에 그들은 현실을 철저히 무시했다. 한편 스토아학파와 에피쿠로스학파는 무심함과 행복 같은 추상적 목적에 도달할 수 있는 윤리적 도구에 관심이 많았다.[155] 견유학파는 인간의 감각과 정신은 (잘못된 정보는 아니라 해도) 부족한 정보를 제공하기 때문에,[156] 그 무엇도 제대로 알 수 없다고 주장함으로써 모든 사람을 당황스럽게 만들었다. 소피스트Sophist(고대 그리스에서 수사학, 변론, 웅변을 가르치던 사람들, 직업적 계몽교사)들은 선악에 관한 절대적 행동 기준과 무관한 도덕적 상대주의나 상황 윤리를 내세워 우리가 얻은 지혜를 가려버렸다.[157]

실제로 아무것도 변하지 않았더라면 그리스의 전통적인 삶은 성공했을 것이다. 그리스 문화가 융통성 없는 정적인 문화라고 말하는 것은 다소 과장된 면이 있지만, 그리스 문화가 매우 역동적이지 않았다는 것만은 확실하다. 그리스인들은 심지어 자연의 힘을 활용하려는 시도조차 하지 않았으며, 발전에 대한 관념도 없었다. 세계를 변혁하기 위해 십자군의 전사 Crusaders도 보내지 않았다. 모든 것을 초월한 사람들은 삶에서 극단적으로 물러났던 철학자뿐이었다.

그리스는 완벽을 추구한 만큼 그에 대한 대가를 치러야만 했다. 그리스가 맞이한 비극은 그리스 문화에 내재된 한계로 인해 그들의 이상을 실현하지 못했기 때문이다. 그리스인들의 지적 삶은 정적인 삶에 과도하게 집착했다. 그 결과 그들은 지나친 형식주의로 흘렀으며, 살아있는 삶에 대한 사랑이 아니라 경직된 행동 기준을 갖게 됐다. 그리스 사상가들은 모든 것을 이상화하는 과정에서 순수를 위해 삶의 다양성을 희생시켰으며, 단순한 합리적 체계를 선호한 나머지 복잡한 인간적 상황을 무시하고 말았다.[159]

당시 그리스는 문화적으로 무력한 상태였는데, 그도 그럴 것이 철학적 완벽함을 추구한 나머지(물론 이것은 이상으로서의 이상을 추구하는 데는 효과적이었다) 사회 일반에 무용한 사상이 양산됐기 때문이다. 완벽한 세계를 창조하려고 시도한 나머지 사상가들은 자신들이 처한 환경에서 유리되어 어정쩡한 이상세계를 떠돌아다녔다. 이에 그리스는 이성에 꼼짝달싹 못 하게 걸려든 채 경험으로부터 배움을 얻는 능력을 상실하고 말았다.

특히 그리스인들은 자신들이 가진 이상 때문에 다양한 도시국가와 노예제, 이상 자체에 대한 경험으로부터 배움을 얻는 데 방해를 받았다. 예를 들어 그리스의 정치 형태인 도시국가는 끝없는 분열과 투쟁을 야기했음에도, 아테네와 스파르타의 시민들은 그것을 당연하게 여겼을 뿐 아니라 이상적인 상태로 간주했다. 대부분의 그리스인들은 도시국가가 아닌 정치 체계는 상상할 수 없었다. 사실 그들은 도시국가와 노예제, 허울만 남은 이상을 자신들이 갖춘 위대한 문화적 미덕으로 생각했다. 그들의 비극은 역시 인간이었던지라 자신들의 그런 미덕을 뛰어넘어 앞으로 나아가지 못했다는 점이었다.[160]

그러나 이것이 전부가 아니었다. 치명적인 미덕 외에도 그리스인은 매우 인간적이며 중대한 결함도 가지고 있었다. 예를 들어 미신과 종교를 지나치게 믿었던 그들은 군국주의적인 스파르타인들조차도 월령(달의 위상 변화)이나 일식·월식 같은 식(蝕)이나 계절 축제에 맞춰 군사작전을 전개할 정도였다.*[161] 과학이나 역사에 대한 감각도 부족해 미신을 지식으로, 전통을 이해로 대체하지 못했다. 기본적으로 이들은 변덕스러운 신들이 모든 것을 주관한다고 보았기 때문에 인간은 그런 신들을 숭배하고 달래주어야 한다고 생각했다.[162]

또한 그리스에는 미신이 성행했는데, 그것은 분석적 사고가 피타고라스 학파와 아테네 철학자들의 영향으로 추상화되면서 현실과 동떨어졌기 때

---

• 168년 6월, 마케도니아의 소도시 피드나에서 로마와의 전투가 시작되기 전날 밤, 월식이 일어났다. 그러자 마케도니아 사람들은 사라진 달이 다시 나타나기를 염원하며 몇 시간 동안 고함을 질러댔다. 결국 월식이 끝나고, 그 시간 동안 힘을 비축해둔 로마군에게 대패하고 말았다(Davis, 5).

문이다. 여기서도 우리는 이상철학이 그리스가 지닌 근본적인 문화적 결함이라는 사실을 확인할 수 있다. 이오니아인들은 과학적 사고를 발전시켰지만, 그리스인들은 자연적 인과관계에 관한 이성적 추구를 지속시키지 못하고 도덕적 합리주의에 안주하고 말았다. 그리스인들은 자신들의 이론을 경험적으로 증명하지 않았으며, 자명한 진리에 대해 비판적 질문을 던지는 일도 없었다. 이런 태도를 취했던 것은 만물의 실제 작동 방식에 관해 여러 가지 질문을 던지는 것보다 신들을 유지하는 것을 기득권 세력이 더 선호했기 때문이다. 또 다른 이유로 노예를 거느린 귀족 계층이 행동을 통해 얻은 지식을 업신여겼던 이유도 있었다.[163] 순수한 (그러나 공허한) 이성을 신격화함으로써 철학(플라톤)이 현실에 대해(즉 아리스토텔레스에 대해) 승리를 거두었다. 그러나 이는 생기 없는 이상주의를 위해 기능적 실용주의를 희생시킨 것으로 그리스인들에게 해를 입혔다.

그리스인들은 스스로를 주변 환경과 서로에게서 동떨어진 존재로 만듦으로써 창조성을 말살한 그리스 이상주의는 실패한 것이다. 그 결과, 그리스인들은 자신들의 성취에 드리운 도전에 효과적으로 대응하지 못했다. 특히 아테네 등 도시국가에서 누린 자유로 인해 사회적 긴장이 느슨해지는 상황을 초래함으로써 헤로도토스가 꿈꾼 통일 제국이나,[164] 그리스합중국을 건설하는 데 실패했다. 대표적으로 테베Thebes가 360년경 그리스 연합체를 세우려다 실패하였다.

그리스에서 이성은 현실과 유리됐을 뿐만 아니라 인간사에 관한 이론적 고찰의 범주를 벗어나지 못했다. 그리스인들에게 자연은 배움을 얻는 학교가 아니었기 때문에 자신들이 배출한 과학자들이 정립한 이론을 제대

로 평가하지도 못했다.[165]

이런 실패의 직접적 원인은 그리스 정신이 스스로 굴복한 데 있었다. 이들이 빠져 있던 추상 세계 속의 완벽한 형상과 이론적 질서라는 이상은 그리스인들이 현실의 변화로부터 도피할 수 있는 은신처가 되어주었다. 철학자들은 현실의 변화에 적극적으로 대처하지 않고 그것을 무시했으며, 모든 것을 환상으로 일축했다. 뿐만 아니라 권력자들도 현실의 변화를 미연에 봉쇄하고자 했다. 이에 그리스는 끊임없이 변화하던 당시의 세계와 동떨어진 채 지적·문화적·정치적으로 점차 쇠락의 길을 걷게 되었다.[166]

로마 병사가 212년 시러큐스에서 아르키메데스를 살해한 것은 고대 그리스-로마시대에 상징적인 사건으로, 당시 부상하던 로마의 실용주의적 힘이 이론적 사고에 승리를 거둔 결정적 사례로 해석할 수 있다.[167]

†

오늘날 우리가 그리스를 존중하는 것은 그들이 이룬 '성취' 때문이 아니라, 그들이 보여준 '시도' 때문이다. 소크라테스에게서 볼 수 있듯이 그들은 답을 내놓기보다 질문을 더 많이 던졌다. 그들이 처음 던진 질문 중에는 오늘을 사는 우리가 아직도 대답을 고심하는 것들이 있다. 그들은 세계에 도전한 최초의 사람들로 삶이 반드시 미리 정해진 필요에 의해, 그리고 종족의 전통에 의해 결정되어야 할 필요는 없다고 주장했다. 그들에게 삶은 인간이 받아들일 수밖에 없는 대상이 아니라, 인간의 이성과 의도적 기획을 통해 얼마든지 변화시킬 수 있는 것이었다.[168]

그러나 불행하게도 그리스 귀족들은 더 좋은 세상을 탐구하는 것보다 자신들의 세계를 보전하는 방법을 찾는 데 몰두했다. 그들은 자신들의 세계를 선한 세계로 간주함으로써 세계에 변화가 일어나는 것보다 이 상태로 지속되는 것이 더 좋다고 생각했다. 그들은 자신들의 미래를 담보로 그들 스스로(자신들의 스키마)를 보전하려고 애썼다는 점에서 과학적이라기보다는 그저 더 인간적인 존재들일 뿐이었다. 물론 이는 오늘날의 시점에서 보는 그들에 대한 평가로, 우리는 그들의 선조뿐만 아니라 코페르니쿠스가 나타나기까지의 후손들보다도 지적으로 더 뛰어났다는 사실을 알 수 있다.[169] 그리스가 우리에게 미친 영향은 심오하고 광범위했다. 그리스는 현대적 사상과 기준, 문학 형식, 상상의 비전과 꿈을 만듦으로써 현대 문명의 근간을 다졌다.[170]

　　그러나 그들의 천재성에도 불구하고 도시국가의 시민이었던 그들은 협소한 견해로 인해 정치적 발전에 제약을 받았다. 하지만 그들이 후대에 남긴 어리석음이라는 유산은 이런 사정보다는 철학에서의 과도한 플라톤적 이상화로부터 기인한 부분이 더 크다. 이에 아리스토텔레스는 이상과 현실 세계 사이에 다리를 놓으려고 했지만, 안타깝게도 그가 거둔 심오한 성공으로 인해 과학적 탐구는 이후 2000년간 거의 멈추고 말았다. 그렇다고 해서 우리는 그리스인들을 그리고 아리스토텔레스를 비난해서는 안 된다. 왜냐하면 더 큰 원인은 아리스토텔레스의 정신을 위배하면서 그에 대한 존경심으로 과학 탐구에 대한 활력을 잃었던, 그리하여 지적 발전에 장애물을 드리웠던 후대 사람들에게 있기 때문이다.

　　현대 어리석음의 기원은 아테네의 이상적 합리주의까지, 아니 어쩌면 그 이전으로까지 거슬러 올라간다. 우리의 과학적 전통은 이오니아에서 태동했으나 이후 유실되고 말았다. 한편 피타고라스에게서 시작된 도덕주의적 성향은 오늘날까지도 우리가 어떤 교훈을 더 선호할 것인지를 결정짓고 있다. 그러나 우리가 도덕 관념을 무시할 정도로 실용적 · 현실적이라는 점에서 우리의 어리석음은 확실히 그리스시대를 가장 닮았다. 400년 동안 자연과학에서 성취를 이루고 200년 동안 기술을 발전시킨 이후에 우리는 좋은 삶을 즐기거나 주도하는 것이 아니라 좋은 생활을 만드는 데 더 몰두했다. 우리는 한쪽으로 치우친 채 비정상적으로 성장하는, 비문화적이고 부도덕한 물질주의자로서 새 천 년을 시작했다. 그리스였다면 이것을 아마 '백치'라고 불렀을 것이다.

# 3장

# 로마의 어리석음
## : 지적 실패에 잠식당한 성공 이야기

공화정의 전성기에서 제국 쇠망에 이르기까지 로마의 어리석음은 물질적 성공이 지적인 실패에 잠식당한 이야기였다. 로마가 이룬 물질적 성공은 즉각적으로(단기간의) 최선의 이익을 위해 행동할 줄 아는 그들의 약삭빠른 재주 덕분이었다. 그러나 지적 한계로 인해 그들은 제국주의가 자신들의 사회에 미치는 장기적이고 부정적인 영향을 인식하지 못했다. 이처럼 로마의 어리석음은 기본적으로 자신을 제대로 인식하지 못한 결과라고 할 수 있다. 로마인들은 분주하게 세계를 재편했지만 그것이 자신들에게 어떤 영향을 미칠 것인지 알지 못했다. 특히 당시 지배층이었던 귀족들은 매우 어리석었다. 스스로 로마의 화신이라 여겼던 그들은 자신들의 이익이 곧 로마 전체의 이익이라고 생각했다. 이런 현상은 특히 제국 말기에 더 심해졌다.

그러나 항상 그랬던 것은 아니다. 초창기에 로마 공화정은 귀족과 평민 사이의 계급 갈등에 사로잡혀 있었다. 하지만 서로 존중하는 기지를 발휘

한 두 계층이었기에, 파괴적인 극단으로 치닫는 일은 결코 없었다. 로마인들은 완고한 기질을 지녔지만, 기원전 4세기에 그들은 자신의 한계 안에 머물러 있었다.[1] 이 시기에 어리석음이 있었더라도 그것은 기존 문화 구조 안에서 정정이 가능했기 때문에 공화정과 제국의 몰락을 재촉하는 데까지 이르지는 않았다.

나아가 공화정의 계급 갈등에 일정한 제약을 가한 그들의 기지와 공격적 이기심, 실용적 이타주의는 로마 외교정책의 특징이 됐다. 로마인들은 연합군의 가치를 알고 있었으며, 정복한 적을 동화시킬 줄도 알았다. 그들은 비교적 공정하고 현명하게 '주고받는' 법을 알고 있었는데, 이것이 로마의 진정한 힘이었다. 이로써 390년에 거위를 풀어 방어하던 소도시(유노의 신성한 거위들이 로마 군사에게 경고하여 재난을 막았다.-역주), 갈리아족에게 약탈당하던 비참한 소도시가 275년에 이탈리아의 통일 세력으로 부상했다.[2]

아테네가 통일을 달성하는 데 실패한 것과 달리 로마는 성공했다고 할 수 있다. 아테네는 애국주의에 사로잡혀 도시국가로의 성장이 번번이 좌절됐다. 개인주의적 시민의 자존심이 팽배했던 아테네 사람들은 기본적으로 자신들의 제국 안에서도 서로를 혐오했으며, 기껏해야 상대를 부러워하는 정도였다. 결과적으로 아테네가 복속시킨 국가들이 보기에 아테네의 재앙은 재앙으로 느껴지지도 않았다.[3]

그러나 로마 원로원 의원들은 이런 태도를 경계하며 가장 강력한 적대 세력까지도 그들과 동등한 수준으로 공화정에 통합시켰다. 로마는 자국 시민의 권리를 신장시키는 동시에, 국외에서도 시민의 선거권을 확대시킴으로써 로마 영토 내의 모든 사람이 국가의 안녕에 대해 공통적으로 관심을

**로마 원로원** 로마 원로원을 재현한 19세기 프레스코화. 여기서는 공화정 말기의 키케로와 카틸리나를 묘사하고 있다.

갖게 됐다. 이것은 역사에서 처음 나타난 새로운 현상이었다. 왜냐하면 그때까지 모든 제국은 군주에 대한 복종을 바탕으로 성립됐기 때문이다. 반면 로마는 나중에 '로마제국'으로 변하기는 했지만 이론적으로는 일찍부터 '공화제적 제국'이었다.

　사실 현대인들은 로마가 공화제적 성격을 지녔다는 사실을 인지하지 못한다. 왜냐하면 오늘날 '공화국'이라고 하면 (반드시는 아니지만) 대부분의 경우 대의정부를 떠올리기 때문이다. 로마 초창기부터 대의 정부가 실시됐던 것은 아니다. 공화제가 성장하는 과정에서 민회民會는 그 영향력을 모조리 상실했다. 지리적으로 먼 거리 때문에[4] 선거권을 박탈당한 로마 시민들의 뜻이 대의정치를 통해 충분히 반영되지 못했다. 부족의 혈연에 따라 의원을 선출하는 민회 조직도 문제였다. 대중의 의사에 반하는 선거 결과를 의도적으로 조작해내던 이 부족 선거는 미국의 태머니홀Tammany Hall(뉴욕 시 민주당의 중앙위원회, 자선사업과 후원이라는 전형적인 보스 정치를 통해 정치적 지배력을 행사했다.-역주)을 무색하게 만들 정도였다.[5] 이처럼 민회에 대한 통제가 어려워지고 부패가 만연하자 권력은 다시 원로원에 귀속됐다.[6]

거대 사업가, 야심에 찬 정치가, 거대 지주 등으로 구성된 원로원은 로마 과두정치의 요새였다. 원로원 구성원은 대부분의 시민과 상이한 이해관계를 갖고 있었다. 원로원은 원래 집행권이 없었지만, 그 영향력은 막강했다. 민의를 대변하지 못하는 민회는 너무나 무력했고, 결국 민중 정부는 제1차 포에니 전쟁(260년경)이 시작되기도 전에 실패로 돌아갔다.[7]


## 포에니 전쟁 : 어리석음의 극치

포에니 전쟁에서 로마는 카르타고에 비해 분명히 우위를 점하고 있었다. 카르타고는 호전적인 국가라면 상대하기를 원하는 아주 만만하고 어리석은 상대였다. 카르타고의 지도자들은 연합세력과 민중을 무시한 채 로마제국의 지도자들처럼 자신들의 협소한 이익만 추구하였다. 그 결과 국가 전체에 해를 입혔다. 카르타고의 지도자들은 특히 새로운 사람과 새로운 척도에 적의를 드러냈으며, 자신들의 해상 지배력에 지나친 자신감을 가진 나머지 나태해지고 말았다.[8]

사실 카르타고의 어리석음을 가장 잘 보여주는 사례는 제1차 포에니 전쟁에서 로마 함대에 패한 사건이다. 기원전 260년 밀레 전투에서 로마는 새로운 전술로 카르타고에 승리를 거두었다. 해전에 익숙하지 않던 로마 해군은 적의 함대를 들이받고 노를 부수는 전술 대신 군함에 잔교棧橋를 설치하여 적선에 가까이 다가가 이를 걸쳐놓고 공격하는 백병전이라는 전술로 승리했다. 놀랍게도 로마 해군은 기원전 256년 에크노무스 해전Battle of Cape Ecnomus(330척의 로마 함대가 350척의 카르타고 함대와 격돌하여 대승한 해전)에서도 이와 똑같은 전술로 대승을 거뒀다. 카르타고는 첫 번째 참패 이후 대응 전술을 마련하는 데 4년을 허비하였지만 아무런 성과를 내지 못했다(1500년 뒤 프랑스군은 이 점에서 카르타고군을 능가했다. 1346년 크레시Crecy 전투에서 영국 장궁병들에 의해 프랑스의 옛 기사들은 권좌에서 쫓겨났다. 그로부터 60년이 지난 뒤 프랑스군은 아쟁쿠르 전투에서 영국군에게 또다시 패했다. Davis, 158, And Fawcett, 2010, 30장).[9]

마지막 두 차례의 포에니 전쟁은 광기가 극에 달했다. 이성적인 사람들의 목소리는 파묻혔고, 심지어 살해당하는 경우도 잦았다. 그만큼 살육이 횡행했던 시기였다. 제2차 포에니 전쟁 동안 카르타고의 한니발(바르카)은 역사상 최장의 가장 혁혁한 그러나 무익한 공습을 감행했다. 15년에 걸쳐 한니발은 자신이 임한 모든 전투에서 승리했으나, 결국 로마에 대한 포위를 유지하지 못한 채 실패하고 말았다. 한니발은 카르타고로 퇴각한 뒤, 기원전 202년 자마 전투Battle of Zama(B. C. 202, 제2차 포에니 전쟁의 승패를 결정한 전쟁, 스키피오 아프리카누스가 이끄는 로마군이 한니발 휘하의 카르타고군을 상대로 승리를 거둔 전투)에서 패했다.[10] 이때가 로마 공화정의 전성기였다.

그러나 다음 전쟁이 시작되기 전 50년간 겁쟁이로 변한 로마는 불안정해졌다. 거칠고 저속한 정신이 난무했으며, 행동도 비열하고 유치해졌다. 이 시기 로마는 강자의 두려움, 성공한 자의 시기심, 정의로운 자의 자만심,

**자마 전투 상상도** 제2차 포에니 전쟁의 승패가 결정된 전투

부자의 탐욕 때문에 해외로 세력을 확장했다. 그러나 정작 평민들의 생활
은 무너져 내렸다.[11]

무엇보다 로마 정치가들은 성공한 군사 지도자를 두려워했다. 특히 당
시 승리를 거둔 스키피오 아프리카누스Scipio Africanus는 공포의 대상이었다.
카토Cato(234~149)는 스키피오에 대한 공격을 주도했는데, 실제로 원로원은
스키피오 아프리카누스의 동생 루키우스 스키피오Lucius Scipio가 190년 리디
아에서 전투를 승리로 이끌자 격노했다.[12] 원로원 의원들은 자신들의 사령
관이 작은 전투에서는 패배하고 큰 전쟁에서는 승리하기를 바랐던 것으로
보인다.

**스키피오의 재판** 지오반니 바티스타 티에폴로 작, 1719

원로원은 장군들을 두려워하는 한편, 원로원 의원들이 대변하던 과두제 집권층은 자신들의 것이 아닌 부를 시기했다. 그들은 전쟁에서 두 번이나 패했지만 상업에서 성공을 거둔 카르타고인들을 부러워했다. 결국 두려움은 시기심을 낳았고, 로마는 어리석음의 극치라 할 수 있는 세 번째 포에니 전쟁을 치른다. 이것은 경쟁이 되지 않는 상대와 벌인 무역 전쟁이었다. 이 전쟁에서 최대 승리자는 당시 증오의 대상이자, 146년간 명목상의 적인 카르타고를 무찌른 로마 군대였다.[13]

이 전쟁에서 승리함으로써 로마의 농업은 소작농을 통한 자유 보유 농부에서 카르타고 노예들을 감독하는 부동산 소유주로 그 성격이 변했다. 이는 또한 군 복무가 끝나면 농사를 짓는 자작농을 근간으로 하던 로마 군대의 성격을 변화시켰다.[14] 추방된 농부들로 구성된 새 군대는 완전히 직업화됐는데, 이는 병사의 이해관계가 시민들의 그것과 달라졌음을 의미한다.

왜냐하면 병사들은 자신들의 급료를 보장하고 약탈에서 지켜주는 지도자에게 충성 의무를 지고 있었기 때문이다. 포에니 전쟁 이전에 정치 지도자들은 평민들의 환심을 사려고 했으나, 전쟁 이후에는 불안한 마음으로 군대의 환심을 사려고 했다. 군대는 그들 스스로 만들어낸 제국의 괴물 같은 존재였다.[15]

## 무너져가는 로마의 도덕률 : 부가 곧 권력이다

이 시기에 카토만큼 로마를 전형적으로 보여주는 인물도 없다. 카토로 대표되던 문화는 어떤 것에도 문제가 있었다. 로마가 카르타고를 무찌를 수 있었던 원동력이었던 완고하고 잔인하며 어리석은 로마의 도덕률을 몸소 체현한 인물이었다. 그러나 그는 사악함을 추구하는 것이 정직한 사람의 고귀한 소명이라고 생각했다. 실제로 그의 잔인함은 전통적인 로마 도덕률에 완고하게 집착한 데서 비롯된 것이었다. 무력해진 그리스의 영향력으로 인해 로마의 도덕률이 무너질 것을 염려했던 것이다.[16]

실제로 로마의 도덕률은 이 시기에 발전한 현금과 신용대부가 주축을 이루던 비속한 금융 시스템 때문에 무너져가고 있었다. 로마 공화정이 몰락한 한 가지 이유는 '쉽게 번 돈easy money' 때문이었다. 초기 바빌로니아 세계와 그보다 더 단순했던 중국에서는 물물교환이나 현물 지급으로 행하던 무역에 맞게 삶의 속도가 여유로웠다. 그런데 로마에서는 상황이 달랐다.[17]

카르타고가 몰락한 뒤 로마의 상상력은 금융의 가능성에 사로잡혔다. 돈은 이미 수세기 동안 사용되어왔지만, 로마 사람들의 생활에 미치는 영향력은 커졌다. 그중 소수 금융가에게 자유와 여유를 선사했다는 점이다. 두 번째 영향은 금융 투기로 인해 도시와 제국이 안정적인 경제 기반을 다질 수 없었다는 점이다. 세 번째 영향은 도덕적으로 타락하면서 일확천금을 노리는 사례가 많아졌다는 것이다.[18]

로마 사람들은 돈을 갖게 됐으나 돈의 가치가 오르락내리락하면서 부가 급격히 만들어졌다가 한순간에 사라지는 일이 비일비재했다. 이는 소수의 성공한 사람에게는 좋은 일이었지만, 대다수의 사람은 빚만 떠안게 됐다. 가난해진 도시 귀족들은 초조해진 나머지 도덕성이 타락하기 시작했다. 직업 장군의 자리를 매수할 정도로 군대도 부패와 타락에 있어서 예외는 아니었다. 투기꾼들의 희망은 실망으로 전락했으며, 대부분의 사람이 당혹감을 느꼈다. 그들은 자신들이 금융의 힘이 아니라 내부자들의 조작에 농락당하고 있다고 느꼈다(어떤 것은 변하지 않는다!).[19]

로마인들은 '쉽게 번 돈'을 무분별하게 추구했다. 그러나 부의 추구로 인해 동방으로 제국을 확장하는 정책을 펴면서 그들은 정체성의 위기를 겪었다. 해외 원정 성공의 결과, 로마는 공화정보다 제국에 가까운 성격을 띠게 됐다. 그들은 정복 지역의 거주민들을 동화시키는 대신 배타적인 '애국주의' 정책을 폈다. 과거 로마가 성공한 원동력이었던 포섭 정책은 이제 로마인들 스스로도 잘 모르는 비밀이 됐다.[20]

로마인들의 생각의 폭이 좁아지는 것과 더불어 계산된 탐욕으로 인해 더 이상의 세력 확장이 어려워졌다. 로마인들은 동방 확장의 근거지로 삼을 수도 있었던 소아시아 지역과 바빌로니아를 약탈하고 파괴했다. 또한 그들은 아프리카에서 로마의 근거지가 될 수 있었던 카르타고를 무찌르는 과정에서 저지른 악의적인 실수를 반복했다. 이런 근시안적 태도는 로마가 남쪽과 동쪽으로 세력을 확장하는 데 방해 요인으로 작용했다.[21]

그럼에도 불구하고 로마 공화정의 영토는 매우 광대했으며, 분열 요인에도 불구하고 몇 세대 동안 외관적으로는 정치적 통일체를 유지했다. 이는 정치적 선동과 정보 전달을 위한 신문 등 실용적 도구가 없었던 당시 상황을 감안하면 매우 놀라운 성취라고 할 수 있다. 물론 당시에는 대중 여론에 불을 지피고 정의롭지 못한 일에 대한 인식을 고취시키는 저항 언론이 없었다는 사실을 고려한다면 그렇게 대단한 성취는 아닐 수도 있다. 이처럼 장기간 지속된 로마 공화정의 통일은 어떻게 보면 당시의 보편화된 무지와 일반 시민들의 어리석음 때문이라고 할 수도 있다. 이런 상황에서 로마의 정체성을 지닌 교육 받은 시민을 양성하는 교육 프로그램이 전무했다는 사실은 놀라움으로 다가온다.[22]

다신교는 로마인들에게 공공의 덕을 심어주었지만,[23] 대부분은 교육받지 못하고 정치적으로 무능한 상태였다. 이런 탓에 로마 공화정은 현명하고 합리적인 정부로 나아가지 못하게 하는 내재적 방해 요인에 갇혀 있었다.[24] 포에니 전쟁 이후에는 효율적인 방식으로 민회를 운영하려는 시도가 전혀 이뤄지지 않았다. 대중의 의견은 묵살당했고, 사람들의 욕구는 좌절됐다. 대중이 자신의 의견을 표출하는 유일한 실제적인 도구는 부족 투표가 아니라 파업과 반란의 형태로 나타나는 무익한 불복종이었다. 당시 지배층은 국민들을 체계적으로 기만하고 무시하며 억압했기 때문에 파업과 반란이 빈번하게 일어났고, 급기야 합법적인 대응 수단으로 여겨졌다(1930년대 중반 일본에서도 이와 유사한 상황이 전개됐다. Toland, 1970, p. 5).

당시 대중은 의사표현을 위한 합법적이고 공식적인 루트가 없었고, 현 상태를 유지하기 바랐던 통치자들에 의해 실제적으로 좌절했다. 원로원은 오직 '법과 질서'를 표방하면서 자신들의 존립 기반을 위협할 수 있는 의미 있는 개혁은 무조건 방해했다. 반란과 혁명을 일으킬 수 있는 유일한 세력인 파워 엘리트들은 필요한 것이 '법과 질서'가 아니라 정의라는 사실을 제대로 인식하지 못했다. 로마인들은 성문법 체계를 발전시켜 인류 문명에 혁혁한 공을 세웠지만, 정의의 개념을 발전시키지는 못했다(이것은 오늘날까지도 우리의 법정 체계의 특징을 이루는 유산이다). 로마의 법은 질서를 위해 설계됐지만, 불공정성으로 인해 결국 무질서를 조장하는 결과를 빚고 말았다. 로마의 법은 부자들의 부를 보호하기 위해 만들어졌기 때문에 대형 금융거래와 쉽게 번 돈이 당시 사회에 가져온 변화에 적응하지 못했다.[25]

부가 곧 권력을 의미하게 되면서 이른바 '실제적인' 사람들이 로마 원로원을 지배하기 시작했다. '국가가 곧 자신'이라고 생각했던 이들은 정의에 대해 삐뚤어진 관념을 갖고 있었을 뿐 아니라, 질서에 대해서도 근시안적으로 집착하는 모습을 보였다. 이들은 유토피아적 상태란 능력 있는 자(그들 자신)가 무능력한 자(그 밖의 모든 사람)를 다스리는 상태라고 믿었다. 그래서 현 상태에 만족하는 겁쟁이들이 가장 순종적이고 고분고분한 신민이라는 원칙으로 세상을 지배하려고 했다. 그러나 이들의 이런 근시안적 태도 때문에 더 이상 겁쟁이로 머물려고 하지 않는 불만족한 계층이 나타나기 시작했다. 하지만 결과적으로 이들은 스스로에게 만족하는 겁쟁이가 되고 말았다. 이들은 지속적으로 부정의와 불만을 야기함으로써 당시의 정치 조직이 폭발할 지경까지 몰고 갔다. 원로원은 다른 세력과 권력을 공유한다거나 현실과 동떨어진 자신들의 정치가 낳은 불만을 시정하려고 하지 않았다. 이들은 배신과 뇌물, 폭력 행위 등 낡은 정치적 관습에 의존하면서 자신들의 세력을 유지해나갔다.[26]

로마 공화정은 초기부터 부패한 상태였다. 하지만 로마가 성공할 수 있었던 것은 정치에 대한 시민들의 신뢰 때문이었다. 로마는 전통적으로 모든 시민이 정치 과정에 신뢰를 갖고 있었는데, 이것은 거의 종교적 신념에 가까운 것이었다. 도시국가나 공화정의 개념에 갇혀 있지 않았던 로마인들은 정치 행위를 신뢰했으며, 공화정이 쇠락의 길을 걸을 때도 정치 행위를 펼 수 있는 모든 기회를 활용하려 했다. 정치 행위에 대한 그들의 긍정적이고 낙관적인 태도와 정치 형태에 대한 그들의 개방적 태도가 함께 어울려 로마를 세계 제국으로 나아가게 만든 요인이 되었다.[27]

그러나 공화정 후기 부자들에게 유리한 법률이 만들어지면서 정치 행위에 대한 신념이 크게 퇴보했다. 이에 무정부 상태가 실질적인 위협으로 등장했다.[28] 과두제가 자신들의 생명과 재산을 심각하게 위협하고 있다는 사실을 깨달은 후에야 비도덕적이고 재앙에 가까운 정책들을 완화하기 시작했다.[29] 그러나 그때는 너무 늦었다. 이들이 취한 유화적 제스처로는 이미 시작된 분열을 멈추기에 역부족이었다(부도덕immoral이 아닌 비도덕의amoral 정치 체제가 너무나 부패하고 비효율적이어서 로마인들이 비관적 절망 속에서 정치를 포기하고 다음 세계, 즉 종교로 넘어가자 로마제국은 결국 붕괴하고 말았다).

로마가 멸망한 이유는 정신의 통일을 이루지 못했기 때문이다. 사람들은 충성을 떠벌리고 자신을 로마인으로 생각했지만 제국의 확장에 따라 탐욕이 부패로 변하고, 정치적으로 당시의 현안과 문제를 해결하는 데 실패하면서 사람들 사이의 도덕적 유대감이 파괴됐다. 시민과 국가 사이의 괴리감이 커지자 계급 갈등은 마침내 기원전 91년 동맹시 전쟁(B. C. 91~88년, 고대 로마 때 이탈리아 반도의 동맹시socius들이 독립을 위해 로마와 벌인 전쟁-역주)으로 폭발했다. 그 이후 혁신 지도자와 그에 반대하는 세력들로 인해 로마 공화정은 몰락의 길을 걷게 됐다. 천박한 가난뱅이가 천박한 부자에게 반대하는 상황이 연출됐으며, 민주주의자나 귀족도 그다지 존경할 만한 일을 하지 못했다. 그들은 모든 로마인이 얼마나 똑똑하고 교활하며 탐욕스러운 동시에 어리석을 수 있는지 잘 보여주었다.[30]

2년간의 갈등 끝에 원로원은 개혁에 합의했다. 그러나 반대 세력이 흩어지자마자 예전의 정치로 되돌아가고 말았다. 가장 큰 승리를 거둔 세력은 이번에도 역시 군대였다. 이탈리아 전역에 공포심을 조장하던 군대에 대적할 세력은 당시에 아무도 없었다. 경쟁하는 장군들은 스스로 자초한 위기에 대응할 능력도 갖추지 못한 무력한 존재인 원로원에 맞서 독재 권력을 탐했다.[31]

이 전쟁에서 한 사람의 장군은 원로원을 대변해 싸웠고, 또 다른 장군은 국민을 위해 싸웠다. 가장 많은 비용을 지불한 장군이 승리를 거두었으나 양측 모두 부자들의 땅을 몰수한 뒤 승리한 병사들에게 나눠줌으로써 비용을 보전받았다. 이는 스스로 강화되는 시스템을 형성했는데, 이 시스템은 율리우스 카이사르의 양자 아우구스투스Augustus(B. C. 63~A. D. 14, 즉 옥타비아누스Octavian)가 완전한 승리를 거두면서 마침내 종말을 고했다.[32]

이 혼란은 군주제로 이어졌다. 물론 이때 로마의 수장(카이사르)은 세습

군주가 아니라 전시의 대통령과 같은 역할이었다. 그러나 카이사르는 점차 신과 같은 황제로 군림했다. 그런데 군대와 계속해서 관계를 유지해야 하는 것은 그에게 치명적인 한계로 작용했다.[33] 처음에 로마는 (원로원은 제외하고) 아우구스투스와 그의 후계자들이 위대하고 고귀하며 지지할 가치가 있는 존재라는 생각으로 뭉쳐 있었다.[34]

이런 생각은 절반만 옳았다. 아우구스투스는 지지할 가치가 있는 지도자였다. 로마의 행복 관념으로 볼 때 그의 통치 기간은 로마인들에게 행복한 시간이었다. 그가 확장 정책을 평화 정책으로 대체했지만[35] 상인 계급은 계속해서 번창했다. 지나치게 조직화된 관료제에 의한 통치가 기능적으로는 헌법에 따른 행정의 통치로 대체됐는데도, 옛 귀족들은 계속해서 명예를 유지하고 존경을 받았다. 아우구스투스는 안정을 위해 자유로운 탐구보다 고대의 경건함을 장려했다. 이렇게 로마 세계는 전통적으로 완고한 성격을 그 전형으로 갖게 됐다. 로마인들은 창조성을 포기한 대가로 평화와 아우구스투스가 원했던 질서를 함께 확보할 수 있었다. 그들은 지나칠 정도로 활력 없는 만족에 안주하고 말았다.

아우구스투스 이후 황실 궁정은 악덕과 부도덕을 서슴지 않았으며, 황제의 탐닉이 통제할 수 없을 정도에 이르자 눈에 띄게 쇠락의 길을 걷기 시작했다. 황제는 신으로 간주되어서 법과 종교에 의한 제지를 전혀 받지 않았다. 황제들은 관습과 양심의 요청을 무시한 채 무소불위의 권력을 휘둘렀다. 그들의 사소한 변덕은 곧 현실이 됐다.[36]

기원후 1세기에 나타난 로마제국의 부도덕성은 네로 황제가 국민의 원성을 샀던 이유에서도 찾을 수 있다. 네로가 국민들의 지지를 잃은 이유는 그가 자신의 어머니와 아내를 죽였기 때문이 아니었다. 그런 행위는 대개 납득할 만했고, 종종 용서되며, 언제나 정당화되기 마련이다. 그가 국민들의 지지를 잃은 실제 이유는 그의 통치 시기 동안 영국에서 로마군대가 퇴각했고, 남부 이탈리아에서 지진이 일어났으며, 로마가 화재에 휩싸였기 때문이었다. 다시 말해 그가 인기를 잃은 이유는 그가 사악하고 탐욕적인 광인이거나 음악 애호가였기 때문이 아니라, 단지 운이 나빴기 때문이다. 종교보다 미신을 더 믿었던 로마인들의 심성을 생각해보면 군대에 의존하는 권력에 도덕적 근거는 필요하지 않았다. 마르쿠스 아우렐리우스Marcus Aurelius(161~180) 이후 통일과 합리적 통치는 종말을 고했다.[37]

아우렐리우스는 플라톤의 이상적인 철인왕哲人王, Philosopher king(플라톤의 유토피아인 칼리폴리스의 지배자이다.《공화국》에 따른 플라톤의 이상 국가는 '철학자가 왕이 되(어야만 하)는, 또는 현재 왕이라고 불리는 자들이 성실한 철학자가 되는' 도시국가였다)을 현실에서 구현한 인물에 가까웠다.[38] 로마인들이 그리스 철학을 신뢰하지 않은 이유인 '현실적인(상상력이 부족한)' 사람들이라는 점에서 어찌 보면 아이러니이다.

아우렐리우스는 이성에 따라 통치하려고 시도하였고, 연속된 반역과 전염병, 전쟁, 반란, 파산에 대처해야 했다. 이런 현실적인 문제들에 직면한 아우렐리우스는 혼란스러운 세계 속에서 질서를 추구하려는 실용주의자의 모습을 보였다. 철인보다는 왕에 가까웠던 아우렐리우스는 현실 문제에 대한 해법을 이성과 질서에서 찾았다. 스토아철학을 지지했던 그는 현실적인 정치인에 가깝게 행동했다. 예를 들어 곡물을 실은 화물선이 안전하게 도착할 수 있도록 그리고 국경을 잘 수비하는 데 더 신경을 썼다.[39] 그리고 이 과정에서 스토아철학을 지지하면서 현실 정치인의 모습을 보였다.

실용주의자인 황제가 스토아철학을 전파했다는 점은 아이러니다. 물론 이 과정에서 황제는 그가 살았던 시대와 당시 신민의 요구에 부응했을 수도 있다. 이 시기 로마인들은 자신들의 운

로마 제국 16대 황제 마르쿠스 아우렐리우스

명을 개선하려는 희망도 없이 그저 참고 견딜 뿐이었다. 고통이 동반되더라도 행복은 추구해야 하지만, 쾌락은 경멸했다.[40] 스토아주의는 선한 삶에서 행복이 도래한다는 생각에서 벗어나게 했다.[41] 인간의 영혼을 강조하는 스토아주의는 진실성과 진정성은 부족했지만,[42] 도시국가에 대한 그리스의 믿음에서 벗어나 가족의 유대를 지향했다.[43] 이상적인 세계를 꿈꾸는 스토아철학은 악에 대한 저항과 용기를 유용한 도덕률로 삼았다. 로마가 영광을 누리던 시기는 이런 세계였다. 그러나 로마제국이 만고불변의 영광을 누리고 있는 것처럼 보여도, 실은 치명적인 공허함을 안고 있었다.

아우렐리우스는 로마의 위대한 시기의 종말을 초래했다. 하지만 실제로 그 시대가 얼마나 위대했는지에 관해서는 의문의 여지가 있다. 2세기에 성행했던 노예제는 로마 세계의 활력을 빼앗았다. 검투사들은 서로 그리고 동물을 상대로 야수 같은 잔인한 싸움을 벌였다. 또한 로마의 문명은 농업 지역에까지 전파되지 못했다. 일반적인 경제 사정은 열악했고, 대부분의 도

시에서 시민들은 노예들과 함께 가난을 견뎌야 했다.[44]

실제로 로마의 가장 위대한 시기는 창조가 아닌 소비로 기회를 탕진한 시기였다고 할 수 있다. 대형 건물은 사치에 탐닉하던 소수 사람의 물질적 번영 위에 지어졌다. 반면 대부분의 사람들은 생필품조차 부족했다. 부자가 더욱 부자가 되면서 예의범절은 다소 세련되어졌지만, 도덕은 전혀 발전하지 않았다. 또 가난한 사람이 더욱 가난해지면서 인간의 영혼은 부패해갔다.[45] 또 정부가 군사독재 정부로 변해감에 따라 시민들은 세금과 징병의 대상으로 간주될 뿐이었다.[46] 정치권력과 주도권은 황제와 관료들에게 집중되었고, 그들은 오직 군대에만 촉각을 곤두세웠다.

## 디오클레티아누스 황제의 두 가지 어리석음

로마 황제 디오클레티아누스Diocletian(245~313, 기독교 박해)는 이방인들을 입대시켜 군대가 가진 정치 권력을 억제시킨 것은 주목할 만하다. 그런데 이는 오히려 치명적인 조치였다. 이것은 로마의 멸망을 연기하였지만, 한편으로는 더 확실하게 만든 측면이 있었다. 100년이 지난 뒤 이방인들은 로마인을 위해서가 아니라 자신들을 위해 싸우는 것이 더 이롭다는 사실을 깨달았다. 그리고 습득한 기술을 자신에게 이롭게 사용했다.[47] 마침내 그들은 이전에 자신들의 주인이었던 로마인들을 상대로 공격을 감행하였다.

사실 로마의 멸망을 예방했다고 평가받는 디오클레티아누스의 두 가지 정책은 뇌의 역설Neurotic paradox을 보여주는 전형적인 예라고 할 수 있다. 그의 정책들은 일시적으로는 성공을 거뒀지만, 장기적으로는 로마에 재앙을 안겨주었다. 군대에 이방인을 영입한 것은 뇌물을 수수하는 부패 관행과 황제가 군대에 의존하는 경향을 줄였다. 하지만 이로써 이방인들은 어떻게 하면 로마를 약탈할 수 있는지 알게 됐다. 나아가 디오클레티아누스는 세금을 더 효율적으로 징수하기 위해 이주를 불법화했다.[48] 이로써 농노 계층이 만들어졌고, 자식들이 평생 땅에 구속되기를 원하지 않았던 농노들은 자녀 양육에 소극적이 되어 인구가 감소하기 시작했다.[49]

이러한 부작용에도 불구하고 이런 정책들은 공식적으로 효력을 발휘했다. 지금 돌이켜 생각해보면 당시 로마는 이미 멸망의 길을 걷기 시작한 것 같다. 왜냐하면 디오클레티아누스가 실행에 옮긴 정책들은 결국 로마에 재앙을 안겨준 것으로 드러났기 때문이다. 그는 (탐욕스러운 군대가 가진 정치권력이라든지 세금 징수 같은) 특정한 몇몇 문제를 해결해야 했는데, 당시 상황에서 그가 제시한 해법은 나중에 더 큰 문제를 일으키게 되었다(고대 세계에서는 특정 행동의 결과가 나타나기까지 오랜 시간이 걸렸다. 오늘날 우리가 보기에 어리석은 정책이라 해도 그것이 가진 부정적 효과가 분명하게 드러나기 전까지 수세대 동안 효력을 발휘했다. 반면 오늘날의 어리석음은 빨리 드러난다, 정말이다!).

비슷한 맥락에서 모든 사람이 로마제국의 정치체제가 지닌 문제점으로 국정 운영기술(혹은 그것의 부재)을 꼽았다. 로마제국은 정치적 발달을 이루지 못했다는 점에서 근본적으로 토대가 튼튼하지 못했다. 한때 지중해와 유럽으로 세력을 확장했지만, 로마의 관료제로 평화는 지속되지 못했다. 이 점에서 로마인

로마제국 45대 황제 디오클레티아누스

들이 가지고 있던 인식의 한계는 4세기에 그들이 자신들의 국경에 만족했다는 사실에서 잘 드러난다. 예컨대 그때나 그 이후에나 로마인들은 독일 민족을 로마에 편입시키려는 노력을 전혀 기울이지 않았다. 독일 통합이 로마제국의 안정과 생명에 절대적으로 필요한 일이었는데도 말이다.[50]

사실 로마제국의 중앙 권력이 부패하기 시작하면서 독일 민족은 3세기에 본격적으로 로마제국에 침입하기 시작했다. 외세의 침략을 받기는 했지만, 로마제국은 실제로 외세의 침략에 의해 무너지지 않았다. 그렇지만 군대를 통한 이민족화가 진행됐고, 4세기에 이민족과의 국경이 불분명해지면서 제국의 기강이 흔들리게 되면서 5세기에 들어서면서 이민족의 침입이 더욱 빈번해졌다.[51]

만약 당시 민중이 로마제국의 삶을 불만족스럽게 여겼다면 로마제국의 통치는 위협받았을 것이다. 하지만 사실 당시 대부분의 사람은 제국의 생활에 불만을 갖는 것 자체를 잘못으로 여겼다. 현실의 삶에 낙담해 삶을 개선시키려는 생각과 희망이 전혀 없었던 로마인들은 더 나은 내생을 꿈꾸기에 이른다. 이러한 사고는 이들의 비참한 현실을 보상해주는 아편으로 작용해 낙심한 사람에게는 위안을, 짓밟힌 자에게는 희망을 제공했다. 또 지위가 낮은 사람에게는 자존심을 그리고 모든 사람에게 우주(세계는 아니라 해도)가 정의롭다는 신념을 제공했다.[52]


## 기독교의 이중성

기독교는 당시 사람들이 의지하는 여러 신앙 가운데 하나였다. 동방, 유대인, 그리스, 로마 등 다양한 기원을 두고 있는 기독교는 그만큼 혼란스럽고 흥미로운 신학에 기초를 두고 있었다. 신은 엄격하고도 유쾌하며 불가해한 동시에 법칙을 따르는 존재였다. 또한 두려움을 가진 동시에 연민에 찬 존재이며, 완고하고 독재적인 동시에 사랑을 베푸는 존재였다.[53] 그리고 이성과 신앙 모두를 통해 접근할 수 있는 존재였다. 〈구약성경〉에 등장하는 분노에 찬 신은 〈신약성경〉에서 하느님 아버지가 되어 그의 아들 예수에 의해 기독교의 신이 됐다. 이처럼 역사를 통틀어 기독교 신학은 오랜 세월 동안 화급한 문제들에 대해(물론 오늘날 보기에는 사소한 문제이지만) 서로 모순되는 해답을 내놓았다. 게다가 기독교가 내놓은 어떤 답들은 시간이 지나면서 바뀌기도 했다. 오늘날의 믿음 가운데 사도 바울이 보기에 충격적인 것이 존재하는 것처럼, 최초의 기독교인들은 오늘날 이단으로 여겨지는 다양한 믿음에 집착했다.

기독교 신학에는 두 가지 확실한 점이 있다. 첫째, '참된 의미'는 각 개인이 자신들이 가진 이상에 따라 발견할 수 있다는 것이다. 둘째, 어느 누구도 기독교인들의 행동을 연구함으로써 기독교가 가진 이상을 추론할 수 없다는 점이다.[54]

사악함은 기독교가 가진 이상이 아니지만 기독교인들의 행동을 연구하는 사람이라면 누구나 그들이 사악함을 믿고 있다고 결론 내린다. 기독교 스키마에서 사악함의 요소는 유대인들이 이집트에 포로로 잡혀 있을 당시 우상을 숭배한 도덕적 방종에 대한 그들의 믿음에서부터 유래했다. 사실 유대인들은 우상 숭배를 금기시한 예언자들의 희생양이었다. 서로가 서로를 보호해주는 기득권층의 파워게임의 전형적인 모습에서 나타나듯이, 이

때 신은 예언자들의 편을 들어 순결한 신앙을 지키지 못한 죄목으로 유대인들을 박해했다. 물론 이러한 죄목은 그들이 일부러 만들어낸 것이었다.[55]

더 중요한 것은 〈신약성서〉에 관한 신학적 논쟁에도 불구하고 기독교는 본질적으로 유대 정신의 도덕적 부흥으로 볼 수 있다는 점이다. 기독교는 바리새인들이 자신들의 정치적 안녕과 신학적 형식성에 경도되기 시작한 도덕의 공백기에 크게 발전했다. 이들은 모세의 율법을 엄격히 따르던 유대인 집단으로, 율법의 글자 하나하나에 집착함으로써 유대인의 신앙 체계 안에서 도덕이 발전할 수 있는(새로운 금기를 만들) 여지를 남겨놓지 않았다. 기독교인들은 초기 교사들의 정신을 계승하면서 예언자들의 정신적 계승자이자 도덕적 혁신가 그리고 새로운 금기의 창조자가 됐다.[56]

유대인과 기독교인 사이에 주요한 차이점은, 기독교인들은 스스로를 죄인으로 인식했다는 점이다.[57] 유대인들은 자신들을 우상을 숭배한 죄인들의 후손으로 자처하면서 그들이 믿던 순수한 신앙을 고수했다. 스스로를 비난하는 성향이 강했던 기독교인들은 스스로를 악하다고 믿었다. 그러나 이들의 이런 믿음은 그리스도의 말씀을 자신들이 얼마나 실천에 옮기느냐가 아니라, 그리스도의 제자나 해석가들의 말에 기초를 두고 있었다.

이것은 실로 안타까운 상황이었다. 왜냐하면 실제로 신과 인간을 연결하는 매개가 있다면 그것은 예수 그리스도였기 때문이다. 예수의 가르침에 대한 형식적 논쟁은 예수조차 신격화시키고 말았다. 예수는 아마 자신의 단순한 가르침에 대한 해석을 시도한 많은 교리에 당황스러움을 감추지 못했을 것이다. 그는 자신의 가르침이 각종 의례와 독단에 파묻혀 있는 상황을 무척 불편해했을 것이다.[58] 아마 예수가 그 사실을 알게 됐다면 그는 자신의 가르침이 오늘날에 맞게 변형됐다는 사실을 받아들였을 것이다. 그는 교조주의자가 아니었으며, 당시의 대중적 미신을 수용했을 뿐 아니라 별다른 신학을 가지고 있지도 않았다. 그리고 신에 관한 새로운 생각을 제시하지도 않았다.[59]

예수는 동양과 서양의 가장 큰 차이점을 정착시켰다. 그는 개인이 가치를 지닌다고 가르친 반면(이 과정에서 예수는 기원전 1200년경 청동기시대에서 철기 시대로 넘어가는 것과 버금가는 변화에 영적인 실체를 부여했다. 당시에 병사 개인이 무기를 소유함으로써 스스로 힘 있는 권력으로 인식되기 시작했다. Chile, p. 180), 동양의 종교는 신비스러움에 기초한다.[60] 또한 예수의 비폭력 사상이 모든 시대의 모든 사람에게 해당되는 문화적 절대사항으로 의도된 것인지도 분명하지 않다. 고귀한 마음을 가졌으나 다소 경솔했던 선동가로서 오늘날 거리 시위의 기준을 확립한 예수의 메시지는 당시 반란을 기도하던 광신도들을 향한 것이었다. 그는 당시 우월한 로마에 대항해 싸우는 것이 쓸모없는 짓이라는 사실을 예견하고 있었던 것이다. 그의 말이 옳았기 때문에 광신도들은 예수의 존재를 불편해했다. 그래서 그의 가르침이 완벽하게 적용될 수 있는 더 좋은 세상에서 부활하기를 원했다(부활의 개념은 노르웨이(오딘), 이집트(오시리스), 남태평양 뉴브리튼To Kabinana의 신화들에서도 찾아볼 수 있다. 형제간 다툼(카인/아벨)에 관한 신화는 이집트(세트/이시스), 파푸아뉴기니(방고르/시시), 술라웨시(왕키/스키) 등에서 나타난다. 이들 형제간 다툼은 '사냥꾼 대 농부'의 대결 구도를 상징하는 것으로 보인다. 오펜하이머, p. 373). 하지만 이들은 다음 생에 행복해질 수 있는 방법을 알기보다 이번 생에 로마의 지배에서 벗어나기를 더 원했다.[62]

예수 그리스도의 메시지의 분명한 점은 신의 왕국이 곧 도래할 것임을 실제로 믿었다는 사실이다. 이는 아마도 그 자신을 위한 것이었겠지만, 이로 인해 다른 사람들은 의미 없는 세상에서 살아가는 상황에 처하게 됐다. 이후 기독교인들이 알게 된, 그러나 인정하기 꺼렸던 사실은 예수가 펼친 이상이 변화하는 인간 사회에 적합하지 않다는 점이었다. 예수가 펼친 이상은 정치적 자유, 경제적 기회, 사회적 평등 같은 것에 무관심한 이들에 의해 종식될 문명을 위한 것이었다.[63] 실제로 그리스도 이후 서양 사상가들이 직면한 주요 문제 가운데 하나는 예수의 가르침을 지속적으로 세속적인 체계에 맞게 적용시키는 것이었다.

## 사도 바울의 위선

이를 시도한 인물 중 기독교를 창시한 성 바울St. Paul이 있다. 유대교의 개혁에서 출발한 기독교는 당시 다른 종교들을 제치고 승리를 거두었는데, 이는 예수 때문이 아니라[64] 성 바울 때문에 가능했다. 유대교가 가진 강한 믿음은 쇠약해가는 로마 사람들에게 강한 매력을 발휘했다. 성 바울은 기독교를 받아들이는 데 방해가 됐던 요소들을 (마치 할례를 하듯이) 제거하는 한편, 옛 종교의 장점을 부각시키는 데 뛰어난 재능을 발휘했다.[65]

바울은 어떤 희생을 치르더라도 '자신의' 종교를 성공시키려고 했다. 그래서 예수에게 달려갔다. 바울은 예수를 직접적으로 알지 못했지만, 그를 불변의 인물이 아닌 하나의 상징으로 여겼다. 기독교 정신에 유대교 도덕률을 혼합해 다소 모순되지만 독창적인 가르침을 만들어낸 바울은 기독교를 역사적 인물인 '예수가 창시한' 종교가 아니라 '예수에 의한' 종교로 만들었다.[66] 실제로 예수를 기독교로 개종시킨 인물은 바울이었다.

사도 바울은 예수를 통해 사람들에게 뉘우침과 정의만으로도 신의 왕국에서 자리를 보장받을 수 있다고 가르쳤다. 그리고 구원은 오직 예수를 통해서만 실현될 수 있다고 가르쳤다. 나아가 바울은 예수를 아담을 대신해 우리의 모든 죄를 속죄하는 구세주로 제시함으로써 기독교 신학의 기초를 만들었다. 죄를 대신하는 대속자로서의 역할이 바로 예수가 떠맡게 된 역할이었다. 만약 예수가 그 사실을 알았더라면 무척 놀랐을 것이다.[67] 예수는 사람들을 부패한 기존 권력, 즉 바리새인들을 상대로 평화적인 저항으로 이끈 최초의 사람이었으나,[68] 바울은 이것을 그다지 건강하다고 생각하지 않았다.

종교 기획가였던 바울은 예수를 향한 열광자라는 새로운 인간의 전형이었다. 그는 영감을 받으면 근거도 없는 믿음을 요구하였다. 그에게는 믿음이 전부였다. 교리의 일관성은 그다지 중요하지 않았다. 종말이 임박한 세계에서 선한 행위를 독단적으로 요구하는 것은 적절치 않은 행동이었다.[69]

바울은 신이 현존하는 제도를 결정한다고 선언했다.[70] 신이 세계를 결정하는 동시에, 불행을 내리는 것이 이상하게 보일지 몰라도 적어

**사도 바울** 바울은 위대한 종교 기획자였다(루벤스 그림).

도 이렇게 함으로써 바울은 반역자라는 멍에를 쓰지 않고도 개종할 수 있었다. 사실 바울이 원했던 것은 개종이었다. 바울은 로마 권력의 간섭 없이 일하기를 원했다. 그래서 편의적으로 신을 내세웠지만, 노예제와 성차별에 대해서는 관용적인 태도를 취했다.

그러나 기독교가 모든 것을 평등하게 만들어준다고 떠벌리고 다녔다는 점에서 바울은 어쩌면 고상한 위선자였는지도 모른다. 바울에 따르면 모든 사람은 평등하다. 모두가 그리스도이며, 그리스도를 통해 하나가 된다. "유대인도 그리스인도 없다. 속박도 자유도 없으며, 남자도 여자도 따로 존재하지 않는다."[71] 그러나 바울은 돌연 태도를 바꾸어 사람들을 서로 멀어지게 만드는 (노예제나 성차별 같은) 분열적 관행에 대한 공격을 누그러뜨리는 한편, 거의 모든 사람을 공격했다. 이는 그리스도의 정신에 반하는 것이었다.[72] 그의 주도 아래 탄생한 교회는 노예제와 농노제가 평화롭게 공존하는 한편, 악정을 펴는 왕의 신성한 권리를 용인했다. 또한 지구상의 평등과 우애, 자유를 쟁취하려는 대중적 운동에 대해 반대 입장을 취했다.[73]


## 황제의 개종 : 기독교의 변질

알렉산드리아의 클레멘스(c150~c215, 그리스의 신학자·저술가)가 플라톤을 구성원에 등재시키고, 신의 진리는 합리적 진리라고 가르침으로써(이는 스토아학파와 그 동료들이 볼 때 매혹적인 주장이었다)[74] 새롭게 등장한 종교 집단에 지적 타당성을 부여했다. 그리고 312년 콘스탄티누스 황제가 기독교로 개종하면서 실질적으로 기독교는 서양 제도의 일부가 됐다. 이 결정적 사건은 제국과 종교의 성격을 완전히 바꿔놓았다. 콘스탄티누스 황제의 개종은 제국에 파괴적인 영향을 가져왔다. 왜냐하면 영적 혼란과 더불어, 당시 인구의 95퍼센트를 차지하던 수많은 이교도가 소외되는 결과를 초래했기 때문이다.[75] 이것은 기독교에도 좋은 일만은 아니었다. 많은 이교도 때문에 기독교 신앙이 약화됐지만, 합법화된 교회는 부와 권세를 누렸다. 심지어 교회는 제국에 봉사하는 것이 아니라 제국을 위협하는 '유일한' 세속 기관이 되어 제국을 대체할 지경에 이르렀다.[76]

4세기가 지나면서 이 야만적이고 부당한 상황이 신의 축복과 지지를 받게 됐다. 겉으로 보편적임을 표방하는 종교에 있어서 제한된 동맹을 의미했다. 그리고 일반적으로 황제가 무엇이며, 신이 누구인가에 대해 혼란스럽게 만들었다.[77] 사람들은 '기독교 황제'를 어리둥절해했다. 왜냐하면 이전에는 제국의 물질적 압제에 무관심했던 교회가 이제는 그 존립 기반을 그리스도(바오로)와 황제(콘스탄티누스)에게 두었기 때문이다. 제국의 파트너가 된 교회는 이제 그 본질로부터도 멀어졌다. 신학이 실재에서 유리되면서 교회는 물질세계에 더 많이 관여하게 됐다.

이처럼 기존 제도로 편입되는 과정에서 교회는 분열적 성격을 띠게 되는데, 이는 새롭게 탄생한 교회의 이중적 성격에 이미 내재된 것이었다. 그 첫 단계(기원후 처음 3세기 동안)에 기독교는 내세를 기약할 수밖에 없는 불행한 사람들을 위한 종교였다. 그다음 단계(4세기)가 되자 신앙인들의 불행에 대한 근거가 정당화되면서 성직자의 역할은 지혜를 가르치는 교사에서 영적 조언자로 바뀌었다.[79] 행복한 삶에 대한 그리스의 귀족적 이상은 모든 사람에게 전파됐지만, 정치적으로 선거권 등은 주어지지 않았다. 생활수준이 낮아지면서 제국을 지킬 가치가 없어지자 신학자들은 골치 아픈 세속의 문제로부터 돌아섰다. 5세기에 이방인들이 들어왔을 당시, 기독교는 세속적인 것과는 거리가 먼, 천국에 관한 거대하고 추상적인 믿음을 가지고 있었다.

실제로 4세기 지식인의 삶에서 가장 눈에 띄는 현상은 신학자들(당시 주목할 가치가 있는 지식인)이 교회의 새로운 역할에 점점 무관심해졌다는 사실이다. 이런 경향이 심화되면서 기독교 사상은 신학자들이 세속의 문제를 무시하며 종교적 환상으로 변질됐다(17세기 초 영국에서도 이런 일이 일어났다. Notestein, p. 157).

제국이 쇠퇴하는 과정에서 당시 위대한 지성인들의 관심을 사로잡았던 이슈는 무엇이었을까? 관료 체제의 권한 남용을 개혁하려는 운동에 열중했을까? 아니다! 이방인들을 내쫓는 데 열심이었을까? 그것도 아니다! 주변에서 문명이 무너져 내리는 과정에서 로마제국 최고의 지식인들은 처녀성을 찬양하는 한편, 세례 받지 못한 이교도의 아이들이 지옥에 떨어질 것이라고 설교하느라 여념이 없었다.[80]

기독교의 세 번째 단계는 교회에 세속적 성공을 안겨주었으나, 이는 매우 치명적인 타협이었다. 종교는 스스로 실현하는 환상이란 말처럼, 기독교는 천국(교회의 통치)의 개념을 지상으로 가져옴으로써 스스로의 환상을 실현시켰다. 그러나 이후 중세 교회가 지배하는 세계로 넘어가고 말았다(교회가 왕들을 지배하게 됨). 이런 일들이 일어난 이유는 신앙과 신앙인들에게 요구되던 조정adjustments이 신학자들의 사려 깊은 계획에 의해서가 아니라, 새로운 역할에 대한 성직자들의 요구로 발전한 결과물이었기 때문이다. 다시 말해 교회의 철학은 바뀌지 않았지만 교회는 바뀌었다.

신학자들은 세속의 일과 거리를 두는 데 바빴고, 이에 따라 종교는 정부의 사법 및 행정 기능 잡무를 담당하던 성직자들에 의해 주변부로 밀려났다. 성직자들은 자신들이 기존 제도에 편입되면서 현 상태를 그대로 받아들였다. 난해한 신학자들에게 개혁에 대한 생각이 없었던 것과 마찬가지로, 성직자들에게도 개혁에 대한 의지가 없었다. 이전 시대의 노예제도와 마찬가지로 농노 제도를 자연스럽게 받아들인 것처럼, 교회의 도덕적 · 영적 수준은 교황의 어리석음을 수용할 정도로 낮아졌다.[81]

로마 교황청의 신학자들은 현 세계를 다음 세계로 나아가는 디딤돌로 간주하였다. 이를 통해 성경을 우주에 관한 필수 진리를 담고 있는 여행 가이드로 이해하는 데 도움이 될 만한 지식이 있다고 생각했다. 그들은 호기심을 악덕으로 생각했다. 왜냐하면 믿음만으로 이 여행을 성공적으로 마치는 데 충분하기 때문이었다. 세속적 지식을 구한다는 생각은 죽었다. 그리고 광기가 극에 달하고 중세의 암흑시대가 시작되면서 분석적 사고는 현실로부터 완전히 유리됐다.

이러한 움직임은 추상적 신학의 발달로 중세를 무지와 미신에서 타의 추종을 불허하는 시대로 만들었다. 성 아우구스티누스(354~430)는 새 시대의 전령으로서, 자유의지의 원리와 원죄에 대한 의심을 이단으로 선포했다. 또한 자연법칙에 대한 지식이나 독립적 탐구를 차단했다. 그러나 유스티니아누스 황제가 529년 아테네에서 플라톤의 아카데미를 폐쇄하기까지 배움의 빛은 완전히 꺼지지 않았다.[83]

## 공화정의 성공, 로마 쇠망의 시작

제국의 멸망에 큰 역할을 했던 기독교인들은 자연스럽게 땅을 물려받았다. 로마제국의 멸망을 재촉한 요인에는 여러 가지가 있었다. 실제로 로마제국 쇠망의 시작은 공화정의 성공에 있다고 할 수 있다. 로마제국이 멸망한 것은 로마인들이 자신들이 누구이며, 공화정의 전성기(기원전 200년경)에 자신들이 무엇을 창조했는지 제대로 몰랐기 때문이었다. 그들이 자신의 본질과 자신들이 창조한 제국을 이해하지 못했던 한 가지 이유는 의도적으로 제국을 건설한 것이 아니기 때문이다. 사실 영토 확장은 얼떨결에 그리고 원로원 의원들의 반대에도 불구하고 이뤄졌다. 카르타고에 대해 마지막 승리를 거둔 뒤 한 번의 정복이 또 다른 정복으로 이어졌으며, 뜻하지 않게 로마인들은 자신들이 제국을 손에 넣었음을 알게 됐다.[84]

그러나 제국의 멸망은 공화정의 승리로 거슬러 올라간다. 로마의 성공에는 자기 인식의 실패와 부패, 계급 전쟁과 혼란이 항상 따라다녔다. 그럼에도 불구하고 공화정은 한 세기 동안 내전을 겪으면서도 계속해서 확장하다가 마침내 스스로 멸망했다.[85] 아우구스투스는 평화와 질서를 회복하고, 정복을 멈추었으며 공화정의 가면을 쓴 군주제를 부활시켰다. 그러나 이후 번영과 평화의 2세기 동안에도 도덕적 타락은 계속됐다.

"로마제국이 왜 멸망했는가?"라는 질문에 대해서는 600가지의 대답이 존재한다.[86] 여기에 한 가지 답을 더한다 해도 문제될 것은 없을 것이다. 로마가 멸망한 원인은 로마인들이 자신들의 행동을 이해하는 데 관심이 없었으며, 그럴 능력도 없었다는 데 있다. 다시 말해 그들이 어리석었기 때문이다. 이 답은 지나치게 단순하지만, 이것은 로마의 멸망이 정치, 사회, 경제, 지식의 요소가 혼합된 결과였다는 복잡한 설명을 원하는 사람들에게는 하나의 방향을 제시할 것이다. 그러나 이러한 요소들은 실제로 문제가 되지 않았다.

로마제국이 멸망한 원인은 특정한 요인이나 복합적인 요소들 때문은 아니다. 로마제국이 멸망한 것은 로마인들이 스스로 일으킨 문제에 효과적으로 대응하지 못했기 때문이었다. 문제들 중 해

**아우구스투스** 로마제국의 첫 황제

결할 수 없는 것은 하나도 없었다. 그것들이 여러 가지 복합적인 양상으로 나타나더라도 해결할 방법은 있었다. 다시 말하지만 로마제국이 멸망한 것은 로마인들에게 그들 스스로 자초한 정체성 위기에 대한 해법을 찾는 상상력이 부족했기 때문이었다.

정치적으로 로마의 위대한 정치가 아우구스투스가 로마제국을 만들었을 때 그 멸망은 예정되어 있었다. 원수元首 정치는 실패한 공화정에 대한 로마의 대응이었다. 로마는 공식적으로는 공화정을 유지했지만, 이는 정부 형태 중 가장 상상력이 부족한 군주제의 또 다른 형태일 뿐이었다.[87] 모든 정치 시스템과 마찬가지로 로마는 정치적 문제를 해결하는 동시에 그것을 일으키기도 했다. 로마는 대체로 절대권력을 가진 부패한 황제가 다스려왔다. 더욱이 로마제국은 왕위 계승이라는 정치적 문제를 제대로 해결한 적이

한 번도 없었다. 왕위 계승은 암살이나 군대의 도움으로 부패한 황제가 다른 황제로 대체되는 가장 흔한 방법이었다.

　로마제국은 황제의 공포 정치로 인해 사회적 · 경제적 문제가 해결되지 않은 채 유지되었다. 이중 가장 큰 사회적 문제는 일하는 사람이 게으른 가난뱅이와 게으른 부자를 모두 먹여 살려야 했다는 점이다. 이러한 사회, 경제적 상황은 문명국가에서 흔히 발견되는 것으로, 비단 로마에만 치명적인 것은 아니었다. 로마가 제국으로서 성공을 거두면서 이 문제는 더욱 악화됐다. 공화정 시기에도 해외에서 승리를 거두면 과두제 집권층과 평민 사이에 갈등이 고조되었고, 결국 계층 전쟁이 일어나기에 이르렀다.[88]
　이런 기본적인 문제는 아우구스투스 치하에서 더 악화됐다. 군사적 확장이 중단되면서 약탈물과 새로운 시장을 더 이상 제공할 수 없게 됐기 때문이다. 새롭게 부상하던 상인 계급은 해외 시장이 축소된 데다 국내의 빈곤까지 겹치면서 거의 질식 상태에 이르렀다. 그러나 (많은 토지를 소유한 부유한 도시귀족들뿐만 아니라) 새롭게 정착한 기업가들에게는 번영이 지속됐다. 그들은 자신들의 경제적 부담을 가난한 계층에게 전가할 정도로 충분한 정치적 영향력을 갖고 있었다. 이는 정(+)의 되먹임 구조가 되어 도시와 농촌, 부자와 빈자, 상류계층과 하류계층의 간격이 더욱 벌어지게 됐다.[89]
　로마의 경제적 삶에 관해 슬픈 사실은 로마제국이 영토 확장으로 몸집은 키웠지만, 실질적인 산업은 발전시키지 못했다는 것이다. 이들은 제국의 빈곤층을 착취하는 것만으로도 존재할 수 있었다. 로마의 산업은 이른 시기에 발달했으나 결국 실패하고 말았다. 이런 실패는 제국주의에 대한 경제적 의존뿐 아니라 예술과 과학에서의 혁신을 조롱한 문화의 전반적인 기술적 후진성에도 그 원인이 있다. 100년 후 로마제국에서는 산업 기술 분야의 중요한 발전이 하나도 이루어지지 않았다. 예를 들어 아르키메데스는 역학의 기초를 수립했으며, 당시 기술자들은 물과 증기, 공기압의 잠재력에 대해 알고 있었다. 하지만 그럼에도 불구하고 기계 동력의 발달이 전혀 이루어지지 않았다.[90]

여기에는 과두제(소수의 사람이나 집단이 사회의 정치적 · 경제적 권력을 독점하고 행사하는 정치 체제)가 부를 안겨줄 경제활동을 경멸하는 사회적 요인도 산업 발달을 저해하는 데 중요한 역할을 했다. 그리스 경제를 실패로 몰고 간 사회 계층구조가 로마에서도 똑같이 작동했다. 노예제는 사회 계층구조의 취약함의 징표이자 근원이었다. 노예들(그리고 제대로 급여를 받지 못한 노동자들)은 새로운 것을 발명하거나 개선하는 데 관심이 없었다. 그리고 신기술을 발명하거나 새로운 생산 과정을 발전시킴으로써 이익을 볼 수 있었던 사람들은 실질적으로 그런 일에 관여하지 않았다. 결과적으로 이들 사이에 단절이 생겼고, 이러한 기술적 지체 현상으로 인해 경제적 쇠퇴는 더욱 가속화됐다.[91]

공식적으로 경제, 사회 문제에 있어서 로마제국의 기본 정책은 자유방임주의였다. 다시 말하자면, 로마는 아무런 정책도 갖고 있지 않았다. 국가는 하루 벌어 하루 먹는 식으로 유지됐다. 또한 계획된 프로그램이 아니라 무작위로 소집한 군대가 전쟁과 국가적 위기 상황을 감당해냈다. 3세기 이후에는 임금/가격 통제와 노동자들이 자신의 직업에 종속되는 전체주의 관행에 의해 그나마 형식적으로 질서가 유지됐다. 이런 조치는 개혁이 아니

라 붕괴하는 사회에서 현 상태를 유지하기 위한 비운의 노력일 뿐이었다.[92]

상황이 변하고 있음을 감지한 과두제 정치인들은 현상을 유지하고자 노력했으나, 이들은 자신들의 세계가 붕괴하고 있는 이유는 알지 못했다. 그리고 자신들에게 장기적으로 이익이 될 정책을 만들어내지도 못했다. 왜냐하면 물질적 번영을 누리고 있었기 때문에 자신들의 시스템이 역기능적이고, 실패를 야기하는 불평등한 시스템이라는 사실을 눈치 채지 못했던 것이다.

제국이 붕괴하는 과정에서도 로마인들은 제국이 영원할 것이라는 환상을 놓지 않았다. 그리고 476년, 결국 로마는 아무 소리도 내지 못하고 멸망했다.[93] 그 누구도 로마제국이 멸망하는 소리를 듣지 못했다. 왜냐하면 이방인들이 승리를 거둘 무렵, 로마는 이미 이방인의 나라가 되어 있었기 때문이다. 로마제국은 비록 혼합 혈통이었지만, 이탈리아를 통일했던 공화정의 로마인들은 하나의 혈통이었다. 그래서 오늘날 우리는 여전히 로마제국을 이탈리아인이라고 인식하고 있다. 그러나 정복을 통해 로마제국은 제국에 동화될 수 없는 사람들(라틴어를 사용하지 않는 민족)까지 포함시켰다(오늘날 제국의 말미에 침략을 통해 영국 신민으로 복속된 잉글랜드도 바로 이런 문제를 겪고 있다). 그들은 스스로를 로마인으로 인식하지 않았고, 제국에 맞서 죽음을 불사하면서까지 싸우고 싶어 하지도 않았다.[94]

다양성은 힘의 원천이 될 수 있다. 하지만 지나친 다양성은 구성원들의 정체성을 와해시킬 수도 있다. 이 경우 정치적·문화적 유대로는 더 이상 단합된 사회를 유지할 수 없다. 로마제국의 상황이 바로 그러했다. 민족적·문화적·지리적으로 너무나 혼재된 상태여서 법도 종교도 제국을 지속시킬 수 없을 정도로 통일 의식이 상실됐다.[95] 뒤죽박죽 가방 속 같던 로마제국은 위에서부터 질서를 부여하려는 노력(예를 들어 기독교를 공식 종교로 만들고자 했던 것과 같은 노력)을 기울였으나 실패로 돌아갈 수밖에 없었다. 로마인들의 마음속에 존재하지 않는 통일체를 인위적으로 유지하려는 노력은 도움이 되지 않았을 뿐 아니라, 오히려 로마의 멸망을 재촉했다. 연합국가 개념이 있었다면 로마는 멸망의 위기에서 벗어날 수 있었을지도 모른다. 그러나 로마인들의 정신에는 이런 개념이 존재하지 않았다. 로마인들은 유연하고 역동적이며 적응적인 사고의 성향이 없었다.

넓은 의미에서 보면 로마제국이 멸망한 원인은 바로 이러한 로마인들의 정신이었으며, 지식에 무관심했기 때문이었다. 로마인들은 모든 지식에 접근할 수 있었지만, 그곳을 쳐다보지도 않았다. 닫힌 마음을 갖고 있었기 때문이다. 본질적으로 호기심이 전혀 없고 상상력도 부족했던 로마인들은 집단적 무지 상태에 있었다. 그들은 아무것도 예측하지 못했고, 창조 의식도 별로 없었고, 구원 의식도 없었다. 이들은 탐험가가 아니었다. 제국의 기초를 이룬 지리에 대한 지식도 별로 없었다. 제국의 중심을 이루던 부자들의 천박한 삶에서 두드러진 점은 정보의 증식과 발전을 위한 과학적이고 학문적인 기관이 존재하지 않았다는 점이다.[96]

물론 로마제국에도 자연과학의 천재들이 있었지만 이들의 재능은 계발되지 못하고 질식당했다. 실제로 루크레티우스Lucretius(B.C. 100~55년, 고대 로마의 시인, 철학자로 에피쿠로스의 사상과 철학에 관한 장편 서사시 〈사물의 본성에 관하여De rerum natura〉 6권이 남아 있다)는 최초의 자연과학 천재이다.[97] 그러나 로마제국에는 자연과학의 천재는 한 사람도 남지 않았는데, 군사적 물질주

**루크레티우스** 철학 서사시 《사물의 본성에 관하여》를 쓴 최초의 자연과학 천재

의라는 숨 막히는 분위기 속에서 '로마 과학자'란 말 자체가 모순된 표현이었기 때문이다. 로마인들은 천문학, 지리학, 의학에 어떠한 기여도 하지 못했다(갈레노스는 그리스인이었다. 1300년 동안 서양 의학을 지배한 인물로, 그리스의 의사이자 철학자이다. '최고의 의사는 최고의 철학자'라는 말을 남겼다).[98] 과학에 대한 인식이 없었던 그들은 자연과 물질 그리고 자신들을 통제할 수 없었다. 그들이 이루어낸 통제는 지적 · 문화적 지배가 아니라 군사적 · 정치적 압제를 통한 통제였다.[99]

지식의 압제라는 측면에서 볼 때 로마인들은 무의식 상태에서 있고자 했다는 점에서 성공적이었다. 그들은 한 번도 자신들의 가치에 대해 의문을 던지는 일도, 스스로를 검토하고 논쟁을 허용하지도 않았다. 제국은 부자들에게는 일종의 정원이었다. 이 정원에서 정치적 논의는 반역으로 간주됐고, 경제적 분석은 과두제에 대한 위협으로 치부되었다. 부자들은 지혜를 돈을 주고 살 수 있다고 생각했다. 그러나 정작 그들이 돈을 주고 산 것은 무지였다. 그것도 그들이 생각한 것보다 훨씬 비싼 값, 즉 제국의 미래를 비용으로 치르고 산 것이었다. 로마 문화에 결여된 것은 더 큰 무엇을 위해 일할 수 있는 영감을 줄 수 있는 이상이었다.[100] 당시 로마인들은 세속적인 일에 지나치게 매몰되어 있었기 때문에 인간의 이상을 개발하는 데 영감을 받지 못했다.

실제로 일부 예외적인 경우를 제외하고 로마는 찬란한 서양 문명의 한 편에 드리운 병충해 같은 존재였다. 로마인들은 의미 있는 과학적 발견을 이루어낸 것도 아니고, 예술 형식이나 독창적인 철학을 만들어낸 것도 아니었다. 멋진 도로와 체계적인 법전, 효과적인 군대를 만들었지만, 그 밖의 다른 분야에서는 그리스인들에게 의존했다(역설적으로 로마인들은 그리스인들을 타락했다며 경멸했다).[101] 이렇게 라틴 문학은 그리스의 형식에 감싸여 있었지만, 불행하게도 그리스 문헌을 지나치게 숭상한 나머지 탐구 정신이 결여되고 말았다. 예를 들어 아리스토텔레스의 저작을 매우 가치 있게 여겨 더 이상의 연구가 중단되었다.[102]

그리스-로마 전통에 자부심을 가졌던 로마인들은 젊은 공화정의 정치를 특징짓는 실용주의 적응력을 상실하고 말았다. 그들은 형식이 기능을 상실해 새롭고 보다 효율적인 형식과 사상의 발전을 방해하게 된 이후에도 계속해서 형식에 집착했다. 의례주의는 풍요로움을 방해했다. 로마인들은 이성을 선호했지만, 지나치게 질서를 추구한 나머지 보수적인 성격을 띠었다. '로마의 지성'과 로마의 사고는 언제나 관료적 습관의 노예가 되어 경험보다 전통의 지배를 더 많이 받았다. 다시 말해 인습이 지배했으며, 실험은 미지의 것으로 남게 되었다. 로마제국은 세상을 변화시켰지만, 정작 그 자신은 언제나 똑같은 모습을 유지했다.

## 로마제국의 역설적 유산 : 지속과 멸망

실제로 로마는 문명으로서보다는 하나의 상징으로 존경받았다. 이제 로마는 적응에 실패한 예가 아니라 법률과 질서의 기반 위에서 보편적 평화의 이상을 대표하는 존재가 됐다. 거의 아무 생각 없이 무력과 사기로 만들어진 제국, 변칙으로 가득한 제국에 이것은 역설적인 유산이다.

귀족 정치가 자신의 존엄성을 유지할 수 있는 타협을 거부하고, 자신의 권력을 파괴하는 군사 독재에 찬성함으로써 공화정은 죽었다.[103] 아우구스투스가 등장하면서 로마는 군사적·문화적으로 방어적인 자세를 취했다. 왜냐하면 부상하는 상인 계급이 권력을 쥐자마자 그 동력을 상실했기 때문이다. 이후 로마는 지나치게 상업 중심이 됐으며, 상업은 지나치게 로마화됐다.[104]

기원후 처음 두 세기 동안 로마제국의 통치자들은 누가 통치하는지는 문제가 되지 않는다는 것을 분명하게 보여주었다. 이 시기 그들은 잠재적이고 노골적인 사회 문제들에 제대로 대응하지 못했다. 왜냐하면 부지런하고 존경받을 만한 마르쿠스 아우렐리우스를 포함해 그 누구도 실제적이고, 긍정적인 프로그램을 갖고 있지 않았기 때문이다. 3세기에 벌어진 내전은 로마의 어리석음을 전형적으로 보여주었다. 당시 내전에 일반적인 원칙이 없었다는 점에서 무용했다. 내전은 노동 조건이나 계층 간 관계를 개선하기 위해 치른 것이 아니었다. 통치자와 대중이 서로 대면하는 장도 아니었으며, 사회 체제를 개혁하려는 노력도 아니었다. 단지 권력의 경쟁자들 사이에 일어난 충돌에 지나지 않았다. 탐욕, 야망, 시기, 증오에서 시작된 내전에서 이익을 본 집단은 군대뿐이었다.[105]

이후 상황이 악화되자 국민들은 무관심한 태도로 변했으며, 자신들이 처한 곤경을 그냥 받아들였다. 창조적 리더십도, 개혁에 대한 대중적 요구도 없었던 당시 로마제국은 부패가 곪아터지면서 세력이 기울어졌다. 대중은 서서히 정치에서 등을 돌리고 종교로 향했다. 이렇듯 대중이 존재하지 않는 개혁가가 아니라 죽어가는 신들에게 신뢰를 두게 되자 부패의 소용돌이가 만들어졌다.[106]

로마제국의 비극은 콘스탄티누스 대제의 공식 칙령에도 불구하고 과두제 집권층이 사랑의 기독교인이 아니라 천박한 야만인의 성격을 띠고 있었기 때문에 결과적으로 정신적·영적 건강도, 물질적 부도 지속시키지 못했다는 데 있다. 실제로 로마는 정상에서부터 멸망이 시작되었다. 단적으로 볼 때 이기적인 상류계층이 하류계층을 교육시키고 개화시키지 못했다. 그리고 제국의 요청에 제대로 대응할 능력이 없으면서도 진보주의자들에 대한 공격을 감행했다. 그러나 로마 민중의 종교적 요청은 마침내 통치자들의 물질주의를 넘어설 수 있었다. 마침내 제국이 몰락하고, 기독교가 승리를 거뒀다.[107]

로마제국의 멸망에 관해 두 가지 놀라운 사실이 있다. 첫째, 로마제국이 멸망하는 데 오랜 시간(수백 년)이 걸렸다는 점이다. 둘째, 누구도 로마제국을 멸망에서 구해낼 수 없었다는 점이다. 로마제국이 멸망했다는 사실 외에도 꽤 오랜 시간 존속했다는 사실은 로마 역사의 미스터리이다. 로마제국의 지속과 멸망은 로마의 법과 공학(로마 공화정을 통일시킨)이 제국적 성격과 뒤섞인 것으로 설명할 수 있다. 적어도 로마인들은 용기, 자제, 존엄성의 모범에 순종적으로 복종하는 조직적·규율적 성격을 띠었으나, 한편으로 이러한 덕성의 희생양으로서 자신들의 성격적 한계 때문에 고초를 당하기도 했다.[108]

로마인들이 세계를 통치할 수 있었더라도, 아마 그것을 즐기거나 개선시키지는 못했을 것이다. 진지하고 예의를 갖춘 그들은 매혹적이라기보다 존경할 만한 사람들이었다. 그들은 사회적 양심은 없었지만, 의무에 충실했으며 가난의 비참함이나 자신들의 잔혹성 때문에 생긴 고초에는 무관심했다. 그들의 냉철하고 경건한 애국심은 삶에 대한 열정이나 유머감각에 필요한 여지를 남겨놓지 못했다. 제국의 이익을 위해서라면 그들은 언제나 행복을 (자신들의 행복이든, 타인의 행복이든 간에) 희생시킬 준비가 되어 있었다.[109]

게다가 그들은 영웅적 기질이 과해 지루할 정도였고, 실용성이 지나치게 강해 비실용적일 정도였다. 예를 들어 로마인들은 대수와 측량 같은 수학의 응용을 넘어선 수학은 제대로 이해하지 못했다. 로마인들이 낸 길은 곧은 직선이었는데, 그것은 로마인들의 진격 방식이 그랬기 때문이다. 그들은 그렇게 굽힘없이 그리고 단조롭게 역사의 망각 속으로 걸어 들어갔다. 또한 그들은 개성이나 천재성을 신뢰하지 않았다. 예술과 철학에는 의심의 눈초리를 보냈다.*

과학에는 무관심했고, 창조적 철학에는 무능했다. 질서에 대한 사랑으로 그들에게는 인간성과 영성이 결여됐다. 뿐만 아니라 기본적으로 성장,

---

* 그들의 유일한 문화적 유연성은 민족 관계와 종교의 독단적 영역에서 발견된다. 기독교인에 대한 박해는 종교적이기보다 정치적인 일이었다. 기독교인들은 우상과 이교도 권력에 대한 충성 선서를 거부함으로써 그들 스스로 반역자로 배척당했다. 충성 선서는 오늘날 헌법 준수 선서와 비슷하다. 독선적인 기독교인들이 권력을 손에 쥐자 그들은 이교도들이 자신들을 박해하던 것보다 훨씬 잔인하게 그들을 박해했다(Cannadine, p. 18).

발달, 진보 같은 개념이 없었다.[110] 마지막으로, 아무것도 변화하지 않는다는 그들의 결정적 가정은 그들을 보수주의자로 만들었는데, 이는 그들의 장점이자 동시에 약점이기도 했다.[111]

그리스와 마찬가지로 로마에게는 역동적인 감각이 결여됐다. 다시 말해 그들에게는 모든 것이 정적이었다. 그들이 정치 과정에 손을 대거나, 교량을 건설하거나, 국경 근처의 부족을 침략할 때도 그것은 모두 제국이 멸망하는 속도를 늦추려는 목적이었다. 로마인들에게는 비전이 결여됐기 때문에 있는 그대로의 현상을 의지적으로 변화시키기보다는 그것을 그대로 받아들이고 인내했다. 과거는 상상의 유토피아로서 이상화됐고, 미래는 현재의 영원한 반복이었다. 엘리트들이 효과적인 리더십을 발휘하지 못했던 이유는 만성적인 지적 정체 현상, 특히 형이상학에서의 정체 때문이었다. 진보나 부패의 개념이 없었던 공학자들이 오래 지속되는 건물을 지은 것과 마찬가지로, 수동적으로 무관심의 윤리에 이끌렸던 그들은 정치, 사회의 건축가로서 한계를 보였다.

사실 로마인들에게 존경받을 만한 점이 있다면 그것은 그들의 정적인 이상에 생명력을 불어넣은 점일 것이다. 다시 말해 그들은 자신들의 대의를 고수하면서 발명이 아니라 모방의 정신을 유감없이 발휘했다. 그러나 그들의 고정된 사상과 이런 정신도 단지 인습에 지나지 않았다. 정복활동이 절정에 이르렀을 때도 그들은 결코 모험을 즐긴다고 할 수 없었다. 로마인들은 새로운 세계를 발견하지 않았고, 자신들의 지평선을 있는 그대로 받아들였으며, 새로운 것에 대해 전혀 탐구하지 않았다.

이렇게 로마에 안정을 부여한 요소들이 동시에 로마를 구제할 수 없는 상태로 만들었다. 질서를 추구한 로마인들은 문화적으로 멸균상태에 있었고, 그 무엇도(예를 들어 생존과 같은 것을) 투쟁해 쟁취하려고 하지 않았다. 부자들은 사기가 저하된 국민들을 등쳐먹고 사는 데 만족했다. '로마가 멸망하는 그날까지' 부자들은 돈을 주고 이방인들을 매수한다면 그들의 침입을 막아낼 수 있다고 생각했다.[112] 그들은 돈을 주고 충성을 살 수 있다고 생각했기 때문에, 자신들의 지속적인 생존에 필요한 지지를 얻을 수 있는 계층을 소외시켰다.

이러한 계층의 소외는 제국의 역사에서 매우 일찍부터 나타났다. 민중은 대체로 정치에 무관심했다. 사람들은 많은 부자와 통치를 열망하며 왕위를 노리는 자들에게 전혀 관심을 보이지 않았다. 기본적으로 이들은 지도자가 중요하지 않다는 사실을 깨달을 정도로 똑똑했다. 하지만 이들은 더 나은 삶에 대한 희망을 갖고 있지 않았다. 그리고 이들이 가졌던 희망은 굳이 싸워서 얻어야 할 가치가 있는 것이 아니었다. 만약 이들이 이방인들에게 대항해 싸우는 군대에 합류했다면 로마는 약탈당하지 않았을 것이다. 그러나 일반 대중은 물론이고, 노예들이 보기에도 이방인들은 그들을 해방시켜줄 것으로 보였다. 그만큼 그들에게 로마제국은 수호해야 할 가치가 없었던 것이다.[113]

로마의 참된 경이로움은 로마의 멸망이 아니라, 로마가 오랫동안 지속된 점에 있다.[114] 로마의 장수와 쇠퇴는 모두 로마인들의 습관과 전통이라는 터무니없는 관성에 그 원인이 있다. 즉 그들의 습관과 전통으로 인해 마침내 로마는 멸망하고 만 것이다.

✝

    로마는 우리에게 어떤 의미를 갖는가? 미국과 로마의 유사점은 무엇이며, 미국인들이 로마에서 배워야 하는 교훈은 무엇인가? 한 가지 유사점은 로마와 마찬가지로 미국도 의식적인 계획이나 비전 없이 세계를 지배하는 지위에 올랐다는 점이다. 또 하나의 유사점은 미국은 영토 확장에 관해 의견이 나뉘었다는 사실이다. 어떤 상원의원은 분리주의자이고, 또 어떤 의원은 공격적이다. 로마인들과 마찬가지로 미국인들도 야만적인 정복에 몰두하며, 격투 스포츠를 매우 즐긴다.

    미국과 유럽의 관계는 로마와 그리스의 관계와 비슷하다. 미국은 유럽의 문화적 전통을 존중하면서도 유럽의 타락을 조롱한다. 가장 불편하게 하는 점은 군국주의의 유사성이다. 로마의 정치적 · 지적 · 도덕적 기준을 부패하게 만든 원인은 군사력이었다. 이것은 군사력이 현대에서 전쟁상태를 유지하는 이유가 상업적 삶을 지배하려는 것과 다르지 않다. 게다가 로마인들과 마찬가지로 미국인들도 이론을 경멸하고, 실용성을 포용하며, 공학의 재능을 영예롭게 생각하는 물질주의자다. 마지막으로 로마인들과 마찬가지로 미국인들은 영토 팽창주의와 군국주의, 물질주의가 가져올 사회적 · 영적 결과에 대한 준비가 되어 있지 않다. 로마인들처럼 미국인들도 일확천금과 투기를 즐겼으며, 지금 그 대가를 톡톡히 치르고 있다.[115]

    그러나 미국인들이 지금 치르고 있는 대가는 로마인들이 치렀던 대가와는 다르다. 왜냐하면 그들과는 실질적으로 차이점이 있기 때문이다. 한

가지 기본적인 차이점은 로마인들은 발전에 대한 관념이 없었다는 것이다. 로마는 무정부 상태와 내전을 겪으면서 변화를 겪었지만 이것이 경제, 문화, 사회의 발전으로 이어지지 못했다.[116]

그러나 발전에 대한 미국의 신념은 중요하지 않거나, 정당화될 수 없는 것인지도 모른다. 왜냐하면 미국인들도 도덕적 실패에 있어 로마인들과 다르지 않기 때문이다. 현대 세계는 물질적으로 성공을 거두었지만 윤리적으로는 공허하다. 영욕의 시기를 겪은 로마제국도 이와 비슷한 상황이었다. 로마와 오늘날 미국의 차이점과 유사점이 무엇이든 간에 미국인들은 자기 자신보다 더 큰 무엇에 대한 믿음을 지니지 않은 채 행동하는 사회는 위험하다는 점을 유념할 필요가 있다. 나아가 로마의 운명에서 무언가를 배울 수 있다면 더 바람직할 것이다. 로마인들의 경박한 성격은 그들이 자신에 관해 알 수 있는 기회를 박탈했다.

로마인들은 자기 자신에 관해 알지 못했다. 그들은 무엇에 관해 배우는 것에 관심이 없었다. 그들은 자신들이 창조한 제국 안에서만 질서를 유지하는 데 관심이 있었다. 그래서 그들은 자신들이 정복한 혼성의 혼혈 집단을 동화하는 데 실패했다. 그리고 더 중요한 것은 소작농들과 가난한 사람들을 규합하지 않고 소외시켰다는 점이다. 불행하게도 로마의 황제들이 기독교인이 됐을 때 교회는 단일 믿음으로 통일성을 진작시키려고 했다. 하지만 종교적 순응에 대한 억압 정책으로는 로마제국을 구해낼 수 없었다. 그리고 이것은 중세시대 동안 로마가 서구의 정신에 전해준 궁극의 유산이다.[117]

# 4장

## 중세의 어리석음
### : 실수는 반복된다

중세의 어리석음은 그 성격을 규명하기가 수월하다. 그것은 바로 기독교의 어리석음이다. 그러나 역사적 기록을 살펴보면 중세시대에는 생각했던 것보다 기독교적 행동이 많이 드러나지는 않았다. 그러므로 이 시기의 어리석음은 중세적 현실에 대한 기독교 제도로서의 기능보다 통치 행위로서 교회의 기능에 더 가깝다.

기독교적 스키마가 중세의 행동에 대한 지침은 아니었지만(그것은 윤리적 정직성의 규범이라기보다 일련의 의례에 가까웠다),[1] 그것은 세속적 차원에서 삶에 대한 이해에 방해가 됐다. 중세의 어리석음이 보여주는 실질적인 특징은 바로 이러한 방해였다. 이는 국민이나 교회, 국가의 실질적 통치자들보다 신학에 세뇌당한 지식인들 사이에서 더 두드러지게 나타났다. 확실히 중세 지도자들의 정치적 행동은 기독교적 덕목이나 자신들의 행동에 대한 이해가 아니라 무언가 영원하고 초월적인 힘에 관한 윤리[2]에 의해 더 분명하게 형성됐다.

이런 방해 때문에 중세의 어리석음은 두 가지 형태로 나타났다. 두 가지 모두 교회와 주변 환경의 상호작용이 잘못 표현된 결과다. 이 중 하나가 신학을 제외한 모든 영역에서 지적 활동이 전반적으로 결여되어 있었다는 점이다. 신학은 학문적 분석을 통해 사소한 것까지도 지나치게 분석하려고 했다. 다른 하나는 교회가 새로운 그리고 중앙집권화된 리더십을 발휘하면서 변화하는 중세적 삶의 현실성을 다루는 과정에서 도덕적 타락에 빠진 경우다.

## 그레고리 대제, 중세 문명의 아버지

이런 현실성은 처음에 로마제국의 붕괴로 인해 형성됐다. 로마제국의 붕괴는 곧 암흑시대(대략 500~1000년)의 시작을 의미했다. 6세기 초 유럽은 정치적 분열로 사회의 무질서가 심화되는, 그야말로 거대한 슬럼이나 다름없었다. 당시 유럽이 정말로 미개한 사회였던 것은 아니다. 다만 사기가 지극히 저하되어 있었고, 물리적·도덕적·지적으로 매우 저급한 차원에서 일상생활이 유지되었다. 사람들이 십자가 주변에 모여들어 공동체 의식을 회복했지만 그 과정은 매우 더뎠다.

당시 유럽은 혼란한 사회 분위기로 사기가 저하되어 있었다. 조직적인 행정 체계가 부재했고, 사람들의 무지는 점점 심각해졌다. 사회적·정치적 혼란으로 갖가지 문제가 생겨났다. 그 문제들은 이론가가 아닌 실용주의자들에 의해 그리고 신학자가 아닌 성직자들에 의해 주먹구구식으로 해결됐다.[3] 그럼에도 불구하고 이런 혼란의 와중에 (지적이라고는 할 수 없어도) 윤리

**그레고리 대제** 기독교 역사상 교황 레오 1세와 더불어 대교황이라는 칭호를 받았다.

적인 리더십과 재능이 가냘프게 빛을 발하는 경우도 간혹 있었다. 특히 그레고리 대제(540~604)가 그런 경우였다.[4]

그레고리 대제는 로마제국의 상속자로서 특히 주목을 받았다. 그는 로마의 암흑시기를 살았던 인물이다. 그 시기에는 죽음과 애도, 고립의 분위기 속에서도 위대함에 대한 기억과 전통은 여전히 존재했다. 그가 중세 기독교와 중세 서구 유럽에서 일어난 문명의 아버지가 된 것은 바로 이러한 상황에서였다. 그는 비잔틴 제국의 세속적 권력에 대해 군사력이나 경제력, 정치적 술수가 아니라 도덕적 권위로 로마의 권위를 대변하는, 말하자면 '선교사 교황'이었다. 교황이 되기를 원치 않았던 그는 교황으로 임명되지 않기 위해 노력했다.[5] 그는 자신이 처한 입장을 권모술수의 세계에서 도덕적 권위를 견지하는 기회로 삼았다. 어떤 경우에도 그는 정치나 경제가 아니라 종교를 토대로 삼았다. 이후 서구 세계는 그를 따라 도덕적 지침을 구하려면 로마로 향했다.[6]

불행히도 그레고리 대제는 자신의 뒤를 이은 사람들에게는 비현실적인 사람으로 보였다. 그의 스키마는 초세속적이며, 초자연적인 로마의 질서에 영향을 받았다. 그는 여러 면에서 무지했을 뿐 아니라(특히 실용적이고 성공적인 세속의 지도자 치고는),[7] 자신이 교회에 부여한 도덕적 권위가 세속적 목적에 전용될 수 있다는 사실에까지 생각이 미치지 못했다. 왜냐하면 그는 타락이 일어나기 전에 세계가 종말에 이를 것이라고 믿었기 때문이다.[8] 실제로 그의 통치 시기는 가톨릭교가 도덕적 정점을 이룬 시기였다. 이후 교회는 타락한 세속으로 점차 추락했다. 신학은 더욱 초세속적인 성격을 띠었으나, 현실 속에서 교회 지도자들은 그 품위가 추락해갔다. 이렇게 교회는 분열적 성격을 보이고 있었다.

애석하게도 그레고리 대제의 무지는 모든 사람의 지성과 대치된 그 자신의 도덕 관념에도 원인이 있었다. 그는 교회 예배 의식을 진작시켰으며,[9] 기도가 마술적인 힘을 갖는다고 믿었다. 뿐만 아니라 미신을 옹호했지만, 호기심에는 눈살을 찌푸렸다.[10] 이후 루터가 결론 내린 것처럼 신에게는 신앙 하나만으로 충분했다. 그리고 그 신앙은 의심의 여지 없는 무조건적이어야 했다. 믿음의 만장일치는 그 세계에서는 당연한 것으로 간주됐다. '가톨릭Catholic'이라는 단어는 '보편적인 믿음'을 의미하며, '보편적'이라는 의미를 가진 그리스어 '가톨리코스katholikos'에서 유래했다.[11] 논리적인 증거가 필요하지 않았기 때문에 교리가 일관성이 없더라도 문제될 것이 없었다. 실제로 당시의 믿음은 이성이 아닌 두려움에 뿌리를 내리는 것이 오히려 더 좋다고 보았다. 왜냐하면 지옥을 탈출하는 동기나 수단으로써 이해보다는 불안감이 더 적합했기 때문이다.[12]

이것이 그레고리 대제의 신학적 유산이자 그가 암흑시대에 기여한 부분이다. 비록 그가 후세에 남긴 신앙이 자연세계에 대한 두려움과 증오의 신앙이었더라도 그것은 유럽을 하나로 묶어주었다는 점에서 나름의 역할을 했다.[13] 결국 신앙은 이성에 자리를 내주게 되지만, 자신 외에는 아무것도 믿지 않았던 이전의 로마인들처럼 중세 교회는 신앙을 자신들의 정체성으로 삼은 채 1000년 동안 그 길을 고수했다.

그레고리 대제는 제도화된 교회 신앙의 도덕적 순수성을 체현한 인물이다. 그런데 그 순수성은 생존에 필요한 세속의 지식이나 행동과 끊임없는 갈등을 일으켰다. 그런 갈등에 맞서 도그마의 수호자인 교회는 변화를 거부했다.[14] 스스로 완벽한 존재라고 생각했던 교회는 개혁에 대한 필요성을 느끼지 못했으며, 그럴 능력도 없었다. 교회가 내린 결정이 이단인지 아닌지에 관해 의문을 제기할 만한 능력도 없었다.[15] 완벽한 교회를 넘어 아무리 도덕적인 신이라고 해도 그는 진리와 아름다움, 실제성에 대한 추구를 반기는 법과 빛의 신이 아니었다. 이러한 신앙은 나중에 인간성에 대한 신앙에 기초를 두게 됐다. 중세 사람들이 믿지 않은 한 가지가 있다면 그것은 바로 자기 자신이었다.[16]

그레고리 대제의 죽음 이후, 교회는 조직이 체계화되었다. 교회는 제도화된 종교로 인식할 수 있도록 점차 성문화된 유사 기능적quasifunctional 교리가 탄생했다.[17] 교황과 목사들은 자신들의 세속적 영향력을 키우기 위해 애쓰는 한편, '신성한 말씀Holy Word'에 순종하도록 신앙인들을 설득했다. 이 과정에서 기독교 신학의 한계와 교회의 필요성 사이에 무의식적인 타협이 이루어졌다. 기독교의 인기를 높이기 위해 교황과 성직자들은 예수를 따르면서, 인기를 위해 복음을 희생하는 사도 바오로의 전통을 계속 이어갔다. 이렇게 의례와 상징이 물질적이 되고 비속해지면서 순수성을 잃은 기독교는 더욱 천박해지고 과장되어갔다. 한편 도덕성은 돈의 논리로 형식화되면서,

지옥은 역사상 최초로 부동산 붐을 겪게 됐다.[18]

## 중세의 스키마, 자유의지

중세 신학은 성경을 자의적으로 해석하고, 필요에 따라 의례를 합리화함으로써 중세시대 삶의 이론적 틀을 제공했다. 〈에베소서〉 5장에서 선택은 이미 결정되어 있다고 명시했음에도 불구하고 기독교 스키마의 기본이되는 것은 무엇보다 '자유의지'였다. 자유의지는 사람들에게 죄의 도덕적책임은 자신에게 있으며, 구원을 받으려면 교회가 필요하다는 의미를 전하면서 크게 유행했다.

그러나 기독교 사상은 사람들이 자신의 행동을 규제하는 것보다 자신과 자신의 삶에 대한 사고를 방해하는 데 더 효과적이었다. 성직자들 사이에 유행하는 광신과 미신으로 지적 진공상태는 더욱 확대되었다. 성직자들은 세속적 배움을 사악한 것으로 간주했다. 모든 사람이 기독교 스키마를 진심으로 믿었다. 하지만 믿음의 시대가 지나가면서 기독교 스키마는 점점이론에 치우치게 되면서 현실과 유리됐다.

교회는 자신들이 삶과 죽음의 기준을 제공함으로써 권위를 지녔다. 구체적으로 성찬식을 올리는 데 성직자를 내세워 권위의 근거로 삼았다(침례교는 예외다). 지상의 사람들은 욕정에 빠져 있는데도(혹은 빠져 있기 때문에) 대부분의 사람은 자신이 천국에서 영생을 보낼 수 있을 것인지, 지옥에서 보내게 될 것인지를 사제가 결정해준다고 생각했다. 타락한 자가 회개하고 고백한 뒤 적절한 의례를 행하면 지옥에서 고초를 겪은 뒤에야 천국에 갈

수 있다고 했다. 사제는 회개한 자를 위해 미사를 집전함으로써 이 기간을 단축해주었다. 물론 공짜는 아니었다. 적절한 수임료를 받았다.[19] 그러나 로마 교황이 기독교의 연민으로[20] 그렇게 하지 않은 이유는 결코 설명하지 않았다.

이것이 중세의 스키마였다. 이는 단지 공식적인 교리에 머무는 것이 아니라 당시 모든 사람(성직자와 일반인들)이 진심으로 신봉하던 확고한 믿음이었다. 성직자를 왕보다 우월한 존재로, 교황을 장군보다 더 강한 존재로 만든 것도 이런 믿음이었다. 믿음은 권위를 부여했다. 이 권위는 성직자들 사이의 분열이나 민중의 반란에 의해서만 제약을 받았다.[21] 이런 믿음을 상징화한 것이 성모 마리아이다.

성모 마리아는 중세 사람들의 마음을 사로잡았지만, 실제적인 영향은 미미했다. 어머니로서 시작해 신화가 됐지만, 복음서에는 거의 언급되지 않는다. 그저 '젊은 여자'로 언급될 뿐이다. 이 말은 '처녀'를 의미하기 위해 고의적으로 잘못 해석한 말이다.[22] 성모 마리아는 사람들의 숭배를 받았는데, 고대 사람들이 사랑을 주는 이집트 여신 이시스를 위대한 어머니로 오랫동안 존경해온 것에 기인한다.[23] 여성을 숭배의 대상으로 만들기 위해 431년 에페소스 공의회 성직자들은 마리아에게 영원한 처녀성을 부여했다. 이들은 〈에스겔서〉 44장 2절에 나오는 성소聖所의 출입문은 곧 마리아의 성스러운 질을 가리키는 것이라고 해석했다.[24]

마리아는 비천한 계급과 이론가들에게 환영받는 천상의 존재였지만, 사람들의 행동에 실질적인 영향을 거의 미치지 못했다. 중세에 군림한 여왕으로서 그녀는 힘 센 전사들을 거느리면서도 그들의 행동에는 영향을 미치지 못했다. 예외가 있다면 전사들이 마리아의 신성한 이름으로 자행한 무자비한 살육을 정당화해주는 정도였다. 게다가 마리아는 자신의 딸들을 열악한 상태에서 구해내지도 못했다. 법적으로 당시 여성은 사람이 아니었다. 이런 허점 때문에 아내에 대한 폭행도 합법적인 행위로 간주됐다.[25]

신학은 계속해서 발전했지만, 중세시대에 들어 실질적인 영향력은 줄어들었다. 한편 교회는 자세와 구조가 모두 변화했다. 원래 성직자들은 영원한 내세로 향하는 길에 위치한 세속의 중간 기착지로서 자신들을 임시적인 관리자로 생각했다. 그러나 시간이 흐르면서 이들은 세상 사람들의 필요에 봉사하는 데 더 효과적으로 관여하기 시작했다. 그리고 지금 현세에 참여하는 자로서 자신들의 강력한 역할을 점점 자각하게 됐다. 성직자의 역할이 변화하면서 교회에는 계급이 형성됐다. 중세에 교회는 거대화되면서(여러 파의 통합 교회) 구성원들은 지나치게 세속화되었고, 결국 스스로 타락하고 말았다. 교회 지도자들이 기독교 원칙을 무시하고 자신들의 도덕적 독립성을 자기중심적 실용성에 내어줌으로써 실제로 교회는 세속화되었다.

교회는 점차 거대하고 성공적인 세속의 왕국이 됐다. 이로 인해 교회는 신학에 관심은 줄어들었고, 당시의 다른 어떤 정치체제보다 광범위하게 조직화되었다. 중세 시대에 교회는 (잘못된) 지배 이데올로기를 제공했다. 기독교는 지배적 제도가 됐고, 성직자는 지배 엘리트가 됐다. 모든 학습과 지혜가 교회에 집중됐으며, 성직자의 권위를 확대하는 데 이용됐다.

이처럼 교회는 역사상 최초의 거대 기업이 되어 대중에게 그들이 원하는 상품(내세의 영원한 행복)을 적정 가격(금전적 지원)에 제공했다. 교회의 권력과 부가 증가하자 신학자들은 정치, 경제 정책의 필요성에 맞게 기독교적 이상을 합리화하기에 바빴다. 이 점에서 신학자들은 설득력을 갖는 것보다 더 큰 성공을 거뒀다. 왜냐하면 교회의 중심에는 언제나 성직자들의 수행과 설교 사이에 불일치가 있었기 때문이다.

그럼에도 불구하고 사람들의 신앙을 흔들 수 있는 것은 아무것도 없었다. 실제로 중세의 경건함과 어리석음에 가장 크게 기여한 요인은 성직자들의 언행과 상관없이 그들의 무가치함과 타락이 교회의 신성함을 더럽히지 않았다는 점이다. 사제들은 천국에 갈 가망이 없더라도 제도로서의 교회는 그와 무관하게 계속 존경을 받았다. 부패한 성직자에게 사람들이 가졌던 경멸과 증오는 이상화된 교회로 전이되지 않았다.

신학자들은 중세 사람들의 정신을 노예상태로 억압했지만 교회만은 사람들에게 모든 압제(그 자신과 귀족의 압제를 제외한)로부터 보호받을 수 있게 해주었다. 실제로 성직자의 이미지와 영향력은 세속의 통치자들에 의해 보호받았다. 사람들은 세속 통치자들을 부당함의 가해자로 여겼고, 현실에서 고초를 겪는 사람들은 종교에서 유일한 위안을 구했다. 종교는 사람들에게 이번 생에 교회가 시키는 대로 따르면 다음 생에는 더 좋은 삶을 살 수 있다는 희망을 제시했다.[26]

물론 모든 사람이 천국에 가는 것은 아니었다. 사실 중세 교회는 대부분의 영혼이 다음 생에 봉건제보다 더 열악한 운명을 맞이하게 될 것이라는 우울한 예측을 내놓았다. 어린아이처럼 무심한 순수함을 유지하는 자만이 다음 생에서 기쁨을 찾을 수 있을 것이라고 했다. 지식이나 지혜가 아니라 신앙이 영원한 행복으로 이끌 것이라고 했다. 영원한 행복은 곧 무지와 연관됐다.[27] 실제로 신과 그 사제들을 불편하게 만드는 불만으로 이어진다는

점에서 지식은 위협적이었다.[28]

중세 사람들의 영혼을 진정시키고 길들이고 문명화시킴으로써 신앙과 덕성의 진작을 위해 자신들이 할 수 있는 모든 것을 다 했다는 점에서 사제들은 칭찬받을 만하다. 그만큼 당시 사람들의 영혼은 아직도 야만적인 상태에 있었으며, 신성함 못지않게 신성모독에 빠져 있었다. 중세 사람들은 화려한 의식과 행사, 싸움과 모험, 환상과 낭만을 추구했다. 이들은 흑백의 대비 속에서 이성과는 거리가 먼 삶을 살았다. 그것은 헌신적인 이단자가 경건한 미신을 이야기하는 것 같은 모순적인 상황이었다.[29] 그들은 "지금 죄를 지어도, 나중에 회개하면 된다"는 식의 교회 정책에 행복하게 적응했다. 진중한 신학이나 복잡한 규칙에는 관심이 없었다. 교회는 열심히 그런 것들을 만들었지만, 사람들은 경건하게 그것들을 잊어버렸다. 이들은 당시 사회 기반이 되고 구원의 기초가 된 '열 가지 제안'에 공개적으로 반항했다.[30] 왜냐하면 죽기 직전에 고백하면 이생의 빚을 다 갚을 수 있다고 생각했기 때문이다.[31]

이렇듯 기독교는 이데올로기를 제공했다. 당시 주된 타락 요인은 탐욕이었다. 힘 있는 자들은 노골적이고 뻔뻔하게 탐욕을 부렸다. 두 번째 죄악인 오만에 필적할 정도였다. 탐욕은 권력을 가졌으며, 고귀한 이상을 옹호하는 성직자와 귀족을 타락시키는 두드러진 요인이었다. 한 예로 후기 중세시대에 기독교 서약에 공개적으로 반항한 프란체스코 수사들은 탐욕과 사기 행각으로 악명이 높았다.[32] 반면 민중은 이들보다는 타락의 정도가 덜했는데, 그 이유는 욕망을 실현시킬 수 있는 힘이 상대적으로 약했기 때문이다. 이들은 터무니없이 허세를 부리지도 않았다. 그러나 이들의 말을 귀 기울여 듣는 사람도 없었다.

　기독교를 통일 신념으로 삼고 타락을 일반적인 관행으로 삼은 중세 문명의 상징은 황금과 피에 흠뻑 빠진 성모 마리아였다. 성직자들이 종교를 타락시킨 것처럼 귀족들은 기사도를 타락시켰다. 기독교에 대한 봉건적 반론으로서 기사도는 특권층과 권력층의 의례화된 폭력을 세속적으로 관례화한 제도였다. 기사도는 싸움을 위한 싸움, 여성이나 신 그리고 그 밖의 고귀한 종교적 이상이 아니라 세속적 이익을 위한 싸움을 제도화시킴으로써 약탈을 통한 부정 이득과 피 흘림을 영예로운 일로 만들었다.[33]

　성직자들은 기도하는 사람들을 희생양으로 삼은 반면, 기사들은 저항할 여력이 없는 사람들을 아무런 제제 없이 제압했다. 이 과정에서 기사들은 인간의 고통에 대해 귀족적 무관심을 보여주었을 뿐 아니라, 자신들의 제어되지 않은 권력으로 인해 타락해갔다. 중세 연대기는 기사들의 탐욕과 욕정, 잔인함을 보여주는 이야기로 가득하다. 소작농들은 자신들을 보호해주겠다고 맹세한 기사들에게 오히려 약탈과 강간, 살육을 당했다. 기사들이 자신들을 위해 노동력을 제공하고 비참하고 가난한 농노들에게 갖는 경멸심은 기독교의 사랑보다 더 컸다.

　선량한 기사는 아침에 미사를 드리고, 오후에 교회를 도둑질한 다음, 저녁에는 자신이 보호해주겠다고 맹세한 아내를 두들겨 팼다. 그리고 밤에는 주색에 빠졌다.[34] 이후 이런 행동을 낭만적 신화로 이상화시켰지만, 옛날 기사들은 오늘날 모터사이클 갱단처럼 난폭했다.[35]

## 끔찍한 실수는 반복된다

중세 시대에 가장 보편적인 신화 가운데 하나는 고대 세계가 아직 종말을 고하지 않았다는 관념이었다. 우선 로마가 아직 멸망하지 않았고, 이후 샤를마뉴 대제(서로마제국 황제, 800~814)가 로마를 복원했다는 관념이었다. 만약 샤를마뉴 대제가 로마를 복원시켰다면 그것은 아주 기이한 제국이 됐을 것이다. 그 제국에는 교회를 제외한 도시, 도로, 정부, 법률, 군대를 위시한 어떠한 형태의 제도적 조직도 없었을 것이기 때문이다. 그러나 이 관념하나만으로도 그 허구를 합법화하기에 충분했다.[36]

샤를마뉴가 현실적으로 로마제국의 활기를 되찾아주지는 못했지만, 적어도 그는 황제의 전통을 통해 어느 정도 이익을 얻었다. 8세기 말이 되자 유럽의 정신은 창의적인 정치적 사고가 불가능할 정도로 추락하고 말았다. 어느 누구도 새로운 정치 시스템을 고안하고 조직할 능력이 없었다. 필요성은 분명히 존재했지만 제국의 낡은 고정관념이 실용적 사상의 발전을 가로막았다. 로마제국과 로마황제의 전통이 여전히 이상적 모델로 남아 있었기 때문에, 800년 교황 레오 3세가 샤를마뉴 황제를 왕위에 앉혔을 때 서구 문명은 과거의 끔찍한 실수를 또 다시 반복하고 말았다.[37]

교회가 황제를 승인했지만 샤를마뉴

**샤를마뉴 대제** 서로마제국의 황제

는 신성한 존재와는 거리가 멀었다. 그는 극렬 이방인으로, 교회의 인내와 시대의 격변으로 정치적 야심과 문화적 야망*이 좌절된 인물이었다. 거대하고 비도덕적인 천재였던 그는 교회와 정치적으로 결탁하면서도 교회에 대한 독실함에 구애받지 않았다.

샤를마뉴는 기독교 정신에 진심으로 공감한 사람이 아니었다. 그의 정복은 예수의 참된 정신이 아니라 강요된 복음주의 때문이었다. 그는 자신을 완고한 비신도들에게 복음을 전하는 사람으로 생각했다. 그리고 완고한 비신도들을 자신들의 죄로부터 그리고 복음을 귀 담아 들으려는 능력도 의지도 없는, 다시 말해 어리석음으로부터 구원받아야 하는 존재로 생각했다. 780년대 초 색슨 족을 상대로 값비싼 군사 행동을 치르고 난 뒤 그는 4,500명의 색슨 족 죄수들을 기독교 방식으로 대량 학살했다. 교회에서 물건을 훔친 자나 성직자에게 폭력을 행사한 자, 그리고 색슨 족 의식을 행하는 자는 물론, 세례 받지 않은 색슨 족들은 사형에 처해졌다.[38]

다행히도 조언자가 그를 설득해 사형죄를 폐지했다. 그러나 이것은 인간적 연민에서 우러난 행위가 아니라 정치적 방편에 불과했다. 그의 의무는 서구 세계에 구원과 올바른 교리를 가져오는 것이었다.[39] 만약 그리스도가 아헨으로 가는 도중에 길을 잃는다면, 신을 제외하고 누가 그를 알아볼 것인가?

교황의 입장에서는 교황 선거가 파당 사이의 무질서한 싸움으로 변질

---

* 샤를마뉴는 글을 배우지 않았지만 교육을 진흥시켰다(Collins, p. 371). 그는 미술, 음악, 건축, 서체의 혁신을 일으킨 카롤링거 왕조풍 르네상스에 불을 지필 정도의 지력은 지니고 있었다(Bauer, 2010. 389f).

되면서 제국의 보호가 필요해졌다. 공식적으로 교회는 예수를 거의 방기하다시피 한 채 지상에 성직자들의 천국을 건설하는 임무를 자임했다. 그를 위해 교회는 속세에 대한 지배권[40]과 금전적 이익을 얻기 위해 자신들의 영적 영향력을 발휘하는 정치적 실체가 됐다.

샤를마뉴가 살아있는 동안 새로운 정치 질서가 출현했지만, 낡은 이론과 비현실적인 제국은 그의 사후에도 계속해서 존재했다. 새로운 정치 질서는 그의 후계자들에 의해 와해되고 말았다. 이는 볼드Bald(대머리), 스태머러Stammerer(말더듬이), 심플Simple(단순함), 팻Fat(살찐) 등 이들 후계자의 성姓만 보아도 짐작할 수 있다. 로마제국의 붕괴에 뒤이은 혼란은 이민족에 의한 도덕의 타락보다 더 심각했다. 이후 700년 동안 여러 황제가 제위에 올랐지만 허상의 제국을 유지하는 것 외에 실질적인 변화를 일으키지는 못했다.

허상의 실체는 사도 요한을 주보로 모신 라테란Lateran 대성당에서 찾아볼 수 있다. 이곳은 897년 교황 역사상 가장 섬뜩한 사건인 카데바 시노드Cadaver Synod('시체 재판', '시체 회의'라는 의미-역주)가 행해진 장소다. 여기서 말하는 카데바(시체)는 로마 교황 포르모수스였다. 정신적으로 불안정했던 포르모수스의 후계자 스테파누스 6세가 그의 시체를 꺼내 이단죄로 법정에 세운 것이다. 스테파누스 6세는 포르모수스에 대한 분노로 가득 차 있었다. 사소한 죄목이었지만 판결은 이미 예정되어 있었다. 이 사건의 희생자는 결국 교황의 지위를 박탈당했다.[42]

이런 저열한 연출법을 극복하기 위한 일환으로 이상화된 기억(샤를마뉴의 이미지)이 계속해서 살아남아 기독교 신자들에게 영감을 주었다. 962년 독일 왕 오토는 로마제국을 부활시켰다. 이것은 그래도 위조문서, 즉 콘스

**교황 포르모수스의 시체 재판** 장 폴 로렌스 작, 1870

탄티누스 대제의 기부 증서(콘스탄티누스 1세가 그리스도교로 개종했을 때 감사의 뜻으로 교황에게 막대한 특권과 재산을 기부한 것처럼 쓴 8세기 중기 무렵의 문서. 15세기에 이르러 가짜로 판명됐다.-역주)에 근거해 자신들의 우월성을 주장한 교황들의 반대를 받았다는 점에서 신성한 제국이었다(12세기에 프리드리히 1세에 의해 신성의 지위로 격상됐다). 이 위조문서는 500년 동안 교회에 도움이 됐으나 신성하지 못한 로마제국은 (볼테르가) 그것이 신성하지도 로마적이지도 않으며 제국도 아니라고 천명한 1806년까지[43] 명목상 지속됐다.[44]

제국의 부흥에도 불구하고 이전 세기와 마찬가지로 10세기 역시 전반적으로 무질서한 시기였다. 물질주의와 도덕주의 사이를 오가던 추는 물질주의 쪽으로 완전히 기울었다. 성직자이자 외교관인 크레모나(북부 이탈리아의 도시-역주)의 리우트프란드Liutprand가 이탈리아의 통일과 유럽 공동체를 요청한 것(500년 후 마키아벨리의 등장을 예견하며) 외에[45] 당시에는 정치적으로 권력 투쟁과 무법 전쟁, 배신이 횡행하던 시기였다. 당시 어느 누구도 무정부 상태에 질서를 부여하지 못했다.[46] 당시 유럽에는 이론적으로는 왕에게 복속됐지만 실제로는 왕으로부터 독립한 귀족들, 심지어 서로 전쟁을 치를 준비가 되어 있는 귀족들이 있었다. 이는 당시 귀족들에게 자원이 있었고, 상황이 그것을 요구했기 때문에 가능했다.

이런 무질서는 교회의 분열에서도 명백히 드러났다. 오직 수도원의 사제들만이 무력한 기독교 도덕을 유지했다. 그러나 기독교와 현실 세계가 접촉하는 곳 어디에서나 현실이 승리하면서 성직자들을 오염시켰다. 성직자들은 타락하고 부패하고 폭력적이고 비도덕적이며 세속적으로 변했다.[47] 966년 베로나의 라헤리우스 주교는 성직자들에 대한 불만을 다음과 같이 드러냈다. "간통으로 아들, 딸을 보는 성직자들, 전날의 폭음으로 숙취를 이기지 못하는 성직자들이 계속되는 소송으로 분주하다. 그들은 탐욕으로 불타오르고 증오와 시기심으로 나약해지고 있다."[48]

로마에서는 지역 귀족들이 교황의 권력을 완전히 장악했다. 이를 가장 극명히 보여주는 사례가 18세의 혈기 왕성한 난봉꾼인 요하네스 2세(955~964)가 거리의 갱단을 이용해 무고한 시민에 대한 공격을 주도했던 일이다.[49] 한편으로 그는 라테란 대성당에서 방탕한 잔치를 벌이는 등 교황의 지위를 더럽혔다. 이 일로 라테란 대성당은 사창가로 바뀌었다.[50] 이런 점에서 요하네스 2세는 당시 로마의 타락을 상징하는 인물이었다. 당시는 누군가를 '로마인'이라고 부르는 것 자체가 그 사람이 정직하지 못하고, 신뢰하기 어려우며 충성스럽지 않다는 의미를 내포할 정도였다.[51]

## 국가 위의 국가 : 교회의 타락

모든 것을 고려할 때 이 1000년은 서구 문명이 가장 깊이 들어간 시기였다. 암흑시대가 끝나고 문명의 발전적인(일관적이진 못해도) 진보가 시작됐다. 1914년까지 계속된 이러한 발전은[52] 주로 평화와 상업의 발달 그리고 도덕 개혁의 결과였다(상업의 발전과 도덕 개혁은 중세시대에 지속적으로 영향을 발휘하면서 마침내 자본주의의 성공에 따른 르네상스로 이어졌다. 그리고 교회의 몰락은 도덕 개혁을 일으켰다). 무슬림과 북부 이민족에 의한 서구 유럽의 정복 활동이 약해지다가 결국 멈추자 전쟁도 점차 잦아들었다. 동시에 북유럽의 원정군이 문명국가로 들어서면서 점차 기독교화됐다. 11세기쯤 그들이 침입한 지역은 종교에 의해 정복되지 않은 부족이나 민족이 하나도 없을 정도였다.

평화가 사그라지고 무역이 발달하면서 서구 문명에서 시작된 도덕 개혁에 대한 욕구가 일반 사회로 퍼져나갔다. 세속을 초월한 수사修士와 사제들이 부활하면서 중세시대의 기독교 윤리를 전파했다. 그들은 기독교 원리에 따라 살도록 열정적으로 전파했다.

아이러니하게도 이런 개혁 운동은 위계질서에 의해 제약을 받았다. 11세기에 성직자를 속인으로부터 분리시키려는 의도적인 운동이 있었다. 이러한 교회의 조직 변화는 그레고리 7세(힐데브란트라는 속명을 가진)의 노력 덕분이었다. 1073년까지 교회는 지역의 성직자들이 일반 대중과 접촉을 유지하면서 느슨하게 조직되어 있었다. 그레고리 7세는 타락하지 않은 도덕적 모범으로서의 성직자 이미지를 진작시키는 데 힘쓰는 한편, 교회의 권위를 교황에게 집중시켰다. 두 가지 면에서 그는 어느 정도 성공을 거두었

으나, 성직자를 재조직하는 활동을 전개
하는 과정에서 일반 대중들과의 접촉은
기독교의 정신이 아니라 규율에 의해 부
과된 '효과성'이라는 잘못된 기준에 의해
움직였다.[53] 게다가 도덕 개혁에 관한 프
로그램은 세속 권력에 대한 영악한 인식
으로 오염되고 말았다. 그리고 이것은 점
차 성직자의 역할과 통제권을 놓고 교황
과 황제의 갈등으로 비화하게 됐다.[54]

특히 임명식을 놓고 벌어진 다툼으로
서유럽의 모든 왕자는 주교를 의심하게
됐다. 당시 주교는 외세의 대리자로 인식
됐다. 교황의 정치적 역할이 확장됨에 따

**그레고리 7세** 교회의 개혁운동을 통해 교
회의 권위를 교황에게 집중시켰다.

라 더 많은 돈이 필요하게 되면서 이러한 의심은 더욱 증폭됐다. 13세기에
는 사제들은 돈만 쫓아다니는 나쁜 사람이라는 인식이 퍼져 있었다.[55]

이렇게 교회는 그로부터 500년 이전 사제들이 밟았던 타락의 길을 따
라가고 있었다. 만약 기독교가 세상에 나오지 않고 계속 수도원에 머물러
있었다면 도덕적 권위를 유지할 수 있었을 것이다. 교회의 사제들이 세상
과 대면하겠다고 나서면서 기독교는 고난의 길을 걷게 되었다. 교회는 자
신이 가진 영적 기능 이상의 권력을 행사하면서 타락의 길을 걸었다. 사람
들이 교회에 대해 가진 믿음과 교회에 부여된 자유를 마구 이용하면서 교
회는 국가 위의 국가가 됐다. 교회는 자체적으로 법정을 운영했을 뿐 아니

라, 교황을 기독교 국가의 최고 입법자로 만들었다. 그리고 그 신민들에게 10퍼센트의 세금을 매겼다.[56]

근본적인 문제는 그레고리 대제가 보기에 교황은 도덕성에 있어서 지고의 존재라는 생각이었다. 이것은 실제로 최고의 도덕성이란 존재하지 않으며, 단지 교황이 자기 마음대로 유예할 수 있는 지도 원리만 존재한다는 의미였다. 물론 황제가 비도덕적이면 교황은 그를 퇴위시킬 수도 있었다. 교황에게 반대하는 것이야말로 가장 비도덕적인 일로 여겨졌다. 성聖과 속俗의 분열은 예나 지금이나 서로 화해할 수 없는 것으로, 이는 서구 역사에서 끝나지 않고 계속되는 갈등 가운데 하나로 남아 있다.[57]

이런 분열의 관점에서 보았을 때 가장 이루기 어려웠던 서양의 이상 중 하나가 교회와 국가의 완전한 통합이라는 사실은 놀라운 일이 아니다. 비록 중세의 지도자들이 대부분 그 원칙에는 동의했더라도 교황과 황제 중 누가 이 통일체의 수장이 될 것인가에 대해서는 쉽게 결론을 내지 못했다.

그레고리는 1077년 헨리 4세에게 모욕감을 주는 데 성공했지만 이것은 혹독한 대가를 치른 승리였다. 무력을 무력으로 퇴치하기 위해 물질적 수단을 사용하는 것은 너무나 간단한 일이었다. 뇌의 역설의 전형적인 희생자로서 교황들은 세속적 권력에 점차 욕심을 냈으며, 그것을 얻기 위해 물질적 수단을 사용하려 했다. 결과적으로 교황들은 황제들과 생사를 건 혈투를 벌이게 된다. 이 혈투는 13세기 초 로마 교황 인노첸시오 3세 시대에 정점을 찍었다.[59]

기독교인으로 남으려 했던 교황들을 제외하고 이 혈투에서 교황의 세속 권력은 더 커졌다. 이로써 윤리가 정치적 영역까지 들어오게 됐다. 이런 일은 자주 일어나지 않았기 때문에 교황의 권력은 마침내 교회에 세속의 통제권을 무제한으로 허용하게 됐다. 그리고 교황은 질문을 많이 던지지 않는 신에 대해서만 대답하면 됐다.

그러나 교황의 승리는 또한 비극적인 면도 갖고 있었다. 교황은 국민이 아니라 자신의 특권을 위해 황제와 싸웠다. 기독교적 겸손이 아니라, 탐욕과 자만이 중세적 특징을 이해하는 열쇠였다. 이는 교황이 자신의 이중 기준에 따라 모든 사람의 도덕성을 심판하는 권리를 주장했을 때 분명하게 드러났다. 그 밖의 모든 사람은 도덕적인 것으로 간주됐다. 교황은 어떤 일이든 성공적으로 해낸다고 간주됐다. 여기서 성공을 측정하는 기준은 영적인 것이 아니라 세속적인 것이었다.

## 어리석음의 극치 : 십자군전쟁

마찬가지로 중세 어리석음의 극치라고 할 수 있는 십자군전쟁도 자만심에서 비롯된 것이다. 유럽 공동체의 지도 윤리가 결코 기독교적이지 않았다는 점에서 십자군전쟁은 도덕 개혁을 제약하는 한계에 지나지 않았다. 초기 십자군전쟁은 커다란 열정을 가지고 수행됐지만 어떤 전쟁에도 그리스도 정신이 깃들어 있지 않았으며, 실제적인 성공을 거둔 것도 첫 번째 십자군전쟁(1100년경)뿐이었다.

십자군전쟁은 교황 우르바노 2세의 아이디어였다. 그는 신앙심 없는 자들에 대한 신성한 전쟁을 곧 서유럽 민족을 통일해 파괴적 통일체로 만들 수 있는 기회로 보았다. 수세대에 걸쳐 터키인들은 예루살렘의 기독교 순례자들을 비난했다. 그리고 1075년경 그들은 (그리스도가 부활할 때까지 누워 있었던) 성묘聖墓를 약탈했다. 십자군전쟁은 이런 모욕에 앙갚음하려는 시도 였다. 동시에 사적인 전쟁이 종결된 후 호전적 에너지를 무슬림에 집중하 려는 시도였다. 나아가 비잔틴 교회는 신이 아니라 로마의 위대한 영광을 위해 보전해야 했다.[60]

교황의 요청에 대한 대중의 반응은 놀라웠다. 그런 반응의 동기가 비록 순수한 것은 아니었더라도 그것은 과거 500년 동안 교회가 얼마나 효율적 으로 움직이는 조직이었는지를 보여준다. 6세기 말의 서양 세계는 결코 문 명국가라고 하기 어려웠다. 이 시기 서양 세계는 정치적·경제적·사회적 분열의 혼돈 속에 있었다. 희망도 없고, 공통적인 이상이 부재한 이기적 개 인들의 집합체일 뿐이었다. 11세기가 끝나갈 무렵 유럽은 모든 사람에게 십자가 앞에 서로 협력하라고 명령하는 공통의 믿음으로 통합됐다.[61]

물론 여기서 역설은 십자군전쟁이 그 본질상 근본적으로 비기독교적이 었다는 점이다. 그런데 이 점에서 십자군전쟁은 지적·도덕적으로 건전하 지 못했던 당시의 교회 제도가 겉으로 모습을 드러낸 하나의 징후였을 뿐 이다. 당시 교회는 교구 주민들의 행복이 아니라, 교회라는 제도 자체를 유 지하려는 목적의 신학을 만들어냈다. 분명히 그것은 기독교적인 행위라고 하기 어려웠지만, 그 사실을 알면서도 교회 내의 누구도 그에 대해 문제를 제기하지 않았다. 문제를 제기해야 했던 신자들은 그 사실을 몰랐을 뿐 아 니라, 그렇게 하는 것을 원하지도 않았다.

십자군전쟁이 시작되면서 그리스도 시대의 모든 타락과 스캔들, 폭력 은 잊혀졌다. 사악하고 게으르며 어리석은 사제들은 최악의 행동을 저질렀지만 예수가 아닌 사도 바울의 변덕스러운 메시지는 계속해서 살아남았으며,[62] 십자군은 그리스도를 위해 죽음의 출정에 나섰다.[63] 유럽이 추구한 통일의 명분이 고상한 이상을 극도로 왜곡시킨 것이었다는 사실은 얼마나 큰 비극인가.

실제로 부패한 기독교는 많은 사람에게 영적인 겉치레를 제공할 뿐이었다. 십자군은 그 수만큼이나 다양한 출정 동기가 있었다. 어떤 이는 모험

클레르몽 교회회의에서 십자군 원정을 호소하는 교황 우르바노 2세

을 즐기기 위해, 어떤 이는 무역로를 찾기 위해, 또 어떤 이는 약탈을 목적으로 원정에 나섰다.[64]

그러나 출정에 나선 대부분의 사람은 독실한 신자들로, 신앙을 전파하려는 공통의 열망을 갖고 있었다. 그들은 교황의 부름에 신실한 종교적 열정으로 응답했으며, 그 결과를 계산하지 않았다. 이 미심쩍은 모험에 대해 진실한 신자들의 열정은 진실한 만큼 주변에 쉽게 전파됐고, 맹목적인 면도 있었다. 십자군 원정의 대의에 사로잡힌 이들은 일종의 광기에 사로잡혀 있었다. 누군가 이성과 절제를 발휘하는 사람이 있다면 겁쟁이로 여겨질 게 분명했기에 이성과 조심스러움은 점점 설 자리를 잃었다. 자신이 취한 방법이 적절한 것인지, 자신의 땅과 생계를 포기해야 하는지에 관해 진지하게 생각해보는 사람은 거의 없었다.

은자 피에르가 십자군에게 예루살렘으로 가는 방향을 가리키고 있다. 언제나 그는 당나귀를 탔다.

왕자들이 전쟁에 나선 것은 경제적 여유가 충분했기 때문이었다. 그리고 극빈자가 전쟁에 나선 것은 일정한 돈을 받을 수 있었기 때문이다. 그 밖의 사람들은 자신들의 재산을 원정에 나서지 않은 소수의 사람에게 헐값에 내다팔았다. 이렇게 뒤에 남은 사람들은 정의로운 열정으로부터 이익을 취하는 사람으로 여겨졌다.[65]

만약 그들 각자가 이성적이고 자신들이 어떤 수단을 사용할지 크게 개의치 않았더라도 그들이 하나의 무리로 결합됐을 때 십자군의 성격을 명확히 규정하기는 어려워진다. 300년 이후 남미의 콘키스타도레스 Conquistadores(신대륙 발견과 더불어 중남미 대륙에 침입한 16세기 초의 에스파냐인 모험자들-역주)와 동일한 정신에 자극을 받은 십자군은 탐욕스럽고 야만적이며 피와 땀, 눈물의 길을 걸어간 고집쟁이들이었다.[66] 그러나 이들은 또한 영예로움으로 그리스도의 대의에 봉사하는 경건하고 영웅적이며 덕을 갖추고 도량이 넓은 순례자들이기도 했다.[67] 이들은 유대인들을 상대로 흉포

한 프로그램을 그리고 비기독교인을 상대로 인종 청소를 실시한 중세의 테러리스트였다.[68] 한마디로 이들은 '인간'이었다.

십자군의 정체는 자신들의 인지 장애를 연구 대상에 적용시킨 역사가들에 의해 흐려졌다. 프랑스 역사가들은 십자군이 최초의 프랑스제국을 건설했다고 생각했다. 아랍 민족주의자들은 십자군을 인종 착취자로 보았다. 한편 19세기 분석가들

**콘키스타도레스** 에스파냐의 정복자들

은 십자군을 제국주의자로, 20세기 마르크스주의자들은 그들을 경제 확장의 대리인으로 보았다. 그러나 당시에 십자군은 이상주의자로 간주됐다. 비록 그 이상이란 것이 교황이 승인한 신성한 폭력과 참회의 전쟁이긴 했지만 말이다.[69]

십자군의 정체가 무엇이든지 간에 상관없이 오늘날 우리가 전쟁을 위해 물자와 인력을 동원하듯 그들 역시 자신들의 공훈을 위해 동원된 유럽의 지원을 받았다. 집단사고의 열정에 휩쓸린 채 십자군전쟁을 주도한 봉건 수장들은 압제를 멈추었고, 도둑들은 약탈을 그만뒀으며, 사람들은 더이상 불평을 늘어놓지 않았다. 표면상으로는 신성한 기독교의 잘못된 이상이 지배하고 있었다. 그것 외의 다른 여지는 별로 남아 있지 않았다.[70]

이것이 아무리 웅장해 보이더라도 이 이야기에는 또 다른 측면이 있다.

십자군은 팔레스타인에 도착하면 모든 죄가 사해질 것이라고 생각했기 때문에, 수백 명의 십자군들은 음탕한 짓을 탐닉했다. 방탕한 행위는 극에 달했으며, 그런 행위를 저지른 자들은 수치스러움을 느끼지 않았다. 신에 대한 봉사만으로 모든 죄가 속죄받을 것이라고 생각했기 때문이다. 구원이 확정됐기 때문에 십자군 원정대는 흥청망청 먹고 마시며 떠드는 소리와 기도 소리가 함께 들렸다.[71]

이렇듯 혼란스러운 상황 속에서도 십자군은 세 가지 주요한 결과를 거뒀다. 첫 번째는 교황의 권력이 커졌다는 것이다. 이것이 실제적으로 성취한 유일한 (냉소적이긴 해도) 결과다. 두 번째는 유럽의 수많은 유대인이 학살과 약탈을 당했다. 뿐만 아니라 강제로 세례를 받았다. 이 같은 잔혹 행위의 주요 장소는 요크York였지만, 독일에서도 대규모의 유대인 학살이 자행됐다. 세 번째로, 동양과 서양의 문화 교류가 확대됐다. 십자군원정이 있기 전까지는 동서양의 접촉은 상업에 국한되어 있었다. 그런데 십자군전쟁 이후 문화 교류로까지 확대됐다.[72]

과거로부터 오해의 유산을 물려받은 우리는 '십자군'이라는 말에 영예와 덕목의 의미를 불어넣은 채 지금도 여전히 사용하고 있다. 십자군이 느슨하게 조직된 살인자 무리였다는 사실을 감안할 때 이는 이해하기 어려운 일이다. 역사상 이토록 아집에 사로잡힌 극악한 갱단이 그토록 정의의 이름으로 약탈과 살육을 감행한 예는 찾아보기 어렵다. 만약 십자군에게 배울 점이 있다면 그것은 가장 저열한 잔인함과 폭력 행위도 가장 고귀한 이상에 의해 합리화될 수 있다는 점일 것이다. 지나침은 누구에게나 위험하지만, 특히 종교적 열정만큼 위험한 지나침은 없다. 왜냐하면 종교적 열정에는 정의의 명분으로 행해지는 권력에 대한 내부적 견제 장치가 존재하지 않기 때문이다.

십자군이 근본적으로 신성을 모독한 점이 있다면 당시가 신앙의 시대인 동시에 신성모독의 시기였다는 데 있을 것이다. 이 시기에는 여느 시대에 비해 기독교적인(다시 말해 친절하고 인간적인) 행위가 일상화됐다(그러나 기록을 찾기는 어렵다). 하지만 기독교 신학은 중세의 행위를 다스리기 위해서가 아니라 중세 교회의 지배를 진작시키고 정당화하는 데 사용됐다. 본래의 기독교적 이상은 거의 모든 사람이 무시했다. 우리가 중세를 암흑시대로 부르는 이유는 당시에 의심하는 사람, 비판자, 이단자가 하나도 없었기 때문이다. 당시는 모든 사람이 그레고리 대제의 맹목적인 신앙을 그대로 받아들였다. 그만큼 그의 교리는 도그마에 대한 의심을 추호도 허용하지 않았다.

## 교회의 신비운동, 영적 거리두기

이러한 반反지성적 전통을 능숙하게 옹호한 이가 있었으니, 바로 성 베르나르St. Bernard(1090~1153)다. 그는 12세기 초 교회에서 열렬한 신비운동을 주도한 인물이다. 그는 이성이 아니라 강렬한 주관적 체험이야말로 종교적 진리에 이르는 길이라고 생각했다. 모든 편견자와 마찬가지로 그 역시 자신이 진리가 무엇인지 알고 있다고 생각했다.

그는 호기심을 혐오했으며, 철학가들의 정통을 인정함으로써 이단에 대항해 싸웠다. 자신이 주창한 신비주의에 걸맞게 그는 교황이 세속의 일에

**성 베르나르** 12세기 초 교회의 신비운동을 주도했다.

관여하는 것을 개탄하면서 세속 권력을 경시했다. 그는 교황은 영적 지도자로서 실제적인 정부에 관여해서는 안 된다고 생각했다. 그는 교황이 군사력으로 자신의 영역을 방어하는 것에 충격을 받았으며, 십자군원정 같은 전쟁이 조직을 필요로 하며, 종교적 열정만으로 수행될 수 없다는 사실을 납득하지 못했다.[73] 이처럼 그는 이성뿐 아니라 현실로부터 완전히 물러나야 한다는 영적 극단주의를 표방했다.

이런 거리두기는 중세 신학자들의 전형적인 사고방식이었다. 이들은 자신들의 임무가 그리스도의 가르침을 세속에 적용하는 것이 아니라, 사도 바울의 정통을 유지하는 것이라고 믿었다. 성 베르나르의 신비적인 사고방식이 묵상보다 영감을 더 중시했다면, 서구 사상의 발전에 기여한 것은 논리와 이성을 신뢰한 스콜라 철학자들일 것이다. 의심과 이단의 가치를 드러낼 수 있었던 것은 스콜라 철학자들이 정통의 진리를 찾는 데 헌신했기 때문이었다.[74]

실제로 신학에서 비판적 이성이 발달한 것은 기독교에 필요한 일이었다. 왜냐하면 예수는 아무런 기록도 남기지 않았기 때문이다. 바울이 연역추론을 시작한 것은 그리스도의 말씀에 대한 앎이 본질적으로 불완전할 수

**피에르 아벨라르** 질문을 통해 진리에 이
를 수 있다고 믿었다.

밖에 없었기 때문이다.[75] 3세기에 알렉산
드리아의 클레멘트가 교리는 신앙뿐만 아
니라 이성에 기초를 두고 있어야 한다는
의견을 피력한 뒤[76] 이성은 신의 뜻을 정
확히 이해하는 데 사용하게 됐다. 9세기
에 철학자 에리우게나Johannes Scotus Eriugena는
"참된 종교는 곧 순수한 철학이다"라고
선언했다.[77] 1100년경에는 캔터베리의 안
셀름이 신앙을 이해하는 방법으로 이성을
인정했다.[78] 본질적으로 이성에 대한 신뢰
에는 아버지와 아들에 대한 관계에 있어
서[79] 진보적* 발전이라는 생각 그리고 두 사람 모두 이해할 수 있다는 생각
이 내포되어 있었다.[80]

이어서 성 베르나르의 최대 적수인 피에르 아벨라르(1100)는 성경을 완
벽한 책으로 받아들이면서도 질문을 통해 진리에 이를 수 있다고 믿었다.
그는 신학적 갈등을 이성적으로 해결하려고 하기보다는, 말의 의미가 수시
로 변화하기 때문에 빚어지는 일이라고 설명하였다.[81] 이후 이론가들은 스
콜라 철학자들이 모인 자리에서 기독교 이념을 주도하면서 이성을 과도하
게 활용했다. 스콜라 철학자들은 교회가 부정하는 이념의 창시자들이었지
만, 교회는 바로 그 이념을 만들어내고 선전한 주체였다.

---

* 이슬람교, 불교, 유교, 힌두교에 부재한 것이 바로 이러한 발전의 관념이다. 이들 종교의 신봉자들은 자
신의 종교의 성자와 성직자들의 발언이 완벽하지 않을 수도 있다고 믿었다(Watson, 2011, p. 447).

철학의 한 유파로서 스콜라 철학자들은 도덕 개혁보다 신학적 정통에 전념했다. 그리고 대부분 참여자들(철학자들)은 이단으로 여겨지는 것이면 무엇이든 철회했다. 이것을 지적 비겁함의 징표라고 할 수는 없다. 오늘날 판사가 상급 법원의 결정에 따르는 것처럼, 최고권위자의 결정에 묵종하는 것으로 보는 것이 더 정확할 것이다.[82] 도그마가 숙고를 방해하지 않는 문제에 대해서는 활발한 논쟁이 벌어졌다. 간혹 이단적인 모습도 보였지만, 대부분의 성직자는 분명히 보수적인 정치색을 띠었으며, 교회 안과 밖의 권력 구조에 도전하지 않았다.[83]

기본적으로 스콜라 철학자들은 교회의 권력 다툼을 바로잡으려는 신학자들을 대변했다. 이들은 지적이었지만 교회의 현실에 대처할 능력이 없었고, 형식과 사소한 것들에 대한 시끄러운 논쟁에서 거리를 두려 했다. 이런 논쟁 가운데 교회가 관여한 문제를 다루는 경우는 없었다. 예를 들어 십자군전쟁의 비도덕성을 문제 삼지 않았으며, 중단을 요구하지도 않았다. 일반적으로 스콜라 철학자들은 자기중심적이고 단기적인 정치적 영악함을 바탕으로 행동했으며, 성경의 언어를 빌려 현 상황을 합리화시키고 정당화시켰다. 이는 장기적으로 교회에 손해를 입히는 행동이었다.

이처럼 스콜라 철학자들은 협소한 의미에서 정통이었으며, 기능적으로 부적절한 논의를 이어나갔다. 수세기 동안 그리스 철학은 금지됐는데, 그것은 그리스 철학이 사람들로 하여금 신앙에 기초한 세계에서 구체적인 진리를 추구하게 만들 수 있기 때문이었다.[84] 12세기에 서구 문화가 개방된 데는 십자군전쟁으로 인한 동양과의 접촉도 어느 정도는 작용했다. 그에 대한 영향으로 그리스 책들이 번역되었다. 당시 서양의 학자들은 그리스 책을 다량 입수하게 됐다.

스콜라 철학자들의 정신도 열려서 광범위한 철학적 주제에 관한 토론을 이어갔으나, 특별히 의미 있는 결과를 남기지는 못했다. 이들은 플라톤보다 아리스토텔레스를 최상의 세속적 권위로 여겼는데, 두 사람을 제대로 이해한 것은 아니었다. 이들은 삼단논법에 대한 아리스토텔레스의 애정을 이어가면서 어리석은 논리 연습에 몰두했다. 또 추상을 이상화하고 미리 정해진 결론에 이르도록 설계된 논의를 만들어내는 등 플라톤의 결함을 지니고 있었다. 흔히 그렇듯 이들의 장점은 동시에 약점이기도 했다. 사상에 전념한 나머지 이들은 사실과 과학, 현실에 무관심했다. 이처럼 관찰을 통해서만 판단할 수 있는 문제들을 논쟁으로 해결하려고 했을 뿐만 아니라, 언어적 차이와 무익한 세부 사항들에 탐닉하고 있었다.[85]

## 지식과 믿음 사이의 대결

성 토마스 아퀴나스의 저작 《신학대전Summa Theologiae》에서 그는 동시에 같은 장소에 여러 가지 각도가 존재할 가능성 같은 중대한 문제들을 다루었다. 이 문제는 이후 핀의 머리 위에서 몇 개의 각도가 춤출 수 있느냐 하는 문제로 잘못 해석됐다. 후대 인문주의 비평가들은 스콜라 철학자들이 로마 멸망기의 신학자들과 비슷하게 현학적인 논쟁에 몰두하는 한편, 당시의 긴급한 주요 현안들을 무시했다는 점을 지적했다.

이러한 경향은 13세기에 아퀴나스가 현대적 방식으로, 과거의 권위에 호소하는 대신 이성적 원리를 제안함으로써 마무리됐다.[86] 그의 위대한 저

좌 | 성 토마스 아퀴나스
우 | 성 토마스 아퀴나스의《신학대전Summa Theologiae》, 1596

작인《이교도 대전Summa Contra Gentes》은 이미 기독교를 믿고 있는 사람들의 마음에 기독교의 진리를 설득력 있게 확립시켰다. 그러나 아퀴나스는 성경의 권위를 기독교 신앙의 유효한 증거로 받아들이지 않는 사람들(다시 말해 무슬림과 유대인)을 이성으로 개종시키려는 자신의 목표는 이루지 못했다. 그가 본의 아니게 성취한 업적은 이성의 한계를 드러낸 것이었다. 왜냐하면 (신의 존재나 영혼의 불멸성 같은) 일부 기독교 교리는 아리스토텔레스의 정의와 논리를 받아들이는 사람에게는 증명할 수 있는 반면, (삼위일체나 성육신 같은) 기독교의 주요 교리에 대해서는 증명이 불가능하며 오직 신앙을 통해서만 받아들일 수 있기 때문이다.[87]

그럼에도 불구하고 아퀴나스는 아리스토텔레스와 성경을 기독교로 개종시키는 데는 성공했다. 사상은 한 번도 완전히 자유로운 적이 없었으며, 그의 저작이 도그마가 된 이후 이론가들은 아퀴나스의 이론적 모순점을 트

집 잡는 데 몰두했다. 아퀴나스는 교회가 필요로 하고 원했던 것, 즉 교회의 존재를 정당화하는 철학을 제공했기 때문에 성공을 거둔 것이다. 그리고 이후 아퀴나스의 스키마가 교회를 지배하게 됐다.

아퀴나스는 실제로 논리에 대한 의존을 인정하지 않았지만, 그의 동료 스콜라 철학자들은 그를 그런 식으로 해석하지 않았다. 이들은 현실이 이성의 기준에 부합하지 않는다고 생각을 더 선호했다. 영광의 고립splendid isolation 상태에 빠져들며, 구체적인 삶의 현장에서 멀어진 채 무관심했기 때문에 자신들의 판단에 있어서 놀랍도록 엄격한 태도를 취했다. 논리와 장황함, 추상에 취한 이들은 현실세계를 조롱하면서, 탈인간화되고 현실에서 분리된 아카데미아로 도피했다. 이러한 아카데미아의 정신은 오늘날 학문기관의 쓸데없이 초연한 태도와 교회 정책에 여전히 영향을 미치고 있다. 이들은 예술을 경시하고 과학을 두려워했으며, 상상력은 이단으로 간주했다. 그리고 정신은 창의성을 내주는 대가로 순응을 택했다.[88]

이러한 어리석음은 단지 도발적인 것만은 아니었다. 플라톤과 아리스토텔레스가 기독교인이 아니라는 사실을 뒤늦게 깨달은 교회는 모든 사람에게 다음 사항에 대한(그리고 그 밖의 216가지에 대한) 발언을 금지시켰다. 첫째, 철학적 삶보다 더 높은 삶은 존재하지 않는다. 둘째, 신학 토론은 우화에 기초한다. 셋째, 기독교의 계시는 학습에 장애가 된다.[89]

그다음 세기에 믿음과 지식 사이의 연이은 대결로도 교회는 정신적 자세를 바꾸지 않았다. 교회는 도그마 위에 서 있었으며, 자신이 인정하기를 거부한 새로운 지식의 파고에 휩쓸리면서 서양의 지적 권위의 최고봉 자리를 과학에 내주어야만 했다. 신학자들은 변화하는 환경에 적응하지 못했고,

복잡한 현실에도 맞서지 못했다. 이로써 이들이 해야 할 일은 더 단순해졌을지 모르나, 신앙과 현실 사이의 끝없는 갈등을 수도원 복도에 묻어둘 수는 없었다. 그런 갈등은 마침내 교회의 통제권을 벗어나 세속의 열린 공간 속으로 나아갔다. 그리고 아퀴나스가 건설한 철학, 과학, 종교의 종합체는 혼돈 속에서 산산이 부서졌다. 이런 분위기 속에서 현대의 정신은 생각과 지식, 믿음과 행동이 서로 모순되는 방식들 사이에서 일관성에 대한 지속적인 탐색을 시작했다.[90]

실제로 이해 가능한 현실에 대한 이런 탐색은 몇몇 사상가가 신학적 훈련의 범주 너머로 지적 능력을 성취한 중세 교회 안에서 시작됐다. 프란치스코회는 로저 베이컨과 윌리엄 오컴 같은 인물의 '축복을 받았다.'

프란치스코회 철학자인 베이컨(1214?~1294)은 보편적 배움을 닦은 사람이었다. 당시 그는 연금술과 마술의 기이한 혼합물인 수학과 과학에 열정을 갖고 있었다. 대부분 철학자와 달리 그는 실험을 중요하게 생각하는 한편, 논리를 무용하게 여겼다. 그는 저서 《대저작Opus Majus》에서 무지의 원인을 네 가지로 들었다. 첫째, 잘못된 권위(여기에 교회는 포함되지 않았다. 왜냐하면 이 책은 교황을 위해 저술됐기 때문이다). 둘째, 관습이고, 셋째, 잘못된 의견(자신의 의견) 그리고 넷째, 겉으로 지혜로운 척하면서 뒤로 자신의 무지를 숨기는 것이다.

그는 이 중 마지막 네 번째 원인을 최악으로 꼽았다. 그는 성직자들의 무지를 공격하는 일을 자신의 업으로 삼았다. 이로 인해 성직자들 사이에서 그는 결코 인기를 얻지 못했다. 1278년 그의 책은 큰 비난을 받게 되었

고, 죽음에 이르기 직전까지 감옥에 갇히게 되었다.[91]

　14세기 초 윌리엄 오컴은 이성이 도그마의 진리성을 증명할 수 없음을 주장함으로써 신학을 다시 후퇴시켰다. 논쟁에 휩싸일 때면 그는 "단순하게 하라. 그러지 않으면 천박해진다", 즉 쓸데없는 것은 잘라내라는 의미의 계율에 의존했다. 실제로 그는 이 계율에 지나치게 의존함으로써 그에게는 면도칼이 됐다.[92] 그 결과 신학은 생기를 잃어버리고, 순수신앙의 영역으로 복귀했다. 신학의 문제점은 신학의 목적이 이미 알려진 진리를 드러내는 것이라는 점이었다. 이러한 문제점은 철학에도 여전히 남아 있었다. 하지만 스콜라 철학자들의 신학에 대한 열정과 호기심이 쇠퇴하면서 그들은 딜레마에 대한 난제에 몰두하게 되었다.[93]

　서양의 정신이 이성에 완전히 헌신했다고 하기에는 무리가 있는데, 그것은 논리에서 인간 삶의 큰 부분을 차지하는 영적인 느낌이 빠져 있기 때문이다. 이런 현상은 13세기 스콜라 철학자들의 거리두기에서 분명히 드러난다. 그러나 이들은 계속해서 논리에 헌신했는데, 이것은 논리가 다른 신조를 믿는 사람들, 예를 들어 무슬림 같은 이들에게 다가서는 한 가지 방법으로 인식됐기 때문이다. 이런 점에서 기독교를 합리적으로 설명하려는 시도는 실패였다고 인정할 수밖에 없다. 왜냐하면

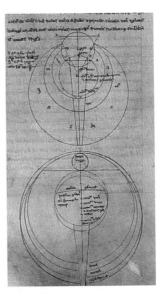

로저 베이컨의 《대저작Opus Majus》 중에서 광학 1

성 토마스 아퀴나스와 성 도미니크의 노력에도 불구하고 논리적 주장에 의해 기독교로 개종한 사람은 극소수에 불과했기 때문이다.[94]

보다 직접적인 의미에서 성 토마스 아퀴나스가 성취한 통합은[95] 훨씬 더 큰 실패였다. 그가 성취한 통합은 교회 지도자들이 세계를 변화하는 문제에 직면해 무너지고 말았다. 교회의 비윤리성이

**존 볼** 켄트의 미치광이 신부 존 볼이라고 불림. 원래 가톨릭 사제였으나 1366년 교회와 국왕을 비방한다는 이유로 인하여 파문을 선고받았고 그 이후로는 영국 각지를 방랑하며 설교를 계속하였다.

커지고 있던 것과 마찬가지로 세속 영역에서는 민주주의와 민족주의, 상업주의가 부흥하고 있었다.[96] 이런 변화는 도전으로 다가왔으나, 교회는 이에 제대로 대처하지 못했다. 왜냐하면 교황의 위계질서는 이론적으로 부적절한 기독교적 스키마 내에서 이러한 변화를 이해할 수 없었기 때문이다.

일반적인 정치적 관점에서 볼 때 민주주의의 맹아는 존재했으며, 중세 교회 자체가 실천적인 면에서는 매우 평등주의적이었다(신분이 비천한 사람이라도 재능이 있으면 높은 직위를 부여하는 등[97]). 뿐만 아니라 이론에 있어서도 민주적이었다(신학). 일반적으로 소작농도 일정한 권리를 가졌다. 그러나 이런 권리는 서로에 대해서만 평등했을 뿐, 진정한 평등은 죽음에 이르러서야 실현됐다. 평등을 바랐지만 실제로 인간의 평등에 관한 기독교의 공언을 그대로 받아들일 정도로 어리석은 사람은 소수에 불과했다.

그중 한 사람이 존 볼John Ball이다. 그는 14세기에 대담하게도 이런 주장을 펼쳤다. "태초에 우리는 모두 평등하게 창조됐다. 신의 법칙에도 불구하고 노예제도가 탄생한 것은 왜곡된 인간의 압제 때문이다." 그는 극형에 처해졌지만, 당시의 권력은 평등에 대한 그의 꿈까지 말살하지는 못했다.[98]

한편 프랑스와 영국, 스페인에서는 강력한 군주들이 일어나 민족주의 정서를 일구는 핵심 구심점 역할을 했다. 해당 지역의 언어를 사용하는 사람들의 대변인으로서 국익을 옹호하면서 교황에게 맞서 싸울 정도로 강력한 힘을 발휘했다. 왕들은 왕국에서 귀족들을 억압하는 한편, 성장하는 상인 계급과 함께 세력을 연합했다.[99]

일반적으로 봉건귀족들은 무지하고 야만적이며 어리석었다. 사실 귀족들은 너무나 형편없어서 오히려 교회가 그나마 현명하고 질서정연하며 도덕적으로 보일 정도였다. 이에 반해 새로 부상한 상인 계급은 세속의 일에 있어 성직자들보다 더 많은 지식을 갖추고 있었다. 뿐만 아니라 귀족들보다 더 실용적이었으며, 역동적이었다. 이처럼 상인 계급은 유럽을 암흑시대로부터 구해내는 데 있어서 그리고 중세의 상황을 완전히 바꾸는 데 있어서 결정적인 역할을 수행했다. 그들은 직접적으로는 상업적 시도를 통해 그리고 간접적으로는 민족적 충성심과 하층 계급에 대한 지지의 구심점 역할을 수행했다. 하층 계급은 새롭게 부상하는 상인 계급을 시민적 자유와 경제적 기회의 옹호자로 여겼다.[100]

한편 교회는 부상하는 상인 계급에 대해 무감각했다. 사실 현실적인 삶에 대한 스콜라 철학자들의 무관심한 태도는 경제에 대한 이들의 태도에서도 그대로 나타난다. 아퀴나스는 상품에 대해 판매자가 시장이 감당할 수 있는 가격을 매기는 것과는 거리가 먼 '공정 가격Just price'의 개념[101]을 만들어냈다. 신성한 그러나 비실제적인 '기독교인 상인'은 자신들의 노동비용을 최소한 반영할 정도의 가격만 매겨야 한다고 생각했고, 고리대금업을 비난했다.[102]

스콜라 학자들이 사업 윤리를 신성한 공표에 의해 정할 수 있다고 생각할 정도로 순진했다. 하지만 이들이 이윤을 추구하는 사업가들에 의해 대중의 복리가 증진될 것이라고 믿을 정도로 어리석지는 않았다. 중세의 정신에는 수많은 맹점이 있지만, 그럼에도 불구하고 부패의 탐욕을 있는 그대로 인식했고, 그것을 '기업'이니 '경제'니 하는 미사여구로 치장하지 않고 있는 그대로 보았다.[103]

중세의 정신이 인식하지 못했던 것은 자신의 이상에 대한 무의식적인 신성모독이었다. 죄의 기쁨으로 아이를 가진 성모 마리아는 스스로 알아차리지 못한 채 유혹당하게 되었다. 새롭게 부상한 상인 계급이 봉건사회를 금전 경제로 개조하면서 성모 마리아는 판매상들에 의해 처녀성을 빼앗기고 말았다. 그 과정은 계급 충돌 없이 이루어졌기 때문에 상황의 변화를 짐작하게 할 만한 피흘림은 일어나지 않았다. 새로운 계층이 권력에 올랐지만, 중세의 신화는 그대로 유지됐다. 이에 모든 사람이 친숙하고 성스러운 교회의 이야기 속에서 믿음을 주장할 수 있게 됐다.[104]

철학적으로 성모 마리아는 순수한 상태로 남을 수 있게 되었으며, 기존의 가짜 사회에 영원히 헌신할 수도 있었다. 왜냐하면 교회는 무지에 의한 실수로부터 보호받았기 때문이다. 악마와 마녀를 만들어 그들을 두려워하면서도 신성한 자들은 성경의 진리에 대해 의심을 품지 않았다. 그만큼 성경이 이론적으로 모든 것의 기초를 이루고 있었던 것이다.[105] 이성은 자기 수정을 위해서가 아니라 신학의 기본적인 오류와 모순을 멋지게 설명해내기 위해 동원될 뿐이었다.

이성이 민주주의자, 민족주의자, 자본주의자들에게 시민 윤리와 정치 윤리, 사업 윤리를 제공하게 되자 교황은 그동안 힘들게 얻었던 세속적 권력과 도덕적 위신을 모두 잃어버리고 말았다.[106] 공식적으로 이러한 쇠락은 이노첸시오 3세(1198~1216)와 함께 시작됐다. 그는 기독교가 아니라 교황 제도의 절대적 신봉자였다. 그는 당시의 가장 재능 있는 정신을 지녔지만 양심은 다소 의심스러운 면이 있었다. 그는 신성함은 조금도 찾아볼 수 없는 최초의 위대한 교황이었다는 점에서 시대의 유행을 결정하는 트렌드 세터 역할을 했다.[107] 성직자라기보다 군주에 가까웠던 그는 교회의 개혁을 요구했다.[108] 권력 정치에 대한 그의 몰입은 실제로 교황의 직권 남용 풍조를 조장했으며, 기독교 제국의 몰락을 재촉했다.

사실 몰락의 첫 신호는 교황이 요청한 도덕 개혁의 성격에서 분명히 나타났다. 교회는 정통을 수호한다는 명분 아래 이단자들을 개종시키거나 절멸시키는 데 집중했다. 실제로 이노첸시오 3세는 알비파Albigenses(12~13세기에 걸쳐 프랑스 남부의 알비Albi 지방에서 일어난 반로마 교회파-역주) 같은 고집 센 종파를 회유하기 위해 성 도미니크(1170~1221)를 프랑스 남부 지역으로 파견하였다. 알비파는 교회의 일부 교리를 거부하면서 성직자들의 부패를 비난했다. 그런가 하면 자신들의 정당함을 고집하면서 폭력이 난무하는 어지러운 악행의 시대에 검약하고 순수한 삶을 살았다. 이런 강직함은 명백히 제거되어야 하는 것으로, 도미니크와 십자군은 이를 위해 나섰다. 개종할 가능성이 없는 자들은 살육해야 마땅하다고 생각했던 것이다.[109]

도미니크의 시도는 이성에 대한 순진한 믿음을 보여주는 것에 지나지 않는다. 또한 그것은 무력이 결코 기독교가 세상에 드리운 문제에 대한 (그리고 세상이 기독교에 드리운 문제에 대한) 해결책이 될 수 없다는 사실을 교황이 인식하고 있음을 보여주는 것이었다. 공허한 신학적 쟁점에 관한 스콜라 철학자들의 논쟁이 일어나는 것과 때를 같이 하여 조직된 도미니크 수도회는 교회가 조직화된 도그마에 더 깊이 빠져들었다는 사실을 보여준다. 이것을 전환점으로 교회는 서양적 인간의 지적, 도덕적 통합의 희망 없는 충돌을 향해 나아갔다.[110]

설상가상으로 이 도그마는 그리스도의 메시지를 교회 스스로 해석한 것이 아니었다. 그것은 교회의 존립을 위한 신학적 합리화에 불과했다. 이런 합리화의 틀을 짓는 데 있어서 신학자들은 복잡한 교리 때문에 항상 제지당했다. 하지만 교황의 행동은 권위에 대한 자신들의 근본적인 신뢰가 거짓임을 드러냈다. 기독교인이 될 수 있는 기회와 생존해야 한다는 명령 앞에 직면한 교회의 위계질서는 세속의 권력을 위해 도덕적 정신을 희생시켰다. 로마와 마찬가지로 교회는 위에서 아래까지 부패했으며, 그리스도의 정신은 질식당해 가톨릭교 바깥에서 도피처를 찾아야 했다.

## 교회, 스스로 이단이 되다

결과적으로 교회는 쇠퇴했다. 이는 이노첸시오 3세와 그 후계자들의 세속적인 성공이 부분적인 원인으로 작용했다. 또한 이들이 질문과 반대 의견에 관용적이지 못했던 것도 하나의 원인으로 작용했다. 교회 지도자들이 관용적이지 못했던 것은 이들이 신앙과 자신들에 대해 확신을 가졌기 때문이 아니었다. 이들은 오히려 신앙과 자기 자신에 대한 확신이 없었다.* 이들은 진리가 지닌 힘에 대한 믿음을 잃었으며, 자기중심적 태도가 흔들렸다.[111] 13세기가 되자 자신들의 가식에 대한 괴로운 의심에 시달렸으며, 교회의 미래에 대해 불안해했다. 이들은 자신들이 설파한 도덕 규범을 사람들이 따른다고 해서 정치에서 성공할 수 없다는 사실을 알고 있었다. 그렇다고 해서 자신들의 신학적 스키마를 포기할 수도 없었다.

이들은 복수의 일환으로 이단자를 박해하기 위해 교황이 주관하는 종교재판을 실시했다. (알비파처럼) 기독교적 기준에 따라 살거나, 스스로 그렇게 살아야 한다고 주장하는 사람이면 누구나 박해의 대상이 됐다. 이단자로 처형당한 희생자 중 많은 사람이 무신론자나 기독교를 믿지 않는 사람이 아니라 기독교를 진지하게 받아들인 순수하고 경건한 사람들이었다. 이런 기독교 신자들은 우상 파괴적인 교회의 윤리적 적수였다. 이렇게 교회는 스스로 이단이 됐다.[112]

종교재판의 더 불편한 진실 중 하나는 광신도들이 아니라 제도권 내의 멀쩡한 지도자들에 의해 실시됐다는 점이다. 이들은 기존 질서를 고수하려

---

* 이와 유사하지만 보다 온건한 태도를 오늘날 지구 온난화 공동체에서도 찾아볼 수 있다. 기후 회의론자들에게 사실에 근거한 합리적 주장이 아니라 개인적인 인신공격으로 응대하는 경향이 있다.

고 했다. 300년 이상 이들을 이끌어온 기관은 성공에 대한 대가를 지불해야 했다. 경찰식 진압 방식이 가장 효과적인 곳에서 교회는 더욱 강력하고 세속적이며 부패했다. 통일된 신앙은 곧 성공으로 간주됐다. 그런데 이것은 모든 사람(종교재판을 주관하는 이들을 포함하여)의 도덕적 · 영적 · 지적 건강에 해로운 것이었다.[113]

이런 무관용이 그리스도에 대한 진실한 헌신 때문이었다면 그것은 충분히 슬픈 일이다. 그러나 권력자들은 그리스도의 가르침을 말 그대로 따르는 것이 아니라, 모든 것을 교회의 도그마에 끼워 맞추는 데 큰 압박감을 느꼈다. 더욱이 통일성을 강요하는 이들의 방식은 실제로 예수의 정신을 조롱하는 것이나 다름없었다. 억압의 방법이 너무나 끔찍해서 세속의 권력에 편집증적으로 집착하면서 교회는 20세기 광신도들이 현대의 기술을 사용하기 전까지 다른 어떤 조직이나 기관보다 인간에게 더 큰 해를 입혔다. 가장 정의롭다고 자처했지만, 편협했던 이들은 자신들 외의 모든 사람의 정신적 위엄을 모욕하는 냉소주의와 함께 고문과 사형을 집행했다. 세속 권력에 대한 집착이 당시 새롭게 부상한 사업 정신 그리고 물질적 이익에 대한 추구와 결합하면서 교회는 면죄부를 판매하는(양도하는) 등 자신의 영혼을 팔아버릴 만큼 상업화시켰다.[114]

이런 우발성이 발생할 가능성이 높았던 것은 중세시대에는 신학적 교조주의(독단주의, 과학적으로 해명없이 신앙이나 신조에 입가하여 도그마를 고집하는 입장)로 인해 교회 지도자들이 자신들이 어떤 행위를 하고 있는지 제대로 이해하지 못했기 때문이다. 설상가상으로 교조주의는 신학적 문제에 국한되지 않았다. 특정 교회의 관습이나 이익에 극단적으로 집착하는 정신감시자들은 수용 가능한(스스로 정당화시킨) 결론으로 유도하지 못하는 모든 지식과 사고방식을 신뢰하지 않았다. 가톨릭의 관료 제도는 당시 사회가 나아갈 길을 이끌어가기보다 사상의 진보와 기독교 원칙을 삶에 적용하려던 거의 모든 시도를 다툼과 분쟁으로 이끌었다. 이들은 삶의 모든 측면에 대해 전체주의적 통제를 실시해야 한다는 강박감을 느꼈다. 이를 통해 서구인의 지적 양심을 소외시키고 말았다.

교회가 과학에 반하는 방향으로 성서를 해석함으로써 신의 말씀을 조롱의 대상으로 삼게 해서는 안 된다는 아우구스티누스의 경고와[116] 실험 과정을 창안한 그로스테스트Robert Grosseteste(1250년경)의 노력에도 불구하고,[117] 과학은 비성경적이라는 이유로 무시되고 경멸당했으며 비난받았다. 모든 정신 활동은 스콜라 철학자들의 쓸모없는 논리 연습을 제외하고는 철저히 억압당했다. 이들은 이성으로 해결할 수 있는 문제를 이성에 맡기지 못했다. 그래서 우주에서 지구가 차지하는 위치를 둘러싸고 벌인 다툼은 커다란 종교적 논쟁거리가 됐다.

실제로 그것은 논리가 아니라 관찰에 의해서만 해결될 수 있는 문제였는데도 말이다. 사실 유신론을 위협한다는 것을 제외하면 교회가 관여할 일은 아니었다.[118] 눈으로 보이는 천체의 움직임은 신이 존재한다는 증거로 사용된 가장 흔한 관찰 가운데 하나였다.[119] 눈에 보이는 그 움직임이 진실이 아니라고 말하는 것은 독실한 신앙인들에게는 커다란 상처를 입히는 행위였다.[120] 그런 문제에 대한 교회의 입장은 매우 단순했다. 그것은 바로 성경과 직접적인 관찰이 서로 충돌하는 경우에는 성경이 무엇보다 우선한다는 것이었다.[121]

실제로 정의로운 평화가 지구상의 모든 것을 보편적으로 지배한다는 것이 당시 로마에서 횡행하던 환상이었다(사실 이것은 오늘날에도 세속적인 정신의 보편적인 이상으로 남아 있다). 그리고 비록 교황들이 영적 문제에 관한 세속적인 지배를 주도하는 자신들의 기회를 팔아먹었지만, 변화하는 세상에 개입함으로써 교회가 타락하고 있다는 사실을 인식하지 못했다.[122] 교회가 기독교 윤리를 옹호하는 과정에서 교황은 권력에 굶주린 또 하나의 기관에 지나지 않았다.

**아시시 성 프란치스코** 프란치스코 교단을 설립했다.

목회자의 지상에 왕국을 건설하겠다는 실패할 수밖에 없는 노력에서 교회는 정치권력을 추구하는 한편, 도그마를 유지하는 데 점점 몰입해갔다. 특히 교회 최상층부에서 교황과 그 조언자들은 즉각적인 정치적 목적을 달성하는 데 골몰한 나머지, 자신들이 말로 떠들던 윤리적 배려와 더 나은 세상에 대한 장기적 관점을 거의 방기하다시피 했다. 황제에 대한 교황의 승리는 그 자체로 목적이 됐다. 교황이 인격화되고 정의로운 통치로 규정됨에 따라 교회를 위한 권력 획득은 자동적으로 보편적 평화의 이상을 촉진하는 것으로 간주됐다.

교회 정책의 윤리성에 관한 의문이 제기될 때조차 그 정당성에 관해 의심하는 일은 결코 없었다. 교회가 어떤 정책을 펼치든 그것은 올바른 것으로 간주됐다. 유일하게 허용된 사상적 불협화음은 교리에 관한 사소한 논쟁들뿐이었다. 그리고 이 논쟁들 역시 대개는 교회 내의 권력에 따라 형성된 자의적 권위들로 해결됐다. 효율적인 자기비판이나 기본적 이상에 대한 재검토가 없었기 때문에 기독교적 가치가 정책에 실질적인 영향을 미칠 가능성은 작았다.[123]

제도주의를 극복한 진실성을 몸소 보여준 아시시의 성 프란체스코(1181~1226) 같은 사람들의 노력을 통한 내부 개혁도 없었다.* 그는 고상한 삶을 버리고 병들고 버려진 자들, 특히 나병 환자들에게 봉사하면서 그리스도를 따르는 데 자신을 바쳤다. 수많은 제자를 규합하면서 프란체스코 교단을 설립했으며, 자신의 겸손한 활동을 헌신적으로 이어나갔다. 이들 초기 프란체스코 교단의 최고 덕목, 즉 진실성 때문에 이단으로 의심받았던 일은 당시 교회의 윤리 상태를 생각할 때 무척 슬픈 일이다. 프란체스코 교단은 가난에 대한 서약을 맺었을 뿐 아니라, 그것을 진지하게 받아들이고 몸소 실천했다.[124] 그런 인식의 일관성은 매우 위험한 선례였지만, 기적적으로 교회는 개혁으로, 신학은 선한 의도로 구제됐다.

그의 교단이 번창하고 인기를 누리면서 교단은 더욱 확장됐다. 이에 따라 프란체스코는 더 많은 행정적 요구를 부담해야 했다. 사실 이는 그의 종교적 신비주의로는 충족시킬 수 없는 부분이었기에 그는 결국 사임하고 말

---

* 프란체스코는 스콜라 학자들의 자만심을 제외하고 무엇이든 용서할 수 있었다. 그의 기독교적 단순성에서 그는 이성이나 지식, 고전 같은 것을 중요하게 생각하지 않았다. 성 프란체스코는 배움을 혐오했는데도 그 이후 시대의 위대한 정신들이 앞에서 언급한 프란체스코 교단의 로저 베이컨이나 윌리엄 오컴에게서 나왔다는 사실은 아이러니하다.

왔다.[125] 죽음에 이르기까지 그는 자신의 철학과 일관되게 가난하게 살았지만, 그가 세운 조직은 처음에 의도했던 원칙과 정반대의 방향으로 나아가고 있었다. 그의 후계자인 엘리아스 수사Brother Elias는 가난에서 완전히 벗어나는 것을 허락했을 뿐만 아니라, 사치에 탐닉했다. 성 프란체스코가 사망한 후 엘리아스는 교단의 재산을 움켜쥐고 그의 이름으로 아시시에 대규모 교회와 사원을 짓기 시작했다. 이 시기에 프란체스코회 회원들은 전쟁에 필요한 병사들을 모집하거나, 몇몇 지역에서 종교재판을 수행하는 데 주로 동원됐다. 이를 볼 때 성 프란체스코가 교회 내부 조직에 미친 순수한 영향은 부에 의해 타락한 또 하나의 교단을 만든 것이었다. 이 교단은 세속의 권력에 몰입하면서 스스로 도덕이나 사상의 길에 들어선 이들을 박해하는 데 전력을 다했다.[126]

이와 대조적으로 심령론자Spiritualists로 알려진 무리는 프란체스코의 정신에 충실하면서, 그리스도와 그의 사제들이 어떠한 재산도 소유하지 않았다는 사실을 설교했다. 그러나 이런 주장은 교회로서는 도저히 감당할 수 없는 것이었다. 그래서 1323년 교황 요한 12세는 이 같은 주장은 거짓이라고 공표했다. 이후 성 프란체스코의 말씀을 설교하는 심령론자들은 이단으로 투옥되거나 화형 당하는 등 무수한 고초를 겪었다.[127]

교회는 교회 안에서 골칫거리로 인식되는 조직에 대해서는 이런 방식으로 대응했다. 성 프란체스코는 부패의 시대에 단순하고도 절대적으로 실현 불가능한 이상을 제시했던 것이다.[128] 불행하게도, 내부로부터 정화하려는 이런 시도는 기존 제도에 대한 위협으로 간주되어 교회로부터 억압당하거나 권력자가 받아들일 수 있는 방식으로 수정됐다. 그리스도의 정신이 아니라 교회의 독단이 더 우월한 힘을 행사했던 것이다.

이처럼 교회가 독단에 빠진 채 철저히 세속적으로 변해감에 따라 교회의 평판은 더욱 나빠졌다. 예를 들어 교황은 국세청의 역할을 대신했다. 교황은 성직자들뿐만 아니라 교구 주민들의 주머니 사정과 양심에도 커다란 부담을 안겼다. 한편으로 교황은 당시 유럽에서 새롭게 등장한 국가들의 세금까지도 자기 것으로 끌어당겼다. 그러면서도 교황은 자신이 받은 도움에 대해 그 어느 때보다 적게 내주었다. 교황은 그들에게 권위를 안겨주었던 도덕성을 상실해가고 있었다. 더 정확히 말해 13세기에 성 프란체스코는 이노첸시오 3세와 함께 일할 수 있었으나, 다음 세기가 되자 열정적인 성직자들은 교황과 충돌하게 되었다. 그것은 그들이 자신의 종교에 열정적이었다는 그 이유 때문이었다.[129]

역설적이게도 교황이 얻기 위해 그토록 힘을 쏟았던 정치 권력은 그것을 얻기 위해 희생시킨 도덕적 권위를 넘어서면서까지 오래 지속되지 못했다. 이 같은 권력의 쇠퇴를 처음으로 보여준 징후는 교황 보니파티우스 8세가 1303년 프랑스인들에 의해 체포된 사건이다. 이 사건이 의미심장한 점은 프랑스 대중의 동의하에 진행됐으며, 다른 국가들에 의해 승인됐다는 사실이다. 교황은 당시 유럽의 인민과 국가에 의해 처벌된 것이다.[130]

부도덕한 교황의 권력이 실제로 기울었다는 사실은 존 위클리프(1320?~1384)에 의해서도 드러난다. 그는 가난한 자들에 대한 연민, 부유하고 세속적인 성직자들에 대한 경멸 등에 대한 강렬한 도덕적 신념으로 말년에 이단으로 몰렸다. 그는 성직자들이 재산을 소유하는 것은 부당한 일이며, 성경을 해석할 수 있는 사람은 누구나 스스로 생각할 줄 알아야 한다고 가르쳤다. 더 나아가 그는 오직 신과 예수만이 누가 천국에 가는지 알고 있으므로, 교황은 믿음의 대상이 될 수 없다고 주장했다.[131] 이 일로 그는 교회의 미움을 받았지만, 영국 정부는 기뻐했다. 왜냐하면 당시 교황은 영국으로부터 많은 공물을 거둬가고 있었기 때문이다. 교황의 권력이 기울었다는 징표는 위클리프가 내세운 의견에 걸맞은 고초를 겪지 않았다는 데서도 확인할 수 있다. 그는 침묵을 지키라는 명령을 받았지만 그가 사망했을 때 공식적으로 비난받지 않았다.[132] 비록 1428년 교황의 명에 의해 그의 사체를 무덤에서 파내 불태우긴 했지만 말이다.[133]

성직자들이 당시 희망과 위안을 구하던 독실한 사람들을 위해 행한 선행에 비추어 보더라도 중세시대 교회를 둘러싼 이야기는 비극에 가깝다. 중세 교회는 기독교적 평화의 정신으로 통일된 고상하고 훌륭한 이상 세계를 건설하는 데 실패했을 뿐만 아니라, 현세적 정치 권력으로서도 실패했다. 이러한 이중적 실패 속에서 교회는 복잡하고 독선적이며 부적절한 신학 때문에 골치를 썩었다. 당시 교회가 내세운 신학은 이상화된 도덕적 문제를 무시하는 한편, 성직자들의 활동을 나쁘게 바라보았다.

기본적인 문제는 신학이 종교 본연의 모습이 부족했기 때문에 편의를 위해 윤리도덕을 희생시켰고, 이데올로기가 교회 지도자들을 교육시키는 데 치명적인 장애로 작용했다는 사실이다. 실제로 기독교 신학은 윤리적 지침으로서의 역할을 다하지 못했다. 그것은 기독교 신학이 성직자들로 하여금 교회가 담당한 세속적 일을 성공적으로 해내는 데 필요한 폭넓은 지식을 얻을 수 없도록 방해했다.

학습과 배움의 폭도 부족했는데, 그것은 당시 사고의 범주가 '기독교적' 스키마에 의해 제약을 받았기 때문이다. 그도 그럴 것이, 당시 지도자들은 죄인을 천국에 보내기 위한 신성한 이데올로기의 관점에서 자신들의 행동을 합리화하는 데 몰두해 있었다. 비록 교황과 황제 모두 지위가 높고 힘으로 통치하긴 했지만, 그들은 정치적 논쟁에 지나치게 몰두한 나머지 근본적인 정치적·경제적 문제들을 해결할 여력이 없었다.

이런 사정은 중세시대를 살았던 사람들이 어떤 도전에 직면해 있었는지를 보여준다. 그들이 처한 도전은 중세적 삶의 모순을 자각하지 못한 채로 있었다는 점이다.[134] 교회는 천상의 기준을 정해놓고 실제로는 인간의 통치 기준을 적용했다. 교회 관료들이 종교개혁이 일어난 것 때문에 놀랐다면, 우리는 종교개혁이 일어나는 데 그토록 오랜 기간이 걸린 것 때문에 놀라지 않을 수 없다.

결과적으로 개혁은 일어날 수밖에 없었다. 그것은 중세시대가 기본적으로 대의명분을 잃은 시대였기 때문이다. 공허함에 대한 텅 빈 기념비로서 유럽의 풍경을 장식하고 있는 중세의 교회들은 저속한 삶을 상기시키는 황량한 건물들에 지나지 않았다. 교회 관료들이 실제 세계에 끌렸듯이, 교회 건물도 연인들을 위한 밀회 장소나 창녀를 찾는 곳으로 선호될 뿐이었다. 오직 교회 공론가들만이 실제 세계로부터 동떨어져 있었다. 그들이 자기 자신과 벌인 논리적·언어적 게임은 당시의 (도덕은 아니라 해도) 정신을 매료시켰다. 실제로 기독교 이데올로기는 사상과 비판을 차단하는 데 매우 효율적이었지만, 사람들의 행동을 형성하고 통제하는 데는 무척 비효율적이었다. 그리고 중세 신학자들의 노력에도 불구하고 교황의 부도덕한 개혁

때문에 서양의 정신은 배움에 대한 열망과 실험 정신, 열정을 갖게 됐다.[135]

✝

로마제국이 부패해가는 과정에서 중세 교회는 권력이 진공상태를 두려워한다는 사실을 알게 됐다. 교회의 세속적 역할이 확장됨에 따라 교회는 그리스도에 대한 자신들의 영적·신학적 헌신이 방해가 된다는 사실을 발견했다. 중세시대가 지나면서 교회는 권력과 신학 모두를 극단으로 몰고 갔다. 권력은 부패할 정도로 극단으로 몰고 갔으며, 신학은 무용할 정도로 극단으로 몰고 갔다. 실제로 당시의 신학이 스스로를 넘어서는 어떤 기능을 갖고 있었다면 그것은 성직자들이 부패를 의식하지 못하도록 하는 것이었다. 이처럼 부당하고 무의미한 신학을 극단으로 몰고 가는 과정에서 교회는 전형적으로 중세적인 특징을 보였다. 당시가 완벽한 이상과 신성한 대의명분에 대한 단순하고 순수한 헌신을 무한히 사랑한 시대였다는 점에서 말이다.[136]

중세의 정신이 극단으로 치달은 이유는 그것이 너무나 단순했기 때문이다. 중세의 정신은 오늘날 유일하며 절대적으로 정의로운 명분에 완전히 몰입하는 일부 사람들에게 부활해 나타나고 있다. 그것이 종교에 대한 몰입이든, 아니면 세속적 교리에 대한 몰입이든 의도적으로 스스로를 평평하고 무지하게 만드는 정신상태는 둥근 세계와 복잡한 우주에서 결과적으로 제기능을 발휘하지 못한다. 우리가 지난 1000년 동안 사상의 세계에서 무언가를 배울 수 있었다면 그것은 인간의 행동에 있어서 이론과 실천의 간극을 줄일 수 있다는 점일 것이다. 그것은 문화적 견제 장치를 도입함으로써 가능하다. 이 문화적 견제 장치는 우리에게 실제로 어떤 행동을 하고 있는지 인식하도록 돕는다. 비록 확신은 부족하고 혼란에 휩싸여 있지만 현대 서양의 정신은 신학을 땅에 파묻고 사상을 세속화시킴으로써 시작됐다고 할 수 있다. 서양 문명은 독실한 이단자의 재로 만들어진 불사조처럼 르네상스라는 희망 찬 창공을 향해 날아올랐다.

# 5장

# 어리석음의 부활
## : 르네상스, 다시 태어난 지성

르네상스는 서양의 인식 세계가 중세적 사고의 한계를 뛰어넘은 결과물이다. 사고의 중심으로 군림하던 신이 인간에게 자리를 내주면서 이신론理神論(19세기 계몽주의 시대에 등장한 철학(신학)이론)이 인문주의에 무릎을 꿇었다. 사람들이 천상에서 경험하게 될 내세에 대비하는 방식에 국한해 지적 발전을 이끈 기독교 신학은 사람들이 감각세계를 당당히 찬미하고 정당화함에 따라 '지금 여기의 삶(전도서 5장 18절 '네가 땅에서 누리는 것은 온당하도다'에서 용인됐다. 그리고 〈요한 1서〉 2장 15~16절에서 질책을 받았다)'에 대한 욕구에 굴복하고 말았다.

중세에는 정신활동의 범위가 신학자들에 의해 교회의 목적에 종속됐다. 하지만 다시 태어난 서양의 지성은 이제 통찰과 계획, 목적이 부족한 상태에서 삶의 모든 차원을 포용했다.[1] 설령 새로운 시대를 위한 새로운 스키마가 있었더라도 그 폭이 너무 넓었기 때문에 세속 세계에 거리낌 없이 뛰어든 사람들에게 지침이 되기는 어려웠다.

그렇게 투신한 자들 가운데 가장 돋보인 부류는 새로운 여러 민족과 문화에 대한 더 많은 인식과 지식을 갖추고 돌아온 탐험가였다. 그런 지식과 인식의 성장은 르네상스 시대를 특징짓는 세속적 열정이 분출되는 데 크게 기여했다.

15세기에는 서양 문화의 모든 차원에 대한 관심이 되살아났다. 그중에서 특히 우리의 관심을 끄는 것은 어리석음의 부활이다. 바보스러운 언행은 학술적 논쟁과 수도원에서의 토론에 국한되지 않았다. 우주가 손짓하자 어리석음이 달려가 빈자리를 메웠다. 지난 1000년 동안 어리석음은 주로 교회라는 배타적 영역에서 출몰했지만, 이제는 만인에 의해 온갖 속물적 사안이 엄습했다. 탐험에서의 어리석음, 발명에서의 어리석임이 등장했고, 치국治國, 의술, 예술, 전쟁 같은 분야에서도 어리석임이 고개를 들었다.

## 부활한 교황의 어리석음

탐험가 다음으로 꼽을 만한 부류는 뜻밖에도 교회 지도자다. 당시 (1470~1530) 교황들은 기독교적 무도덕성의 사례로 볼 수 있지만, 그런 시각에 집착하면 교황들이 당대의 세속적 기준을 행동의 판단 준거로 기꺼이 받아들인 것을 놓칠 우려가 있다. 이들은 새로운 기준에 따라 자신이 거둔 성공에 취한 나머지, 과거의 기준을 고수하는 사람들에게는 실패자로 인식되는 것을 이해하지 못했다.

세속적 성취에 전념하는 태도라는 새로운 스키마에 사로잡힌 교황들은 자신의 행위가 초래하는 제도상의 불협화음과 불만에 눈을 감고 귀를 닫았다. 이들은 종교에 무관심했고, 결과적으로 종교에 대한 세간의 평판은 악화됐다. 세상에 뛰어들자마자 교황들은 독실한 사람들이 쏟아내는 비판에 무감각해졌다.[2] 어쨌든 당시는 세상사를 둘러싼 관심과 인문주의라는 새로운 종교가 교회의 가르침과 내세에 대한 관심에 도전하고, 어느 정도 그 두 가지를 대체한 시기였다. 하지만 교회는 개혁에 대한 요구를 감지하지도 못하고 거기에 대응하지도 못했다.[3]

교회가 개혁에 그토록 비우호적이었던 또 다른 이유는 교회에는 비판자들을 자극하고 무시하는 유서 깊은 전통이 있었기 때문이다. 1000년이 넘는 세월 동안 비판받았기 때문에 교회는 뻔뻔해졌고,[4] 개혁 요구를 욕구불만인 이상주의자들이 특권 계급에게 늘어놓기 마련인 불평으로 치부하는 경향이 있었다.

13세기에 들어서면서 중세 교회의 스키마가 지닌 전반적 위력과 그에 대한 신뢰가 약화되기 시작했다. 중세 교황들이 기본적인 영적 권위의 희생을 감수하면서까지 직접적으로 단기간에 세속 권력을 강화하려고 동원한 자멸적 수단의 결과였다. 교회는 점차 도덕성 함양 대신 권력 행사에 심취했다. 그런 상황에서 기독교 신학을 만사를 해명하고 합리화하는 궁극의 원천으로 여기는 태도에 매몰되지 않았다면, 교회는 지적 르네상스를 주도했을지 모른다. 하지만 사람들은 본능적 충동의 원천에 탐닉하고,[5] 인문주의자들은 사람들이 실제로 하는 일에 주목하면서 대대적으로 부도덕성이 되살아났다.

교회는 처음에는 엉겁결에 신앙심과 정통성을 희생하면서 학습에 전념하는 태도(근대적 사고의 발전을 촉진했다)를 바탕으로 새로운 인문주의(1345

**좌** | 니콜라우스 5세     **중앙** | 식스투스 4세     **우** | 알렉산더 6세

년에 페트라르카Petrarch가 키케로Cicero의 친서를 발견하면서 시작됐다)를 적극적으로 장려했다.[6] 그런 경향은 최초의 인문주의적 교황으로서 교회의 이익에 너무 관대했던 니콜라우스 5세Nicholas V(1447~1455) 때 시작됐다. 그는 자신이 존경할 만한 학식을 지닌 학자들에게 로마 가톨릭교회의 직책을 하사했지만, 그들이 내린 결론에는 상관하지 않았다. 그것은 인문주의자들에게는 혜택이었지만, 독실한 신자들에게는 충격이었다. 그런 충격에도 불구하고 교회는 인재를 양성하고 인문학에 심취한 교황들보다 전쟁을 부추기고 권력 정치와 사도邪道에 빠진 교황들의 부도덕성과 호전적 정책 때문에 더 큰 피해를 입었다.[7]

당시의 세속적 분위기에 휩쓸린 로마 교황청의 겉모습이 번지르르하게 변한 것만으로도 문제였지만, 르네상스 시대의 교황들이 보여준 세속적 권

력 정치의 매수 가능성, 무도덕성, 탐욕 등은 도를 넘어섰다.[8]

식스투스 4세Sixtus IV(1471~1484)는 교회 내부의 건전성에 더할 나위 없이 작은 관심을 쏟았다는 점에서 새로운 기수였다.[9] 그의 위대한 성공은 모두 세속적인 것이었다. 그는 로마의 물질적 수준을 향상시켰고, 예술을 장려했고, 교황제를 강력한 군주제로 확립했다. 그의 심각한 실패는 모두 도덕성과 연관된 것이었다. 그는 암살자들과 공모했고, 대포를 찬미했고, 성직 매매와 족벌주의, 전쟁에 탐닉했다.[10] 최소한의 부끄러움도 없이 말이다.

부활한 교황의 어리석음은 시대정신과 주변 환경의 정치적 성격에 매몰된 조언자들의 이기적 성격 때문에 한층 악화됐다. 알렉산더 6세Alexander VI(1492~1503)는 이렇게 말했다. "모든 교황이 겪을 수 있는 가장 통탄할 위험은 아첨꾼들에게 둘러싸인 채 진실을 듣지 못하다가 결국 진실을 들으려고 하지 않게 된다는 것이다."[11] 이런 위험은 모든 정치 조직에 내재되어 있다. 조언자*들이 무엇보다도 정치적 총애를 확보하고자 조언한다면 어떤 식으로든, 언젠가는 정치적 총애를 잃게 될 것이다(역으로 나폴레옹은 진실이 배신자의 입에서만 나온다고 말했다. 다음에 인용되어 있다. Zweig, S. Joseph Fouché. Viking; New York, 1930, p. 262). 사실 이것은 시대를 막론하고 온갖 형태의

---

* 예외가 하나 있다. 궁중 광대는 어리석음에 바치는 역설적 찬사였다. 중세와 근대를 이어주는 전통적인 어릿광대는 영리한 첩자는 아니었지만(Worth, p. 182), 매우 순진하고 정직했기 때문에 웃음을 줄 때가 많았다. 흔히 왕의 옆자리를 차지하던 어릿광대는 바보의 가면을 쓴 채 아무도 듣고 싶어 하지 않고 아무도 감히 하지 못하는 말을 할 수 있는 유일한 존재였다(Swain). 진실을 해학 속에 감추는 수법은 1840년대 미국에서 유행한 흑인으로 분장한 백인 연예인의 공연으로 계승됐다. 당시 관객들은 신분이 높은 명사들에 대한 비난을, 어리석음까지는 아니어도 무지의 탓으로 오해했다. 그런 수법은 작곡가 쇤베르크Schoenberg의 1912년 작품으로 벙어리 꼭두각시가 수수께끼 같은 질문을 던지는 장면이 나오는 〈달에 홀린 피에로Pierrot lunaire〉에도 쓰였다(Watson, 2001. p. 58).

인간 조직이 보여주는 어리석음의 기본적이고, 근본적인 원인이다.

하지만 르네상스 시대에 나타난 어리석음의 결정적 원인은 무엇보다 새로운 근대적 사고를 억누르는 기존 관념과 가치의 비타협적 태도였다. 그 무렵 태동한 근대적 사고는 교회가 옹호한 가치 대신 세속적 가치를 열렬히 포용했다. 역설적이게도 인문주의적 교황들은 새로운 스키마를 표명하고 공개적으로 뒷받침하였다. 반면 나머지 사람들은 세속적인 권력을 노골적으로 추구하는 과정에서 그런 스키마를 드러냈을 뿐이다.

기본적으로 후자는 인간 조건의 설계자가 신이 아니라 개인[12]이라는 관념에 따라 행동함으로써 자신의 운명을 책임진 속인들*과 교황들이었다. 인간이 삶의 중심이 됐고, 비록 현재적 상황과 당위적 상황의 차이가 남아 있었지만, 인간의 한계에 적응하고 희망과 열망을 강조하는 방향으로 판단 기준이 바뀌었다.[13]

교황들이 가톨릭교회의 가치를 존중했다면 아마 기도하고 공부하고 설교했을 것이다. 그들의 행위를 비난할 만한 척도는 청빈, 겸손, 순결 같은 전통적 기준이었다. 세속적 기준에서 판단할 때 르네상스 시대의 교황들은 서약을 외면하고, 어리석음을 기꺼이 받아들임으로써 어느 정도 성공을 거뒀다. 에라스무스Erasmus가《대화집Colloquies》에서 언급했듯, '지혜가 그들에게 다가가기는' 쉽지 않았을 것이고, '지혜는 그들의 모든 부와 모든 재산을 빼앗았을' 것이다. 그는 많은 뚜쟁이와 은행가, 그 비슷한 부류가 일자리를 잃

---

• 최초의 사례 중 하나로 이슬람 학자 이븐 시나Ibn Sina를 꼽을 수 있다. 그는 서기 1000년경 근대 의학의 기초를 닦았으며, 사람들이 이성을 통해 스스로 발전할 수 있고 보편적 진리를 갈망하는 철학을 신봉했다. 훗날 아퀴나스Aquinas와 로크Locke가 그의 철학을 받아들였다(Suskind, 2008, pp. 114, 116-117).

을 것이라고 덧붙였다.[14] 그런 기득권자들은 새로운 도덕성에 흠뻑 빠져들었고, 교황의 어리석음을 부각시켰다. 그리고 훗날 신교도의 가장 훌륭한 동맹군이 됐다.

교황들이 자신의 행위를 판단할 때 사용한 기준이 바뀌었을 뿐 아니라, 그들이 펼친 탐욕스러운 재정 정책으로 인해 지지자들은 반대자로 돌변했다. 신흥 중산계급은 성스러운 타락을 위해 점점 더 많은 자금을 낭비하는 교황제에 분개했다.[15] 새로운 세속 경제학의 기준에서도 교회는 성가신 존재였다.


## 르네상스, 행동가의 시대

르네상스 시대의 사람들은 성가신 교회에 맞서 전통적인 기독교 스키마를 과감히 수정하려고 했지만, 그리스인들처럼 그들도 실제로 이룩한 것보다 시도한 것으로 더 유명하다. 그들의 시도 가운데 상당수는 잘못됐거나 불완전했지만, 그들의 모든 시도는 예술적 표현의 최고점과 정치적 도덕성의 최저점이 쌍벽을 이룬 격동의 시기에 낯설고 혼란스럽고 무비판적인 르네상스적 심리 상태를 조성하는 데 기여했다. 그들은 천상의 이상을 포기하지 않았지만, 행동을 통해 호기심을 채우고자 했다. 르네상스 시대는 신봉자의 시대도 사색가의 시대도 아닌 '행동가'[16]의 시대였다. 행동가의 시대에는 유서 깊은 존경의 질서가 뒤바뀌었고, 손을 쓰는 사람들이 머리를 쓰는 사람보다 중시됐다.[17]

르네상스 시대는 인간의 사고가 구속에서 풀려 세계와 상호작용한 시대였기 때문에 당시의 행동가는 무엇보다도 '발견자(발견된 것 중 상당수가 이미 알려져 있었기 때문에 '재발견자'인 경우가 많았다. 지금도 사정은 비슷하다)'였다. 발견자는 새로운 곳을 발견했을 뿐만 아니라 삶, 과거, 현재에 대한 그리고 가장 중요한 자신에 대한 예술적 음미도 발견했다. 신을 두려워하는 대신 자신의 교양을 자랑스럽게 여긴 르네상스인은 지향하는 사람이 되기 위해 자신의 진면목을 발견하고자 애썼다. 르네상스인은 재탄생한 그리스인도, 훌륭한 기독교인도 아니었다. 르네상스인은 고전적이라기보다는 화려했고, 신학적이라기보다는 연극적이었다.[18] 르네상스인이 인간 존재에 관해 발견하지 못한 것은 인간의 한계가 주관적 본질의 함수라는 사실이었다. 그러나 이야기 얼개도, 전개도 없는 연극의 주연배우로서 르네상스인은 나름의 특징적인 정신과 속성, 풍조를 갖춘 비체계적인 시대의 무대 위를 으스대며 걸었다.

당시의 가장 주목할 만한 업적이 예술 분야에서 나온 것은 놀라운 일이 아니다. 왜냐하면 르네상스는 기본적인 정신의 측면에서 예술적 성격을 띠었기 때문이다. 질서, 미, 진리 등을 창조하기 위해 세계에 관한 지식을 활용하는 것은 당시를 특징짓는 생득적으로 예술적이고 주관적인 과정이었다. 그런 과정에서 개인들은 정서적 만족을 느꼈고, 사회에는 지적 혼동이 초래됨으로써 당대의 어리석음이 형성됐다. 이제 더 이상 진리는 성경이나 고전에서 찾아볼 수 없었고, 세계와 상호작용하면서 지식에 일정한 유형을 부과하는 개인의 예민한 지성에서 발견됐다. 윤리가 충동적인 예술적·주관적 시대정신에 의해 형성됐기 때문에 일정한 지침으로 널리 수용될 만한 도덕적 스키마는 발견되지도 않았다.

그런 시대정신은 사람들이 중세적 허구(자연 그대로의 인간은 죄를 많이 지었기 때문에 도덕적 지도력을 얻거나 영적 구원을 위해 교회에 의존해야만 했다)를 극복하면서 발달한 새로운 태도를 동반했다. 지금 여기에서의 멋진 삶을 즐기고 싶은 새로운 희망은 우주를 이해하는 것에 대한 지적 관심의 부활을 동반했다. 신앙심이라는 껍질이 사라짐으로써 사람들은 지리적 지평선을 확장했고, 고전시대 그리스의 유서 깊은 가치를 되살렸으며, 주변의 자연계를 연구했다.

삶에 대해 배우려는 새로운 태도가 폭넓게 전파되면서 혼란스러운 충돌의 분위기가 조성됐다. 중세시대 사람들은 모순적인 충돌 현상을 대면하며 살았지만, 배반과 명예, 미덕과 악덕, 잔인성과 경건성 사이의 균형을 엿볼 수 있었다. 물론 중세시대 사람들의 행위는 대체로 교회의 관념 체계와 부딪혔지만 말이다. 반면 르네상스 시대의 사람들은 일정한 기준이 전혀 없는 다차원적 세계에 살았다. 삶의 문제에 대한 간결한 기독교적 해답 외에 더 많은 해답이 추가됐고, 그중 대다수는 기독교 교리나 다른 해답과 부딪혔다. 과거로 거슬러 올라가 발견한 사실은 전통과 충돌했고, 다른 대륙에서 발견한 사실은 사람들과 세계의 본질을 둘러싼 고정관념과 충돌했다.

안타깝게도 1400년대의 그런 충돌 가운데 일부는 종교전쟁과 노동자 반란이라는 유혈 사태의 형태로 나타났다. 그것은 이집트와 인도의 농노들과 농민들이 보여준 무관심이나 로마제국의 노예와 평민들 사이에 널리 퍼졌던 절망적 체념과 전혀 다른 새로운 태도였다. 당시에는 참혹하게 짓밟혔지만, 그런 태도는 기독교 신앙의 예기치 않은 결과로 오늘날까지 남아있다. 교회는 결코 인문주의를 장려하거나 사회적 평등의 원칙을 전파할 의도가 없었지만, 결과적으로는 그렇게 했기 때문에 행동주의 사상이 나타나게 되었다. 행동주의 사상은 사제들이 사람들에게 예수의 이름으로 성聖바울의 가르침을 소개하는 곳곳에서 해방감과 책임감이라는 서로 모순되는 의식과 함께 나란히 뿌리를 내렸다.

## 르네상스, 예술로 표출되다

기독교는 그렇게 뜻하지 않은 영향을 미쳤지만(예술가들과 작가들에게는 신학적 주제를 제공했다), 믿을 만하고 쉽게 이해할 수 있는 사회적 행동의 윤리적 기준을 제시하지는 못했다. 종교의식이 새로운 형태의 부도덕성에 의해 끊임없이 흔들리고 훼손되는 유명무실한 절차로 전락함으로써(궁정에서의 기사도 관련 의례도 마찬가지였다), 사회적 안정성은 시민의 복종이라는 공통된 내부 기준 덕분에 겨우 명맥을 유지했다. 그런 기준에 따라 황금을 향한 사랑과 아름다움을 향한 사랑 그리고 때로는 신을 향한 사랑이 서로를 부추겼고, 이따금 극단으로 흐르기도 했다.[19]

교황과 군주, 탐험가와 예술가, 현인과 무뢰한이 욕망 표출의 욕망에 휩싸이자 삶은 더 무모해지고 야비해졌다.[20] 그런 과정을 거치면서 르네상스는 행동과 흥분의 시대가 됐다. 신뢰할 만한 확고한 관념 체계가 거의 없었다는 점에서 볼 때 르네상스는 사회적 불만, 동요, 정치적 불안(예술적 창의성을 자극한 무정부 상태) 등으로 특징지을 수 있는 외부적 혼란의 시대였다.

단순한 장식성보다 표현성을 더 강하게 띠게 됨에 따라[21] 르네상스 시대의 예술은 아름다우면서도 무자비한 세계와 맞서는 용감하고 웅대한 정신이라는 자아상을 통해 충돌의 분위기를 표현했다. 그런 식의 예술운동은

16세기 초반에 전성기를 맞았다. 1512년에 미켈란젤로가 시스티나 성당에 벽화를 그렸고, 1519년에 레오나르도 다 빈치가 세상을 떠났으며, 언제나 훌륭한 모방자였던 라파엘로가 1520년에 레오나르도의 뒤를 이어 사망했다. 하지만 르네상스 시대의 전형적인 예술가라고 할 수 있는 사람은 산드로 보티첼리Sandro Botticelli(1444?~1510)다.

세속 세계에 거리낌 없이 투신한 세 번째 부류의 대표자인 보티첼리는 단순히 외부의 모습을 수동적으로 구경하거나 재현하는 사람이 아니라는 점에서 전형적인 예술가였다. 그는 실재를 장악했고, 개인적 의견이나 심정, 상상력 등을 대변하는 정보를 활용함으로써 실재를 자기 것으로 만들었다. 어떤 심상은 거부하고, 다른 심상은 격리하고, 또 다른 심상은 조합해 창의적 상상에 적합한 새로운 종합체로 만드는 등 직관적 심상을 아주 무심하게 다루었다. 그런 점에서 볼 때 그는 주변 환경과 상호작용하면서 예술적 파격을 구체적으로 보여준 인물이었다.[22]

보티첼리는 인습적 정통성뿐만 아니라 비非인습적 정통성도 보이지 않았다. 신학적 관점에서 그는 연옥, 천국, 지옥 등의 전통적 역할에 무심한 전형적인 예술가였다. 그는 천국에서 가치 없는 것과 지옥에서 가치 있는 것을 수용했고, 심각한 충돌이 빚어지는 상황에서도 어느 한쪽 편도 들지 않는 그리고 중요한 문제를 결정 내리지도 않고 거창한 도덕적 결정을 내리지 않는 사람들과 함께 천국과 지옥 사이에서 편안하게 살았다. 사실 그의 예술은 도덕과 무관했지만, 진지하고 확고했다. 그는 선에도, 악에도 관심이 없었다. 그의 관심사는 사람들과 그들의 잡다하고 혼란스러운 상황이었다. 만일 그에게 도덕성이 조금이라도 있었다면, 그것은 불화실성의 외중에 우유부단할 수밖에 없었던 사람들에 대한 연민이었을 것이다. 말과 명예에는 의미가 전혀 없었다. 그에게 이해심이라는 것이 존재했다면 그것은 모순적인 사물에 대한 연구를 통해서가 아니라, 감정에 관한 탐구를 통해서 생겨났을 것이다.[23]

**산드로 보티첼리** 〈동방박사의 경배〉(1475) 중 자화상으로 추정

보티첼리는 전형적인 예술가였고, 레오나르도 다 빈치는 전형적인 팔방미인이었다.[•] 넓은 의미에서 전형적인 르네상스 시대 사람으로 본다면 레오나르도는 무척 불가사의한 인물이자 인간성의 본질과 목적에서 의미를 추구한 사람이었다. 확실히 그의 예술에는 개인적 곤경을 단호히 극복하도록 용기를 북돋는, 모종의 비밀스러운 지혜가 반영되어 있다.[24]

레오나르도 다 빈치의 비범한 재능의 본질이 무엇이든 간에 그것은 여러 형태로 나타났다. 사실 교회로의 회귀를 제외한 모든 방향으로 동시에

---

• 언어적 부분은 예외였다. 극단적인 좌뇌형 왼손잡이던 레오나르도 다 빈치는 언어, 문학, 역사, 신학, 철학 등에 전혀 무관심했다(Barzun, p. 79). 이 부분은 저자의 착각인 듯싶다. 좌뇌형은 언어감각이 발달한 것이 특징임으로, 그를 우뇌형의 대표자로 꼽는 경우도 많다.-역주

나아갔다는 점과 비록 관심은 보편적이었으나 통일된 구상이 부족했다는 점에서 볼 때 레오나르도 다 빈치는 진정으로 르네상스를 구체화한 인물이라고 할 수 있다. 그만큼 여러 가지 일을 잘해낸 사람은 없었다. 그는 다채롭고, 무질서하고, 갈피를 잡을 수 없고, 추상적 측면에서 근대적이고, 마무리되지 않은 캔버스의 일부분으로 남은 여러 가지 화려한 주제의 콜라주였다. 특유의 통찰력 덕분에 그는 각론을 넘어 무한한 자연의 일반화를 시도하면서 사물의 핵심을 간파했다.

하지만 사물이 서로 조화를 이루는 자연의 능력은 갖추지 못했기에 미켈란젤로와 마찬가지로 시작한 작업을 마무리짓지 못하는 경우가 많았다.[25] 그가 자주 작업을 마무리하지 못한 것은 그의 가장 훌륭한 미덕(지나치게 풍부한 상상력) 때문이기도 했다. 그는 세부적인 사항을 실험하는 데 골몰하고, 예술 작업의 완수가 아닌 예술의 이론에 심취했고, 물리적 과제를 방치했다. 그의 미완성 감각(가까이 있는 재료의 실재와 끊임없이 대면했다)은 그의 특성이자 운명이며, 비극이었다.[26]

비슷한 맥락에서, 하지만 훨씬 더 극단적이게도, 가끔 그는 작업 중인 작품을 파괴했다. 아마 자신의 머릿속에 있는 이상을 실제로 창조해내지 못하는 데 따른 절망감 때문이었을 것이다. 절망감이 북받친 나머지 그는 캔버스를 난도질하고 대리석에 망치질을 했다. 부정적이든 긍정적이든 간에 이런 열정의 표현을 존경한 18세기의 낭만주의자들에게 그는 사랑을 받았다.[27]

궁극의 예술가인 미켈란젤로 부오나로티Michelangelo Buonarroti(1475~1564) 역

시 작품에 미완성적 요소<sup>•</sup>가 있는 경우
가 많았다. 그는 특히 조각가로서 내면
의 영혼을 외부로 능숙하게 표현해냈
다. 그는 동시대 사람들을 옥죈 선례,
척도, 질서, 규칙 따위에 얽매이지 않으
면서 르네상스를 초월했다.[28] 오래된 전
통뿐만 아니라 신학도 외면했고, 현세
의 실재에 관심을 쏟던 동시대인들과
달리 신앙심을 강조함으로써 당시의 헛
되고 피상적이고 변덕스러운 행위에서

미켈란젤로 부오나로티

는 찾아볼 수 없는 특성을 매우 강렬하게 표현했다.[29] 당시의 예술가들이
종교적 주제와 고전적 이상을 자주 다뤘을 뿐만 아니라, 그 무렵에 발견된
눈부신 신세계에 대해 놀라울 정도로 희박한 정보만 갖고 있었다는 점에서
볼 때 미켈란젤로의 행태는 모순적이면서도 전형적인 현상이었다. 신이 인
간사에서 물러난 20세기에 이르러서야 예술가들은 대담하면서도 비굴한
인간적 속성을 공개적으로 표현할 수 있었다.[30]

## 문학, 인간사에 대한 호기심

시각 예술과 마찬가지로 르네상스 시대의 문학도 대체로 기독교 신앙

---

• 레오나르도 다 빈치와 미켈란젤로 모두 작품을 미완성으로 남겨두었다는 점에서 중세적 특징을 드러
냈다고 볼 수 있다. 사실 레오나르도 다 빈치는 영원히 〈모나리자〉를 손질할 생각이었고, 세상을 떠날 때
까지 작업을 계속했다. 예술이나 문학 작품을 완성한다는 것은 근대적 개념인 듯하다(Collins, p. 259)

과 고전을 조합하려고 시도했다. 과거를 경모했기에 애초 방해자 역할을 맡은, 라틴어가 유창한 보수적 성향의 인문주의자들은 흔히 인물뿐만 아니라 형식적 주제까지 기계적으로 흉내 냈기 때문에 고전은 단지 모방될 뿐이었다.[31] 하지만 방언(예를 들면 연방주의자 겸 국제주의자인 단테Dante[32]의 속어, 즉 토스카나 방언Tuscan 이자 이탈리아어) 저작이 출현하자 상상력이 풍부한 근대적 사고의 실용적 낙관론에 의해 고전적 틀은 무너졌다.[32] 최초의

**《라사리요 데 토르메스의 생애》** 작자 미상. 최초의 소설

소설(《라사리요 데 토르메스의 생애La Vida de Lazarillo de Tormes》, 작자 미상, 1500년, Ferguson, 2011, 60)이 집필됐을 뿐 아니라, 성경과 무관한 공상과 실생활의 경험에 관한 이야기[33]가 많아졌다. 당시의 문학에서 드러나듯 초기의 근대적 사고[34]는 매우 미신적이었다(과학을 존중한 레오나르도는 주목할 만한 예외였다). 사실 인간사에 대한 일반적인 호기심은 모든 것을 설명하면서도 아무것도 설명하지 못하는 예스러운 수다쟁이 노파들의 이야기, 복잡한 낭만적 심상, 신탁 등에 의해 충족됐다.[35] 정말 신기한 점은 그런 설명을 받아들이고, 그런 믿음을 품은 사람들이 많은 귀중한 업적을 이룩했다는 사실이다.

관념의 측면에서 볼 때 르네상스 시대의 이상적인 구조물은 고전 정신

과 기독교 신앙의 종합체였지만, 지식이 점점 쌓이면서 이상을 견지하기가 점차 힘들어졌다. 확실히 신학은 지배적 이데올로기로 계속 군림했지만, 그리스도의 재림을 기다린 지 1400여 년이 지나자 그리스도가 마음을 바꿨거나, 길을 잃었거나, 다른 곳으로 갔다고 생각하는 사람이 나타났다. 더구나 인문주의자들이 과거의 유산을 발굴하는 과정에서 원전으로 돌아가 근본적인 지식[36]을 얻으려는 노력이 성공하면서, 교회의 가르침을 의심하면서 도전하는 일도 잦아졌다.[37] 그리스 철학자들의 권위가 중세 신학자들의 권위를 대체했듯이, 근대적 사고는 부분적으로 고대를 향한 존경심에 의해 형성됐다. 그것은 지적 해방에서의 거대한 도약을 상징했다. 왜냐하면 고대인들의 견해가 엇갈릴 때면 학자들은 그들의 저작에서 읽은 내용을 평가하면서 판단을 내려야 했기 때문이다. 그러므로 모든 것이 존중됐지만 중세의 성경적 목적지향성 같은 수준에서 수용된 것은 거의 또는 전혀 없었다.

이런 견해 불일치의 첫 번째 희생자 중 하나는 몇 세기 동안 서양의 지적 논의를 옥죄던 엄격한 학술 제도였다. 기존 학술 제도의 희생은 플라톤의 부활로 이어졌지만, 플라톤과 아리스토텔레스 중 하나를 선택하려면 사상의 독립이 필수적이었다는 점에서 볼 때 헛된 희생은 아니었다. 그 결과 고전에 대한 지식이 장려됐고, 속세와 접촉을 끊은 채 미리 결정된 정설을 보존하고 보호하고 방어하는 데 매달린 수도원에서의 학술활동이 자취를 감췄다.

인문주의자들은 신학이라는 지적 족쇄에서 벗어났지만, 고대 그리스와 로마를 배우는 데 너무 빠져 있었기 때문에 새롭고 독창적이고 효과적인 것을 전혀 만들어내지 못했다.[38] 이들은 이전의 스콜라 학자들처럼 되도록 실재에서 멀리 떨어진 채 생각에 잠겨 고대 대가들의 가르침을 심사숙고하면서 학자 티를 냈을 뿐이다.

에라스무스(1466~1536)와 토머스 모어 경Sir Thomas More(1478~1535)[39]은 인문주의자들(또한 르네상스 시대의 지식인 전체)의 무능함을 여실히 보여줬다. 1509년, 에라스무스는 삶은 이성이 아니라 어리석음에 보답을 내린다는 전제에 따라《우신예찬愚神禮讚, The Praise of Folly》을 구상했다.[40]《우신예찬》에서 '우신'은 자화자찬을 늘어놓으며 자신이 없으면 인류가 절멸할 것이라고 주장한다. 우신은 결혼을 지혜의 대항마로 추천한다. 가장 비이성적인 사람

**좌** | 한스 홀바인의 어리석음의 재치있는 한계 도면(1515)은 첫 번째 판에, 사본은 에라스무스 자신(Kupferstichkabinett, 바젤)의 소유
**우** | 에라스무스의 1523년 모습, 한스 홀바인이 그림

들이 가장 행복하다는 실생활에서의 관찰 결과를 바탕으로 우신은 행복과 우둔함을 등치시킨다. 기독교 신앙을 비판할 때도 기독교적 관점을 견지한 우신은 교회가 기독교 교리를 악용한다고 비난하고 면죄부, 방종, 신학 논쟁 등을 조소한다.

또한 교회가 기독교적 사랑을 외면한 채 형식적 의례에 골몰한다고 지적하였다. 끝으로 진정한 종교는 일종의 우둔함이라고 말한다.[41] 에라스무스는 교회의 성공이 부분적으로 독실한 신자들의 어리석음에서 비롯된다는 점을 분명히 밝혔다.

한편 현실적 관점에서 에라스무스는 이렇게 말했다. 신앙심은 "우리가 가끔 진실을 감추도록 요구한다. 우리는 플라톤처럼 거짓말이 사람들에게 유용하다고 인정해야 한다."[42] 에라스무스는 거짓말을 할 의도가 전혀 없었지만, 순진하게도 이성이 교회의 개혁으로 이어질 수 있다고 생각했다. 그것은 오판이었다. 그가 전한 개혁의 메시지는 그의 지적 수준에 미치지 못하는 사람들(사실상 모든 사람)이 이해하기에 너무 어려웠다. 성직자뿐만 아니라 대중에게 외면을 받은 것은 당연한 결과였다.[43]

학술적 풍자 작가였던 에라스무스와 대조적으로 친구인 토머스 모어 경은 독실한 인문주의자였다. 토머스 모어는 청렴한 인물이었다. 그는 의회에서는 왕을 교회의 수장으로 삼을 수 없다고 말한 죄로, 혹은 왕과 앤 불린Anne Boleyn의 수상한 결혼에 대해 침묵을 지켰다는 이유로 참수됐다.[44] 그는 단조로움(이런 부조리는 칼뱅 치하의 제네바에서 자행됐다. 제네바에서는 식사 시간에 사용되는 접시의 숫자와 사람들이 입는 옷의 색깔까지 법으로 상세히 규정됐다(Manchester, 1992, 191). 오늘날 제네바 교외의 공동체에서는 정면 현관문의 색깔을 규정할 수 있다. Barzun, 777)이 극단으로 흐른 공산주의 공동체를 묘사한 《유토피아Utopia》(1516)의 저자로 유명하다. 유토피아에서는 모든 거리의 모습이 한결같고, 모든 사람의 옷차림이 똑같고, 모두가 같은 시간에 잠든다. 그곳은 종교 외에는 일체의 다양성이 금지된 매우 단조로운 사회다

**토마스 모어** 한스 홀바인 그림

(신은 다양한 형태의 숭배를 선호한 것 같았기 때문이다). 기특하게도 유토피아는 편견과 박해의 시대에 존재한 종교적 관용의 땅이었으며, 그곳은 다양성이 허용된 유일한 영역이었다.[45]

　뛰어난 지성과 학식에도 불구하고 에라스무스나 토머스 모어도 자신의 정신세계를 당시의 세상사와 연관시키지 못했다. 이런 측면에서 볼 때 두 사람은 '당시의 현실을 감추기' 위해 의도적으로 문학에 몰두한 최초의 인문주의자인 페트라르카(1350)가 확립한 전통을 계승한 셈이다.[46] 책을 통해 관련 정보를 수집한 경우를 제외하면 에라스무스는 르네상스 세계를 변형시키고 확장시킨 과학, 발명, 탐험 등에 무관심한 인문주의자의 전형이었다.[47] 그는 콜럼버스Columbus보다 아르고 호 선원들에게 더 흥미를 느꼈다. 그리고 당대 여행가들의 이야기는 모조리 무시한 반면, 책에서 읽은 고대

의 모든 터무니없는 이야기는 기꺼이 믿는 경향이 있었다. 1517년, 종교개혁의 전야에 그는 종교적 증오와 박해, 사회적 동요, 농민 반란, 임박한 전쟁의 시대가 하나가 아니라 평화적인 황금시대의 여명에 살고 있다는 낙관론에 빠져 있었다.[48]

암브로시우스 홀바인의 목판화가 실린 1518년판 《유토피아Utopia》 여행자 라파엘 히슬로데이가 경청자를 위해 왼손을 들어올려 유토피아 섬의 약도를 그리며 설명하는 모습이 그려져 있다.

반면 토머스 모어의 문제는 무관심이 아니었다. 대법관이었던 그는 당대의 세상사에 너무 몰두한 나머지 이상주의적 원칙을 효과적으로 적용하지 못했다는 점에서 만년의 플라톤과 비슷했다. 서로 다른 신앙을 가진 사람들이 서로를 용인하면서 함께 살 것이라는 이상향적 환상이 무색하게도 신교도들의 신앙, 사상, 과실, 이단 등을 빌미로 그들을 가혹하게 탄압했다. 그와 후대 정치인들이 인문주의적 관점을 정책에 반영했더라면 이후의 숱한 종교분쟁을 피할 수 있었을지도 모른다.[49] 하지만 홍보할 만한 뚜렷한 사회적·정치적 의제나 사람들이 추종할 만한 계획이 없었다는 점에서 볼 때 그는 인문주의자(그리고 훗날의 낭만주의자)의 전형이었다.[50] 그리고 분명히 말해두지만, 유토피아에도 노예가 있었다.

대개의 경우 인문주의자들은 매우 비현실적이었기 때문에(토머스 모어의 경우 개인주의적이고 원칙적인 방식에서 비현실성을 드러냈다), 실질적인 영향력을 갖지 못했다. 대다수의 인문주의자가 자신들을 후원하는 메디치Medici 가문 사람들과 인문주의적 교황들을 위해 활동했다.

인문주의자들과 교회의 관계는 교회가 대다수 르네상스 학자들을 후원한다는 사실을 바탕으로 형성됐다. 대부분의 인문주의자들은 뇌리에 교황의 사악함과 사제의 야심, 탐욕, 부도덕성 등이 깊이 각인되어 있었다. 하지만 기꺼이 교회에 고용됐고, 의도적으로 그런 고용 방식을 고수했다. 바로 그런 점 때문에 인문주의자들은 종교개혁을 선도할 수 없었다. 인문주의자 가운데 너무 많은 사람이 교회의 후원에 의지했다. 따라서 자신을 먹여 살리는 사람들을 몰아세우려 하지 않았다(에라스무스는 소극적이나마 루터를 변호했다. Manchester, 1992, 180). 특히 교회의 재원에 크게 의존하는 로마에서는 정통성(성경에 대한 헌신)이 순전히 지적 차원에서만 명맥을 유지했을 뿐이고, 교회로부터 이탈하려는 대중운동을 유발하지 않았다(주목할 만한 예외로 정치 활동가인 사보나롤라Savonarola가 있다. 그는 정말로 중세로 돌아가려고 애썼다).[51]

## 르네상스, 발견의 시대

16세기가 무르익으면서 유럽 곳곳의 사람들은 지적으로 고립됐고, 비굴했던 인문주의자들이 숭배한 고전 작품보다 자신의 주변에서 발견되고 점점 확장되는 자연계에 점점 더 많은 관심을 갖게 됐다. 그 결과 호기심의 초점이 책에서 현실로 옮겨졌다. 종종 오류가 드러난 과거의 사고 체계를 새로운 사실이 압도하면서 주변 환경을 향한 관심이 점차 커지면서 고전

정신에 대한 관심이 줄어들었다.[52]

## 충동적 모험으로서의 과학

프톨레마이오스의 천문학, 갈레노스Galen의 의학, 아리스토텔레스의 물리학 등을 동원해도 속속 발견되는 새로운 사실을 감당할 수 없었다. 사람들은 발견 자체에서 즐거움을 느꼈다. '계통학'은 사려 깊은 탐구의 적으로 전락했다. 몽테뉴Montaigne와 셰익스피어 같은 지성인들이 모호함과 불명료함에 익숙해짐에 따라 1600년대까지는 엄격한 조립식 공법이 관찰을 따라잡지 못했다.[53]

이렇듯 지적 측면에서 르네상스 시대는 발견의 시대였지만, 확실히 과학의 시대는 아니었다. 르네상스 시대의 과학은 연금술과 비술秘術에 기초하고 근대적 정밀성이 결여된 예술의 또 다른 형태에 불과했다. 대부분 르네상스 시대의 과학은 공식화되지 않은 충동적인 모험이었다. 그런 식의 모험에서는 이성을 뛰어넘은 주관적 시각으로 숱한 경험을 모으고, 직관적 인지를 통해 수많은 관찰을 반신비주의적 일반론으로 정제하곤 했다.[54]

16세기 근대 과학이 형성될 무렵 과학계 종사자들은 사실 선구자가 아니었다. 이들은 오히려 2000년 넘게 묻혀 있던 고대 이오니아의 전통을 다시 세운 '재발견자'에 가까웠다. 물론 이들은 후기 그리스 사상가들(철학자들이 플라톤을 극복해야 했듯이, 예를 들면 프톨레마이오스와 아리스토텔레스)의 폭정을 극복해야 했다. 왜냐하면 여전히 고대인들이 쓴 책이 가장 유용한 교재였기 때문이다. 예를 들어 베살리우스Vesalius에게 갈레노스의 해부학 저작은 역사적 골동품이 아니라 현존하는 최고의 교재였다.[55]

각각의 정체가 무엇이었든 간에 당대의 위대한 과학자 둘을 꼽으라면 코페르니쿠스와 레오나르도 다 빈치였다. 코페르니쿠스(1473~1543)는 시대를 잘못 태어났다. 그는 17세기까지 두각을 드러내지 못했다(코페르니쿠스는 11장에서 살펴보게 될 것이다). 이렇듯 코페르니쿠스는 르네상스 시대의 근대 과학을 상징하는 인물로 근대 과학은 르네상스 시대에 어느 정도 추진력을 얻었다. 하지만, 1세기 뒤인 '이성의 시대Age of Reason'에 비로소 만개했다.

레오나르도 다 빈치는 예언자와 예술적인 박물학자 및 해부학자의 특이한 결합체였다.[56] 하지만 관심의 폭이 무척 넓었다는 점에서 과학자라고 할 수 있다.[57] 또한 기본적으로 이론가가 아니라 문제 해결자였다는 점에서 르네상스 시대에 어울리는 인물이었다. 아니, 그는 르네상스의 상징적 인물이다. 쇠퇴하고 약화되는 기독교적·성경적 스키마는 그가 세계를 탐구하면서 마주친 여러 가지 현실적 문제의 해답을 제공하지 못했다.

여기서 기억해야 할 사실은, 방대한 독서량에도 불구하고 그가 최소한의 정규 교육만 받았다는 점이다. 레오나르도 다 빈치가 실용적 업적을 쌓을 수 있었던 비결은 비범한 독창성을 가로막을 수 있는 맹목적 스키마가 전혀 없었기 때문인지도 모른다.[58] 그러나 레오나르도 다 빈치가 실용적 문제의 구체적 해법을 제시할 수 있었던 비결이 제약적이고 형식적인 이론을 갖추지 않은 덕분이라고 본다면, 이론적 문제를 해결하기 위한 그의 시도는 매우 비실용적인 성격을 띤다고 볼 수 있다. 왜냐하면 아르키메데스처럼 그도 단순한 실용성을 무시하거나 경멸했기 때문이다.

이렇듯 조직적·기능적 스키마가 없었기 때문에 그는 이득을 얻었을 뿐 아니라 손해도 입었다. 그는 호기심을 마음껏 발휘했고, 당대인들의 사고방식*을 형성한 학문적 지식에 구애받지 않는 자연스러운 결론에 이를 수 있었다(그러나 항상 논리적인 결론에 이른 것은 아니다).[59] 그는 달의 어두운 부분이 어떻게 생겨났는지에 대한 설명을 내놓았고, 아득한 옛날에는 바다가 산맥을 뒤덮고 있었다는 사실 그리고 남극과 북극이 원래 적도에 위치해 있었다는 사실을 알고 있었다.[60]

그가 후대인들에게 기여할 수 있었던 것은 무지 때문이었다. 이 점을 더욱 명확히 하는 부정적인 사례가 있다. 레오나르도는 심장 내벽의 보이지 않는 작은 구멍에 관한 갈레노스의 이론을 알고 있었기 때문에 혈액 순환을 발견하지 못했다.[61] 이 특별한 사례에서 레오나르도 다 빈치는 그답지 않게,** 그리고 애석하게도 전통적 지식의 권위를 위해 개인적 관찰의 권위를 희생시키고 말았다.[62]

한편 조직적 스키마에 구애받지 않은 채 당대의 예술적 경향에 충실했던 그의 탐구 과정은 대체로 이성을 무시하고 미학적 시각에서 관념을 형성하는 직관적 분석의 과정이었다. 그의 자연 연구는 언제나 지적 호기심과 미를 향한 예술적 욕망 사이의 타협이었고, 르네상스 시대처럼 미래를 지향하는 잡다한 경험의 뒤범벅에 불과했다. 그가 살았던 시대가 그랬듯이

---

• 마찬가지로 마키아벨리는 그리스어를 배우지 못한 덕분에 정부의 작동 원리에 대한 궁금증을 갖게 됐고, 그 문제에 대한 편견이 없었다(Boorsin, 1998, p. 175). 제임스 와트도 증기기관에 관한 선입견이 없었다(Klein, p. 23). 덕분에 상상력이 허락하는 최고의 증기기관을 마음대로 고안할 수 있었다.
•• 알버트 아인슈타인은 남들이 우러러보는 지식을 의심하지는 않았지만 거기에 무관심했기 때문에 편견에서 자유로울 수 있었다(Isaascon, 2007, p. 40). 다만 기존 사고방식에서 벗어나지 못한 경우도 있었다. 당시의 모든 사람이 '에테르'를 우주에서 빛을 전달하는 매질로 여겼고, 아인슈타인도 예외는 아니었다.

레오나르도 다 빈치는 너무 불안정했기 때문에 질서정연한 모습을 기대하기 어렵다. 사실 그는 체계적 관찰을 논리적으로, 더군다나 수학적으로 분석하는 과학자가 결코 아니었다.[63]

당연한 일이지만, 레오나르도는 당시의 전형적인 현상인 사변적 비약에 힘입어 변칙적인 결론에 도달했다. 당시에는 그의 상상을 실현할 기술적 방법이 전혀 없었기 때문에 그의 공학적 혁신은 대체로 매우 비실용적일 수밖에 없었다. 그는 태평스럽게도 실용적인 기계의 제작과 관련된 일상적인 세부 사항들을 무시했고, 공상적인 호기심에 푹 빠진 채 몇 세기나 앞서 잠수함과 비행기 같은 신기한 장치를 설계했다. 사실 중국인을 제외하고,[64] 그 누구도 생각하지 못했던 과학 이론적 문제에 대한 비실용적인 해답을 제시할 때가 그의 창의력이 가장 빛난 순간이었다.

### 새로운 땅의 재발견 : 탐험가의 어리석음

이와 대조적으로 지리적 탐험 분야에서는 과거에 이미 해답이 발견되었지만, 이후 망각되거나 무시됐던 더 실용적인 과제가 남아 있었다. 과거의 사람들이 발견한 것에 관한 정보가 소실됐거나, 그동안 정보가 제대로 공유되지 않았다는 점에서 볼 때 르네상스 시대의 모험가들이 발견한 것 중 일부는 알고 보면 재발견에 불과하다. 심지어 그런 재발견도 대부분 우연히 일어났다. 르네상스 시대의 탐험가들은 대부분 동양으로 가는 새로운 길 외에는 의도적으로 찾아나선 것이 없었다. 뿐만 아니라 그토록 집요하게 찾으려고 했던 북서항로도 끝내 발견해내지 못했다.* 신대륙도 어쩌다가 우연히 발견하게 된 것에 불과하다. 마르코 폴로는 이미 200년 전에 방문한 땅으로 항해하기 위해 애쓰던 중 우연히 신세계와 맞닥뜨리게 된 것이다.

1453년 콘스탄티노플(콘스탄티노폴리스Constantinopolis의 영어식 표기다.-역주)가 오스만제국의 수중으로 넘어갈 무렵, 새로운 동방 교역로를 찾기 시작한 지중해의 상인들과 뱃사람들은 이집트의 파라오 네코 2세Pharaoh Necho가 이미 2000여 년 전에 아프리카를 일주해 인도에 도착하는 과제를 완수한 사실을 몰랐다.** 또한 서쪽 땅에 관한 아일랜드 신화[65]는 여러 세기 동안 빈랜드Vinland(뉴펀들랜드Newfoundland)의 존재를 알고 있던 스칸디나비아인들에 의해 무심결에 사실로 입증됐다.***[66] 하지만 그는 아이슬란드에 다녀온 적이 있었다. 그러니 틀림없이 빈랜드에 대해 알고 있었을 것이고, 그것은 서쪽으로 항해해 동양에 도착하려고 애쓰는 동기가 됐을 것이다. 이런 항해 작전은 15세기의 대다수 사람들의 순진함을 최대한 활용한 것이었다.

아리스토텔레스는 오로지 구체만이 달에 원형의 그림자를 드리울 수 있다는 잘못된 결론을 내린 뒤 행성이 구체인 게 틀림없다고 생각했다. 하지만 광원과 직각을 이룰 경우 원반 형태의 물체도 그렇게 될 수 있다. 한

---

• 북서항로는 북극의 만년설 밑에 있으며 레오나르도 다 빈치의 이론적 잠수함이 핵잠수함으로 거듭난 1958년에 비로소 발견됐다는 점에서 이들에게 책임을 묻기는 어렵다. 로알 아문센Roald Amundsen은 1908년경 지상 통로를 발견했지만, 북극의 여건상 실용성이 없다는 결론을 내렸다(Manchester, 1992, p. 246)
•• 멘지스의 견해에 의하면 나일 강과 홍해를 연결하는 운하를 거쳐가는 비밀 항로가 있었고, 콜럼버스는 에스파냐의 이름으로 자신이 차지할 땅(부富)을 찾으려고 했다.
••• 그러나 그 모든 것은 유럽인이 알고 있는 일반적인 지식이 아니었고, 따라서 콜럼버스의 귀에 들어가지 않았을 것이다. 그는 새로운 지식을 추구하기보다 자신이 이미 믿고 있던 사실을 뒷받침하고자 다양한 분야의 책을 읽었다.

편 그는 이베리아반도와 인도까지의 거리가 멀지 않고, 그 사이에는 아무 것도 없다고 추측하는 실수도 저질렀다. 그 두 가지 오류 모두 훗날 콜럼버스의 귀로 흘러들어가 그의 스키마에 자리 잡았다.

아리스토텔레스가 눈부신 활약을 펼친 지 400년 뒤에 알렉산드리아 학파는 지구의 둘레를 4만 킬로미터로 계산한 후, 지구를 360도로 분할하여 지구의 표면에 위도선과 경도선을 긋고, 위도를 측정하는 기구인 아스트롤라베Astrolabe를 발명했다. 그로부터 100여 년 뒤에 나온 클라우디오스 프톨레마이오스Claud Ptolemy의 《지리학 입문Geographike hyphegesis》을 보면 알렉산드리아 학파는 천문학 분야에서 지구가 우주의 고정불변한 중심이라는 잘못된 결론을 내렸다. 그리고 지리학 분야에서도 아시아가 실제보다 더 동쪽에 위치해 있다고 추론하는 오류를 범했다.

그런 오해와 오류의 영향으로 아리스토텔레스 학설의 신봉자인 콜럼버스는 서쪽으로 항해하면 아시아에 닿을 수 있다고 굳게 믿게 됐다. 그의 확신은 14세기 추기경 피에르 다일리Pierre d'Ailly가 집필한 책 《세계의 형상Imago mundi》의 영향으로 더욱더 굳건해졌다.[67] 이렇듯 콜럼버스는 지구의 크기를 심각하게 과소평가했지만, 지구가 둥글다는 사실은 알고 있었다(그는 일본이 로키산맥 정도의 위치에 있고,[68] 일본과 유럽 사이에는 대륙이 없다고 생각했다. 지구가 평평하다는 관념은 6세기 수도사 코스마스Cosmas의 책 《그리스도교의 지지학Topographia Christiana》을 통 해 소개됐고, 교회로부터 인증을 받았다. 하지만 그는 거기에 넘어가지 않았다. Manchester, 19920).

서쪽으로의 항해는 콜럼버스의 삶을 지배한 주된 관심사가 됐지만, 포르투갈, 제노바, 베네치아 사람들과 에스파냐의 공작 두 명 그리고 에스파냐 왕실은 1492년에 무어인들이 그 라나다Granada에서 축출될 때까지 그 의 제안을 번번이 거절했다.[69] 그가 서쪽으로의 항해에 성공한 지 약 15 년 뒤에 유럽인들은 그가 아시아를 발견한 것이 아니라 개발 및 활용 가능성이 높은 신세계를 (재)발견했 다는 사실을 비로소 깨달았다.[70]

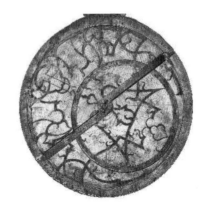

16세기경의 아스트롤라베

기본적으로 에스파냐의 식민지 정책은 기독교 신앙과 학대(영혼을 구제 하는 것과 황금을 훔치는 것) 사이의 대립이었다. 그 무렵 도미니코Dominican 수도 회 수도사들이 아메리카 원주민에게 인도적이고 평화로운 정책을 펼치기 위해 악전고투하는 동안 부에 목마른 정복자들은 새롭게 차지한 땅과 종족 을 유린했다. 중세의 유물인 탐욕이 다시 기승을 부리게 된 것이다.

에스파냐가 추구한 정신적 제국주의의 효과는 오늘날까지 논의의 여지 가 있지만, 부의 창출에 매진하는 태도와 무관한 에스파냐의 착취적 제국 주의[71]는 의심의 여지없이 세 개 문명(아즈텍 문명, 잉카 문명, 그리고 에스파냐 문명)의 파괴로 이어졌다.[72]

아즈텍 문명(원주민)을 파멸시키는 과정에서 에르난도 코르테스Hernando Cortez(1520?)는 아즈텍 왕국의 통치에 대한 원주민의 반감에 힘입었지만, 그 보다 몬테수마Montezuma의 자기 심판적 믿음에 힘입은 바가 훨씬 컸다. 몬테

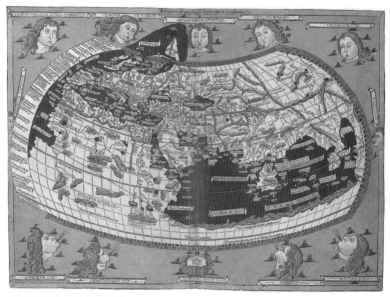

**프톨레마이오스 세계지도 목판본** 요하네 슈니처Johane Schnitzer, 1482

수마는 과도한 초자연적 신비주의 때문에 정복자들을 아즈텍 왕국을 세운 신 케찰코아틀Quetzalcoatl(케찰코아틀의 재림은 왕국 멸망의 전조였다)이라고 확신했다. 몬테수마는 에스파냐인들의 신성神性에 대해서는 오해했지만, 이들의 출현에 따른 결과에 대해서는 옳은 판단을 내렸다.

그는 자신의 운이 다했다고 믿었기 때문에 코르테스에게 대항하려는 노력을 전혀 하지 않았다. 그는 정복자들보다 1,000배나 많은 숫자의 호전적인 백성을 통치하고 있었지만, 에스파냐인들에게 굴복했다기보다 자신과 그들의 운명이 미리 결정됐다는 운명론적 확신에 무릎을 꿇고 만 것이다. 에스파냐인들이 계속해서 황금과 식량을 요구하는 상황에서도 그들이

좌 | **에르난도 코르테스** 스페인의 정복자　우 | **에스파냐의 무적함대**

인간으로 이뤄진 도적떼일 뿐이라는 사실을 깨닫지 못했다. 그의 마음은 흔들림이 없었다. 에스파냐인들이 무슨 짓을 하든, 어떤 일이 생기든 그의 마음은 바뀌지 않았다.[73]

　에스파냐인들이 페루를 정복할 때도 운이 좋았다. 잉카인들은 몇 차례 어설픈 봉기를 일으켰지만,[74] 침략자들의 무기에 대해 잘 몰랐다. 그리고 침략자들의 의도를 순진하게 생각했다. 그러나 침략자들은 여느 때처럼 원주민들을 가혹하게 대했다. 이들은 아즈텍인들에게 그랬듯 잉카인들을 철저하게 파멸시키기 위해 전력을 다했다. 이 과정에서 금과 은이 아메리카 대륙의 변방에서 왕실 금고로 흘러들어가면서 에스파냐인들은 로마제국처럼 거기에 의존하게 되었고, 어떤 산업도 발전시키지 못했다. 결국 1588년에 무적함대Armada가 패하자 강대국 에스파냐는 돌이킬 없는 쇠락의 길로 접어들었다. 그 길고 느릿느릿한 과정은 자국 경제의 무능력과 타락을 초래하는 식민지 가운데 마지막 식민지를 빼앗긴 1898년에 막을 내렸다.

에스파냐가 결국 탐욕스러운 성공의 대가를 치르는 동안, 정복의 지평선은 계속 확장됐고, 유럽은 세계 최고의 세력으로 부상했다. 뜻밖에도 서양의 발전을 촉진한 것은 유럽 국왕들의 재정적 취약성이었다. 유럽의 군주들은 민간 기업이 탐험에 나서도록 독려했지만, 동양(국수주의적 경향의 중국과 점점 축소되고 있던 이슬람 세계)에서는 왕실의 안일한 태도와 특권이 실속 있는 모험에 대한 민간인의 참여를 가로막았다.[75]

당시의 탐험을 둘러싼 또 다른 역설은 다음과 같다. 처음에는 인문주의적 학식을 장려했다가, 훗날 그로 인해 세력이 약화된 기독교가 유럽인의 확장된 세계관과 인쇄술의 발전을 촉진했다. 그 이후 이 두 가지 요소 때문에 다시 세력 약화를 겪었다는 점이다. 기독교인들은 항상 완벽성에 대한 동경과 '더 나은 세상'이라는 미래상에 자극을 받았다. 더 나은 세상은 과거에 존재했을지 모르거나, 앞으로 만들 수 있거나, 다른 어딘가에서 발견할 수 있는 것이었다.

그러나 에덴동산이나 지상천국을 혹은 그들이 완성할 수 있는 어떤 곳을 찾아내고자 세상에 뛰어들었을 때 기독교인들은 굳이 배우고 싶지 않은 교훈에 대면하게 됐다. 그때까지 유럽은 공통의 사법 제도, 신앙, 윤리 의식 등으로 연결되어 있었다. 그리고 교황은 법적 사안, 종교적 분쟁, 부도덕한 행위와 관련된 문제 등에서 최고의 중재자 겸 최종적 판결자로 인식됐다(실제로 대다수의 교황은 그 세 가지 분야에 해박했다). 교황과 교회에 대한 이런 관점과 기독교인들의 오만한 자기 과신은 지리적 팽창으로 인해 변화를 맞게 되었다.[76]

## 새로운 지식의 출현 : 인쇄술의 역설

아울러 점점 깊어지는 과거와 점점 넓어지는 세계에 관한 새로운 지식이 쌓이면서 기독교적 논거가 취약해졌다. 한편 인쇄술의 출현으로 성경과 사람들 사이의 중재자인 사제의 권위가 약화됐다. 중요한 기술적 돌파구가 동양에서 열렸다는 점을 볼 때, 확실히 인쇄술의 발전 과정에서는 어리석음까지는 아니지만 역설을 찾아볼 수 있다. 동양은 언어적 특성 때문에 인쇄술이 극히 제한적으로 활용됐다. 구텐베르크가 등장하기 1400여 년 전에 인쇄술이 발명된 중국에서는 인쇄술이 지적 혁명으로 이어지지 않았다.[77]

목판 인쇄의 최초 사례 중 하나는 10세기에 중국에서 첫 선을 보인 지폐다. 그때도 지금처럼 인플레이션은 부를 창출하는 새로운 방법으로 간주됐다.[78] 당시에는 현대 경제학의 두 가지 기본 원리(지폐는 부를 상징화*한다. 십자가를 더 만든다고 기독교인이 늘어나지 않듯이 상징을 더 찍어낸다고 부가 더 많이 창출되지는 않는다)를 아무도 몰랐다. 사실 지금까지 그것을 깨달은 사람은 드물다.

11세기에 중국에서 가동 활자가 발명됐을 때도 인쇄술은 중국인에게 특별히 실용적인 수단이 아니었다.[79] 하지만 다시 한 번 뜻밖의 결과였지만, 유럽은 그 새로운 동양의 기술에 힘입어 세계를 재패했다. 인쇄술은 중국 문자보다 유럽 언어(단어)에 더 적합했다. 기독교 세계가 맞이한 또 다른

---

* 상징화는 어느 아라비아인의 이야기에서 찾아볼 수 있다. 전쟁 자금이 부족한 정부의 관리가 찾아와 낙타를 팔라고 했다. 관리는 "이것은 황금 조각이다"라고 적힌 종잇조각을 하나 건네면서 전쟁이 끝난 뒤 그것을 황금 조각 하나와 바꿔주겠다고 말했다. 그러자 우리의 아라비아인은 천막 안으로 들어갔다가 나오면서 종잇조각을 관리에게 줬다. 거기에는 이렇게 적혀 있었다. "이것은 낙타 한 마리다."

뜻밖의 결과는 독실한 신자들이 거룩한 말씀을 인쇄해 전파하는 데 성공한 덕분에 다양한 독자들이 성경을 이해할 수 있게 됐다는 점이다. 그러나 이후 진지한 사색가들이 교리상의 이견을 제시할 우려가 생겨났다.

유럽인이 인쇄술에 기여한 가장 빛나는 공로는 1445년경 활자 주조 공정을 개선한 것이다. 처음에는 인문주의 학자들이 인쇄된 책을 저속하게 여기면서 거부 반응을 보였다. 하지만 1445년경부터 책은 일반 대중에게 파고들었다.* 이는 대중문화 매체를 향한 중요한 발걸음으로, 인쇄술은 신중한 사고뿐 아니라 대중의 감정을 자극하는 데도 활용됐다. 이전까지는 기본적으로 교회 당국자들만 독서를 통해 잘못된 정보를 습득했다.

그러나 구텐베르크의 인쇄기 때문에 이제 모두가 잘못된 정보를 얻는 상황이 빚어질 수도 있었다. 물론 에라스무스의 활약에는 인쇄술이라는 든든한 배경이 있었다. 비록 그의 메시지는 권력자들에게 스며들지 못했지만 말이다. 그러나 도리에 어긋나게 마련인 광고용 인쇄물은 정치를 대대적으로 바꿔놓았고,[80] 이성은 선전과 오보로 인해 사라지는 경우가 많았다.

사실 당시의 비극 가운데 하나는 인쇄술이 구시대적 사상을 보존하고 전파하는 힘을 지니고 있었다는 점이다. 적절한 사례가 바로 오류가 드러나는 와중에도 확산된 프톨레마이오스의 인간 중심적 우주관이다. 그런 전반적인 문제의 주요인은 경제적 측면에서 찾을 수 있었다. 책을 인쇄하려면 자금을 투자해야 했기 때문에 인쇄업자들은 단순히 새로운 정보를 반영하기 위해 교정쇄를 바꾸려고 하지 않았다. 그러므로 새로 발견한 지리적

---

• 최초로 대량 생산된 책은 1313년 중국에서 인쇄된 《농서農書》다. 애석하게도 650여 년 뒤에 마오쩌둥의 홍위병들이 여러 권의 사본을 불태워버렸다(Menzies, 1434, 2008, p. 189).

사실을 반영하려고 동판에 손을 대는 일은 드물었고, 지도의 잘못된 내용이 오랫동안 진실로 행세했다. 도서 유통업자들의 금전적 이해관계가 구시대적 사실에 달려 있었기 때문에 인기 있는 책은 새로 밝혀진 사실을 전혀 반영하지 않아도 100년은 너끈히 버틸 수 있었다.[81]

비록 오래된 진실이 여전히 출판물의 형태로 군림하고 있었지만, 르네상스는 개인의 지적 자유가 성장한 시기로 규정할 수 있다. 그러나 중세적 질서가 봉건제도상의 권리를 통해 상당한 심리적 안정을 제공했다는 점에서 그것은 어중간한 축복이었다. 서양이 자유에 대한 환상과 맞바꾼 것은 바로 그런 성취감과 안정감이었다. 더 이상 삶에서의 특정한 의도나 장소에 얽매이지 않았던 르네상스 시대의 사람들은 불안감을 느꼈다. 하지만 동시에 자신이 물욕과 권력욕, 명예욕에 따라 발전해나갈 것이라는 새로운 믿음을 통해 안정감을 느꼈다.[82]

이런 새로운 유형의 인간에게 신체적 불안감을 초월한 일종의 심리적 안정감과 자신감을 선사한 것은 자신의 잠재력에 대한 낙관적인 믿음이었다. 많은 사람이 배신을 경험했지만, 그렇다고 신경쇠약에 걸린 사람은 거의 없었다. 왜냐하면 배신이 배반, 납치, 형제자매 살해, 야만 행위, 가학성애, 악행, 기독교 신앙 등으로 점철된 시대에 여러 가지 문제를 해결할 수 있는 문화적으로 수용된 방법이었기 때문이다.[83]

하지만 르네상스 시대의 이런 해방감은 진짜라기보다는 환상에 가까운 것이었다. 왜냐하면 아직 행위적 제약이 건재했기 때문이다. 물론 르네상스 시대의 행위적 제약은 중세시대의 제약과는 달랐다. 그런 조건부 제약은 사라지지 않았고, 단지 양상이 바뀌었을 뿐이다. 르네상스 시대의 사람들은 금융 시장의 노예였다. 이들은 굶어죽을 자유가 있었으며, 성 바울이나 그리스도의 복음보다는 사업 원칙에 따라 결정을 내리는 도급업자에게 용역을 판매하지 못하면 도태될 권리가 있었다.[84]

마찬가지로 국가도 신학적 제약의 가면에서 벗어나 당대의 위대한 독립체(자체가 목적인 존재)가 됐다. 그보다 더 중요한 점은, 국가의 목적을 달성하기 위해 사용하는 수단이 특별히 기독교적인 성격을 띠지는 않았다는 사실이다. 성경적 혹은 신적 기준에 따른 정당화는 이제 세속적 성공(19세기에는 '현실 정치Realpolitik'로 불렸다. Thomson, p. 269)의 관점에 입각한 정당화에 자리를 내줬다. 따라서 국가에는 단 하나의 법칙(국가 자신의 이익 추구)만 존재하게 됐다. 사실 중세와 비교할 때 르네상스 시대에는 행위적 합리화의 윤리적 기준이 변한 것만큼 정치 분야에서의 제도나 행위가 달라지지 않았다. 이제 교회나 국가는 기독교 윤리보다 목적이 자기 정당화에 성공할 것이라는 낙관적 추측에 더 의존하게 됐다.

이런 추측의 가장 적절한 사례는 교황 식스투스 4세가 피렌체의 메디치 정권을 전복시키고 자기 가문의 영토를 넓히기 위해 꾸민 음모다. 워터게이트와 이란게이트Irangate 관련자들이 주일학교에서 사제의 시중을 드는 아이들처럼 보일 정도로 치밀한 모략이 동원된 이 음모는 교황의 방조와 독려 아래 로마 교황청에서 시작됐다.

로렌초 데 메디치Lorenzo de' Medici와 그의 동생 줄리아노Giuliano를 암살하려는 계획의 예정일은 1478년 부활절이었고, 습격은 피렌체 성당에서 일어났다. 줄리아노는 살해됐지만, 로렌초는 살아남아 자객들에게 기독교인답지 않은 복수를 가했다(놀랍게도 자객들은 우연히 그의 정적이 됐을 뿐이다).[85]

## 이탈리아에서의 정치 권력 게임

더 일반적인 의미에서 볼 때 15세기 후반에 이탈리아에서 각자의 이익을 추구한 그다지 기독교적이지 않은 국가들은 다양한 조합을 통해 역동적인 힘의 불균형을 유지함으로써 국제적 무질서와 질서 사이의 타협을 이뤄냈다. 이기적인 소국들의 이익에 적합한 조건을 달성하고 유지하기 위해 국가간 교섭 과정이 체계화되고, 외교가 제도화되고, 국가간의 경쟁이 성문화됐으며, 정부간의 교섭 과정이 '이치에 맞게' 됐다. 이는 국정 운영이 논리적으로 변모했다거나 윤리와 결별했다는 의미는 아니다. 다만 국가 윤리*가 그리스도의 윤리를 밀어내고 외교적 상호작용의 기준으로 자리 잡았다는 의미다. 예를 들어 정보는 국가의 성공에 중요했기 때문에 간첩 행위나 암살이 흔해졌다.[86]

이탈리아 도시국가들이 특유의 편협하고 무정부주의적인 성격 때문에 운이 다했다고 본다면, 그 국가들 특유의 어리석은 옹졸함 때문에 이탈리아가 편협의 땅으로 전락했다고 볼 수도 있다. 급조된 정치적 예술작품[87]인 도시국가들은 세속적 전통과 일반적 적법성과 무관할 뿐 아니라 교회의 통제와 기독교 윤리로부터 벗어나 있었다는 점에서 르네상스의 전형이었다.[88] 도시국가들은 새로운 자유에 취해 있다가 쇠약해졌다. 이들은 자멸적인 내부의 경제적·계급적 갈등을 해결할 정치적 기제를 개발하지 못했다. 그리고 통일을 이루지 못한 채 여러 개의 파편으로 남아 있다가 치명적인 외부 침략을 초래했다.

---

• 중세에는 외국 대사를 납치하는 일이 잦았다. 이런 관행은 르네상스 시대에 이르러 금기시됐지만, 1970년대 도시 테러분자들에 의해 부활했다(Sennett).

내부적 갈등은 해결되지 않았다. 대개의 경우, 도시 성벽 안에 거주하는 근시안적인 소수의 사람만 참정권을 보유했기 때문이다. 이들의 고질적인 이기심과 편협성 때문에 정치적 기반이 흔들렸고, 결국 세력이 약화됐다. 예를 들어 피렌체에서 메디치 정권은 명목상으로는 민주 정부였지만, 실제로는 여러 이익집단을 배제하는 엄격한 과두 정부였다. 당연한 현상이지만, 그렇게 배제된 이익집단은 지배층과 일체감을 느끼지 못했다. 따라서 피렌체는 로마제국의 역사를 답습하듯 용병을 고용해 전쟁을 치러야 했고, 결국 16세기 초반 재난이 시작됐다. 이 무렵 마키아벨리가 이 같은 문제를 언급했지만, 해법을 찾기에는 때가 너무 늦었다.[89]

앞선 40여 년 동안, 군주들과 폭군들이 자신에게 유리한 힘의 불균형을 창출하고 유지하기 위해 상호간의 신의를 배반하면서 벌어진 이탈리아 도시국가들의 권력 정치 게임은 믿기 어려울 정도로 복잡한 양상을 띠었다. 실수를 저지르면 누구나 제거될 가능성이 컸고, 실제로 많은 실수가 저질러졌다. 많은 전쟁이 벌어졌지만, 대체로 피를 동반하지는 않았다. 전쟁에 나선 군인들이 위험을 최소화하는 방면의 전문가들이었기 때문이다. 이런 와중에도 교역은 지속됐고, 나라는 점점 부유해졌다.[90]

어쨌든 이탈리아에서 국가 간 관계의 특징인 힘의 불균형은 공격적 성향의 교황들과 군주들의 상호균형적이고 야심만만한 계획에 힘입어 존속됐다. 하지만 근대 국가의 입헌적 혁신과 서로 독립적인 이탈리아 도시국가 체제는 1494년 발생한 프랑스의 이탈리아 침공을 계기로 시작됐다.[91] 그 이전까지 정치인들의 의식적 노력이 없는 상태에서 번영이 유지되는 듯했다. 1536년 힘의 균형이라는 관점이 등장했지만 프랑스, 에스파냐, 터키 같은 외국 열강이 항상 이탈리아 문제에 개입하겠다고 으름장을 놓거나, 실제로 개입했기 때문에 힘의 균형은 전혀 이루어지지 않았다.[92]

정치력보다는 치국에 전념한 호전적 성향의 도시국가들은 서로의 동태에 주목하고 복잡하게 얽히고설킨 동맹관계를 의식하느라 주의가 산만해졌다. 그 바람에 팽창주의 성향의 프랑스가 침공했을 때 속수무책이었다. 사실 1494년 프랑스가 침공에 나선 것은 나폴리와 다투던 밀라노가 프랑스에게 도움을 요청했기 때문이었다.

얼마 지나지 않아 이탈리아는 에스파냐와 프랑스의 전쟁터로 전락했다. 그리고 프랑스군은 이탈리아인에게 고통과 가난을 안겨다준 전쟁에서 실제로 적군을 살해함으로써 모두를 경악시켰다. 각각의 도시국가 지도자들은 계속 서로에게 계략을 썼고, '민족적' 피해에 개의치 않고 에스파냐나 프랑스의 도움을 모색했다. 결국 이들이 자초한 붕괴(외교 무대에서는 '이탈리아 문제'로 불렸다)로 모든 것이 파괴됐다.[93]

당시에는 이탈리아인이라는 개념이 없었다는 점에서 문제이기는 하지만, 현대 외교의 시각에서 볼 때 사실 이탈리아 문제는 중세적 사안이었다. 예컨대 피렌체 주민, 밀라노 주민, 나폴리 주민 등은 있었지만, 이탈리아인은 없었다. 과거의 '비그리스인들'처럼 다양한 도시국가의 시민들이 스스로를 더 큰 공동체의 구성원으로 인식할 수 없었던 것이다. 이들은 기껏해야 특정 폴리스의 배타적 환경의 일원이었는데, 대다수 도시국가가 개인적 산물이나 특정 가문, 계급이 다스리는 독점적 정치 조직이었기 때문에 다수의 시민은 그런 배타적 환경의 일원이 아니었다.[94] 지도자 개인이 아닌 특정 지역이나 제도(예를 들어 군주제)에 대한 추상적 충성심은 아직 국민적 도덕심으로 발전하지 않았고,[95] 도시국가 간의 유일한 외교적 관계는 외부의 침략으로부터 구성원을 보호할 수 있는 연방이나 연맹으로 발전하지는 못한 군사적 동맹이었다.[96]

한편 프랑스는 부유한 그러나 아직 존재하지 않는 이탈리아를 정복하는 데 여념이 없었다. 프랑스의 왕 샤를 8세Charles VIII(1483~1498)는 한시도 가만 있지 못하는 귀족의 관심을 돌리는 수단으로 정복사업을 이용했다. 이런 시대적 흐름 속에서 16세기에는 해외 원정이 국내에서의 충돌을 해결할 수 있는 대안으로 자리 잡았다.[97] 그로부터 30년 동안 몇 명의 교황을 거치면서 많은 음모와 약탈이 벌어진 뒤에도 해결된 것은 거의 없었다. 입증된 것이라고는 유럽의 민족주의적인 국가들이 서로를 자극하고 있다는 점과 특정 국가에 대해 나머지 국가들이 공동전선을 펼쳤다는 점뿐이었다.[98]

이런 상황의 첫 번째 증거는 1495년에 체결된 신성동맹Holy League이었다. 신성동맹은 표면상으로는 오스만제국의 침입으로부터 기독교 세계를 수호하려는 것이었다. 하지만 실제로는 프랑스의 패권을 견제하기 위해서였다. 프랑스가 초반에 거둔 승리는 적을 만듦으로써 실패로 이어졌다. 나폴리에서 입지가 흔들리자 프랑스군은 정복에 나섰을 때보다 더 빨리 퇴각했다. 결국 프랑스가 얻은 것은 적대감과 매독밖에 없었다.[99]

프랑스의 이탈리아 침공은 명백한 실패로 돌아갔다. 하지만 유럽 열강들이 프랑스의 뒤를 이어 이탈리아 반도를 차지하려고 경쟁하는 과정에서 이탈리아는 거의 초토화됐다.[100] 이탈리아가 침략할 만한 가치가 있는 곳이라는 점만 알았을 뿐, 효과적인 침략 방식을 몰랐던 프랑스는 심각한 타격을 입었다. 루이 12세<sub>Louis XII</sub>(1498~1515)는 차지하지 못한 부에 대한 찬란한 전망에 취한 채 무력으로 뒷받침할 수 없는 권리를 주장했다. 결국 1512년 프랑스군은 이탈리아에서 완전히 철수할 수밖에 없었다.[101] 공교롭게도 프랑스의 패배로 가장 이득을 본 것은 이탈리아가 아니라, 나폴리를 차지한 에스파냐였다.[102]

에스파냐가 나폴리를 차지한 것은 정치적 약속의 무시와 시기를 잘 맞춘 책략의 결과였다.[103] 그 무렵의 시대적 분위기는 더할 나위 없이 훌륭한 '기독교적' 전통 속에서 시시각각 바뀌는 동맹과 배신으로 특징지을 수 있다. 다르게 보면 그때는 약속을 중시한 대가가 엄청나게 클 수도 있는 시대였다. 실제로 피렌체인들은 프랑스와의 동맹관계를 유지한 대가로 신성동맹에 따른 메디치 정권의 복귀를 강요받으면서 이를 뼈저리게 절감했다.[104]

메디치 정권의 복귀는 예술 후원이라는 메디치 가문의 전통이 부활하는 계기가 되었다. 메디치 가문의 예술 후원은 조반니 데 메디치가 1513년 교황 레오 10세<sub>Leo X</sub> 때 정점을 찍었다. 그는 교황궁을 화려하게 꾸몄는데,[105] 웅장함을 세속적 성공의 척도로 삼았다. 레오 10세가 루터의 종교개혁을 이해할 수 없었던 것은 겉만 번드르르한 세속적 판단 기준을 갖고 있었기 때문이다.


## 정치권력 : 신학의 가면을 벗다

일반적으로 유럽의 신흥 국가들은 기독교적 외교 노선 대신 이탈리아의 실용주의 노선을 따랐다. 대부분의 국가가 정복에 의해 탄생했고, 혈통이나 언어가 서로 다른 완전히 임의적인 정치체를 구성했기 때문에 민족주의는 사리에 맞지 않았다.

국가를 확장하기 위해 해외로 눈을 돌린 민족주의적 국가들은 교황의 권위를 그저 입으로만 떠들었다(브라질을 포르투갈 땅으로 선언한 알렉산데르 6세는 특기할 만한 예외였다). 사실 시금석은 힘(영토를 유지할 수 있는 역량)이었다. 세계적 차원의 기독교 공동체는 결코 존재할 수 없다고 생각했기 때문에, 기독교 공동체는 형성되기도 전에 이미 신흥 민족주의의 피해자로 전락했다.[106]

민족주의가 교회의 세력을 약화시키는 동안 에스파냐는 급성장하는 합스부르크제국의 일원이 되었다. 당시 합스부르크제국이 구가한 성장의 토대는 왕권과 지배권이 사적 상속권과 동일한 법을 따른다는 전제였다. 그런 형식성 때문에 에스파냐의 국익은 자국과 상관없는 중부 유럽에 대한 합스부르크제국의 이해관계에 종속되면서 타격을 입었다.[107]

이 같은 합스부르크제국의 이해관계는 절대 전제주의자인 카를 5세 Charles V(1519~1556)에 의해 형성되고 체계화됐다. 합스부르크제국에서 그는 전능한 존재였다. 하지만 그는 전제적인 정부의 역할이 특정인의 통제를 벗어날 정도로 너무 크다는 점을 깨닫지 못했다.[108] 제국 통치와 관련된 세부적이면서도 방대한 문제에 대처할 때 그는 여러 세력의 본질을 이해하지 못함으로 한계에 갇혀 있었다. 예를 들어 그는 독실한 가톨릭교도로서 종교적 논쟁을 단순한 신학적 차이로 바라봤다. 서로 다투는 기독교 내부의 여러 파벌을 화해시키려고 제국의회와 공의회를 소집했지만 허사였다.[109] 주변 상황을 제대로 이해하지 못한 그는 자신이 파란만장한 시대에 평범한 인간이었다는 점만 보여줬다(개인적으로 그는 진정한 합스부르크 왕가의 방식대로 국가의 이익을 위해 결혼한 정신이상자 어머니에게서 태어난 평범한 아들이었다).[110]

합스부르크 왕가 사람들은 대부분 결혼을 통해 권력을 잡은 뒤 무능한 권력자로 전락했다. 하지만 카를 5세는, 뇌물을 이용하긴 했지만, 신성로마 제국 황제로 선출될 만큼 영리하고 부유했다. 이 과정에서 그는 세속적 타락이라는 고대 로마 시대의 전통을 되살렸다. 그의 치세 동안 막대한 자금이 다시 정치 분야에 쏟아졌다. 뿐만 아니라 돈, 공공 부채, 사회적 동요와 불만 등이 유럽인의 생활 속으로 당당하게 복귀했다.[111]

이후에 드러났듯이 당시 유럽 전역에 만연한 조건에 가장 적합한 정치 체제는 도시국가나 제국이 아니라 왕국이었다. 도시국가는 너무 작았고, 제국은 완전한 수준을 유지하기에는 너무 컸다. 이런 이유로 어떤 이익이 돌아갈지 명확히 드러나지 않았지만, 민족주의적 노선을 따른 왕국들이 미래의 선택을 받게 되었다. 그러므로 이탈리아 도시국가들의 갈등과 카를 5세의 노력에도 불구하고 유럽 전체의 정치 조직의 관점에서 볼 때 르네상스 시대의 정치생활을 규정하는 주요 요소는 강력한 국왕들의 점진적 성장이었다.[112]

16세기 초반에 왕들은 아직 절대군주가 아니었지만, 권력에 취한 나머지 인간의 욕구와 권리에 둔감해지면서 절대적 어리석음에 빠진 듯하다. 결론적으로는 군주제에 맞서는 혁명을 초래했다. 하지만 16세기에는 귀족과 성직자 위에서 군림하고, 대규모 군대를 유지하는 데 필요한 세입을 관리하고, 공격적인 대외 정책을 수행함으로써 국가를 조직화하고 확장시키는 강력한 지도자가 미친 긍정적 영향도 찾아볼 수 있었다.

국민국가(민족을 단위로 형성된 국가)의 군주들은 권좌에 있을 때는 전능했을지 모르지만, 정치권력의 질서정연한 승계를 확보하지는 못했다. 전통이 흔들리면서 이제 더 이상 연속성과 안정성을 보장할 수 없게 되었다. 권력의 이양은 권력에 의해 해결됐다. 예를 들어 영국에서 일어난 장미전쟁 Wars of the Roses은 르네상스 시대 정치의 전형을 보여준 사례다(기간은 예외였다. 장미전쟁(1455~1485)은 무려 30년 동안 벌어졌다). 정권을 잡은 군주들(헨리 7세 Henry VII)는 왕좌를 두고 서로 다투는 경쟁자들과 왕좌를 노리는 도전자들을 진압하는 과정에서 전제정치의 전통을 확립했고, 흔히 토지 몰수에 힘입어 독자적인 부를 쌓은 덕택에 입법부(의회)로부터 재정적 지원을 받을 필요가 없어졌다.[113]

국민국가가 군주제의 절대적 권위에 대한, 그리고 넓게는 공공질서에 대한 심각한 위협이 있었다면 그것의 온상은 기존 귀족 세력과 새롭게 대두한 신흥 세력이었다. 귀족들은 변함없이 왕과 불화를 겪었고, 왕은 황제의 권력뿐만 아니라 귀족들의 힘도 서서히 약화시켰다. 상징이 실체를 대신하면서 의례로 전락한 궁정생활에서 명백히 드러났듯이 귀족 계급의 세력은 내리막을 향하고 있었다.[114]

그러나 절대군주들조차 진정으로 절대적이지는 않았다. 그들은 신흥 세력(상인과 법률가)에 대처해야 했다. 상인계급은 어느 정도의 재정적 영향력을 행사했고, 법률가들은 교양 있는 행정가라는 지위에 힘입어 세습 지주를 대신해 지방정부의 의사결정자가 됐다.[115] 만일 르네상스 시대에 필요한

한 가지 요소가 있다면 그것은 안정이었다. 그리고 안정을 가장 잘 조성할 수 있는 사람은 역동적이고, 조직적인 정부의 화신인 강력한 국왕이었다.

정부의 역할과 규모가 확대됨에 따라 정부의 지출은 증가했다. 정부가 풀어야 할 주요 과제 가운데 하나는 재산권을 침해하지 않으면서 세입을 늘리는 것이었다. 지금까지 서양에서는 국가와 사유재산 사이의 허구적 구별이 유지됐지만, 이는 르네상스 시대를 거치면서 희미해졌다. 그리고 그 뒤로 불분명한 상태로 남아 있다. 르네상스 시대에 새롭게 등장한 정부의 재무 구조는 모호하게 규정되어 있었기 때문에 그 한계를 확정하는 정부가 유리한 고지를 차지하는 경향이 있었다. 다시 말해 몰수를 정당화하기 위해 법적 선례가 재해석됐고, 정부는 여느 때처럼 앞장서서 적법성을 조롱했다.[116]

이런 상황에 적합한 격언으로 로마 시대의 철학자 겸 정치가인 세네카가 남긴 말이 있다. "모든 권한은 왕의 것이고, 재산은 개인의 것이다."[117] 과거 중세의 권리는 대중이 소유했었지만, 이제는 개인들의 소유였다. 권리를 소유한 정부는 개인들에게 자신의 재산으로 할 수 있는 일과 없는 일을 알려줬다. 여기서 한 가지 확실한 점은 능력이 있는 정부가 영토를 확장하고, 군사작전을 수행할 힘을 갖기 위해 차지할 부의 몫을 늘렸을 것이라는 사실이다.[118]

만일 이런 정부의 역할이 없었다면 르네상스 시대의 제도적 삶은 매우 막연했을 것이다. 왜냐하면 당시의 제도적 삶은 신학적 제약에 구애받지 않았을 뿐 아니라, 재정적 제약에서도 어느 정도 자유로웠기 때문이다. 당시 성장하고 있던 유럽의 금융계는 상대적으로 규모가 큰 국민국가의 정치

권력과 상호작용할 때 무척 정중하고 보수적인 태도를 취했다. 때문에 정치인들은 그런 특수이익집단에 좌우되지 않았다. 은행가들은 돈을 몰수당해 파산하는 한이 있어도 정부의 정책에 도전하지 않았다.

당시의 대규모 국민국가에서 돈은 정치적 영향력을 갖지 못했다. 그 당시에 무르익던 경제 혁명이 아직 재력으로 일반 계급의 이해관계를 대변할 정도까지 진척되지는 않았기 때문이다. 특히 국민국가의 금융업자들은 매우 신중하고 실리적인 사람들인 데다 단호한 정치적 판단을 내리기에는 지나치게 취약하고 연약했다. 때문에 정치계 인사들을 후원해 큰 이득을 볼 수도 있었지만, 그들의 영향력을 벗어난 정책이 펼쳐질 경우에는 큰 피해를 입었다.

한편 상대적으로 규모가 작은 이탈리아 도시국가에서 돈은 경제적·계급적 갈등을 촉진했다. 이러한 갈등은 도시국가의 파멸로 이어졌다. 부자들은 손해를 봤고, 어느 누구도 이득을 보지 못했다. 돈이 르네상스 시대의 정치에 미친 영향에 관한 교훈을 찾는다면 안정적인 국민국가는 점점 커지는 금융계의 욕구에 다소 둔감했다는 것이다. 반면 불안정적인 도시국가는 기반이 취약했기 때문에 금융계의 재정적 영향력에 너무 민감했다는 사실일 것이다.[119]

르네상스 시대의 국정 운영은 신학적 정당화의 속박에서 해방되고 아직은 막대한 자금의 경제적 제약에 종속되지 않은 상황이었다. 때문에 당시의 외교관들은 그보다 더 중요한 도덕성이나 합리성의 제약적 영향력에서 탈피한 자체적인 권력 세계에서 책략을 구상하고 움직였다. 예를 들어 르네상스 시대의 정치는 다소 정신분열적 증상을 보였다. 서양의 지적 발전이 마키아벨리가 질책하면서 정확하게 묘사한 바 있는 무도덕한 군주제를 지향하는 흐름에 좌우되지 않으면서 동시에 그것과 공존하며 진행됐기 때문이다. 17세기에 이르러서야 비로소 그 두 가지 흐름(일반 관념의 세계와 윤리적 지도력에 대한 갈망*)이 충돌하게 되었고, 둘 사이의 충돌은 아직 해결되지 않았다.[120]

이렇듯 르네상스 시대는 한쪽에서는 지식의 발전과 보급이 진행되고, 다른 쪽에서는 성공을 판단하는 도덕적 기준의 변화가 일어난 시대였다. 세계에 관한 정보가 쌓이고 있었으나, 서양의 도덕심에 대한 기독교의 장악력이 약해지면서 교회는 더욱더 천박해졌다. 금욕해야 할 사제가 자식을 낳는 세상에서 군주는 교황을 대신해 도덕적 지도자로 행세했다. 군주는 정치가였기에 정직과 거리가 멀었고, 사제가 설교하는 내용을 실천하지도 않았다. 하지만 아무리 야심, 무례, 잔꾀, 배신, 잔인함 등으로 점철된 시대였어도 르네상스 시대에는 나름의 이상이 있었다.[121]

## 르네상스 시대의 미덕 : 마키아벨리의 실수

르네상스 시대의 '미덕(이 용어에는 몇 가지 다른 의미가 있다. 현대적 의미와의 차이는 흥미롭고 중요하지만, 이 책의 범위를 벗어나므로 다루지 않겠다)'을 상

---

• '마키아벨리아주의'는 '배신형' 정치를 묘사할 때 사용되면서 경멸적 의미를 갖게 됐다. 하지만 마키아벨리는 그런 식의 행위를 옹호하지 않았다. 다만 그것이 효과적이라고 말했을 뿐이다. '매카시즘 McCarthyism'이라는 용어를 둘러싸고도 비슷한 오해가 빚어졌다. 1950년대에 조 매카시Joe McCarthy 상원의원은 연방정부가 간첩 행위에 강경한 태도를 취하지 않는 점을 지적했지만, 그의 이름은 그가 드러내지도 묵인하지도 않은 정치적 마녀사냥의 심리상태를 가리키는 용어로 사용되었다(Coulter, 2003, p. 56).

징하는 인물은 교황 알렉산데르 6세의 아들이자 니콜로 마키아벨리Nicolo Machiavelli(1467~1527)가 《군주론The Prince》(1513)에서 모범으로 내세운 체사레 보르자Cesare Borgia(1476?~1507)였다.

그의 특기는 살인과 배반이었다. 마키아벨리는 살인과 배반을 비난하면서도 효과적인 수단으로 평가했다. 마키아벨리는 체사레 보르자의 악행과 아버지의 영향력이 절묘하게 결합되면서 군주로 성공을 거뒀던 그를 최고의 군주로 평가했다. 그리고 아버지의 죽음을 계기로 무너진 그의 웅대함 속에 숨겨진 결점을 과소평가했다.[122]

니콜로 마키아벨리는 빼어난 정치적 통찰력에도 불구하고 군주를 평가하는 데는 서툴렀다. 그는 체사레 보르자를 잘못 판단했을 뿐 아니라, 권력 다툼에서 패배한 소데리니Soderini를 지지했다. 그는 실수의 대가로 고문을 당한 뒤 추방됐다.[123] 더구나 그는 지중해가 대양 무역의 시대에서 호수로 전락하고 있다는 사실을 간과하고 대포를 시끄러운 장난감으로 치부하는 등 근대적 가능성을 이해하지 못한 반면 용병의 시대에 피렌체 시민으로 구성된 민병대 창설을 너무 서두르다가 쓴맛을 봤다.*[124]

마키아벨리는 전통적인 교육을 받지 않았기 때문에 현실적 문제에 대한 실용적 해답을 창의적으로 제시할 수 있었다. 그러나 그의 사고는 로마의 전통에 얽매여 있었다. 근대적이지도 않았고 심지어 미래를 지향하지도 않았다.[125]

개인적 약점과 실패, 결함 등에도 불구하고 마키아벨리는 정치에 대한 정직한 태도 덕분에 중요한 정치 철학자로 평가되고 있다.** 그의 관심사는 주권을 쟁취, 보유, 상실하는 방식이었고, 그의 접근법은 로마 시대의 실용적 전통에 입각한 경험주의적인 것이었다. 자신의 주변에서 일어나는 일을 묘사하고 체계적으로 정리하면서 그는 명백하고 평범한 사실(약속은 보답이 있을 때만 중시할 수 있다는 점. 그 불안한 시대에는 성공에 필요하다면 위장, 기만, 가장 혹은 그보다 더한 것도 수용할 수는 있다는 점)에 주목할 뿐이었다. 정통성을 갖춘 통치자가 드물고 비리를 통해 교황에 선출되는 세상에서 잔인함과 배신에 놀라는 사람은 아무도 없었다. 하지만 정치적 목적을 달성하기 위한 영구적이고 사악한 수단을 다룬 마키아벨리의 저술에는 거의 모든 사람이 충격을 받았다.[126]

하지만 이것은 관심 있는 누군가가 오랫동안 알고 있던 사실을 (재)발견해 명료화했을 뿐이다. 그러나 윤리의 진정한 토대(권력)를 새로 발견했다고 믿는 관점에서 마키아벨리는 본질적으로 르네상스적 인물이다. 아울러 신성이나 '정당한 권력'을 둘러싼 잡다한 환상에 사로잡히지 않은 덕분에 성경이나 고대 문헌의 관념적 이상론을 근거로 정치적 주장을 하지 않았다는 점에서 그는 당대의 전형적인 인물이었다.[127]

기독교 윤리는 외교 분야에서 설 자리가 전혀 없었으며, 국가와 교회의 관계에서 차지한 입지도 의심스러웠다. 마키아벨리는 개인적 도덕성[128]과 권력을 분리했고, 권력을 냉혹한 효율성의 문제로 환원했다. 만일 기독교적 도덕성에 따라 '선하게' 행동할 경우에는 권력을 상실하고, '악하게' 행동할

---

• 저자는 마키아벨리가 민병대 창설을 성급하게 추진하다가 결국 창설에 실패했다고 서술했지만, 실제로는 그의 노력으로 1506년에 피렌체 민병대가 창설됐다.-역주

•• 여러 세기 뒤에 정치 제도와 정치 행위가 체계적으로 정비됨에 따라 서양 문명에서 노골적인 형태의 '마키아벨리주의적' 술책은 대체로 용인되지 않게 됐다. 하지만 마키아벨리를 순진하게 여겼던 탈레랑 Talleyrand 같은 사람들은 여전히 그런 술책을 구사했다(Ellis, 208-209).

경우에는 권력을 유지할 수 있다면 통치자는 양심의 가책을 전혀 느끼지 않은 채 생존에 필요한 모든 조치를 취해야 할 것이다. 왜냐하면 그것이 정치 게임의 본질이고, 오직 어리석은 생각만 하거나 행동할 것이기 때문이다. 성자보다 더 빛나는 성공을 거둔 죄인이 있었고, 그로 인해 지도자들은 지배적인 개인 윤리 및 기독교 윤리와 차별화되는 효과적인 정치 윤리를 고수하게 되었다. 반면 기독교 윤리는 그런 기준[129]에서 도덕적으로 보여야 한다는 점에서만 중요성을 띠게 됐다.

하지만 그의 실용적인 로마적 스키마의 맥락에서 볼 때 마키아벨리는 기독교 철학가로서는 아니어도 분석가로서 약점이 있었다. 그가 위선자였기 때문이 아니다. 그는 '악덕'을 당당히 묘사하고, 속임수에 대해 분명한 태도를 취하고, 표리부동에 대해 솔직할 때만 일관성을 잃었다. 거짓을 찾아보기 힘든 저작을 남긴 사람은 존경할 만하다. 하지만 우리는 그 사람이 1934년의 내부 숙청, 뮌헨 협정Munich Agreement 이후의 배신,[130] 그리고 '최종 해결책'을 근거로 히틀러를 인정했을 것이라는 점을 명심해야 한다. 또한 그 사람이 히틀러 정책의 본질이 아니라, 단지 정책 달성에 실패한 이유로 그를 비난했을 것이라는 점도 기억해야 한다.

마키아벨리의 결함은 권력 그 자체를 목적으로 삼았다는 점이다. 그의 지배적인 견해는 군주가 권력의 도덕성을 방향타로 삼아야 한다는 것이었다. 하지만 이런 사고는 자족적인 정치철학세계에서는 충분할지 몰라도 이런저런 곤경을 겪게 마련인 현실세계에 적용하기에는 다소 깊이가 부족하다. 기본적으로 그는 정치 분야가 사회의 다른 분야와 조화를 이루면서 역동적이고 경쟁적으로 전체를 이루는 양식을 파악하지 못했다.[131] 그가 알고 있는 것이라고는 원한, 전리품 그리고 무엇보다 강력한 권력 등에 대한 보상을 받기 위해 상대방을 처단하려는 계략을 꾸미는 한 무리의 군주뿐이었다.[132] 인간은 일반적으로 '배은망덕하고 변덕스러운 거짓말쟁이들이자 사기꾼들'이었으며, '위험은 피하고, 이익에는 침을 흘린다.'[133]

마키아벨리는 확실히 당시의 문화에 얽매여 있었다. 다시 말해 그는 영적 맹목성의 시대에서 활약한 영적 맹인이었다. 이탈리아 정치의 냉소적 오물통 때문에 이상향적 상상력을 상실한 그는 국법을 준수하고 일반 교양이라는 이상을 몸소 구현하는 고무적이고 고귀한 지도자가 필요한 이유를 깨닫지 못했다. 그나마 마키아벨리가 이상향적 상상력을 가장 효과적으로 발휘한 사례는 훌륭한 법과 훌륭한 군대를 국가의 성공 조건으로 제시한 점이다. 비록 《로마사 논고Discourses on Livy》(1513~1527)에서 그는 종교의 정치적 중요성을 인식했지만, 개인의 마음과 도덕심[134]을 실용적 의미가 없는 것으로 치부했다. 그리고 교회를 자신의 정치적 숙원 사업을 실현하는 데 방해가 된다고 여겼다.

만일 마키아벨리가 권력을 뛰어넘는 어떤 것의 가치를 믿었다면 아마 그것은 개인의 도덕심이 아니라, 권력의 바람직한 배경으로서의 '국민'이었을 것이다. 그의 관점에서 애국심은 모든 형태의 정치적 수완에 대한 도덕적 변명이자 불타는 열정이었다. 국민국가의 이익을 위해서는 무엇이든 용서되거나 용서될 수 있었다. 마키아벨리는 민족주의적 집착 때문에 조금은 길을 헤맸다. 그는 민족주의가 존재하지 않는 곳에서는 민족주의를 활용할 수 없다는 점을 깨닫지 못했다. 즉 그는 민족주의에 집착한 나머지 로마적 사고에서만 존재하는 이탈리아인의 일체감을 자신의 주변에서만 감지했다.

그러나 마키아벨리는 주변에서 일어나는 교회의 붕괴 현상은 무척 기민하게 감지했다. 《로마사 논고》의 '파멸과 징벌이 임박했다'라는 경고는 가톨릭 관계자들이 무시한 여러 경고 중 하나였을 뿐이다. 더구나 교회는 그의 숙원 사업(이탈리아의 통일)을 저지하는 데 나섰다. 그리고 하느님의 세상이라는 기독교의 통합 사상은 성직자들에 의해 실현되기는커녕 교회 지도자들의 부도덕한 행동 때문에 열매를 거두지 못했다.[135] 그렇게 전통적 신앙의 기반이 서서히 흔들리는 동안 르네상스는 서양의 지성에 새로운 사회적 정의감을 불어넣었다. 그런 정의감의 토대는 마키아벨리(훗날에는 헤겔)의 자기정당화적 국민이 아니라, 신학이 허용하거나 교회가 장려한 것보다 더 심오한 세속화된 기독교인의 도덕심이었다.[136]

애석하게도 세속의 지도자들은 이 같은 새로운 의식을 감지하지 못했다. 정치도 종교에 못지않게 주변의 인지적·도덕적 환경으로부터 동떨어져 있었기 때문이다. 마키아벨리가 정치계를 관찰하며 집필한 내용은 이집트나 인도, 중국에서 주목을 받았다. 하지만 그는 오래된 행동을 묘사하고 논평했을 뿐, 주변 세계의 발전에 발맞춘 새로운 사상을 전혀 제시하지 못했다. 모든 것이 변화하고 온갖 종류의 문물이 발견됐지만, 정치사상은 정체되어 있었다(국가와 국가의 관계나 국가와 시민의 관계에 대한 관념의 근본적인 변화가 전혀 없었다). 사실 카를 5세는 절대주의를 정치적 중립이라는 절대적 극단으로 몰아갔고, 세상은 마케도니아 유형의 개인 군주제로 후퇴하는 듯했다.[137]

하지만 대중 사이에서는 세속적 도덕심이 퍼지고 있었다. 지적 측면에서 볼 때 르네상스 시대의 세계는 예술, 종교, 과학, 탐험, 상업, 정치 같은 여러 분야로 쪼개졌다. 그런 혼돈상태로 인해 사회 내부에서 새로운 에너지가 분출됐을 뿐 아니라, 평민들도 자신의 생각과 의견을 표현했다. 이런 의사 표명은 자칫 정체될 뻔한 신학과 정치 이론 분야에서 특히 두드러졌다. 창의적이고 실용적인 사고의 주역은 관념적 지식인들이나 모든 일을 자신의 편의에 맞춘 교황들과 군주들이 아니라, 전문직 종사자들과 속인들이었다.

역설적 대비의 사례인 토머스 모어 경과 마키아벨리는 이상주의 전통과 현실주의 전통의 분열과 무의미함을 구체적으로 보여준 인물이다. 토머스 모어의 사고방식은 기본적으로 중세적이었고, 동시대의 실용적인 인물인 마키아벨리와 뚜렷하게 대비된다. 토머스 모어는 세계를 당위적 대상으로 다룬 반면, 마키아벨리는 세계를 있는 그대로 다뤘다. 토머스 모어는 목이 잘린 낙관론자였지만, 마키아벨리는 공민권을 빼앗긴 비관론자로서 세상을 떠났다.[138]

이들이 미친 실질적 영향에도 불구하고, 두 사람 모두 중세의 어느 수도원에서 시시콜콜한 논쟁을 마음껏 벌이는 편이 더 좋았을지도 모른다. 토머스 모어는 지성과 고결성을 낭비했다. 반면 마키아벨리는 엄청난 지적 비약을 통해 정치와 권력을 연결시켰지만, 두 가지 모두에서 아무런 성과를 내지 못했다. 기껏해야 이 두 사람을 비롯한 르네상스 시대의 저술가들과 예술가들은, 탐험가들과 인문주의적 교황들과 함께 세상사에 대한 관심을 되살리는 과정에 참여했을 뿐이다. 그런 과정에서 신학적 개혁뿐 아니라 세속적 개혁이 초래됐다.

†

우리에게 르네상스 시대는 다시 태어난 근대 세계의 찬란한 서막으로 남아 있다. 르네상스 시대는 인문주의, 민족주의, 토착어 문학, 예술, 상업 등이 해묵은 가정, 믿음,[139] 확신 등에 대한 맹목적·의례적 충실성에 도전해 승리를 거둔 시대였다. 르네상스 정신이 남아 있다면 그것은 적어도 이론적으로는 현세적 행복을 증가시킬 수 있다는 믿음에 내재된 낙관론의 흔적일 것이다.

일찍이 그리스인들이 소수의 귀족에 대해서만 떠올렸고, 나중에는 기독교를 통해 내세의 모든 사람에게 확대된 멋진 삶의 유산은 바야흐로 지금 이곳의 모든 사람이 누릴 수 있는 가능성이 됐다. 미래에 대한 중동의 운명론적 태도나 극동의 수동적 태도와 달리 삶을 개선할 수 있다는 그런 믿음은 현세의 중요성을 재발견하고, 여기 이 땅에서의 미래(진보)에 대한 창의적 가능성을 최초로 인지하고 포용한 시대로부터 물려받은 소중한 유산이다.[140]

아직 해결되지 않은 르네상스의 궁극적 문제는 세속적 물질주의와 도덕 관념의 조화다. 이렇게 볼 때 우리는 서로 경쟁하고 충돌하는 제도(어떤 제도는 우리의 정서적 욕구에 무관심하고, 또 다른 제도는 그것을 이용한다)에 따른 불균형적이고 성가신 무질서의 속에서 생활하는 한편, 균형감 있고 만족스

러운 윤리적 질서를 여전히 모색하고 다. 이제 또다시 우리가 알고 있는 진
리를 재검토하고 쇄신함으로써 사회를 개혁할 시간이 다가온 것이다.

# 6장

# 개혁과 어리석음
## : 교회 권위로부터의 자유

사람들이 신학적 진리를 외면하고 세상으로 시선을 돌리던 바로 그 순간 좁게는 기독교가, 넓게는 서양 문명이 개혁을 겪으면서 신학적 진리는 급격히 진로를 수정하고 있었다. 16세기 초반, 수도사들이 신학적 문제를 둘러싼 해답을 찾는 동안 기독교는 여러 차례의 자기 반성적 교정 과정을 겪었다. 본질적으로 보수적인 성격의 교정 과정은 교회가 타락하기 전의 시절로 돌아가려는 노력이었다.

한편 르네상스 시대 사람들이 현세의 문제에 대해 인간적·실용적 해답을 추구함에 따라 자본주의와 민족주의 같은 세속적 종교가 형성되었다. 따라서 기독교 신학이 재평가되고, 성경이 재해석되고, 교회가 분열되고 개혁되고 있을 때 상승세를 탄 자본주의는 중세 길드 체제의 토대를 서서히 허물고 있었다. 그리고 성장세를 보이던 민족주의는 신성로마제국을 약화시키고 교황제를 뒤흔들고 있었다.[1]

이로 인한 결과는 한 가지 개혁이 아니라 네 가지 개혁이었다[2]. 교회를 개혁하고자 저항에 나선 마틴 루터Martin Luther는 결국 기독교를 개혁하게 되었다. 장 칼뱅John Calvin은 자본주의를 빈약한 형이상학적 기반 위에 올려놓을 뿐인 신학을 상세히 해석함으로써 저항 운동을 계승했다. 신교도의 도전에 직면한 가톨릭교회는 권력을 되찾기 위한 반종교개혁에 나섰다. 한편 군주들은 민족주의라는 세속 종교의 다양한 분파를 형성함으로써 정치 영역을 개혁하고 있었다.[3]

서양 문명의 전면적 개혁은 자본주의와 민족주의의 발흥과 동시에 일어난 교회의 영향력 저하에 기인했다. 가톨릭교회의 획일적 신권 정치를 혁파한 기독교 개혁은 본질적으로 종교의 부활에 기인한 것이었다. 따라서 기독교는 그리스도의 정신과 성경에 호소함으로써 종교를 다시 중대한 사안으로 승격시킨 개혁가들에 의해 구원을 받았다.[4] 종교개혁은 비록 세속적 르네상스에 대한 신학적 반발이었지만 르네상스처럼 그리스 로마 시대의 가치 복원에 주목하면서 시작됐다. 그리고 간신히 근대 세계에 진입함으로써 마무리됐다.

종교개혁은 사실 중세가 스스로를 종식시킨, 단일하면서도 중세적 삶의 공식적 신앙으로부터 서양의 지성을 해방시킨 계기였다. 중세의 마지막 정수답게 종교개혁은 내세의 삶, 구원, 신의 말씀과 신의 세상 등에 너무 깊이 파묻혀 있었다. 고조된 믿음이 그리스도에 대한, 궁극적으로는 이성에 대한 헌신적 자세의 부활로, 그리고 악마와 마녀에 대한 탐닉으로 이어지면서 종교개혁은 불관용과 미신, 편협성과 잔인성 같은 특징을 띠게 됐다.[5]

믿음이 다시 확립되는 동안 군주와 대중, 교황의 태도가 서로 맞물리면서 교회와 중세의 성직 구조가 무너졌다. 군주들은 성직자의 부도덕성뿐만

**95개 반박문** 마틴 루터가 교황청의 면죄부 판매에 반발해 쓴 글을 517년 10월 31일, 비텐베르크성 교회 대문에 내걸으며 종교개혁의 시발점이 되었다.

아니라 세상사에 대한 교회의 개입과 고압적 자세, 재정 정책 및 재정적 관행 때문에 골머리를 앓았다. 중세를 거치는 동안 신흥 국민국가 지도자의 교회에 대한 존경심은 차츰 줄어들었고, 교회에 대한 두려움도 점점 옅어졌다. 16세기에 이르러 교회가 황제 편에 서서 귀족들과 맞서자 군주들은 교회의 세계 통치에 대한 반 종교적 저항을 운운하는 지경에 이르렀다.[6]

한편 대중이 반대한 것은 교회의 강력한 권력이 아니라, 교회의 허약함이었다. 이들은 현세에서 사악함에 대항할 수 있도록 도와주는 교회를 원했다. 즉 대중은 교회 지배력의 약화가 아니라 강화를 바랐다. 대중이 교황에게 반기를 든 것은 교황이 기독교 세계의 영적 지도자였기 때문이 아니라 그저 부유하고 힘이 센 군주였기 때문이다. 교황, 군주, 대중 사이의 삼각 투쟁에서 교황은 여러 군주와의 동맹을 모색했다. 하지만 공민권이 없는 힘없는 사람들 사이에서 누린 대중성에 대해서는 전혀 주목하지 않았다.[7]

그러나 궁극적으로 종교개혁은 자신의 권위에 도전하는 모든 사람에게 동기와 소재를 제공한 르네상스 시대의 교황들에 의해 시작됐다. 신학적 관점에서 반기독교적인 그들의 스키마는 용서의 미덕과 자비로운 하느님이라는 개념을 통합하지 못했다.[8] 교회의 정체성에 합치되는 것과 그렇지 않은 것 때문에 행한 일과 행하지 않은 일을 통해 서양의 신권 정치를 혁파한 주인공은 루터나 군주, 대중이 아니라 교황이었다. 교황은 세속주의와 충돌하기는커녕 세속주의를 바티칸으로 기꺼이 들여왔다. 그리고 신학과 사상의 개혁을 저지하는 한편, 수치스러울 정도로 바티칸을 타락시켰다(그런 개혁에 협조했다면 자신은 물론이고, 남들도 당시의 상황을 이해할 수 있었을 것이다). 교황은 세속적이고 실리적인 가치를 포용하는 동시에 영적 공백상태를 생생히 드러냄으로써 기독교 세계의 분열을 초래했다.[9]

## 교황의 세속화 : 타락의 진수

식스투스 4세Sixtus IV(1471~1484) 때 시작된 교황의 타락은 급격하고 철저하게 진행됐다.[10] 그리스도의 종이라는 역할이 바티칸의 군주라는 역할을 방해하는 상황을 결코 방관하지 않았던[11] 식스투스 4세의 뒤를 이은 교황은 자식을 부양하는 유약하고 유순하며 가정적인 남자 인노첸시오 8세 Innocent VIII였다.[12] 그다지 순수하지 않았던 인노첸시오 8세는 모든 행정상 거래에 대해 자기 몫을 챙기면서 성직 매매가 제도화됐다. 이로 인해 허가장, 사면장, 위조된 교황의 칙서 및 면죄부 따위를 파는 판매대가 설치됐다. 이 모든 것은 그리스도가 죄인의 죽음을 원하지 않으며, 죄인은 그 죄의 비용을 치러야 한다는 견해를 피력한 어느 추기경에 의해 합리화됐다.[13] 그러나 1488년 교회의 몇몇 고위 관계자들이 교황의 특별 허가 칙서를 위조한 혐의로 체포되었고, 그중 두 명이 처형되면서 수포로 돌아갔다.[14]

인노첸시오 8세의 후계자인 알렉산데르 6세(1492~1503)는 교회보다 자신이 속한 보르자 가문에 관심과 노력을 더 쏟았다. 그의 모든 노력이 무색하게도 아들인 체사레(마키아벨리가 권력의 화신으로 찬양한 인물)는 과거에 아버지가 경매로 사들이면서 품격을 크게 떨어뜨린 직위에 오르지 못했다.[15] 아들과 마찬가지로 알렉산데르 6세도 전설에 남을 만한 죄악에 탐닉했고, 살인 사건에 여러 차례 연루됐으며, 최악의 배신 행위를 일삼았다.[16] 난봉꾼 교황 알렉산데르 6세의 치세[17]는 심각한 인지 부조화와 르네상스 시대 교황제의 밑바닥을 보여준 시기였다.[18] 기도는 뒷전이었고 도박, 폭음과 폭식, 중독 그리고 휴 헤프너Hugh Heffner(미국의 성인 잡지 〈플레이보이Playboy〉의 창간자-역주)도 부끄러워할 만한 근친상간적 음란 행위를 비롯한 각종 유희를 탐닉했다.[19]

알렉산데르 6세의 뒤를 이은 율리우스 2세Julius II(1503~1513, 알렉산데르 6세와 율리우스 2세 사이에 피우스 3세Pius III가 있지만, 그의 재임 기간은 26일에 불과했다.-역주)는 십자군 운동을 그리워한 나머지 현직 교황에게 무력으로 저항함으로써 허전한 마음을 달랜 십자군 전사였다.[20] 유럽은 1506년 전쟁을 선동한 그의 모습에 낙담했고, 선봉에 서서 군대를 이끈 그의 모습에 충격을 받았다.[21] 누군가로부터 기독교인들이 서로를 학살하는 장면을 보면서 흥분을 느껴도 된다는 허락을 받았다면 그의 행위는 수치스러운 짓은 아니었다.[22] 그리고 실제로 그는 교황의 영역을 무력 행위로까지 확대했다. 하지만 모든 사람, 특히 교회는 그의 군국주의 정책에 따른 대가를 치러야 했다.[23]

그는 프랑스 세력을 물리쳤지만, 그것은 에스파냐 세력이 이탈리아를 지배하는 빌미가 됐다. 그가 값비싼 대가를 치르며 벌인 전쟁뿐 아니라, 예술가(미켈란젤로와 라파엘로)에 대한 후원함으로써 교황청의 재정 부담을 가중시켰다. 재정적 문제도 심각했지만, 율리우스 2세의 근본적인 문제는 그의 목적이 기독교적 수단과 이상에 배치된다는 점이었다.[24]

그가 생각한 천국은 무력으로 획득한 재물로 가득한 곳이었다. 비록 《천국에서 추방된 율리우스Julius Exclusus from Heaven》(에라스무스의 풍자문)에 의하면 그는 천국에 도달하지 못했다. 성 베드로St. Peter가 천국의 문 앞에서 그를 멈춰 세웠기 때문이다.

어리석음이 헛된 목표에 대한 고집스러운 집착이라면 율리우스는 정말 어리석었다. 그의 목표는 개인적 영광이었고, 개인의 영광이 교회의 영광으로 연결될 것으로 생각했다. 그리고 목표를 달성하기 위해서라면 장애물과 방법을 철저히 무시하면서 목표를 추진했다. 장애물을 무시한 덕택에 그는 전사로 성공했지만, 방법(세속적 목적을 달성하기 위한 수단)을 무시했기 때문에 교회뿐 아니라 신에게도 위험을 초래했다.[25]

율리우스 2세가 입 밖으로 드러내지 않은 질문은 '영광의 대가는 무엇인가?'였다. 그의 대답은 틀림없이 '모든 것!'이었을 것이다. 그는 기꺼이 교회를 이용해 현세와 내세에서의 개인적 영광에 대한 대가를 지불했다. 현세의 교황으로서의 삶을 위

**율리우스 2세** 예술을 가장 크게 후원한 교황으로 당대 강력한 군주 중 한 사람이었다. 라파엘로, 〈율리우스 2세의 초상Portrait of Pope Julius Ⅱ〉, 1511년, 포플러나무에 유화, 108.7×81cm

해 그는 이탈리아에서 군대를 유지할 자금이 필요했다. 한편 내세의 삶을 위해서는 교황청의 수입을 초과할 정도의 비용으로 무덤을 만들 자금이 필요했다. 그 '세계의 대성당' 건축비용은 면죄부를 판매해(엄격히 말해 면죄부는 판매되지 않고 지급됐다. 피지급자는 자신의 의도와는 상관없이 면죄부의 범위와 각자의 금전적 상황에 따라 교회에 기부하게 되는 셈이었다) 충당했는데, 그것은 신교도의 저항을 불러일으킨 원인이 됐다.[26]

독실한 신자들은 개혁에 대한 교황의 미온적 태도와 로마에 널리 퍼진 악행에도 불만을 느꼈다. 그러나 영적 은총의 상업화*는 그들의 감정을 노골적으로 드러내는 폐해이자 치욕스러운 관행이었다.[27] 돈에 눈이 먼 교회[28]는 면죄부의 발행으로 죄악이 기승을 부렸고,[29] 독실한 신교도들의 감정이 극도로 악화될 지경에 이르기까지 타락했다.

면죄부 판매로 이익을 챙긴 레오 10세(1513~1521)는 르네상스 시대 교황들의 종교적 무책임성을 가장 극명하게 보여준 인물이다. 그는 교양 있고 섬세하고 향락적이고 느긋하고 나태한 도박꾼이었다. 하지만 루터에게 진 게임의 본질을 전혀 이해하지 못했다. 그는 음악, 연극, 책, 보석, 사냥 등 교회를 제외한 거의 모든 것에 관심을 쏟으며 자신의 공식적 의무를 망각했고, 다가오는 도전에 전혀 대비하지 못했다. 당시 교회에 필요한 것은 내부 개혁을 추진할 교황이었다. 그러나 실제로 교회를 장악한 것은 만연한

---

* 비록 많은 개혁이 이뤄졌지만, 가톨릭교회는 오늘날에도 여전히 세계에서 가장 거대한 법인이다. 가톨릭교회는 가난한 제3세계 국가의 빈약한 재정 자원을 서서히 악화시킨다는 측면에서 볼 때, 최대 규모의 다국적 기업보다 한 수 위에 있다. 지금 현재 보유하고 있는 부를 가난한 사람들을 돕는 데 쓰는 것이 더 진정한 기독교인의 자세가 아닐까?

부패를 막기 위한 조치를 거의 취하지 않는 신플라톤주의적 기독교인이었다.[30]

좋게 말해 레오 10세는 종교에 깊은 관심이 있었기 때문에 종교 의식은 성실히 유지했다(그는 종교를 배우기, 잘살기, 가장 노릇하기, 전쟁 벌이기 바로 다음으로 꼽았다).[31] 그는 단식일을 지켰고 매일 미사를 올렸다.[32] 하지만 그는 판단력이 모자라고, 교황제의 평판을 떨어뜨린

**레오 10세** 로마를 유럽 문화의 중심지로 만들고, 교황권을 유럽의 중요한 정치권력으로 끌어올렸다. 하지만 르네상스 시대 교황들 가운데 가장 사치스러웠던 것으로 손꼽힌다.

천박한 방탕아였다.[33] 그는 진정한 르네상스적 방식에 따라 지안파올로 바글리오니Gianpaolo Baglioni를 처치하는 데 배신을 활용했다. 바글리오니는 어리석게도 레오 10세가 제안한 안전 통행증을 덥석 받아들고 로마로 왔고,* 곧바로 참수됐다.[34]

레오 10세는 이 같은 상황의 중심에 있었는데도 상황이 어떻게 돌아가는지 전혀 알지 못했다. 설령 알고 있었더라도 상황의 의미나 향후 대처 방안을 알지 못했을 것이다. 그는 당시의 논제가 무엇인지 모를 정도로 고립

---

* 그 배반의 시대에 사람들이 누군가로부터 안전 통행증을 받아들인 까닭은 어리석음을 연구하는 전문가들에게도 여전히 수수께끼로 남아 있다. 아마 바글리오니는 개혁가 얀 후스Jan Hus가 100년 전에 동일한 방식으로 처형됐다는 사실을 몰랐을 것이다(Rabb, p. 26). 애석하게도 이라크의 대량 살상무기 계획 책임자 후세인 카밀Hussein Kamil은 망명하기 전에 이 책을 읽지 않았고, 결과적으로 1996년에 장인인 사담 후세인Saddam Hussein의 사면 약속에 속아 귀국했다(Feith, p. 189).

되어 있었기 때문에 항의의 구체적인 내용도, 지난 50년 동안 교회의 전반적 상태가 악화되고 있다는 사실도 파악하지 못했다.[35]

하지만 곳곳에서 항의의 분위기가 조성되자 그도 더 이상 교회에 밀어닥친 저항의 물결을 모른 척할 수 없었다. 1518년, 아우크스부르크 제국의회Diet of Augsburg는 오스만제국에 맞설 십자군의 운영 자금을 마련하기 위한 세금을 통과시키라는 요구를 받았다. 그러자 기독교 세계의 진정한 적은 '악마 같은 로마인들'이라고 응수했다.[36] 당시 여론에 의하면 교회가 관심을 쏟아야 할 대상은 예술이나 전쟁이 아니라 독실한 신자들의 영적 욕구였다. 기독교가 로마제국 시대의 영적 공허감을 채워줄 정도로 발전한 것처럼, 신교 운동도 가톨릭 제국 내부의 부패로 초래된 영적 공백에 대처할 정도로 발전했다. 신교 운동은 기독교 스키마의 실패에 따른 반응이라기보다는 세속 윤리가 기독교 스키마를 대체한 현상에 대한 반작용이었다.

새로운 기준에 따라 교황들이 성공을 거두자 도덕성을 고수하던 사람들은 소외됐고, 군주들은 교회의 번영과 영향력을 시샘하면서 점점 반감을 품게 됐다. 그런 맥락에서 보면 신교 운동의 보수적 성격이 뚜렷하게 드러난다. 이념적 측면에서 신교도들은 세속적인 교황에게 거부감을 느끼고, 자신의 신앙과 삶에서 의미를 찾기 위해 성경으로 돌아갔다.

**아우크스부르크 제국의회** 종교전쟁의 결과로 1555년 9월 25일에 아우크스부르크에서 열린 독일제국 의회의 회의

이런 면에서 신교도들은 이상을 저버리고 권력 때문에 타락한 특권 계급과 결별한 혁명가의 전형이라고 볼 수 있다. 신교도들은 사실 교리 못지 않게 교회의 금고를 털어 취할 수 있는 경제적 이익에도 관심이 있었다. 하지만 신교 운동을 시작 단계부터 좀먹고 단결과 협력의 기회를 날려버린 주범은 재물을 둘러싼 다툼이 아니라, 교리상의 차이가 반영된 신학 논쟁이었다.[37]

당시의 시대적 상황과 교회의 인식 틀을 상징하고 그 속에서 움직였다는 점에서 볼 때, 확실히 교황은 대재앙을 초래한 원인이었다. 르네상스 시대 교황들이 종교개혁의 시작에 일조하기는 했다. 하지만 그들의 기벽은 교회가 곳곳에서 높아지는 반대의 목소리에 대처하지 못한 채 고집스럽게 대중적 평판을 떨어뜨린 이유와 과정을 설명하지 못했다. 근본적인 문제는 그들이 대체적으로 체제를 바꾸는 것을 주저하고 체제의 변화를 추진할 만한 능력이 없었다는 것이다. 왜냐하면 교황이 바로 체제였기 때문이다. 특권 계급의 범위를 정할 때 교황들은 교회를 타락시키는 동시에 개혁을 방해하는 두 가지 요소를 뒤섞었다. 첫 번째 요소는 교회가 당시의 세속적 가치를 포용했다는 점이고, 두 번째 요소는 이미 세속화된 교회가 비판을 무시하고 개혁을 외면하면서 사람들에게 필요한 영적·종교적 기관이 되기를 거부했다는 점이다.

르네상스 시대의 교황들은 자신을 둘러싼 환경의 가치관을 수용함으로써 신경과민적 역설의 희생자로 전락했다. 그들은 오랜 기간 진행된 교회의 하향식 붕괴를 유발하는 과정에서 얻은 금전적 보상을 바탕으로 꾸준히 힘을 키웠다. 교회에는 불행한 일이었지만, 교황들은 그 새로운 세속적 관점을 근거가 있는 것, 다시 말해 성스러운 기독교 스키마의 타락이 아니라 새로운 종류의 세속적 성공을 규정하는 기준으로 바라봤다. 그들은 마치 르네상스 시대 예술가의 진정한 정신을 구현하듯, 부유한 정치 기관을 이끄는 지도자의 시각에서 자신의 정책과 행동을 평가했다.

문제는 교회가 새로운 조건에 적응하지 못했다는 점이 아니라, 교회가 이미 새로운 조건이 됐다는 점이었다. 교회는 노골적인 인지 불일치를 보이는 한 예였다. 다시 말해 교회는 신앙심이 신성모독으로, 찬미가 수치로, 은총을 향한 모색이 권력 추구로 전락함에 따라 사람들의 신뢰를 상실한 르네상스적 · 세속적 · 현세적 교회로 탈바꿈했다.[38] 성직자들은 항구적인 행동 기준을 제시하거나 교회를 진정한 영적 기관으로 개혁하기는커녕 세속적 타락에 앞장섰다. 어떤 사람들은 돈을 숭배하고, 어떤 사람들은 권력을 찬양하고, 또 다른 사람들은 국민국가를 찬미하고 있을 때 독실한 기독교인들은 신앙심이 깊다고 자부하는 종교 지도자에게 크게 배신감을 느꼈다. 공허감을 상징하는 존재가 있다면, 아마 종교개혁을 유발한 영적 공백을 생생히 보여준 교황들일 것이다.


### 교회, 개혁의 두 목소리

16세기 초반, 성직자들에 대한 불만과 그들이 제기한 불만은 확대되고 심화됐다. 그런 불만은 교회 안팎에서 이용할 수 있는 모든 매체를 통해 분명히 표현됐다.[39] 특히 1511년에 에라스무스는 통렬한 풍자문《우신예찬》을 출판함으로써 얼마 뒤 공격에 나설 루터에게 이념적 기반을 제공했다.

권력자를 제외한 나머지 모든 사람의 입장에서 볼 때 반대 의견의 표출은 정당한 행동이었다.

교회 지도자들은 개혁에 그다지 관심을 쏟지 않았기 때문에 이들은 이미 신앙과 독실한 신자들에게 등을 돌린 것이나 다름없었다. 루터가 등장하기 훨씬 전에 교회의 몰락을 막으려는 시도는 여러 차례 있었다. 하지만 유의미한 영향을 미친 사례는 전혀 없었다. 교회 밖에서는 영국의 위클리프Wycliffe처럼 노골적으로 저항에 나선 사례가 있었고, 교회 안에서도 여러 번의 개혁 시도가 있었지만 모두 실패로 돌아갔다. 게다가 사제단 내부의 비판뿐만 아니라 교회 외부의 비판도 철저히 무시됐다.

이처럼 잠재적 개혁이 실패하고 비판이 무시된 것은 로마의 권력자들 가운데 그 누구도 임박한 몰락을 저지할 생각을 하지 못했기 때문이다. 오히려 교회 지도자들은 개혁이 필요하다는 점을 인정하지 않으려고 했다. 모든 교회 정책의 이면에는 고위 성직자들의 교회는 난공불락이고 영구불변하다는 전제가 깔려 있었다.[40] 불멸의 영속성에 대한 자멸적 착각과 그에 따른 과장된 정의감의 토대는 옳고 그름을 규정하는 자들 사이에 널리 퍼진 도덕적 불가침성이라는 전제였다. 이런 콤플렉스는 집단사고에 빠진 사람들에게 전형적으로 나타나는 증상으로, 교회 관계자들이 자기 주변에서 점점 커지는 개혁 요구의 목소리에 귀를 닫는 원인이 됐다.

기본적으로 개혁 요구의 진원지는 두 가지 유형의 예비 개혁가들이었다. 하지만 이들 모두 교회를 수렁에서 건지지 못했다. 한 부류는 '합리적' 개혁가다. 이들은 전문 철학자들로 이상화된 지성의 가치를 믿었다. 또한 지식으로 무장한 지성이 제도 개선과 도덕성 향상을 유도할 것이라고 확신했다. 이런 잠재적 개혁가들(이를테면 성 토머스 모어)은 인간의 추론 능력을 강조하고, 지적인 귀족의 역할을 존중한 기독교적 인문주의자들의 전통을 계승했다.[41]

다른 부류는 '신비적' 개혁가다. 이들은 중세적 접근법을 활용했고, 신의 인도와 신성한 영감, 개인적 고결함을 강조했다. 열렬한 신비론자들에 의하면, 사회의 타락은 종교적 처방으로 교정할 수 없었다. 이들이 보기에 종교적 처방은 쓸모없고 혼돈만 야기할 뿐이었다. 대신 사회는 훈계와 정화에 의해 구제받을 수 있었다. 그것은 정통적 근본주의자들의 접근법으로, 대표적인 인물로 바로 탁발 수도사 지롤라모 사보나롤라Girolamo Savonarola(1452~1498)가 있다.[42]

사보나롤라는 지치지 않는 비판의 원천이자, 종교적 고뇌의 대변자였다. 교황 알렉산데르 6세는 1490년대에 7년 동안 이탈리아 전역에 울려 퍼

진 그의 목소리를 무시했다. 사보나롤라는 신조 위반을 이유로 교황들을 비판하며 다음과 같이 선언했다. "교황들과 고위 성직자들은 교만과 야심을 경계하라면서 정작 본인들은 거기에 푹 빠져 있다. 그들은 순결을 가르치면서 애인을 두고 있다. 그들은 세상사만 생각할 뿐, 영혼에는 조금도 관심이 없다."[43]

**사보나롤라** 비판의 원천이자, 종교적 고뇌의 대변자였다. 프라 바르톨로메오 작, 1498 산 마르코 박물관

물론 에라스무스 같은 일부 개혁가는 그 두 가지 접근법을 적절히 조합해 합

리적 신비주의를 도출해냈다. 그는 확실히 공포, 원한, 무지, 야만 행위, 무절제 등을 경멸하는 현명한 인문학자였다.[44] 하지만 안타깝게도 그는 플라톤 이후의 지성인들에게 나타난 전형적인 약점을 갖고 있었다. 그는 논리의 힘을 과대평가했고, 총명한 사람들은 기본적으로 합리적이라고 가정했으며, 자신이 사건의 결과에 영향을 줄 수 있다고 믿었다.[45] 종교 문제에서 그는 형식성보다 정신을, 이성보다 신앙심을 강조했다. 하지만 유감스럽게도 그는 우회적인 종교개혁을 추구하는 확신에 찬 인물이었다. 그는 교회의 단일성에 매진했지만, 광신적 행위를 증오하는 16세기의 온건주의자였다.[46] 때문에 당시의 열성분자들이 서로를 비이성적인 광란의 지경까지 몰아넣는 상황에서 변방으로 밀려나고 말았다.

에라스무스의 비극은 일반적인 인문주의자의 비극(교회 내부의 개혁을 달성하지 못한 점)이었다. 《우신예찬》에서 그는 형식성, 수도원 제도 그리고 고위 성직자들의 무지와 태만 같은 어리석음을 지적했다.[47] 그 같은 죄악이 기승을 부렸지만, 에라스무스와 그의 동료들은 혁명가가 아니었기 때문에 교회와 인연을 끊을 수 없었다. 오히려 그들은 너무 지적이고 너무 소심했기 때문에 그리고 교회에 너무 많은 신세를 졌기 때문에 교회에 반대하는 대중 운동을 이끌 수 없었다.[48] 사실 에라스무스는 사람들을 갈라놓는 모든 사소한 갈등을 초월하는 범汎 유럽주의를 권장하려고 했다. 에라스무스가 세상을 떠난 뒤 교회는 그의 책을 금서로 지정했다.[49]

합리주의자들과 인문주의자들이 뜻을 이루지 못하자 개혁가들은 어쩔 수 없이 신비주의로 시선을 돌렸다. 이성과 중용이 무시되고 저지됐으며, 싸움터는 당시의 열렬한 영적 개혁가들이 장악했다.[50] 그 가운데서도 지나치게 앞서 나가던 사보나롤라는 1498년 이단 혐의로 화형을 당했다(실제로는 교황의 범죄를 질책했기 때문이었다). 당시의 가장 중요한 도덕적 문제는 사제와 교황들이 조장한 악폐에 분개한 개혁가들에 의해 제기됐고, 결국 파국을 맞았다. 왜냐하면 로마에서 성경을 악용하는 데 쓰인 세금에 대한 군주들과 사제들의 관심이 고조됐기 때문이다(교황들은 가장 성공한 죄인들처럼 교회를 방종의 도구로 삼았다. 그들에 의해 세속화된 교회는 신자의 절반을 신교에 빼앗겼다. Tuchman, 1984, p. 52).

물론 그런 악폐는 분명 나쁜 것이었지만, 교회 내부의 문제만으로 종교 개혁이 유발되지는 않았다. 확실히 교회 내부에는 종교개혁을 막을 만한 사람이 거의 없었다. 뿐만 아니라 사실 16세기 초반 교회에서 자행된 악폐의 수준은 과거와 별반 다르지 않았다. 실제로 금전적 욕구는 율리우스 2세 때 최고조에 달했지만, 과거에도 방종으로 치달았던 추문이 있었다. 그리고 앞선 3세기 동안의 교황들도 탐욕스럽다는 비난을 받은 것은 마찬가지였다. 수도원의 타락, 성직 매매, 복수의 성직록 수령, 의무 태만 같은 문제들도 여러 세기 동안 보편적인 현상이었다.[51]


## 전통에 대한 믿음의 붕괴, 마틴 루터의 종교개혁

이렇듯 종교개혁은 점진적 쇠퇴의 결과가 아니라, 전통적 체제에 대한 믿음의 붕괴에서 비롯됐다. 종교개혁은 기성 제도의 해묵은 과실과 과도한 악폐에 따른 반작용이 아니라, 퇴폐적인 교회의 구조 안에서 충족될 수 없는 뿌리 깊은 욕구의 표현이었다. 사람들이 교회를 신뢰하지 않은 것은 지난 몇 세기 동안 추악한 수도사들과 부패한 사제들이 보여준 행실이나 1517년 루터가 보여준 행동 때문이 아니라, 그들에게 필요한 것을 교회가 채워주지 못했기 때문이었다.[52]

'근대'의 우산 아래 교회는 평민들의 영적 수요에 무관심하고 둔감해졌다. 실제로 레오 10세는 루터의 첫 번째 도전을 수도사 사이의 반목으로 치부할 정도로

**마틴 루터** 로마 가톨릭교회의 부패에 반기를 든 독일의 종교개혁자

무책임한 태도를 보였다. 그의 판단은 절반만 옳았다. 루터는 수도사였지만, 루터의 상대는 다른 수도사들이 아니라 교회였다. 그리고 폭넓은 의미에서 볼 때 그가 이끈 운동은 교회의 개혁뿐만 아니라, 기독교 개혁으로 이어졌기 때문에 종교 혁명이라고 평가할 수 있다.[53]

훗날 가톨릭교는 루터의 개혁 운동으로 인해 확실히 세력이 약화됐고, 결국 반종교개혁을 통한 자체적인 개혁에 나서게 되었다. 순수하고 완전했다고 전해지는 암흑시대의 기독교 신앙으로 회귀할 것을 요구한 루터의 개혁 운동은 기본적으로 근본주의 성향의 반동적 운동이었다.

장 칼뱅과 마찬가지로 마틴 루터Martin Luther(1483~1546)는 영혼과 신의 관계라는 측면에서 볼 때 부활한 성 아우구스티누스St. Augustine였다(만일 중세적 쟁점이라는 것이 존재한다면 영혼과 신의 관계는 중세적 쟁점으로 볼 수 있다). 루터

는 자신이 과거에 한 일은 고사하고 그것을 시도한 것조차 잊어버렸다. 그가 이끈 운동은 출발점부터 정귀환正歸還 방식에 돌입했고, 결과적으로 그는 극단으로 치달은 나머지 인문주의자들과 멀어지게 됐다.

그는 동료 신교도들의 도움에 힘입어 미사를 통해 망자의 영혼을 구원할 수 있다는 연옥 개념을 혁파했고(성경에는 연옥에 관한 언급이 없다[54]), 예정설은 사후 영혼의 운명을 사제들로부터 해방시킬 수 있다고 주장했다.[55] 또한 그는 탐욕스러운 교황제를 뒷받침하는 면죄부를 단호히 거부했다.[56]

신학자 시절의 루터는 구원에 이를 수 있는 모든 공식적 방도를 철저히 조사한 뒤 허점을 찾아냈다. 또한 그는 자신이 신을 사랑할 수 없는 이유가 신이 사랑스럽지 않기 때문이라고 했다. 그가 보기에 어쨌든 인간의 행실은 신에게 책임이 있는데, 무조건 인간을 저주하는 신은 사랑스럽지 못했다. 본질적인 문제는 최고의 이기주의자[57]가 신의 역할을 맡고 있다는 점이었다. 신은 변덕스럽게 결정을 바꿀 수 있는, 통제와 제어가 불가능한 존재였다. 그리고 더할 나위 없이 부패한 절대 권력이었다. 과연 그런 신을 사랑할 수 있을까? 루터는 신을 증오했다![58]

신성모독의 지경에 이른 루터에게도 절망과 두려움이 찾아왔다. 기도할 대상이 없었기 때문에 도움을 구하는 기도를 해본들 아무런 소용도 없었다. 병적으로 내면으로 파고들었다. 그 결과, 성경에서 구원을 찾아냈고, 그것을 계기로 1513년에서 1515년 사이 이성을 거부하고 신앙을 포용하게 됐다. 그는 신이 자신에게 도전한 자들조차 용서하고 동정한다는 것을 깨달은 후 신을 그저 믿고 받아들여인 것이다.

인간은 칼뱅주의 관점의 선택을 받은 자들에 속한다는 사실을 행동을 통해 입증°하는 것이지, 신앙만으로°° 그렇게 되는 것은 아니라는 성경 구절(야고보서 2장 24절)에도 불구하고 오직 신앙만이 해답[59]이었기 때문이다. 철학적 측면에서 볼 때 루터는 모순되게 논리를 이용해 이성을 부인했다. 그는 중세적 문제를 근대적 수단을 이용해 다루면서 원초적인 해법에 도달했다. 학습의 가치를 경멸한[60] 그는 이성을 활용했지만, 신이 어리석다는 합리적 결론을 직시하지는 못했다.

그는 성경이 꾸며낸 이야기라는 결론을 내리지도 못했다. 처음부터 끝까지 편협한 종교적 스키마에 얽매인 그의 결론은 성경적·기독교적 형식과 조화를 이뤄야 했다. 현대인은 이해하기 어렵겠지만, 그는 이성을 의심하고 관용을 배반으로 여긴 시대에 살았다.[61]

루터는 결코 어리석은 사람이 아니었지만, 초창기에는 종종 어리석다는 오해를 받았다.[62] 그리고 나중에는 중용을 멀리한 채 무분별한 극단으로 나아갔다. 성경을 독파함으로써 성경의 내용을 진지하게 받아들인 신학자였지만, 생각과 독서, 사색의 산물이었다기보다는 경험의 산물에 가까웠다.[63] 1510년 로마에서 목격한 교황의 경망스러움과 세속적 화려함에 충격을 받은 후 그는 바로 그 점을 지적했다. 1516년, 그는 면죄부가 성자들의 공적으로 받아들임으로 인해, 죄를 뉘우치는 신앙심이 아닌 자기만족적인 부도

---

• 성 아우구스티누스에 의하면 모든 인간은 너무 타락했기 때문에 인간의 행위는 신이 구원할 사람을 선택할 때 아무런 역할을 하지 못한다. 신의 선택을 받을 사람들에 포함되는 것은 공덕과 무관한 듯했지만, 칼뱅주의자들은 현세에서 성과를 내면 구원받을 사람들에 포함될 것이라고 생각했다(Collins, pp. 298~299). 이는 신이 아니라 인간을 겨냥한 홍보 활동이었다.

•• 이것은 오늘날 우리가 초월적인 심리 경험이라 부르는 것의 훌륭한 역사적 사례 중 하나다. 자아를 지탱하는 스키마가 산산이 부서졌을 때 루터는 우월한 어떤 것, 즉 신앙에 다시 기댈 수밖에 없었다.

덕성을 유발할 수 있다고 주장하면서 그 기만성과 위해성을 지적했다.[64]

그리고 1년 뒤 그는 교황의 행실과 편법을 비난하고, 성경의 전거典據에 의해 입증되지 않는 한 자신의 주장을 절대로 철회하지 않겠다고 버텼다. 그러자 독일인들이 동요하기 시작했고, 군주들은 각자의 정치적·재정적* 이유에서 루터를 교황[65]으로부터 보호하고 지원하는 데 전념했다(당시 루터는 교황을 사탄 혹은 사탄보다 나쁜 존재로 여겼다[66]).

교회 관계자들의 폐단은 이후에도 계속됐지만, 1517년은 역사적인 전환점이었다. 비록 교회는 전환에 실패했지만 말이다. 1517년, 마틴 루터는 성직자들을 교회 문에 못 박았다. 종교개혁의 주체로서 루터는 교회가 스스로의 원칙에 부응해야 한다는 사상에 감동받았다. 그를 역사상 가장 위대한 내부고발자의 길로 이끈 것이 바로 이 독특한 관념이었다.

루터는 신학적 반역자였을 뿐, 혁신가로 자처하지 않았다. 반대로 그는 개혁의 주창자로서 혁신의 책임을 교회에 돌렸다(그의 주장에 따르면 교회의 역사는 400년에 불과했다). 그는 인노첸시오 3세의 치세부터 발전하기 시작한 교황의 신권 정치에 반대했고, 서기 8세기의 교회로 복원하고 싶어 했다(그는 교회의 세속 권력이 8세기부터 시작됐다고 생각했다). 그의 목표는 순수하고 순결한 교회[67]를 되찾는 것이었다. 루터가 보기에 교회는 그간의 생존 과정에서 스스로 평판을 떨어뜨렸다. 교회는 중세의 삶과 뒤섞이는 동안 자신의 본질을 훼손시킴으로써 너무 많은 것을 포기했다. 그는 교회를 기독교적

---

* 1509년, 신성로마제국의 황제 막시밀리안 1세Maximilian I는 독일인 납세자들을 조직적으로 약탈하는 바티칸과의 관계를 단절하다시피 했다. 당시 독일인 납세자들은 '어리석은 야만인들'로 대접받는 현실에 분노했다(Manchester, 1992, 161).

도덕심이 결여된 권력 기관이라고 질타했고, 종교 정신이 다시 회복되기를 갈망했다.

루터는 극도로 보수적이면서도 뜻하지 않게 개인의 도덕심을 대중화한 우발적 반역자였다. 그는 새로운 교파를 창시하려고 애쓰지 않았고, 단지 기존 교회를 개혁하고자 했다. 하지만 그는 대다수의 개혁가보다 극단적이었다. 사실 다른 개혁가들은 교회 내부의 폐단을 불평했지만, 그는 교회 자체를 폐단으로 간주했다. 열정적이고 격정적이며 선동적이고 맹렬하고 격렬한 증오자이자,[68] 신학적 광신자로서 운명을 결정하는 신과 인간의 관계를 둘러싼 싸움을 벌였다.[69] 그리고 교황의 부패를 종식시키는 문제보다 훼손된 종교를 구원하는 문제에 관심이 더 많았다.[70] 그의 관점에서 부패는 우발적 개혁가인 그가 활용한 부차적인 문제일 뿐이었다.


## 이성은 악마의 신부

루터는 보수 성향의 반역자였을 뿐 아니라, 권위주의자였다. 그가 교회를 증오한 것은 교회의 권위주의적 태도 때문이 아니라, 교회의 태만과 부패 때문이었다. 사실 그는 맹목적인 복종을 강요하며 사제나 선행이나 이성을 통해서는 닿을 수 없는 게르만 민족 지도자로서의 신의 권위에 심취해 있었다.

루터는 이성을 '악마의 신부', '신의 최악의 적[71]' '신앙 최대의 적[72]'으로 여겼다. 그는 이성에만 의존하는 사람은 결코 믿음에 이를 수 없고, 오직 어리석은 자만이 이성을 통해 삶의 수수께끼를 이해할 수 있다고 생각했다.[73] 이성은 어떤 점에서는 유용할지 모르나, 신앙을 유지하는 데는 소용없었다. 신의 은총은 선행이나 합리적 사고와 무관했다. 오직 신앙만으로 족했다.[74]

독실한 사람들은 박식해서는 안 된다. 루터파 교조주의자들은 어리숙한 사람들에게 신이 읽기, 쓰기, 문학 등을 경멸한다고 주장했다. 루터의 동료 중 한 명은 문맹의 기쁨을 설교하고자 비텐베르크대학 교수직을 사임했고, 일부 학생은 장인匠人이 되고자 학업을 그만두었다. 학습에 대한 이런 경멸적 태도는 불관용, 고전 문화를 이교적인 것으로 치부하는 경향, 파문 선고, 분서焚書 그리고 의견이 다른 사람을 화형火刑시키는 것으로 비화됐다. 그 모든 반지성적 편협함과 거기에 동반된 극단적 신체 학대의 가능성 때문에 루터는 애초 그를 지지하고 변호한 대다수의 인문주의자와 사이가 멀어졌다. 특히 에라스무스와의 관계가 소원해졌다. 사태는 극단으로 치달았고, 율리우스 2세에게 쏟아진 비판(수단이 기독교적 목적과 양립하지 않는다)이 루터에게 돌아가게 되었다.[75]

역설적이게도 권위주의 성향의 루터가 시작한 저항은 기본적으로 르네상스 시대 예술가의 진정한 정신을 구현하는 듯한 개별적 반역의 문제가 됐다. 과거에는 교회만 신의 말씀을 왜곡했지만, 이제는 루터 폰 구트네부르크Luther von Guttneburg(루터 폰 구트네부르크는 실존인물이라기보다는 인쇄술을 발명한 요하네스 구텐베르크와 종교개혁을 이끈 마틴 루터의 이름을 합친 가상의 인물로 보인다.-역주) 덕분에 모두가 왜곡에 나설 수 있었다. 모든 사람이 성경을 읽고 과연 신이 누구인지, 어떤 일을 하는 존재인지 스스로 판단함에 따라 스스로가 자신의 사제가 될 수 있었다.[76]

그것은 각 개인이 자신의 도덕심에 집중하고, 자신의 마음에 귀 기울이고, 자신의 영혼을 함양하는 신학적 무정부 상태임을 의미한다. 스스로가 내린 결론에 다른 사람들도 대부분 도달할 것으로 추측했기 때문에 루터는 종교에 대해 심각할 정도로 주관적인 접근법을 옹호했다. 플라톤처럼 루터도 대다수의 사람이 자신과 비슷할 거라고 (아마 더 과묵하거나 더 평범할지는 몰라도 기본적으로 자신과 흡사한 존재일 거라고) 여겼다.

1520년대의 농민 반란기에 그는 자신과 전혀 다른 것을 원하는 사람들의 모습을 보고 실망했고,[77] 어떤 사람들이 경악스럽기까지 한 주장을 내세우는 모습에서 그동안 자신이 권장하고 변호해온 자유로운 판단에 대한 신뢰를 거뒀다.[78] 그가 보기에 사람들은 각자의 삶에 대해서가 아니라 성경에 의해 결론을 내린 듯했다(사소한 사례이기는 하지만, 춤을 추고 싶은가? 자, 그렇게 하라. 하지만 모든 춤의 움직임은 지옥을 향하는 움직임일 것이다(Chalkley, T. Journal, New York, 1808). 즐거운 시간 보내기를!).

사람들은 루터의 신학이 아니라 그의 정신에 고무됐고, 만인은 평등하게 창조됐다는 토마스 뮌처Thomas Münzer의 터무니없는 견해[79]에 매혹됨으로써 교회를 불신할 뿐 아니라, 세속의 권위에도 불복하게 됐다. 그러자 루터는 그들을 저버렸다. 그는 흥미로우면서도 냉담한 제목의 소논문인 〈살인과 절도를 저지르는 농민 무리에 반대하며

**토마스 뮌처 초상** 만인은 평등하게 창조됐다고 주장했다. 크리스토펠 반 시켐의 1608년 판화

Against the Murdering, Thieving Hordes of Peasants 〉(1525)에서 세속의 폭정[80]에 저항할 농민의 권리를 부정했다. 신에 대한 믿음이 구원을 불러올지 몰라도 특권 계급에 대한 믿음이 정치적 · 사회적 부정과 연결되면 정의는 요원했다. 따라서 그의 직접적인 유산은 세속적 개혁이 아니라 신학 논쟁과 한 세기에 걸친 성전聖戰이었다.[81]

루터와 사람들 사이의 불화는 교회가 자신을 수용하지 않을 가능성이 높기 때문에 독자노선을 걸어야 한다는 점을 그가 깨달았을 때 시작됐다. 그는 개별적 구원을 지향하는 조직으로 엄격한 위계 구조의 조직을 대체했다.[82] 역설적이게도 그 새로운 조직은 금세 제도화됐고, 나름의 법과 교리, 학설을 갖추면서 모반자들을 양성했다. 루터는 항상 사람들에게 올바른 믿음을 제시하는 자신의 모습을 상상했지만, 그의 저항 정신이 더 많은 사람의 마음을 사로잡았다.

신교도들은 그가 확립한 전통을 경건하게 계승했고,* 그가 구사한 수단을 그들의 목적에 맞게 적용했으며, 신앙심이 믿음을 정당화한다고 주장했다. 그런 주장 중 일부는 루터가 전혀 이해할 수 없는 것이었다(예를 들어 어느 정도의 신앙심이 재세례파 교리를 정당화할 수 있는지 전혀 알 수 없었다[83]). 그때의 루터는 자신이 이룬 성공의 희생자에 불과한 것처럼 보였다.

사실 신교의 성공은 루터가 생각한 것처럼 '그의 성공'은 아니었다. 루터는 위클리프가 실패한 부분에서 성공을 거뒀다. 그렇게 된 데는 교리뿐

----

* 급진적 성향의 경건파는 부패한 특권 계급에 반발하며, 이전의 원초적 상태로 돌아가고자 했다 (Watson, 2010, p.46). 대안적 형태의 혁명은 1790년대의 프랑스처럼 새로운 형태의 특권 계급이 등장할 때 일어났다.

만 아니라 인쇄술의 역할도 컸다. 성경의 근거가 확고히 자리 잡고, 상당수의 사람이 성경을 보유하게 되면서 신의 말씀을 해석하는 방법만큼 많은 수의 대중적 종교운동이 발생할 수 있었다. 또 실제로 그렇게 됐다.[84]

## 새로운 종교로 자리 잡은 자본주의

신교가 종교 세계를 변모시키는 동안, 자본주의는 세속세계를 쇄신하고 있었다. 16세기에 자본주의는 이미 길드제도가 사업가에게 자리를 양보한 중세로 거슬러 올라가는 오랜 역사를 갖고 있었다. 공장이 발전하면서 사업제도도 발전했다. 그러나 사업제도는 합리적 통제를 받아야 했다.[85]

그 합리적인 제도의 이면에는 삶에 대한 새로운 태도를 대변하고, 서양인의 새로운 종교로 자리 잡은 자본주의 정신이 있었다. 오늘날 동양에서는 자본주의 정신에 입각하지 않은 사람들은 일정한 수준에 도달하기 위해 일하다가 목표를 달성하면 거기서 멈춘다. 반면 서양의 기업가들은 멈추지 않는다. 그들은 단지 나아가기 위해 쉼 없이 나아간다. 훌륭한 자본가들은 마치 종교를 대하듯 일을 위해 일한다. 이들은 힘과 시간이 남아 있는데도 계속 일을 하지 않으면 수치심을 느낀다. 자본가의 스키마는 일을 본질적 선으로 정의하고 있다. 이때 본질적 선은 멋진 삶에 대한 지향으로 이어졌고, 멋진 삶은 결국 번영으로 다시 정의됐다.[86] 일을 본질적 선으로 정의하는 태도를 극단적으로 밀어붙이는 사람은 바로 일 중독자, 즉 자본주의판 광신자라고 할 수 있다.[87]

막스 베버Max Weber는 같은 기업가라도 신교도가 구교도보다 더 훌륭하

**《기독교 강요》** 1959년 판. 칼뱅은 신의 거룩한 말씀을 설명하고자 이 책을 집필했다.

다고 주장했다. 그는 그 이유로 신교도와 구교도의 일에 대한 태도의 차이를 들었다.[88] 확실히 신교도의 상업주의 정신은 가톨릭교 교리보다 더 역동적이고 진보적이었다. 일반적으로 가톨릭교의 교리는 지배한 시기와 지역에 정체적이고 억제적인 영향을 미쳤다. 신교와 구교의 차이는 신교도 직업윤리를 확립한 장 칼뱅(1509~1564)에 의해 야기되었다. 영리주의는 가톨릭교가 지배한 중세부터 발전하기 시작했다. 루터는 평범한 직업을 가리켜 신을 섬기고 자립을 촉진하는 수단이라며 높이 평가

했다. 그러나 재미나 해학과는 거리가 먼 잔혹한 장 칼뱅은 자신의 신학을 의심하는 사람들을 하찮은 인간, 개, 돼지, 당나귀, 냄새가 고약한 짐승, 멍청이 등으로 비난했다.[89] 그는 자본주의 정신에 광기 어린 신학적 기반을 제공했다. 사람들은 그런 칼뱅 때문에 즐겁고 느긋하고 여유롭게 인생을 마음껏 누렸지만, 교황의 악행으로 점철된 옛 시절을 그리워하게 됐다.[90]

　　루터처럼 칼뱅도 구시대적 정통성의 거두인 성 아우구스티누스를 통해 진정한 기독교 신앙에 이르렀다.[91] 비록 그의 신학은 신흥 상인계급과 궁합이 맞았지만, 그것은 의도적인 결과가 아니었다. 1535년 칼뱅이 역작《기독교 강요基督教綱要, Institutes of the Christian Religion》를 집필한 목적은 신의 거룩한 말씀을 설명하기 위함이었다. 칼뱅에 의하면 신은 전혀 자유를 허락하지 않았다. 신은 전지전능한 존재[92]이기 때문에 모든 것을 계획하고, 사람들에게

선택권을 주지 않았다. 아담의 타락을 계획하고 인간에게 타락에 대한 천벌을 내렸다. 그런 뒤 그 사랑이 넘치는 신은 심사숙고한 끝에 방주가 아니라 구원을 통한 두 번째 기회를 몇몇 사람들에게 주기로 결정했다. 그 소수의 선택된 사람들이 바로 칼뱅주의자들이었다.[93]

칼뱅의 엄격한 결정론은 죄를 정당화하는 데 사용될 수 있었다. 실제로 지금까지 그랬다(만사가 신의 의지(실수)라는 관점에서 죄라는 용어를 사용하는 것이 적절하다면 말이다). 칼뱅은 논리를 무시한 채 기독교 세계에 가장 진지한 도덕적 양심을 확립했다.[94] 그것은 칼뱅의 결정론적 신,* 그러니까 미리 결정된 죄를 피할 수 있도록 도와달라는 칼뱅주의자들의 기도에 귀 기울이는 신이 함양시킨 희미한 양심의 그림자에 불과하다.[95]

죄를 창조하고 허용하는 신이 빚어내는 문제는, 아담을 만든 뒤 마치 아담이 약간 잘못된 유기화학 실험 대상이어서 지속적인 교정이 필요하기 때문에 일시적 손질을 하는 데만 급급한 신의 행동에서 비롯됐다. 신은 에덴 동산을 만들 때 피로감을 드러냈다. 신이 일주일에 5일 만 일했다면 모두에게 더 좋았을지 모른다. 학습 능력이 부족하거나 창조적 도전 때문인지는 모르겠지만, 아무튼 신은 처음부터 다시 시작하기로 마음먹었다. 그리고 고결하고 훌륭하고 모범적인 노아의 가족을 제외한 모든 사람을 홍수로 떠내려 보냈다.[96] 노아의 후손들은 그 뒤 삶의 영적 성공이 아니라 경제적 성공을 이루고자 몸부림쳤다. 삶의 경제적 성공은 칼뱅과 루터가 악마의 탓으

---

* 칼뱅은 결정론을 수반하는 도덕적 허무주의를 회피하는 모든 위대한 기독교 사상가들의 전형적인 사례다. 나는 우리의 행동이 타인의 행위를 결정한다는 것을 깨달아야 하고, 우리는 타인에게 도덕적 책임이 있다는 사르트르의 견해에 공감한다(Hecht, 457).

로 돌린 자연재해를 통해 달성된 것이다.[97]

칼뱅주의자들은 특유의 사업 감각으로 유명해졌다. 하지만 고결한 인품은 모든 지위의 사람들이 필수적으로 갖춰야 할 요소였고, 진정한 신봉자에게 있어 성공의 검증 기준은 경제적인 것이 아니라 윤리적인 것이었다. 사업에서는 이익이 아니라 도덕성이 강조됐다. 세속적 성공은 모범적 사업가[98]인 신 덕분에 성공을 맛보는 칼뱅주의자였지만, 이는[99] 신의 은총의 증거로 간주되지 않았다.[100]

그들의 기강 잡힌 신앙은 근면, 절제, 정직, 검약 같은 경제적 미덕을 낳았다. 그리고 그런 미덕 덕분에 개인의 금전적 지위가 향상되는 한편, 사회는 전반적으로 개선됐다.[101] 확실히 그런 미덕을 고수하는 사람들에게는 충분한 이유가 있었다. 칼뱅교에서는 신성한 명분에 헌신하는 영웅들이 꾸준히 등장했다. 물론 불필요한 것을 숙고하느라 시간과 정력을 낭비하지 않는 점은 칼뱅주의자들의 장점이었다. 루터주의자들은 신앙 문제 때문에 번민했지만, 칼뱅주의자들은 단지 믿었다.[102]

칼뱅주의자들의 또 다른 장점은 그들이 현세에서 맡은 일(거룩한 공동체Holy Commonwealth의 확립)의 성격이 단순하고 명쾌하다는 사실이었다. 아무리 그들의 이상향이 독선에 의해 왜곡됐더라도 칼뱅주의자들은 그 누구보다 더 가까이 이상향에 다가갔다. 그들의 이상향은 16세기 제네바였다. 역설적이게도 당시 제네바는 탐욕스러운 사업가들이 공동체에 대한 공적 의무를 이타적으로 수행할 정도로 노동의 미덕이 활발하게 적용된 곳이었다. 뿐만 아니라 중세적 가치를 지지하는 사람에게 이상적인 장소였다.[103]

또한 고전 자본주의 정신의 뿌리가 칼뱅주의자라고 잘못 알려진 것도 매우 역설적인 사실이다. 왜냐하면 자본주의는 칼뱅주의의 영향권인 제네바보다 종교개혁 이전에 가톨릭교 영향권인 플랑드르Flanders와 피렌체에서 더 발달했기 때문이다.[104] 아울러 제네바의 상인 계급은 그의 도덕주의를 무례로 여긴 반면, 칼뱅은 자유방임을 도덕적 모욕으로 여겼다.

칼뱅이 추구한 스키마의 본질은 자유가 아니라 규율이었고, 제네바에서의 본업은 사업이 아니라 종교였다. 때문에 그는 자신이 모범으로 삼은 도시생활의 모든 양상을 기독교적 이상에 맞추기 위해 정교한 훈령을 만들었다. 훈령에는 가격과 임차료 조항을 비롯한 거래 관련 규정이 있었고, 그런 규정은 경제활동이 종교 예법에 따라 이뤄져야 한다는 점을 주지시켰다. 몇 세기 뒤에 청교도들은 정부의 상거래 규제(현대 파시즘의 결정적인 특징)를 지지하게 됐지만,[105] 사업가들은 규율에 얽매이지 않는 살벌한 자본주의판 주지육림酒池肉林을 마음껏 즐겼다.

이렇듯 칼뱅주의가 자본주의 정신과 관계 있는 이유는 상거래에 대한 칼뱅의 태도 때문이 아니라, 그가 규율을 강조한 점 그리고 칼뱅주의자들이 자본주의 사회에서 그들의 규율을 적용해 금전적으로 성공을 거둔 점 때문으로 볼 수 있다. 그들은 성공을 거두는 과정에서 자본주의 정신을 선사했지만, 그것은 우연히 일어난 역사적 사건일 뿐이었다.


칼뱅주의자들은 우연히 자본주의 체제에서 일하게 된 것이다. 칼뱅주의자들은 농업이나 공업 등 그들이 일한 모든 경제 체제에 결정적 정신을 제공했을 것이다. 예를 들어 그들의 영적 후계자들인 청교도들(어디서든 자신이 종사한 분야에서 성공을 거두고 근면하다는 점에서 그들은 일종의 신교적 유대인

이라고 할 수 있다)이 1세기 뒤에 뉴잉글랜드에서 황무지를 개간하면서 그랬 듯이 말이다.[106]

제네바는 상업 도시였지만,[107] 칼뱅의 전체주의적 규제는 그곳을 자본 가의 천국이나 안식처가 아니라 생지옥(세속의 악행과 쾌락에 맞서 싸우는 데 전념하는 신학자의 이상향)으로 만들어버렸다. 모든 시민은 매일 두 차례 의 무적으로 예배를 드려야 했고, 필요할 경우 당국은 예배를 강제할 수 있었 다.[108] 조지 오웰George Orwell의 소설 《1984년Nineteen Eighty-Four》을 연상시키는 제 네바에서는 춤추기, 사치스럽게 먹기, 노래 부르기, 그림, 조각상, 유품, 교 회의 종, 풍금, 성찬대 양초, 점잖지 못하거나 반종교적인 노래, 오락, 화장 하기, 보석, 레이스, 품위 없는 옷차림, 부적절한 색상의 의류, 자신보다 지 위가 높은 사람에게 무례하게 말하기, 지나친 여흥, 욕설, 도박, 카드놀이, 사냥, 술에 취하기, 〈구약성서〉의 등장인물을 제외한 사람의 이름을 따서 아이의 이름 짓기, 부도덕하거나 반종교적인 책 읽기, 집시에게 점 보기, 식 사를 할 때 많은 수의 접시를 사용하기, 배우자 이외의 사람과 성관계* 등 의 행위에 대해 처벌했다.

그런 처벌 조항이 없었다면 모두가 마음껏 즐길 수 있었을 것이다. 물론 그래도 여성들은 금지된 직물로 만든 옷(16세기의 여러 도시에서 화려한 옷차림 은 사치 예방 차원에서 법으로 규제됐다. 하지만 제네바의 규제는 대체로 과도했다)을 입거나, 정숙해 보이지 않는 모자를 쓰거나, 정숙해 보이지 않는 높이의 모

---

* 교회에 불규칙적으로 출석하는 행위도 사형죄에 해당했다. 그러나 역사적으로 볼 때 이는 사실과 다르 다. "간통한 사람은 1년 동안 도시에서 추방됐다. 게다가 추방되기 전에 길거리를 돌면서 자신의 죄목을 사람들에게 알려야 하는 무서운 처벌을 받았다"라는 언급이 있다.-역주

자를 착용했다는 이유로 투옥될 수 있었다.[109]

다행히 (여담이지만, 나의 6대조 할아버지는 웰레스 치안판사는 1770년대에 코네티컷 주의 청교도 지역인 웨더스필드에서 죄인들을 색출하는 임무를 맡았다. 자랑스럽습니다, 할아버지! JFW) 그런 규칙들은 대중적 조소의 대상이 되었고, 무시되기 일쑤였다.* 놀랍게도 파문과 추방은 처벌이 아니라 보상으로 간주됐다. 또 다른 맥락에서 보면 칼뱅주의자들이 그토록 열심히 일한 것은 달리 할 일이 없었기 때문이기도 했다.[110]

칼뱅은 업계 관계자들을 상대로 경제적 규제를 둘러싼 타협을 이끌어낼 정도로 영리했다. 하지만 제네바가 악몽 같은 생지옥으로 변할 때까지 그의 종교적 스키마는 독선적으로 치달았다. 코페르니쿠스는 사기꾼으로 낙인 찍혔다.[111] 종교적 사안에 관한 규제에 따르면 설교 중에 웃는 것, 아이에게 가톨릭교 성자의 이름을 붙이는 것, 기도문을 암송하지 못하거나 교황이 좋은 사람이라고 말하지 않는 것 따위는 위법 행위였다. 또한 성찬식 거부는 범죄였다.

가톨릭교를 믿는 법관이 공직을 맡기 위해서는 "미사는 나쁘다"라고 말한 뒤 그 점을 입증해야 했다. 가톨릭교를 받아들이지 않고 신에 대한 배반으로 간주된 이단은 단호한 척결의 대상이었다. 예정설을 부인하는 것은 추방을 의미했고, 영혼불멸설이나 삼위일체를 부정하는 것은 죽음을 뜻했다.[112] 1542년부터 1564년까지 약 2만 명의 인구 중 58명의 불신자가 처형

---

* 몇 세기 뒤 신세계에서도 마찬가지 현상이 나타났다. 1839년, 코네티컷 주에서는 아이들이 일요일에 휘파람을 불거나 재미있게 노는 것이 금지됐고, 오하이오 주에서는 일요일에 노동과 오락이 금지됐다 (Phillips, p. 397). 그렇다면 교회에서 노는 아이는 어떻게 됐을까?

됐고, 76명이 추방됐다.[113]

그 무렵 제네바는 선출된 자들의 도시라기보다는 선택된 자들(의견이 다른 사람들을 내쫓거나 죽이고 오직 칼뱅의 편협한 신앙적 기준에 순응하는 사람들만 받아들이는 옹졸한 성자들)의 도시에 가까워졌다.[114] 법률 시행이라는 고결한 명분에 입각한 당국은 아무도 신을 속이지 않는다는 사실을 확인해야만 직성이 풀렸다.[115]

억압의 시대에서 가장 억압적이었던 그 체제[116]는 도덕적 방종을 용납하지 않았을 뿐 아니라, 정치적 반대에도 무척 민감했다. 때문에 거리에서의 싸움도 쿠데타로 해석해 주모자들을 처형하거나 추방할 정도였다.[117] 그런 예민한 반응의 원인은 과대망상이 아니라 공포였다. 사실 칼뱅의 추종자들은 정의*를 열렬히 추구하는 과정에서 많은 사람을 적**으로 돌렸다. 1564년 칼뱅이 세상을 떠난 뒤 제네바의 분위기는 느슨해졌다. 경제적 주도권은 다시 자본가들에게 돌아갔고, 사업 윤리는 칼뱅주의 이전의 시기로 되돌아갔다.[118]

---

* 정의는 비록 1970년대 초반 닉슨 행정부의 끼리끼리 놀고 까다롭고 고상한 척하는, '두더지 같은 우상숭배자들Rodent Fornicators'이라는 도착적 형태를 띠기는 했지만, 아직 살아있었다. 빌리 그레이엄Billy Graham과 주거 침입을 똑같이 좋아한(Wills, 1974) 닉슨은 매일 밤 무릎을 꿇고 지혜를 달라고 기도했지만(Wheen, 111), 아마 신은 민주당원인 듯하다.
** 그중에서 가장 중요한 인물은 세바스티안 카스텔리오Sebastian Castellio(1515~1563)다. 그는 칼뱅에 맞서 사상의 자유를 옹호했고, 서로 충돌하는 절대성의 세계에서 상대주의의 기수가 됐다(F, Zweig, p. 159).

## 가톨릭교회의 반종교개혁 운동

기독교 세계에 대한 루터와 칼뱅의 신학 개혁과 더불어 가톨릭교회의
자체 개혁도 있었다. 그것이 바로 반종교개혁이다. 반종교개혁은 1522년
교황 하드리아누스 6세Adrian VI가 선출되면서 자칫 불필요한 것이 될 뻔했다.
개혁가 하드리아누스 6세가 교회를 다시 원래의 기독교 신앙으로 이끌었
기 때문이다. 하지만 그의 재임 기간은 54주에 불과해[119] 뿌리 깊은 부패를
해결하기에는 역부족이었다. 그가 세상을 떠나자 교회는 원래의 상태로 돌
아갔고, 유약하고 우유부단한 클레멘스 7세Clemens VII를 선택함으로써 재앙이
초래됐다. 교황은 점점 커지는 카를 5세의 힘을 견제하고자 1527년 황제의
군대가 타락한 로마를 약탈했을 때 막을 내린 자멸적 외교를 펼치는 동안
신교는 꾸준히 전진했다.[120]

신교의 이탈이 가톨릭교회에 파장을 미치기까지는 얼마간의 시간이 필
요했다. 하지만 일부 사람들은 로마의 약탈을 교황들과 측근들의 세속적
죄악(태만)에 대한 신의 응징으로 인식했다.[121] 비록 10년이나 늦었지만, 마
침내 바티칸의 통치자들은 그동안 자신들이 잘못을 저지르고 있었다는 것
을 깨닫게 되었다. 당연한 일이지만, 어떤 사람들은 로마의 약탈을 신교도
의 이단 행위로 봤다.[122] 그러나 로마를 약탈한 병력의 절반은 에스파냐의
가톨릭 교도였다. 로마의 약탈을 어떻게 인식하든 간에 반응은 동일했다.
즉 교회는 반종교개혁에 나선 것이다. 반종교개혁은 반대자에 대한 공격과
내부 개혁을 목표로 한 매우 보수적인 운동이었다.

당파적 분열과 신학적 발명의 시대에 교회 지도자들은 지적 억압을 통
해 가톨릭교의 통일을 달성하고자 했다. 따라서 반종교개혁은 자유(구체적

**로욜라의 성 이냐시오** 예수회의 창립자. 스페인 바스크 귀족 가문의 기사이자 로마 가톨릭교회의 은수자이자 사제, 신학자이다.

으로는 르네상스 시대 교황들의 도덕적 자유 그리고 전반적으로는 르네상스 시대의 지적 자유)에 대한 특권 계급의 저항이라고 할 수 있다. 반종교개혁의 목표는 이단 근절, 교회 규율 개정, 교회 안정화[123] 등이었다. 그리고 반종교개혁의 특징은 세속적 지식이 확대되고 성장하는 동안 점점 더 편협해지는 교리에 대한 영적 헌신의 강화였다.[124] 면죄부 판매 금지 조치[125]와 더불어 반종교개혁의 구체적 사례로 꼽을 수 있는 것은 예수회Jesuits, 종교재판Inquisition, 금서 목록Index of Prohibited Books, 트리엔트 공의회Council of Trent 등이다.

군건한 가톨릭교의 억압 정신은 예수회의 설립자이자 교회가 루터에게 내놓은 뒤늦은 해답인 로욜라의 성 이냐시오St. Ignatius of Loyola(1491~1556)가 상징적으로 보여줬다. 군인 출신인 로욜라는 예수회를 창립하면서 규율을 근본으로 삼았다. 예수회 수사들은 이단과의 전쟁에서 그에게 무조건 복종해야 했고, 그의 전쟁 계획에 열광적인 선교사가 되어야 했다. 설교와 가르침을 통해 가톨릭교의 도덕심을 향상시켜 시들해지는 교회의 도덕적 분위기를 개선했다.[126] 하지만 교회의 지적 수준을 높이기 위한 그들의 노력은 사상의 자유에 대한 가톨릭교 고위 성직자들의 단호한 반대에 부딪혔다.

## 종교재판

교회의 반지성적 태도의 가장 구체적인 표현은 교회의 음흉한 제도라고 할 수 있는 종교재판이었다. 금서 목록과 더불어 종교재판은 이단을 겨냥한 독실한 신자들의 역공이었다. 현대인의 시각에서는 사상을 억압하고 책의 판매를 금지함으로써 스스로를 구원한다고 주장하는 조직의 가치를 의심하는 것이 공정한 태도로 보일 것이다. 하지만 16세기의 가톨릭교 신자들은 공정함과는 거리가 멀었다. 더 구체적으로 말하자면 교회 지도자들은 공격받고 있었고, 그들은 방어하기 위해 사용할 수 있는 모든 수단을 활용해 살아남으려고 했다. 이런 점에서 중세의 영광에 취한 종교재판의 비극은 그것이 몇몇 미치광이들의 발명품이 아니라 사상의 다양성과 성실한 지적 탐구를 위협으로 간주한 권력자들의 대책이었다는 점이다.[127]

종교개혁 직전에 에스파냐는 종교재판을 국민통합의 수단으로 채택했다. 이것은 획일적 사고(하나의 통치자, 하나의 종교, 하나의 민족으로 이뤄진 단일한 문화)를 향한 서양의 주기적인 열정을 구체적으로 보여주는 또 하나의 사례였다. 1492년에 그라나다를 함락시킨 뒤 에스파냐는 정통성 회복에 나섰고, 당국은 뇌물과 무력을 활용해 무어인과 유대인을 가톨릭 교도로 개종시켰다. 그러나 개종자들이 다시 마음을 바꾸자 종교재판이 고귀한 목적을 달성하는 수단이 됐고, 무엇보다도 국가적 명예의 관점에서 정당화됐다. 곳곳에서 벌어진 반에스파냐적 활동에 맞서 일부 관계자들은 상근 종교 재판관이 됐고, 심지어 전문 분야까지 확보했다(어떤 재판관은 고문을, 어떤 재판관은 화형을 전문으로 삼았다). 비록 고통의 크기는 달랐지만, 육체, 사상, 교회 그리고 에스파냐까지 모두가 그 무자비한 치안 전술 때문에 고통받았다.[128]

**파울루스 3세** 이탈리아 귀족 출신으로 최초의 반종교개혁 교황이다.

그런 고통에도 불구하고 에스파냐의 교회와 국민이 신교를 억압하는 데 성공하자 반종교개혁가인 교황 파울루스 3세 Paulus III는 1542년 로마에 종교재판소[129]를 설치했다. 로마의 종교재판소는 세속 권력의 지원을 받을 수 있는 이탈리아에서 가장 뚜렷한 성과를 냈다. 하지만 이탈리아에서 벌어진 이단에 대한 제도적 박해는 에스파냐의 사례보다 온건해서 극소수의 사람들만 처형됐다.[130]

역설적이게도 유럽 전역의 신교도들과 가톨릭교도들은 통치자가 자신과 같은 교파일 경우에만 안심할 수 있었다. 하지만 지식인들(대부분 성직자 출신인 인문주의자들)은 보호받기 가장 어렵고 고통당하기 가장 쉬운 부류였다. 에라스무스 같은 일부 지식인은 망명을 선택했지만, 배교자로 낙인 찍힌 다수의 지식인은 스스로 생각하고, 그 생각과 믿음을 글로 표현했다는 이유[131]로 극심한 고문을 받았다. 애석하게도 신교와 가톨릭교 양측의 재판관들은 상대방의 철저한 노력을 이단을 박해하려는 자신의 극단적인 열정을 합리화하는 수단으로 활용했다. 이들은 피해자들에게 왼쪽 뺨을 내주고 박해자들을 위해 기도하라고 권고한(마태복음, 5장 39절과 44절) 예수를 책망했을 것이다.[132]

## 금서 목록

교회는 종교재판보다 더 일반적이고 폭넓은 이단 퇴치법인 금서 목록 (가톨릭 교도들이 읽지 말아야 하는 책의 목록)을 만들어냈다. 종교재판처럼 금서 목록에도 역사적 선례가 있었다. 사실 오래전부터 교회는 독실한 신자들이 이단적인 문헌을 읽지 못하도록 하는 데 열중했다. 손으로 직접 필사하는 수고로운 과정을 통해서만 책을 제작할 수 있는 상황에서는 책을 태워 없애는 분서가 효과적인 검열 수단이었다. 그러나 인쇄기가 등장하자 정보의 확산에 반대하는 세력은 전략을 수정해야 했다. 1515년, 제5차 라테란 공의회Lateran Council는 기독교 세계에서는 교회의 허가 없이 그 어떤 책도 인쇄할 수 없다고 결정했다. 라테란 공의회의 결정은 신교를 믿는 인쇄업자들이 유럽 전역을 무허가 서적으로 가득 채우기 전까지는 상당히 효과적인 수단이었다.[133]

그 새로운 위협에 대한 반응이 금서 목록이었다. 1540년대에 쾰른과 파리에서 등장한 초창기의 금서 목록은 해당 지역에만 적용됐다. 1559년, 파울루스 4세Paulus IV는 교황 최초로 금서 목록을 작성해 공표했다. 도덕을 훼손하거나, 신앙을 위태롭게 하거나, 사고를 촉진할 법한 책의 유통을 막으려는 시도인 교황의 금서 목록은 세계적인 문인들의 명단이 되었다. 이에 금서 목록에 오른다는 것은 역설적 찬사가 됐

**파울루스 4세** 교황으로서는 최초의 금서 목록을 작성해 공표

다. 즉 프랜시스 베이컨, 발자크, 데카르트, 뒤마, 기번, 홉스, 위고, 흄, 칸트, 로크, 밀 같은 사람들과 어깨를 나란히 한다는 영예의 표시가 되었던 것이다.[134]

이상하게도 교회가 사람들이 읽지 않기를 가장 간절하게 바란 책은 성경이었다.[135] 하지만 성경을 금서 목록에 올릴 수는 없었기 때문에 교회는 다른 전술을 구사했다. 즉 교회는 성경(특히 〈신약성서〉)이 당대의 언어로 번역되지 못하도록 막았다. 성경이 그리스어와 라틴어로 쓰여 있는 한 교회는 번역의 위험으로부터 안전했다. 하지만 과학과 지식 등 여러 분야와 마찬가지로 성경 번역 분야에서도 조류의 방향이 바뀌고 있었다. 고집불통인 교회도 그것을 막을 수는 없었다.

### 트리엔트 공의회

트리엔트 공의회는 장기적으로 교회에 피해를 입힌 반종교개혁의 또 다른 측면에 해당했다. 1543년부터 1563년까지 간헐적으로 열린 트리엔트 공의회는 교회의 몇몇 내부 개혁을 이끌었고, 과거에 여러 나라가 차례대로 가톨릭교 세계에서 추방되는 빌미가 된 죄악과 중대한 과오를 막았다. 그러나 신학적 측면에서 볼 때 트리엔트 공의회는 강경 노선을 취했다. 신앙과 도덕 같은 문제에서의 개인적 판단의 권리를 부정하고, 교회에만 성경을 해석할 권리를 부여하고, 성경의 불법 유통[136]을 반대하고, 오늘날까지 이어진 과학과 종교 사이의 어리석은 싸움에 무대를 제공하는 등 기본적으로 가톨릭교의 모든 교리에 정당성을 부여했다.

트리엔트 공의회의 완고한 태도는 반종교개혁의 보수적 성격을 전형적으로 보여주는 사례다. 신교도들에게 위협당하고 군주들에게 공격받은 교회는 절박한 위기감 속에서 스스로의 한계를 극복하지 못했다. 또한 시선을 내부와 과거로 돌려 정통성을 고수함으로써 인지 부조화를 완화하려고 발버둥쳤다.[137]

반종교개혁은 부도덕성과 부패 같은 구체적 악폐를 공략했다. 하지만 가톨릭교의 기본적인 권위주의적 스키마를 재확인하고 영구화했기 때문에 실패로 평가해야 한다. 서양 문명이 근대를 맞이할 때에도 교회는 중세의 심리상태에 깊이 취해 있었다. 교회는 모순적이게도 중세의 신조인 '자유의지설'을 신봉하면서도 신도들에게는 복종과 순종을 요구했다. 근대는 사람들이 독자적인 결정을 내린다는 점 때문에 근대로 불리는 것이다. 그러나 교회는 사람들이 스스로 생각하기를 바라지 않았다. 교리는 위에서 아래로 드문드문 하달됐고, 신도들은 무조건 복종해야 했다.[138]

## 지적 주도권의 이동 : 주체적 사고

유럽이 막 깨어나고 있는 바로 그 순간에 교회가 지적 반동 노선을 취한 것은 교회에도 비극이었다. 교회는 부도덕성과 이단뿐만 아니라 탐구정신까지 책망했다. 신앙은 비행非行과 의심뿐만 아니라 호기심을 억압하는 데도 동원됐다. 교회의 성경 해석이 점점 확장되는 세상이나 계속 변화하는 문화적 환경과 동떨어지면서 서양의 지적 주도권은 가톨릭교 신학을 극복하고 과감하게 주체적으로 사고하는 사람들에게로 넘어갔다.[139]

주체적 사고의 경향은 특히 국정을 운영하는 데서 두드러졌다. 당시 국정을 맡은 각국 정치인들은 민족주의 정신에 적절히 대처하고 있었다. 민족주의적 정서는 당시의 격렬한 종교 분쟁을 배경으로 발달했지만, 특정한 신학적 배열과 정확하게 일치하지는 않았다. 가톨릭교회는 민족주의에 도움이 됐지만 방해도 됐다. 가톨릭교회는 신성로마제국을 약화시킴으로써 민족주의를 도왔지만, 민족주의에 의해 가톨릭교회의 영향력이 위축될 듯하자 그에 저항했다. 한편 신교는 로마에 대항함으로써 각국을 도왔지만, 신교도들의 주요 관심사는 국가의 형태가 아니라 독자적인 신앙의 권리였다.[140]

반대로 16세기의 신교는 지배층의 민족주의뿐 아니라 일반 대중의 민족주의에도 도움을 받았다. 일부 군주는 교황과의 투쟁 과정에서 신교를 활용했고, 따라서 그들의 영역에서는 신교도 집단이 민족주의 성향의 내집단內集團이었다. 예를 들어 영국의 헨리 8세(1509~1547) 같은 군주들은 관료들의 입지가 강화되는 상황을 활용해 성직자의 특권과 부패를 세속적 특권과 부패로 대체했다.[141]

당시의 국민국가는 종교가 통치자에 의해 결정됐다는 점에서 중세 체제의 축소 모형이라고 볼 수 있다. 종교적 긴장에 따른 정치적 압력은 이주, 영역 구획, 포용주의 등 3가지 수단을 통해 완화됐다.[142]

먼저 신세계가 열리기 전, 자유로운 사고를 하는 사람들의 유일한 탈출구는 동쪽이었다. 그곳의 이슬람교도들은 가톨릭교도들이나 신교도들보다 이교도에게 더 관대했다. 서유럽에서는 다양성이 민족주의의 기세에 눌려 맥을 추지 못했지만, 정치적 발전이 더딘 동유럽 지역에서는 봉건제가 다양성을 유지하고 있었다. 예를 들어 폴란드의 다양한 교파들은 상호불일치에 합의함으로써 서로에게 적응했다. 서유럽에서는 자신의 신앙에 맞게 특정 지역으로 이주할 수 있었다. 하지만 신교도 지역에서는 단 하나의 교파만 공식적으로 허용했기 때문에 관용을 찾아보기 어려웠다.[143]

두 번째 수단(영역 구획)은 사실 첫 번째 수단을 세련되게 다듬은 것에 불과했다. 이는 첫 번째 수단과 마찬가지로 상당한 규모의 이주를 수반했다. 각 지역의 통치자들은 해당 지역의 종교를 결정할 수 있었고, 다른 종교를 믿는 사람들은 이주를 선택해야 했다. 영역 구획은 훗날 미국 건국의 아버지들이 채택한 방법이다.* 오늘날까지 미국 헌법에서는 국교만 금지할 뿐 사실상 개별 주에 의한 정교 통합의 가능성이 허용되고 있다.**[144]

세 번째 수단(포용주의)의 취지는 하나의 지역에서 하나의 종교를 공식적으로 인정하면서도 다른 종교에 대해서는 제한적인 요구만 한다는 것이었다. 서유럽에 만연한 '하나의 국가, 하나의 통치자, 하나의 종교'라는 심리에서 벗어난 세 번째 수단은 관용을 향한 거대한 도약이었다. 교리상 요건이 최악의 광신적 반대자를 제외한 모든 사람이 수용할 만한 수준이었기 때문에 포용주의는 이주를 최소화했다. 실제로 카를 5세는 포용주의를 시도했고, 엘리자베스 1세Elizabeth I(1558~1603)는 포용주의를 채택했다.[145]

---

* 미국 헌법의 틀을 만든 13개 주 가운데 5개 주는 교회를 위한 세제 혜택의 형태로 종교 기관을 인가하거나 지원했다. 매사추세츠 주에서는 1833년까지 그런 방식이 유지됐다(Smylie, p. 117). 마찬가지로 헌법을 비준할 때 대다수의 주는 신성모독, 명예훼손, 외설 등을 금지하는 법률을 통해 표현과 언론의 자유를 제한했다(Kaplan, p. 50).

** 남북전쟁 이후 1868년에 수정헌법 제14조의 적법 절차 조항이 미국 헌법에 추가되면서 수정헌법 제1조 '연방의회는 국교를 설립하거나 종교의 자유로운 행사를 금지하는 법률을 제정하지 못한다'라는 법안으로 볼 때 이 문장은 저자의 오류인 듯하다.-역주

## 시대를 읽지 못한 사람들

합스부르크 왕가의 수장으로서 그리고 신성로마제국의 황제로서 카를 5세는 마음대로 할 수만 있었다면 일찌감치 루터를 질책했을 것이다. 하지만 카를 5세는 헨리 8세, 프랑스의 프랑수아 1세Francis I(1515~1547), 교황 클레멘스 7세(1523~1534) 등과 함께 마키아벨리가 글로 남긴 모든 내용을 입증하는 복잡한 권력 정치에 휩쓸려 있었다. 네 사람의 역학관계를 둘러싼 기본적인 작동 원리는 한 사람이 너무 강력해질 듯하면 나머지 세 사람이 동맹을 맺는다는 것이었다. 물론 그런 불순한 관계 덕분에 크게 이득을 보는 쪽은 신교도 세력과 오스만제국이었다. 왜냐하면 교황 클레멘스 7세는 신교도들에 대한 영향력이 미약했고, 카를 5세가 이단을 탄압하거나 오스만제국에 맞서 십자군을 이끌도록 지원할 마음도 없었기 때문이다(클레멘스 7세는 카를 5세의 힘이 너무 커지지 않기를 바랐다). 1550년 카를 5세가 결국 신교도들을 마음껏 박해할 수 있게 됐을 때는 그들의 입지가 너무 견고했기 때문에 특별한 이득을 얻을 수 없었다.[146]

이제 더 이상 다양한 신앙을 서로 화해시킴으로써 종교적 불화를 해결할 수 있을 것이라는 희망이 보이지 않았다. 카를 5세에게는 상호불일치에 대한 합의 같은 방식이 어울리지 않았다. 그는 기본적으로 당대의 대다수 사람과 마찬가지로 관용이 없었기 때문이다. 주류 종교를 따르지 않는 신민들은 제국에서 떠나게 하거나, 제국을 분할해 여러 교파를 수용하는 방식은 황제로서의 역할이나 이미지에 어긋났다. 그의 '포용주의'는 상황에 의해 강요된 선택이었다. 하지만 독일의 루터파는 그런 타협마저 반대했다. 그들에게 카를 5세는 종교 문제를 해결하는 데 걸림돌이 됐다.[147]

낙담한 카를 5세는 퇴위를 결정했다. 그는 정신이 멀쩡한 상태에서 권좌를 물려준 소수의 정치 지도자들 중 한 사람이 됐다(그는 자신이 직면한 본질적 문제를 권력으로 해결할 수 없음을 깨달았다).[148] 그는 생애 마지막 2년을 시계를 만지작거리거나, 제국의 지도를 꼼꼼히 살피거나, 자신의 장례식 예행연습을 하면서 보냈다.[149]

어리석게도 사고방식이 주변 상황의 변화에 적응하지 못했기 때문에 평화와 종교적 통일을 추구하고 유럽의 패권을 장악하기 위한 그의 모든 노력은 물거품이 됐다. 그는 독일에서 발흥하는 민족주의로 인해 제국의 현실적 실패가 필연적 결론으로 굳어지는 상황에서도 제국의 이상을 고수했다. 그리고 루터주의가 확고하게 자리 잡은 상태에서 종교적 통일성을 고집스럽게 추구(심지어 쓸데없이 무력에 의존)했다.[150]

시대를 읽지 못한 사람은 카를 5세뿐만이 아니었다. 그가 독일의 종교 문제에 대한 해법으로 삼은 포용주의가 실패로 돌아가자 그의 정치적 후계자이자 동생인 페르디난트Ferdinand는 어쩔 수 없이 영역 구획(1555년의 아우크스부르크 종교화의Peace of Augsburg에서 채택된 원칙)에 기대야 했다.[151] 향후 50년 동안 독일에서 지속된 평화의 시작인 동시에, 그 뒤에 벌어진 '30년 전쟁Thirty Years' War(1618~1648 유럽에서 로마 가톨릭교회를 따르는 국가들과 개신교를 따르는 국가들 사이에 벌어진 종교전쟁)'의 씨앗을 뿌렸다는 점에서 볼 때 그의 선택은 절반의 축복이었다.[152] 왜냐하면 독

**30년 전쟁** 프랑스 화가 자크 칼로 작. 1632년

일 군주들은 가까운 미래의 근본적인 쟁점을 파악하지 못한 채 당장의 곤경에만 반응하고 있었기 때문이다. 그들은 신민이 아니라 주권자인 군주의 관점에서 생각했고,[153] 자신의 목적에 부합하는 역사적 교훈만 취하려는 경향이 있었다. 구체적으로 말해 그런 통치자들은 (아마 재세례파의 사례를 통해) 신민들이 종교 문제에 관한 독자적 판단을 내리도록 방치하지 말아야 한다는 점을 배웠을 것이다. 종교적 자유의 원칙은 개별 시민이 아니라 개별 국가에 적용됐다.[154] 종교개혁의 토대가 된 개인적 판단의 권리를 모든 사람이 단호하게 거부했기 때문이다.[155]

국교의 원칙을 가장 적절히 보여준 사례는 16세기 영국이다.[156] 튜더 왕조시대에는 교회와 국가 지도자들이 일종의 긴밀한 종교적 파시즘을 통해 서로를 지원함에 따라 왕권이 정점을 찍었다. 헨리 8세는 최고조에 달한 종교적 민족주의를 대변했다. 국왕으로서 그는 대부분의 통제권을 장악했다. 신의 존재를 제외한 모든 사안이 그의 뜻에 달려 있었다. 그가 다스린 나라는 최초의 전체주의 국가로, 인민의 지지를 받음으로써 더욱더 강력한 국가가 될 수 있었다.[157] 17세기 들어 청교도들은 국가는 인민의 도덕적 가치를 구현함으로써 인민에게 보답하고 인민을 부양해야 한다고 주장하면서 비로소 민주주의가 고개를 들기 시작했다.

사실 튜더왕조시대의 전체주의적 분위기에서 영국 국교회Anglican Church는 국가와 타협하는 비상한 능력(또는 최소한 신학적 문제가 존재하지 않는 척하는 자기기만적 능력)을 보여줬다. 영국 국교회는 일반적인 신교와 달리 세상을 구원하려는 열정이 결여된 보수적인 기관이었다. 16세기 중반에 영국 국교회가 밟은 역사적 경로는 일반 대중이 상호모순적인 믿음을 얼마나 쉽게 경험할 수 있는지를 여실히 보여줬다(여러 사회적 · 정치적 · 지적 혼란기를 거치면서 사람들은 놀라울 정도로 쉽게 사고를 조정하거나 마음가짐을 바꿀 수 있게 됐다).

1534년에 영국의 헨리 8세는 가톨릭교와의 관계를 단절했지만, 1553년에 피의 메리Bloody Mary(메리 1세Mary I(1553~1558)를 말한다.-역주) 사건으로 인해 가톨릭교로 복귀시켰다. 그리고 6년 뒤에 그녀의 여동생 엘리자베스(엘리자베스 1세, 역주)는 또다시 국교회 체제로 돌아갔다.[158] 당시 영국에서는 모두가 피력해야 했던 모순적인 견해를 믿을 정도로 어리석은 사람은 없었다. 문제는 신학을 가볍게 여길 것인가, 아니면 미쳐버릴 것인가였다. 그러나 미쳐버리는 것은 결코 '영국인다운' 태도가 아니었다.[159]

유럽에서는 종교 사상가들이 국가의 절대 권력을 부인함으로써 민주주의가 성장하는 데 기여했다. 몇몇 신흥 국민국가들은 심각한 극단으로 치달았다. 정부의 실력자들이나 기도를 통해서도 제어되지 않았다. 신학자들은 국가를 구속할 수 있을 만한 보편적 도덕성에 호소함으로써 절대주의에 맞서려고 했다.[160] 보편적 도덕성이란 권력 남용에 저항하는 사람들에게 이론적 근거를 제공하고, 국법을 대체하는 '자연법Natural Law'을 의미했다.

더 폭넓은 의미에서 볼 때 신교도들의 종교개혁은 물론 성취도 있었지만 실패도 경험해야 했다. 신교도들은 목표한 바를 이루지 못했지만, 우연히 성취를 맛봤다. 사실 개혁가로서 루터와 칼뱅은 역설적이고 모순적인 모습을 보였고, 자신이 하고 있는 일의 의미를 몰랐다. 두 사람은 순응을 요구한 비非순응자들이었고, 신학의 지적 독립을 이끈 권위주의자들이었다. 이들은 중세적 기질의 소유자들로서 자유의 가치를 신봉하지 않았지만, 서양의 지성을 가톨릭교회로부터 해방시켰다.[161] 이들이 시작한 종교 운동은 본인들도 이해하거나 통제하거나 중단하지 못한 우발적 업적으로, 개인주의와 자본주의, 민족주의 등과 맞물리면서 뜻하지 않게 근대적 현상이 됐다.[162]

## 신교의 분열

신교도 개혁가들은 가톨릭교의 권위를 성경의 권위로 대체하였고, 이들은 성경을 대중에게 공개했다. 그에 따른 필연적이면서도 예기치 않은 결과는 성경을 읽을 수 있는 모든 사람이 신이 자신과 직접 소통한다고 생각하게 되었다는 점이다. 안타깝게도 성경에 기록되어 있듯이, 신은 과민하고, 자기도취적이고, 목표에 미달하고, 정신분열증을 앓고 있고, 과대망상과 기이한 유머감각을 지닌 조울증적 편집중 환자처럼 횡설수설하는 경향이 있다. 신의 모순된 언행 중 일부는 아버지로서의 신이 아들을 돌보는 과정에서 비롯된 결과였다.

신교도들은 성경에서 각자 단 하나의 본질적인 신학적 논점에만 동의함으로써 여러 개의 교파[163]로 재빨리 분화되면서 다양성에 따른 혼란 상태가 가속화됐다(신교도들은 각 종파로 갈라지고 싶어 했다). 다양성은 1622년 영국의 한 주교가 성경이 권위를 상실한 나머지 무지한 자들과 멍청한 자에게 어울리는 책으로 전락했다며 한탄할 정도로 희석되었다.[164]

1650년 영국에는 총 180개 교파가 있었는데, 모든 교파는 성경을 근거로 삼았다. 그러나 각 교파의 교리적 편협성은 우열을 가리기 힘들었다. 모든 교파가 자신이 옳다고 생각했기 때문에 서로 욕하고, 말다툼하고, 습격하고, 박해하고, 서로의 교회를 부쉈다.[165] 반면 그렇게 하지 않을 때는 질서정연한 기독교의 특징인 예의를 보여줬다.* 하지만 아무리 많은 교파가 있어도 사람들의 욕구를 채워주지 못함에 따라 신앙 부흥(이를테면 감리교)과 초창기 기독교 형태로의 복귀를 추구하는 움직임이 나타났다.[165]

신세계에서는 파편화가 급속도로 진행됐다. 1770년 사우스캐롤라이나 주지사 윌리엄 불William Bull은 무지한 열정과 과격한 상상으로 성경을 잘못 해석함에 따라 기독교 교파들이 끝없이 세분됐다고 말했다.[166] 1800년 신세계에는 장로교뿐만 아니라 구파 장로교, 신파 장로교, 컴벌랜드 장로교, 스프링필드 장로교, 개혁 장로교, 연합 장로교 등이 있었다. 마찬가지로 침례교의 경우에도 일반 침례교, 정례 침례교, 자유의지 침례교, 독립 침례교, 네덜란드 강 침례교, 영원 침례교, 성령의 두 개의 씨앗 침례교[167] 등이 있었다. 2000년 미국에는 약 325개 교파로 나뉘어졌다.[168]

루터와 칼뱅의 관점에서 보면 신교는 비극적인 처지에 놓인 듯 보였지만, 그런 부정적인 면을 보완하는 긍정적인 면도 있었다. 바로 새로운 교파들이 자본주의와 민족주의처럼 근대적 스키마를 형성하는 새로운 흐름과 연대하는 경향이 있었다는 점이다. 주변의 문화에 문을 열고 거기에 반응했기 때문에 신교는 가톨릭교만큼 독단적인 경향을 띠지 않게 됐다. 오히려 신교도들은 자신에게 적합한 부분을 선택하고, 가장 중요한 명분에 거

---

• 물론 종교가 당시의 지적 발전에 미친 부정적 영향에 주목할 수도 있지만, 교파 간의 경쟁은 독서와 학습을 촉진했다. 각 교파가 거룩한 말씀을 이해시킴으로써 지지자들과 개종자들을 확보하는 데 매달렸기 때문이다(Blanning, p. 477).

슬리는 부분을 거부하면서 성경을 선별적으로 해석했다.[169]

이렇듯 개혁가들은 중앙집권화된 권력에 항의하고, 종교적 · 정치적 자유의 길을 닦고, 개인주의 경향을 확립하는 성과를 올렸다. 하지만 순수하고 청렴한 기독교의 확립이라는 원래의 포부를 실현하지는 못했다. 죄, 은총, 구원 등을 둘러싼 그들의 중세적 강박관념은 경제적 이익과 국가적 명예에 대한 세속적 관심에 의해 압도당하고 망각됐다. 단일한 신앙에 헌신하고 다양성을 용인하지 않았던 그들은 장황하고 상반되는 신학 이론으로 기독교를 더 복잡하게 만들었다.[170]

신교 신학에 어떤 일관성이 있다면 그것은 신교 신학이 과거를 지향한다는 점이다. 사실 신교의 다양한 교파들은 대부분 사상의 자유를 허용하는 문제에서 가톨릭교회보다 인색했다. 신교가 부여한 유일한 자유는 옹졸한 여러 교파 중 하나를 선택할 자유였다. 신교는 가톨릭교보다 실용적 측면에서 융통성이 있었지만, 성모 마리아, 성자, 고해, 신부 등을 축출함으로써 신의 은총에 다가가는 전통적인 신학적 경로를 차단하였다. 그러므로 만약 신교도들이 세속적이었다면 그들은 홀로 세상에 남아 마귀와 싸웠을 것이고, 르네상스적 삶에 따른 죄를 즐기지 말라고 준엄하게 경고했을 것이다.[171]

종교개혁은 희망을 꺾고 증오를 부추겼다. 종교개혁의 불일치성은 극심한 박해와 무리한 전쟁을 야기했다. 루터가 자신이 이끈 혁명의 결과를 확인할 수 있었다면 아연실색했을 것이다. 그의 혁명은 사랑과 이해가 아니라 경제적 이득과 칼에 의해 통치되는 세상에 폭력과 불확실성을 유산으로 남겼다.[172] 신은 여전히 불가해한 존재로 남아 있었지만, 이제 논리나 상식에 얽매이지 않았고, 예수 그리스도의 평화가 아니라 신성한 지배에 전념했다.[173] 양심의 가책을 느끼지 않는 신교들의 신은 공적 역할에서 부도덕성을 드러냈다. 즉 사업과 국정 분야에서 여러 가지 부도덕한 행위를 용인했다.[174]

신학적 과대 선전에도 불구하고 또다시 현실 때문에 행위가 믿음에서 이탈함에 따라 자본주의는 확실히 성공을 거뒀다. 예정설은 자유를 위해 뒷전으로 밀렸고, 경제적 자유가 승리를 거두자 가난한 사람들은 패배를 맛볼 수밖에 없었다. 중세에는 가난한 사람들이 기독교적 자선 행위의 대상이었다. 청교도적 스키마에서 볼 때 가난한 사람들은 인과응보의 결과로 도덕적 파산 선고를 받은 자들이었다. 즉 가난한 사람들은 적은 급료를 받기 때문에 가난했고, 가난하기 때문에 적은 급료를 받았다. 신교 신학은 이미 밀려난, 저주받은 사람들 앞에서 거들먹거리는 '가진 자들'을 지지했고, 신성한 자본가의 거룩한 경제Divine Capitalist's Holy Economy의 세상에서 궁핍의 필요성을 설교하는 성직자들에게만 유서 깊고 고귀한 전통이 되었다.[175]

역설적이게도 신교도들은 성공과 실패를 개인의 도덕적 가치의 탓으로 돌리는 바람에, 사실상 경제의 작동원리와 자신이 속한 업종의 본질을 이해하지 못했다. 그런 경향은 산업혁명 때까지 계속됐다.[176] 그때까지 재계는 실업, 빈곤, 사회적 골칫거리 같은 문제에 대한 책임을 절대로 인정하지 않았다. 사실 20세기에 들어서면서 기업끼리 서로 피해를 입히자 자본가들은 직접적이고 단기적인 이익을 넘어선 사업의 영향에 진지하게 주목하기 시작했다.

종교개혁에서 정치적 중요성은 서양의 지성이 근대적이고 진보적이고 민주적인 성격을 띠게 됐다는 사실이다. 신교는 훈련된 자본주의 기업가의 진취 정신뿐만 아니라 개인의 자유와 민주적 자치도 촉진했다. 신교는 저항을 표현하고, 개인의 권리를 촉구하고, 미리 결정된 자유를 명분으로 내세웠다. 신교는 권위주의적인 가톨릭교 특권 계급을 공격함으로써 중세적 정치를 붕괴시키고 국민국가의 출현을 촉진했다.[177]

이렇듯 폭넓은 관점에서 볼 때 종교개혁의 전반적인 영향은 앞뒤가 맞지 않으면서도 심오했다. 신학 운동으로서 종교개혁은 분열과 결합을 동시에 수행했다. 가톨릭교회의 단일성은 산산이 부서졌지만, 기독교 정신은 윤리를 강조한 신교에 의해 복구됐다. 심지어 가톨릭교회도 최소한 원래의 권위주의적 기독교 신학에 충실해야 하는 도덕적 책무를 재확립하면서 기존의 역겨운 악습을 개혁할 필요성을 느끼게 됐다.[178]

종교개혁이 신학 운동이 아니었다면 그 영향은 더 컸을 것이다. 그러나 개혁가들은 교회의 세속적 허식과 로마에 맞서는 과정에서 협소한 종교적 스키마에 얽매여 있었다. 개혁가들은 그들이 철석같이 믿는 신의 은총에 따라 인간에게는 내세가 보장되어 있다고 굳게 믿었기 때문에, 현세를 통해 혹은 현세에 관해 배우는 것보다 현세를 성경의 기준에 맞추는 데 관심이 더 많았다. 즉 그들과 현실 세계 사이의 상호작용은 이념적 고려에 의해 제약을 받았다.

더구나 개혁가들은 기본적으로 신학의 영역 안에서 보수적인 태도를 취했기 때문에 그들이 과거에 타인을 상대로 지적했던 것과 동일한 수준의 오만과 편협성을 통해 서양의 지적 삶을 훼손시켰다. 개혁가들은 권위와 전통을 부정하고, 새롭고 진정한 신앙에 도전할 타인의 자유까지 부정함으로써 권력과 영향력을 유지할 수 있었다.[179]

에리히 프롬Erich Fromm이 《자유로부터의 도피Escape from Freedom》에서 지적했듯[180] 루터는 안전(중세에 대한 확신)을 추구했다. 그 과정에서 그는 개인적 의견이라는 판도라의 상자를 열었다. 하지만 인간과 신의 관계라는 문제에 대해 많은 해답이 있었다고 해도, 루터를 비롯한 모든 사람이 납득하고 만족할 만한 해답은 없었다. 루터는 비합리적 무력감을 극복하지 못했고, 그의 '진정한' 해답은 신앙과 공포, 희망과 굴욕감의 불분명한 조합에 머물렀다.[181]

사실 루터의 업적(종교개혁)은 확신의 개인화라고 요약할 수 있다. 중세 사회에 대한 전반적 확신은 사라졌다. 그것은 이제 시민들이 고수하는 새롭고 진정한 신앙으로 대체됐다. 시민들은 각기 다른 사람이었기 때문에 새롭고 진정한 신앙도 서로 달랐다. 하지만 당시 인쇄술 덕분에 모든 개인이 궁극적 권위인 성경에 기댈 수 있게 됨으로써 각자 자신의 믿음이 옳다는 확신을 갖게 되었다.[182]

이것과 연관된 또 다른 견해는 올바른 믿음이다. 성경의 해석은 서로 엇갈리기 마련이지만 단 하나의 해석만 옳고, 나머지 해석은 틀리다는 데 모든 사람이 동의했다. 그리고 각자의 집에서 양성된 전문가들은 당연히 자신의 믿음이 옳다고 확신했다. 에라스무스 같은 소수의 사람만이 어떤 부분은 모호하고 또 어떤 부분은 모순적인 성경의 불명확함을 문제의 일부로 지적했을 뿐이다. 그러나 에라스무스의 목소리는 사람들이 불명료하고 막연한 문제로 논쟁하고 논의하던 시대적 추세 속에 묻히고 말았다.[183]

그렇게 논쟁과 토론을 벌이던 사람들은 당시의 중요한 종교적 문제에는 한 가지 정답만 있다는 데 동의함으로써 모두(재세례파는 예외였다)가 종교적 자유에도 반대했다. 관용은 무관심으로 낙인 찍혔고, 종교적 자유는 사악한 것, 즉 스스로 지옥에 가도록 방치하는 수단으로 비난받았다. 모든 신앙이 진리임을 자처하면서 주도권을 두고 다툼을 벌였다. 각각의 신앙이 진리를 일부 포함하고 있다는 것과 오류는 억지로 감추기보다 토론을 통해 드러내는 편이 낫다는 것을 깨달은 사람은 아무도 없었다.* 그래도 종교개혁은 이성을 통해 서로 조화시킬 수 있는 신성한 진리의 다양성을 조성함으로써 서양의 지성에 대한 가톨릭교회의 지적 통제력을 무너뜨렸다.[184]

✝

16세기 전반기는 서양 문명이 중요한 정치적 · 경제적 · 종교적 개혁을 경험한 시기였다. 그러나 신학적 측면에서 볼 때 종교개혁은 해결한 문제보다 일으킨 문제가 더 많았다. 모든 문제에 대한 모든 해답이 성경에 있다고 믿는 근본주의자들에게는 여전히 서로 다른 사람들이 성경에서 서로 다른 것을 추구하고 발견한다는 문제가 남아 있었다. 성경은 말을 하지 않는다. 성경은 사람이 읽어야 하고, 사람이 해석해야 한다. 그러므로 성경은 원래 성경이 의미하려는 바가 아니라, 독자가 원하는 바대로 해석될 수밖에 없다.[185] 신교도들의 업적은 성직자 대신에 일반인을 독자로, 그리고 해

---

* 벤저민 프랭클린Benjamin Franklin이 언급했듯이 로마 교회와 영국 국교회의 가장 중요한 차이는 전자는 절대로 옳고, 후자는 절대로 틀리지 않는다는 점이다(Franklin, 1787).

석자로 삼은 것이다. 그 무렵 새롭게 떠오른 민주주의 정신과 보조를 맞춘 일반인의 해석은 제도화된 교회(가톨릭교회)가 아니라 교구민에게 유리했다. 모든 개혁가가 새롭고 대중적인 신학에 대한 복종을 기대했지만, 결국 기독교의 형태는 하나가 아니라 여러 개가 있다는 사실을 깨달았을 뿐이다.[186]

명확하게 해결된 단 하나의 사실은 가톨릭교회 중심부의 권위가 붕괴되었다는 것이다. 하지만 여기에는 상당히 혼재된 결과가 뒤따랐다. 윤리 공백의 직접적 효과로 기독교 교파가 대대적으로 출현했다. 다양한 기독교 교파들은 하나같이 다른 교파에 대한 편협한 태도를 보였고, 종교개혁처럼 심오한 문제의 해결과는 상관없이 격렬한 종교 분쟁에 가담했다. 한편 신교와 가톨릭교 모두 완전한 승리를 거두지 못할 것이라는 점이 분명해지자 교리 통일이라는 중세적 희망은 차츰 시들해졌다. 그리고 근본원리를 둘러싼 사상의 자유와 관용적 태도에 자리를 내줬다.

중세적 희망을 대체한 새로운 희망은 사실과 논리에 호소함으로써 신학 논쟁이 차분히 진행되고 평화롭게 끝나리라는 것이었다.[187] 이상적으로 추측하건대 당시 사람들은 아마 몇 세기 뒤의 제퍼슨Jefferson을 연상시키는 에라스무스에게 주목했을 것이다. 에라스무스는 이렇게 말했다. "진리를 원한다면 모두가 자신의 생각을 두려움 없이 마음껏 말할 수 있어야 한다."[188] 하지만 진리를 원하는 사람은 아무도 없는 것 같았다. 그리고 기독교인들은 일시적 개혁을 모색하는 한편, 당장은 폭력으로부터의 도피를 추구하는 이단적 상태에 머물렀다.

이렇듯 종교개혁은 퇴보적·중세적·부정적 운동으로 출발했다가, 근대를 거치면서 긍정적 운동으로 변모했다. 하지만 오늘날에도 여전히 진행 중이다. 교회 권위로부터의 자유는 결국 평화와 정의를 지금 이 세상에 구현하는 일이 우리 모두의 과제라는 깨달음으로 이어졌다. 이런 맥락에서 신교 지도자들은 개인의 사회적 책임을 재평가하고, 사회 개혁에서의 직접적이고 적극적인 역할을 맡고 있으며, 심지어 사업의 기독교화를 모색하고 있다. 또한 신학과 조직의 측면에서 신교는 몇몇 현대 교파를 합병함으로써 원래의 주관적 성격에 내재된 분열 효과를 극복하려고 시도하는 중이다.[189]

16세기의 종교개혁 자체는 오늘날 우리에게 의미심장한 사건으로 남아 있다. 왜냐하면 16세기의 종교개혁은 특권 계급이나 개혁가들의 오만과 독선이 도를 넘을 경우 자멸적 죄악이 될 수 있다는 점을 입증하였기 때문이다. 그런 극단적 가능성에도 불구하고 당대인들은 이성으로 갈등을 해결하고, 화해에 이룰 수 있을 것이라는 희망을 품었다.

# 7장

# 이성의 시대
## : 비이성으로 전락한 어리석음

이성의 시대는 지식의 신학적 기반이 가라앉는 대신 자연 현상의 과학적 설명이 떠오른 시기였다. 그 엇갈린 두 가지 추세는 이성이 철학, 천문학(이성의 활약이 가장 빛난 분야였다), 생물학 등에 적용된 결과의 반영이었다. 이성의 시대에 각 국가의 정치는 여전히 권력에 의해 결정되었다. 그러나 사람들의 인지적 삶은 계속해서 종교, 전통, 감정 같은 요소에 좌우됐고, 그 세 가지 요소가 맞물리면서 이성의 시대는 다른 시대만큼이나 비이성적인 시기로 전락했다.

비공식적이기는 하지만, 이성의 시대는 유럽을 휩쓴 종교 투쟁이 아우크스부르크 종교화의를 계기로 휴전상태에 접어든 1555년에 시작됐다. 바야흐로 사람들이 자신의 믿음과 일치하지는 않아도 조화를 이루는 믿음을 지닌 군주가 통치하는 지역으로 이주할 수 있는 '지역별 종교'라는 새로운 규칙이 적용됐다. 가톨릭교와 여러 형태의 신교 모두 완승을 거두거나 상대방을 압도하지 못할 것임은 기정사실이었다. 그에 따른 필연적 결과는

다양한 기독교 교파들이 함께 어울려 사는 법을 배워야 한다는 것이었다. 이성은 종교적 화해 과정을 달성할 수 있는 수단처럼 보였다(종교적 차이는 가톨릭교도들과 신교도들이 합리적인 신학 토론을 벌이면 해소될 것으로 보였다). 그런 기대는 이치에 맞았지만, 사람들은 결국 불관용 문제는 논리로 해결할 수 있는 사안이 아니라는 것을 깨달았다. 이성을 적용할 수 있는 시기와 장소에는 한계가 있었다. 관계자들이 서로 불합리하고 엇갈리는 주장을 펼친 끝에 적대 행위(30년 전쟁)가 재발했다.

하지만 일찍이 갖가지 종교재판을 촉발하고 지속시켰던 종교적 불관용 정신이 먼저 모색한 것은 다른 기독교 교파를 겨냥한 군사 행동이 아니라 이단자와 마녀에 대한 법적 조치였다. 가톨릭교도들과 신교도들이 합의한 몇 가지 사항 가운데 하나는 이단을 그리고 특히 마법을 기필코 근절하고 말살해야 한다는 것이었다. 이단에 대한 관심은 줄어들었지만, 마녀 망상증은 꾸준히 커졌다. 그리고 결국 '편견의 시대Age of Prejudice'에 일부 독실한 신자들도 마녀로 낙인 찍혀 화형을 당했다.[1]

## 편견의 시대 : 마녀사냥

마녀사냥의 기원은 로마 시대로 거슬러 올라간다.[2] 이런 움직임은 중세에 이르러 차츰 심각해지다가 1400년대 중세 세계가 무너지는 과정에서 더욱 두드러졌다.[3] 그리고 16세기에 이르러서는 일종의 강박관념으로 자리잡았다. 마녀사냥꾼의 열의는 붙잡힌 마녀의 숫자로 드러났다. 즉 사냥을 하면 할수록 마녀는 더 많이 나타났다. 마치 마법처럼 죄악을 근절하려는

**마녀시험** 윌리엄 파웰 프리스 작, 1848

노력이 오히려 그것을 더욱 늘리는 것처럼 보였다. 당시 마녀를 신문할 때 사용한 수단은 마녀를 만들어내기 위한 것이 아니라 자백을 이끌어내기 위해 고안된 것이었다. 3세기 동안 유럽에서만 약 4만 명이 처형됐다.[4] 마녀 망상증은 17세기 중반 최고조에 달했다. 이후 점점 많은 사람이 용의자들의 참회를 이끌어내기 위해 지나치게 잔인한 고문 행위가 옳지 않다고 생각하게 됐다. 그리고 그런 식의 자백이 피고인의 처형을 정당화하는 데 사용되어서는 안 된다고 주장했다.[5]

불타고 남은 재가 가라앉자 사람들은 자신이 믿고 싶은 신념을 만들어냈고, 그것을 지지하기 위해 마녀뿐만 아니라 진실한 자에게도 고문을 가했다는 사실이 드러났다. 마법에 관해 생각할수록 사람들은 마법의 존재를 더 강하게 믿게 됐고, 이러한 믿음이 극단으로 치달으면서 망상증은 광기로 이어졌다. 이러한 주장을 맹목적으로 받아들이지 않으려는 회의론자는 마녀와 한패로 의심받을 우려가 있었다.[6] 바로 그 점에서 당시의 교회법이 마녀의 빗자루에 대한 믿음을 용납하지 않은 점에 주목할 필요가 있다. 빗자루를 타고 날아다니는 것 자체는 상관없었다. 과연 그것이 진실인지 여부와는 무관하게 금기시된 것은 마녀가 빗자루를 타고 날아다니는 것에 대한 믿음이었다.[7]

북아메리카 대륙의 식민지에서는 개를 재판하고 처형할 정도로 광기가 기승을 부렸다. 이런 비극적 현상에 어떤 역설적 결과가 있다면 그것은 마녀사냥꾼들이 희생자들에게 고통을 가하면서도 선행을 베푼다고 자부했다는 사실이다. 다행히도 1600년대 말에 이르러 이런 역설적인 선행의 행위는 사그라들었고, 사람들에게는 개인적 믿음만 남게 됐다.[8]

역설적 결과든 아니든 간에 마녀사냥은 당대의 비극적 상징이다. 정통성과 선행의 이름으로 자행된 그 기괴한 박해는 논리적으로 볼 때 마녀의 존재를 믿는 사람들을 정당화할 수 있는 행위였다. 무엇이 옳은 일인지 아는 사람들이 악을 근절하기 바라는 것은 매우 타당하고,[9] 게다가 정의를 최대한 확대하는 것도 타당하다.* 과학적 논리와 수학이 자연의 신비를 푸는 데 활용된 것은 분명 감탄할 만한 일이다. 하지만 합리주의가 마녀사냥꾼들과 그 아류에 의해 인간의 가치를 무시하고 짓밟는 데 활용되면서 드러낸 파괴성에 주목해야 한다.

---

* 이런 식의 사고는 부도덕한 사람들을 부도덕한 사람들로부터 보호하려는 현대 법률의 토대이다(McWilliams, 297). 아울러 20세기에 자행된 전체주의적 대학살의 논리적 근거이고(Judt, 226), 자신은 옳고 상대방은 옳지 않다며 싸우는 현대 국회의원들의 특징이기도 하다(Judt).

17세기의 합리주의자들은 그런 인간적 가치를 고정불변의 것으로 여겼다. 그들이 보기에 인간적 가치는 새로 만들어낼 필요가 없는 것이었고, 파괴할 수도 없는 것이었다. 올바른 믿음은 어쨌거나 활용되어야 했다. 이미 올바른 믿음을 깨달은 사람들은 그것을 타인에게 강요하면서 도덕적 정당성을 느꼈다.[10]

한편 여전히 영원한 진리를 탐색하던 사람들은 합리적이고 분별 있는 지식인들이 논리를 바탕으로 옳고 그름의 적절한 판단 기준을 발견할 수 있다고 확신했다.[11] 그러므로 교양과 학식을 갖춘, 이성의 시대 일류 지도자에게 알맞은 지도 원칙은 다음과 같은 것이었다. "나는 생각한다. 고로 너는 생각할 필요가 없다."* 신학적 분쟁이 정신적·군사적 수단 같은 온갖 방법을 통해서도 해결될 수 없다는 사실이 점점 뚜렷해지자 지식인들은 초점을 철학과 과학으로 돌렸다.

그 새로운 합리주의는 하나의 신념 체계(즉 논리에 대한 믿음)였지만, 초자연성을 부정하고 신을 기껏해야 최고의 논리학자Logician Supreme 수준으로 격하시킨 점에서 볼 때, 그것은 종교로부터의 이탈이었다. 게다가 합리주의는 사실적 자연에 대한 객관적·논리적 연구에만 국한된 과학을 뛰어넘었다. 과학자들은 인간적 가치(옳고 그름이나 좋고 나쁨)를 둘러싼 중요한 질문은 던지지 않은 채, 자료와 이론의 실증에만 관심을 쏟았다. 그러나 합리

---

* 오늘날에도 큰 정부에 매료된 사람들은 이런 태도를 견지하고 있다. 한때 정부는 시민들의 행동을 파악할 수 있는 제한적인 권리를 보유했고, 시민들은 정부의 행동을 파악할 수 있는 절대적인 권리를 보유했다. 지금은 상황이 뒤바뀌었다. 즉 정부는 국민의 행동을 파악할 거의 무제한적인 권리를 갖고 있는 반면, 국민은 정부의 행동을 파악할 제한적인 권리만 갖고 있다.

주의자들은 인식론과 윤리학처럼 실체가 불명확한 분야의 문제에 대한 타당한 해답을 발견할 수 있다고 생각했다. 비록 일반적으로 성경, 전통, 미신 등에서 획득한 지식을 근거로 추론에 임했지만, 당시의 사상가들 중에는 실제의 물리적 경험에 근거한 사실을 고려 대상에 포함하는 경우가 점점 늘어나고 있었다.[12]

## 합리주의와 경험주의의 철학적 논쟁

가장 추상적인 차원에서 볼 때 이성과 사실에 대한 전반적 관심의 결과는 합리주의자들과 경험주의자들 사이에서 오래 진행돼온 그릇된 철학적 논쟁이었다. 합리주의자들은 정신계를 강조한 반면, 경험주의자들은 물질계를 강조했기 때문에 사실 그 두 부류는 서로의 반대자가 아니었다. 데카르트, 라이프니츠Leibnitz, 홉스 같은 '합리주의자들(앞으로 살펴보겠지만, 그들은 이성에 전념하지 않은 사람이 하나도 없었기 때문에 모두 합리주의자들로 인식됐다)'은 하나같이 이 세계가 이치에 맞는다고 생각했다. 그리고 경험주의자인 존 '상식Common Sense' 로크와 같은 경험주의자들은 우주가 이치에 맞는다고 가정했다.[13]

합리주의의 최고봉은 이성을 토대로 삼은 전혀 새로운 철학을 확립한 르네 데카르트Rene Descartes(1596~1650)다. 데카르트의 수학적 · 기계론적 관점은 그가 송과체松果體에 영혼이 있다고 여긴 인간에게 적합하도록 수정됐다. 하지만 이러한 관점에 의해 타고난 가톨릭교도인 데카르트는 무신론자라는 비판을 받았다.

그가 네덜란드에서 살고 있을 때 오라네 공작Prince of Orange은 박해 당하는 그를 구해줬고, 레이던대학이 데카르트에 관한 일체의 언급을 금지했을 때도 학교 관계자들의 분별없음을 나무란 오라네 공작의 도움을 받았다.[14]

**르네 데카르트** 합리주의의 최고봉. 이성을 토대로 새로운 철학을 확립했다.

하지만 대체적인 메시지는 분명했다. 즉 이성은 마땅히 종교와 타협하고, 종교에 적응해야 한다는 것이다. 데카르트가 훗날 뉴턴의 우주론이 사실적 지식에 관한 더 뛰어난 이론적 틀을 제공하거나 수학적으로 우월하기 때문이 아니라, 뉴턴의 우주론에서는 신이 행성의 운동을 관장하기 때문에 자신의 무신론적 우주론을 밀어내리라는 것을 알았다면 아마 그 유명한 격언을 "나는 생각한다. 고로 나는 어리석다Cognito ergo stupido"*로 바꿨을 것이다. 그것은 서로 경쟁하는 관념이 기존 믿음과 맞서거나, 그것을 확증하거나, 그것에 순응할 때 호소력이 어떻게 논리를 대체할 수 있는지 보여주는 사례다.[15] 일반적으로 하나의 사유 체계는 그것의 내재적 장점을 근거로 평가되지 않고, 그것이 대중적 정설을 지지하거나

---

• 또는 "나는 성교한다Fatuo(성관계를 지칭하는 매우 간결한 라틴어 낱말이다), 고로 나는 존재한다ergo sum." 사실 여기에는 모든 동사를 적용할 수 있다. "나는 ○○○(한)다. 고로 나는 존재한다." 우리가 어떻게 하든 간에 우리는 존재한다.

훼손하는 정도를 근거로 판단하기 마련이다.

데카르트는 교회의 심기를 건드릴 만한 저작을 출판하지 않은 독실한 가톨릭 신자였다.[16] 하지만 그의 우주는 성경에 언급된 우주(간섭하기 좋아하는 신이 뜻밖의 기적을 일으키는 곳)와 전혀 달랐다. 그가 말한 우주는 수많은 입자가 소용돌이치다가 서로 결합됨으로써 우리가 그것의 상호작용 방식에 관한 그릇된 상식적 관념을 갖도록 꼬드기는 우주였다.

그는 사실을 무시하는 합리주의자와 자연은 계량적 측정에 적용된 수학을 통해 그 기본 원리를 발견함으로써 이해할 수 있다고 주장한 분석가 사이의 충돌을 상징하는 인물이었다. 마치 부활한 피타고라스처럼 데카르트는 인식 작용을 보증하는 존재인 신이 아니라, 감각으로부터 정신을 떼어냈다.[17] 궁극적으로 그는 완벽한 체계의 명료성과 논리적 일관성을 추구했고,[18] '본성 대 양육' 논쟁에서는 본성 편에 섰다. 그가 보기에 우리가 알고 있는 바는 본질적으로 우리의 의심하는 뇌 안에 구조화되어 있었다.[19]

데카르트는 시대착오적인 그리스 철학자보다는 훌륭한 인물이었지만, 동시에 현대의 과학자보다는 못한 인물이었다. 박식하기로는 아리스토텔레스에 필적할 만한 데카르트는 자연에 관한 자신의 기계론적 가설을 확증할 수 있는 결과를 추구했다. 하지만 자신이 발견한 결과에 발상을 끼워 맞추지 않으려고 했고, 실험적 증거에 근거한 추론을 통해 과학적 결론을 내리지 않았다. 외부 사물에 대한 지식은 감각이 아니라 정신에 의해 획득되었고, 진리는 오직 정신에만 존재했다. 그는 역학, 수학, 정신 등을 향한 사랑이 너무 극단적이었으며, 그 사랑의 결실 또한 극단적이었다. 그런 나머지 의심을 제외한 모든 것의 존재를 의심했고(확실성에 대한 흄의 헌신을 예고

**라이프니츠** 물질의 존재를 아예 부정한 극단론자였다.

하듯, 데카르트는 일단 의심할 수 있는 모든 것을 절대적 거짓으로 간주했다), 심지어 자신의 기계론적 세계의 존재조차 의심했다.[20]

하지만 데카르트는 체계 전체를 조롱할 정도로 극단적이지는 않았다. 그는 인간의 영혼이 의지 작용에 의해 물질적 상태를 변경하는 경우를 인정함으로써 자유의지를 자신의 수학적인 체계에 도입했다. 위대한 합리주의자도 완전히 일관적일 수는 없었다.[21] 그에게는 자유가 있어야 했다. 비록 신을 최고의 창조자Architect Supreme로 여기고 이성의 여신을 공공연히 숭배했지만,[22] 그리고 고전적(아리스토텔레스적) 사고와 스콜라철학적 사고의 한계를 극복하기 위해 부단히 노력했지만[23] 가톨릭교에서 말하는 자유의지는 그가 포기하기 힘든 신성한 우상이었다.

타의 추종을 불허하는 극단론자인 고트프리트 라이프니츠Gottfried Leibnitz(1646~1716)는 물질의 존재를 의심하는 데 그치지 않았다는 점에서 데카르트보다 한 수 위였다(그는 물질의 존재를 아예 부정했다). 근대판 파르메니데스로 불릴 만한 라이프니츠는 역사상 최고의 반反경험주의자였다는 점 때문에 그를 합리주의자로 평가하는 것은 아니다. 라이프니츠를 합리주의자로 볼 수 있는 근거는 자신의 주장을 뒷받침하는 데 이성을 이용하려고 했기 때문이다. 신의 존재를 증명하려던 그의 시도*는 위대한 지성인이 자신의 추측을 증명하는 데 몰두한 나머지 잘못된 길에 빠진 흥미로운 사례다. 그가 보기에 신은 존재하지 않는 것보다 존재하는 것이 더 낫기 때문에 틀림없이 존재하는 것으로 보았다. 추상적 진리(예컨대 2 더하기 2는 4)**는 항상 참이다. 그러므로 신은 존재한다.[24]

라이프니츠가 우주론과 신학에서 논리를 활용한 것이 의심받을 정도의 이상한 행동이었다면 그가 윤리학과 인식론에 논리를 적용한 것은 비정상적이지는 않아도 기이한 행동이었다. 그는 이 세상에 좋은 것과 나쁜 것이 있다는 점은 인정했지만, 신이 나쁜 것보다는 좋은 것이 더 많은 최상의 세상을 창조했다고 확신했다.[25] 좋은 것을 즐기는 귀족보다 나쁜 것 때문에 고통당하는 농노가 더 많다는 관찰 결과는 그의 가치 논리에 전혀 영향을 주지 못했다. 왜냐하면 그는 현실 세계의 존재를 부정했기 때문이다. 그런 형이상학적 쟁점과 관련해 라이프니츠는 경험으로 터득한 진리보다 논리로 파악한 진리를 선호함으로써 진정한 합리주의자의 면모를 보였다.

인식론적 문제에서도 구문론(명제나 추론이 가지는 형식적 구조에 입각하여

---

• 다른 적절한 사례는 《신의 본질에 관하여The Nature of the Gods》에서 소개된 키케로Cicero의 대변인 발부스Balbus(B. C. 45)가 보여줬다. 오직 바보만이 이 세상에 자기보다 더 훌륭한 존재가 없다고 생각할 것이다. 그러므로 인간보다 훌륭한 무언가가 반드시 존재할 것이고, 그 무언가가 바로 신일 것이다. 목적론적 증명은 다음과 같다. 우리보다 더 나은 누군가가, 즉 신이 우리를 창조했을 것이다(McGregor translation, p. 124).

•• 반면 대大 플리니우스Pliny the Elder는 《박물지Natural History》에서 신이 2 더하기 2의 해답을 4 이외의 숫자로 만들 수 없다는 동일한 종류의 사실에 근거해 신의 제한적 능력을 증명했다. 그러므로 신은 존재하지만 한계를 지니고 있다. 한편 1 더하기 1이 2라는 기본 가정은 러셀과 화이트헤드가 그 사실을 입증했다.

논리를 연구하는 것)을 통해 현실 세계의 방향을 추론했다. '사물에 이름을 붙이면 사물의 본질이 완성'되므로,[26] 스스로를 왕이라고 부르면 왕국이 탄생한다고 생각할 정도로 말이다. 다행히 경험주의가 성장하면서 과학자들이 라이프니츠와 반대로 사실로부터 이론의 방향을, 실재로부터 언어의 방향을 추론하면서 그의 접근법은 평판이 나빠졌다.[27]

그렇게 논리를 남용하고 오용했어도 라이프니츠는 논리의 중요성을 굳게 믿었다. 만약 그가 연구 결과를 발표했다면 수리논리학의 창시자가 됐을 것이다. 하지만 그는 출판을 꺼렸고, 결과적으로 다음 두 가지 이유에서 이후 150년 동안 수리논리학 분야의 발전을 지연시켰다. 첫째, 그는 아리스토텔레스가 삼단논법 학설에서 몇 가지 오류를 범한 점을 믿으려 하지 않았다. 둘째, 라이프니츠의 철학은 결정론적인 데다 가톨릭교의 자유의지설과 상충되는 것으로 간주됐다. 그렇기 때문에 그도 데카르트처럼 독자의 심기를 건드릴까 봐 출판에 소극적인 태도를 보였다. 그 결과 이성은 또다시 존경심에 무릎을 꿇었고, 정통성에 자리를 양보했다.[28]

반민주주의자인 토머스 홉스Thomas Hobbes(1588~1679)도 라이프니츠에 버금갈 정도의 합리주의자였다. 홉스는 그의 유명한 책《리바이어던Leviathan》에서 '고독하고 가난하고 고약하고 잔인하고 짧은 삶'[29]으로부터 사람들을 구원하기 위해 억압적이고 권위주의적인 정부를 합리화했다(그런 정부가 없으면 사람들은 만인에 대한 만인의 투쟁을 통해 '고독하고 가난하고 고약하고 잔인하고 짧은 삶'을 겪게 된다). 플라톤처럼 홉스도 법을 인간의 구제 수단으로 바라봤고, 법은 힘을 가진 자들이 서로를 해치는 일을 방지할 뿐 아니라 그들이

**토머스 홉스** 반민주주의자, 합리주의자, 《리바이어던》 저자

**《리바이어던》 표지** 리바이어던은 교회 권력으로부터 해방된 국가를 비유한다.

기근, 질병, 어리석음 같은 공동의 적에 함께 맞서도록 독려할 수 있다고 생각했다.[30] 그는 성직자들을 '음흉하고 잘못된 교리'로 사람들을 통제하려는 '사기꾼 무리Confederacy of Deceivers'로 간주했다.[31]

홉스는 명목상으로는 영국의 경험주의자였지만, 사실 그는 인간과 짐승을 구별하는 이성의 편에 선 절대론자였다.[32] 그는 경험주의와 수학의 진가를 인정했지만, 감각을 통해 얻은 부정확한 지식보다는 수학의 논리적 확실성을 선호했다. 그에게 있어 관념과 지성의 관계는 살코기와 큰 식칼의 관계와 같았고, 치밀성과 거리가 멀었던 그의 사고는 허술했다. 게다가 홉스는 어떤 사실이 미리 결정된 바람직한 결론에 방해가 될 경우 그것을 희생시키면서 거칠게 논리를 펼쳤다.[33]

그런 식으로 홉스는 미신을 땅에 묻어버리려고 최선을 다했고, 합리주의를 포용했다.[34] 그는 무신론자로 의심받을 정도로 엄격한 결정론자였다.

1665년의 페스트와 1666년의 런던 대화재로 인해 다시 미신이 깨어나자 서민원庶民院, House of Commons은 흡스의 책《리바이어던》을 구체적으로 언급하면서 무신론 성향의 저작을 조사하는 위원회를 구성했다. 이후 그는 영국에서 논란을 일으킬 만한 쟁점을 다룬 저작을 출판할 수 없게 됐다.[35]

한편 존 로크John Locke(1632~1704)는 자유주의적 합리주의 철학을 모색하고 있었다. 그는 합리적이라기보다 분별 있다는 평가가 어울렸고, 편견이 없으며 사리에 맞는 모습을 보였다. 에라스무스와 달리 그는 편견이 없었기 때문에 당시 발견된 새로운 세계를 여행한 사람들이 내뱉는 허튼소리도 믿었다.[36] 하지만 진리의 주관적 성격과 다중성을 은신처로 삼을 정도의 분별은 있었다.[37] 철학자들 중 가장 체계적이지 않았던 인물답게[38] 그는 엄격한 논리에 근거한 절대적 확신이 아니라 그럴듯한 지식에 근거한 의견의 다양성에서 평화를 느꼈다.[39]

**존 로크** 자유주의적 합리주의자

사실 로크는 자신이 좋아하지 않은 논리적 결론을 내리려고 하지 않는 데서 평화를 느꼈다. 타고난 경험주의자로서 그는 역설을 피하고, 자신의 엄격한 검증을 통과하는 결론에 이르는 한 이성을 수용했다(이런 점에서 그는 아리스토텔레스의 철학적 계승자로 볼 수 있다). 그렇지 않은 경우에는 이성을 소모품으로 여겼다(실제로 그는 경험주의자보다는 자유주의자에 가까웠다).

그는 사람들이 자신의 명분에 도움이 될 때는 이성을 활용하지만, 그렇지 않을 때는 이성을 무시한다고 지적했다.[40] 그는 독단적 사고를 피했고, 다소 우려스러운 일반 원칙을 이용해 그런 결론을 이끌어내는 대신 아예 결론을 내리는 과정을 중단했다. 그것은 논리학자들의 화를 돋우는 행동이었지만, 지식인들에게서 찾아보기 힘든 건전한 판단력과 실용적 감각의 본보기였다. 다른 철학자들은 원하는 결론에 맞게 논리를 왜곡하고, 과학자들은 이론의 타당성을 입증하려고 애썼다. 반면 로크는 자신이 원

《인간지성론》초판. 1689

하는 지점으로 향하고 있지 않다고 느낄 때면 왜곡을 중단했다.[41]

로크에게는 자신의 타당한 견해뿐만 아니라 오류도 가끔은 도움이 됐다.[42] 일례로《인간지성론人間知性論, Essay Concerning Human Understanding》(1670년부터 1700년까지 꾸준히 내용이 수정됐다)에 제시된 그의 철학에는 단점뿐만 아니라 장점도 있었지만, 장단점 모두 실용적 가치가 있었다.

인간의 사고방식을 신의 개입과 무관한 세속적 경험의 모음으로 묘사함으로써 무심결에 심리학을 창안했다는 점에서 볼 때, 그의 철학에 담긴 장점은 비非신학적 성격을 띠었다고 할 수 있다.[43] 그가 보기에 사람들은 동일한 학습 능력을 타고났지만, 교육에 의해 차이가 발생한다. 그것은 교회나 국가의 특권 계급의 입지를 심각하게 뒤흔드는 사실이었다. 화들짝 놀

란 특권 계급은 영국 특유의 빠른 속도로 무려 100여 년 뒤 공교육을 장려하게 된다.[44]

로크의 철학에 담긴 단점은 신학적 성격을 띠었지만, 분별 있는(실용적인) 경험주의자로서 로크는 역설적인 상황에 놓이기보다는 차라리 논리적이기를 포기했다. 예를 들어 인식론적 쟁점을 다룰 때 그는 일단 지식의 정의를 내렸다가(제4권 제1장), 나중에 다시 정의함으로써(제4권 제3장) 경험주의의 활동 무대를 마련했다. 그의 핵심적인 신념은 감각에 외부적 원인이 있다는 것이었지만, 그것은 단지 신념일 뿐 확인되지는 않았다. 사실 정신병자는 (그의 머릿속 외에는) 존재하지 않는 대상을 인지할 수도 있다. 감각에 외부적 원인이 있다는 신념은 경험으로부터 독립적인 근거에 의해서만 유지될 수 있다. 그리고 로크는 스스로 어떻게 아는지를 알 수 없다[•]는 경험주의자의 역설에 직면할 수 없었기 때문에 그런 결론에 도달하지 않았다. 그리고 상식에 몰두함으로써 자신의 모순(경험주의자는 신자들이 신을 믿는 것과 거의 마찬가지 방식으로, 실재에 대한 자신의 지식을 받아들인다)에 눈을 감았다.[45]

그는 《통치론 제2논고Second Treatise on Government》(1690)에서 입법적 지배권과 행정적 지배권을 동시에 선포함으로써 모순에 빠진 자신에게도 눈을 감았다. 그는 행정적 대권(특권)을 '규칙에 구애받지 않고 공익을 도모할 수 있는 권한(예를 들어 1803년에 프랑스로부터 루이지애나 준주Louisiana Territory를 매입한

---

• 무엇을 아는지도 알 수 없다. 우리가 어떤 것을 '만질' 때 직접적인 접촉은 전혀 없고, 아주 작은 원자간력原子間力에 의한 분리가 있을 뿐이다(Kaku, p. 176).

토머스 제퍼슨Thomas Jefferson의 초헌법적 조치)'으로, 심지어 '때로는 법률 조문에 상당히 배치되는 것[46](예를 들어 제2차 세계대전 당시의 미국 시민에 대한 불법 도청[47])'•으로 규정했기 때문에 두 가지 중 행정권이 우위에 있었다. 그는 "철저하고 엄격한 준법은 해로울 수도 있다. 법률은 경우에 따라 행정권에 양보해야 한다"라고 말했다. 그가 보기에 행정부는 법 규정에 없는 행동, 때로는 법 규정에 위배되는 행동을 취할 수 있는 권한을 가져야 했다.[48] 이 같은 모든 견해는 푸블릴리우스 시루스Publilius Syrus의 격언 "좋은 목적을 위한 것이라면 나쁜 짓도 정당하다. 목적이 수단을 정당화한다"라는 관용적 표현으로 요약할 수 있다.[49]

로크에 의하면 입법부에는 법률 제정권을 양도할 권한이 없기 때문에 행정부가 할 수 없는 유일한 행위는 입법이었다. 로크의 그런 생각은 설득력 있고 합리적인 주장일 수 있다. 하지만 실제로 1920년대 무솔리니Mussolini 치하의 이탈리아 의회[50]와 1930년대 히틀러 치하의 독일 의회는 법률 제정권을 양도했다. 마찬가지로 20세기 후반에 미국 의회도 점점 강력해지는 대통령에게 차츰 입법권을 이양했다.

로크의 《통치론 제2논고》에는 정치적 혁명뿐 아니라 통치상의 억압에 대한 철학적 근거가 많이 실려 있다. 하지만 그 책은 자연상태에서 서로 동등한 사람들이 지배자를 옹립했다는 엄청나게 잘못된 가정에 근거했다(홉스의 견해에 영향을 받은 것으로 보인다).[51] 아마 모든 정치 사회는 우두머리와

---

• 다행히 이런 원칙은 우리의 성문법에 자리를 잡았다. 제퍼슨과 매디슨Madison은 로크를 신중하게 선택했고, 로크는 헌법은 아니지만 독립선언서(로크의 사상은 아마 스코틀랜드의 계몽주의 철학에서 비롯된 듯하다. Wills, 1978)에 영향을 미쳤다.

통치 형태를 자유롭게 선택하는 혈거인穴居人(동굴에 사는 사람)들의 자발적 연합으로 출발했을 것이다. 또한 지배자 스스로 나서지 않았을 것이다.

모든 철학적 성향의 민주주의자들이 모닥불 주위에 둘러앉아 조직적 · 논리적으로 가능한 모든 형태의 통치 형태에 대한 찬반을 논의한 뒤, 혈거인 부족에는 비밀투표로 선출되는 지도자가 필요하다는 사실에 도달했을 것이다. 이상은 당시 시대적 상황에 어울리는 분별 있는 설명일 수 있지만, 여기에 담긴 유교적 자부심과 플라톤적 관념론은 루소의 낭만주의를 연상시킬 뿐 아니라, 부정확성까지는 아니어도 터무니없는 상상을 드러낸다.

인간이 신의 존재를 알 수 있다는 그의 주장도 의심스럽기는 마찬가지다. 만일 우리가 신이 존재한다는 사실을 알고 있다면 어떻게 신의 존재 유무를 모르는 일이 발생할 수 있을까? 많은 사람이 신의 존재를 믿는다. 어떤 사람들은 신의 존재를 알고 있다고 주장하지만(물론 긴급한 상황일 때 그들의 '앎'은 항상 희망에 따른 믿음일 뿐이다), 아무도 신의 존재를 알고 있음을 입증할 수 없다. 우리가 그것을 증명할 수 없는 이유는 혹시 신이 존재하지 않기 때문이 아닐까? 아니면 로크가 틀렸기 때문이 아닐까? 이 문제는 앎과 증명 사이의 지적 불모지(우리는 우리가 증명할 수 없다는 것을 알고 있다)에 속하지만, 다음과 같은 질문을 교묘히 피해간다. 우리는 신이 존재하지 않는다는 것을 알 수 있을까? 이 질문의 해답은 기껏해야 '불확실하다'일 뿐이다.


합리주의자들이 뚜렷한 흔적을 남기거나 자유주의자들이 불확실성으로 도피하기 훨씬 전에 프랜시스 베이컨(1561~1626)은 서양의 지성이 밟을 경로를 설계했다. 그는 누구 못지않게 자연철학을 체계화했다.[52] 그리고 수학을 과소평가했으며, 결론을 내린 후 그것을 뒷받침하는 근거를 찾은 아리스토텔레스를 싫어했다.[53] 또한 그는 철학이 신학에서 분리되어야 한다고 생각했다. 사실 철학은 '전통의 무지, 논쟁의 아찔한 허세, 우연의 거센 파도' 등에 시달렸다.[54] 그는 감각적 인식으로 획득하고 귀납적으로 정리한 증거를 토대로 삼은 경험적 지식과 이성적 기능을 종합함으로써,[55] 즉 관찰된 사실로부터 일반화를 이끌어냄으로써 스콜라철학의 추상 관념을 자연과학으로 대체했다.[56] 그는 헤겔보다 먼저 사실에 입각한 논리를 구축해 궁극적 진리에 도달하려고 했다.[57] 그의 접근법에 약점이 있다면 그것은 관찰자가 허용할 경우 기초적인 사실이 자체 조절 과정을 거쳐 지식으로 변모할 것이라는 그의 믿음이었다.[58]

한편 관찰자가 사실에 대해 모르거나 사실을 과소평가할 경우 사실에는 기회가 전혀 없었다.* 에라스무스와 마키아벨리처럼 베이컨 역시 그의 폭넓은 관심에도 불구하고 당대의 몇몇 획기적인 돌파구를 몰랐거나 그 진가를 알아채지 못했다. 즉 그는 존 네이피어John Napier가 로그를 발견한 사실을 알지 못했고, 길버트Gilbert의 자기학 연구와 그가 태어나기 훨씬 전에 발표된 베살리우스의 해부학 연구도 전혀 몰랐다.[59] 게다가 베이컨은 '반자연적' 경향에 고무됐다(그런 경향은 성경에서 인정받은[60] 세계의 자원에 대한 공격으

---

• 무지를 옹호하기는 쉽지 않지만, 무지는 '편견 없는 태도'에 일조한다. 무지의 효과에 주목한 로버트 보일Robert Boyle(1627~1691)은 서른 살이 될 때까지 데카르트와 베이컨의 저작을 일부러 읽지 않았다. 자칫 그들의 이론에 영향을 받아 자신의 경험과 어긋나는 결론을 내리지 않기 위해서였다(Boorstin, 1998, p. 181).

로 귀결됐고, 훗날 자연은 낭비이고,[61] 행복에 이르는 길은 자연의 무효화에 있다는 로크의 견해에 의해 더욱 굳건해졌다).[62]

사실 문제와 자연에 대한 공격 문제는 별도로 하더라도, 순전히 이론가로서 베이컨은 귀납법에 심취한 결과 공교롭게도 약간의 연역법(과학자가 가설로부터 검증 가능한 결과를 추론하는 과정)에 이르게 됐다.[63] 실제로 과학자는 일반적으로 사실을 수집하고 귀납법을 통해 가설을 세운 뒤 그것을 검증하는 방법을 연역한 다음 실험으로 수집한 새로운 자료에 입각해 수정하기 때문에 귀납법과 연역법이 모두 필요하다. 그렇게 도출된 견해는 더 나은 견해가 등장할 때까지 통용된다.

### 이성의 시대 : 어리석음을 초래하는 우상

과학적 순환(혹은 나선형)의 진가를 몰랐기 때문에 완전히 체계적으로 정리하지는 못했지만, 베이컨은 어리석음을 초래하는 정신의 나쁜 습관인 다섯 가지 '우상'에 대해 논했다. 종족의 우상은 인간 본성에 내재된 것으로, 예를 들면 자연에서 발견할 수 있는 것보다 더 많은 것을 기대하는 인간의 경향을 가리킨다. 동굴의 우상은 개인의 편견이다. 시장의 우상은 정신을 지배하는 말을 가리킨다. 극장의 우상은 아리스토텔레스나 스콜라철학과 같은 사유 체계다. 마지막으로 학교의 우상은 삼단논법처럼 판단을 대신하는 맹목적 규칙이다.[64]

우리는 계속해서 이런 우상들을 숭배했지만, 베이컨이 옹호하고 이성의 시대 과학자들이 발전시키고 체계적으로 정리한 접근법에 힘입어 경험을 통해 믿음의 정도를 완화하는 방법을 배웠다. 이성의 시대는 사실의 시대이기도 했다. 사실의 시대는 예를 들어 케플러Kepler가 행성의 궤도가 원형이 아니라 타원형이라는 사실을 깨달았을 때처럼 지식이 종교나 고대의 지식인, 심지어 이성과도 승부를 겨룬 시기였다. 과학은 이성과 사실을 결합했고, 일상적 관념의 확정이 아니라 역설의 노출을 통해 발전했으며, 무지를 뛰어넘어 미지의 세계로 나아갔다.[65] 과학이 그렇게 할 수 있었던 비결은 사실의 발견에 따른 합리적 이론의 개선과 수정을 통한 지적 진보가 가능한 과학적 발견의 체계로서 진화한 덕분이었다.[66] 사실의 시대에는 참신함이 중시됐다. 그리고 과학은 사물이 항상 기존의 인상과 일치하지는 않는다는 것을 보여주는, 의심의 여지가 없는 진리를 더 많이 제공하는 것처럼 보였다.[67]

과학의 근대적 발전은 천박한 자본주의의 성장에 발맞춰 등장한 여러 가지 해방적 요인 덕분이었다. 사업은 지식을 실용적 사안에 성공적으로 응용하는 혁신가들에게 보상을 제공했을 뿐만 아니라, 17세기판 '연구 개발'의 재정적 기반도 제공했다. 그것과 관련한 심리적 요인은 종교와 철학에서 벗어나 현실(신학적 모색과 철학적 논쟁으로 이뤄진 점잔을 빼고 학자인 척하는 세계에서 무게, 치수, 불, 쇠 등으로 구성된 더럽고 야비한 사실적 세계)로[68] 시선을 돌리려는 지식인들의 새로운 성향이었다.* 구체적 사례를 하나 들면 당시 베이컨은 실용적 사안을 향한 타락(18세기 영국에서 과학자들이 장인이나 기

---

* 이 부분과 관련된 결과는 지식인들이 자연에 초점을 맞추고 선과 악, 옳고 그름 같은 윤리적 쟁점을 경시함에 따라 형이상학은 뒷전으로 밀렸다는 것이다. 달리 말해 '왜?'가 '어떻게?'로 대체되면서 신학은 역학에 자리를 내줬다(Booth, 2008, p. 30).

술자들과 손을 잡으면서 산업혁명이 시작됐다. Burns, 2013, p. 167)이 '배움에 대한 모욕'으로 간주된다고 지적했다.[69]

또한 새로운 지식인들은 기존 권위자, 특히 아리스토텔레스에 대한 중세적 존경심을 기꺼이 포기했다. 특히 과학자들은 이론적 설명을 실험으로 입증함으로써 자신의 견해를 점검하는 습관을 들였다. 그리고 대다수의 사상가는 최악에 해당하는 중세의 금기, 전통, 관습 등에서는 해방됐다.[70] 선구자는 천문학자와 해부학자였다. 역설적이게도 이들은 관찰한 사실에 입각해 현실을 감히 재정의한다는 이유로 의학 '전문가들'에게 비판받고, 신학계 권위자들에게 견제를 당하면서 당대의 가장 위대한 지적 진보를 이뤄냈다.

사실 프톨레마이오스의 우주관은 천문학자들이 사소한 결함을 얼버무린 덕분에 오랫동안 위력을 떨쳤다.* 하지만 점점 사실이 축적됨에 따라 그런 변명은 니콜라우스 쿠자누스Nicolaus Cusanus(1401~1464)와 레기오몬타누스Regiomontanus(1436~1576)가 행성 운동의 태양 중심적 가설로 빗장을 풀었던 근대 과학의 문을 코페르니쿠스가 활짝 열 때까지 점점 복잡해졌다. 아리스토텔레스나 신학과 일치하지는 않아도 물리학의 공리나 관찰 결과와는 일치하는[71] 이전 가설의 기본 관점(이미 여러 명의 고대인이 제시한 관점이다. Montaigne, 429~430)은 지구가 1년마다 태양 주위를 돌고 하루에 한 번 지축을 중심으로 회전한다는 것이었다.[72]

---

• 이것과 동일한 유형의 사고(기존 체계를 고수하는 태도)는 1980년경에 자연보존이 비용 면에서 효과적방식이라는 증거에 대해 전력 회사들이 드러낸 반응에서도 찾아볼 수 있다(Roe, p. 188).

니콜라우스 쿠자누스는 파도바대학에서 공부했고, 수학과 과학 연구 결과를 여러 편 발표했다. 파도바대학에서 공부할 때 그는 피타고라스, 아리스타르코스 Aristarchus, 아르키메데스 등과 더불어 지구가 태양 주위를 돈다고 믿었던 플라톤의 학문 세계를 접했다.[73] 하지만 그는 무척 신중했다. 따라서 지구는 우주의 중심이 아니고, 천체는 원형 궤도를 따라 이동하는 완벽한 구체가 아니라고 믿는다는 사실을 결코 인

코페르니쿠스의 우주 모델에서 천체들의 배치

정하지 않았다. 그리고 단지 그런 모형이 계산에 도움이 된다는 사실을 발견했을 뿐이라고 주장했다.[74] 그의 제자인 레기오몬타누스(구칭舊稱은 요하네스 뮐러Johan Muller)는 프톨레마이오스 체계가 엉터리임을 알고 있었다. 뉴턴에 버금가는 지성인이었던 그는 하늘을 관찰할 수 있는 망원경을 만들었다는 점에서 갈릴레오보다 한 걸음 앞섰고, 니콜라우스 쿠자누스가 암시한 내용(태양이 아니라 지구가 우주, 즉 태양계의 중심이고, 행성이 태양 둘레를 회전한다)을 선언했다는 점에서 스승을 능가했다.[75]

코페르니쿠스는 '혁명적'이라는 현대식 표현을 낳은 '그의' 체계[76]를 구축할 때 레기오몬타누스의 연구 결과를 활용했다. 1543년에 출판된 그의 저서 《천구의 회전에 관하여De revolutionibus orbium coelestium》는 별다른 소동을 유발하지 않았다(1540년대에 가톨릭교회는 반反종교개혁에 매진했고, 17세기 초반과 달리 아직 독선에 완전히 빠지지 않은 상태였다). 《천구의 회전에 관하여》는 교황

(파울루스 3세)에게 헌정된 책이었다. 그 책에 담긴 코페르니쿠스의 견해는 가톨릭교회의 공격을 받기 전부터, 심지어 그 책이 출판되기 몇 해 전부터 이미 신교도들에게 비난을 받았다. 사실 1530년 이전부터 코페르니쿠스의 견해는 이미 널리 알려져 있었다. 당시 루터는 그를 '무례한 천문학자'이며, '천문학 전체를 바꾸고 싶어 하는 바보'라고 말했다.[77]

루터의 경쟁자였던 레오 10세가 루터의 첫 번째 도전을 수도사 사이의 반목으로 치부했을 때 절반만 옳았듯, 루터도 코페르니쿠스에 대해 절반만 옳은 판단을 내렸다. 즉 코페르니쿠스는 천문학을 완전히 바꾸기보다는 그것을 수정하고자 했다. 게다가 칼뱅은 시편 96장 10절('세상도 견고히 서고 흔들리지 아니할 것이라.[78] '하느님이 땅을 굳건하고 움직이지 않는 것으로 만드셨다')을 인용하면서 루터처럼 코페르니쿠스의 천체관을 비성경적인 것으로 일축했다.

애초 코페르니쿠스의 가설은 성경에 그것을 지지할 만한 내용이 없다는 점을 문제 삼은 신교도들뿐만 아니라, 그것을 뒷받침할 만한 증거가 없는 점을 내세운 다른 천문학자들에게도 조롱을 당했다. 우선 그의 가설에서는 항성 시차가 확인되지 않았다(지구가 궤도를 돌고 있을 때 항성의 위치가 바뀌지 않는 것처럼 보였다). 레기오몬타누스처럼 코페르니쿠스도 항성이 너무 멀리 떨어져 있기 때문에[79] 시차를 관측할 수 없다고 가정했다. 19세기에 이르러서야 비로소 과학적인 관측 도구 덕분에 항성 시차를 확인할 수 있었다.[80]

또한 비판자들(코페르니쿠스는 자신의 체계를 신봉한다고 인정한 적이 없지만, 확실히 그것을 옹호했다)은 지구가 동쪽으로 회전하고 있다면, 어떤 지점에서 위로 곧장 솟구친 물체는 출발점으로부터 서쪽으로 떨어질 것이라고 주장했다. 코페르니쿠스가 내놓은 반론은 그런 물체도 '지구의 일부(예를 들면 비판자들이 회전하는 지구를 따라가지 못한다고 지적한 구름)'이고 지구와 함께 움직인다는 것이었다.[81] 하지만 뉴턴이 관성의 법칙을 도출한 뒤에야 비로소 그 쟁점이 해소되고,[82] 과학계는 코페르니쿠스의 가설을 받아들였다(그의 가설이 발표된 지 150여 년 뒤의 일이다). 비록 늦었지만 그의 가설이 수용된 것은 역사상 가장 위대한 쇄신(오래된 믿음이 틀릴 수 있다는 그리고 진리는 사실의 끈질긴 수집과 합리적 분석을 통해 확립될 수 있다는 충격적인 깨달음)의 결과였다.[83]

아리스토텔레스의 학설에 대한 오래된 믿음을 떨쳐버리고 코페르니쿠스의 가설에 대한 확실한 증거를 제공한 '사실의 끈질긴 수집가'는 튀코 브라헤Tycho Brahe(1546~1601, 브라헤는 코페르니쿠스의 가설에 찬성하지는 않았다)다. 아리스토텔레스는 변화와 쇠퇴는 세속적 사안에 국한된다고 선언했다. 그

**좌** | 튀코 브라헤        **우** | 연구실의 튀코 브라헤

가 과학적 문제에 대해 언급한 것처럼 그 선언도 진보의 장애물이 됐다. 하지만 브라헤가 혜성을 관찰한 후 1572년 초신성을 발견하자[84] 그 특별한 장애물은 처음에는 흔들렸고 나중에는 산산이 부서졌다. 게다가 천체에 대한 브라헤의 정밀한 관측과 세심한 기록 덕분에 케플러는 계산을 수행하고 법칙을 세우는 데 필요한 자료를 확보할 수 있었다.[85]

요하네스 케플러Johannes Kepler(1571~1630)는 코페르니쿠스가 열어놓은 문에 최초로 들어선 인물이다. 그는 한쪽 다리를 그리스적 신비주의에 깊이 담근 채 다른 쪽 다리로는 뒷걸음쳤다. 그가 지동설을 수용한 것은 사실에 대한 분별 있는 분석의 결과가 아니라 빛을 비추는 과정에서 태양과 신이 맡은 역할 사이의 상징적 유추에 대한 그의 견해[86] 때문이었다(이 부분에서 레기오몬타누스는 케플러보다 한 걸음 앞섰다).[87] 이렇듯 케플러는 신념의 우발

**좌 |** 요하네스 케플러　　**우 |** 케플러가 여섯 살 때 목격한 1577년 대혜성

적이고 맹목적인 도약(태양이 궁극의 선이기 때문에 중심일 것이라는 코페르니쿠스의 관념적 견해와 유사하다)을 통해 태양이 빛을 발산하므로, 틀림없이 우주의 중심일 것이라는 기본 가정을 세웠다.

케플러가 신비주의 때문에 지동설에 이끌렸다고 본다면 그가 태양 중심적 체계에 대한 방어수단과 설명을 확보한 것은 때때로 어리석은 면을 드러냈다. 그러나 열매를 맺은 기하학적 응용의 덕을 본 것은 사실이다. 케플러는 태양 중심적 체계를 옹호한 최초의 천문학자였다. 하지만 그는 시대착오적인 그리스인처럼 정다면체에 관심을 쏟다가 포기하고 피타고라스학파의 '천체의 화성和聲'[88]을 되살리는 데 심취했다. 그가 온갖 지적 노고를 겪으면서 고수한 확신은 진리(그의 믿음의 증거)가 수학 법칙의 형태를 띨 것이라는 점이었다. 그리고 결국 그의 특정한 진리는 행성의 운동을 타원형으로 묘사하는 법칙의 형태를 띠었다.

코페르니쿠스도 '수학자를 위한 수학'을 표어로 내세운 시대착오적인 피타고라스학파의 일원이었다.[89] 코페르니쿠스는 미학적 동기에 영향을 받은 그리스인처럼 (그리고 다른 선택할 만한 자료가 없는 상태에서) 원형 궤도를 그렸다. 하지만 케플러에게는 일정한 속력의 원형 궤도에 부합하지 않는 브라헤의 자료가 있었다. 브라헤의 자료에 의하면 각 행성은 불규칙적인 속력으로 타원형 궤도를 따라 움직였다(케플러는 분통이 터진 나머지 그 불규칙적인 타원형을 '운반차 한 대 분량의 거름'이라고 표현했다[90]). 사실에 부합하지 않는 이론을 기꺼이 포기한 것은 케플러와 이전 시대 철학자들을 구분해주는 차이점이었다. 그때까지 자료는 결코 그리스 합리주의자들이나 중세 스콜라 학자들의 이론을 제약하지 못했다. 그들은 모두 언어나 생각을 분석하는 데, 심지어 분석 자체를 분석하는 데 열중했다. 그리고 미리 결정된 결론에 도달하기 위해 기꺼이 논리를 왜곡하고 불편한 사실을 무시했다.

비록 부분적으로는 과거의 포로였지만, 케플러는 천상의 지성을 힘, 거리, 속력 등으로 대체했다는 점에서 근대 물리학의 선구자다. 그것은 측정할 수 없는 특성(예를 들어 의지나 완전성)에서 측정할 수 있는 특성(예를 들어 질량이나 속도)로 서양의 사고가 이동하는 첫 번째 중대한 발걸음이었다. 케플러 이후 적어도 태양계는 정량화됐고, 그가 발견하고 서술한 법칙을 따르는 것으로 드러났다.[91]

갈릴레오 갈릴레이Galileo Galilei(1564~1642)는 기존의 인간 중심적 이론으로는 이해할 수 없는 여러 가지 자연 현상의 원인을 설명한다는 이유로 태양 중심적 관점을 받아들인 비밀스러운 지동설 신봉자였다. 이성으로 우주를 설명하기 위해 그는 새로운 체계의 여러 가지 증거를 수집했지만, 코페르니쿠스의 기구한 운명이 마음에 걸린 나머지 증거를 발표하는 것을 포기했다. 1596년에 갈릴레오가 케플러에게 보낸 편지에서 밝혔듯이, 코페르니쿠스는 '셀 수 없을 만큼 많은(어리석은 사람들의 숫자가 무척 많았기 때문에 이런 표현이 가능했다) 사람에게 조롱당하고 비난받았다.'[92]

대중이 코페르니쿠스의 지동설에 대해 알지 못하고(천체물리학자 햄릿Hamlet, 1600년경), 신학자들은 거기에 별로 신경 쓰지 않은 데는 당시에 어리석은 사람들이 너무나 많았던 점이 작용했을 것이다. 갈릴레오가 케플러에게 편지를 보낸 것은 코페르니쿠스가《천구의 회전에 관하여》를 출판하고 세상을 떠난 지 50여 년이 흐른 뒤였다. 그때까지도 코페르니쿠스의 가설은 흔히 허튼소리(아리스토텔레스의 학설에 위배되는 허튼소리)로 간주됐다.

케플러에게 보낸 편지를 통해 태양 중심적 체계에 대한 믿음을 알린 지 1년 뒤인 1597년에도 갈릴레오는 파도바대학에서의 강의에서 천동설을 공개적으로 지지했다. 하지만 그는 지동설을 포기하지 않았다. 그런데 코페르니쿠스의 지동설보다 케플러의 지동설에 더 끌렸다. 케플러의 지동설이 자신의 밀물과 썰물 이론에 부합했기 때문이다.[93] 그로부터 7년 뒤 갈릴레오는 피사대학에서의 강의에서 태양 중심적 가설에 대한 신념을 공개적으로 선언했다.[94]

갈릴레오는 합리적 사고나 논증을 통해서가 아니라 직접 제작한 망원경으로 관측한 결과를 통해 코페르니쿠스가 옳았다는 설득력 있는 증거를 확보한 뒤 태양 중심적 가설의 철저한 대변자가 됐다. 그가 발견해 폭로한 가장 놀라운 사실(이미 중국의 천문학자 감덕甘德이 기원전 364년에 관찰했기 때문에 '재발견'이라고 볼 수 있다. Menzies, 2008, pp. 26, 250)은 목성에 4개의 위성이

**좌 |** 갈릴레오 갈릴레이          **우 |** 갈릴레오가 케플러에게 보낸 편지. 1597년 8월 4일에 쓰였다.

있다는 것이었다. 비록 코페르니쿠스의 지동설을 입증하지는 않았지만, 태양계의 축소 모형을 제시했다. 게다가 갈릴레오가 관찰한 금성의 위상位相은 금성이 태양 주변을 회전한다는 점을 암시했기 때문에 지동설에 설득력을 더했다.[95]

갈릴레오가 자신의 관찰 결과에서 완벽한 설득력을 확인한 반면, 학계는 그것을 난감하고 충격적인 것으로 받아들였다. 그의 관찰 결과에도 불구하고 천동설에서 지동설로 돌아선 사람이 많이 생기지는 않았지만, 이같은 내용이 1610년 3월에 책으로 출판되자 프톨레마이오스 우주관의 토대가 흔들렸고, 기존의 과학적·종교적 독단이 의심받기 시작했다.[96]

갈릴레오가 자신의 주장을 입증하려는 과정에서 마주친 주요 장애물 중 하나는 구체제 신봉자들의 완고한 태도였다. 그들은 직접 갈릴레오의 망원경으로 하늘을 관찰해 증거를 확인할 수 있었는데도 그렇게 하지 않았다. 구체제 신봉자들 중에서도 성직자들보다 전문 지식인들이 갈릴레오의 애간장을 더 태웠다. 예를 들어 피사대학 철학 교수 줄리오 리브리Guilio Libri는 갈릴레오로부터 망원경을 사용해보라는 부탁을 여러 차례 받았지만, 끝내 거절했다. 갈릴레오는 케플러에게 보낸 편지에서 그 문제를 언급했다.

"그대가 여기 없어서 아쉬울 따름이오. 이 영광스러운 우둔함을 보고 어찌 웃음을 터뜨리지 않을 수 있겠소! 그리고 피사대학 철학 교수가 대공의 면전에서 마치 하늘로부터 새로운 행성들(위성들)의 비밀을 캐내려는 마법의 주문 같은 논리적 주장을 펼치는 소리를 듣고 말이오."[97]

이처럼 이성의 시대는 그 직전까지 교회의 비판자들이 교회의 독단을 반박하는 데 활용했던 논리를 배움의 반대자들이 사실을 반박하는 데 활용하면서 시작됐다. 이성의 큰 매력은 이성이 자동적으로 진리에 도달한다는 점이 아니라, 누구나 어떤 명분을 지지하는 데 이성을 활용할 수 있다는 점이었다.[98]

일단 반대자들이 그의 망원경으로 관찰해보도록 유도하는 문제와 관련해 갈릴레오는 줄리오 리브리 교수보다 로마의 가톨릭교 당국자들을 상대로 더 큰 성과를 거뒀지만, 그에 따른 효과는 아직 전혀 없었다. 1611년 4월, 로마의 가톨릭교 당국자 몇몇은 갈릴레오의 설득을 받아들여 그의 망원경을 체험하고 신기하게 여겼지만, 관찰 결과에 대한 갈릴레오의 해석을 수용하지는 않았다.[99] 소크라테스의 무지의 발견 다음으로 꼽히는 갈릴레오의 가장 위대한 발견 중 하나는 주관성이 무지와 불가지론만큼이나 배움의 가장 고질적인 적이라는 점이었다. 결국 그는 명백한 사실을 받아들이도록 교회 관계자들을 설득하는 데 성공하지 못했다.

그 문제가 단순히 천문학적 사안으로만 간주됐다면 갈릴레오는 아마 설득하는 데 성공했을 것이다. 하지만 교회는 그것을 신학 정치의 관점에서 바라봤다. 그는 반종교개혁의 뒤늦은 피해자였다. 교회에 대한 신교도의 공격으로 가톨릭교 관계자들은 어쩔 수 없이 신앙에 대한 헌신적 태도로 모든 사람에게 좋은 인상을 줘야 했고, 좋은 인상을 주기 위해서는 기독교 교리의 순수성을 유지해야 한다고 생각했다. 1624년에 어느 예수회 수도사는 이렇게 지적했다. "신앙은 반드시 다른 모든 철학 법칙 중에서 첫 번째 자리를 차지해야 한다. 신의 말씀은 허위에 노출되지 않아야 한다."[100]

한편 갈릴레오는 정통적 권위에 배치되는 상황에서도 감각의 탁월성을 대변했다(그리고 추정컨대 이성의 탁월성도 대변했을 것이다).[101] 교회는 그를 박해하는 데 온갖 자기비하적 열정을 발휘했다. 가장 빛나는 근본주의 전통에 따라 교회는 책의 결론이 교회의 교리(인간은 세상이 어떻게 만들어지는지 알 수 없다. 만약 알 수 있다면 신의 전지성全知性[102]을 제약하게 될 것이다)와 일치하지 않는 한 갈릴레오가 프톨레마이오스의 학설과 코페르니쿠스의 학설을 비교하는 책을 출간하지 못하도록 했다.

1632년에 갈릴레오는 교회의 명령에 부합하면서도 프톨레마이오스의 옹호자를 멍청이까지는 아니어도 순진한 사람으로 묘사한 대화를 담은 책을 출판했다. 그리고 얼마 지나지 않아 그 책은 루터와 칼뱅을 합한 것보다 더 큰 해악을 끼치는 베스트셀러가 됐다. 교회는 갈릴레오가 어떤 식으로든 지동설을 가르치거나 논하지 못하도록 하는 문서를 '발견'함으로써 역공을 가했다.[103] 그는 공개재판에서 유죄를 선고받았고, 육체적 고문을 당할지도 모른다는 위협을 받은 뒤 1633년 6월 22일에 어쩔 수 없이 코페르니쿠스를 옹호한[104] 지난날의 실수를 인정해야 했다. 그리고 지구는 우주의 중심이 아니라는 '잘못된 견해'를 공개적으로 철회해야 했다.[105]

명백한 사실에 대한 해석을 막기 위해 교회는 어리석게도 권위와 힘에 의존해 갈릴레오가 지동설을 가르치지 못하도록 했다. 결과적으로 교회는 이탈리아의 과학 발전을 방해했을 뿐 아니라[106] 서양 문명에서 배움에 대항하는 반지성의 주역*을 맡는 바람에 스스로에게도 해를 입혔다(일례로 1632년 8월 1일에 교회는 예수회 소속 교수들에게 원자물리학을 가르치지 말도록 경

---

* 교회가 특유의 어리석은 견해를 완고하게 고수했다고 말하지는 말자. 교회는 천천히 적응하고 있었다. 교황은 1822년 지구가 태양 주위를 회전할 수 있도록 허락했고, 1992년 10월 교회는 갈릴레오가 옳았다고 인정했다. 아마 언젠가 교회는 삶의 질 향상을 위해 피임에 대한 현재의 견해를 바꿀 것이다.

고했고,[107] 1670년에 이르러 원자는 퇴출됐다[108]).

아리스토텔레스와 프톨레마이오스의 우주관을 고수하는 사람들의 어리석음에 맞서 싸운 갈릴레오도 그런 병폐에서 자유롭지 못했다. 그는 코페르니쿠스에게 매료되어 있었고, 지구가 우주의 중심까지는 아니어도 운동의 중심이라고 생각했다. 갈릴레오의 관점에서 자연의 '관성' 운동은 올라가지도 내려가지도 않는 움직임이었다. 그것은 항상 지구의 중심으로부터 등거리에 있었고, 따라서 원형이었다. 놀랍게도 그는 타원형 궤도에 관한 케플러의 저작을 가까이 하고 그것에 감탄했지만, 결과적으로 그것을 무시하였다. 만일 그가 '거름 운반차'에 관해 곰곰이 생각했더라면 아마 그는 원형과의 사랑을 극복할 수 있었을 것이다. 그리고 중력이 없을 경우 직선 운동을 통해 물체가 지구 표면으로부터 일직선으로 무한히 솟구칠 수 있다는 점을 깨달을 수 있었을 것이다.[109]

힘은 물체와 독립적으로 작용한다(수평력과 수직력이 서로를 제한하는 벡터량으로 간주될 수 있다)는 사실을 잘 알고 있었다는 점에서 볼 때, 갈릴레오가 그 두 가지를 이루지 못한 것은 더더욱 놀랍다. 지구 표면을 따라 이동하는 물체가 비스듬히 위로 솟구칠 것이라는 점을 의미하는 그 사실을 알고 있었는데도 갈릴레오는 사물의 아름다운 질서(원형)를 깨뜨릴 것이라는 이유로 직선형을 받아들이지 않은 듯하다.[110] 추측건대 그는 중력을 당연시했지만, 케플러의 거름 운반차를 무시했기 때문에 우주의 통일이라는 과제를 아이작 뉴턴 경Sir Isaac Newton(1642~1727)에게 넘기고 말았다.

아이작 뉴턴은 우주에 적용된 이성의 극치를 상징하는 인물이다. 그는 성경을 바탕으로 추론하거나 신이나 아리스토텔레스에 대한 확신[111]을 역설하는 대신 현실의 관찰 결과를 분석함으로써 천문학과 물리학의 질서를 보여줬다. 그는 우주를 수학적 법칙으로 통일시켰고, 신을 제1운동자Prime Mover의 역할을 맡은 존재로 강등시켰다. 뉴턴이 그 두 가지 측면에서 거둔 빛나는 성공은 적어도 인간 이외의 물체는 합리적으로 작동한다는 사실에서 비롯됐다.

뉴턴의 세 가지 운동 법칙(그중 첫 번째와 두 번째 운동 법칙의 뿌리는 갈릴레오다)은, 케플러의 법칙이 모든 행성은 모든 순간에 태양을 향한 가속도(태양으로부터의 거리의 제곱에 반비례한다)를 지닌다는 명제와 일치한다는 점을 보여줬다. 그는 케플러의 법칙을 보편화했고, 그것을 증명하기 위한 계산

**아이작 뉴턴** 현실의 관찰 결과를 분석, 천문학과 물리학의 질서를 보여줬다.

을 수행했다.[112] 만유인력의 법칙은 수성의 섭동 현상(궤도의 오차)을 제외한 행성 운동의 모든 것을 설명했다. 뉴턴이 거둔 성공의 유일한 그늘은 너무 총체적이었기 때문에 아리스토텔레스처럼 자신이 스스로 진보의 장애물이 됐다는 점이다. 사실 이후 영국이 그의 권위에서 벗어나 천문학과 물리학에서 창의적 연구를 재개하기까지는 100여 년이 걸렸다.[113]

뉴턴의 매력 중 하나는 모든 것

이 마치 떨어지는 사과처럼[114] 작동한다는 사실을 입증함으로써, 그가 현실로 인해 타락한 지상[115]을 영묘한 그리스의 천상과 연결했다는 점이다. 한편 그는 우리가 물체의 내적 본질을 알 수 없을 것이라고 생각했기 때문에, 이유뿐만 아니라 목적까지 의미하는 경향이 있는 '원인들'에 대한 근본적인 설명을 회피했다. 그는 태양계에 이성을 대단히 성공적으로 적용했을 뿐 아니라, 이성의 과학적 응용의 한계도 설정했다. 자신의 광범위한 성경 연구가 신의 뜻Divine Will을 정량화하려는 헛된 노력으로 드러났을 때 수학적 범위의 한계를 발견했다.[116]

뉴턴의 신학 관련 저작은 과학 관련 저작을 양적으로 능가했지만, 질적으로는 그렇지 못했다. 왜냐하면 그는 수학을 신학에 잘못 응용했기 때문이다. 확실히 이성은 신학적 논증과 철학적 논증에 응용할 수 있지만, 신학과 형이상학은 계량할 수 없기 때문에 수학적으로 정량화하고 분석할 수 없다. 그럼에도 불구하고 정통적이고 근본주의적인 신비론자였던 뉴턴은 재림Second Coming의 시점을 수학적으로 증명하려고 했다. 그리고 지상에서 얻을 수 있는 최고의 행복과 신자가 천국에서 누릴 수 있는 지복 사이의 비율을 결정하려고 애썼다.[117]

자신의 전문가적 경험을 통해 뉴턴은 이성이 대체로 반대자의 개심을 유도하는 수단으로 활용될 때 오용된다는 점도 발견했다. 뉴턴이 그런 교훈을 터득한 이면에는 과학계를 상대로 햇빛이 색깔의 조합이라는 이론의 타당성을 입증하려고 애썼던 쓰라린 경험이 있다. 몇 세기 동안 빛은 단순하고 근본적인 것이라는 가설이 자명한 이치로 통용됐다. 당대의 가장 훌륭한 과학자 몇몇을 비롯한 비판자들은 그가 시도한 설명에서 설득력을 느끼기보다는 혼란스러워했고,* 그의 눈에 보이는 색깔은 빛이 프리즘[118]을 통과하면서 겪는 변화의 결과라는 믿음을 고수했다.** 뉴턴은 그들의 완강한 태도에 크게 낙담했고, 결국 확실하게 입증할 때까지는 앞으로 그 어떤 저작도 출판하지 않겠다고 결심했다. 그 때문에 실제로 뉴턴의 몇몇 저작은 몇 년 동안 출판이 연기됐다.

1687년, 마침내 뉴턴은 막강한 설득력으로 서양 문명의 철학적 토대를 마련한 《자연철학의 수학적 원리Philosophiae Naturalis Principia Mathematica》를 발표함으로써 그들을 납득시켰다. 《자연철학의 수학적 원리》는 데카르트의 관성 법칙, 갈릴레오의 가속도 이론, 케플러의 행성 운동 법칙 등을 바탕으로 하나의 장중한 수학적 종합체를 이끌어낸 역작으로,[119] 그것의 영향은 자료의 다양함만큼이나 심오했다.

첫째 물리학에서 물활론物活論이 배제됐다. 움직임은 더 이상 생명의 신호가 아니라 사물에 영원히 내재돼 있는 요소로 간주됐다. 사물은 상호작용했고, 따라서 무엇보다도 아리스토텔레스의 제1운동자(신)가 불필요했다 (하지만 아직 대다수의 사람이 신을 제1운동자로 여겼다).[120]

둘째, 우주에 대한 과학적 설명에서 목적이 설 자리가 없어졌기 때문에

---

• 단지 우둔했기 때문이 아니라 검열과 보복에 대한 공포가 워낙 심했기 때문에 일부 저자들은 두 가지 버전의 글을 썼다. 하나는 일반 독자들을 대상으로 한 것이었고, 다른 하나는 '숨은 의미'를 이해하는 내부자들을 대상으로 한 것이었다(Toland, 1720, p. 95). 반면 직접적인 표현 방식을 선택한 소수의 사람들은 쓰라린 대가를 치렀다. 토머스 에이큰헤드Thomas Aikenhead는 성경의 허튼소리에 넘어가는 세상의 어리석음을 노골적으로 찬미했다는 이유로 1697년 에든버러에서 처형됐다.
•• 주목할 만한 예외로 이그나티우스 파르디에스Ignatius Pardies 신부가 있다. 그는 상대방의 주장을 이해하고 생각을 바꾼, 역사적으로 희귀한 사람들 중 하나다. 또 다른 예외는 열렬한 고립주의자였다가 1945년 국제주의자로 전향한 미시간 주 연방 상원의원 아서 반덴버그Arthur Vandenberg가 있다(Slaughter, 160).

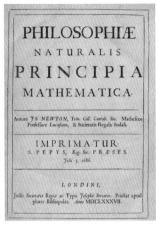

《자연철학의 수학적 원리》 초판, 1687

목적의 개념이 바뀌었다. 신성한 힘은 태양계가 작동하는 과정에 개입하지 않았고, 천문학적 계산에 관여하지도 않았다. 이제 더 이상 신이 대수롭지 않은 항성에 속한 중요하지 않은 행성에서 일어나는 사건에 큰 관심을 쏟을 것으로 기대할 수는 없었다. 그러므로 인간적 목적은 기껏해야 자연발생적인 것이 되었다.

끝으로 지동설의 관점에서 인간이 차지한 위치는 초라했지만, 우리가 지동설의 기제를 발견한 것은 인간 지성의 승리로 평가됐고, 신과 종교가 아니라 과학적 분석과 이성에 대한 유럽인의 신뢰감 향상과 유럽 문화에 대한 자긍심 고양에 기여했다.[121] 다만 여기에 그늘이 있다면 그것은 황량하고 메마르고 무의미한 우주에서 수량화할 수 없는 정서, 감정, 영적 가치 등이 폄하되는 현상이었다.[122]

아니나 다를까, 물리학자들이 우주를 이해하기 위해 편견을 극복해야 했던 것처럼 생물학자들은 인간에 관해 배우기 위해 생명을 둘러싼 평범한 '지혜'를 극복해야 했다. 특히 모두가 약간의 지식을 갖고 있는 영역인 해부학 분야에 해당되는 사실이었다. 16세기 이전에 전문 직업인의 무지는 대체로 학술 용어에 담겨 있었고, 초자연적 비술의 영기靈氣에 둘러싸여 있었다.[123] 특히 전문 의료인의 무지는 클라우디오스 갈레노스Claudius Galenus(130?~201?)의 저작에 담겨 있다. 갈레노스는 그의 업적이 후학들의 학습 과정에서 장애물로 작용할 정도로 신격화됐다. 그런 현상은 현학적 의학을 조심하도록 경고한[124] 갈레노스 뿐만 아니라, 역학 분야에서 아리스 토텔레스와 뉴턴에게도 일어났다.

갈레노스는 "자연의 작용을 관찰하고 싶은 사람은 해부학 책 대신에 자 신의 눈을 믿어야 한다"라고 말했다. 그는 끊임없이 경험에 호소하고 실험 을 중시하는 의사로 자처했다. 애석하게도 당시에는 관습상 인체 해부가 금지됐기 때문에 갈레노스가 쌓은 경험의 원천은 인간이 아니라 원숭이와 돼지였다. 그의 업적은 약 1400년 동안 인체 해부에 관한 참된 지식의 장애 물로 군림했다.[125]

서기 1300년경에 이르러 비로소 인체 해부가 가능해졌지만, 16세기까 지도 의학계는 아직 이항 대립에 빠져 있었다. 책은 인체에서 동떨어져 있 었고, 지식은 경험과 분리되어 있었으며, 의사는 질병으로부터 이탈해 있었다. 사실 그것은 적절한 문화적 조응에 근거한 현상 이었다. 즉 교수들은 전래의 지식을 지키 는 데 이해관계로 얽혀 있었고, 대중은 그 런 하찮은 일을 업으로 삼지 않는 데 관심 을 쏟았다.

**클라우디오스 갈레노스** 의사로서 경험을 강조하고 실험을 중시했다.

의학계의 비밀을 아는 내부 관계자들 이 현상을 유지하는 데 머무는 한 상황 은 개선되기 어려웠다. 의학계는 한 사람 의 선각자가 전통에 과감히 맞설 때 그리고 자신이 속한 길드의 규정에 반대할 때 발전할 수 있었다. 그런 선각자는 인기보다 지식을 갈구해야 하고, 신중하기보다는 과감해야 한다. 그는 단지 이야기하는 대신 자신의 목소리로 외치는 무모한 선전자여야 한다. 그런 사람이 바로 파라켈수스 Paracelsus였다.[126]

**필리푸스 파라켈수스** 의학계의 선각자

필리푸스 파라켈수스 (1493~1514)는 독학으로 의사가 되었다. 그는 바젤대학 의과대학 교수에 임명됐지만, 그 직위를 이용해 의학계의 루터가 되지는 못했다. 1527년 6월 24일, 그는 갈레노스의 저작 사본을 학생들이 피워놓은 모닥불에 던져버렸다. 그리고 앞으로의 강의는 자신이 환자를 상대로 경험한 바에 근거할 것이고, 바젤 지역의 방언인 스위스 독일어로 진행할 것이라고 선언했다. 책을 불태우는 것 자체는 그다지 문제가 안 되는 행위였지만, 의학계는 그것을 신성모독으로 간주하고 파라켈수스를 이단자로 취급했다.[127]

안타깝게도 파라켈수스에게 등을 돌리면서 의사들과 그들의 협력자들은 질병 이해의 발전 과정에도 등을 돌리고 말았다. 당시의 유력한 질병 개념은 갈레노스가 언급한 '체액'[128]의 불균형이었다(체액의 균형은 발한, 통변, 사혈, 구토 등으로 회복할 수 있다고 보았다). 반면 파라켈수스는 질병은 외부 요인에 의해 초래된다는 전혀 다른 이론을 주창했다. 하지만 애석하게도 그는 외부 요인을 세균이 아니라 하늘의 별에서 대기를 통해 전달되는 광물

이나 독소로 보았다.[129]

의학적 점성술에 몰두한 파라켈수스의 태도는 확실히 그의 잠재적 영향력을 약화시켰고, 그가 의학계에 기여한 역사적 공로에 대한 관심을 분산시켰다. 하지만 질병의 원인이 인체 외부에 있다는 것을 깨달은 후 원인의 일관성과 질병의 특수성을 강력히 역설했다. 또한 그는 불치병은 없다고(단지 무지한 의사들이 있을 뿐이라고[130]) 믿었고, 교양 없는 농부들이 책과 제복을 갖춘 무지한 의사 전체보다 더 많은 사람을 치료한다고 말했다.[131]

파라켈수스의 책은 그가 살아 있는 동안에는 출판되지 않았다.[132] 파라켈수스가 보기에 교수법에 문제가 있었던 동료 교수들, 이익과 무지가 과도했던 약제사들 그리고 파라켈수스의 열의를 비웃던 학생들이 한통속이 되어 공동전선을 펼쳐 그를 의학계에서 축출했다.[133] 의학계는 종사자들의 행동 지침에 대한 감정적 호소로는 개혁될 수 없었다.

파라켈수스보다 더 유능한 전문 직업인 개혁가로 해부학 관련 서적을 고쳐 쓴 안드레아스 베살리우스Andreas Vesalius(1514~1564)가 있다. 해부학 교수였던 그는 시체를 직접 해부함으로써 당대의 관습(교수는 갈레노스의 의학 지식을 의대생들에게 읽어줄 뿐이고, 시체에서 장기를 꺼내는 일은 이발사가 맡았다)에서 벗어났다. 아울러 그는 참고용으로 그림을 활용하는 방식을 도입해 다른 교수들의 반발을 샀다. 그들이 생각하기에 학생들은 그림을 보느라 시간을 허비하지 말고 글을 읽어야 했다. 하지만 베살리우스가 보기에 학생들은 높은 의자에 앉은 채 오류가 있는 책을 읽고 외웠을 뿐 직접 본 적 없는 내용에 관한 대화를 주고받는 교수들 밑에서보다 푸줏간에서 해부

학 지식을 더 많이 배울 수 있었다. 그
는 학생들이 실제 인체를 직접 보고 느
끼고 배워야 한다고 주장하기에 이르렀
다. 실제로 그는 가장 훌륭한 학생이었
다.[134]

《해부학 육도Six Anatomical Tables》에서
베살리우스는 동물 해부학으로부터 인
간 해부학으로 비약하는 갈레노스의 전
통을 무심결에 따랐다. 하지만 1538년
갈레노스의 저작으로 학생들을 가르치

**안드레아스 베살리우스** 근대 해부학의 창시자

면서 그 내용이 대체로 동물에 관한 진술의 요약에 불과하다는 점을 깨달
았다. 그가 밝혀낸 중요한 사실은 "해부학적 절개는 추측을 점검하는 데 사
용될 수 있다"라는 것이었다. 그는 자신의 가장 위대한 역작《인체 해부학
대계De humani corpolis fabrica libri septem》(약칭 Fabrica, (파브리카), 1543, 코페르니쿠스의
《천구의 회전에 관하여》와 같은 해에 출판됐다)에서 갈레노스의 가장 명백한 오
류를 교정했다. 그는 해부를 통해 꾸준히 새로운 사실을 배우고, 연구 결과
를 계속해서 수정함으로써 자신의 스키마를 지속적으로 다듬어갔다.

애석하게도 그는 사소한 발견 때문에 교회와 충돌하게 됐다. 그는 성경
(〈창세기〉 2장 22절)의 내용과 달리 모든 인간은 갈비뼈의 숫자가 동일하다는
사실을 발견했다. 성경에 의하면 아담의 갈비뼈로 이브를 만들었기 때문에
남자는 여자보다 갈비뼈가 하나 적어야 했다. 성경의 이야기는 아주 수상
한 거래처럼 보였다(단지 아내를 얻으려고 갈비뼈를 통째로 주다니!). 뿐만 아니

라 진실도 아니었으며, 관찰 결과와 일치하지도 않았다.

교회는 베살리우스를 자신의 목적을 위해 오류가 없는 성경을 왜곡하려는 수정주의적 이단자라고 비난하였다. 그는 누구나 증명할 수 있는 것을 공표했다는 이유로 자칫 목숨을 잃을 뻔했다.[135] 베살리우스가 그처럼 호된 비난을 받은 까닭은 그가 과오를 범하지 않고 존귀한 신의 업적을 공격했다는 것이다. 뿐만 아니라 과오를 범할 수는 있지만, 존경받는 갈레노스에게도 불경스러운 태도를 취했기 때문이었다. 다행히도 베살리우스의 문하생들은 인체 해부에 관한 완전하고 정확한 연구 결과를 도출하려는 그의 헌신적 태도를 계승했다.[136]

갈레노스가 해부학 분야에서 저지른 실수는 바로잡아졌지만, 그가 생리학 분야에서 범한 과오는 그대로 남아 있었다. 그의 생리학 체계는 플라톤이 인체를 지배한다고 말했던 세 가지 '영혼'의 자리(이성을 다루는 뇌, 감정을 다루는 심장, 영양을 다루는 간)를 토대로 삼은 정령론精靈論에 근거했다. 정령론의 가장 큰 장점은 사용되는 용어의 특성상 철학적 성향의 의사들이 서로 토론할 기회가 많이 생긴다는 것이었다. 그의 생리학 체계에서는 심장이 핵심이고, 의사들이 정령을 폐기하기 전에 누군가 심장이 할 일을 발견해야 했다.[137] 그 누군가는 바로 당대의 전문가들로부터 반발을 사면서도 사실과 이성을 성공적으로 결합한 또 다른 과학자인 윌리엄 하비William Harvey(1578~1657)다.

생명을 연구하는 위대한 학자처럼 윌리엄 하비도 나름의 단일한 생명 현상을 추적했다. 갈레노스에게 생명 현상은 플라톤이 말한 정령이었고, 하비에게는 혈액 순환이었다. 심장이 원 운동을 통해 인체 곳곳으로 혈액을 공급한다는 하비의 결론은, 성경이나 아리스토텔레스 철학에 입각한 주장이나 형이상학적·감정적 주장이 아니라 중대한 해부학적·생리학적 관찰 결과에 근거한 것이다(물론 그 모든 결과를 그가 직접 관찰한 것은 아니었지만).[138] 그런 관찰 결과에 의하면 혈액은 일종의 조수 운동처럼 혈관을 통해 심장뿐만 아니라, 간으로부터 흘러나왔다가 빠져나

**윌리엄 하비** 사실과 이성을 성공적으로 결합한 과학자

간다는 갈레노스의 견해는 기본적으로 잘못됐다.[139] 1615년경 하비는 마침내 정량적 질문(일정한 시간에 얼마나 많은 혈액이 심장을 지나가는가?)을 제기함으로써 갈레노스의 견해와 작별을 고했다. 그 질문의 대답은 '섭취된 음식으로부터 새로 합성될 수는 없어도 순환계를 통해 지속적으로 재순환하는 혈액과 동일한 양'[140]이었다.

갈레노스 학파의 반발을 예상했기 때문에 하비는 기존 학설을 뒤집으려 한다는 비난을 받았을 때 그리 놀라지 않았다. 그는 기존의 엉터리 견해를 극복했다는 이유로 격렬한 반대에 부딪히게 되는 천재의 운명을 겪었다.[141] 우리는 그가 비판받은 이유가 관찰 결과 때문이 아니라, 그가 측정을 바탕으로 추론하고 판단했기 때문이라는 점에 주목해야 한다. 그는 수학자로 행세함으로써 해부학자로서의 명예를 더럽혔다는 혐의를 받았다. 그의 깐깐하고 정량적인 접근법은 짐작하거나 설명할 수 없는 대상을 조사해본

들 알아낼 수 없는 사실을 추적하려는 시도로 치부됐다. 게다가 그는 자연의 어리석음을 지적한(나도 그렇게는 하지 않았다!) 혐의로도 비난받았다.[142]

독창적인 관점 만큼 성격이 날카로웠지만, 그는 자신이 설명한 내용이 단순한 사실에 불과하다고 차분하게 주장했다. 그가 고대의 저작이 아니라 관찰 결과를 판단의 출발점으로 삼는 과정에서 탄탄한 과학적 근거에 입각했다. 그리고 종교를 정량화하려는 노력이 오늘날 우리에게 황당한 짓으로 비춰지듯 의학을 정량화하려는 그의 노력은 동료들에게 터무니없는 짓으로 보였다. 그에게는 한 가지 약점이 있었는데, 다시 말해 그는 원을 완성하지 못했다. 혈액은 정맥에서 심장으로 향하고, (잠시 허파에 들렀다가) 심장에서 동맥으로 향한다.[143] 하지만 하비는 동맥과 정맥 사이의 연결점을 발견하지 못했다.[144] 하비가 추측한 연결점[145]은 그가 세상을 떠난 지 3년 뒤에 현미경 관찰자인 마르첼로 말피기Marcello Malpighi(1628~1694)가 모세혈관을 발견하면서 정체가 드러났다.

마르첼로 말피기는 하비의 원을 완성했을 뿐만 아니라, 육안으로 볼 수 없는 방대한 양의 해부학적 세부 사항을 발견했다. 그는 '벼룩경Flea glass(당대인들이 작은 것의 대명사인 벼룩을 확대해 관찰한 데서 비롯된 현미경의 또 다른 명칭-역주)'으로 혀의 미뢰味蕾와 뇌의 하부 조직을 들여다봤고 피부, 비장, 콩팥 등의 부위에 이름 붙였다. 말피기는 그 과정에서 미세 해부학 분야를 확립했고, 아리스토텔레스와 갈레노스의 주장을 '감각 기준'에 따라 검증했다. 또한 곤충과 기타 동물을 연구함으로써(모세혈관에 대한 그의 연구는 개구리를 대상으로 진행됐고, 바다거북을 통해 타당성이 확인됐다), 비교해부학을 갈레

노스를 위한 오류의 분야에서 만인을 위한 지식의 원천으로 변모시켰다.[146]

**마르첼로 말피기** 미세 해부학의 확립

물론 오류를 고수한 사람들은 쉽게 포기하지 않았다. 그래서 말피기는 갈릴레오가 망원경을 사용하면서 직면한 것과 비슷한 저항을 현미경을 사용하면서 겪어야 했다. 1689년, 말피기와 그의 연구 결과는 56년 전 갈릴레오와 그의 연구 결과를 규탄했던 교회에 의해 비난받았다. 말피기의 연구 결과는 그의 제자 중 한 사람이 고안한 네 가지 기준에 의해 쓸모없고 잘못된 것으로 선언됐다.

첫째, 그의 연구 결과는 규모가 너무 작기 때문에 의사들에게 무익하다는 것이었다(현미경은 이런 이유에서 퇴출됐다). 둘째, 체액은 여과기 같은 구조에 의해 분리되지 않는다는 것이었다(모세혈관과 허파가 존재하지 않는다는 의미였다). 셋째, 비교해부학은 의사들에게 도움이 되지 않을 것이라고 주장했다(그러므로 불필요했다). 넷째, 해부학 연구 가운데 유일하게 쓸모 있는 연구는 병리학적 지식의 습득을 지향한다는 것이었다(따라서 일반적인 해부학 연구는 불필요했다).[147]

직접 현미경을 사용해본 비판자들은 형태의 왜곡, 색깔의 추가, 실재의 전반적인 위조 가능성 따위를 문제 삼았다.[148] 물론 그런 지적 중 일부는 타당했을지도 모르지만, 그렇다고 해서 현미경을 통한 모든 관찰 결과가 허위라고는 할 수 없었다. 다만 그런 기구를 사용할 때는 정확성을 높이기 위

**안톤 판 레이우엔훅** 미생물의 아버지

한 정밀한 관리와 조심성이 필요했다.

관찰 대상과 천부의 감각 사이에 인공적인 도구를 개입시키는 것에 대한 중세적 반발 가운데 상당수는 안톤 판 레이우엔훅Anton van Leeuwenhoek(1632~1723)의 활약 덕분에 극복됐다. 피륙 상인에서 미시관찰자로 전향한 그는 여러 논쟁을 종식시킬 만한 힘을 지닌 500배율 현미경을 직접 제작했다. 그도 말피기처럼 최대한 모든 사물을 들여다보는 것 외에는 특별한 연구 계획이 없었다. 그가 최고 수준의 현미경과 기법을 공개하지 않은 것은 과학계의 분명한 손실이다.[149]


## 혼돈의 시대 : 민족주의의 성장

17세기 내내 과학적 논쟁이 들끓는 동안 고요하고 끊임없는 무의식적 학습 과정에 힘입어 민족주의가 성장하고 있었다. 오이디푸스 콤플렉스가 연상되는 러시아인Oedipal Russian과 즐거운 영국인Merrie Englishman을 만들어낸 것은 이성이 아니라 교육이었다. 영국과 러시아에서는 사람들이 자신과 자신의 견해를 당연시하는 동시에 진지하게 여겼다. 그리고 기성세대의 생각은 흔히 연장자에 대한 순종을 둘러싼 아전인수 식의 윤색을 거쳐 다음 세대로 전달됐다.[150] 그 과정에서 신은 입헌군주가 됐고,[151] 입헌군주는 순종의

근거인 전통과 경험을 압도하는 도덕성의 원천을 자처했다.[152]

사회의 일상적인 작동 과정에서 대다수의 사람은 직접 알고 지내는 사람들을 중심으로 생활했다. 기본적인 추정은 모든 사람이 이웃 사람과 비슷하다는 것 그리고 '합리적으로', 즉 '예상대로' 생각하고 행동하리라는 것이었다. 기존 정치권이 '기정 사실'로 굳어지자 어떤 일의 발생 원인을 궁금해하는 사람들은 매우 드물었다(원인을 묻는 사람은 더 드물었다). 사람들이 스스로 신성시하고 당연시한 정부와 문화적 제도에 의문을 제기하고 도전하는 경우는 그들이 정서적으로 격앙되었을 때뿐이었다.[153]

천국에 대한 신앙이 국가에 대한 신앙으로 대체되면서 통일성, 패권, 영예 등이 민족주의의 성聖 삼위일체가 됐고, 운명이 새로운 성모 마리아가 됐다. 사람들이 천국에 가려고 애쓰기보다 다른 나라를 앞서는 데 몰두함에 따라 '프로이센의 야심Ambitions of Prussia'과 '프랑스의 복안Designs of France'이 지도자들의 마음을 빼앗았고, 거룩한 기독교적 '형제애'에 미달하는 군주제가 유럽을 지배하게 됐다.[154]

그 혼돈의 시대Age of Confusion에 그들의 사고를 형성한 민족 독립체가 대체로 허구적 존재였다는 점은 각국 장관들에게 전혀 중요하지 않은 문제였다. 러시아는 코사크인, 타타르인, 우크라이나인, 모스크바인 등으로 구성된 서로 조화롭지 못한 결합체였다(그것은 지금도 마찬가지다). 프랑스는 부르고뉴와 독일령 알자스를 합병했고, 신교도들인 위그노교도를 탄압했으며, 농민들을 착취했다. 영국은 스코틀랜드, 웨일스, 아일랜드 등지의 가톨릭교 신자들을 소외시키면서 대영제국을 탄생시켰다. 스웨덴, 프로이센, 폴란드, 오스트리아 등은 이성이 아닌 초월적 권능의 용인과 요구에 따라 유럽

지도 위에 얼기설기 펼쳐진 네 개의 거대한 아메바처럼 늘어나고 줄어들었다.[155]

다른 측면에서는 문명이 발전하는 것처럼 보였지만, 정치적 측면에서는 초자연적 법칙과 신의 계시에 따른 질서라는 중세적 이상으로부터 퇴보하고 있었다. 정치적 지배의 기본 원칙은 절대주의였다. 하지만 독일의 경우, 유일한 절대 원리는 혼돈이었다. 네덜란드와 영국에서는 절대주의가 완화됐지만, 프랑스(또한 러시아와 이탈리아)에서는 절대주의가 극단으로 치달았다. 논리는 기본적으로 설득 수단으로서는 쓸모가 없었고, 오히려 합리적인 사람들을 위험한 극단으로 몰아가는 경향이 있었다. 때문에 그 모든 나라에서 이성은 권력의 활용보다 권력의 남용과 더 밀접한 관계를 보였다.

독일에서는 아무것도 소용없었다고 말하기는 어렵다. 왜냐하면 독일이라는 개념 자체가 존재하지 않았기 때문이다. 즉 독일에는 혼돈만 존재했다. 1650년 현재 약 2,000개의 공국과 공작령에 바이에른인, 하노버인, 작센인, 헤센인 등이 살고 있었다(이후 매매와 혈연관계에 따른 통합을 거쳐 1800년까지 공국과 공작령 숫자는 약 300개로 감소했다). 그 각지의 사람들은 외국으로 나갈 때만 독일인이 됐다.[156] 그런 혼돈상태의 근본적인 원인은 기독교에 의한 통합이 이뤄지지 않았기 때문이다.

통합을 가로막은 것은 신교도의 저항이었다. 독일에 왕이라는 존재가 한 명이라도 있었다면 독일의 여러 국가가 그의 편에 서서 통합됐을지 모른다. 하지만 안타깝게도 그런 존재가 단 한 명도 없었다. 카를 5세는 기질적으로 에스파냐인에 가까워졌고, 오스트리아의 합스부르크 왕가는 가톨릭교도로 주로 헝가리와 터키 쪽에 관심을 두었기 때문에 신교도들로서 발트 해와 서쪽을 지향한 북부 독일인들과는 공통점이 거의 없었다. 그 결과물인 신교도 귀족들과 가톨릭교도 군주 사이의 30년 전쟁은 사실상 모두에게 패배를 안겨준 내전이었다.[157]

종교와 정치 모두를 통제하는 국왕 개인의 지배라는 절대주의 전통의 첫 번째 근대적 균열은 네덜란드에서 발생했다(특별한 사례인 스위스는 예외였다). 네덜란드인들은 에스파냐 국왕 펠리페 2세Felipe II(1556~1598)가 프랑스와의 전쟁에 동참할 것을 요구하자 반발했다. 침묵 왕 빌럼William the Silent, 즉 오라녜 공작은 네덜란드인의 저항을 이끌었고, 펠리페 2세는 부분별한 권력 남용으로 만사를 망쳐놓는 무자비한 '독불장군' 중 한 사람인 알바 공작Duke of Alba 휘하의 에스파냐군 1만 명을 파병함으로써 맞불을 놓았다. 그러나 알바 공작이 저지른 살해, 약탈, 학살 등은 모두 헛수고였을 뿐 아니라 역효과를 낳았다. 1567년, 그의 냉혹한 통치는 반란을 초래했다.[158]

에스파냐적 미덕의 모범으로서 알바 공작은 신교도적 이단을 광적으로 증오했고, 외국인 혐오증에서 비롯된 심각한 잔인성을 보였다. 그는 네덜란드 귀족들을 의심했고, 네덜란드 대중을 멸시했다.[159] 그 결과, 뉴턴의 제3법칙(모든 작용은 그만큼의 반작용을 부른다)을 역사적으로 생생하게 보여주는 대중 봉기가 1579년 네덜란드 전역에서 발발했다. 알바 공작의 대응은 엉터리 재판을 자행한 피의 법정Council of Troubles

**침묵 왕 빌럼** 오라녜 공. 스페인과 가톨릭에 저항한 네덜란드 독립 전쟁의 지도자

에 의해 '정당화'된 그리고 4년 동안이나 이어진 잔인한 학살로 특징지을 수 있는 야만적인 보복이었다.

역설적이게도 네덜란드인들이 관용의 혜택을 깨닫고 종교적 자유의 원칙을 공화국의 창건 헌장인 위트레흐트 조약Union of Utrecht(각 개인은 종교의 자유를 갖고, 아무도 종교를 이유로 조사를 받거나 박해를 당하지 말아야 한다)에 반영한 것이 바로 이때(1579)다. 그렇게 알바 공작의 광기가 종식되면서 네덜란드는 세계 각지의 근면한 이민자들의 안식처가 됐고, 그들의 신분 상승 지향적인 생활 태도에 힘입어 세계에서 가장 부유한 국가가 됐다.[160]

투쟁 기간 내내 사실상 빌럼이 왕인 상황임에도 대중은 분별을 갖추고 헌법의 제약을 받기만 한다면 펠리페 2세가 법률상 왕이라는 신화에 사로잡혀 있었다. 하지만 분별 있는 입헌군주는 대체로 당시의 왕족들이 수용할 수 없는 개념이었다. 왜냐하면 입헌군주는 왕의 개념과 그에 따른 재미를 훼손할 것 같았기 때문이다. 그래서 펠리페 2세는 어리석게도 계속 네덜란드를, 즉 북부 7개 주를 공화국으로서의 독립(1609년부터 실질적인 효력이 나타났다)으로 몰아갔다.[161]

새로운 근대 세계에서 펠리페 2세는 어리석음의 중요한 원천인 스스로에 대한 믿음의 위력을 상징적으로 보여준 인물이다. 네덜란드 사례를 비롯해 그가 국왕으로서 저지른 정책상의 실패는 국왕의 정책에 내재된 본질적 우월성에 대한 그의 확신을 흔들 수 없었다.[162] 그는 자신의 모든 노고는 신을 섬기기 위한 것이라고 확신했기 때문에 국왕인 자신은 잘못을 저지르지 않는다고 굳게 믿었다.[163] 펠리페 2세는 메디나 시도니아 공작Duke of Medina-Sidonia이 좋지 않은 건강상태, 일천한 경험, 자격 미달 등을 이유로 고사했는데도 그를 무적함대의 사령관으로 임명했다.[164] 펠리페 2세는 메디나 시도니아 공작의 의사를 무시했고, 1588년 무적함대는 재난을 자초했다. 집요하고 고집 센 국왕은 그 재난에서 맡은 역할의 대가로 메디나 시도니아 공작을 정치 및 전쟁 담당 최고사령관으로 승진시켰다.

영국 함대가 에스파냐의 무적함대를 상대로 승리를 거뒀지만, 17세기 초반에 왕권이 절정에 오른 영국에서는 여전히 절대적인 어리석음이 기승을 부리고 있었다. 새로운 세계가 발견됨에 따라 국왕에 의한 제국주의의 필요성이 제기됐지만,[165] 국내에서 오랫동안 진행된 사유재산과의 싸움에서 영국 왕들은 의회와 다퉈야 했다. 그리고 영국이 왕의 나라가 아니라 법의 나라라는 사실을 받아들여야 했다. 그럼에도 불구하고 1603년 권좌에 오른 제임스 1세James I는 스스로를 자기 마음대로 행동할 신성한 권리를 지닌 국왕으로 여겼다. 그의 치세에 국왕과 의회의 충돌은 합리적인 선에서 이뤄졌지만, 기본적인 사안이 전혀 해결되지 않았기 때문에 아무런 소득이 없었다.[166]

그의 아들이자 후계자인 찰스 1세Charles I(1625~1649)는 영국의 모든 군주 중에서 가장 비열하고 변덕스러울 뿐 아니라 가장 어리석은 왕이었다(가장 어리석은 왕일 것이라는 점은 정말 의미심장한 사실이다).[167] 그는 네 살 때부터 영국에서 살았지만 신민들을 이해하지 못했다. 그리고 속이 좁았으며, 한 번 적용한 행동 방침을 악착같이 고수했다. 그가 왕권을 바라보는 시각은 아버지의 시각보다 더 고압적이었다.[168] 거의 모든 점에서 그는 자신을 둘러싼 상황에 대처할 준비가 되어 있지 않았다.

**찰스 1세** 영국의 왕들 중 가장 비열하고 변덕스러우며 어리석었다.

사실 그가 준비한 부분이 하나 있다면 그것은 상황의 악화였다. 그는 프랑스와 에스파냐를 상대로 전쟁을 벌일 자금을 의회에 요청하면서 상황을 악화시켰다. 의회가 협조를 거부하자 그는 1629년 의회를 해산시키고, 불법적으로 자금을 마련했다. 훗날 스코틀랜드에서 전쟁이 발발하자 찰스 1세는 또다시 의회를 소집했지만, 그때 (1640)는 아무리 이성을 발휘해도 내전을 막을 수 없는 지경에 이르렀다.[169] 일단 싸움이 시작되자 양쪽은 전쟁의 '순결한 전략'에 찬성하는 온건파에 의해 잠시 주춤했다(온건파는 극단으로 치닫기를 바라지 않았다). 하지만 올리버 크롬웰 Oliver Cromwell이 최고의 장군임이 부각되면서, 왕은 의회군의 포로가 됐다.[170]

찰스 1세는 권력이 약화된 군주로 남을 수도 있었지만, 그는 자신을 그런 왕으로 인식할 수 없었다. 찰스 1세는 자신의 과도한 행위가 갈등을 초래했다는 사실을 깨닫지 못한 채 끊임없이 음모를 꾸몄다. 그는 영국적 규칙을 수용한 근대적인(합리적인) 지배자 밑에서 각자의 권리를 보장받으려는 사람들을 극단으로 몰아가는 정책을 고집했다.[171]

일단 국왕을 제압한 뒤에는 더 이상 규칙이 존재하지 않았다. 자유의 추구와 무질서의 승리는 정치적 예속으로 이어졌다. 엄격한 통치에 나선 청교도 위선자들은 스스로를 선출되는 존재가 아니라 선출하는 존재(사람들에 의해서가 아니라 신에 의해 선택받는 존재)로 여겼다. 그들은 신의 의지의 대리인으로서 자신이 저지른 사악한 행위에 열렬한 기도라는 양념을 뿌려댔다. 그리고 신앙심에 취해 부끄러움을 몰랐으며, 동포들에게 가한 잔인한 폭력을 주님의 이름으로 감췄다.[172]

국왕은 참수됐고, 수많은 귀족에게 보복이 자행됐다. 상당수 귀족이 투옥되고, 일부는 처형됐다. 국민 주권, 성년 남자 선거권, 의회의 연례적 개회 등을 명분으로 반란을 일으킨 군인들은 모두 체포되어 무자비하게 처형됐다. 농민들이 공공용지에서 추방당했고, 정의감에 취한 크롬웰은 가톨릭교를 믿는 아일랜드를 상대로 불명예스러운 십자군 전쟁을 선포함으로써 오늘날까지 이어지는 고통과 증오의 유산을 남기고 말았다.[173]

1658년 크롬웰이 세상을 떠날 때까지 영국인들은 정의로 초래된 거의 모든 종류의 고통을 겪었다. 다시 마음 편히 살고 싶은 영국인들은 '순교자'의 아들인 찰스 2세Charles II를 환영했다. 그는 주도면밀한 타협을 거쳐 왕관을 쟁취했으며, 10만 파운드의 연금을 대가로 영국의 외교 정책을 프랑스의 루이 14세Louis XIV (1643~1715)에게 팔아먹었다.

그의 동생이자 영국식 군주제의 한계를 이해하기에는 너무 어리석은 인물이었던 제임스 2세가 1685년 왕위에 오르자, 의회와 국왕 사이의 해묵은 문제가 재발했다. 1688년 귀족들은 타당하고 고귀하지만 끔찍한 혁명을 일으켰고, 제임스 2세를 대신할 또 다른 왕을 내세웠다. 제임스 2세는 절대주의가 기승을 부리고 있는 프랑스로 도망칠 만큼의 분별력은 있었다.[174]

사실 루이 14세는 신성한 왕권이라는 신조를 극단까지 밀고간 인물이다. 일관성을 지켜야 할 책무와 전통에 의해 어느 정도 제약을 받았지만, 그는 말과 미소를 통해 멋대로 통치했고,[175] 억압받는 신민들에게서 쥐어짜낸 세금을 사치스러운 궁정과 소모적인 전쟁(국왕의 영광을 고취하는 수단으로 간주됐다)에 낭비하면서 프랑스를 무분별하게 다스렸다.[176] 그의 무분별한 지출은 훗날 프랑스 혁명의 씨앗이 된 막대한 공공부채를 초래했다.[177] 프랑스 혁명이 그토록 격렬했던 까닭은, 귀족들과 성직자들이 제멋대로인 국왕과 한패가 되어 절대주의에 대한 반발을 오랫동안 억눌렀기 때문이다.

루이 14세가 프랑스 사람들에게 남긴 혹독한 빈곤은 그가 화려함에 탐닉하고 제왕적 환상(신성로마제국의 환영)에 심취한 결과물이었다. 그가 햇빛 속에서 지지자들에게 돈을 흥청망청 쓰는 동안 그늘 속에서는 증오가 자라고 있었다.[178] 그는 국민 통합을 위해 독립정신을 불온시했다. 또한 프랑스의 신교도들과 법적 전쟁을 벌이면서 1660년대부터 1680년대까지 불관용은 박해로 변모했다.[179] 그러자 수많은 근면한 위그노 교도들이 해외로 이주하는 바람에 프랑스는 경제적 손실을 입었고, 경쟁국과 적대국은 경제적

**좌** | 찰스 2세, 순교자의 아들　　　　**우** | 루이 14세, 신성한 왕권을 강조

이익을 얻었다.[180]

루이 14세는 겉만 번지르르한 통합에 전념하는 과정에서 평민은 무시했지만, 지식인은 무시하지 않았다. 하지만 그것은 절반의 축복이었다. 예술과 과학은 후원을 받았지만, 문화생활의 주요 무대가 궁정이었기 때문에 문인들은 자신을 먹여 살리는 손에 입을 맞춰야 했다. 이런 이유에서 프랑스판 버니언Bunyan(17세기 영국의 작가인 존 버니언-역주)도 없었고, 프랑스판 밀턴Milton(17세기 영국의 시인인 존 밀턴-역주)에게 자유를 부여할 저항 정신도 없었다. 지적 생활은 성직자 겸 교사와 전문 비평가의 지시와 감시를 받았다. 프랑스 한림원French Academy(1635년에 설립)은 문화적 정통성의 요새로 남았다. 한림원의 지나친 점이라면 내용이 형식에 종속되는 지적 속박이었다.[181]

루이 14세와 그의 뒤를 잇는 인물들이 마치 인민의 마음이나 영혼과 동떨어진 배타적 계급의 문화적 심리상태와 교양에 취한 시대착오적인 로마인들처럼 행동하며, 궁정은 비극의 무대가 됐다.[182] 프랑스의 위대한 통치자가 드러낸 모순은 그가 위대한 통치자가 되는 데 집중한 나머지 신민들을 망각했다는 사실이다. 설령 실제로 그렇게 말하지 않았어도 "짐은 곧 국가다"[183]라는 루이 14세의 믿음 자체는 정당화될 수 있었다. 문제는 그가 곧 프랑스는 아니었다는 점이다.[184]

정치적 절대주의에 대한 철학적 해독제는 이성이 아니라 자유주의였다(심지어 전제군주들도 이성적일 수 있었다). 네덜란드와 영국의 제한적 군주제를 통해 탄생한 자유주의는 종교적 관용을 계기로 시작됐고, 의회민주주의와 자유방임적 자본주의의 철학을 받아들였다. 자유주의는 모든 중세적 요소, 특히 교회와 국왕의 권력을 인정하는 데 적용되는 이론을 거부했다.

자유주의는 관용적 태도를 장려했고, 광신주의를 좌절시켰으며, 종교 전쟁을 어리석은 짓으로 치부했다. 자유주의는 군주정과 귀족정에 불리하게 작용했고, 상업과 산업 그리고 신흥 중산계급에는 유리하게 작용했다. 자유주의는 재산권을, 특히 노동을 통해 축적한 재산에 대한 권리를 존중했다. 그리고 과학뿐 아니라 사업 방면에도 관심을 쏟았다. 경제적 번영이 점점 확산되면서 낙관론은 새로운 시대의 질서로 자리 잡았다. 그리고 편협한 증오는 점차 너그러운 개인주의로 대체됐다.[185]

†

17세기의 특징적 요소는 이성 자체보다는 이성에 대한 확신이었다. 그 점은 상식에 몰두하는 태도를 비웃고, 홉스의 견해를 일축한 로크의 말에서 분명하게 드러난다. "사람들이 이성에 따라 함께 사는 것이 자연상태다." 로크의 이 발언은 야만인들끼리의 삶에 대한 묘사가 아니라 애정이 넘치는 이성이 초자아적 자연법 역할을 맡은 덕분에 경찰이나 법원도 필요 없는 도덕적인 '무정부주의자들'의 에덴동산에 대한 상상이다.[186]

17세기는 이성의 시대라기보다 속박의 시대에 가까웠다. 17세기에는 양심을 지키기 위해 기꺼이 화형을 당한 위대한 순교자는 없었다. 비록 갈릴레오가 그런 순교자에 가까웠지만, 결국 자존심을 버리고 거짓말을 선택했다. 마녀사냥이 잦아들었을 때 인류는 스스로의 발전을 추구하거나 미래를 개선하려는 노력을 전혀 하지 않았다.

독일에서 30년 전쟁이 벌어지고 영국이 내전과 정치적 혁명의 고통을 겪는 동안에도 모두가 세상을 안정적인 곳으로 여겼다. 그런 파열음에도 불구하고 왕은 여전히 군림했고, 귀족은 특권을 누렸고, 상인은 멸시를 당했고, 빈자는 억압받았다. 즉 모든 것이 합리적인 것은 아니어도 '자연스러운 것'으로 남았다.

이성이 이론상의 이상으로 남았다면 당대 지식인들의 시각을 근대적 심리상태에 가깝게 변모시킨 주역은 과학(사실을 논리적 분석에 적용하는 학문)이었다. 지식의 증가 현상은 비록 1697년에 라이프니츠가 냉철한 중국이 유럽으로 사절을 파견해 서양을 구원해주기를 바랄 정도의 도덕성 쇠퇴 현상을 동반했다.[187] 하지만 당시의 사려 깊은 사람들은 대부분 과학을 구원의 수단으로 보았다. 자유주의는 근사하고 민주적이었지만, 모든 사람의 답변을 골고루 인정했기 때문에 아무것도 해결할 수 없었다.

자연과학의 방법론이 사회에 적용되었다면, 사람들이 올바르게 행동하고, 전제군주들은 상냥하게 행동하면서 서로를 이해하며, 마침내 타락이 종식되고 성숙이 시작될 것 같았다. 두말할 필요 없이 이제 필요한 것은 계몽이었다.

# 8장

# 계몽된 어리석음
## : 혁명과 전제정치

계몽주의는 세속적 합리주의를 인간사에 적용하면서 시작됐고, 혁명이 발발하면서 막을 내렸다. 18세기로 넘어갈 무렵, 사람들은 이성이 과학 지식으로 이어지고, 과학 지식은 진보로 이어질 것이라고 기대했다. 오늘날의 관점에서 그런 기대는 순진해 보이지만, 우주의 신성한 법칙을 발견한 뉴턴의 혁혁한 업적을 감안하면 당시에는 충분히 타당한 것이었다. 즉 분별 있는 사람들이 사회적 상호작용의 지침으로 삼을 만한 예의 바른 행실의 자연법을 이해하는 데 전력을 다하면 틀림없이 천국과 마찬가지로 지상에도 평화, 조화, 행복 등이 가득할 것으로 생각했다. 하지만 그리스인들이 깨달았듯이 그 당연시되는 자연법은 사실 문화적인 것이었다. 그리고 객관적 평가에 적합하지 않았다.

계몽주의의 정점은 이상향이 아니라 혁명과 나폴레옹의 제왕적 전제정치였다. 프랑스가 겪은 그 이중적인 비극의 원인은 이성이라는 새로운 종교의 내재적 주관성 때문일 뿐만 아니라 처음에는 비판자들을, 나중에는

혁명가들을 극단으로 몰아붙인 프랑스 왕실의 무지와 완고함 때문이기도 했다.


## 앎을 두려워 하지 마라

계몽된 지식인들이 어느 정도 성공을 거둔 비결은 인간사를 과학과 이성으로 분석할 수 있는 요소로 환원한 덕분이었다(경솔하게도 그들은 정신적 가치나 감정 같은 나머지 요소는 무시했다). 사회에 대한 논리적 분석의 결과는 당시의 계급적·기독교적 스키마를 규정하는 여러 가지 뿌리 깊은 믿음과 부딪힐 수밖에 없었다. 이성과 지식의 새벽이 다가와 희미한 빛을 비출 수 있도록 그런 유서 깊은 편견은 교정하거나 포기해야 했다. 계몽주의는 기본적으로 지적·정치적·사회적 삶의 성스러운 신조를 바꿀 수밖에 없는 세속적 운동이었지만, 신학도 당시의 주문呪文인 "앎을 두려워 마라"에 발맞춰 바뀌었다.[1]

첫째, 기독교는 유신론적 종교가 아니라 이신론적 종교로 탈바꿈하는 경향이 있었다. 유신론자로서의 신은 매력적이고, 기도에 귀 기울이는 존재였다. 하지만 뉴턴의 활약으로 우주는 자연법이 신의 변덕을 대체하게 되었다. 이신론자로서의 신은 여전히 위대한 창조주였지만, 우주라는 복잡한 장치를 고안한 뒤로는 마치 거만한 시계 제작자처럼 한 걸음 물러나 지상의 작은 생명체들을 비롯한 자신의 작품에 경탄했다. 우주는 추가적인 개입 없이 신의 법칙이 아니라 뉴턴의 법칙에 따라 영원히 작동할 것 같았다.[2] 따라서 신봉자들은 기도에 힘쓰는 대신 지식과 지혜를 배우고 이해하고 응

용하는 데 전념했다.[3]

그런 식의 설명은 모두 사리에 딱 들어맞았지만, 결과적으로 신은 무정하고 게으른 자연법의 담지자Natural Lawyer(생명이나 이념 따위를 맡아 지키는 사람이나 사물을 말함. 여기서는 상징적이고 무신론적인 천상의 절대군주)로 비춰지게 됐다. 신의 관점에서 자연법의 담지자 역할은 매력 없어 보였지만, 무엇보다도 그런 역할을 맡으면서 신은 지적 측면에서 무익한 존재로 전락했다. 자연과 이성이라는 이념은 종교적 급진주의자들을 만족시켰지만, 신과 대다수의 독실한 유신론자들을 만족시키지는 못했다. 그것은 얼핏 잘못된 생각처럼 보였지만(그리고 유물론자들은 신을 불필요한 존재로 여겼고, 무신론자들은 신을 존재하지 않는 악으로 치부했다), 칸트가 우주의 예정된 통합자로 부른 신[4]은 매력적이고, 조금 엉뚱하고, 가끔 비논리적인 존재였다.

연약해진 신이 뒷전으로 밀리면서 역사상 처음으로 인간의 창의력이 체계적으로 장려되고 갈채를 받았다. 하지만 거기에는 취약성이라는 대가가 따랐다. 신은 격하됐어도 천상에서는 전혀 아무런 영향을 받지 않았다. 하지만 지상에서 기독교의 특권 계급은 사회를 통제해왔다는 이유로 합리주의자들의 표적이 됐다. 급성장하는 이성의 종교를 신봉하는 자들은 뿌리 깊은 악을 근절하는 데 전념했고, 교권에 단호히 반대했다. 사람들이 자연스럽게 처신하지 않았기 때문에 모든 곳에서 불행과 고통을 찾아볼 수 있었다. 계몽된 사람들은 세속적 · 종파적 원인을 제거함으로써 부자연스러움을 뿌리 뽑고자 했는데, 교회가 바로 부자연스러움의 원인이었다. 그들이 보기에 기독교인들은 타락으로 인해 극악무도해졌다. 그 새로운 신앙은 분

별 있는 사람들에 의해 완전하고 기계적인 우주에 관한 지식을 제공함으로써 그 가치를 입증하려고 했다.[5]

일반적으로 합리주의자들은 특히 계몽사상가들(기독교에 모든 책임을 떠넘긴 프랑스 철학자들)은 반종교적이지 않았다. 그들은 단지 기독교를 이성에 대한 믿음으로 대체하고 싶었을 뿐이다.[6] 더 뭉뚱그려 말하자면 관념의 차원에서 그들(훗날의 낭만주의자들)은 종교 제도이건 정치 제도이건 간에 사람들의 자연스러운 태도를 방해하는 모든 사악한 제도를 일소하기를 바랐다. 사실 독립적 사상가로서 계몽사상가들은 제도 자체를 악으로 여기는 경향이 있었다. 예를 들어 국제 문제에서 자유 무역주의자들은 정부가 쓸데없이 교역에 개입한다고 생각했다. 그들은 정부가 방임하면 교역을 통해 세계 각국의 사람들이 상호이익의 결실을 맺을 수 있을 것이라고 생각했다.[7]

일반적으로 합리주의자들은 제도를 혁파하면 사람들이 선해질 것 같지만, 실제로는 괴물이 될 것이라고 믿었다. 이 지점에서 다음과 같은 거래가 가능해진다. 즉 기성 체제는 질서를 유지하지만, 그 대가로 상류층이 부유해진다. 낭만적 합리주의자들의 비판적 믿음에도 불구하고 문명은 제도에 좌우된다. 제도는 좋을 수도 나쁠 수도 있고, 더 좋거나 더 나쁘게 될 수도 있다. 하지만 제도가 작동되면 예의 바른 행실이 동반된다.

성스러운 무관심과 거룩한 무시의 전통에 따라 기독교의 부조리가 조장되던 시절에 그 새로운 종교의 사제들은 비효율성을 비판하고 규탄한 점에서 확실히 정당화될 수 있었지만,[8] 그들은 더 근본적인 것(기독교 자체)을 표적으로 삼았다. 역설적이게도 1695년 모든 교의는 '자연스러운 이성'에 의해 반박될 수 있다고 지적하면서 계몽주의의 도래를 예고[9]한 사람은 신

**피에르 벨** 계몽주의의 도래를 알리다.

교도 성직자인 피에르 벨Pierre Bayle이었다. 하지만 새로운 기준인 논리에 입각[10]해 교회 같은 제도와 전통적 관습을 비판했을 때 합리주의자들은 인간의 사고력을 신뢰하는 실수를 범했다. 왜냐하면 계몽주의는 이성에 대한 무한한 신뢰에 근거한 반면, 이성은 주관성 속에서 허우적거렸기 때문이다.[11]

## 이성만이 진실을 말하다

그 시대의 대변자들은 "아, 이성이여. 그대만이 진실을 말한다"라고 읊조린 중세 이슬람교도이자 시인인 알 마아리A-Maʾarri가 상상할 수 없을 정도로 이성을 과대 선전했다. 합리주의자인 토머스 제퍼슨은 한술 더 떴다.[12] 그는 "이성을 그 자리에 단단히 붙박아놓고, 이성의 법정에 모든 사실을, 모든 견해를 소환하라"[13] 같은 낙관적이고 초자아적인 선언을 통해 그리고 "이성과 실험이 활개를 치자 오류가 먼저 달아났다"[14]라는 전자와 마찬가지로 순진할 정도의 이상주의적인 선언을 통해 유교적 성향을 자신만만하게 드러냈다. 비슷한 맥락에서 벤저민 프랭클린Benjamin Franklin은 이렇게 말했다. "사람들의 의견이 서로 다를 경우 양쪽 모두 자신의 의견을 공표할 수 있어야 한다. 진실과 오류가 공정한 경기를 할 경우 항상 전자가 후자보다 강적이다."[15]

새로운 이성의 종교는 의기양양했지만, 실제로는 주관적으로 해석할 수 있는 모든 신념 체계에서 공통적으로 나타나는 동일한 혼란을 초래했다. 예를 들어 기독교인들은 오랫동안 신의 진정한 본질을 논의하고 서로 믿음을 공유했지만, 실천 방식은 확실히 달랐다. 합리주의자들은 세습귀족 제도의 타당성을 둘러싼 논쟁 같은 문제를 피하기 어려웠다. 세습귀족 제도는 타당한가? 그렇다면 유지하고, 그렇지 않다면 폐지하라. 귀족은 귀족 제도를 매우 타당하다고 여겼지만, 신흥상인 계급은 그렇지 않았다. 프랑스는 1789년까지 귀족 제도를 타당하다고 생각했지만, 1790년대에는 그렇지 않았다.[16]

이러한 사례에서 알 수 있듯이 교양 있는 시민들의 냉정한 이성이라는 계몽주의의 모범은 근거가 없었다.[17] 어떤 관습이나 과정의 타당성은 판단을 내리는 사람에, 특히 그 사람의 사고의 출발점과 종착점에 달려 있었다. 그리고 사고의 출발점과 종착점은 판단을 내리는 사람의 주관적 인식과 이기적 가치에 의해 임의적으로 미리 결정됐다. 주관적 인식과 이기적 가치[18]는 칸트가 결코 순수하지 않다고 지적한 이성을 초월하는 사안이었다.[*][19]

더 심오한 사안을 다룰 경우 계몽된 사상가들은 선과 악을 정의하는 근본적이고 형이상학적인 문제를 효과적으로 처리하지 못했다. 그들은 인간의 제도 때문에 악이 존속한다고 확신했을 뿐이다. 전통적으로 기독교인들은 악을 인간의 본성 탓으로 돌렸다. 사람들은 원죄를 타고났으나 구원을 받았다. 계몽주의 시대에는 악을 문화적 환경에서 비롯된 것으로 바라봤다.

---

• 지금도 해결되지 않은 채 남아 있는 이 문제는 속념에 대한 우리의 동경을 약화시킨다. 예를 들어 소송 사건의 새로운 선례들에 의하면 어제의 가치관에 근거한 논리적 결정이 항상 오늘을 구속하지는 않는다는 점을 상기할 필요가 있다(Napolitano, 2004, p. 69).

오늘날의 자유주의자들도 그렇게 여긴다. 영원불변의 보편적 관점에서 볼 때 그것은 옆길로 우회하는 인간의 도약이지만, 특수성의 관점에서는 인류를 위한 전진이었다. 비록 올바른 이성[20]에 호소함으로써 사회의 진보를 꾀하던 사람들은 미미한 성과에 낙담했지만, 진보의 수단은 마련됐다. 제도가 개선되고 선이 악을 대체할 것이라는 기대 속에서 제도는 실용적 절충안으로 마지못해 수용됐다.[21]

비록 주관성이 개입됐지만, 인간의 제도가 사람들의 자연스러운 행동을 방해하는 것으로 나쁘게 인식됨에 따라 과연 선이 무엇이고, 악이 무엇인가라는 문제에 관한 최종 결정자는 자연법이어야 했다. 사실 대다수의 합리주의자는 그런 윤리적 쟁점에 깊은 관심이 없었다. 여느 사람들처럼 그들도 우주의 법칙을 신격화하는 데 성공한 뉴턴의 업적에 경외심을 느꼈다. 그들은 과학이 자연을 이해할 수 있는 지식을 제공할 것이고, 그런 지식이 문명의 도덕적 토대뿐만 아니라 기적[22]에 관해서도 설명할 수 있다라고 가정했다. 그런 가정은 다음 두 가지 전제에 근거했다. 첫째, 자연은 이치에 맞다. 둘째, 자연은 이성에 의해 분석될 수 있다.

**칼 폰 린네** 스웨덴의 식물학자. 생물 분류학의 기초를 마련했다.

많은 자연주의자가 생명체 연구에 이성을 엄격하게 적용했다. 그중에서 가장 유명한 사람인 스웨덴의 식물학자 칼 폰 린네Carl von Linné(1707~1778)[23]의 업적에는 18세기 생명과학이 집약되어 있다. 그리고 이성을 자연에 적용하면 신성한 존재를 발견할 수 있다고 가정했다. 그는 아무것도 변하지 않는다는 점과 생물계(혹은 적어도 식물계)는 질서정연하다는 점을 증명하려고 했다. 아울러 종種은 영원하고 지속적이라고 가정했다. 다른 종으로 변할 수 있거나 임의적으로 나타났다가 사라질 수 있는 유기체를 구태여 분류할 필요는 없었다.[24]

줄리앙 오프루아 드 라메트리 프랑스의 의사. 철학자로 계몽주의 시대 첫 유물론 작가

린네는 어리석은 사람이나 어리석은 생각이 존재하는 게 아니라 사람들이 생각을 어리석게 적용할 뿐이라는 것을 보여주는 좋은 사례다. 그의 엄격한 분류 체계는 지식을 어느 정도까지는 조직적으로 구성하는 데 도움이 됐다. 하지만 그의 분류법은 생명체가 실제로 발전하고 변화(진화)하는 방식을 파악하여 자연(무질서할 수 있다)을 이해하는 과정에 걸림돌이 됐다.

생물의 형태는 바뀌지 않는다고 간주된 반면, 인간의 자기인식은 변한다고 간주되었다. 줄리앙 오프루아 드 라메트리Julien Offroy de La Mettrie의 《인간기계론L'homme machine》(1747)에서는 인간의 사고를 전기와 동등하게 바라보았다. 인간의 본성을 형이하학적 성질로 환원하고, 그것을 동물질動物質과 밀접하게 연관시키는 그의 견해에서 결정론, 유물론, 무신론 등을 발견할 수 있다. 그가 보기에 비물질적 실체라는 것은 없었고, 따라서 신의 존재는 물론 영혼의 존재는 의심스러운 것이었다. 이로 인해 그는 사실적 지식만 믿고 판단하려는 시도에 분개한 사람들과 불화를 겪었다.

한편 그 무렵, 열에 대한 인식은 말장난에 심취한 사람들 때문에 엉망이 되어버렸다. 17세기에 로버트 훅Robert Hooke은 인체나 물체의 운동은 열에 의해 발생한다고 여겼다. 아이작 뉴턴은 그의 견해에 동의했다. 18세기 초엽에는 '플로지스톤phlogiston(연소, 모든 연소성 물질은 가상의 불로 구성되어 있다는 초기 화학 이론)'이 열 현상의 원인으로 지목됐다. 즉 뜨거운 물체에는 플로지스톤이 있고 차가운 물체에는 없다고 본 것이다. 18세기 말엽, 라부아지에Lovoisier가 플로지스톤 대신에 '칼로릭caloric(열소, 물체의 분자 사이의 공간을 채우는 가공의 유체)'를 제시했다. 칼로릭은 아무것도 설명하지 못했지만, 신봉자들은 19세기까지도 이 개념을 고수했다.[25] 실험적 증거가 쌓이면서 칼로릭을 둘러싼 정의와 재정의가 이뤄졌고, 결국 칼로릭은 거의 아무런 의미가 없게 됐다. 결국 운동이 열의 원인으로 다시 지목됐지만, 모두가 그렇게 생각하지는 않았다.[26]

자신의 생각을 굽히지 않은 사람들이 내놓아야 했던 또 다른 제물은 앞서 언급한 관념, 즉 자연법이 인간 사회의 도덕적 토대를 제공할 것이라는 관념이었다. 그것은 거대한 착각이었다. 자연을 논리적으로 분석할수록 점점 더 이치에 어긋나고 비체계적인 것으로 보인다는 명백한 사실에도 불구하고, 어느 누구도 이런 착각에서 벗어날 만큼 계몽되지 못했다. 과학적 지식이 누적됨에 따라 자연은 점점 더 신비로워졌고, 결국 또다시 이해할 수 없는 대상이 됐다. 하지만 자연은 여전히 경탄의 대상이었고, 진보와 문명이 이룩한 발전을 통해 보호해야 할 기쁨의 원천이었다.[27]

하지만 자연은 '자연인'의 실체나 다른 무엇의 실체를 둘러싼 단 하나의 해답도 내놓지 못했다. 사실 라메트리의 견해에도 불구하고 자연인은 계몽이 뛰어넘어야 할 존재가 됐다.[28] 따라서 자연은 올바른 질문을 던질

과학자들을 기다리며 위대한 답변을 감춘 채, 모호하고 불분명하며 형이상학적 쟁점과 무관한 대상이 됐다.[29]

과학자들은 자연을 합리적으로 분석할 수 있다는 점을 깨달았지만, 동시에 자연이 독자의 마음대로 해석될 수 있는 성경과도 같다는 점을 깨달았다. 사람들은 자연권과 자연종교를 비롯해 자신이 찾아나선 온갖 대상을 발견했다. 왕, 귀족, 상인, 사제 등은 모두 자연법에 맞게 살고 있다고 자부했다. 모두 자연법에 대한 각자의 주관적 인식에 따라 살고 있었기 때문이다. 모든 사람은 자신의 신분과 행실을 정당화하지는 않아도 합리적으로 설명하기 위한 모종의 자연원칙을 발견할 수 있었다. 때문에 자연은 쟁점의 최종 결정자와 확실성의 원천이 아니라 주관적 논쟁의 무대와 혼동의 원류가 됐다.[30]

과학(제도화된 합리적 경험주의)이 주관성의 가장 명백한 함정에 대한 형식을 고안했지만, 합리주의와 경험주의 모두 주관성에 굴복했다. 사실 영국의 주요 '경험주의자들(로크, 버클리, 흄)'은 주관성으로 인한 혼동을 제거하기는커녕 불확실한 진리에 대한 다양한 견해를 용인하는 태도를 보임으로써 철학에서의 논쟁을 했다. 앞에서 언급했듯이, 로크의 접근법은 지식을 위해 논리를 희생시키는 것이었다. 그는 비실용적으로 보이는 논리적 단계를 밟지 않았다.[31] 따라서 그에게는 사고 체계가 없었다. 그는 경험주의자가 '스스로 어떻게 아는지 알 수 없다'는 역설을 직시할 수 없었다. 그리고 전래의 믿음을 너무 존중한 나머지 자신의 사고가 불합리한 극단으로 흐르도록 방치하지 않았다.[32]

조지 버클리George Berkeley(1685~1753)는 로크보다 불합리성에 대한 의심이

**조지 버클리** 아일랜드의 철학자이자, 성공회 주교

작았다. 그리고 경험주의자가 아니라 인식과 지식 같은 쟁점을 다루는 합리주의자였다. 그는 일관적인 철학 체계를 구축했지만, 실재를 희생시켰다. 파르메니데스가 경험을 환상으로 치부한 반면, 버클리는 지각될 때만 물질이 존재한다고 주장하면서 물질의 독자적 존재를 완전히 부정함으로써,[33] 논리를 위해 물질계를 희생시켰다. 하지만 논리에 대한 그의 헌신에는 한계가 있었다. 아마 완전히 일관적이고 체계적이고자 했다면 그는 신을 제거하고 자신 이외의 모든 존재를 부정했을 것이다. 그러나 영국 국교회의 주교였던 그는 신을 제거할 권한도 마음도 없었다. 따라서 신은 위대한 지각자 Great Perceiver의 역할을 유지할 수 있었다.

물질은 지각되지 않으면 더 이상 존재하지 않는다. 가련한 철학자의 지지자인 신은 모든 것을 지각하고 주시하는 존재가 되어야 했다. 따라서 우주는 설령 인간에 의해 지각되지 않더라도 존재할 수 있었다. 게다가 사회적 존재로서 그는 다른 사람들의 존재를 부정하기 어려웠기 때문에 나름대로 논리적이고자 애썼다. 그러나 로크와 달리, 자신의 체계를 무분별하게 극단으로 몰아가지는 않았다.[34]

논리적 일관성에 전념했다고 볼 수 있지만, 버클리는 사고를 너무 진지하게 여겨서, 아마 유물론자로서는 굶어죽었을지도 모른다. "합리적인 것이 현실적인 것이고, 현실적인 것이 합리적인 것이다"[35]라는 견해를 피력한 초창기의 헤겔처럼, 그는 논리를 통해 오직 정신과 정신적 사건만이 존재한다는 것을 증명할 수 있다고 주장하면서 사고를 지나치게 강조했다.[36] 어쨌든 논리로는 우주의 존재를 신의 보편적인 지각 능력으로 돌리는 것을 정당화하기 어려웠다. 더 폭넓은 철학적 관점에서 볼 때 그는 자신이 실재의 정신성을 증명했다고 생각했지만, 사실 그는 논리의 한계를 설정하는 데 기여했다.[37]

데이비드 흄David Hume(1711~1776)은 이미 이성적 불합리성을 논리적 결론까지 밀고 나가면서 논리의 한계를 설정하였다. 반경험주의자로서 그는 극단적일 정도로 일관적이고 관념적이고 이론적이었다. 흄은 자아를 부인했고, 귀납법을 경멸했다. 그리고 인과관계를 무시했고, 확실성을 중시했으며, 논리의 무가치함을 논리적으로 정립했다. 그는 우주의 위대한 지각자로서의 신을 부인함으로써 물질에 대한 버클리의 인위적인 수용을 뛰어넘었다. 특히 인식론 분야에서 일관성에 대한 흄의 헌신은 논리가 도를 넘을 경우 물질과 신을 제거할 뿐 아니라, 합리성과 불합리성의 차이도 제거할 수 있다는 점을 보여줬다 (제정신과 합리성의 차이까지는 아니지만).[38]

**데이비드 흄** 논리의 한계성을 설명했다.

흄은 인과관계를 논리적으로 입증할 수 없다는 점을 보여줌으로써 자연현상의 기계론적 설명을 최소화하는 근대적 관행이 시작되었다. 초기의 철학자들(스콜라 학자들과 데카르트 학파의 철학자들)은 인과관계를 당연시했지만,[39] 흄은 그런 가정에 도전했다(흄이 이런 관점 그리고 경험적 지식의 불확실성에 대한 견해에 도달한 것은 기원전 7세기 인도 철학의 한 분파인 차르바카 학파 Carvaka의 영향인 듯하다). 다음과 같은 특정한 지점에서는 그가 절대적으로 옳았다. 'A가 B를 초래한다'라는 명제는 논리적으로 입증할 수 없다.[40] 하지만 그렇다고 해서 인과관계가 발생하지 않는다는 것도 입증되지는 않는다. 즉 논리에는 한계가 설정될 뿐이다(논리는 인과관계를 입증하는 데 사용될 수 없다). 자연계를 이해하는 관점에서 볼 때 흄의 도전은 전혀 큰 손실이 아니었다. 상호작용하는 불합리한 영향과 힘이 작동하는 무대로서의 자연은 반드시 논리적이지는 않기 때문이다. 다만 우리는 자연에 대해 배우는 과정에서 이성을 활용할 수는 있다.

궁극의 회의론자였던 흄이 더 폭넓은 관심을 쏟은 대상은 확실하고 명백한 지식이었다.[41] 그는 일련의 추론이 확실성을 갖는 유일한 분야는 수학이지만, 수학은 기호의 사용을 통제하는 임의적 규칙에 기초한 연역적 진리만 제공할 뿐 외부 세계에 관한 정보는 전혀 제공하지 않는다고 주장했다. 한편 흄은 기원전 3세기의 그리스 회의론과 서기 12세기의 알 가잘리 Al-Ghazzali의 회의론을 모방하면서[42] 경험적 지식을 확신할 수 없다는 점을 논리적으로 증명했다. 그가 보기에 경험적 지식은 경험을 통해 도출된 일반화를 바탕으로 삼기 때문에 반드시 '참'인 경우는 없다. 일례로 해는 지금까지 항상 동쪽에서 떴고, 따라서 우리는 내일도 해가 동쪽에서 뜰 것으로 기대한다. 하지만 우리가 그런 식으로 정의하지 않는 한 그렇게 되어야 한다는 논리적 필연성은 없다. 이렇듯 하이젠베르크Heisenberg*보다 200여 년 먼저 흄은 '불확정성 원리'**를 고안했다(발표하지는 않았다).[43]

흄은 기본적으로 확실성 개념에 매료되어 있었고 '앎'을 절대적 조건으로 간주했다. 하지만 우리가 현실 세계에 관한 그 어떤 것도 절대적으로 확실하게 알 수는 없다고 주장한 점은 옳았다.

그러나 우리는 여전히 우리가 알고 있는 바를 분명히 확신할 수 있다. 만약 가짜 쟁점이 있다면 확실성은 분명히 가짜 쟁점일 것이다. 흄의 지적 완결성(로크와 달리 그는 일련의 사고를 논리적 결론으로 이끄는 용기가 있었다)은 마땅히 존중받아야 한다. 하지만 그는 대다수 사람이 일상생활에서의 사건을 절대적으로 확신할 필요가 없다는 실용적 사실을 철학적으로 다루는 데 어려움을 겪었다.[44] 하지만 개인적으로 그는 사람들이 삶을 헤쳐 나가는 데 도움이 되는 얼마간의 실용적인 기대(스키마)를 갖고 있는 한, 미래에 관한 철석 같은 약속이 없어도 잘 살아나간다는 점을 알고 있었다.[45] 자연은 인과관계 측면에서 기계론적이지만, 자연에 대한 우리의 지식은 개연적이다. 그리고 거의 항상 그렇듯 미래는 과거와 비슷할 것이라는 가정을 바탕으로 삼는 경우가 일반적이었다.[46]

흄이 다룬 진짜 문제는 철학이 경험주의를 수용할 수 있는가 여부였다.

---

• 1927년, 베르너 하이젠베르크Werner Heisenberg는 그 유명한 '불확정성 원리(입자의 위치나 운동량을 알 수 있지만 두 가지 모두를 동시에 알 수는 없다)'를 발표했다.
•• 명제는 확실하면서 현실 세계에 관한 정보 가치가 없거나 불확실하면서 정보 가치가 있지만, 우리는 확실하면서 정보 가치가 있는 지식을 보유할 수는 없다.

그 문제를 질문으로 바꿔보면 다음과 같다. "제정신과 정신이상 사이의 지적 차이가 있는가?" 이 질문을 철학적으로 바꾸면 다음과 같다. "자신을 나폴레옹이라고 믿는 정신이상자는 고립무원의 신세인가?[47] 아니면 그의 사고에는 근본적으로 정신착란 요소가 있는가?" 이성에 근거해 답변에 나선 흄은 우리가 현실을 확신할 수 없기 때문에 믿음은 비합리적이라는 결론을 내렸다. 그는 경험주의와 한 명을 제외한 모든 나폴레옹을 거부했다. 그리고 절대적으로 확실한 믿음은 없기 때문에 모든 믿음을 똑같이 무의미한 것으로 치부했다. 순수한 논리학자는 그런 분석에 매료되겠지만, 실질적으로 그것은 어리석은 분석이다. 어떤 믿음은 다른 믿음보다 근거가 튼튼하다. 즉 절대적으로 확실한 믿음은 없지만, 그렇다고 모든 믿음이 똑같이 비합리적이거나 터무니없지는 않다.

그럼에도 불구하고 로크와 달리 상식에 대한 존중심이 부족했던 철학적 절대론자인 흄은 믿음(또는 사고)의 타당성 정도의 차이를 수용할 수 없었다(볼테르Voltaire는 "상식은 그리 흔한 것이 아니다"라고 말했다. Dictionaire Philosophique, 1764). 그것은 흄이 모든 믿음은 전적으로 비합리적이지는 않아도 똑같이 비합리적이라는, 이치에 맞지 않는 믿음을 갖고 있었기 때문이다(혹시 그는 자신의 이 믿음까지도 비합리적인 것으로 여겼을까?).

흄이 내린 가장 유명한 결론은 철학을 공부할 이유가 없다는 것이다(사실 너무 극단적일지는 몰라도 흄은 그 어떤 것도 공부할 이유가 없다는 결론을 내렸어야 옳다). 그는 아주 현명하게 시작했지만, 결국 경험과 관찰을 통해서는 아무것도 배울 수 없다는 결론을 내리고 말았다(증명은 생략했다).* 그는 자신이 부적절한 극단까지 이성을 논리적으로 확대할 때 합리주의를 잘못 적용함으로써 지식을 논박하지 않고 수정했을 뿐이라는 점을 알지 못했다. 그는 합리주의를 잘못 적용하면서 로크가 도달하지 못한 불합리성까지 논리를 밀어붙였다. 왜냐하면 그는 로크에 비해 모순을 덜 용인하고 논리를 더 존중했기 때문이다.[48] 흄은 논리를 극단까지 끌고 감으로써 경험과 관찰의 무가치함이 아니라, 스스로 주장했듯이 무심결에 합리주의의 지적 한계를 입증했다.

이마누엘 칸트Immanuel Kant(1724~1804)는 흄이 겪은 실패에 아랑곳하지 않은 채 평판이 떨어진 합리주의의 깃발을 집어 들고 당당하게 흔들었다. 그리고 비틀대며 걷다가 그것을 파르메니데스의 무덤으로 알려진 철학적 블랙홀의 바닥에 단단하게 꽂았다. 파르메니데스처럼 칸트도 우리가 주변 세계에 관한 사실을 알 수 없다고 주장했지만, 그가 지식 대신에 제시한 개인적 구성 개념은 일부 추종자들의 광신주의로[49] 그리고 정치에서 차지하는 윤리의 수위에 대한 부자연스러운 승인으로 이어졌다.[50] 하지만 우리가 철학의 자기 충족적 공백 밖으로 움직인다면 비지식이라는 그의 불합리한 명제는, 앞서 지적했듯이 조수의 간만, 광주기光周期(낮 동안 생물들이 활동할 수 있도록 빛에 노출되는 시간 단위), 일식과 월식 등을 정확히 예측하는 과학에 의해 무너질 것이다. 또한 칸트가 아무것도 모른다는 점에서 소크라테스에

---

• 전통적으로 영국의 경험주의자로 간주됐지만, 흄은 사실 극도의 합리주의자였다. 그는 논리를 밀어붙임으로써 논리의 한계를 드러내는 사상가였다. 이런 맥락에서 볼 때 순수이성 같은 것은 없음을 입증하는 데 이성을 활용한 칸트와 흡사하다고 평가할 수 있다.

**이마누엘 칸트** 독일의 계몽주의자. 비판 철학의 창시자

필적할 만하다면, 왜 그는 1795년 평화연 맹League for Peace을 제안했을까?[51]

홈과 칸트가 논리를 의심함에 따라 합리주의의 등잔이 낭만주의의 불꽃 앞에서 희미해지면서 계몽주의의 성격은 급격하게 변했다. 18세기 중반까지 뉴턴의 유산이 우위를 차지했고, 계몽된 개인은 이성, 자유, 상식, 진보 등의 가치를 믿었다.[52] 그 뒤 어쨌든 합리주의는 살아남았고, 다시 부각되기도 했지만,* 스스로 논파한 이성의 처지에서는 당장의 상황이 너무 심각했다. 논리가 평판을 잃을 정도는 아니지만 의심을 받으면서 정서와 감정이 과도하게 군림했다. 그 결과, 18세기 후반기는 인간의 제도를 매도하는 인습 타파적 명분을 내세운 내향적이고 낭만적인 과격분자들과 모반자들의 차지가 됐다.[53] 낭만주의자들은 합리주의적 스키마를 버렸고, 계몽의 원칙을 완전히 부정했다.[54] 또한 그들은 개인적 경험과 자유를 강조함으로써, 그리고 억압적인 사회 관행을 혁파함으로써 사람들이 믿음, 역할, 의무 등에서 벗어나도록 독려했다.[55] 합리주의가 아니라 예술적 창의성이 우리를 인간답게 하는 거룩한 불꽃으로 간주됐다.[56]

---

● 특히 19세기에, 그리고 이후에도 되풀이됐듯이 서양 지성사에서 합리주의와 낭만주의는 서로 번갈아가면서 전자는 유효하지 않음을, 후자는 유효할 수 없음을 보여줬다.

## 합리주의의 실패, 낭만주의의 대두

낭만주의가 합리주의의 실패로 생긴 정서적 공백을 메우려고 박차를 가하면서 전통을 제외한 모든 것에 대한 비합리적 신뢰가 서양 문명을 휩쓸었다.[57] 당시의 표어는 감성, 열광, 연민, 마음 등이었다.[58] 바흐Bach가 베토벤Beethoven에게 길을 열어줬듯이* 가슴이 머리에 맞서 진가를 발휘했다. 분별, 예절, 지적 자제 등이 안전과 예의에 지치고 빈곤과 고통에 진저리가 나고 변화와 진보를 갈구하는 사람들에게 버림 받았다.[59] 인내는 열정에게 자리를 내줬고, 이치에 맞는 자유주의는 주관적 무정부 상태로 밀려났다.

기본적으로 낭만주의자들은 진리와 타당성[60] 같은 개념을 파기하기보다는 문화적 척도를 논리에서 미학(이성에서 아름다움)으로 바꿨다.[61] 산업주의, 추악함, 무자비함 등으로 점철된 당대의 비열한 세계는 과거에 대한 향수에 의해 늘 이상화됐던 고대 세계나 중세 세계와 뚜렷이 대비됐다.[62] 그런데 희한하게도 낭만주의자들은 연약한 감성뿐만 아니라 소름끼치는 공포[63]도 포용했다. 그들은 돈키호테식 절대 원리(완벽성에 대한 이상향적 이미지와 본보기)뿐만 아니라 낯설고, 괴기스럽고, 무시무시하고, 으스스한 대상에도 골몰했다.[64]

루소는 쓸모없고 해롭고 격렬한 것(협곡, 폭풍, 폭포 등)을 좋아했지만, 정작 기괴하고 흉한 것을 좋아하는 사람들을 나무랐다.[65] 낭만적 애정소설에

---

* 이런 식의 태도 변화는 당시 부동산에 정원이 들어서는 현상에 영향을 미쳤다. 18세기로 넘어올 무렵 설치된 정원은 자연에 대한 기강 잡힌 정신의 승리를 반영하듯 분별 있고 질서정연했다. 반면 이후에 등장한 정원은 자연스러운 '흐름에 맡기는' 낭만주의적 심리 상태를 반영하듯 더 임의적이고 무질서했다 (Switzer, S. Ichnographia Rustica. 1718. On p. 443 of Blanning.//Blanning, T. The Pursuit of Glory. Penguin; New York. 2007. p. 443).

는 대체로 유령, 저택, 퇴폐적인 귀족, 폭군, 해적, 비술 등이 등장했다. 하지만 무엇보다도 낭만주의자들은 왕, 기사, 원탁 등 이야기를 쓸 때 현실과 동떨어진 장사 밑천에 마음껏 골몰할 수 있었기 때문에 중세의 기사도를 좋아했다.[66] 과학은 어떤 기묘한 결과를 도출할 경우 여전히 환영받았지만, 자연을 묘사할 때의 과학은 더 이상 뉴턴적인 성격을 띠지 않았다. 이제 과학은 자유분방하고 자발적이고 임의적이었다.*[67]

낭만적 애정소설에 타당한 이의를 제기한다면, 아마 애정소설에 동원된 미학적 기준이나 역사적 허용이 아니라, 거기에 함축된 무차별적인 가치일 것이다. 낭만주의자들은 표출된 감정에 무비판적인 태도를 보였고, 사회적 파장에 상관없이 온갖 종류의 강렬한 열정을 흠모했다. 낭만적 사랑은 인정받았고, 파괴적 충동도 마찬가지였다. 기본적으로 낭만주의자는 목표가 사랑이든 무정부주의적 · 반사회적 폭력이든 간에 열의에 불타는 사람이었다.[68] 이것은 낭만주의자들이 무도덕했다는 의미가 아니다. 낭만주의자들의 도덕적 기준이 일반 사회의 도덕적 기준과 달랐을 뿐이다.[69] 그들은 사회적 제약을 부도덕한 것으로 여겼고, 열정의 직접적 표현을 선호했다. 거기까지는 좋다.

그들은 아름다움에 못지않게 추악함에도 반응할 수 있었지만, 자신이

---

• 이런 관점은 결국 회의론(우리는 지금 일어나는 일을 알 수 없다)을 과학적으로 승인한 아인슈타인의 상대성 이론과 하이젠베르크의 불확정성 원리로 이어졌다(Hecht, p. 446). 음악가로서 나는 상대주의적, 주관적 주장(모든 것이 정의의 문제이고, 우리는 알 수 없고, 모든 것이 골고루 좋다)이 옳고 그름을 모르는 사람들이 쓴 가면이라는 관점에 공감한다. 확실히 막 일어난 일과 지금 일어나는 일의 맥락에서는 더 나은 것과 더 못한 것이 있다. 유머가 좋은 사례다. 구성이 적절하고 재치 있는 이야기는 웃음을 자아내지만, 구성이 부실하면 그렇지 못하다(JFW).

반응하는 조건을 향상시키기 위한 구체적인 노력을 전혀 기울이지 않았다 (그들의 윤리에는 교정, 개선, 진보 등을 꾀하기 위한 명령이 포함되지 않았다). 그것은 아마 부분적으로 일반인을 향한 그들의 양가감정兩價感情에 기인했을 것이다. 그들은 200년 뒤의 현대주의자들과 마찬가지로 일반인을 대중적 재능의 담지자로 칭송하는 동시에, 독창성을 잠재우고 위인을 박해하는 배은망덕한 자들로 치부했다.[70]

낭만주의자들은 이상과 공상에 심취했다. 뿐만 아니라 그들은 자신이 반응할 수 있는 강력한 자극제를 만들어내 추구하고 유지했다는 비판을 받을 수도 있다. 그들은 언제나 열렬하게 부정적으로 느낄 만한 것을 많이 찾아냈다. 그것은 현존하는 해악이 많았을 뿐 아니라, 그들이 분노를 개혁과 결합하지 못하는 바람에 사회의 해악과 그들의 분노가 존속했기 때문이기도 하다. 전형적인 낭만주의자는 굶주리는 농민을 보고 눈물을 흘렸지만, 빈곤 문제를 개선하기 위한 계획에는 완전히 무관심했다. 전형적인 낭만주의자는 동정심의 표현인 항의를 촉구할 법했지만, 항의는 불평을 잠재우는 데 거의 도움이 되지 않았다. 왜냐하면 그런 감정적 표현은 사회를 향상시키기 위한 것이 아니었기 때문이다. 그리고 본질적으로 오늘날의 항의 사례와 마찬가지로 계몽된 사고를 통해 거리낌 없고 격렬하고 직접적일 수 있을 때 가장 흡족함을 느끼게 해줬기 때문이다.[71]

토머스 칼라일Thomas Carlyle이 바로 그런 심리상태의 전형적인 본보기다. 그는 19세기 중반 영국의 산업화에 따른 사회적 해악을 비난했지만, 한 번도 대책을 제시한 적은 없다. 그의 심리학적 관점에서 낭만주의자는 불가사의한 모반자였다. 궁극의 반反합리주의자였던 낭만주의자는 사회적 미덕을 희생시키면서 변덕의 희열에 심취했다. 낭만주의자는 현재의 기쁨을 위해 미래를 희생하는 신경과민적 역설로 예의범절의 억압적 제약을 회피하고, 마치 신이 된 듯한 황홀감과 재앙을 부르는 권력감을 경험했다. 낭만주의자는 신을 자신과 함께하는 존재로 여겼다. 따라서 진리와 의무가 존재할 때 진리는 자신이 하는 말이고, 의무는 자신이 하는 행동이라고 생각했다. 이렇듯 합리주의자는 논리적 분석을 극단으로 밀어붙인 반면, 낭만주의자는 주관성을 극단으로 밀고 갔다. 타인이나 현실과 무관하게 지내는 사람들, 예를 들어 독재자들과 미치광이들에게 낭만주의는 아무런 문제가 없어 보인다.[72]

## 낭만주의 반철학 운동

논거가 희박한 주장처럼 들릴지 몰라도 낭만주의는 철학 운동이 아니다. 사실 낭만주의는 반反철학 운동이나 다름없다. 합리주의는 사상가의 소유물이었고, 몇몇 계몽된 전제군주가 합리적 개혁을 통해 행정을 개선했는데도 대다수의 사람은 신이 정하지 않았을 가능성이 높아 보이는 종래의 행동방식을 따르는 데 진저리가 났다. 그렇게 낭만주의는 대중의 훌륭한 노예가 됐다. 누구나 전통에서 조금 벗어나 '자신을 찾기'만 하면(자신의 이드(정체성)를 충족시키면) 어느 정도의 낭만주의자가 될 수 있었다. 많은 사람이 기꺼이 그렇게 하고자 했고, 그렇게 할 수 있었다.

생각이 전혀 필요 없었기 때문이다. 사실 정보에 근거한 생각은 대다수의 사람이 피하고 싶어 하는 귀찮은 일이었다. 낭만주의에 내재된 위험은 사회적 통제가 나와 똑같은 주관적 자아들과의 충돌을 통해서 발생한다는 점이었다. 자유의 영향으로 인해 협력은 무정부주의자 사이에서 우발적으로 일어나는 사건으로 전락했다. 사회의 전통과 도덕이 의심을 받거나 도전을 받거나 정당화되는 과정을 거치는 대신에 용인된 행동을 가로막는 장애물로 비난받고 무시당했기 때문이다.[73]

비록 낭만주의는 그 본성상 무질서한 비철학적 운동이었지만, 지도자와 대변자가 있었다. 장 자크 루소Jean Jacques Rousseau(1712~1778)는 감정을 표출함으로써 특히 프랑스인들에게 인기를 끌었다(지금까지 항상 프랑스인은 신중하고 세련된 사고에 방해받지 않는 정서의 직접적이고 솔직한 표현을 흠모해왔다). 낭만주의의 대변자로서 그는 감정 표현을 기본적인 미덕으로 변모시켰고, 사회를 속임수에 근거한 귀찮은 존재로 여겼으며, 의복과 예절에서 사랑과 도덕에 이르기까지 모든 사안에서 전통을 경멸하는 방법을 기꺼이 배우려는 사람들의 스승이 됐다.[74]

합리적인 계몽사상가들과 균형을 맞추는 평형추로서 루소는 정확하게 분석하기보다는 격하게 느끼는 능력이 더 출중했다.[75] 그리고 비천한 프랑스 농민들을 낭만적으로 묘사했으며,[76] 잘 알지도 못하는 인간의 원시 상태를 미덕과 행복의 상태로 이상화했다. 그러나 대체로 루소는 편집증적인 견유학파의 철학자처럼 사회 전반

**장 자크 루소** 낭만주의 대변자

을 타락의 원천으로 지목했다.* 홉스나 로크와는 다르게 그는 사람들이 문명사회에 있을 때보다 원시상태에 있을 때 더 행복했다고 단언했다.[77] 그가 보기에 사람들은 선한 반면, 관습, 전통, 제도 등은 나빴다. 사람들의 수준을 높이고 사회를 개선하기 위해 취할 수 있는 조치는 문화적(인간적) 환경을 바꾸거나 없애는 것이었다. 당연히 그가 던진 메시지는 사회 파괴적이었다. 왜냐하면 그의 메시지는 좁게는 18세기 프랑스 사회를, 넓게는 사회라는 개념 자체를 공격하는 것이었기 때문이다.[78] 훗날 그것을 소로Thoreau가 모방하고, 고갱Gauguin[79]이 반영하고, 히피족이 지지했다.

하지만 루소가 선호한 정서적 믿음은 그것이 진실이든 아니든 간에, 일반화에 적합하지 않았다. 왜냐하면 정서적 믿음은 사적이고 주관적인 것으로, 사람마다 달랐기 때문이다. 일례로 식인종은 자신이 인간을 먹어야 한다고 믿은 반면, 볼테르는 식인종이 예수회 수사만 먹어야 한다고 믿었다. 그것은 개인적 감정에 근거한 가정된 진실로 보편적 윤리(관습)를 구축하려는 시도를 하는 사람이라면 누구나 겪는 문제일 것이다.[80]

어리석음을 경멸한 루소의 기본적인 주장은 과학, 문학, 예술 따위가 범죄의 촉진제까지는 아니어도 노예제의 근본적인 원인이자 도덕성의 적이라는 것이었다.[81] 그는 천문학은 미신과 짝을 이루고, 수학은 탐욕과 기계학은 야심과 물리학은 게으른 호기심과 짝을 이룬다고 생각했다. 그는 합

---

* 이 점에서 루소는 역사심리학자가 크게 환영할 만한 대상이다. 그의 기본적 가치관은 시골에서 행복하게 생활한 10살 때 시작되어 몇 년 뒤 제네바에서 견습공 생활을 하면서 갑자기 막을 내린 목가적 시기에 형성되었던 것으로 보인다. 뼈저린 견습공 시절의 경험 때문에 그는 사회와 기성 제도에 적대감을 품게 되었다(Blom, p. 25).

리주의자인 홉스와 스피노자에게 영원성을 부여했다는 이유로 인쇄술의 발명을 아쉬워했고, 최초의 환경운동가로서 환경의 개발 및 착취에 반대했다.[82] '자연의 덕'이라는 이름으로 그는 채무불이행, 간통, 근로 회피, 교육 회피 등을 구체적으로, 명시적으로 용인했다. 덕분에 채무자, 간통자, 게으름뱅이, 바보, 지식인 등 꽤 많은 추종자를 거느리게 됐다.[83]

그는 전쟁에서의 승리를 가치의 시금석으로 여겼지만, 모순적이게도 노예화된(기술적으로 선진화되고 정치적으로 조직화된) '고귀한 야만인(고귀한 야만인은 놀랍게도 아이, 여자, 아메리카 원주민, 백인 등의 순서로 이뤄진 인간 발전의 위계에서 아메리카 원주민에 해당했다. Watson, 2011, p. 525)'을 흠모했다.[84] 그는 연령, 건강, 지성 등에 따른 자연적 불평등을 받아들였지만, 사회적 전통에 의해 조장된 특권으로 인한 문화적 불평등은 수용하지 않았다. 사유재산은 악의 궁극적 원인이라고 생각했기 때문에 인간이 다시 자연스럽게 선한 존재가 될 수 있도록 문명을 포기해야 한다고 느꼈다(생각한 것이 아니라 그렇게 느꼈을 뿐이다).[85]

혼란스럽고 모순적인 신조로 굳어진 그의 지성적 사고와 반지성적 사고의 기이한 조합물이 빚어낸 불협화음에도 불구하고 루소의 구슬픈 외침 "자연으로 돌아가라"는 지식인들에게 상당한 영향을 미쳤다. 정식 철학자가 아니었던 루소는 방향 없는 감정의 대변자로서 이성에 대한 평소의 노골적 무시와 배치되는, 설득력 있는 논거를 고안함으로써 자신의 주장을 논증했다. 루소가 지적 측면에서 가장 큰 어려움을 겪은 경우는 그가 현실을 다루는 사회비평가의 역할을 맡았을 때였다.

그것은 루소가 펼친 주장의 구조나 논리, 자제할 수 없는 강박적 거짓말 성향[86] 때문이 아니라 그가 출발한 지점의 전반적인 유효성이나 무효성 때문이었다. 그가 선호한 주장과는 반대로 감정에 기초한 믿음이 참일 것이라고 기대할 만한 실제적인 근거는 없었다. 예를 들어 어떤 사람들은 지상에서의 삶이 괴롭기 때문에 천국의 존재를 믿는다. 신이 존재한다면 그런 믿음은 타당하겠지만, 어쨌거나 이는 이기적인 가정일 뿐이다.[87]

정치 이론가로서 루소는 감정적인 개인을 전체주의적 공동체 속으로 포함시키기 위해 폭넓은 정신 훈련에 골몰했다. 당시 사람들은 루소가 무정부상태를 옹호한다고 여겼을 수도 있지만, 실제로 그렇지 않았다. 루소는 개인의 감정 표현을 존중하는 것처럼 보였지만, 그것을 어디까지나 조직과 제도의 맥락 안에 배치했다. 루소는 공동의 도덕성(앞뒤가 맞지 않게도 그는 간통을 용인하면서 탐욕을 질책하고 순결한 사랑을 설파했다. Blom, p. 298)과 정치적 평등의 억압적 혼합물*을 위해 자유를 희생시켰다(자유는 그의 이름뿐인 연인으로 드러났다). 따라서 그의 정치 이론은 《사회계약론The Social Contract》 (1762)에 설명되어 있듯이 기본적으로 홉스로의 회귀였다. 루소의 정치 이론은 민주주의를 입으로만 떠들었을 뿐 전체주의 국가를 정당화했다.

늘 그렇듯이 문제는 사람들이 타인의 이익은 말할 것도 없이 자신의 이익을 해치지 않은 채 자유를 누릴 수 있는 방법이었다. 루소가 제시한 해법은 개인이 국가에 투항해야 한다는 것이었다. 루소에게는 자연권 원칙이 없었다. 사실 그는 볼테르가 중시한 권리를 거부했다. 그가 보기에 시민들

---

* 이 지점에서 데카르트가 떠오른다. 그는 감지된 필요성(자유의지)을 충족시키기 위해 송과체에 영혼이 있다고 주장했다. 자신의 사상에 갇혀 있음을 깨달을 때 위인들은 자신에게 필요한 바를 제공할 수 있는 수단(루소의 경우에는 일종의 사회 통제 기제)을 만들어낸다.

《사회계약론》 1762년판

은 '주권을 가진' 공동체에 자신과 자신의 권리를 넘겨야 했고, 매혹적이고 낭만적인 지혜를 발휘하는 공동체에서 자유를 강제로 부여받아야 했다 (훗날 헤겔은 자유를 '복종할 권리'로 정의했다. 오늘날 자유는 순응할 권리, 즉 정치적 공정성을 견지할 권리를 뜻한다). 루소에 따르면 세상이 정치적으로 혼란스러운 까닭은 사람들이 권리와 재산을 보유해왔기 때문이다. 권리와 재산의 보유는 행정관들이 사회의 일반 의지[88]를 구현하는 데 걸림돌로 작용함으로써 폭정을 야기하는 것 같았다. 일반 의지는 고지식한 낭만주의자인 루소가 재산을 가진 특수 이익집단에 의해 매수될 수 없다고 여긴 대표자들에 의해 성문화됐다.[89] 그의 과열된 지성의 관점에서 볼 때 일반 의지는 분별 있는 시민들의 만장일치에 근거한 이상향적이고 합리적인 정책을 산출할 것 같았다.

그는 이성, 개혁, 진보 따위에 대한 신뢰를 비웃었고, 계몽주의를 노예제로 향하는 길로 치부했다.[90] 모순적이게도 그는 로베스피에르Robespierre, 마르크스Marx, 폴 포트Pol Pot 같은 전체주의자들에게 논리적 근거를 제공했지만, 그의 신봉자들 가운데 정치와 무관한 부류로는 19세기의 선험론자들과 20세기의 부랑자, 비트족(1950년대 중반 미국에서 현대 산업 사회와 기존 질서와 도덕을 부정한 방랑자적 문학가, 예술가들)을 꼽을 수 있다.[91]

사실 루소의 '주권'은 정치적 개념보다 형이상학적 개념에 더 가까웠고, 권력의 상태가 아니라 옳고 그름의 문제에 관한 개념이었다. 그의 관점에서 '주권은 항상 그렇게 되어야 하는 것'이었다. 즉 항상 옳은 것이었다. 그가 '주권'이라는 용어를 사용할 때 통치자 대신에 집단적 이상을 가리켰다는 점을 감안하면, 그의 주장은 다음과 같이 요약할 수 있다. 이론적으로 완벽한 공동체가 도덕성의 기준을 설정한다. 결국 루소의 주장은 일반 의지를 대변할 경우의 권력에 대한 정치적 복종을 정당화하지만,[92] 그것은 이상향에서만 가능한 일이다.

이상향에서도 일반 의지는 권력 집단의 해석에 맡겨졌다. 왜냐하면 루소는 대중을 어리석고 소심한 병약자[93]로 간주했기 때문이다(빌프레도 파레토Vilfredo Pareto는 훗날 대중을 '활력, 개성, 지성 등이 부족한 사람들'로 치부했다. Beetham). 더구나 그런 태도는 개인의 감정이 진실을 규정할 뿐 아니라 모든 계몽된 사람들이 공통적으로 수용한 목표인 행복으로 향하는 길을 안내한다는 그의 지론과 정면으로 배치된다.[94] 그는 인간이 순수, 무지, 빈곤 등의 상태로 되돌려달라고 신에게 애원함으로써 행복을 쟁취할 것이라고 예측했다(신은 순수의 상태를 제외하고는 인간의 애원을 들어준다고 생각했다).[95]

## 행복에 이르는 길

기본적으로 모든 사람이 행복이라는 목표에는 합의했지만, 행복을 쟁취할 수 있는 최선의 방법에 대해서는 서로 의견이 달랐다. 대체로 거의 모든 사람들이 로크의 심리학(인간의 정신은 비어 있는 서판書板이고, 경험이 거기에 삶의 메시지를 적는다)을 받아들였다. 또한 대다수의 지식인은 영혼을 구원함으로써가 아니라 환경을 능숙하게 다룸으로써 행복에 도달할 수 있다는 데 동의했다.[96] 하지만 바로 그곳이 동의가 끝나는 지점이었다.

왜냐하면 이상적인 환경이 과연 어떤 것이고 어떤 것이어야 하는지를 둘러싼 생각이 사람마다 다르다는 점이 드러났기 때문이다. 특권 계급은 기존 환경에 무척 만족했지만, 개혁 세력은 환경의 변화가 필요하다고 확신했다.[97] 더구나 개혁 세력도 과연 어떤 변화가 필요한지를 누가 결정할 것인가를 둘러싸고 의견이 분분했다.

우선[98] 합리주의자들은 모두에게 유리한 환경을 조성하기 위해 자신의 권한을 공정하게 행사하는 소수의 현명하고 유능한 사람이 존재한다고 믿었다.*[99] 정치적으로 합리주의자들은 '계몽된 전제군주'[100]를 선호하고 경제적으로는 산업 발전을 장려했지만,[101] 기본적으로 그들은 대중의 '사악함, 어리석음, 잔혹함, 광기, 게으름, 선입견'[102]을 의심하는 엘리트주의자들[103]이었다.** 그들이 보기에 대중은 교육이 아니라 오직 극적인 조치에 의해서만 혼란스러운 의식과 굴복하는 습관에서 벗어날 수 있었다.[104]

그런 시각의 대변자였던 미국 헌법의 아버지 제임스 매디슨James Madison은 순진하게도 자신처럼 충분한 교육을 받은 합리적인 사람들이 존재한다고 믿었다. "계몽된 견해와 고결한 정서 덕분에 그들은 불의不義의 음모와 옹졸한 선입견에 굴복하지 않는다." 그런 시각을 가진 사람들은 오늘날

---

* 이런 유형의 사고는 헌법상의 선거인단 규정, 상원의원 간접선거, 초창기 미국에서의 연방당聯邦黨(이후에는 공화당)의 결성 등으로 이어졌다. 오늘날에는 자기들끼리 누가 가장 깊숙한 내부자인지를 두고 서로 다투는 내부자들의 "정부가 가장 영리하다" 식의 철학에 그 흔적이 남아 있다(이란 콘트라 사건 진상조사위원회Iran-Contra Congressional Investigating Committees 보고서).

** 19세기에 미하일 바쿠닌Mikhail Bakunin은 이런 관념을 극단적 무정부주의로 승화시켰고, 테러리즘의 아버지가 됐다. 1881년 모순적인 무정부주의 의회Anarchist Congress는 모든 지배자, 장관, 귀족, 성직자, 주요 자본가, 나머지 착취자 등의 박멸을 결의했다(Freedman, 277). 로마 역사의 한 측면을 재현하듯 공상적 혁명가들의 포악함과 우둔함이 독재의 포악함과 우둔함에 반발했다(Freedman, 278).

의 빌더버그 회의 참석자들Bilderbergers(비밀리에 모여 다양한 국제 문제를 토의하고 정책을 결정하는 미국과 유럽 중심의 정계, 재계, 언론계 거물 120여 명-역주)처럼, 다가올 사회를 계획하고 조직할 것처럼 보였다.[105] 그들은 그런 식의 견해와 가치 기준에 따라 모두의 이익을 위해 공정하고 청렴하고 객관적인 방식[106]으로 공익을 둘러싼 문제를 결정할 것으로 보였다.

반면 낭만주의자들은 대체로 민주주의를 더 옹호했고, 영국의 법학자 윌리엄 블랙스톤William Blackstone의 다음과 같은 경고를 지지했다. "인간 본성상 소수가 항상 다수의 이익과 복리에 관심을 기울일 것으로 기대할 수는 없다."[107] 헤겔도 이렇게 말했다. "소수는 대표자로 자처하지만, 그들은 흔히 다수를 약탈하는 자에 불과할 뿐이다."[108]

낭만주의자들은 권력의 궁극적 수탁자는 대중이라고 믿었다. 그들이 보기에 대중은 이상적인 세계에서 모두가 행복하게 살 수 있도록 부자연스럽고 악하고 문명화된 현재의 환경을 파괴할 수 있는 존재였다.[109] 토머스 제퍼슨(모순적이게도 매디슨의 조언자이자 이성의 이상주의적 대변자였다)의 신봉자들과 마찬가지로 대다수 낭만주의자들은 다수결 원칙을 선호했고, 행복을 추구하기 마련인 인간의 타고난 지혜가 결국 완벽한 문명을 초래할 것이라고 생각했다. 민심은 천심이다Vox populi, vox dei(이것은 현대 자유주의자들의 신조에 여전히 남아 있다. 그들은 대다수 사람이 미신을 믿고, 복잡한 사고를 하지 못하고, 취향이 저열하다는 사실을 알면서도 평범한 시민의 판단을 신뢰한다(Hazlitt, 인종주의자 겸 성차별주의자인 제퍼슨과 우드로 윌슨은 백인에게만 적용되는 신뢰라고 명시적으로 주장하였다). 안타깝게도 그런 믿음에 저항하는 것은 교양 있는 사람들의 지혜가 아니라 부유한 사람들(특수이익집단)의 영향력이다).

합리주의자들과 낭만주의자들이 행복에 이르는 길에서 서로 다른 선택을 했지만, 이들은 모두 18세기 특권 계급(옹졸한 왕족, 편향적인 귀족, 협량한 성직자)의 평판을 떨어뜨리기 위해 애썼다. 낭만주의가 비록 합리주의에 대한 반발에서 출발했어도, 낭만주의와 합리주의는 공통점이 많았기 때문에 이는 생각보다 그리 놀랍지 않은 일이었다. 낭만주의와 합리주의는 모두 문화적 적응을 통해 현세의 삶을 무한히 개선할 수 있다는 가정에 근거한 세속적 운동이었다. 따라서 한 사람이 낭만주의와 합리주의를 겸비하는 경우가 많았다.* 진정 계몽된 개인의 경우, 가슴과 머리 모두 건실했다. 서양인들이 낭만주의와 합리주의 사이를 오가면서 감정과 이성은 서로 결합됐고, 타당한 지식에 입각한 참신하고 따뜻한 정책을 통해 동정적인 진보의 시대를 예고했다.[110]


## 계몽주의의 시대

애석하게도 계몽주의를 둘러싼 온갖 인상적인 사고와 미사여구 그리고 고매한 철학에도 불구하고 18세기에는 사실적 지식이 놀라울 정도로 느리게 전파됐다. 여기에는 여러 가지 이유가 있었다. 첫째, 지식이 대체로 문화 전반과 분리되어 있었다. 지식은 여전히 그 자체의 기쁨으로서 함양해야 할, 그리고 용도로 인해 모욕당하지 않아야 할 고대 그리스의 이상(미덕)

---

* 영적이면서도 관능적인, 경건하면서도 성적 욕망을 자극하는 듯한 베르니니Bernini의 걸작 〈아빌라의 성녀 테레사의 희열The Ecstasy of Saint Theresa of Avila〉에 잘 표현되어 있다. 그 조각품에서 천사는 붉은 창끝으로 처녀의 심장을 찌르고, 처녀는 희열을 경험한다(Blanning, Plate 4 and page 457).

에 해당했다.[111] 예를 들어 토머스 제퍼슨은 병원에서 의학 연구가 진행될지 모른다는 가능성에 깜짝 놀랐다. 당시 병원은 과학 실험을 하는 장소가 아니라 아픈 사람들과 죽어가는 사람들을 위한 곳으로 인식됐다.[112] 하지만 상향식 사실을 발판으로 삼은 민주적·실용적·경험적 과학이 점차 하향식 예언적 지혜와 진리의 귀족적·합리적 모형을 대체하고 있었다.

둘째, 유럽의 대학은 새로운 지식을 발견하기 위해서가 아니라 오래된 지식을 다음 세대에 전해 주기 위해 설립됐고, 은둔적 고립(오늘날까지 학계에 남아 있는 전통이다)에 대한 속물적 자부심을 품고 있었다. 그런 분위기 속에서 어떤 착상이나 사실을 확보한 18세기의 일부 지식인들은 그것을 비밀리에 간직하려고 애썼고, 심지어 남들이 그것을 알지 못하도록 방해하기도 했다.[113] 게다가 과학의 증진에 헌신하고 지식의 발견과 보급을 촉진한다고 하는 왕립학회Royal Society와 비슷한 단체들은 회원들의 출세를 도모하는 사회 기관으로 전락했다. 학계가 발견의 우선순위를 강조함에 따라 많은 과학자가 새로운 것을 발견하기보다 이미 발견한 것에 대한 자신의 공적을 주장하는 데 더 관심을 쏟게 됐다.[114] 따라서 과학자들과 학자들은 점점 서로 간의 논쟁에 매달리게 됐고, 서로 주고받거나 책꽂이에 꽂아둘 용도의 비실용적이고 이론적인 쟁점을 다룬 책을 더 많이 쓰게 됐다.[115] 불행히도 과학자들과 학자들은 그 과정에서 오늘날까지도 그런 사안에 '학술적' 성격을 부여하는 옹졸함의 기준을 확립했다.

뉴턴은 구식 과학자의 전형적인 사례 중 하나였다. 그는 회장으로 취임한 1703년부터 세상을 떠난 1727년까지 명성이 높아짐에 따라 점점 권력이 강해지고, 성미가 까다로워졌다. 그는 왕립학회의 실질적인 독재자, 다시 말해 계몽되지 않은 전제군주가 됐다. 최초의 과학 '특권 계급'을 이끈 지도자로서 그는 우리가 앞서 다룬 문제, 즉 주관성이 계몽주의에 던진 질문을 해결하지 못함으로써, 그리고 자신의 권좌를 무너뜨리거나 자신의 위신을 떨어뜨릴지 모르는 수학이나 과학 분야에서의 모든 발전을 차단함으로써 유감스러운 본보기가 되고 말았다. 예를 들어 심술궂게도 그는 천문학자 존 플램스티드John Flamsteed가 생전에 연구 결과가 발표되는 기쁨을 누릴 기회를 빼앗았다.

뉴턴이 미적분학 창시자 자리를 놓고 라이프니츠와 벌인 논쟁에서 보여준 기념비적인 옹졸함은 더더욱 안타깝다. 그는 경쟁자가 사망한 지 오랜 시간이 흐른 뒤에도 과도한 학구적 태도를 드러내면서 일방적이고 당황스러운 싸움을 통해 계속해서 부도덕한 활동을 보였다.[116]

한편, 18세기의 일반인들은 교양이나 지식과 거리가 멀었다. 실리적이고 영리적인 세계에 몸담은 상인들과 장인들도 사정이 다르지 않았다. 대개의 경우, 그들은 새로운 것을 의심했고, 혁신을 자신의 기존 지위를 위협하는 것으로 바라봤다. 본질적으로 도시의 운동인 계몽주의는 교외에서 중단됐다. 교외에 거주하는 사람들은 너무 어리석은 나머지[117] 종교적 감정을 정치적 억압으로 전환하는 기제에 저항하지 못했다. 시골에서는 하인뿐만 아니라 농노도 영주나 주인에게 도움이 되는 생산성 향상을 목적으로 한 실용적 개혁에 관심이 없었다.[118]

마찬가지로 바다에서 자신의 위치를 파악해야 하는 뱃사람들은 손으로 그린 해도 대신에 인쇄된 지도와 더 훌륭한 항법을 활용하기까지 무척 오랜 시간이 걸렸고, 새로 발견된 땅의 존재를 인정하기 싫어했다. 또한 미지의 바다에 있다고 알려진 여러 가지 짐승과 유령으로부터 그리고 종래의 지리적 착각[119]으로부터 좀처럼 벗어나지 못했다. 게다가 항로에 관한 지식은 경쟁자들이 수지맞는 해외 시장이나 귀중한 자원에 쉽게 접근하지 못하도록 국가적 비밀로 간직됐다.[120]

설상가상으로 정치 지도자들이 활용할 수 있었던 지식은 이성과 감정의 이상적 조합과 거의 무관하고 실용적 가치도 없어 보이는 공공정책을 수립하는 데 쓰였다. 정치경제학자 토머스 맬서스Thomas Malthus는 그런 천진난만한 행위의 한 가지 사례를 폭로했다.《인구론Essay on the Principle of Population》(1798)에서 그는 가난한 사람들에게 직접적인 도움을 주기 위해 입안한 정책이 결국 모든 사람에게 더 큰 어려움을 초래한다는 사실을 보여줬다. 냉혹한 논리는 가난한 사람들의 굶주림을 방치했을지 모르지만, 계몽된 연민은 그렇게 하지 않으려고 했다. 그러나 단순히 가난하고 굶주리는 사람들을 먹여 살리는 관행은, 아무리 의도가 좋아도, 훗날의 더 심각한 빈곤과 기아를 초래할 뿐이었다(효과적인 산아제한 계획과 구급급식救急給食 같은 명백한 방안은 도덕적 논란의 여지가 너무 많기 때문에 오늘날까지 제안은커녕 효과적으로 시행하기도 어려운 처방으로 남아 있다).[121]

**토마스 맬서스** 영국의 인구통계학자이자 정치경제학자이다. 고전경제학의 대표적인 학자 가운데 한 명으로 영국왕립학회 회원이었다.

비록 그것은 실용적 해법을 모색하는 사람들이 직면한 이론적 문제였지만, 농업의 발전에 따른 이익을 대지주들이 차지하면서 빈곤이 심화되고 있다는 것이 18세기의 현실이었다. 과거의 소농 경작 방식은 효율성이 낮고 상대적으로 생산성이 떨어졌으며, 농업 발전의 혜택은 공동체 전체가 아니라 상류층이 독차지하다시피 했다. 활용된 기술과 그릇된 정치적 혁신이 일종의 극단적인 정귀환 방식을 통해 특권 계급(왕족, 귀족, 교회)의 입지를 더욱 굳건히 다져주면서 부자들은 더 부유해지고 빈자들의 숫자는 더 늘어났다.[122] 적어도 프랑스 혁명을 계기로 대중이 전면에 나서면서 완강한 태도보다 타협적 태도가 더 합당해 보일 때까지는 그랬다.

18세기의 경제적 추세는 애덤 스미스의《국부론Wealth of Nations》(1776)에서 면죄부를 받는 듯했다. 속박에서 벗어난 자본주의의 대변자이자 소극적 선전자로서 그는 정부의 규제에 얽매이지 않는 기업가가 자신의 운명뿐만 아니라 동료들의 운명도, 나아가 사회 전체의 운명까지 개선할 수 있다는 점을 올바르게 지적했다.[123] 하지만 그는 로크와 마찬가지로 굳이 모험을 감행하지 않았다. 따라서 영리한 조종자들도 사리사욕을 최대한 채우면서 주변 사람들의 삶을 망칠 수 있다는 점을 지적하지 못했다(그로부터 60년 전에 윌리엄 코츠워스William Cotesworth는 다음과 같은 인식에 우려를 나타낸 바 있다. "심지어 공익의 증가라는 원칙에 반해도 사익을 추구하는 것은 무척 자연스럽다." 오늘날의 '황금 낙하산Golden Parachute' 임원들도 마찬가지다).[124]

농업과 산업 두 분야에서의 기술적 진보는 가난한 사람들의 운명을 개선하기 위해서가 아니라 그들을 착취하는 데 활용됐다. 마찬가지로 자신을 제외한 모든 사람에게 폐를 끼치는 비양심적인 금융업자들은 수많은 사람들이 거액을 사취당하면서 정부 당국이 조사에 나선 남해회사 거품 사건 South Sea Bubble(1720년경) 같은 교활한 다단계 수법을 만들어냈다.[125] 애덤 스미스는 좋은 면은 인정하고 명백한 해악은 무시하는 낙관론자였지만, 자유무역의 효과에 대한 통찰이 너무 밋밋했다. 때문에 그의 영향을 받은 정치 지도자들과 일반 독자들을 제대로 계몽하지 못했다.

18세기 유럽의 일부 군주들은 '계몽군주'로 부를 수 있지만, 영국과 프랑스의 고집스러운 정치 지도자들은 세련된 이성에 전혀 영향을 받지 않은 것 같았다. 두 나라의 지배 계급은 토지를 획득하고 평민의 자유와 행복을 파괴하는 데 몰두했다. 억압의 시기였던 1790년대 이후 의회가 상황의 변화에 점진적으로 적응하기 위한 합법적인 정치 공론장을 마련했다는 점에서 볼 때 영국은 프랑스에 비해 제도적 우위에 있었다.

물론 영국은 그런 기제 덕분에 프랑스에서 혁명으로 비화된 긴장관계의 심화 현상을 예방했다. 하지만 영국의 귀족은 토지를 소유하지 않은 계급에 비해 상당한 정치적 우위를 확보하고 있었다. 의회를 통한 영국의 대의제(기본적으로 대지주들의 이익을 반영했다)는 공정성과 거리가 멀었다. 신흥 기업가 계급을 비롯한 하류층은 자국 상류층보다 동일한 방식으로 착취당하고 있던 아일랜드 사람들이나 미국 식민지 주민들과 공통점이 더 많다고 느꼈다.[126]


## 식민지 정책의 오류

대서양 양쪽의 당사자들이 식민지를 제국의 틀 안에서 수용할 기회를 놓치지 않았더라면 미국에서는 혁명이 일어나지 않았을 것이다. 거칠게 말하자면 타협의 기회는 내부에서 차단됐다. 왜냐하면 우둔한 영국의 지도자들은 본인들이 휩쓸린 갈등의 진정한 성격을 인식하지 못했기 때문이다. 혁명 운동이 모든 계급으로부터 광범위한 지지를 받고 있다고 식민지의 군사 및 행정 당국이 잇달아 보고했지만(20세기의 아일랜드에서 그랬듯 대다수의 혁명은 혁명가들에 의해서가 아니라 정부의 어리석음과 잔학 행위 때문에 일어났다. MacStiofain),영국 지도자들은 치욕스러운 출발점부터 무익한 종착점에 이르기까지 혁명 운동을 '위험하고 머리를 잘못 쓰는 자들'[127]의 음모로만 치부하는 관점에서 벗어나지 못했다. 영국 정부는 현실을 고집스레 외면했고, 현행 정책을 반박하는 증거를 집요하게 무시했으며, 미국 식민지를 풍요로운 다국적 제국의 틀 안에 유지하는 데 필요한 노력을 정확히 이해하지 못했다.[128]

마치 보기 드문 의견 일치를 자랑하듯, 대서양 양쪽 지도자들은 벤저민 프랭클린이 1754년에 내놓은 연방안Plan of Union을 거부하면서 타협의 기회를 놓쳤다. 그 연방안은 충성스러운 식민지가 제국의 의회에서 대표권을 갖고 영국과 연합체를 구성한다는 내용이었다(코르테스Cortes와 멕시코 사이에서 이뤄진 비슷한 내용의 협정도 1821년의 멕시코 독립을 막지 못했다. Howe, p. 20). 애석하게도 프랭클린은 훗날 자서전에 이렇게 썼다. "역사는 국가와 군주의 실수로 가득하다."[129]

그런 실수는 영국인들이 식민지의 자체 과세를 허용하지 않은 1764년에도 발생했다(자체 과세는 식민지 방어에 필요한 재원 조성 문제를 평화롭게 해결할 수 있는 방안이었다). 매사추세츠 식민지 의회Massachusetts Assembly는 총독 프랜시스 버나드Francis Bernard에게 모국 의회의 과세가 아닌 식민지의 자체 과세안을 다루기 위한 특별 회기를 요청했지만, 쓸모없는 짓으로 일축되고 말았다.[130] 나머지 식민지들도 대부분 비슷한 견해를 갖고 있었다.[131] 적어도 그 방안(프렌치 인디언 전쟁French and Indian War 기간에 이미 활용된 적이 있었다)은[132] 만일 그 효과를 확인한다면 시도까지는 아니어도 고려는 할 만한 것이었지만(여러 개의 주가 느슨하나마 연합규약Articles of Confederation에 따라 하나로 뭉친 상황에서는 자체 과세가 실효적이지 않았다는 점에 주목해야 한다), 모국 의회에 청원한 식민지의 자체 과세는 재정 법안에 대해서는 청원이 허용되지 않는다는 절차상의 문제 때문에 단번에 거부되고 말았다.[133] 에드먼드 버크Edmund Burke가 의회 동의안 형태로 식민지의 자체 과세 문제를 상정했지만, 결과는 270 대 78로 부결됐다.[134]

충성스러운 식민지 주민을 미국인으로 변모시키는 과정에서 영국인이 저지른 숱한 실수 가운데 인지세법Stamp Act(1765)은 공무상의 어리석음을 생생히 보여주는 사례다. 다행스럽게도 영국 정부에 인지세법은 효과가 없었다. 오히려 인지세법은 그것을 고안하고 지지하고 거기에 억지로 정치적

**영국의 인지세법** 공무상 어리석음을 생생히 보여주는 사례이다.

**영국의 수입인지**

보스턴 차 사건을 그린 석판화, 1846년작

성격을 부여하기 위해 애쓴 자들에게 피해를 입혔다. 하지만 만약 인지세법이 성공적으로 정착됐다면 영국은 해마다 약 7만 5,000파운드를 징수하기 위해 100만~200만 파운드의 무역 손실을 감수해야 했을 것이다.[135] 인지세법 사건은 상식이 정치 논리에 희생되는 부조리의 전형적인 사례다.

보스턴 차 사건Boston Tea Party으로 이어진 차세茶稅도 마찬가지다. 차세는 징수에 따른 채산성이 없었겠지만,[136] 마치 영국인들이 얼마나 고집스럽고 얼마나 어리석을 수 있는지 보여주려는 듯이 부과됐다.

화해의 기회가 사라진 것은 영국인들이 '사실상의 대표권(식민지는 의회의 존재에 의해 대표된다는 의미)' 원칙을 운운했을 때가 아니었다.[137] 윌리엄 피트William Pitt는 그것을 논박할 가치조차 없을 정도로 비열한 원칙이라고 비난했고,[138] 식민지 주민들도 거기에 현혹되지 않았다. 화해의 진정한 기회는 1765년 10월에 인지세법 회의Stamp Act Congress가 모국 의회에서의 대표권을 '비현실적인' 것으로 선언했을 때 사라졌다. 그것은 대표권 있는 과세를 의미했지만, 식민지 주민들은 식민지 정책의 변화로 이어지지 않는 명색뿐인 대표권을 거부하기로 방향을 잡았다.[139] 따라서 그들은 모국 의회에 참여하지 못하는 상태에서의 과세를 불법으로 규정할 수 있었다.

모국 의회가 식민지에 대해 왕의 권한을 행사하는 데 열중했듯, 식민지 주민들은 영국 의회든 제국 전체의 의회든 간에 모든 종류의 의회가 식민지의 내정을 통제하지 못하도록 막는 데 골몰했다.[140] 식민지 주민들이 영국 왕의 충성스러운 신민으로서 대영제국의 범위 안에서 내정 통제권을 보유하는 공통 주권 방안(1782년에 아일랜드인들은 명목상으로 내정 통제권을 보유하게 됐다[141])이 1차 대륙회의First Continental Congress와 2차 대륙회의Second Continental Congress(1774~1776년)에서 제시됐지만, 전혀 관심을 끌지 못했다.[142] 2년 뒤 영국인들이 다시 제안했지만(새러토가에서 패배를 당한 뒤에), 그때는 이미 너무 늦었다.[143]

사실 영국의 지배 계급도 식민지가 의회에서의 대표권을 갖기를 바라지 않았다. 그들은 식민지 주민들을 자신과 정치적으로 대등한 존재로 여기지 않았다. 반면 식민지 주민들은 충성스러운 영국인으로 자부했다(그러면서도 의회에서의 대표권을 수용하기를 거부했다). 더구나 영국의 신사 계급은 식민지가 대표권을 가질 경우 대표권이 없는 영국의 여러 지역이 덩달아 의석을 요구할 가능성을 우려했다.[144] 그런 점에서 볼 때 신사 계급은 진실과 마찬가지로 정의도 일단 작동하면 그것이 얼마나 큰 해를 끼칠지 혹은 언제 멈출지 알 수 없다는 이유로 언제나 공정성에 반대하고 정의를 위협으로 바라본 특권 계급의 전형이었다.

의회에서의 대표권 문제를 부정적 방식으로 해결한 영국인들은 의회 권력 문제로 관심의 초점을 이동했고, 정부는 스스로 통제할 수 없는 사안을 둘러싼 권한을 행사하려고 했다. 확실히 재원을 조달하는 문제는 진정한 쟁점이 아니었다. 왜냐하면 매사추세츠 부총독 토머스 허친슨Thomas Hutchinson이 1765년에 지적했듯이 인지세법으로 거둬들인 세입이 그것으로 초래된 반감에 따른 식민지 무역의 수익 감소에 미치지 못할 것 같았기 때문이다.[145] 에드먼드 버크Edmund Burke가 제시한 '자기 제한의 원리(어떤 조치를 취할 권리가 있다고 해서 반드시 그렇게 하는 것이 최선은 아니다)'를 정부가 단호히 거부했듯, 의회의 식견도 진정한 쟁점이 아니었다.[146]

부적절한 과세권 행사를 현명하지 않은 조치로 바라본 버크는 정부의 정책을 '그들이 뽐내며 자초한 위험에서 비겁하게 슬쩍 빠져나오기 위한 것'이라고 꼬집었다.[147] 1764년에 의회가 인지세를 부과하기 위해 군대를 파견할 경우 식민지 주민들이 어떻게 반응할 것인지를 물었을 때 프랭클린은 다음과 같이 날카로운 통찰을 보여줬다. "당신들은 반란을 목격하지 않을 것이다. 오히려 반란을 유도하게 될 것이다."[148]

의회가 식민지를 상대로 집요하게 과세권을 행사하려고 애쓰면서 식민지 정책은 통제 불능 상태로 빠지고 말았다. 군림할 뿐만 아니라 통치까지 하려고 고집을 피운 국왕과 의원들은 상황을 이해하지 못했기 때문에 상황을 통제할 수도 없었다(사실 그들은 식민지의 상황을 이해할 마음이 전혀 없었다). 예를 들어 영국의 지도자들은 식민지에 세금을 부과하기 위한 노력

**토마스 페인** 영국 군주제를 비판

이 단호한 저항에 부딪칠 것이라는 주장의 근거를 끝끝내 무시했다. 그 까닭은 한편으로는 그들이 식민지 주민들의 주권자로 자처했기 때문이고, 다른 한편으로는 그 렌빌 총리Grenville(1763~1765)가 후임 총리 중 한 사람인 노스 경Lord North(1770~1782)이 서민원에서 왕의 정책을 밀어붙였던 것처럼, 의회의 수용권[149]을 확립하는 데 골몰했기 때문이다.[150] 안타깝게도 정부는 둔감하고 '정말 어리석은'[151] 통치자와 고분고분한 부하들의 자멸적 명분에 매몰된 채 부정적인 의견을 무시했다.

1776년, 영국 왕에게 눈엣가시였던 토머스 페인Thomas Paine이 영국 군주제의 역사를 타락, 태만, 제도화된 오만 등으로 가득 찬 야비한 이야기로 규정했다.[152] 그가 보기에 조지 3세George III는 그의 스승 월드그레이브 경Lord Waldegrave이 말한 것처럼 '잘못된 것을 옳은 것으로 오해하는 경우를 제외하고는' 거의 잘못을 저지르지 않을 것 같았다. 그가 잘못을 저지를 때면 "그 점을 깨우쳐주기는 어려울 것 같았다. 그는 보기 드물게 게으르고 지독한 편견을 갖고 있었기 때문이다."[153] 교양이 없고, 매우 완고하고[154] 불안정하고, 그리 영리하지 못한[155] 조지 3세는 제정신일 때조차 자신이 다스리는 제국의 골칫거리였다.* 물론 체제를 위협하는 존재로서 그는 장관들의 보좌를 받았지만, 그들은 대부분 부패하고 공직에 부적합한 인물들이었다.

조지 3세 휘하의 장관들을 공직에 부적합한 인물로 평가하는 근거는 그들이 세계의 변화에도 불구하고 종래의 역할을 유지하려고 애쓰는 엘리트주의자들이었기 때문이다.[156] 그런 의미에서 조지 3세는 지배 계급이 처한 곤경을 집약적으로 보여준 인물로 볼 수 있다. 새로운 조건을 맞이한 상황에서도 과거의 방식을 고수하려는 태도 때문에 공무적 행위가 점점 부적절해졌다.[157] 그 결과, 정부는 문제를 끊임없이 위기로 악화시키면서 권한이 약해지고 위신이 깎였다.

아마 영국 정부가 발발 단계의 혁명을 토머스 제퍼슨이 루터의 역할을 맡아 교황 역할의 조지 3세와 맞서는 정치적 개혁으로 인식했다면, 식민지 상황을 더 정확히 이해할 수 있었을 것이다. 250년 전의 신교도 개혁가들처럼 저항에 나선 식민지 주민들은 특권 계급의 부패를 고발했다. 가톨릭교회가 16세기로 접어들 무렵 세속성 때문에 위로부터 아래로 타락했듯, 왕의 권위는 18세기 중반에 권력 때문에 타락했다. 두 경우 모두 모반자들은 구질서의 복원(전자는 순수한 종교로의 복귀, 후자는 영국인으로서의 권리 회복)을 원했다.

1763년부터 1776년까지 영국의 식민지 정책을 제대로 평가하기는 어렵다. 왜냐하면 그 기간에는 식민지 정책의 실상은 차치하고 그런 것이 있기나 하는지조차 의심스럽기 때문이다. 그 무렵에는 식민지 정책이 전혀

---

• 조지 3세의 고질적인 착각 중 하나는 일단 식민지 주민들이 실력 행사가 유일한 수단임을 깨달으면 왕의 권위에 복종하리라는 것이었다(King George III. Feb. 15, 1775, McWilliams, p. 755).

없었을지 모른다. 혹은 여러 가지가 있었을지도 모른다. 식민지 정책이라는 게 있었다면 아마 그것은 의도적이고 체계적인 어리석음의 정책이었다고 할 수 있지만, 에드먼드 버크의 눈에는 어떤 정책도 보이지 않았다.[158] 정부 조치의 최종 효과는 자멸적이었지만, 버크는 그것을 개인의 임의적 결정에 따른 결과로 바라봤다. 확실히 이론적으로 구상된 식민지 정책은 없었다. 그러나 구체적 상황이 어땠든 간에 관료들은 항상 식민지 상황을 악화시키는 재주를 발휘했기 때문에 모종의 기본적인 원칙이 작동하고 있음이 분명했다. 피해자는 왕을 비롯한 모두였다.

당시의 정책이 불분명했다고 해도 조치는 뒤죽박죽이었다. 식민지에 대한 영국의 공무적 행위는 유약하고 모순적이고 우유부단하고 위헌적이었고, 지독히도 영국적인 성격을 띠었다. 정부는 갈지자 행보를 보였고, 법안을 통과시켰다가 폐기했으며, 상대를 위협했다가 상대에 굴복했다.[159] 유일한 일관성은 영국인들이 저지른 모든 일이 잘못으로 드러났다는 점이다. 그들은 옳은 일을 한 번도 하지 못했고, 우발적으로도 현명한 일을 하지 않았다.[160]

하지만 돌이켜보면 당시 영국의 식민지 정책은 있었던 것 같다. 그것은 바로 영국의 신흥 상인계급을 억압하지는 않아도 무시할 권리를 잠재의식적으로 주장하는 영국 귀족들의 비합리적 태도에 의한 것이었다. 상인들에게 피해를 입힌 점에서 보면 그런 정책은 토지를 소유한 신사 계급에게는 안성맞춤이었다. 신흥 산업 중심지들이 아직 의회에서 대표권이 없는 상황에서[161] 귀족들은 매우 의도적이고 오만한 실수를 저질렀다. 역기능적 차별의 표현이었던 영국의 식민지 정책은 전도유망한 상인들의 지갑을 노린 어

좌 | 리처드 하우　　　　　　우 | 윌리엄 하우

설픈 귀족들의 화살이었으나, 화살은 빗나갔다. 재앙이 임박해서야 마지못해 배운 교훈 덕분에 제국은 의회의 실수가 계속됐더라면 감히 상상하지 못했을 정도로 발전하고 번영했다.[162]

　　무장봉기가 발발했을 때도 정부는 여전히 식민지를 상실하기 위한 노력을 경주했고, 형제인 리처드 하우Richard Howe 부제독과 윌리엄 하우William Howe 장군에게 군대 지휘관 겸 평화 판무관이라는 상반되는 역할을 맡김으로써 진부한 우매함에 기묘한 손질을 가했다. 두 사람이 그 모순된 역할을 어떻게 조화롭게 수행해야 할지 확실히 아는 사람은 없었다. 그것은 그 자신들도 마찬가지였다. 실제로 그들은 이중 임무를 제대로 수행하지 못했다 (1776년 초 가이 칼튼 경Sir Guy Carleton도 아량이 최선책이라는 판단에 따라 캐나다를 침공한 미국 군대에게 퇴로를 열어줬다). 사실 그 이중적 실패는 약간 의도적인 것이었는지도 모른다. 왜냐하면 하우 형제는 식민지 주민들의 명분에 공감했기 때문이다.

형인 조지 오거스터스 하우 경Lord George Augustus Howe은 뉴잉글랜드 반란군과 함께 싸우다 1758년 타이콘더로가에서 전사했다. 두 사람은 야당인 휘그당 소속이었는데, 집권당인 토리당 정부가 과실을 독식할지 모르는 승리를 원하지 않았다. 평화 판무관을 맡은 리처드 하우와 윌리엄 하우 형제가 전쟁 초기부터 몇 번이고 반란군이 위기에서 탈출하도록 방관한 이유는 아마 반란군에 대한 개인적 연민과 정부에 대한 정치적 반감 때문이었을 것이다.[163]

양측의 교전이 일어난 뒤 캠던 백작Earl of Camden이 귀족원貴族院, House of Lords에서 유리한 고지를 차지했다. 그는 "분명히 그대들은 반란을 제압하려는 거대한 목적에 적합한 군대나 재원을 마련하지 못할 것이다"라고 경고하면서 반란을 군사적 수단으로만 해결하려는 왕과 정부의 분별력에 의문을 제기했다.[164] 채텀 백작Earl of Chatham도 영국이 '부과의 요령과 특유의 고지식함에 의해, 거짓 희망과 거짓 자부심 같은 수단을 통해, 그리고 가장 낭만적이고 비현실적인 혜택을 약속함으로써' 비참한 전쟁에 잘못 휩쓸렸다고 말하면서 어리석음을 지적했다.[165] 버크도 저메인 경Lord Germain이 '의도적 무분별'을 통해 아메리카 식민지를 상실했다고 비난했지만,[166] 의회는 요지부동이었다. 물론 의원들은 전쟁에 들어갈 값비싼 비용을 우려했지만, 정책을 변경하는 데 더 심각한 우려를 표명했다. 한편 왕은 국왕의 고결성이라는 갑옷으로 무장한 채 현실을 못 본 체했고, 정부에 천천히 스며드는 근심의 목소리에 귀를 막았다.[167]

독립 투쟁에서 아메리카 식민지의 최고 우방은 프랑스 해군이 아니라 전쟁에 대한 영국 정부의 피상적 접근법이었다. 그런 접근법의 대표적인 인물은 하우 장군이 1777년에 펼친 군사 작전(필라델피아에서 막을 내렸다)과 버고인Burgoyne 장군의 군사 작전(사라토가에서 실패로 끝났다)을 효과적으로 조율하지 못한 저메인 경이었다. 뉴욕 북쪽으로 이동하라는 명령은 하우 장군에게 너무 늦게 전달됐다. 물론 인간사에서 의사소통의 어려움은 흔히 일어나는 일이지만, 중대한 문제를 다룰 경우 대다수의 사람은 자신의 뜻을 전달하기 위해 특별한 노력을 기울이게 마련이다. 2등 서기관이 하우 장군에게 서신을 보낸 것으로 볼 때 저메인 경은 반란군에 진지하게 대처할 마음이 없었던 것 같다.[168] 그런 까닭에 서신은 제때를 도착하지 못했고, 버고인 장군은 고립됐다.

영국은 식민지를 상실함으로써 약 1억 파운드의 손해를 보았다.[169] 그 원인이 무엇이든 간에 적어도 무지는 아니었다. 각료들은 식민지의 불만과 정부 정책의 무익함을 이미 알고 있었다. 그 두 가지 문제는 의회에서 늘 논의되던 사안으로, 가끔 런던 거리에서 소동을 유발하는 골칫거리였다. 집권당 세력은 점점 부적절하고 무력해지는 정책을 통해 신흥 상인계급을 억압하는 노선을 견지했다. 정책의 실패가 식민지 주민들의 반감을 키우고, 그것이 다시 더 가혹하고 무익한 탄압을 불러오면서 상황은 정귀환 방식으로 악화됐다. 시기적으로 아메리카 식민지를 지킬 수 없을 지경에 이를 때까지 정부는 식민지에 대한 그리고 훗날 대영제국이 성장하는 데 발판이 될 상인계급에 대한 오만한 자세를 바꾸지 않았다.[170]

독립 이후 미국은 계몽된 사람이 자신의 운명을 설계할 만한 기회의 땅으로 떠올랐다. 동쪽으로는 드넓은 대양 때문에 구세계와 비교적 떨어져 있고, 서쪽으로는 저 멀리서 손짓하는 황야와 경계를 이루고 있던 그 새로운 나라에 제약을 가하는 요소는 그 나라의 근본적인 이상과 가정뿐이었다. 하지만 불행히도 그중 몇몇 이상과 가정은 무척 모호했다.[171]

"모든 사람은 평등하게 창조됐다"라는 토머스 제퍼슨의 말은 백인 남성 납세자들이 동등한 권리를 지닌다는 것을 의미했다. '모든 사람'이 언젠가는 '모든 인민'을 의미하는 표현으로 다시 정의될 수도 있었지만, 특권 계급은 수사적 표현의 측면에서는 자유를 찬미하는 한편, 정치적 성향의 측면에서는 제한적 민주주의를 선호했다. 게다가 식민지의 여러 정부는 대체로 강력한 중앙 권력을 부정적으로 인식했기 때문에 미국 연방을 구성하려는 최초의 시도(연합규약)에서는 중앙 정부가 수립되기 어려웠다. 과세권을 인정받지 못한 새로운 정부는 새로운 헌법을 통해 진정한 국가의 정치적 기반이 마련될 때까지 기다릴 수밖에 없었다.[172]

헌법을 통해 정부가 과세권과 처분권을 확보하자마자 정치적 견해의 시계추는 다시 경계의 방향으로 쏠렸고, 중앙 권력을 견제하기 위해 권리장전Bill of Rights이 추가됐다. 시민권의 보호를 명시적으로 선언할 필요가 있기는 했지만, 권리장전은 18세기 자유주의적 지식인들의 특징인 이상에 대한 신뢰(예를 들어 언론의 자유는 교양 있는 유권자 집단을 보장할 것이다)의 순진함을 드러냈다. 그들 중 아무도 대중지의 부패를 예측하지 못했고, 대중매체가 구독률, 시청률, 청취율 따위를 위해 정보의 질(유효성)을 포기하고 감정적 충격과 매력을 선택함으로써 여론을 더럽힐지도 몰랐다.[173]

건국의 아버지들 또한 투표 조작의 복잡성과 그들이 고안한 제도에 내재된 정치적 부패의 잠재성을 전혀 알지 못했다. 그들은 민주주의에 역동

**토머스 제퍼슨** 제한적 민주주의를 선호했다.

성을 가미한 특수이익집단의 발전은 말할 것도 없고, 영국 정치를 특징짓는 정당의 발전을 예견하지 못했다.[174] 개혁에 대한 요구가 호응을 얻다가 무산되는 일이 흔해짐에 따라 제도는 엉겹결에 유지됐다. 역설적이게도 건국의 아버지들이 실수를 저지른 원인은 그들이 위대해진 비결인 이상주의적 가정 가운데 하나 때문이었다. 일부는 질투심이 많고 옹졸했고, 또 일부는 천박하고 유들유들했다는 점에서 그들 모두가 인간적 모습을 적나라하게 보여줬다. 하지만 대체로 그들은 공평무사했고, 당장의 개인적 이득보다는 일반 대중의 복리에 더 헌신했다고 볼 수 있다.

사실 이기적이게도 그들은 백인 남성들이 모두의 이익을 위해 합리적 사회를 이끌어나갈 것이라고 생각했다. 물론 건국의 아버지들에게는 그런 가정과 개인적 결함 같은 한계가 있었다고 볼 수 있다. 그러나 그들은 진정한 공적 봉사 정신(순진하게도 그들은 공적 봉사 정신이 정부에 언제나 충만할 것이라고 생각했다[175])에 고무됐을 뿐만 아니라, 자유주의적 원칙의 보존이라는 역설적 명분에 몰두했다.[176]

## 프랑스 혁명을 야기한 왕가의 오만함

이런 이상주의는 프랑스 특권 계급의 순진한 가정(인민은 우리를 섬기기 위해 존재한다)과 뚜렷이 대비됐다. 그런 천진난만한 생각은 경험을 통한 학습을 주저하는 특유의 소극적 태도와 결합됐고, 14세기 발루아 왕조Valois 군주들이 현금이 급할 때마다 번번이 자국의 통화 가치를 떨어뜨리면서 프랑스적 어리석음의 초창기 모습이 형성됐다. 프랑스 지도자들은 평가절하 정책이 경제를 망가뜨리고 대중의 분노를 초래한다는 사실에 무관심했고, 결국 자멸적인 정귀환 방식의 관행을 고집하다가 혁명을 맞이했다.[177] 그것은 스스로의 정당성에 매몰된 채 타인을 파멸로 몰아넣은 고립된 통치자들의 또 다른 사례일 뿐이었다.

프랑스적 어리석음은 부르봉 왕조Bourbons에 이르러 만개했다. 최고의 군주로서 루이 14세는 끊임없는 전쟁으로 프랑스의 전성기를 이끌었고, 자신의 생활 방식이 와해되는 과정에 그 누구보다도 많은 원인을 제공했다.[178] 자멸적인 극단으로 흘러버린 정귀환 방식을 상징하는 완전한 자기중심적 통치자의 사례로서 그는 합리적 방향 감각이나 적절한 타협을 통해 자신의 무한한 권력을 제약하는 데 실패했고, 결국 대재앙을 초래했다. 그는 국민 통합을 원대한 목표로 삼았지만, 권력과 부를 향한 탐욕 탓에 허약해지고 가난해진 나라에 쓰라림, 증오, 의견 차이 같은 유산을 남겼을 뿐이었다.[179]

루이 14세는 대담한 군국주의뿐만 아니라 한 세기 전 펠리페 2세가 주목했던 신성한 사명감에도 사로잡혀 있었다. 그는 자신을 평소 신의 의지를 구현하는 도구로 자처했고, 자신의 방식이 세상을 거룩하게 만드는 신의 방식이라고 확신했다.[180] 그의 가장 어리석은 행동은 사람들에게 가장 인기를 끈 행동이기도 했다. 그가 1685년에 낭트 칙령Edict of Nantes을 폐지함으로써 다수파인 가톨릭 교도들은 생산적이고 역동적인 소수파인 위그노

교도들을 궁지로 몰아넣었고, 프랑스는 관용의 땅에서 박해의 땅으로 변모했다.[181]

낭트 칙령 폐지에 따른 장기적 영향은 분명히 부정적이었지만, 프랑스에서 여러 세기 동안 진행된 재산과 권력의 이질적 분배에 따른 결과에 비할 바가 아니었다. 집중된 물질적 부와 강제력은 토지를 소유한 귀족이 장악하고 있었다. 제국으로의 도약을 방해하는 데 여념이 없었던 영국 귀족들처럼 18세기 프랑스 귀족들도 단기적 이익을 위해 권력을 교묘하게 행사함으로써 혁명을 초래하였다. 그들은 신경과민적 역설에 매몰된 채 사치스럽게 생활한 반면, 농민들은 그들을 부양하느라 허리가 휘었다.[182] 생산자에게는 생산물의 분배에 대한 발언권이 없었지만, 분배자에게는 자신과 체제에 대한 판결권이 있었다. 그것은 지배 권력을 뒷받침하는 불공평한 체제였다(200년 뒤 동유럽의 상황도 다르지 않았다!). 놀라운 점은 결국 혁명이 일어났다는 것이 아니라 혁명이 너무 늦게 일어났다는 것이다.

혁명을 야기하기 위해서는 지배 계급이 사람들의 수요에 따라 재화를 분배하는 데 실패해야 한다. 이때의 비결은 수요와 공급을 통제하는 요령이다. 수요가 증가하는 상태에서 공급 체계에 변화가 없을 경우, 사람들의 수요를 채워주겠다고 약속하면서 혁명가들이 등장한다.[183] 18세기 프랑스의 경우, 귀족들은 혁명을 재촉하기 위

**낭트 칙령 원본**

해 군이 새로운 행동이나 기존과 다른 행동을 할 필요가 없었다. 이미 축적된 불만은 표출될 기회(1789년 5월에 소집된 삼부회States General)를 만나기만 하면 전국을 뒤덮을 만한 혁명으로 치닫게 된다. 프랑스 특권 계급의 몰락을 유발한 원인은 상황에 적절히 대처하지 못한 그들의 어리석음이었다.

왕족, 귀족, 성직자 등에게는 세금이 면제됐기 때문에 국가 재정을 뒷받침해야 하는 부담은 납세 능력이 가장 떨어지는 사람들의 몫으로 돌아갔다. 그런 구조 속에서 상류층은 농민을 상대로 공동 전선을 펼치면서 가혹한 안정성을 구축했다. 이런 상황으로 마침내 일어난 혁명은 극단적인 양상을 띨 수밖에 없었다.[184]

사실 억압의 맥락에서 볼 때, 프랑스 혁명의 기원은 왕실의 야심만만한 부조리로 거슬러 올라간다. 야심과 부조리의 측면에서 프랑스 왕들은 근시안적이고 비현실적인 정책을 통해 왕국을 마치 동산動産처럼 다스린 18세기 유럽 군주의 전형에 불과하다. 이기적 성향의 군주들은 서로 전쟁을 벌였고, 유럽의 본질을 야금야금 훼손시켰다. 특히 프랑스에서는 막대한 군비 지출이 따르는 세력 확대 계획을 집행하고 화려한 군주제를 유지하기 위해 엄청난 비용을 지불했다. 그런 비용은 프랑스 경제의 과세 능력을 초과했고, 마침내 깊숙한 곳으로부터 쏟아져 나온 물결이 모두의 허를 찔렀다.[185]

프랑스 왕실의 오만은 주로 그들의 우둔함 때문이었고, 프랑스 귀족의 몰락은 대체로 그들의 어리석음 때문이었다. 프랑스 귀족들은 로마 귀족들과 마찬가지로 스스로를 인민으로 여겼고, 국왕이 그랬듯 그들도 자신과 자신의 가치관이 프랑스를 규정한다고 믿었다. 그들은 자신을 과대평가했을 뿐 아니라, 주권자라는 이름에 어울릴 만한 야심과 어리석음을 한 데 묶었다. 귀족들은 권력과 부를 무자비하게 추구하는 과정에서 무력하고 비열해졌다.[186] 프랑스의 전반적인 생활수준은 향상됐지만, 부자들이 단기적 이익을 위해 통과시킨 법률에 일부분 책임이 있는 부의 상향 집중 현상 때문에 세리稅吏들에게 들들 볶인 힘없고 가난한 사람들의 불만은 점점 커졌다.[187]

한편 프랑스의 가톨릭교회는 모두가 자신의 운명에 만족해야 한다는 확신을 심어주고자 노력했다. 그것은 18세기 교회가 보여준 전형적인 모습이었다. 18세기 교회는 시민적 항의의 중심지가 아니었고, 교구민의 지금 여기에서의 더 나은 삶을 세속 권력에게 요구하지 않았다(20세기 중반 미국 남부의 '현대의 교회'도 마찬가지였다(M. King, 1963, 다음의 506쪽에 인용되어있다. McWilliams. Ain't Nobody's Business If You Do. Prelude Press; Los Angeles, CA, 1993). 넓게는 교회, 좁게는 가톨릭교회는 개혁을 요구하기는커녕 대체로 사회에서 수동적이고 보수적인 역할을 맡음으로써 계몽된 지식인들에게 자주 비판을 받았다.* 예를 들어 타고난 회의론자인 볼테르도, 냉철한 분석가 기번Gibbon도 기독교의 존속을 이해하거나 설명하기 어려운 현상으로 여겼다. 그들에게는 현세보다 내세가 더 나을 것이라는 희망밖에 없었기 때문에[188] 현세를 개선하는 데 무관심한 사람들에게 '저속한 자들의 거룩한

---

* 1740년, 교회는 클레멘스 12세Clement XII의 승하로 공석이 된 교황직에 걸맞지 않은 후보를 찾기 위해 애쓰면서 우유부단함의 극치를 보여줬다. 교황 선거 비밀회의는 1년 동안 파행을 겪었다. 이에 람베르티니 추기경Cardinal Lambertini이 어릿광대를 자처했고, 결국 교황에 선출됐다(Frederick II(of Prussia), History of My Own Times, 1789).

편견'이 미친 영적 기여를 이해할 수 없었다.

볼테르와 기번이 기독교의 존속을 이해할 수 없었다면 프리드리히 대
왕Frederick the Great(프로이센 국왕 프리드리히 2세)은 종교 자체를 우매한 것으로
여겼다(흄도 기독교, 무지, 어리석음 등을 비슷한 부류로 여겼다. Hume, D. Letters.
Vol 1. 498, Ca 1760). 그는 종교를 '전설, 모순, 부조리 등으로 가득한, 동양인
의 뜨겁게 타오른 상상력으로 탄생해 유럽으로 전파된 오래된 형이상학적
허구'로 규정했다. 그의 가차 없는 비판은 계속됐다. "유럽의 일부 광신자
들은 그것을 신봉했고, 일부 음모자들은 그것을 확신하는 척했고, 일부 얼
간이들은 실제로 그것을 믿었다."

기번은 기독교의 존재에도 불구하고 서양 문명이 완벽한 경지를 향해
전진하고 있다고 생각했다. 그리고 모든 시대에 걸쳐 부, 행복, 지식 그리고
아마 인간의 미덕까지 향상됐다고 지적했다. 그는 서양을 야만 행위에 맞
서는 군사 요새로, 기술을 위협적인 야만의 무리로부터 서양인을 구할 수
있는 수단으로 인식했다.[189] 그는 유럽의 세련되고 교양 있는 지도자들이
부패와 침입으로부터 문명을 지켜왔다고 확신했다. 하지만 과거를 분석하
면서 보여준 통찰력에도 불구하고, 그는 프랑스 엘리트주의자들뿐 아니라
유럽 전체의 특권 계급을 위협하던 루소적 관점에서의 사회경제적 불만의
진실을 전혀 이해하지 못했다.[190]

1780년대를 돌이켜보면 아마 그 임박한 재앙을 사실상 아무도 예견하
지 못한 이유가 궁금할 것이다. 혹시 고통과 불만이 팽배했지만, 예전부터
늘 그랬으므로 앞으로도 변함없이 그럴 것 같았기 때문이라고 볼 수 있을
까? 예로부터 세상은 언제나 부조리와 불의, 악과 어리석음으로 가득했고,

앞으로도 계속 그럴 것 같았기 때문이 아닐까? 금융업자들은 신용거래를 확대했고, 상업은 세금과 관세에 얽매인 구시대적 관행에 시달렸고, 발언권 없는 농민들은 으스대며 빈둥거리는 귀족들에 대한 폭발 직전의 분노와 깊은 좌절감을 느끼면서 힘들게 일하고 고통을 받았다.

프랑스는 생산 능력보다 더 많이 소비했지만, 발언권 없는 노동자들만 위기를 감지했다. 한편 세태를 비판하고 풍자한 계몽된 지식인들은 관념의 세계가 권력의 세계와 완전히 분리되어 있었기 때문에 자신이 그저 아무 말이나 할 수 있다고 생각했다. 이렇듯 세상은 전혀 바뀌지 않을 것 같았다.[191]

우둔하고 교양 없는 왕 루이 16세Louis XVI의 분별없고 사치스러운 아내 마리 앙투아네트Marie Antoinette의 영향이 없었다면 그런 상태는 훨씬 더 오래 유지됐을 것이다. 북아메리카 대륙에서 벌어진 전쟁으로 국고가 바닥 난 상황에서 앙투아네트는 자신의 지위를 이용해 교회와 왕실을 루이 14세 시절로 복귀시키기 위해 사치를 적극적으로 조장함으로써 견실한 국정 운영을 방해했다.[192]

재정총감 샤를 칼론Charles Calonne은 경제학자보다는 마법사에 가까웠지만, 돈을 만들어내는 그의 기술은 돈을 없애는 국왕의 마법 같은 능력에 비할 바가 아니었다. 1787년 누적된 부채로 인해 국가 재정은 파산했다. 칼론의 토지세 부과 방안은 귀족들의 분노를 샀고, 귀족들은 삼부회 소집을 요구했다. 당시 귀족들은 삼부회 소집이 불만에 사로잡힌 평민들에게 호기가 될 것이라고는 전혀 짐작하지 못했다. 1789년 5월 삼부회가 열렸을 때 국왕 부부는 재정 문제를 둘러싼 그 지루하고 소란스러운 토론이 두 사람의 사교 생활을 방해할 수 없도록 했다.[193] 하지만 결국 삼부회는 혁명적 대재앙으로 탈바꿈하고 말았다. 루소에게 어느 정도 영감을 받은 낭만주의적 운동이었던 프랑스 혁명은 소규모의 엘리트주의적인 고위 지도자 집단이 개인의 권리를 깡그리 무시한 채 집단적 인민의 이름으로 운영되는 국가 숭배의 종교를 통해 기독교를 대체하기를 갈망했다. 이런 점에서 볼 때 이탈리아의 파시즘 혁명과 공산주의 혁명(히틀러의 민주주의 말살)의 기조를 설정한 사건이었다.[194]

1792년 4월, 프랑스는 마치 혁명만으로는 부족하다는 듯이 오스트리아에 전쟁을 선포했다. 프랑스는 복잡다단한 나라였기 때문에 선전포고에도 복잡다단한 동기가 담겨 있었다. 공화파는 전쟁을 통해 프랑스 국경 너머로 자유가 전파될 것으로 기대한 반면, 왕당파는 전쟁으로 왕정이 복원되기를 바랐다. 마라Marat와 로베스피에르의 관계는 지미니 크리켓Jiminy Cricket(피노키오의 양심으로 등장하는 슬기로운 요정-역주)과 피노키오의 관계와 비슷했다. 마라는 나폴레옹 같은 인물이 부각될 것을 경계하여 전쟁에 반대했다.[195]

전쟁 초기의 상황은 프랑스에 불리하게 돌아갔지만, 프로이센이 오스트리아를 지원하면서 사태가 돌변했다. 브라운슈바이크 공작Duke of Brunswick(카를 빌헬름 페르디난트)은 국왕의 권위를 회복시키기 위해 프랑스를 침공한다고 선언함으로써 역사상 가장 어리석은 선전포고 가운데 하나를 하고 말았다. 그러자 모든 프랑스인이 적어도 전쟁 기간에는 공화주의자로 자처했다. 이제 그 누구도 중도적 위치에 서기가 불가능해지면서 혁명은 급진적인 자

코뱅파Jacobin가 주도하게 됐다.[196]

1792년 8월 자코뱅파가 튈르리 궁전을 공격했을 때 왕은 군주의 전형적인 태도인 타인에 대한 무관심을 적나라하게 보여줬다. 그는 자신을 호위하는 스위스 근위대가 학살되는 와중에 입법의회立法議會, Legislative Assembly의 우산 밑으로 숨어들었으나 뜻을 이루지 못했다. 그리고 입법의회가 새로운 헌법을 제정할 국민공회國民公會, National Convention로 재편되는 모습을 지켜볼 수밖에 없었다. 프랑스 군대가 고전을 면치 못하자 내부의 배신을 우려한 열혈 공화파는 편집증적 발작에 시달렸다.[197] 그들은 파리의 모든 감옥이 죄수로 가득 찰 때까지 왕당파를 색출했다. 이번에도 마라는 자신이 막지 못한 결과(강압적이고 폭력적인 학살)를 예측했다.

1792년 9월 폭도들이 감옥을 차례로 습격했고, 개인의 권리가 아닌 루소가 말한 대중의 일반의지에 기초한 즉결 재판을 열었다. 대부분 정치와 무관했던 죄수들은 무죄를 선고받거나 아니면 유죄를 선고받고 밖으로 끌려 나가 군중에게 살해됐다.[198]


## 로베스 피에르_ 새로운 질서의 예언자

자코뱅파가 주도한 혁명(1792~1794)에서 가장 충격적인 점은 광란적 성실성일 것이다. 혁명의 정신적 지도자인 막시밀리앙 로베스피에르Maximilien Robespierre는 정당한 권력에 너무 심취한 나머지 살짝 제정신을 잃었다. 그는 루소의 문하생 겸 히틀러의 선배로, 혁명을 향한 열정과 편집증에 사로잡힌 채 미덕을 강제하려는 야심을 구현하려고 애썼다.[199] 그는 새로운 질서의 예언자로 자부했다. 《사회계약론》에서 영감을 얻고, 《사회계약론》의 내용을 실현하는 데 사용된 그 새로운 질서는 단두대를 발판으로 구축됐고, 피를 먹고 자라다가 결국 피범벅이 됐다. 1794년 6월 이전에는 매달 약 100명이 처형됐지만, 공포정치 기간의 마지막 7주 동안에는 매주 200명이 처형됐고, 파리에서만 총 1,285명이 처형됐다.

정신착란으로 흐른 정귀환 방식에 따라 귀족들이 단두대의 이슬로 사라졌다. 무신론자들도 목이 잘렸다(자코뱅파는 기독교를 비난했을 뿐만 아니라 신에 대한 믿음을 국가에 대한 믿음으로 대체하였다. 따라서 그들은 국가에 대한 믿음을 거부하는 자들에게 단두대에서의 참수형을 선고했다). 당통Danton은 너무 많은 사람들이 처형된다고 항의하다 목이 잘렸다.[200]

공포정치만큼 극적이지는 않아도 프랑스 혁명의 이야기에서 어리석음이 가장 두드러진 대목은 공안위원회Committee of Public Safety가 난해한 국가적 문제를 해결하기 위해 제시한 즉각적이고 피상적인 해법을 다룬 부분이다. 달력부터 인사말에 이르기까지 모든 것이 상향식 경로를 거쳐 재고됐다.[201] 부유함은 멸시됐고, 재산은 골고루 소유해야 했다. 이윤이 폐기의 대상으로 전락하자 상거래의 동기가 감소했다. 마치 현대의 전체주의 국가를 예고하듯 '자유, 평등, 우애'라는 새로운 성聖 삼위일체에 입각한 이성으로 신을 대체하려는 계획도 있었다. 하지만 그것은 로베스피에르가 감당하기에도 너무 지나친 것이었다.

사실 그는 단두대를 뛰어넘는 최고권력의 존재를 믿었고, 공포정치가 절정으로 치달을 때 더더욱 종교적 위로가 필요하다고 생각했다. 1794년 5월 7일[202] 그는 귀족적인 '신'을 대체하는 민중의 최고 존재를 선택했다. 역설적이게도 최고 존재는 노트르담 대성당에서 이성의 축제Feast of Reason를 연 사람들을 단두대로 보냈다.[203]

1794년 7월, 결국 로베스피에르의 과도한 태도에 모두가 등을 돌렸다. 그것은 인간애의 수호자 겸 대변자를 자임한 그가 모두를 위협하는 인물이 됐기 때문이다. 그는 국민공회에서 연설할 기회가 박탈되고, 파리 코뮌Paris Commune의 몇몇 군인들에게 배신을 당한 뒤 단두대에서 처형됐다. 그로써 공포정치는 종식됐다.

프랑스 혁명의 이야기에서 가장 피비린내 나는 대목은 전 국민이 아니라 도시 군중이 썼다.[•] 작용과 반작용에 관한 뉴턴의 제3법칙의 정치적 표현이던 도시 군중은 왕이 어리석게도 방관한 해묵은 사회적 불의 때문에 지나친 잔인함과 흉악함에 이르렀다.[204] 모두가 저항할 때까지는 아무도 감히 저항할 수 없었고, 잔인함과 흉악함은 자립적 정귀환 방식에 힘입어 극단으로 치달았다.[205]

1794년 여름에 이르러 극단주의가 종식되자 사람들은 국가를 통합하고 국가의 문제를 처리할 수 있는 정부를 원하게 됐다. 총재정부總裁政府, Directory 는 4년 동안 존속하면서 첫 번째 목표인 국가 통합에는 성공했지만, 너무 부패한 나머지 경제 위기에 적절히 대처하지 못했다. 하지만 그 4년 동안 프랑스 군대는 유럽 각국의 왕을 축출하고 공화국을 수립했다. 군사적 승리가 국가 재정의 수입원으로 자리 잡으면서 프랑스는 가장 탐욕스러운 왕

---

• 구체적 개인과 상반되는 추상적 대중을 향한 로베스피에르의 정신분열증적인 태도는 다음과 같은 그의 친절한 발언으로 요약된다. "대중은 항상 개인들보다 더 가치가 있다. 대중은 숭고하지만, 개인들은 희생시켜도 된다(Himmelfarb)."

**브뤼마르 쿠데타를 지휘하는 나폴레옹**

들이 다스렸던 시절에 그랬듯이 제국주의로 치달았다.[206]

프랑스 혁명의 가장 비극적인 면은 발발한 지 10년 뒤의 새로운 프랑스가 과거의 프랑스와 흡사하다는 점이다. 새로운 프랑스에는 과거의 부자들 대신에 새로운 부자들이 등장했다. 새로운 농민들이 예전보다 더 열심히 일했기 때문에 프랑스에는 과거보다 더 활력이 돌았지만, 천년왕국은 도래하지 않았다. 새로운 프랑스는 새로운 군대를 보유했지만, 기존의 대외 정복 정책을 그대로 유지했다. 새로운 프랑스는 공화주의라는 새 가죽 부대에 담겨진 오래된 프랑스였다.[207]

프랑스 혁명의 가장 역설적인 면은 프랑스의 공화파는 유럽 인민이 자유를 쟁취하도록 돕는 데 매진한 반면, 프랑스 자체는 군사국가가 됐다는 점이었다. 그것은 혁명가들이 원칙이 없었기 때문이 아니라 그들이 터무니없을 정도로 이상주의적이었기 때문이다. 인간애와 자유의 이름으로 그들은 가장 무도덕한 무정부주의자도 수치심을 느낄 만한 잔학 행위를 저질렀다. 혁명이 일어난 지 몇 년 뒤에 인권(자유, 평등, 박애)과 고상한 가치에 대한 관심은 재산권과 사업의 가치에 관한 영리적 관심에 자리를 빼앗겼다. 결국 나폴레옹 보나파르트Napoleon Bonaparte(1769~1821)의 집권은 그 이유가 무엇이든 간에 인민은 아직 자치에 나서기에 부적절하고 시기상조라는 점을 보여줬다.[208]

프랑스 혁명은 이상의 오용으로 조성된 무정부 상태와 혼란이 유능한 집행자를 만나자마자 독재정치로의 회귀를 초래했다는 점에서 볼 때 하나의 전형이다. 혁명가들은 국외와 국내의 적을 모두 무찔렀지만, 스스로를 통제하지는 못했다(자기 파괴에 능숙한 사람들의 특이한 역설에서 드러나듯 효과적인 자기통제는 인간의 영원한 숙제다).[209] 과두정에 따른 자유의 남용 및 과잉 현상으로 인해 질서를 염원하는 분위기가 팽배해지자 나폴레옹이 로마 공화정의 몰락을 재현하듯 권력을 잡게 됐다.[210]

나폴레옹의 활약은 권력과 어리석음 사이의 긍정적 상관관계의 실례다. 그는 무한한 활력과 폭넓은 호기심[211]을 지닌 낭만적 천재이자 유럽을 캔버스로 삼은 마력의 예술가였다.[212] 하지만 나폴레옹은 권력이 커지면서 판단력이 흐려졌다.[213] 흔히 사람들이 예지를 발휘해 권력을 획득하고 행사한 뒤 예지를 상실한다는 점에서 볼 때, 그는 매우 인간적인 인물로 평가할 수 있다. 얼핏 권력자들에게는 남들보다 더 많은 예지가 필요할 것 같지만, 실제로 그들은 비상한 지혜는 고사하고 상식도 부족해 보일 때가 많다. 어리석음은 권력의 이전 방식이다. 어리석음은 권력자의 판단력을 약화시키는 과정에서 다른 사람들에게 권력 쟁취의 기회를 제공하고, 결과적으로 어리석음과 관련된 새로운 추세의 조합이 드러난다.

사실 서양 문명을 연구하는 모든 사람은 나폴레옹의 부각과 몰락에서 교훈을 찾을 수 있다. '천재적 인간'[214]의 본보기로 평가되는 나폴레옹은 전적으로 무도덕했다는 점에서 그리고 선하지 않고도 누구 못지않게 위대할 수 있다는 점에서 철저하게 현대적인 인물로 볼 수 있다. 그는 지나친 오만과 과신을 통해 자멸할 때까지 매우 효율적이었다. 그 과정에서 나폴레옹

**로버트 풀턴** 미국의 공학자이자 발명가. 1800년 나폴레옹의 명령으로 역사상 최초의 실용적 잠수함인 노틸러스를 설계

은 조직을 혼란에 빠뜨렸고, 선례를 깨뜨리고 규범을 무너뜨리는 사람으로서,[215] 이따금 훌륭한 이상을 제시했다. 예를 들어 그는 혈통이나 종교처럼 업무 실적과 무관한 기준이 아니라 지성, 활력, 근면성, 순종[216] 같은 기준에 따라 관료를 선발했다.

반면 그는 증기선 함대를 건조하겠다는 로버트 풀턴Robert Fulton의 제안을 거절하는 실수를 저지르기도 했다.[217] 그는 목표를 달성하는 데는 무척 능숙했다. 그러나 그의 기본적인 문제는 치명적인 극단으로 흐르게 마련인 목표를 자발적으로 제한하지 않은 점이었다. 나폴레옹의 자기 확대 욕구는 멈출 줄 몰랐다. 만족을 모르는 갈망 때문에 성공했지만, 결국 그로 인해 실패하고 말았다. 그는 자신의 발전을 제어하고 자신의 행동을 관리하는 더 원대한 명분이 없었기 때문에 최선의 이익을 추구하다가 결국에는 최악의 상태에 빠질 것이라는 점을 깨닫지 못했다.

프랑스 혁명의 아들[218]이었던 그는 자신을 위한 행동의 화신이었고, 권력은 더 많은 권력을 획득하는 데 쓸 수 있을 때만 의미가 있음을 증명하는 데 매진한 인물이었다. 모두에게 불행한 일이었지만, 그에게 권력은 전혀

제한 요인이 아니었다. 그는 오직 자신의 의지에 의해서만 제한됐다.[219]

지칠 줄 모르는 자기 선전자[220] 겸 역사상 가장 저평가된 정치인 중 한 사람인 나폴레옹은 1802년 후계자를 지명할 권한을 지닌 종신 제1통령First Counsel이 됐고, 제국 건설 작업에 박차를 가하다가 스스로 황제의 자리에 올랐다. 거의 모든 사람과의 투쟁을 유발했던 그의 끝없는 야심(다음 세기에 등장한 히틀러의 야심에 비견할 만했다) 때문에 평화는 완전히 불가능해졌다. 기본적으로 그는 누군가와 싸울 때만 희열을 느꼈지만, 프랑스 함대의 전력이 영국 해군에 필적하기도 전에 유럽을 전쟁으로 몰아가는 놀라울 정도로 부족한 전략적 사고를 드러내기도 했다. 그 최고의 군인은 1798년 프랑스군이 영국군에 의해 해안가에 고립됐을 때[221] 이집트 지역에서의 제해권의 중요성을 깨닫지 못했다. 그는 프랑스의 해군력이 우위를 점하기까지 몇 년을 기다리기에는 너무 충동적인 인물이었다. 실제로 1803년 그는 스위스를 점령한 후 영국을 대상으로 이길 준비가 되어 있지 않은 전쟁을 벌이게 됐다.[222]

하지만 그는 영국과의 전쟁을 제외한 거의 모든 전쟁을 승리로 이끌었고, 패배한 숙적들의 연대를 초래했다. 그는 새로운 세계를 건설하기보다 기존 세계를 망가뜨리는 데 몰두했다. 그러나 1810년에는 아주 오래전부터 대립 관계에 있었던 특권 계급과 어느 정도 타협하는 성숙함을 과시하기도 했다. 그는 오스트리아 공주와 결혼해 또 다른 독재자가 됐다.[223]

그의 호전성을 말릴 수 있는 것은 없었기 때문에 그는 '흔해빠진' 독재자가 되지 않았다. 1812년 에스파냐와 전쟁을 벌일 때, 그는 멈추는 시점을 몰랐던 알렉산드로스 대왕Alexander처럼 행동했고,[224] 훗날 히틀러에게 헛된 본보기가 됐다. 그는 자신이 원하는 것(자신의 의견에 대한 동의)이 아니라는 이유로 고문들의 한결같은 조언을 무시한 채[225] 어리석게도 러시아를 침공함으로써 전선을 두 개로 확대했다. 이후 불타버린 채 주민들에게 버림받은 모스크바를 점령한 것이 공허한 승리임을 인정하지 않았다. 결과적으로 그의 무모한 원정은 재앙으로 드러났다. 그는 집요하게 병참선을 습격하면서 프랑스군을 괴롭히는 러시아군을 격파하지 못했다. 게다가 기회가 있었는데도 난국에서 빠져나오기를 거부했고, 모스크바에 머물면서 실행 불가능한 계획을 실행하려고 했다.[226]

물론 이전의 그 비슷한 상황에서는 운이 좋았다. 일찍이 나폴레옹은 휘하의 병력을 남겨둔 채 이집트를 탈출하는 데 성공했다. 영국 해군은 프랑스 함대를 격파함으로써 나폴레옹의 영국 본토 침공을 저지했고, 결과적으로 그는 영국에서 발목이 잡히는 일을 피할 수 있었다. 하지만 이번에는 운이 다했다. 모스크바는 훗날의 워털루Waterloo가 됐다. 1709년 러시아의 겨울이 스웨덴의 칼 12세Charles XII에게 가르쳐준 교훈을 무시한[227] 나폴레옹은 너무 늦은 10월에 망각으로의 진격을 시작했다.[228]

나폴레옹이 그토록 강력한 권력을 획득한 비결은 한편으론 그가 논리적이고 명석하고 기억력이 좋았기 때문이고, 다른 한편으론 타인의 고통과 불행에 무감각하고 비양심적이었기 때문이다. 그는 주도면밀한 통솔자였다. 그가 저지른 치명적 실수는 모든 훌륭한 전사가 범할 법한 것이었다. 그가 1812년 러시아군과 자웅을 겨룰 기회가 있을 것으로 추측한[229] 까닭은 상대방을 자신의 가치관으로 판단하는 실수를 저질렀기 때문이다. 사실 '싸우지 않기'는 그의 호전적인 스키마에 존재하지 않는 요소였다. 하지만 그는 러시아 인민과 싸워야 했다. 훗날의 히틀러처럼 그도 러시아 인민에게 개혁가가 아니라 정복자로 보였다.

나폴레옹은 자유, 평등, 우애 등의 가치를 조롱하면서 혁명을 배반했고, 그의 제국은 무너졌지만 자신이 보존하고 싶은 것을 꽁꽁 얼려놓은《나폴레옹 법전Code Napoleon》을 통해 영원한 유산을 남겼다.《나폴레옹 법전》은 기존의 모든 법을 새로운 법률 체계로 성문화했다.《나폴레옹 법전》의 중요한 미덕은 분명한 진술이 법률적 모호성을 대체한 점이다. 반면《나폴레옹 법전》의 중요한 단점은 프랑스와 프랑스 사법권이 미치는 여러 지역을 19세기 초반의 상태로 묶어두었다는 사실이다.•

나폴레옹이 남긴 산물인《나폴레옹 법전》은 장기적 적응성이 아니라 단기적 효율성을 목적으로 제정됐다.《나폴레옹 법전》은 사람들이 대처할 수 있도록 상황을 규정했지만, 나폴레옹에게는 지성보다 활력이 더 강했기 때문에《나폴레옹 법전》에는 상황이 주로 제한적이고 한정적인 용어로 규정되어[230] 있었다(아버지는 가정의 독재자가 됐고, 노동조합은 금지됐으며, 법 앞에서의 평등이라는 원칙은 대체로 폐기됐다[231]). 그는 질서를 위해 자유를 희생시키면서 평등을 일부 사람들에게만 부여했다. 뼛속까지 전사였던 그는 계몽되고 개선된 복종을 불러왔다. 그는 자신이 건설한 세계를 굳세고 확고하고 편협한 마음으로 구속했고, 100년 넘는 세월 동안 프랑스 여성들과 노동자들, 농민들은 그가 쳐놓은 방대한 규정의 그물로 인해 누리지 못한 지위와

---

• 자신이 정복한 모든 나라에 혁명적 민족주의를 도입함으로써 그는 자기 파멸의 씨앗을 뿌렸다. 현지 주민들은 형제애를 내세운 프랑스군에 정복되기보다 자유를 선호하게 되었기 때문이다(Davis, p. 273).

권리를 쟁취하려고 몸부림쳐야 했다.[232]

좀처럼 두 번째 기회를 주지 않는 역사는 부르봉 왕가의 구성원들에게 은혜를 베풀었지만, 그들은 주어진 정치적 기회를 제대로 잡지 못했다.* 1796년 그들이 보여준 태도와 처신은 '아무것도 깨닫지 못하고 아무것도 잊지 못한' 사람들로 묘사한 탈레랑Talleyrand의 신랄한 빈정거림으로 이어졌다.[233] 그들은 시계를 거꾸로 돌리려는 그리고 일찍이 혁명을 초래했던 스키마에 따라 생활하려는 헛된 시도를 감행했다. 그리고 구체제에서 향유한 특권과 재산을 되찾는 데 실패하면서 또다시 몰락을 자초했다. 1830년(7월 혁명이 일어나 샤를 10세Charles X가 퇴위당한 해-역주), 그들은 아무것도 깨닫지 못한 채 모든 것을 잊어버렸음을 보여줬다.

†

계몽주의는 특유의 천진난만함에도 불구하고 세계를 개선했다.[234] 계몽주의는 무지, 아집, 폭정 등과 싸웠고, 몇몇 싸움에서 승리를 거뒀으며, 훗날 세속적 해악과의 투쟁을 이어갈 사람들에게 영감과 설득력을 선사했다. 하지만 계몽주의가 거둔 가장 위대한 승리는 계몽주의 덕분에 사람들이 현실에 대한 실용적 설명과 경험적(비록 주관적이지만) 지식을 바탕으로 진보

---

• 사실 부르봉 왕가의 구성원들에게는 세 번의 기회가 있었다. 그중에서 두 번째 기회는 나폴레옹이 엘바 섬으로 추방됐을 때 찾아왔다. 하지만 나폴레옹이 다시 권좌에 오르자 그들은 피신했고, 워털루 전투 이후에 비로소 복귀했다. 17세기 영국의 스튜어트 왕가도 두 번째 기회가 있었으나 잡지 못했다.

적 문화를 형성함에 따라 서양 문명이 종교나 이성의 의존에서 벗어났다는 사실이다.

계몽주의는 사람들을 각성시켰을 뿐만 아니라, 문제를 유발하기도 했다. 사람들은 감정을 주체하지 못한 채 민주주의를 방종적인 무정부주의로 이끌고, 자본주의를 탐욕의 극단까지 몰아갔다. 방종과 탐욕 같은 해악은 논리적으로 볼 때 원래부터 그런 정치적·경제적 제도에 내재된 것이 아니었기 때문에 이성에 의해 포착될 수 없었다. 대신에 제도가 극단으로 치달을 때만 명백하게 드러났다.[235] 점점 비합리적이고 주관적으로 보인 기존의 모든 제어장치(종교, 이성, 특히 자연)가 계몽된 사람들의 신뢰를 잃으면서 불행히도 18세기에는 극단이 조장됐다.

사람들은 대체로 자연계가 인간의 이익을 위해 설계됐지만 원죄, 무지, 어리석음 같은 인간적 요인 때문에 지상에서는 천국을 이룩할 수 없다고 생각해왔다. 그리고 일치단결된 도덕적·지적 노력을 통해 자연법을 발견하고 거기에 적응함으로써 인간은 행복을 누릴 수 있다고 여겼다. 사상가들은 전통적인 신념 체계를 성공적으로 약화시키는 한편, 문명을 제도주의의 폐해로부터 해방시킬 자연스러운 도덕적 가치의 보편적 체계를 모색했다. 일단 그들은 합리주의적인 기독교가 근본주의자들에게 이단으로 비쳐질 뿐 아니라, 기도를 들어주는 인격적 신의 설 자리를 빼앗았기 때문에 그런 해방의 역할을 수행하지 못할 것 같다는 결론을 내렸다.[236] 아울러 그들이 보기에 과학은 선과 악, 옳고 그름을 둘러싼 중요한 형이상학적 질문에 해답을 내놓지 못한다고 생각했다.[237] 사실 그 부분과 관련해 과학이 할 수 있는 일은 과학이 답할 수 없는 질문을 더 이상 던지지 말도록 제안하는 것

뿐이었다.[238]

　18세기의 계몽사상가들은 종교적 불신을 조장한다는 이유로 지탄의 대상이 됐다. 뿐만 아니라 기계화된 현대 민주주의의 토대로 자리 잡은 기술, 세속 국가, 보편적 인권 등을 전파하는 과정에서 분노를 사기도 했다.[239] 그들이 이성의 무지개 끝에서 발견한 것은 전반적 지침으로서의 도덕성이 아니라 정치적 혁명, 독재, 전쟁 그리고 그 세 가지에 대한 공포 등이었다. 이후로도 우리의 형편은 그다지 좋아지지 않았다.

　왜냐하면 오늘날에는 그런 숭고한 가치 체계가 존재하지 않기 때문일 뿐만 아니라, 19세기에는 서양인들이 그것에 대한 모색을 중단한 채 산업혁명을 통해 인적 자원과 천연자원을 이용함으로써 계몽주의의 발전을 진전시키고 오용하는 데 집중했기 때문이다.

# 9장

# 산업화와 어리석음
## : 물질주의의 만연

나폴레옹이 몰락하자 혁명을 와해시켰다고 착각한 유럽 열강들은 시계를 거꾸로 돌려 군주제를 복원했다. 세계의 주인들은 미래에 맞서 단결하고 압제자의 편에 서서 진보적 운동을 모조리 분쇄했지만,[1] 독일과 이탈리아의 사례에서 드러났듯 새로운 정신적 독립체[2]로 부상하는 국민국가를 억누를 수는 없었다. 그럼에도 불구하고 통치자 사이의 그리고 각 계급 사이의 비교적 사소 다툼만을 동반한 평화와 억압의 시기가 찾아왔다.[3] 나폴레옹 시대 이후의 낙관론은, 1824년에 루이 세구르Louis Ségur(1753~1830, 프랑스의 외교관 겸 역사가-역주)가《비망록Mémoires》에서 언급한 '지금까지 그토록 오랫동안 이 세상을 예속하고 고통으로 몰아넣은 오류, 바보짓, 편견 대신에 인간애, 관용, 자유가 지배하는 미래'에서 살짝 엿보였다.•

---

• 이런 잘못된 방향의 희망적 관측은 공학자들이 인기를 끌었던 20세기 초반에 되풀이됐다. 당시에는 사회적 공학자들이 기술적 공학자들의 성공을 재현하고 마치 토목기사처럼 사회를 새롭게 만들 것이라는 낙관적 기대가 있었다(Goldberg, 2007, Liberal Fascism, p. 136).

## 산업혁명 : 기계적 · 기술적 가치의 부상

평화와 억압의 시기 동안 특권 계급의 문화적 기반은 산업혁명을 계기로 완전히 탈바꿈했다. 산업혁명은 서양의 생활 방식을 다시 정의할 정도로 물질적 생산의 측면에서 큰 성공을 거뒀다.[4] 르네상스 시대처럼 산업혁명 시기에도 행동가가 신봉자와 사상가를 밀어내고 문명의 형성자로 떠올랐다. 지식인들이 새로운 사상을 제시하고 20세기를 형성할 이념의 정의를 내렸지만, 철학적 쟁점은 대체로 실용적 사안에 자리를 빼앗겼다. 그리고 사람들이 일하고 싸우고 느끼고 생각하는 방식에 기계적 · 기술적 가치가 깊숙이 파고들었다.

이제 상품 생산수단에 쓰이는 새로운 동력원의 직접적이고 실용적인 영향으로 삶의 형태가 바뀌었다. 그리고 아무도 윤리, 심지어 오염이나 인구과잉 같은 현실적이고 장기적인 문제에 그다지 관심을 쏟지 않았다. 설상가상으로 서양 문명은 점점 위력이 커지고 환경에 대한 기술적 통제력이 강화되면서 천박함을 노골적으로 드러냈다. 오직 이윤에만 이끌리는 물질주의가 만연함에 따라 서양 문명은 누구에게도 사랑받지 못하면서도 세상을 지배했다. 공학과 조직화에 힘입은 여러 가지 구체적인 업적이 있었지만, 전체적인 순純 효과는 다소 미미했다.

왜냐하면 다양한 이념에도 불구하고 서양 문명에는 지적 통일성이나 인도주의적 목표가 없었기 때문이다. 서양의 기본적인 믿음은 궁극의 공학자인 신[5]이 진보를 초래하는 기술, 과학, 지식 등에 보상해주리라는 것이었다. 기술, 과학, 지식 등의 점진적 증가량을 기준으로 진보를 측정한다면 그 세 가지는 확실히 진보를 초래했다.[6]

진보의 대가는 타인을 향한 거만한 태도 그리고 서양의 오래된 특징인 환경에 대한 오만불손한 무관심이 점점 심해지는 현상이었다. 산업화로 인해 시장과 천연자원을 탐색하는 과정에서 서양의 어리석음은 세계적인 차원의 골칫거리가 됐다. 재생 불가능한 지구의 자원을 겨냥한 베이컨적 혹은 로크적 관점의 일치단결된 습격뿐 아니라 젊고 활기찬 유럽 문화와 굼뜬 수제手製 문명(예를 들면 인도 문명과 중국 문명[7]) 사이의 광범위한 갈등도 발생했다. 애석하게도 초기의 손쉬운 승리 때문에 서양인들은 오만하게도 이민족이나 자연보다 우월한 존재로 자부하게 됐다.

### 기술의 발전 : 어리석음의 확대

고도의 효율성을 자랑하는 발전기는 당대의 상징이었다. 발전기는 서양이 지식을 힘으로 변모시키고자 갈고닦는 재능을 상징하였다.[8] 과거에는 지식이 이따금 지혜의 원천으로 활용되기는 했지만, 그보다는 정치적·경제적 목적에 이용될 때가 많았다. 반면 19세기에 접어들면서 사람들이 자신의 일시적 필요와 순간적 기분에 맞게 세계를 개조함에 따라, 지식은 인간의 잠재력을 현재의 조건 이상으로 확대하는 데 사용되었다.[9]

비록 처음에는 느릿느릿 진행됐지만, 그런 세계의 변환 과정을 주도한 것은 사변적 과학이 아니라 실용적 기술이었다. 가령 1712년에 토머스 뉴커먼Thomas Newcomen은 증기기관을 이용해[10] 광산에서 펌프로 물을 빼냈다(증기기관은 이미 알렉산드리아, 터키, 프랑스 등지에서 발명된 바 있었다. 1698년에는 영국의 토머스 세이버리Thomas Savery가 증기기관의 특허[11]를 얻기도 했다). 이후 약 60년 동안 증기기관은 배수 이외의 용도로 쓰이지 않았는데, 성능 개선도 거

의 이뤄지지 않았다.[12]

그러다가 1770년대와 1780년대에 이르러 악기 제작자인 제임스 와트 James Watt가 증기기관의 정밀성과 효율성을 향상시켰다. 덕분에 증기기관은 당시 급성장하던 직물 공장의 기계를 가동할 수 있게 됐다. 철학 분야의 아리스토텔레스와 물리학 분야의 뉴턴의 사례와 마찬가지로 감히 넘볼 수 없는 와트의 성공은 그가 활동한 분야의 추가적인 발전에 걸림돌로 작용했다. 다시 말해 그는 출력이 일정한 저압 증기기관을 개발함으로써 결과적으로 속도를 고려한 고압 증기기관의 출현을 가로막았다.[13] 하지만 1786년에는 물 위에서,[14] 1804년에는 땅 위에서 열성적인 기술자들이 마침내 와트의 갑갑한 유산을 극복해 증기력을 교통수단에 효과적으로 응용할 수 있게 됐다. 그런 발전 덕분에 인간과 상품의 이동 속도가 급격히 향상되면서 행정이나 상업과 관련한 어리석음의 범위도 확대됐다.[15]

미국의 제임스 럼지James Rumsey가 발명한 최초의 작동하는 증기선은 1787년 12월 3일 버지니아의 셰퍼즈타운Shepardstown에서 처녀 항해에 나섰다.[16] 하지만 승객을 운송할 만한 크기를 갖춘 최초의 증기선은 미국의 존 피치John Fitch(1743~1798년, 현대 미국 발명가들과 달리 그는 그리 실리를 중시하는 인물이 아니었다)가 개발했다. 그는 양쪽에 수직 외륜外輪(5세기 중국에서 사용됐다. Menzies, 1434, p. 168)을 장착한 모형 배로 개발 작업을 시작했지만, 외륜이 물 위로 올라오면서 상당량의 물을 끌어올리는 바람에 동력을 낭비하는 모습을 보고 외륜을 포기하고, 배 양쪽에서 젓는 여러 벌의 카누 노를 고안했다. 비록 효과가 있었지만, 카누 노는 기존 외륜선 원리(최초의 상업성을 지닌 증기선은 이 원리를 바탕으로 설계됐다)에서 후퇴한 장치였고, 배까지 아니어

도 통나무나 카누를 전진시킬 때 인간의 운동력이라는 한계로 회귀한 것이었다.[17]

나중에 드러났듯, 증기선 발전 과정에서는 상업성이 결정적인 요인이었다. 하지만 1780년대의 미국인들은 가난했고, 엉뚱한 장난감에 쏟을 시간이나 돈이 없었다. 또한 미치광이의 경박한 오락처럼 보이는 것에 관심을 쏟을 마음의 여유도 없었다. 그럼에도 불구하고 존 피치는 회사를 차렸다. 그러나 동업자들은 그에게 필요한 과감하고 부유한 투자자들이 아니라 그에 못지않은 몽상가들이었다. 그는 10년 동안 연구에 몰두했다. 외륜을 다시 시험하고, 전혀 새로운 프로펠러를 시험하면서 다양한 수준의 기술적 성공을 경험했다. 하지만 결국 그는 낙담한 나머지 술독에 빠졌고, 자살로 생을 마감하였다.[18]

따라서 상업성을 갖춘 최초의 증기선을 만든 사람은 일반적으로 로버트 풀턴(1765~1815)이라고 이야기된다. 그는 1807년 본인 소유의 외륜선 노스리버호(후일 클레르몽호로 개명했다.-역주)의 상업적 성공을 위해 재정을 지원한 후원자였다(로버트 풀턴은 발명가가 아니었다).[19]

그 무렵에는 운하가 뜨거운 인기를 누리면서 육상교통의 미래가 마치 물 위에 달려 있는 것처럼 보였다.[20] 당시 뉴욕에서는 운하위원회가 이리 운하Erie Canal의 설계와 건설 문제를 논의하는 과정에서 잠시 '운하 대 철도'를 둘러싼 논쟁이 벌어졌다. 소속 위원 중 신질서의 예언자 겸 기관차의 신봉자인 존 스티븐스John Stevens(1749~1838)가 있었다.

스티븐스는 운하 대신에 철도를 건설하자는 방안을 내놓았다가 다른 위원들로부터 미치광이라는 비난을 받기도 했다. 차분하고 끈기 있고 학구적이었으며, 과학자나 다름없는 발명가였다. 하지만 그는 새로운 문물에 마음을 열지 않은 사람들에게는 괴짜로 간주됐다.[21]

그런 사람들 가운데 주도적인 인물로 대법관 로버트 R. 리빙스턴Robert R. Livingston이 있다. 1811년, 리빙스턴은 구질서(아마 정확히는 그가 풀턴과 함께 보유한 뉴욕 주 수역에서의 증기선 운영권)의 대변자로서 철도 건설에 반대했다. 그가 거론한 여러 이유 중 하나는 '서리를 피하기 위해 최소한 지표면의 1미터 아래 그리고 눈을 피하기 위해 적어도 지표면의 1.5미터 위에' 철도를 설치해야 한다는 것이었다.[22] 그는 매년 넉 달 동안은 얼어붙어 있게 마련인 운하를 옹호했다. 사실 대다수의 사람이 운하를 안전한 선택으로 여겼고, 아직 실험 단계인 철도를 비실용적인 수단으로 치부했다.[23] 게다가 철도는 불멸의 영혼을 시간당 40킬로미터의 속도[24]로 지옥까지 이끌고 가도록 고안된 비성경적인 악마의 도구로 인식됐다. 왜냐하면 '볼티모어발 지옥행 객차Baltimore to Hell-in-a-Coach Car'는 말할 것도 없이 '볼티모어 오하이오 간 철도Baltimore & Ohio' 같은 용어는 성경에 없었기 때문이다.

그럼에도 불구하고 철도의 발전은 사람들이 두 가지 개별적인 요소(철도 부지 그리고 동력원으로서의 증기기관)를 수용하느냐에 달려 있었다. 일반적으로 철도는 사실에 앞서 이론적 설명에서 퇴짜를 맞았고, 궤조軌條로 이뤄진 도로라는 발상도 마찬가지로 수모를 겪었다. 아무리 많은 논증을 동원해도 매끄러운 궤도 위의 매끄러운 바퀴가 기관차(뿐만 아니라 열차)를 움직일 만큼의 마찰력을 만들어낼 수 있다는 사실을 납득시키기 어려웠다. 물론 실제로 시험해본 사람은 누구나 그런 장치의 효과를 확인할 수 있었을 것이다. 하지만 1813년에 단호한 성격의 공학자 윌리엄 헤들리William Hedley가

매끄러운 궤도 위에서 기관차가 열차를 끌 수 있다는 사실을 경험적으로 입증하기 전까지 놀라울 정도로 많은 진기한 장치(객차를 미는 기계식 다리, 눈금을 새긴 궤도 위를 지나는 톱니바퀴 등)가 시험됐다.[25]

일단 사람들이 매끄러운 궤조를 받아들이자 관심의 초점은 동력원으로 넘어갔고, 말과 증기가 결전을 치렀다. 기관차가 열차를 끌 수 있다는 점을 헤들리가 증명했지만, 대다수의 사람은 아직 말이 끄는 차량이라는 개념에 머물러 있었다. 그런 제한적인 틀 속에서 초창기의 능률 향상 전문가는 열차가 내리막길을 만날 때 말이 뛰어올라갈 수 있는 승강단을 맨 앞의 객차에 설치하자고 제안했다. 그렇게 하면 시간도 절약하고 말이 쉬는 동안 먹이를 줄 수도 있다는 설명이었다.[26] 타협의 일환으로 그 불쌍한 동물이 마치 물레방아를 돌리는 죄수처럼 바퀴를 움직이는 '말 기관차'도 제안됐다.[27] 하지만 선견지명을 갖춘 숙련공들이 당대인들의 생각과 발언을 무시한 채 증기기관의 기능적 우월성을 입증한 덕분에 결국 상식과 증기력이 승리를 차지했다.

일단 그런 원칙이 확립되자 기관차의 발전은 누구나 뛰어들 수 있는 공학 분야를 중심으로 자리 잡았다. 왜냐하면 활용할 만큼 축적된 지식이나 필요한 부품을 만들어낼 만한 기계가 전혀 없었기 때문이다.[28] 일단 실용적이고 믿음직한 모형이 확정되자 기관차 제작은 새로운 요소와 개선 사항에 맞선 단호한 저항으로 특징지을 수 있는 보수적인 작업으로 변모했다.[29] 보일러, 차체의 뼈대, 동륜 같은 기본 요소는 여전히 상수였지만, 증기기관 설계자들이 환영할 만한 것은 배장기排障器, 전조등, 미끄럼 방지용 모래 통 같은 외관상의 부가장치뿐이었다.[30]

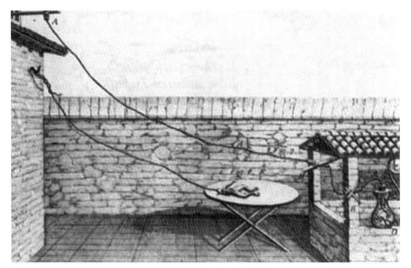

**루이지 갈바니의 개구리 다리 실험 사진** 1780년대

증기가 그렇게 교통 부문에서 변화를 일으키는 동안, 전기는 통신 부문에서의 변화를 이끌었다. 전신電信은 대다수 관계자들의 길들여진 믿음에 크게 영향을 받으며 발전했다. 어떤 의미에서는 그런 믿음 때문에 발전이 지체되기도 했다("모든 종류의 전신은 지금 전적으로 불필요하다." 영국 해군성. 1816년(Klein, p. 99). 불과 200년 전의 시각이다). 예를 들어 1780년 이탈리아의 해부학자 루이지 갈바니Luigi Galvani는 죽은 개구리를 구리 철사에 매달아놓은 채 메스로 건드리면 경련을 유발한다는 것을 발견했다. 당시 그는 그런 현상의 구체적인 원리는 모른 채 개구리 몸의 염분을 통해 메스와 구리 철사 사이에 전류를 일으켰다. 해부학자로서 그는 더 유기체적인 설명을 궁리했고, 자신이 개구리에게 존재한다고 가정한 모종의 필수 체액을 발견하는

쪽으로 연구 방향을 돌렸다.[31] 그는 자신이 발견한 사실을 이해하지 못했지만, 다른 누군가는 이해했다.

물리학자 알레산드로 볼타Alessandro Volta(1745~1827)는 갈바니의 발견이 화학적 전기의 사례임을 단번에 알아봤다. 그는 소금물에 적신 헝겊 위에 여러 가지 조합의 금속을 배치해 전류를 만들어내는 실험을 시작했다. 그는 아연과 구리 조각을 접촉시킬 때 전류가 생성된다는 사실을 발견한 것을 계기로 최초의 전지를 만들어냈다. 한편 대중은 변화를 무척 느리게 이해했다. 대중은 여러 해 동안 볼타의 업적을 지칭할 때 '갈바니 전기Galvanism', '갈바니 회로Galvanic circuits', '갈바니 전지Galvanic cells' 같은 용어를 썼고, 나중에는 급기야 '아연 도금 철판Galvanized iron'과 '아연 도금 군중Galvanized crowds' 같은 표현을 쓰기도 했다.[32]

1819년 한스 크리스티안 외르스테드Hans Christian Oersted가 우연히 발견한 전기와 자성磁性 사이의 연관성이 제대로 평가되는 데도 제2의 인물이 필요했다. 그는 코펜하겐대학에서 강의하던 중 철사를 전지에 연결하려고 했다. 탁자에는 온갖 종류의 전기 장치가 가득 놓여 있었다. 그가 철사를 만지다가 철사가 우연히 나침반 위에 놓였다. 철사와 나침반 바늘이 평행인 상태에서 그가 철사와 전지를 연결하자 나침반 바늘이 철사와 직각을 이뤘다.[33]

그 모습을 지켜본 학생들이 질문을 쏟아냈지만 외르스테드는 얼버무릴 수밖에 없었다. 그가 나침반 바늘의 굴절 현상 때문에 골머리를 앓으며 실험을 진행하는 동안, 그 신기한 현상에 관한 소문이 퍼졌다. 소문은 앙드레 앙페르André Ampére(프랑스의 물리학자-역주)의 귀에 들어갔다. 그는 그 현상의 원리를 단박에 알아차렸다. 그러나 그것을 상업적으로 활용할 방안은 떠오르지 않았다. 일주일이 지나지 않아 그는 전기 역학 분야의 토대를 마련할 논문(1822년 발표)을 완성했다.[34] 또한 그는 알파벳 개수만큼의 도선導線과 자침을 이용해 정보를 아주 먼 거리까지 전송할 수 있는 자침磁針 전신기의 가능성도 간파했다. 그런 방식은 너무 번거로워서 상업성이 없는 것으로 드러났지만, 발명가보다는 이론가로서 더 성공한 앙페르의 과학 지식을 이용해 전신 발전 과정에서의 실용적 우위를 차지할 여러 혁신적인 실리주의자들이 속속 등장했다.[35]

그중에서 가장 유명한 사람은 새뮤얼 F. B. 모스 Samuel F. B. Morse (1791~1872)다. 그는 화가이자 후원자였다(발명가는 아니었다). 즉 모스는 전신 분야의 풀턴이었다. 그는 전신의 특허권을 보유했지만, 전신을 편리한 통신수단으로 확립한 점, 전신용 부호 체계를 개발한 점 그리고 도선을 땅에 묻는 대신 땅 위에 매다는 방식을 생각해낸 점 등을 제외하면 전신에 기여한 바가 별로 없었다. 그는 기본적으로 장치의 부품과 실험을 설계하고,[36] 구상하고, 다른 사람이 발견한 것을 독자적 방식으로 응용하는 능력을 타고났다. 이

**좌 |** 한스 크리스티안 외르스테드 **중앙 |** 앙드레 앙페르 **우 |** 새뮤얼 모스

상하게도 그의 가장 위대하고 독창적인 공로는 타자기와 자동 식자기의 발명을 예고하는 전송용 자판 장치였지만, 그것은 단식 전건電鍵에 자리를 내줬다.[37]

전송용 자판 장치처럼 고배를 마신 또 다른 개발품은 수신자에게 타자된 메시지를 전달하는 인쇄기였다. 그것은 주식 시세 표시기의 예고편이었는데,[38] 전신 기사들은 자동 인쇄 공정보다 부호화된 음성을 통해 메시지를 수신하는 방식을 선호했다. 그리고 인쇄기를 사용할 수 있는 상황에서도 기존 방식을 고집했다. 아마 그것은 기존 방식이 유지되어야 전신 기사들이 계속 일자리를 유지할 수 있기 때문이었을 것이다. 이후 수신 인자기는 더 늘어났고, 인쇄기는 곧 자취를 감췄다.[39]

마지막으로 고배를 마신 것은 편견과 적대감을 일소할 듯한 통신 분야에서의 모든 기술적 진보에 늘 동반되기 마련인 세계 평화에 대한 기대였다.[40] 일반적으로 그런 희망적 관측은 실망의 전주곡에 불과했다.


## 새로운 신념 체계의 모색

발명가들이 교통과 통신의 속도를 최대한 향상시킴으로써 세계를 축소하는 동안, 사상가들은 급속도록 변화하는 기술적 조건을 초월하는 지속적이고 영속적인 인간적 요소를 발견하려고 애썼다. 역설적이게도 역사상 최초로 변화가 문명의 기본 조건이 됐고, 적응이 기능적 상수로 자리 잡았다. 결과적으로 지식인들은 널리 수용되는 신념 체계, 즉 인간 본성의 근본 원리를 정의하면서도 환경의 피상적 변화를 통한 사회적 적응과 문화적 진보를 허용하는 신념 체계를 찾아내는 임무에 직면하게 됐다. 19세기 내내 그들은 낭만주의, 합리주의, 진화론, 산업주의, 자유주의 등에서 그런 신념 체계를 모색했지만, 그 어느 것도 최종 답안이 되지 못했다.

나폴레옹 시대 이후의 산업화 시기인 1800년대 초반, 많은 사람이 합리주의가 문명을 배반했다고 생각하였다. 그리고 주관적 경험이 제시하는 개인적 해답이 가능한 낭만주의를 탈출구로 선택했다. 그들은 기독교적 연민이 결여된 이성이 프랑스 혁명을 초래하고, 프랑스 혁명의 성격을 규정한다고 믿었다. 아울러 그들은 새로운 기술이 요구하는 획일적 조직화에 분노했다(훗날 그런 분노의 감정은 D. H. 로렌스D. H. Lawrence의 여러 소설에서 비난을 받았다).[41]

그러나 특유의 감상적 이상주의에도 불구하고, 19세기의 낭만주의는 평화와 안식을 목표로 삼은 자연 운동으로의 회귀가 아니라 점점 기계의 논리에 좌우되는 세상에서 정서적 주체성을 확립하기 위한 활기차고 열렬한 개인주의였다. 결국 낭만주의는 낭만주의만큼이나 활기차고 열렬했던 파시즘을 비롯한 민족주의로 진화했지만, 19세기 초반의 몇십 년 동안 낭만주의는 합리주의가 서양인을 그릇된 길로 이끌었다는 어설픈 관념에서 비롯된 인간의 감정에 대한 신뢰에 불과했다. 낭만주의 정신에 충실한 작품인 메리 셸리Mary Shelley(불운한 시인 퍼시 셸리Percy Shelley와 결혼했다)의 《프랑켄슈타인Frankenstein》(1818)은 이성이 있는 기계인간의 행동을 형성하는 기본적인 감정적 문제를 다룬 점에서 그리고 《터미네이터The Terminator》시리즈에 필적하는 혹은 그것을 뛰어넘는 공상과학 소설 장르를 예고한 점에서 현대인에 대한 은유로 볼 수 있다. 프랑켄슈타인이 만들어낸 괴물은 단순한 괴물

**메리 셸리** 《프랑켄슈타인》의 저자

이 아니었다.

처음에 그는 사람들의 애정을 갈망하는 상냥하고 온순한 괴물이었다. 하지만 자신의 추한 외모에서 느끼는 사람들의 공포 때문에 그의 감정은 증오와 폭력으로 치달았다. 프랑켄슈타인이 자신의 짝을 만들어주지 않자 그는 욕구 불만의 논리(합리주의)에 따라 그가 사랑하는 모든 사람을 죽였다. 여장을 하고 나타난 로베스피에르에 빗댈 수 있는 그 괴물은[42] 낭만주의적 감정 기준으로 판단할 때, 고귀한 살인자였다.[43]

그런 괴기스러운 공포는 별도로 하고 19세기 서양인이 맞닥뜨린 문제는 개인의 내면에서 균형과 일관성을 찾아내는 것이었다. 그 두 가지 요소는 낭만주의자들이 모험, 다양성, 주관성 등을 통해 실현하려고 한 이상적인 조건이었다. 하지만 산업화의 영향으로 그들 주변에서 드러나는 실상은 갈등, 연루, 혼란, 집착, 분규 등으로 점철된 삶이었다. 그런 신경과민적 불확실성에도 불구하고 개인의 운명을 가장 명확하게 예측한 것은 낭만주의 문학이었다. 괴테의 소설에 나오는 악명 높은 주인공인 파우스트는 지식의 열쇠를 얻고자 자신의 영혼을 팔아넘겼기 때문에 균형도 일관성도 발견할 수 없었다.[44]

쇼펜하우어와 니체 같은 낭만주의 철학자들에게도 균형은 없었다. 아르투르 쇼펜하우어(1788~1860)는 학술적 성향이 그리 강하지 않았다는 점에서 특이한 철학자였다. 따라서 그는 학자들보다는 일반 교양인들에게 더 주목을 끌었고, 평소 우울하고 비관적이었던 그는 특히 교양 있는 비관론자들에게 인기를 끌었다.[45]

무신론자로서 그는 인류의 일체성을 의지로 여겼다. 그것은 낭만주의 시대의 전형적인 결과였지만, 몇 가지 잠재의식적 이유에서 그는 의지를 윤리적 해악이자 모든 인

화가 빌헬름 부쉬가 그린 쇼펜하우어와 푸들

간의 영속적 고통(지식에 정비례해 증가하는 고통)의 원천으로 여겼다. 홉스의 후속 편처럼 그리고 의지력을 군사적 '전략'의 기본적 교의로 삼은 히틀러의 예고편처럼 쇼펜하우어는 사람들을 이기적이고 잔인하며 공격적이고 무정한 존재로 간주하였다. 또한 목적은 무익한 것, 개혁은 공허한 것, 죽음은 뿌듯한 것, 현실은 기껏해야 무가치한 것으로 바라봤다. 사실 그가 유일하게 확신한 대상은 무無였고, 무로 도피할 수 있는 유일한 통로는 인도 철학에서 말하는 해탈(그는 소멸로 이해했다)이었다.[46]

보기 드문 긍정적 실용주의의 관점에서 쇼펜하우어는 의지의 축소를 고통을 줄일 수 있는 방법으로 제시했지만, 지식의 축소를 요구하지는 않았다. 지식을 모르는 불교 신자였던 그에 의하면 지식은 고통을 줄여줄 수 있었다(반면 쇼펜하우어의 평형추였던 프리드리히 셸링Friedrich Schelling은 인식을 철학적 보물로, 신을 자기발현적·보편적 의식으로 여겼다. Watson, 2010, p. 197). 선한 사람에게 지식은 의욕을 가라앉히고, 의지를 삶에서 배제하고, 자신의 본성을

부인하도록 이끈다. 선한 사람은 지식을 이용해 착각에서 벗어나지만, 지식의 습득은 통찰이나 이해가 아니라 낯선 무지로 이끄는 듯했다.[47]

쇼펜하우어의 이상적 인간은 빈곤하고 순결하고 궁핍한 사람, 심지어 자학적일 정도로 금욕적인 사람이다. 산업주의에 대한 반발로서 그는 신이나 자연과의 조화도, 균형과 일관성도 아닌 일종의 소극적 선을 달성하기 위해 물질적 성공 욕구를 극복하고자 노력했다. 우울한 성자들 중 한 사람이었던 그의 궁극적 목표는 결코 '존재하는 것'이 아니었다. 그는 선도, 신도 인정하지 않았다. 대신 고통을 빚어내는 전능한 의지이자 인도자로서 사탄에 기대를 걸었다. 그가 전한 복음은 체념이었다. 만일 현자가 존재한다면 그 이유는 자포자기적인 현자가 사악한 의지를 갖고 있기 때문일 것으로 여겼다.[48]

의지를 악으로 선언한 쇼펜하우어는 낭만주의를 허무주의 쪽으로 한 걸음 더 끌고 갔다. 그는 프랭클린을 연상시키는[49] 부정직성을 발휘하면서 남부럽지 않게 살았고, 훌륭한 식사를 즐겼으며, 미지근한 연애에 골몰했다.[50] 비록 프로이트에 앞서 성性을 모든 존재의 목적으로 명시했지만 말이다.[51] 그러나 단지 논증을 위해서라면 아마 그는 컵에 물이 절반만 남았다고, 컵이 더럽다고, 물이 건강에 나쁘다고 주장했을 것이다.

낭만주의적 비관론의 영역에서 쇼펜하우어의 뒤를 이은 사람은 프리드리히 니체Friedrich Nietzsche(1844~1900)다. 니체가 보기에 의지는 윤리적 측면뿐 아니라 형이상학적 측면에서도 가장 높은 위치를 차지했다. 그는 낭만주의 철학자로서 뿐만 아니라 역사 비평가로서도 중요한 인물이었다. 그는 1889

년에 정신이상에 빠지면서 탈출구를 발견했는데,[52] 아마 그가 내건 표어는 다음과 같은 문구였을 것이다. "만국의 지식인들이여, 단결하라. 그대들이 잃을 것은 정신뿐이다."

**프리드리히 니체** 당대 지식인 계급을 상징하는 인물

그럼 점으로만 봐도 니체는 당대 지식인 계급이 처한 곤경을 상징하는 인물이라고 할 수 있다. 사실 그는 무자비함과 전쟁에 대한 이지적인 애정과 철학, 문학, 예술, 음악 등에 대한 세련된 취향을 조화시킬 수 없었다. 그는 천재를 예찬하는 데 진지하게 몰두했지만, 파괴가 천재의 존재 이유인 창조의 징후임을 이해하지 못했다. 인지 부조화 이론을 반박하고 부정하는 생생한 사례인 율리우스 2세는 그런 모순적인 요소들을 조합해 기이하면서도 기능적인 인격을 만들어 낸 사람으로, 니체가 이상적으로 여기는 통치자였다. 사실 마키아벨리처럼 권력을 지향하는 반反기독교적 윤리를 제시했다는 점에서 니체는 마키아벨리를 향한 철학적 회귀였다. 물론 니체는 마키아벨리보다 더 간결하고 더 솔직했고(신은 죽었다[53]), 자신의 견해를 체계적으로 발전시켰다.[54] 체사레 보르자와 마키아벨리의 관계는 나폴레옹과 니체의 관계와 같다.[55]

누군가 니체의 철학을 이해하기 어려워한다면 아마 니체에게는 철학이라는 것이 없었기 때문일지도 모른다. 그는 경이롭고 간결하며 날카롭고 눈부신 통찰을 산문체로 제시했을 뿐이다.[56] 체계성보다는 낭만성이 더 짙었던 그는 정신이상에 빠질 정도로 직관적이었지만, 야만적이고 비합리적이었다. 가장 폭넓은 의미에서 볼 때 니체는 민주화 이전의 시대를 대변했

다. 그가 흠모한 영웅적 자질은 소수의 엘리트주의자에게만 허락된 우월성의 수단이었다. 진정한 미덕은 모든 사람이 아니라 특별한 소수를 위한 것이었다. 진정한 미덕은 유익한 것도 신중한 것도 아니었다.

니체는 공리주의의 대변자이자 개인주의의 주창자이자 존 듀이John Dewey의 예고편인 존 스튜어트 밀John Stuart Mill을 산업화 과정에서 사람들에게 권력을 부여하고 민주주의를 전파하는 '어리석은 자'로 치부했다. 홉스의 '만인에 대한 만인의 투쟁'과 스펜서Spencer의 '적자생존'[57]을 연결한 니체는 대중이 서로 힘을 합치고 목소리를 내는 경향에 분노하고 반발했다. 그는 인간을 다른 종과 구분했다며 소크라테스를 비난했고, '재능이 없는' 다수의 사람에게 영적 자치권을 부여했다며 예수를 질타했다. 습관적으로 그는 범속한 사람들을 '실패자들'로 불렀고, 그들의 고통에 이의를 제기하지 않았다. 특히 그들이 겪은 시련을 통해 위인이 탄생한다면 더더욱 불만을 표시하지 않았다(예를 들어 프랑스 혁명은 나폴레옹을 낳았기 때문에 정당화됐다[58]). 호전적인 인종차별 성향의 민족주의를 상징할 뿐 아니라 늘 니체의 사상을 참고한 아류 극우파 시어도어 루스벨트Theodore Roosevelt,[59] 니체와 철학적 관점이 흡사한 실용주의자 윌리엄 제임스William James,[60] 진리와 도덕성에 대한 해체적 공격을 통해 히틀러가 등장할 길을 닦은 마르틴 하이데거Martin Heidegger[61] 같은 위인들은 니체의 책을 읽고 공감했다.

니체가 보기에 세상은 아마도 그릇되거나 무의미한 가치관 때문에 쇠퇴하고 있었다. 전통적인 가치는 과학에 의해 훼손됐지만, 과학은 불확실성을 제외하고는 전통적인 가치를 대체할 만한 것을 전혀 제시하지 못했다.[62] 칸트의 주관성을 극단으로 밀어붙인 니체의 허무주의(도덕적 목적의 부재)에는 다음과 같은 의미가 담겨 있었다.

첫째, 사건에는 본질적 의미가 없기 때문에 유의미한 것을 전혀 성취할 수 없다. 둘째, 누군가 자신의 착상이나 목적을 달성하고자 밤하늘의 별 같은 임의의 점을 서로 연결해 역사에 일정한 경향을 부여할 수는 있어도 원래 역사에는 내재적 경향이 없다. 셋째, 모두 동의할 수 있고 모든 시점에서 모든 상황과 모든 사람에 일률적으로 적용될 수 있는 보편적 법칙이나 원칙은 없다. 그런 영속적이고 보편적 진리가 없는 상태에서 목적은 내면의 심리적 욕구(자기정당화적 권력의지[63])에 의해 생성된다. 마치 부활한 루소처럼 니체는 인간의 자유롭고 자발적인 모습을 갈망했다. 따라서 초인에게는 영혼이 없어야 했다. 니체의 관점에서 권력의지는 협력도, 연민도 모르는 사회에서 마음껏 충족시킬 수 있을 것이다.

니체의 권력의지는 산업 민주주의라는 시대적 조류에 위배됐다. '쾌활한' 쇼펜하우어의 철학적 목표와 마찬가지로 니체의 철학적 목표는 행복도 복리도 지향하지 않았기 때문에 대중적 인기를 끌 가능성이 낮았다. 니체는 도덕성을 신이 부여한 것이 아니라 하층계급이 만들어낸 것으로 바라봤다.[64] 따라서 그는 악을 찬양하고 선을 비난했다. 경우에 따라 주관성을 한껏 강조함으로써 선과 악에 대한 독자들의 견해를 바꾸고자 했지만, 대개의 경우 그는 '선'과 '악'이라는 용어를 관례적으로 사용했다. 그리고 나중에는 악을 선호한다고 말함으로써 열혈 독자들을 충격에 빠뜨렸다.[65]

기본적으로 니체는 불행했다. 그는 스스로 아무런 이유 없이 '잡초, 잡석, 해충' 중 하나로 규정한 그런 현실만을 인정했다.[66] 철저한 패배주의적 사상가였던 그는 행동가가 되고 싶었지만, 그럴 수 없음을 잘 알고 있었다.

그는 으스대는 듯한 의무감을 가졌고, 알키비아데스와 프리드리히 2세, 나폴레옹 등을 존경했다(그들의 공통점은 많은 사람을 죽음으로 몰아넣는 데 무척 능숙했다는 것이다).[67]

또한 그는 여성을 집요하게 매도했고, 여성에 대한 관심을 불러일으켰다는 이유로 루소를 문명의 유혹자로 치부했다.[68] 니체의 사상에서 한 가지 긍정적인 요소는 종의 개량에 대한 진화론적 관심이었지만, 애석하게도 그의 판단 기준은 인도적 지혜가 아니라 무자비한 권력이었다. 그의 사상에 따르자면 저 멀리 나치 돌격대원들의 행진 소리가 들리는 듯했다.•

니체가 낭만주의적 철학의 주관성을 본인 특유의 목적에 맞게 비틀었다고 본다면, 그리고 슈펭글러Spengler, T. S.엘리엇T. S. Eliot, 하이데거 같은 인물들에게[69] 진화론 이후의 현대적인 자극제를 제공했다고 본다면 그는 게오르크 헤겔Georg Hegel(1770~1831)과의 균형을 맞추는 평형추 역할을 맡은 셈이다. 논리에 대한 합리주의자들의 존경심을 유지한 채 헤겔은 자기중심적으로, 실재에 대한 믿음을 실재에 대한 자신의 지식으로 대체했다. 마치 파르메니데스와 버클리의 혼합형처럼 그는 언어를 상태에 순응시키는 대신 상태를 언어에 순응시킴으로써 합리성이 실재(실재가 합리성)라는 믿음을 주

---

• 니체는 엘리트주의자였지만 인종차별주의자는 아니었다. 그가 말하는 '엘리트'는 모든 인종과 민족 출신의 최정예로 구성되었다. 사실 그는 독일인도, 독일의 반유대주의도 싫어했지만, 다윈을 비롯한 여러 사람들의 사상과 마찬가지로 그의 사상도 독자적 의제가 있는 사람들이 이어받았다(Hughes-Hallett, p. 432). 그는 독일어로 집필했지만, 폴란드 혈통임을 자랑스러워했고, 독일을 경멸했다. 사실 그는 슬라브족이 튜턴족보다 우위에 설 것이라고 예측했다(Ibanez, p. 160). 나치는 처음에 니체의 사상을 수용했지만, 나중에는 니체 대신 낭만주의적이고 반도덕주의적인 하이데거를 선택했다.

창했다.[70] 흄의 철학이 연상되는 그의 기본적인 가정은 다음과 같다. 절대자 이외에 아무것도 존재하지 않는다.

그리고 전체적 실재에 비춰볼 때 진실이 아닌 한 그 어느 것도 진실일수 없다. 마치 합리성이 실재를 규정한다는 듯, 분리성은 비논리적이기 때문에 존재할 수 없었다. 따라서 설령 고립된 사실이 비합리적으로 보여도결국 그것은 전체적 맥락에 놓고 보면 합리적인 사실로 드러날 것이다. 논리적 '전체'로서의 실재는 자기모순적일 수 없기 때문에 자연은 연역적 방식에 의해 발견될 수 있다.[71]

발견에 이르기 위해서는 상당한 영향력을 지니게 된 헤겔의 '변증법(정반합)' 논리를 거쳐야 했다.[72] 변증법은 의견 충돌을 타협으로 이끌기 위한처방전으로 보일 법했지만, 그는 상반되는 부분을 하나의 거대한 전체 안에 논리적으로 녹아들게 함으로써 변증법을 더 높은 수준의 의식에 도달하는 방법으로 간주했다. 결국 그 과정은 '절대 이념(스스로에 관해 생각하는 순수사고)'으로 귀결됐다. 그러나 대다수 합리주의자처럼 헤겔도 논리를 너무진지하게 다뤘다. 실재에 관한 지식을 습득하는 체계가 아니라, 철학적으로사고하기 위한 체계를 개발했다. 하지만 그것은 헤겔이 추측한 만큼 논리적이지는 못한 것으로 드러났다. 그럼에도 불구하고 그가 상정한 우주에서신은 스스로에 대해 숙고하는 자기도취적인 이상적 사색가의 형태로 궁극의 지성이었다.[73]

《역사철학강의Philosophy of History》(1822년과 1823년 그가 강의한 내용을 담고 있다)에서 헤겔은 역사가 당연히 변증법을 따른다고 말했고, 모순적이게도 역사는 우리가 역사에서 결코 배우지 못한다는 점을 가르친다고 단언했다.

**헤겔과 학생들**

그는 역사에서 배울 수 없었다. 그에게 필수적인 도구인 변증법을 유지하기 위해서는 사실의 왜곡과 상당한 수준의 무지가 동반되어야 했기 때문이다. 마르크스와 슈펭글러처럼 헤겔도 사실의 왜곡에 몰두했고, 상당한 수준의 무지를 드러냈다. 그는 합리적으로 시간이 논리적 완성으로 이어질 것이라고 추정했다. 즉 모든 것이 이치에 맞을 듯했고, 논리적이라고 짐작되는 세계사의 과정에서 모든 부분이 단일한 이상적 목적(현존하는 프로이센인의 국가)을 향해 완벽한 조화를 이룰 것으로 보았다.[74]

헤겔의 변증법적 접근법에서 민족이 차지하는 역할(역사의 실현 수단)은 마르크스의 계급에 해당했다. 그의 집요한 프로이센주의적 민족주의는, 특히 자유를 법을 준수할 권리[75]로 바라보는 그의 독특한 시각과 결합함으로써 국가를 지나치게 미화하는 원인이 됐다. 슈펭글러의 등장을 예고하는 전체주의 철학자로서[76] 헤겔은 국가를 부분(시민)에 의미를 부여하는 전체로 바라봤다. 개인은 국가를 위해 존재했다. 국가는 목적을 위한 수단이 아니라 궁극의 목적이었다. "국가는 지상에 존재하는 신성한 이념이다"라는 말은 실재를 정의하고 합리성을 구성했다.[77]

나폴레옹이 거둔 성공은 흠모하고 그가 맛본 실패는 무시한 헤겔은 철저한 민족주의자였다. 물론 알렉산더 해밀턴Alexander Hamilton 같은 선구자들이 정부가 적극적일수록 "공동체로부터 더 많은 존경과 애정을 이끌어낼 것이다"라고 말했듯, 국가는 치안, 도로, 학교 등을 제공하면서 선을 행할 수 있다.[78] 반면 헤겔의 철학을 신봉하지 않는 사람들은 국가가 억압적이고 부당한 전쟁에 나서면서 악을 행할 수 있다고 여겼다. 이러한 헤겔의 견해는 절대적 진리로 이어지

신성동맹, 1815

는 대신 모호성에 빠졌다. 그리고 모호성은 독일 민족이 조국을 절대적으로 옳은 존재로 믿도록 부추기지는 않아도 용인했다.[79]

더 폭넓은 시야에서 볼 때 헤겔의 민족주의에는 두 가지 근본적인 문제가 내재되어 있었다. 첫 번째 문제는 국가가 시민을 절대적으로 지배한다는 점이었다. 두 번째 문제는 국가 간 문제를 조정할 방법이 없다는 점이었다(국가 간의 문제는 홉스가 만인에 대한 만인의 투쟁이라는 개인적 차원의 표현으로 묘사한 정글의 법칙에 종속될 수밖에 없었다). 정치적 측면에서 헤겔은 민족주의 도식에 빠져 있었고, 세계국가World State를 제안하기는커녕 그런 새로운 체제를 반대했다. 그는 신성동맹(1815년 기독교 정신에 입각한 평화적 방식으로 국제관계를 형성하자는 러시아 황제 알렉산드르 1세Tsar Alexander의 제안으로 맺어진 협정, Mazower, p. 7)과 이마누엘 칸트가 제안한 평화연맹[80]을 오판의 결과로 여겼다. 왜냐하면 그는 국가에는 적이 필요하고, 국가 간의 갈등은 전쟁에 의해서만 해결될 수 있다고 믿었기 때문이다.[81]

헤겔은 국제관계를 관리할 새롭고 희망적인 도덕성을 제시하지 못했을

뿐 아니라 평화를 무신경 상태로 매도했다. 그는 전쟁이 단순한 물질적 대상의 피상적 공허함을 이해하는 계기가 된다고 봤다. 따라서 전쟁은 없애야 할 유감스러운 악이 아니라 가끔씩 함양해야 할 선으로 간주했다.* 그에게 전쟁은 사람들이 자신과 생명을, 그리고 아마 국가를 진지하게 여기도록 한다는 점에서 긍정적인 도덕적 가치를 지니고 있는 것이었다(훌륭한 기독교인의 소양 중 하나를 전쟁 수행 능력으로 꼽은 20세기 초반의 독일 황제도 이런 식의 견해를 드러냈다).[82] 헤겔이 보기에 다소 '유쾌하고 좋은 싸움(예를 들면 제1차 세계대전)'은 국가에 이익이 됐다.[83]

반면 헤겔의 포괄성에 대한 평형추였던 쇠렌 키르케고르Soren Kierkegaard(1813~1855년)는 급성장하는 기업과 거들먹거리는 국가에 무시당하는 개인을 대변했다. 그의 저작은 산업적 민족주의의 비인간적 쇄도로 인해 방향 감각을 잃을 정도는 아니었지만 획일적으로 관리되는 사람들의 주관적 경험에 초점을 맞췄다.

그는 신의 개입에 의한 우연의 일치에 몰두했고, 상당량의 저작을 통해 교회를 기독교 교회답게 만들고자 애썼다. 그런 예외적 사례는 별도로 하고 키르케고르는 내향적 낭만주의자로서 헤겔의 이성의 변증법이나 대리인에 의한 기독교적 구원보다 개인화된 주관성의 대속적 경험을 더 강조했

---

• 이런 관점에서 볼 때 그는 "이따금 일어나는 사소한 반란은 좋은 것이다(1787년 1월 30일)"라는 토머스 제퍼슨의 견해에 동조한 것이자 육군 원수 폰 몰트케Field Marshall von Moltke의 1880년 발언 "전쟁은 세계의 신성한 질서의 한 요소이다"를 예견했다고 할 수 있다(Best, p. 144).

다. 비유하자면 그는 20세기의 상대주의가 거품 목욕을 즐길 수 있도록 철학적 목욕탕을 만들어냈고, 다행스럽게도 사르트르를 후기 불교적 실존주의Post-Buddhist existentialism[84]의 모호하고 공허한 무無로 인도했다. 또한 슈펭글러가 바그너, 쇼펜하우어, 니체 등의 영향으로 국가사회주의를 낙관적으로 바라보게 되는 빌미를 제공했다.[85]

당시 사르트르를 비롯해 그런 문제에 관심이 있는 사람이라면 누구나 조르주 소렐Georges Sorel(1847~1922) 때문에 정신이 산만해졌을 것이다. 부정성의 대변자였던 소렐은 반국가주의, 반엘리트주의, 반실재주의, 반과학주의, 반기독교, 반지성주의 분야에서 타의 추종을 불허했고, 반자본주의 등 모든 것에 반대했다.[86] 그는 진리를 상대적인 것일 뿐 아니라 무의미한 것으로도 바라봤다는 점에서 니체를 뛰어넘었다. 그가 보기에 인간(아마 남성)은 진실 여부와 무관하게 신화와 비합리적 믿음에 감응했다.[87] 그는 결국 왕당파가 됐지만,[88] 철학적 과열의 종착지를 상징하는 인물이기도 했다. 그리고 미래에 무엇이 그리고 누가(파시스트와 히틀러가) 등장할지 예고했지만,

**좌** | 〈철학적 단편〉, 키르케고르 육필 원고      **중앙** | 쇠렌 키르케고르      **우** | 조르주 소렐

그의 목소리에 귀를 기울이는 사람은 거의 없었다.

키르케고르가 주관적 경험을 인간 조건의 본질로 내세우고, 소렌이 반대를 제외한 모든 것에 반대하는 동안 과학자들은 축적된 객관적 자료에 논리를 적용하는 데 여념이 없었다. 이성의 실패는 프랑스 혁명으로 이어졌다. 이제 과학은 인간 조건을 좌우하는 자연법을 이해하는 데 필요한 보편적 기초를 제공함으로써 관념적 이상 국가를 창조할 만한 수단으로 인식됐다.[89]

그런 과학자들 중에서 가장 두드러진 인물이 찰스 다윈이다. 그의 자연선택 이론(1858년에 처음으로 발표됐다[90])은 매우 논리적이고 기지의 사실에 부합했지만, 플라톤주의자들과 대다수 기독교인들은 당혹감을 감출 수 없었다. 플라톤 신봉자들이 보기에 세계는 더 이상 정적이지 않았다. 세계는 진화했다.[91] 기독교인들의 처지에서는 만일 기독교가 과학적 발견과 모순되지 않고, 세계나 인간의 기원에 대한 설명과 상반되지도 않는 예수의 가르침을 근거로 삼았다면 굳이 당황할 필요가 없었을 것이다. 그러나 앞서 언급했듯 기독교는 우주와 인간의 기원에 관한 아주 분명한 믿음을 강요하는 성 바울의 가르침을 근거로 삼았다. 성 바울과 그의 제자들은 신흥 종교인 기독교에 구원의 교리를 추가했다.

그렇게 다시 태어난 기독교는 예수와 신의 말씀을 대충 얼버무렸고, 에덴동산에서 뛰어놀던 아담과 이브의 죄를 통해 말씀의 의미를 다시 정의했다.[92] 사실 성경에 실린 천지창조에 관한 이야기는 원래 바빌로니아 신화로(혹은 수메르 신화일지도 모른다), 나중에 유대인들에 의해 신흥 종교인 기독교로 전해졌다. 근본주의자들이 이교도 신화의 뼈대에 매달리면서 드러낸 고집은 무지의 신비를 생생히 증언한다. 왜냐하면 이 세상은 부조리에 대한 증거로 가득하고, 예로부터 지금까지 기존 우주관보다 더 건전한 우주관이 빈번하게 제시되고 수용됐기 때문이다. 아리스토텔레스는 현대 지질학의 개괄적 원리를 알고 있었고, 레오나르도 다 빈치는 화석을 올바르게 이해했으며, 데카르트는 지구의 눈부신 탄생에 관해 숙고했다. 하지만 18세기 말에야 이교도 신화와 성경에 담긴 천지창조 이야기의 권위는 비로소 직접적인 도전을 받았다.[93]

아리스토텔레스에서 시작해 브루노Bruno, 데카르트, 라이프니츠, 괴테 등을 거치면서 서양 세계는 지질학적 이력에 기록된 생명의 승계 과정이 성경에 나오는 일주일간의 창조 과정과 일치하지 않는다는 깨달음에 이르렀다. 생명의 승계 과정은 각 종의 개별적 창조가 아니라 인간을 포함한 모든 형태의 생명체 사이의 유전적 관계를 가리켰다(다윈은 진화가 일어났다는 사실이 아니라 자연 현상을 통해 진화가 일어나는 방식을 보여줬다는 점에서 우리가 기억해야 할 인물이다). 세상과 생명이 탄생하기까지는 6일이 아니라 수십억 년이 걸렸다. 에덴동산도, 원죄도 없었다. 따라서 '바울의 교리'가 근거로 삼은 속죄의 이유는 빛을 잃었다.[94]

그런 깨달음은 대다수 기독교인이 감당하기에는 너무나 청천벽력 같은 변화였기 때문에 '진화' 이론은 신학자들이 동원할 수 있는 온갖 고결한 비합리성을 통해 질타와 반대에 부딪혔다. 소렐주의의 한 가지 사례로서 신학 체계가 허위의 역사 위에 세워졌다는 사실은 부적절해 보였다. 물론 그런 사실이 곧 다윈의 이론이 그리스도의 도덕적 가르침을 반드시 그리고 직접적으로 훼손한다는 의미는 아니었지만 말이다. 새로운 과학적 사실과 이론은 확실히 기존의 뿌리 깊은 교리와 양립할 수 없었고,[95] 도덕성의 붕괴까지는 아니어도 성직자의 몰락을 초래할 듯했다. 부도덕성에 동의할지, 아니면 잘못된 가치를 고수할지 여부는 아직 그다지 계몽되지 않은 사람들에게 불쾌한 선택처럼 보였다.[96]

하지만 더 근본적인 제2의 선택이 남아 있었다. 그것은 옳고 그름의 기준에 대한 선택이었다. 동일한 시간대에도 사람에 따라 다를 수 있다는 점에서 '버리는' 패에 더 가까웠지만, 그런 선택은 모든 사회가 기반으로 삼는 열외의 패였다. 그 문제와 관련해 다윈은 19세기 유형의 속셈을 지닌 사람들에게 거부되거나 악용됐다.[97]

위기를 느낀 독실한 신자들은 예상대로 성경을 판단 기준으로 선택했고, 서양 문명의 지적 미래를 둘러싼 신학과 생물학의 싸움이 시작됐다.[98] 명백한 사실적 오류에 직면한 독실한 신학자들은 진리의 새로운 과학적 기준을 거부했다. 그리고 기존의 터무니없는 견해를 수정하지 않으려고 했고, 진화론적 사고를 단속하고자 했다. 대학을 비롯한 기독교 관련 기관은 의도적 무시 작전을 펼치면서 새로운 지식에 반대했다(2014년 2월 4일 켄터키 주에서 실제로 진화론 대 창조론의 토론이 벌어졌다는 사실은 미국 교육의 비관적 단면을 보여준다. AOL, 2014. 01. 06). 그 신학적 타조들은 마치 고결함을 입증하듯 사실을 얼버무리고 배움을 방해하고 이해를 저지하는 데 상당한 지적 노력을 투자했다.[99]

1864년, 교황 피우스 9세Pope Pius IX는 다윈의 영향력에 대처하기 위한 방안의 일환으로 유론표謬論表, Syllabus of Errors를 반포했다. 유론표는 당대의 해악을 질타할 목적으로 고안된 것이지만, 지금 읽어보면 마치 당대 교회의 정

공부 중인 피우스 9세

오표正誤表 요약본 같다.* 교황의 일반 부정성 이론General Theory of Negativity에 따라 역사의 역행에 골몰한 당시의 가톨릭교회는 반대의 대명사인 소렐에 앞서 낙태, 여성의 권리,[100] 세속주의, 민족주의, 유물론, 사회주의, 자유주의, 합리주의, 과학, 진보 등을 철저히 배척했고, 적색 공화주의Red Republicanism, 불신앙不信仰, 만인구제설, 이신론, 무신론, 범신론 따위를 야기한다는 이유로 넓게는 현대 문명을,[101] 좁게는 공교육을 단호히 반대했다.[102] 그러나 최소한 가톨릭교회는 일관성이 있다. 사실적 지식, 기술적 발전, 사고방식이나 인간의 가치관 같은 새로운 도전을 받을 때마다 가톨릭교회는 성경이라는 보호막 속에 들어가 신성한 엄지손가락을 빨면서 암흑시대를 되살리고자 애썼다.

---

• 역설적이게도 가톨릭교회는 19세기의 위대한 과학적 업적 중 하나를 승인한 셈이다. 1866년 적어도 신이 완두식물의 유전적 특성을 통해서는 주사위 놀이를 한다는 점을 입증한 그레고어 멘델Gregor Mendel 은 수도사였다.

억압적인 만큼 어리석게도 근본주의적 신학자들은 영적 충성을 위해 도덕적 교리의 아리스토텔레스적 기반을 유지하고자 애썼다. 하지만 다윈을 새로운 부도덕성의 기수로 치부한 사람들에 비해 다윈을 덜 악용했다. 사실 다윈은 불쾌한 부류들, 예를 들면 인종차별주의자,[103] 제국주의자, 무정부주의자 등에게 악용되지 않기 위해 자연선택 이론을 20년 동안 묵혀뒀다(그들은 평판이 나쁜 자신들의 정치적 의제와 어울리고 그것을 선전하는 데 활용할 수 있다는 이유로 진화론을 선호했다[104]).

자연선택 이론이 발표된 뒤 인종차별주의자들은 다윈의 저작을 열등하게 보이는 사람들을 일소하기 위한 근거로 인용했다. 더 개괄적으로 말하자면 제국주의자들은 자신들을 변호하는 데, 그리고 약자를 탄압하고 제압할 목적으로 수립된 정책을 옹호하는 데 다윈을 활용했다.* 다윈은 법률과 불법적 폭력 사이의 암묵적 공모를 합리화하는 데도 활용됐다. 바야흐로 힘이 정의로 자리 잡으면서 잔인함이 공공연히 찬미됐다. 정글이 법이었고, 진화론은 특권 계급이 피지배층에 부과하기로 선택한 온갖 불의의 논리적 근거를 제공했다. 니체 철학에 심취한 통치자들은 그 새로운 윤리를 선택

---

• 특히 앤 콜터Ann Coulter(미국의 대표적인 보수 논객—역주)는 자신의 책 《무신無神, Godless》의 212쪽에서 진화의 기본 원리를 잘못 기술하는 등 다윈에 대한 근거 없는 공격에 골몰함으로써 이 문제를 둘러싼 혼란을 악화시켰다. 그녀는 DNA 1나노그램의 생물학적 가치도 "무엇에 가장 적합한가?"라는 질문의 정답이 "번식에 가장 적합하다"(이때는 환경이 선택의 주체이다)임을 지적할 것이라는 점을 깨닫지 못한 채 "적자생존: 무엇에 가장 적합한가? 생존에 가장 적합하다"라는 이른바 동어반복적인 유언비어를 비난했다(다음의 29장을 참고하라: Weisz and Keogh//Weisz, P. and Keogh, R. 1982. The Science of Biology. 5th ed. McGraw-Hill; New York. 혹은 진화에 관한 두껍지 않은 그 어떤 책도 무방하다. 아울러 신이 거룩한 숫자 게임에서 주사위를 던질 때 적자가 우위를 점하고, '충분히 적합한' 모든 것은 번식한다. JFW).

했고, 신의 변덕을 통해서가 아니라 강하고 영리한 자들이 약하고 정직한 자들을 이기는 생존투쟁에서의 자연적 우월성을 통해 지배한다고 생각했다.[105]

그 모든 결과를 다윈에 대한 논리적 확장에 불과하다고 본다면, 그것은 다윈이 갖고 있던 진실의 절반만을 통해 도출됐다고도 평가할 수 있다. 다윈은 동물의 행동을 관찰하는 데 뛰어났지만, 그것은 여전히 당대의 결과물이었다. 따라서 그는 자연계에서 산업자본주의의 치열한 경쟁 패러다임을 포착했다. 그는 경쟁이 개인과 집단의 진화적 발전에 필수적이듯이 개인 간과 집단 간의 협력이 개인과 집단의 상호생존에 필수적이라는 사실을 완전히 놓쳤다. 다윈의 업적에 기초한 19세기의 모든 냉소적 윤리도, 동종 간 협력이 동물학적 세계에서 수행하는 중대한 역할을 무시했다는 점에서는 고루하다고 볼 수 있다. 특히 인간은 상호의존적이기 때문이다.* 물론 마지못해 서로에게 의지할 때가 많지만 말이다.

### 사실과 환상의 싸움

다윈이 자연의 방식을 숙고하고 해명하는 동안에도 의학계에서는 매균설媒菌說(질병이 세균에 의해 전파)의 발전 과정에서 어리석음을 보여주는 불행한 사례 한 쌍이 출현했다. 1840년대 의사들이 기존의 구태의연한 태도

---

* 일례로 2명의 팀원은 젊은 여인의 관심을 끌려고 경쟁하는 상황에서도 경기장에서는 협력할 것이다. 마찬가지로 서로 다른 팀에 속한 2명의 선수는 경기장에서는 서로 경쟁하겠지만, 전쟁터에서는 조국을 침략한 적군에 맞서 싸우기 위해 협력할 것이다.

에서 벗어날 수 있었다면 한때의 이단적 발상이 정설로 자리 잡으면서 많은 사람에게 피해를 입히는 일은 벌어지지 않았을 것이다. 매균설은 질병을 죄인에 대한 신의 분노의 표현으로 보고, 나쁜 공기를 들이마심으로써 질병이 생긴다고 여긴 당대의 유력한 이론과 크게 상반됐다. 나쁜 공기에 중독된 것은 객관성이 유일했다. 그러나 이처럼 적대적인 환경에서는 객관성이 주목받기 어려웠다.

이그나츠 제멜바이스 박사Dr. Ignaz Semmelweis는 빈의 어느 산과 병원에 잠시 동안 위생 조치를 도입했다가 비난을 받았다. 그가 의사들에게 해부 시간과 진찰 시간 사이에 손을 씻도록 강력히 권고하기 전까지 사망률은 18퍼센트였다. 그러나 그의 권고를 받아들인 지 한 달 만에 사망률은 3퍼센트로 떨어졌고, 두 달 뒤에는 2퍼센트로 떨어졌다.[106]

제멜바이스 박사를 비난한 사람들은 그가 거둔 성공을 묵과할 수 없었다. 그는 병원과의 계약을 연장하지 못하고, 할 수 없이 부다페스트로 향했다. 그는 거기서도 사망률을 대폭 낮추는 성과를 올렸다. 이후 그는 자신이 구사한 방법을 체계적으로 정리하고 자료를 통계적으로 분석한 책을 집필했다. 그러나 책도 저자도 철저하게 무시,* 거부, 멸시됐다. 헝가리에서 조롱당하며 보낸 10년 세월이 그가 견딜 수 있는 한계였다. 그는 정신이상으로 1865년 정신병원에서 삶을 마감했다.[107]

제멜바이스의 업적에도 불구하고 1880년까지는 여전히 매균설이 질병

---

• 이런 상황은 지금도 마찬가지다. 1992년 미국의학협회American Medical Association는 환자를 진찰할 때마다 손을 씻는 내과 의사는 전체 내과 의사의 3분의 1 미만이라고 발표했다(McWilliams, 565).

의 원인을 둘러싼 유용한 설명으로 적합한지 논의됐다. 하지만 이후 20년 동안 리스터Lister, 코흐Koch, 파스퇴르Pasteur 등의 연구가 그런 논의를 잠재웠고, 덕분에 매균설이 질병의 원인에 대한 설명으로 확고히 자리 잡았다.[108] 일반적으로 어떤 현상에 대한 설명이 그저 하나의 설명으로 수용되지 않고 현상에 대한 유일한 설명으로 간주된다는 점에서 인간의 정신

**이그나츠 제멜바이스 박사** 병원에 위생 조치를 취했다는 이유로 비난받았다.

에는 독특한 요소가 있다고 볼 수 있다. 즉 일단 매균설의 입지가 확고해지자 그것은 모기가 말라리아('나쁜 공기'라는 뜻이다)와 황열병을 옮기고 퍼뜨릴 수 있다는 인식을 가로막는 데 일조했다.[109]

다행스럽게도 로널드 로스Ronald Ross 박사와 윌리엄 고거스William Gorgas 박사는 주류 의과대학(수준 높은 배움의 중심지가 아니라 정통성의 중심지였다)[110] 이 아닌 곳에서 의술을 습득했다.* 또다시 사실이 환상과 싸우게 되었다. 이 단자들은 오염이 아니라 모기가 그 두 가지 치명적 질병을 옮긴다는 점을 계속해서 입증해야 했다.[111]

1900년에 이르러 매균설이 의학적 믿음의 거룩한 요새가 되고,[112] 따라서 로스 박사가 한 가지 이상의 이론이 옳을 수 있다며 동료 의사들을 설득

---

* 이것은 버나드 베일린Bernard Baylin이 제시한 법칙, 미국 독립 혁명과 헌법 제정 회의의 영웅적 지도자들은 유럽의 고루한 정치적 중심부에서 멀리 떨어진 곳에서 경험을 쌓았기 때문에 새로운 정부 형태를 자유롭게 구상하고 만들어낼 수 있었다는 시각의 또 다른 사례다(Baylin, 2003, p. 326.) 마찬가지로 프로이트(유대인), 아인슈타인(유대인), 프루스트(반유대인) 등의 변방성은 그들의 독창성에 기여했다(Watson, 2001, p. 137).

하고 고거스 박사가 질병의 확산을 통제하는 방법을 보여주는 데 성공하기까지는 불굴의 의지가 필요했다.* 제 버릇 남 못 준다는 속담을 또다시 증명하듯, 19세기 사상의 비현실적인 이론의 영역에서 진화론이 기존 지배자들의 억압적 태도에 논리적 근거를 제공하는 동안, 서양 문명의 정치적·경제적 조건은 발전하고 있었다. 그리고 민주주의와 산업주의가 종래의 귀족적 지배계급의 토대를 흔들고 있었다.

프랑스 혁명 이후 상승세를 구가한 민주주의는 소수의 특권층에 의한 통치 개념에 제동을 걸었다. 교양 있는 신사들은 민중에 맞서 기존 특권을 지켜야 한다는 점을 깨달았고, 특권과 교양을 내려놓거나 신사로서의 지위를 포기했다. 한편 산업주의는 지주 귀족의 기반을 잠식했다. 새로 떠오르는 사회의 기반은 전통이 아니라 기술이고, 농장이 아니라 공장이었기 때문이다.[113]


## 산업사회 : 교육의 필요성 대두

역설적이게도 신흥 상인계급이 기존 지배 세력인 지주 귀족을 밀어내는 동안에도 교육은 공장주의 권력 기반을 조금씩 흔들고 있었다. 과거에

---

* 20세기에도 의학적 어리석음의 또 다른 사례가 민추 리 박사Dr. Min Chu Li의 발목을 잡았다. 그는 적게 투여할 때 약간의 효과가 있는 항抗자궁암 약물을 극단적으로 많이 투여할 것을 주장했다. 1950년대 후반, 놀랍게도 리 박사는 암 환자를 치료하는 데 성공했는데도 국립암연구소National Cancer Institute에서 해고됐다. 당시의 지배적인 정설은, 만일 약물을 적게 투여할 때 효과가 없으면 다른 조치를 취하라는 것이었다. 정설에 반기를 들었다는 이유로 그는 떠나야 했다(Gladwell, 2013, p. 158f).

는 사람들이 전반적으로 교육받지 못하고 무식해도 그다지 문제될 게 없었다. 농업 시대의 대다수 작업은 고되고 지겨운 일이었고, 그런 일에는 의문을 품고 생각에 몰두하기보다는 땀을 흘리고 힘을 쓰는 데 익숙한 노동자들이 제격이었다. 하지만 기계가 작업장을 장악함에 따라 지성을 갖춘 사람들이 필요해졌다. 그리고 기술적으로 훈련된 작업자가 필수적인 존재로 부상했다.[114]

공교육에는 그것이 통제하기 어려운 모호한 과정이라는 그리고 그것이 몇 가지 뜻밖의 결과를 초래한다는 문제점이 있었다. 약간의 교육도 정말 위험한 것이었다. 약간의 교육을 받은 노동자 집단은 공장주에게 귀찮은 존재였다.[115] 주어진 작업을 효율적으로 수행할 만큼 지식을 갖추게 되면서 노동자들은 스스로를 자본가에게 착취당하는 희생자로 인식하게 됐다. 물론 노동자들은 예로부터 빈곤과 불의를 감수해왔지만, 이제 도시 중심지에 집결하게 되면서 서로의 느낌과 생각을 공유하고 표현할 기회가 생겼다. 그들은 서서히 계급의식을 갖게 됐고, 마침내 스스로 생각하고 스스로에 대해 생각하는 법을 터득하게 되었다(중요한 역사적 순간은 그들이 즉자적 계급에서 대자적 계급으로 변모할 때였다).[116]

물론 이런 변화는 공장주가 아니라 노동자에게 유리하게 작용했지만, 널리 퍼져 있던 반문맹半文盲 상태는 조작적 선전 기술에 능숙한 선동가들이 부각되는 빌미를 제공했다(결과적으로 그들은 자신을 포함한 모든 사람의 최대 이익에 피해를 입혔다).[117]

19세기 후반의 50년 동안, 정치적 민주주의 개념이 경제적·사회적 신조로 확대됨에 따라 자유주의 경향의 선전이 노동계급에게 점점 호응을 얻었다.[118] 당시의 지배적 견해는 정부가 사회의 규칙이 공정하게(일관성 있게) 집행되도록 보장되어야 한다는, 즉 시민의 중재자 역할을 맡아야 한다는 것이었다. 자유주의자들은 정부가 공정성 차원을 뛰어넘어 적극적으로 사회적·경제적 약자를 돕기 바랐다.[119] 어느 정도 정부 개입이 필요할 때가 많았을 뿐 아니라

**로버트 오언** 사회주의의 선구자

특히 의지할 곳 없는 사람들 사이에서 변함없는 인기를 끌었기 때문에 자유주의자들은 마음껏 뜻을 펼칠 수 있었다.

자유주의자들은 전반적으로 현존하는 해악의 해결과 무관한 낭만주의적 모호성을 띠고 있었다. 반면 사회주의자들은 더 조직적이었고, 시대적 문제를 해결하기 위한 프로그램을 만들어내는 데 더 집중했다. 사회주의의 선구자 격인 로버트 오언Robert Owen(1771~1858)이 대표적인 사례다. 맨체스터의 방적업자 겸 사회실험가였던 그는 무절제와 낭비 같은 현재의 경제적 폐해를 정당화하는 관행에 반대했다. 그는 동료 공장주들의 이기적인 태만을 질타했고, 1819년 최초의 공장법Factory Act(영국 의회에서 여성과 아동의 노동시간을 규제하는 것을 내용으로 하는 일련의 법안)이 통과되는 데 크게 기여했다.[120]

공장법은 기존 공장주들이 노동자들의 빈곤 상태를 과도하게 그리고 근시안적으로(어리석은 방식으로) 악용하지 못하도록 방지함으로써 공장주들의 자제를 유도하기 위한 조치였다. 공장법의 조항은 동정심의 엄격한 기준에 대한 비관적인 논평으로 남아 있었다. 공장법에 의하면 10세 이하

**좌** | 목화공장에서 일하고 있는 어린이, 1835
**우** | 마르크스, 엥겔스, 아내 제니, 딸 로라와 일리노어

의 아동은 공장에서의 노동이 금지됐고, 10세를 넘은 아동의 1일 노동시간은 무려 12시간 이하로 규정됐다.[121] 당시의 새로운 기준이 탐욕에 대한 인도주의의 진정한 승리임을 깨달은 사람은 인간사의 진보라는 게 존재한다고 믿게 되었다. 왜냐하면 공장법이 제정된 뒤부터 노사관계 측면에서 장족의 발전이 있었기 때문이다.

플라톤처럼 오원도 각 계급에 속한 사람들의 양식(특권 계급의 잘못을 인식할 만한 분별력)에 기대를 걸었고, 권력자들이 얼마나 교양이 없고 편협한지 전혀 깨닫지 못했다. 반면 칼 마르크스Karl Marx(1818~1883)는 넓게는 역사 전체의, 좁게는 당대의 개혁을 이끌 원동력을 각각 계급 역학과 노동자에 대한 불의와 착취에서 찾았다.[122] 그는 오래된 여러 사회 계급이 해체되고 있으며, 사람들이 새로운 계급으로 재편성되고 있음을 최초로 인지한 인물이다. 그는 공산주의라는 유령이 유럽을 떠돌고 있는 것을 정확히 짚어냈다(그의 판단은 이후 150년 동안 타당성을 과시했다).

그가 헤겔에게 물려받은 변증법에 따르면 자본주의라는 정명제正命題는 저항이라는 반명제反命題와 사회주의라는 합명제合命題를 낳는다. 사유재산은 지금도 그렇지만 앞으로도 노동과 대립할 것이다. 자본이 점점 소수의 손에 집중되는 상황에서 그는 계급투쟁과 계급투쟁의 수단인 노동조합을 예견했다(이 부분에서 그의 계산은 완전히 틀렸다. 노동조합은 계급투쟁의 전사를 모집하고 양성하기 위한 수단이 아니라 노동자들의 물질적 상황을 향상시키기 위한 수단이 됐다). 그에 따르면, 노동자들의 계급의식이 발전할 것이고, 노동자들은 사회 혁명을 통해 자본을 장악하고 자발적으로 일할 것이다. 그렇게 새로운 질서가 형성될 것이고, 이 세계를 사회 전체가 함께 소유하고 관리함으로써 자유가 회복되고 국가는 순조롭게 소멸할 것이다.[123]

전술한 내용은 미래에 대한 마르크스의 단호하고 합리적이고 유물론적인 처방이었다. 마르크스 같은 국지적 허무주의자에게 그 처방은 필연적인 것이었다. 물질은 우주의 원동력이고, 계급투쟁은 역사의 결정적 요인이며, 경제적 상태는 인간 조건의 결정적 특징이었다.[124] 무엇보다 중요한 사실은 그가 제시한 처방이 인간의 의지와는 무관하다는 점이었다.[125]

하지만 공교롭게도 그는 숙명론적이지 않았다. 마르크스의 견해를 직접 역사에 적용한 인물이 있다면 그 사람은 바로 1917년에 뒤늦게 러시아 혁명에 참여한 레닌Lenin이다. 그러나 만약 레닌이 진정한 마르크스주의자였다면 망명지인 스위스에 느긋하게 머물면서 이렇게 말했을 것이다. "그냥 놔둬. 혁명은 어차피 일어날 테니까." 사실 다음과 같은 질문은 마르크스의 역설이다. "일어날 수밖에 없는 일을 위해 굳이 전력을 다해야 할까? 이 질문에는 다음과 같이 대답할 수 있다." 프롤레타리아 계급의 승리는 결코 필연적이지 않고, 온갖 종류의 상황, 요인, 조건 등에 좌우된다.

마르크스의 역사적 작동 원리는 유교만큼 깔끔하고 단정했지만, 우리를 잘못된 길로 이끌 정도로 시야가 좁았다. 첫째, 사회적 조건은 불가피한 경제학적 언명에 의해 결정된다. 뿐만 아니라 불확정적인 개인의 특성, 의지력, 정치적 요인 등에 의해서도 결정된다.[126] 둘째, 계급은 획일적인 경제 단위가 아니라 온갖 종류의 서로 다른 프로이트적 개성이 뒤범벅된 것이다.[127] 셋째, 계급투쟁은 역사를 형성하는 여러 요인 가운데 하나에 불과하다. 제2의 요인은 쾌락 원리의 형태를 띤 욕구이고,[128] 제3의 요인은 부적절하고 적응성 없는 지배적 스키마의 형태를 띤 어리석음이다.

또한 실제적 · 현행적 · 기지적 · 물질적 조건뿐 아니라 환경과 스스로에 대한 믿음이 우리의 지각을 형성하고 우리의 행동에 동기를 제공한다는 점에서 볼 때 인간에게 충만해 있는 정신적 요인도 있다. 소멸의 길을 걷게 될 것이라는 국가에 관해 말하자면[129] 그런 식의 암시조차 날카로운 정치적 통찰력의 두드러진 결여 현상을 보여준다. 그런 현상은 아마 역사적 증거(사례)에 전혀 근거하지 않은 희망적 관측에서 기인한 듯하다.

확실히 마르크스의 견해는 헤겔의 변증법에 대한 그의 믿음에서 비롯됐다. 그는 문제(자본과 대립하는 노동의 공동 이익)를 정확히 이해했지만, 해법을 오해했다.* 그는 자본과의 평화를 유지하는 노동의 공동 이익의 우위성을 이해하지 못했거나 혹은 정치적 특권 계급이 위기에 대응하는 방식(슈펭

---

* 여러 발견자(예를 들면 프로이트와 콜럼버스. 다음의 23쪽을 참고하라: Watson, P. 2011. The Great Divide. HarperCollins; New York)들처럼 마르크스도 자신이 발견한 사실을 제대로 이해하지 못했다.

글러의 서유럽에서는 자유주의적 민주주의 정당들이, 중앙 유럽에서는 파시스트들이 부상했다[130])을 예측하지 못했다.

또한 마르크스는 1848년 혁명의 실패로 노동자들이 결연한 의지를 다질 것으로 예상했지만,[131] 실제로 그들은 절망에 빠졌다. 이론가 겸 선전자로서 그는 조직화된 연합주의의 중요성을 믿었고, 덕분에 제1인터내셔널 First International(노동자, 민주주의자, 무정부주의자, 민족주의자, 국제주의자, 유물론자, 관념론자, 허무주의자, 온건파, 과격파 등이 복잡하게 뒤섞인 단체) 결성의 자극제가 됐다. 하지만 연합주의에 대한 기대 때문에 그는 19세기 유럽에서 차지하는 민족주의의 중요성을 철저하게 과소평가했고,[132] 20세기 공산주의 국가들(예를 들면 러시아, 중국, 캄보디아 등)이 저지를 대량학살의 규모를 전혀 예견하지 못했다.[133]

기본적으로 마르크스의 스키마는 프랑스 혁명에 대한 회고적 태도에 의해 형성됐다. 따라서 마르크스와 그의 추종자들은 다음과 같은 네 가지 실제적 문제에 직면하게 되었다. 첫째, 프롤레타리아 계급은 스스로를 무산 계급으로 인식하지 않았다. 둘째, 계급의식은 대체로 민족적·종교적 요구와 충돌했다. 셋째, 1848년의 계급 구조는 놀라울 정도로 복잡했다. 넷째, 마르크스는 부르주아 혁명이 프롤레타리아 혁명보다 먼저 일어날 것이라고 강력히 주장했지만,[134] 실제로는 그렇지 않았다(1917년, 레닌은 부르주아 혁명을 불필요한 과정으로 치부했다).[135]

마르크스의 스키마는 그의 인식적 오류를 유발했을 뿐만 아니라, 그의 분석가적 역량을 제한했다. 모순적이지만, 사실 그는 잡다한 요소가 뒤섞인 존재였다는 점에서 '로마풍 사상가'라고 평가할 수 있다. 그는 너무 실용적이고 당대의 구체적 문제에 너무 몰두한 나머지 인간 행위의 보편적 법칙을 고안하는 공평무사한 사회과학자로서는 자격이 없었다. 그는 노동자의 불행과 빈민의 배고픔에 대한 무관심을 통해 낭만주의적 초연함을 드러낸 독단적인 실용주의자였다.[136]

마르크스가 궁극적으로 전념한 것은 사회과학이 아니라 사회 정의라는 명분이었기 때문에 지배자 계급(지배자 민족이나 지배자 국가가 아니다!)은 자발적으로 해체될 것이고, 모든 사람(헤겔 철학에서 말하는 '전체')에게 최선의 이익이 된다면 기득권을 이타적으로 포기할 것이라는 몽상을 공공연히 밝혔다. 사실 그가 헤겔에게 물려받은 모든 유산은 그것의 타당성을 옹호할 만한 근거도, 입증된 사실적 토대도 없었다는 점에서 볼 때 비과학적이었다. 그리고 아마 유산을 포기하는 편이 철학적 측면에서 이익이었을 것이다. 하지만 그는 헤겔 철학의 스키마에 갇혀 있었다. 따라서 변증법의 관점에서 사고했고, 유산을 자신의 목적에 따라 활용했다.[137]

게다가 마르크스는 마치 유익한 철학이나 유용한 종교의 안내를 받지 못해도[138] 진보에 대한 19세기의 부르주아적 믿음에 충실한 모범적인 로마인처럼 윤리와 담을 쌓았다. 비록 허영심이 강하고 변덕스럽고 교활했어도,[139] 그는 산업 체제의 잔인성에 주목했다. 그리고 합리적이지만 증명되지 않은 헤겔의 변증법을 추종하면서 사회주의가 도래할 것이며, 그것이 진보라고 생각했다(필연이 항상 선이라면 그의 판단은 옳은 것이다).

마르크스와 그의 지지자들에게는 불행한 일이었지만, 그의 목표는 너무 과격한 반면, 그의 수단은 너무 온건했다. 게다가 그의 예상과 달리 부자와 빈자의 소득 격차는 늘어나지 않고 줄어들었다.[140] 또한 독일에서는 1890

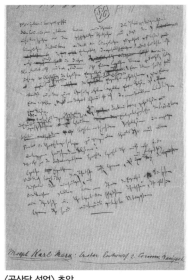

〈공산당 선언〉 초안

년대까지 유산 계급에 속한 사람들의 숫자가 감소하지 않고 증가했다. 노동자들은 더 가난해지거나 억압에 시달리는 대신 더 자유로워지거나 형편이 좋아졌다. 그가 예측한 자본주의 붕괴의 조짐은 보이지 않았다.

오늘날 기업은 정부를 지배하고 있으며, 정부는 기업을 규제하려 한다.[141] 하지만 사실 〈공산당 선언Communist Manifesto〉에 제시된 대다수의 계획은 혁명을 거치지 않은 채 서양 사회에서 실현됐다.[142] 비록 그의 분석은 틀렸지만, 마르크스와 그의 철학을 해석하는 사람들은 역사의 진보적 목적, 아마 혁명적·필연적 목적을 위한 수단으로서 역사가 진전하는 데 기여한 모든 것을 마르크스주의 및 엥겔스주의(정치적 개혁)라는 용어로 합리화했다.[143]

그런 의미에서의 역사의 진전에 일조하고자 했던 또 다른 사람으로 러시아의 세르게이 네차예프Sergey Nechayev(1847~1882)가 있다. 그는 허무주의를 파멸적 극단까지 몰아갔다. 그가 작성한 〈혁명가의 교리문답Catechism of a Revolutionary〉의 내용은 마치 오늘날 테러분자들의 문답서 같다. "혁명가는 저주받은 사람이다. 그에게는 사적 관심도, 개인사도, 사사로운 감정도, 집착도, 소유물도, 심지어 이름조차 없다. 그를 구성하는 모든 요소는 유일한 배타적 관심, 유일한 생각, 유일한 열정인 혁명에 흡수된다." 혁명은 선과 악을 정의했고, 진보를 보장했다!

## 진보의 환상

참으로 절묘하게도 19세기 사람들이 진보를 믿을 수 있었던 까닭은 다름 아니라 진보에 대한 보편적인 평가 기준이 없었기 때문이었다. 그들은 자신에게 그리고 자신의 명분에 적합하도록 진보의 의미를 자유롭게 규정했다. 하지만 진보에 대한 믿음은 일반적인 현상이었다. 그것은 사람들이 각기 다른 방식으로 진보를 정의할 수 있었기 때문일 뿐 아니라 진보에 대한 상당량의 증거가 있었기 때문이기도 하다. 기술적 발명은 분명히 물질적 삶을 개선시켰다(교통과 통신의 속도가 향상됐고, 배관 시설이 발전했고, 식료품이 다양해지고 풍부해졌다). 게다가 확실히 과학적 지식의 진보도 진행됐다. 실제로 1900년의 과학자들이 1800년의 과학자들보다 더 지혜롭지는 않아도 더 많은 것을 알고 있었다는 사실을 논박할 순 없다.

노예제가 폐지됐고, 러시아에서는 농노들이 반자유 상태에 있었기 때문에 도덕성의 진보도 이뤄졌다고 주장할 만했다. 분명히 인류는 점점 형편이 나아지고 더 행복해지고 있었다. 그런 진보의 한계는 전혀 없어 보였다.[144] 심지어 정치사政治史조차 느리지만 뚜렷한 진보로 이어지는 투쟁과 고통의 기록으로 인식됐다.[145] 프랑스 혁명과 나폴레옹 전쟁은 불행한 막간극으로, 즉 사람들이 성급한 태도를 보일 때 맞이하는 일종의 특이한 정치적 재앙으로 인식됐다. 유럽이 그런 재앙에서 회복되자 유럽협조체제Concert of Europe(권력을 갈망하는 지배자들의 개인주의를 유보한 채 상냥한 군주들의 연방을

지향하는 임기응변적 국가 간 동맹)에서 진보에 대한 환상이 감지됐다.[146]

유럽협조체제는 필수불가결한 쟁점을 회피하려는 낭만적 충동과 제2의 나폴레옹의 등장을 예방하려는 보수적 의지에 좌우됐다. 결과적으로 전쟁이 제2의 군사적 괴물을 낳을지 모른다는 두려움 때문에 수십 년 동안 대규모 전쟁이 일어나지 않았다.[147] 그러나 부당한 특권을 되찾으려는 각국 왕족들의 그릇된 시도 때문에, 그리고 1815년의 빈 회의Congress of Vienna에서 마치 효과적인 통치를 저지하려고 확정한 듯한 여러 국경선의 영향 때문에 진정한 평화는 아직 요원했다.[148]

군주제를 유지하려는 유럽 왕족들의 과거 회귀적 성향이 가장 뚜렷하게 드러난 곳은 에스파냐였다. 에스파냐에서는 종교재판이 재개됐고, 1823년 프랑스 군대에 의해 반란이 진압됐다. 같은 해 오스트리아는 이탈리아에서 일어난 민중 봉기를 진압했고, 이듬해 프랑스의 우둔한 왕 샤를 10세는 절대주의로 복귀하기 위해 언론의 자유와 대학에서의 학문의 자유를 무효화하는 작업에 착수했다. 1830년, 파리 시민들은 제왕적 특권을 노골적으로 주장하는 데 맞서 봉기했고, 샤를 10세를 쫓아낸 자리에 루이 필리프Louis Philippe(1848년까지 집권했다)를 앉혔다. 프랑스의 이런 정치적 변화는 군주들의 연방에 속한 구성원들이 수용할 만한 것이었다. 왜냐하면 프랑스의 권좌는 여전히 국왕이 차지하고 있었기 때문이다.[149]

하지만 유럽 왕족들은 빈 회의에서 외교적 수완이 뛰어난 '정치가들'이 잘못 그린 지도의 여파를 감당하기란 그리 쉽지 않았다. 기본적인 문제는 그들이 작성한 지도가 인구 분포를 무시한 점과 그 때문에 훗날 언어와 종교, 사상이 다른 집단을 통치해야 하는 행정가들에게 현실적이고 실질적인 문제를 초래한 점이었다. 만약 우리가 빈 회의에 모인 지도 제작자들이 일부러 국지적 마찰과 불화를 최대한 유발하려고 애쓴 것 아니냐고 의심해본다면 그들의 임무 수행 능력은 정말 뛰어났다고 평가해야 할 것이다.* 예를 들어 네덜란드 공화국이 사라졌고, 옛 에스파냐령(오스트리아령) 네덜란드의 프랑스어를 구사하는 가톨릭 교도들과 네덜란드의 신교도들이 통합되면서 네덜란드 왕국이 설립됐다. 마찬가지로 베네치아를 비롯한 북부 이탈리아는 오스트리아의 지배를 받게 됐다(이런 관행은 국왕들끼리 개인적인 전쟁을 치른 뒤, 마치 탁자 위의 칩을 사용해 영토를 교환하며 평화협정을 맺던 시절의 유산이다).

얼마 지나지 않아 유럽의 인적 지도는 외교관들이 자화자찬하며 만들어낸 정치 지도 때문에 마그마처럼 부글부글 끓어올랐다. 그리고 1830년대까지 벨기에, 이탈리아, 독일, 폴란드 등지에서 새로 탄생한 국가들에 서 반란이 일어났다. 열강들은 반란을 야기한 만큼 쉽게 진압했지만, 19세기 후반기에 이르러 결국 유럽의 인적 지도는 좁게는 이탈리아와 독일의 성립과 넓게는 민족주의의 성장을 통해 또 다시 존재감을 드러냈다.[150]

19세기 전반기에는 대규모 전쟁을 피하는 데 성공했지만, 구체제가 점점 숫자가 늘어나는 산업노동자들의 권리와 욕구를 인정하지 않았기 때문에 혁명이 초래됐다. 1848년에 일어난 여러 혁명은 대체로 만족스러운 결

---

* 안타깝게도 그들의 후손도 19세기 말 식민지에서 해방된 아프리카를(M. Meredith), 그리고 1919년에 베르사유에서 유럽을(Moynihan, 1993, p. 102) 분할하면서 같은 실수를 저질렀다. 1917년 〈가디언 Guardian〉(1821년 창간된 영국의 유력 신문-역주)이 거주민을 재산으로 간주하지 말라고 경고했지만 말이다.

과를 얻지 못했지만, 익히 예상할 수 있듯, 열강들이 전쟁을 삼가면서까지 등장을 막으려고 했던 나폴레옹에 대한 공포가 현실화된 계기는 1848년 혁명이었다. 적어도 그것은 놀라운 일이 아니었다. 왜냐하면 원래의 나폴레옹은 혁명 공화국이 붕괴한 뒤 질서를 회복할 실력자가 필요할 때 권좌에 올랐기 때문이다. 정말 놀라운 일은 새로운 나폴레옹의 행동뿐만 아니라 이름도 원래의 나폴레옹과 같다는 점이었다.

프랑스 제2공화국Second French Republic(1848년 잠시 군주제를 대체했다)이 미숙한 사회주의적 방안을 통해 상당한 경제적 혼란과 상거래를 둘러싼 심각한 우려를 야기한 뒤 원조 나폴레옹의 교활한 조카인 샤를 루이 나폴레옹 보나파르트Charles Louis Napoleon Bonaparte가 권좌에 올랐다. 그는 '믿을 만한' 자유주의자인 척했고, 상업적 사안의 안정성과 확신을 복원할 것 같았다. 1848년 10월에 그는 공화국에 대한 충성을 서약했고, 정부 형태를 불법적으로 바꾸려고 시도하는 자들은 모조리 적으로 간주하겠노라 공언했다.[151] 그러나 1852년 12월 그는 황제의 자리에 올랐고, 재앙에 가까운 외교 정책상의 실수(특히 비스마르크Bismarck에게 제대로 대처하지 못했다[152])를 저지르는 바람에 자신이 닮고자 했던 악명 높은 삼촌[153]보다 더 심각한 타격을 넓게는 유럽에, 좁게는 프랑스에 입히고 말았다.[154]

역사의 전환에 실패한 역사적 전환점[155]인 1848년 혁명이 실패로 끝나고 공포의 대상이던 제2의 나폴레옹이 권좌에 복귀한 뒤 민족주의 전쟁이 다시 활발해졌다. 안타깝게도 19세기 후반기의 소규모 전쟁은 결국 20세기의 대규모 전쟁으로 이어졌다. 왜냐하면 '정치가들'이 다시 한 번 쟁점을 논의했지만, 잘못된 쟁점을 논의했기 때문이다.

산업화로 야기된 디킨스 풍Dickensian의 문제(실업, 빈곤, 오염, 빈민가 등)[156]를 다루는 대신 지도자들은 18세기적 '문제'에 골몰했다. 일례로 러시아의 이해관계와 프랑스 및 영국의 이해관계가 충돌해 크림 전쟁으로 귀결된 크림 문제Crimean Question가 있다.[157] 그리고 비스마르크가 프로이센과 오스트리아가 쟁탈전을 벌일 수 있도록 공작령을 내놓으라고 덴마크에 압력을 가하면서 생긴 슐레스비히홀슈타인 문제Schleswig-Holstein Question도 있었다.[158] 끝으로 이슬람 세계의 미래를 둘러싼 동방문제東方問題, Eastern Question가 있다.

그러나 애석하게도 '문제에 대한 질문'을 둘러싼 논의는 없었다. 즉 아무도 어떤 질문을 던져야 하는지 묻지 않았고, 따라서 정치적 쟁점을 둘러싼 논의는 전통적인 민족주의 노선에 입각해 진행됐다. 하지만 분별력과 선견지명이 있는 참가자들의 열의와 확신은 점점 줄어들었다. 그들은 정치적 논의에 진정한 관심을 전혀 기울일 수 없었다. 사실 산업적 권력에 대한 전반적 순응, 인간의 잠재력에 대한 새로운 각성, 과학적·경제적·사회적 사상의 급증 등으로 요약되는 시대에는 사람들의 기본적인 정치적 심성이 바뀌기 어려웠기 때문이다.[159]

근본적인 문제는 인간이 직면한 더 중요한 쟁점에 대한 관심과 인식에도 불구하고 민족주의가 19세기의 분별력을 좌우하는 결정적인 요인이었다는 점이다. 민족이 도전받지 않을 때는 이기적인 개인주의가 제 몫을 다했지만, 위기를 만날 때는 대다수의 사람이 각자의 교파나 경제적 처지, 계급의 편이 아니라 조국의 편에 섰다. 마르크스가 언급한 만국의 노동자들은 전쟁이 벌어졌을 때 단결하지 않았다. 그들은 서로 싸웠다. 초기 단계의 국제주의적 계급의식이 무시무시한 민족주의의 사슬에 얽매여 있다는 사

실을 알아채지 못한 것은 어리석은 짓이었다.[160]

## 민족주의의 확대 : 힘의 정치

시간이 지나면서 민족주의는 낭만적 과장을 거쳐 세속적 종교로 탈바꿈했다. 국지적 분파에 대한 믿음과 의례적 복종이 학교에서 주입됐고, 신문 및 잡지의 사설에서 강조됐으며, 설교와 노래를 통해 찬미됐다. 사람들은 각자의 소맷자락에 민족주의의 특정한 상징을 달고 다니는 십자군이 됐다. 고대의 부족신은 욱일승천의 괴물로 변모해 인간의 모든 노력을 무색하게 했고,[161] 구체적으로 말해 막 태동하는 유럽의 정체성과 유럽 문화의 발전을 방해했다.[162]

각국이 개개의 이익을 추구하면서 민족주의는 상대국을 향한 자기합리화 수단으로 작용했다. 국익을 위해서라면 그 어떤 조치도 필수적인 것이었다. 국익이 최고였다. 그렇게 민족주의는 회의론자들의 지위와 호소력을 떨어뜨렸다. 유럽의 모든 외교관이 힘의 정책을 수행하는 데 박차를 가했다. 자국의 젊은이들이 외국에서 목숨을 잃는 까닭은 탐욕스러운 기업가나 어리석은 정치가들 때문이 아니라 특정 민족의 고결성이 다른 민족의 고결성과의 투쟁에 휘말렸기 때문이었다. 그것은 죽음을 국가에 대한 희생으로 그럴듯하게 포장하고, 죽음을 슬픔에 빠져 망연자실한 사람들이 받아들이도록 꼬드기는 현대판 신화였다.[163]

설상가상으로 민족주의의 분열과 열강 사이의 불화는 정귀환 방식을 띠었다. 즉 민족주의가 기승을 부릴수록 불화를 부추겼고, 심화된 불화는 다시 민족주의에 기름을 부었다. 각국은 종교적 열정을 발휘하듯 자국의 이기적 목적을 추구했다. 마치 국가와 국가의 목적이 인류 전체보다 더 중요한 것처럼 보였다.[164] 그렇게 유럽 공동체는 해체됐다. 유럽 공동체는 역사적으로 오직 제2의 나폴레옹 전쟁에 대한 공포에 의해서만 통합됐고, 전쟁이 잠시 벌어졌다가 끝나자 공포도 사라졌다.

유럽은 상대방의 이익을 최대한 훼손하다가 결국 모두에게 손해를 입히면서 과거보다 더 심각하고 복잡한 이해관계 충돌의 무대가 됐다. 그 무렵 핵심적인 표현은 '정당한 주장'이었다. 모든 종류의 국가가 다른 국가에 개입할 권리를 주장하는 동시에, 자국의 내정을 잘못 운영할 수 있는 자주권을 요구했다. 하지만 현실은 산업혁명의 영향으로 모든 나라의 이해관계와 관심사가 서로 불가분의 관계를 형성하게 됐다는 것이었다. 외교관들은 민족주의적 자기 변호,[165] 미화, 선전 같은 유사 종교적 형태를 통해 현실에 대처하고자 복잡한 동맹의 그물을 구축했다. 하지만 원래 안보가 목적이었던 그 거미줄 같은 동맹은 결국 아무도 상상하지 못한 전쟁으로 모두를 끌어들이고 말았다.[166]

독립적인 주권국으로 구성된 세계는 기껏해야 영구적인 갈등(혹은 갈등의 예비 단계)의 세계를 의미했다. 사실 민족주의는 약소국을 강한 나라로, 강대국을 제국주의 국가로 만드는 경향이 있었기 때문에 상호대립의 가능성이 짙어졌다.[167] 따라서 제국주의는 번영에 의해 그리고 번영을 위해 자멸적인 과대망상에 이를 만큼 공격적으로 변한 민족주의였다.[168]

## 민족주의와 제국주의의 결합

민족주의와 제국주의의 결합은 위험하리만큼 불건전한 것이었다. 거기에는 여러 가지 실질적인 이유와 이론적인 이유가 있었다. 우선 민족주의와 제국주의는 산업혁명을 계기로 점점 필요성이 증가하고 있던 국제적 제어장치의 필요성을 더욱 증가시켰다. 게다가 민족주의와 제국주의가 1800년대 후반 유럽의 정치사상을 지배하게 되자 제어장치 역할을 맡을 국제기관의 발전이 지체됐다. 끝으로 민족주의와 제국주의는 서양의 분별력이 평화를 지향하는 공통의 인간성 개념을 발전시키는 데, 그리고 서양의 지성이 타인뿐만 아니라 자신에 대한 이해의 수준을 높이는 데 걸림돌이 됐다.[169]

제국주의는 다른 지역과 문화에 대해 배울 수 있는 기회로 이어졌지만, 거기에는 큰 대가가 따랐다. 잘못된 배움에는 더 막대한 대가가 따랐다. 동인도회사East India Company가 1857년 세포이 항쟁을 재촉했을 때가 대표적인 사례다. 당시 새로운 소총과 탄약통이 동인도회사의 인도 용병들에게 지급됐는데, 기름을 칠한 탄약통은 장전 과정에서 사람이 입으로 물어뜯어 개봉해야 했다. 그것은 무척 어리석은 방식이었다. 왜냐하면 탄약통에는 브라만 계급에 속한 사람들이 신성시하는 소의 기름과 이슬람 교도들이 불결하게 여기는 돼지 기름이 칠해져 있었기 때문이다. 그것을 모욕으로 받아들인 용병들이 반란을 일으켰을 때 비로소 영국인들은 인도를 조금이나마 알게 됐다.[170]

그렇게 값비싼 대가를 치른 채 영국인들은 인도가 먼지와 햇빛, 학살과 잔인무도함의 땅이라는 점을 깨달았다. 하지만 그들은 어떻게 인도에 도착

하게 됐는지, 무슨 권리로 거기
에 있는지도 몰랐다. 왜냐하면
그것은 어느 누구도 던지지 않
은 질문이었기 때문이다. 영국
인들은 탄약통에 기름을 칠하지
않는 방법 이외에는 세포이 항
쟁을 통해 배운 것이 별로 없었

**세포이항쟁** 동인도회사에 대한 인도 용병들의 반란

다. 그들은 세포이 항쟁을 경고가 아니라 기회로 인식했고, 1858년 인도제
국Indian Empire은 낙관적이고 상상력이 풍부한 명칭의 〈인도의 더 나은 통치를
위한 법An Act for the Better Government of India〉이라는 법률에 의해 영국 왕실에 합병됐다.
이른바 더 나은 통치는 절대군주제의 모든 결점과 민주주의의 단점 및 관
료제의 비인격적 무책임성을 결합한 것이었다. 그것은 딱딱하고 유연성이
부족한 행정 체계였고, 개성과 지성이 부족한 군대에 의해 지탱됐다.[171]

　일반적으로 영국의 제국주의는 이야깃거리를 제공하는 언론, 군인의 중
요성을 강조하는 군대, 관료에게 일거리를 주는 정부, 이윤을 챙기는 경제
계의 지원을 받았다. 제국주의의 주요 반대 세력은 고되게 일하는 노동자
층이었고(그들 중 다수가 제국주의에 반대했다), 제국주의의 주요 비판 세력은
교육받은 빈곤층이었다(그들 중 극소수가 제국주의를 비판했다).[172] 하지만 교
육받은 빈곤층 가운데 제국주의를 비판하는 사람들의 비중이 늘어날 것 같
지도 않았다. 왜냐하면 제국주의 성향의 이기적인 특권 계급이 문제점 투
성이의 교육 제도를 장악하고 있었기 때문이다.

　우선 영국의 보통 교육은 일반적으로 종교적 다툼, 당국의 인색한 태도,

미성년 노동에 대한 수요 그리고 아동의 교육에 반대하는 독불장군들 때문에 마비 상태에 놓여 있었다. 게다가 과거에 인도인들을 부당하게 대우했다는 혐의로 재판을 받았던 로버트 클라이브Robert Clive와 워런 헤이스팅스Warren Hastings 같은 인물들이 근대사 교육 과정에서 제국 건설의 영웅으로 포장됐다. 공정한 승부, 합법성, 자유 등 영국적 색채가 짙은 전통보다 튜턴족의 민족학이 중시됐다. 인종적 우수성의 이상을 위해 정의라는 이상이 희생됐고, 새로 창조된 앵글로색슨족이 진화의 최종 수렴점으로 등장했다.[173]

부도덕성은 차치하고 유럽인이 인도와 동인도제도에서 거둔 빛나는 성공은 지배계급인 아리안족이 '백인의 책무'라는 가정에 입각해 세계에서 이룩할 수 있는 업적에 대한 희망으로 이어졌다.[174] 페르시아와 극동을 지배하는 영광이 손에 잡힐 듯했다. 19세기 말의 유력한 스키마는 유럽이 세계를 지배할 것이라는 전망이었다.

제국주의의 즉각적이고 휘황찬란한 전리품은 신경과민을 연상시킬 만큼 역설적인 행동의 정귀환 기제를 과시하면서 제국주의 체제의 기본적인 결함(지속적인 착취를 통한 이윤 회득으로 적개심을 유발한다)을 감췄다. 정치 체제가 긴박하게 동요하고, 종교가 쇠퇴하고, 탐욕스러운 경제가 제대로 교육받지 못한 자국민의 살림을 거덜내는 상황에서도 열강들은 감히 세계를 통치한다고 생각했다.[175] 그리고 아시아와 아프리카의 여러 나라를 영원히 지배할 수 있을 것으로 믿었다.[176]

십자군에 참가한 사람들의 동기가 각양각색이었듯, 불우한 미개인을 교화한다고 자부한 사람들도 다양한 동기를 갖고 있었다. 돈을 좇는 사람도 있었고, 명예를 추구한 사람도 있었다. 어떤 사람은 투자가, 또 어떤 사람은 강탈이 목적이었다. 영혼의 구제가 목적인 사람도 있었고, 정착이 목적인 사람도 있었다.[177] 그런데 거의 모든 사람이 인정하기를 꺼렸던 사실은 아시아인과 아프리카인이 유럽인과 동등한 수준의 지능을 타고난다는 점이었다.[178] 제국주의가 영원한 인종적 우수성이 아니라 일시적인 기술적 우위와 불분명한 행정적 숙련도에 근거한다는 점을 인정하기 싫었던 것이다.

그들은 역설적이지만 너그럽게도 자멸의 씨앗을 품은 채 식민지로 왔다. 밀접한 상업적·문화적 접촉이 이뤄지는 상황에서는 서로 교류하는 인구집단 사이의 지식적 교류를 피할 수 없었다. 하지만 유럽인들은 손해를 감수하면서도 기존의 일방통행식 교육 과정을 유지하기 위해 최선을 다했다. 그들은 자유주의적 사상(예를 들면 평등)과 정치적 이념(예를 들면 민주주의)을 엄격한 통제하의 식민지에 도입하고 전도유망한 식민지 학생들을 서양의 교육기관에서 교육시켰다. 하지만 정작 자신의 자식들을 동양으로 유학 보내지 않았다.[179] 식민지로 향한 정부 관료들과 선교사들은 그곳에서 무언가를 배우거나 그곳에서의 경험을 통해 자신의 견해를 정립할 생각이 없었다. 대신에 그들은 제국주의 정책을 집행하고 기독교 복음을 전파하기 위해 식민지로 떠났다.


## 힘이 정의다

유럽의 제국주의가 자멸의 씨앗을 품은 채 식민지로 향한 반면, 1871년 비스마르크에 의해 탄생한 프로이센 제국은 오만한 권력욕을 절제하지 못하는 바람에 붕괴를 자초했다.[180] 독일이 군국주의화되자[181] 민족 정체성에 대한 잠재의식적 염원은 필연적으로 세계를 지배할 운명인 게르만족의 영웅 신화를 통해 낭만적 합리주의라는 기이한 혼합물을 만들어냈다. 그 신화의 구현인 오토 폰 비스마르크Otto von Bismarck는 당대에 꼭 필요한 사람이었다. 그는 민족의 지위 향상을 가장 숭고한 도덕적 목적으로 여겼고, 인류에 봉사해야 한다는 의무감이 전혀 없었던 게르만 민족주의의 치밀한 창시자는 거미줄 같은 외교망을 구축했다. 그리고 권력을 갈망했으며, 아리안족의 타고난 우수성을 믿기 시작한 당대의 독일인들에게 역할 모델이 됐다.

비스마르크는 철혈 정책에 매진하는 제국주의적 게르만 국가를 창조한 주인공이었다. 그렇게 탄생한 국가가 재빨리 빈곤에서 벗어나 부와 승전을 쟁취한 덕분에 아리안족의 불패 신화는 한층 강화됐다. 언론, 지식인, 교육기관 등은 비판적이고 분석적인 사고와 객관적인 자기인식을 저버리고 독일인의 자긍심과 조국에 대한 믿음을 극단적 애국주의로 밀어붙였다.[182]

사실 호엔촐레른Hohenzollern 왕조 체제에서 가장 심각한 범죄 중 하나는 교육의 불순화不順化였다. 근대 국가 중 호엔촐레른 왕조하의 독일만큼 의도적으로 습득한 교훈을 가르침으로써 학문을 모욕한 나라는 없다.*

20세기 전반기를 예고하는 19세기 후반기(기술적 발명과 과학적 발견에 힘입은 산업시대)의 가장 불길한 징조가 힘에 근거한 힘의 세계에서 자민족이

---

* 1970년 이전의 역사 교과서가 과거의 남부 연합Confederacy 지역에 속한 학교에서 채택될 수 있도록 남북전쟁의 원인을 노예제 이외의 모든 것으로 돌렸듯(Aaron, pp. 28, 180), 미국도 독일 못지않았다. 조지 오웰George Orwell의 소설에 나오는 전체주의적 사회 상황을 연상시키는 대배심의 기소에 복종할 것을 역사학자들에게 요구한 미국역사학회American Historical Association의 주장은 다행히 무시당했다(Pfitzer, p. 114).

차지하는 우위성과 우월성을 둘러싼 독일인의 주도면밀한 자기세뇌였다는 점은 매우 역설적인 사실이다. 유럽인들은 대부분 역사를 자연법에 따라 진행되는 것으로,[183] 즉 우주에 질서를 부여하는 영원한 진리의 합리적 과정으로 바라보았다.[184] 반면 "힘이 정의다"[185]라는 접근법을 합리화한 독일 역사학자들은 대다수 유럽인의 시각에 대항하는 스키마를 고안하고 있었다. 힘을 정의로 간주

1848년 비스마르크와 프로이센 국왕
프리드리히 빌헬름 4세

하는 접근법은, 정의까지는 아니어도 문화적 정숙함과 경제적·사회적 역사를 외면하면서 강대국간의 권력 정치와 충돌에 집중했다.

　독일의 초·중·고교 학생들은 학교에서 독일인의 우수성을 배웠고, 교수들은 대학생들에게 그것과 똑같은 내용을 주입했다. 수학과 생물학 강의는 독일인의 정신과 육체의 우월성에 관한 수업이 됐다.* 독일인들이 과대망상적인 자부심에 심취하면서 역사는 오염되고 타락했다. 그들은 빛나는 갑옷을 입은 채 말을 타고 열등한 민족의 세계를 누비는 튜턴 기사단원의 이미지에 흠뻑 빠졌다. 그리고 50년 뒤에 히틀러가 모방할 허황된 인종적 미사여구를 통해 그런 환상을 유지했다.[186]

---

* 제1차 세계대전 기간에 미국에서도 비슷한 사례를 찾아볼 수 있었다. '독일놈들Krauts'은 야만인보다 못한 존재로 치부됐다. 당시 공보위원회Committee on Public Information(조지 오웰의 소설에 등장하는 정보 통제기관인 진실부Ministry of Truth에 해당한다)는 《독재자The Kaiser》,《베를린의 야수The Beast of Berlin》,《프로이센 똥개The Prussian Cur》등을 포함한 홍보영화를 잇달아 개봉했고, 각급 학교는 전쟁 승리의 일환인 요란한 민족주의적 선전으로 가득했다(Goldberg, 110).

튜턴 기사단원은 1870년 프로이센 군인의 가면을 쓴 채 국제적 갈등에 접어들면서 그런 환상에 약간의 실체를 부여했다.[187] 에스파냐의 왕위 계승을 둘러싼 18세기풍 불화에 연루됐을 때 나폴레옹 3세Napoleon III, 샤를 (루이 나폴레옹 보나파르트와 동일인물-역주)은 비스마르크의 북독일연방North German Confederation 이외의 독일인 국가들의 충의와 의도를 심각하게 오판했다. 나폴레옹 3세는 그 국가들이 프랑스 편에 서서 프로이센과 프로이센의 동맹국에 맞설 것으로 기대했다(그리고 아마 그렇게 생각했지만). 하지만 인적 지도가 존재감을 드러내고 모든 독일인이 꽉 움켜쥔 주먹처럼 하나로 뭉치면서 민족주의가 승리했다. 안타깝게도 동쪽에서는 독일이 포즈난을 비롯한 몇몇 폴란드 지역의 행정권을 인수하고, 서쪽에서는 비스마르크가 로렌을 합병해 이후 프랑스인들이 여러 해 동안 맛볼 쓴맛을 선사하면서 '팍스 게르마니아Pax Germania(독일의 힘에 의한 평화-역주)'는 민족주의를 인적 지도 저 너머까지 밀어붙였다.[188]

1890년, 최악의 신新교육 정책과 프로이센 군주제의 제국주의적 전통을 하나로 결합한 황제 빌헬름 2세Emperor Wilhelm II는 마치 비스마르크가 충분히 게르만 민족답지 않다는 듯이 그를 해임했다. 독일식 선전 활동의 모범생이었던 빌헬름 2세는 러시아와 프랑스가 쇠락하고 영국이 내전으로 치닫고 있음을 알아챘다. 그는 세계를 교화하는 일이 독일의 책무이자 운명이라고 생각했고, 신이 자신의 과업을 달성하도록 도와준다고 믿었다. 극도로 보수적이고,[189] 약간 음침하고, 공격성을 띨 정도로 불안에 떨던 그는 이전의 조언자를 능가하는 노골적인 군국주의자로서 세상에 족적을 남기는 데골몰했다.[190]

대략 1900년 전후로 독일뿐만 아니라 유럽 곳곳에서 군국주의가 횡행하는 상황에서 열강들은 평화를 위해 주권을 양보할 생각이 전혀 없었다. 1900년 이전의 반세기 동안에는 유례없이 국제주의가 진척됐고, 국제법을 보강하고 집대성하는 작업도 순조롭게 진행됐다.[191]

비스마르크 해임 풍자화

따라서 1899년과 1907년 헤이그에서 열린 만국평화회의 참가자들은 순진하게도 전쟁을 종식시키기 위해서가 아니라, 전쟁을 상대방을 모욕하는 경제적인 수단으로 만들기 위해 애썼다. 열강들은 경쟁국과 잠재적 적대국에 모욕감을 유발하고, 전쟁의 경제성과 소규모 분쟁에서의 비용 효과를 높이는 방향으로 국제법을 확립하고자 했다.[192] 노골적으로 모색한 전쟁이 결국 발발했을 때 수치와 모욕감은 망각됐고, 헤아릴 수 없을 만큼 막대한 비용이 소요됐다.[193]

제1차 세계대전의 첫 번째 피해자 가운데 하나는 역사관, 특히 역사를 평화와 자유를 향한 자연스러운 진보로 바라보는 관점이었다. 1914년까지 사람들은 흔히 19세기를 고된 삶에서 해방된 산업적·기술적 발전의 세기로 인식했다. 그런 착각은 최전선의 참호 속에서 산산이 부서졌고, 평화를 위해 기꺼이 노력하려는 사람들의 마음속에 평화에 대한 희망이 그대로 남아 있었어도 그들은 더 이상 평화를 이룩할 방법을 알지 못했다.[194] 평화를 바라는 사람들이 평화를 이룩할 방법을 몰랐던 이유는 산업화로 인한 문제

자체뿐만 아니라 문제를 바라보는 관점이 바뀌었기 때문이다.

산업화의 영향으로 인간은 엄청난 힘을 손에 넣게 됐고, 자신의 행위에 대한 도덕적 정당화의 필요성을 축소하면서 특정한 목적을 달성하려는 과정에서 그 엄청난 힘의 쓰임새를 생각하게 됐다. 정치적 사안이나 인간관계와 관련해 예로부터 행위의 외부적 한계를 설정했던 두 가지 오래된 개념은 신에 대한 믿음과 진리에 대한 믿음이었다. 표면적으로는 그 두 가지 믿음이 유지됐지만, 19세기가 무르익으면서 권력자들은 차츰 자신의 정책이 강제력과 선전의 효과에 의해서만 제한을 받는다는 사실을 깨닫게 됐다.[195]

바야흐로 사람들에게 직면한 중요한 문제는 인간적 한계에 적응하는 문제인 것 같았다. 그 결과는 실로 무시무시했다. 당시에는 문명 전체를 위한 목표와 지침을 설정할 수 있는 원대한 스키마가 전혀 없었기 때문이다. 권력자들에게는 목표가 있었다(그들은 권력을 유지하고 싶어 했다). 권력이 없는 사람들에게도 목표가 있었다(그들은 권력을 갖고 싶어 했다). 양심의 가책에 힘입어 노예제가 폐지되고 마지못해 노사관계가 개선됐지만, 지배권을 보유하고 있다는 사실만으로도 기득권 우선의 정책을 정당화할 수 있었다.[196] 당연히 "힘이 정의다"라는 유사진화론적 윤리에서는 흔히 국가와 국민이, 통치자와 시민이, 인간과 자연이 대립했다.[197]

†

산업시대의 궁극적 모순은 서양 문명이 자원에 대한 수요 때문에 점점 자연에 의존하게 되면서, 정작 서양 문명을 지탱하는 세계와 낭만적 관계를 맺는 데 실패했다는 점이다. 기술은 인간과 자연 사이에 장벽을 세웠고, 그 장벽은 사람들에게 문화란 자연계와 무관한 것이라는 관념을 심어줬다. 하지만 실제로 문화는 역사상 유례없이 자연계에 의존하고 있었다. 사람들은 착취에 무척 능숙해졌고, 결과적으로 자연은 더 이상 인간의 장기적 야심과 포부에 대한 단기적 제한 요인이 아닌 것처럼 보였다.

따라서 19세기의 기본적인 교훈은 힘이 미덕과 짝을 이루지 못했다는 점, 지식이 악덕과 짝을 이룬 것 같다는 점이었다. 상대적으로 중요한 도덕성은 물질적 진보의 물결에 모두 휩쓸려 떠내려간 듯했다. 철도, 증기선, 전화 덕분에 삶은 더 효율적으로 변했지만, 더 윤리적으로 변하지는 않았다. 변화가 반드시 좋은 것만은 아니었지만, 아무도 형이상학적 판단 기준을 열심히 모색하지 않았다.[198] 만약 형이상학적 판단 기준이 발견된다면 아마 그것은 타인의 권리와 자연에서 인간이 차지하는 위치에 대한 이해를 근거로 힘을 제한하는 윤리일 것이다.[199] 안타깝게도 산업혁명이 점점 가속화되고 사람들이 힘을 더 빨리 사용할 수 있는 새로운 방법을 고안하는 데 골몰하는 상황에서 권력자들 가운데 그 누구도 서양의 독선적이고 자기만족적인 오만을 제어할 윤리를 발견하는 데 큰 관심을 기울이지 않았다.

# 10장

# 오만의 시대

## : 어리석은 선택은 계속된다

 19세기에서 20세기로 넘어올 무렵, 빅토리아 여왕 시대의 기업가들은 자신을 제외한 모든 대상을 확고하게 장악한 듯했다. 애석하게도 그들의 자기만족은 부와 성공으로 가득한 독선의 세계에서 기술의 승리에 힘입어 정당화되는 것처럼 보였다.

발명가들의 천재적인 적응력과 과학자들과 공학자들이 물질계에 적용한 이성 덕분에 과거의 계몽된 공상가들이 예측했던 진보가 실현됐다. 산업혁명은 절정을 구가했고, 기술이 달성할 수 있는 목표에는 한계가 없어 보였다. 전화, 전등, 비행기 그리고 부자의 최신 장난감(말이 필요 없는 마차, 즉 자동차) 등은 모두 자연에 대한 승리처럼 보였다. 물질계의 풍요로움을 활용할 힘과 의향이 있는 모든 사람에게 물질계는 기본적으로 만족의 원천으로 인식됐다.

## 무엇이든 할 수 있다 : 오만함의 대가

불행히도 "무엇이든 할 수 있다"라는 식의 태도에 담긴 오만은 당대의 전반적인 어리석음을 특징짓게 됐고, 여러 가지 문제를 야기하는 데 일조했다. 인적 자원과 자연 환경에 대한 노골적인 착취와 침해가 20세기의 가장 명백한 문제였다. 하지만 그런 문제는 결국 기술(우리는 기술을 숭배하게 됐다)과 자신(우리는 스스로를 고집스레 믿는다)을 통제하지 못하는 근본적인 무능력에서 비롯됐다.

우리가 '기술=진보(이 명제로 인해 문명이 종식되는 일은 없었으면 한다. Lindbergh)'라는 등식에서 인간과 자연이 차지할 위치를 발견할 때까지 서양의 정신을 훼손하고 기득권의 공인된 태도를 특징짓는 오만의 대가를 계속 치러야 할 것이다. 사실 20세기 초반, 산업기술의 불패 신화를 가장 굳게 믿은 사람은 타이타닉호Titanic의 운명을 통해 우리의 모든 기계 조작 기술이 자연을 경시하는 태도와 결합될 경우 인간의 안전을 보장할 수 없다는 교훈을 배웠어야 마땅하다.

그 불운한 죽음의 항해만큼 기술과 그에 대한 우리의 건방진 믿음을 상징적으로 보여주는 예는 없다. 타이타닉호는 역사상 가장 크고 빠르고 화려한 배였고, 무엇보다도 가라앉지 않을 것이라고 생각되었던 배였다. 당연히 선장 E. J. 스미스E. j. Smith는 빙산 따위를 두려워하지 않았다. 그래서 1912년 4월 14일 안개가 자욱한 밤에 타이타닉호는 그 배가 낼 수 있는 최고 속력인 시속 35킬로미터로 전진했다.[1] 설령 충돌이 발생하더라도 타이타닉호가 아니라 빙산이 가라앉을 것이라고 생각했다. 모두가 그렇게 믿었다.

나중에 밝혀졌듯이 타이타닉호는 건조 단계에서 이미 침몰이 예정되어 있었다. 수밀구획水密區劃의 최상단이 열려 있었고, 충돌 이후 선수의 6개 격실이 침수되자 물이 일곱 번째 격실과 여덟 번째 격실까지 흘러넘칠 정도로 배가 가라앉았다.[2] 가라앉지 않을 배에 어울리지 않는다는 이유로 구명정을 많이 배치하지 않는 바람에 1,500명 넘는 사람이 그날 밤 숨졌다. '1,500'은 전혀 불필요한 단 하나의 비극의 기준에서는 큰 숫자이지만, 불필요한 비극으로 점철된 20세기의 오만의 기준에서 본다면 사소한 희생이었다.

사람들은 간혹 오류의 가능성이 있는 하드웨어를 맹신한 대가를 치렀지만, 우리가 경험하는 대다수의 비극(고강도의 국제전國際戰과 각국 내부의 장기적 불의와 부정)은 인간적 성향이 너무 짙은 소프트웨어 때문에, 특히 서로

타이타닉의 항해 준비(1909년~1912년)

사이좋게 지내지 못하는 인간의 무능력 때문에 초래됐다(예를 들어 1914년부터 1991년까지 1억 8,700만 명 넘게 살해됐다).[3] 산업혁명의 기술적 진보와 발명에도 불구하고 우리는 인간관계의 암흑시대에 살고 있는 듯하다. 이 점은 가장 심각한 비극 중 하나이자, 최초의 대규모 비극인 제1차 세계대전이 가장 생생하게 증언해준다.


## 힘에 의한 평화

1910년 《케임브리지 근대사The Cambridge Modern History》(영국의 자유주의적 역사학자 존 액턴John Acton이 기획한 공동 연구 역사서-역주)의 저자들은 힘에 의한 평화를 당시의 주요 성과로 지목했다. 1880년대 말부터 시작된 군비 확장 경쟁은 평화에 도움이 됐고, 뜨거운 민족 감정은 이미 가동력을 상실한 상태였다.[4]

같은 해 노먼 에인절Norman Angell은 《거대한 환상The Great Illusion》에서 여신 금융의 상호의존성 때문에 열강 간의 전쟁은 일어날 수 없을 것이라고 주장했다.[5] 그로부터 4년 뒤에도 다가올 전쟁의 결과를 예상한 사람은 없었다. 그러나 유럽의 지도자들은 돈을 잃는 확실한 지름길이라는 이유로* 전쟁을 그저 경제적 맥락에서 바라봤더라면 사람들의 운명은 훨씬 순탄해졌을 것

---

• 1848년에 존 스튜어트 밀이 이 점을 지적했으나 그것은 공허한 메아리에 불과했다. 그는 바보스러운 짓이기 때문이 아니라 경제적 이익을 훼손하기 때문이라는 상업적 이유에서 전쟁이 구시대의 유물로 전락할 것이라고 생각했다(Freedman, p. 96). 1898년 이반 블로흐Ivan Bloch는 6권짜리 저서인 《전쟁의 미래 The Future of War》에서 전쟁에 가담한 나라들을 파산시킬 것이라는 이유로 전쟁의 미래를 부정했다(Bloch, p. 27)

이다.

1912년부터 1913년까지 벌어진 두 차례의 발칸 전쟁Balkan Wars을 조사한 1914년 봄의 국제위원회 보고서에 의하면 유럽의 열강들은 가장 부유한 나라가 전쟁으로 잃을 것이 가장 많다는 점과 모든 나라가 평화를 기원한다는 점을 알고 있었다. 그 위원회의 영국 측 위원인 헨리 브레일스포드Henry Brailsford는 정복의 시대는 끝났으며, 모두가 합리적으로 행동한다면 앞으로 열강 사이의 전쟁은 더 이상 없을 것이라고 단언했다.

하지만 합리성이 가장 절실할 때 흔히 그렇듯, 정치적 판단의 건전성[6]은 이미 완전히 붕괴된 상태였고, 극소수의 엉뚱한 비관론자만 임박한 전쟁의 비참한 결과를 상상하고 있었다.[7] 사람들이 겪은 고통은 별도로 하더라도, 제1차 세계대전은 예상대로 유럽에 막대한 경제적 재앙을 불러왔다. 제1차 세계대전만큼 마르크스의 경제결정론을 통렬하게 논박한 것은 없다. 전쟁은 국민과 통치자와 국가에 빈곤과 파멸을 선사했다. 제1차 세계대전에 소모된 비용은 3,300억 달러에 이르렀다.[8] 그것은 당시 전 세계의 금화 액수의 33배에 달한다. 이런 막대한 자금은 대부분 상호파괴의 기술, 과학, 공학 등에 지출됐다.

마르크스가 옳았고 경제적 동기가 지배했다면 전쟁은 일어나지 않았을 테지만,[9] 인간의 행동은 실재보다 인식에 더 좌우된다. 게다가 제1차 세계대전 직전에 사람들은 임박한 전쟁이 유리하게 작용할 것이라는 비현실적 인식에 사로잡혀 있었다. 1913년, 게오르그 브란데스Georg Brandes는 "유럽의 대규모 전쟁은 모든 관계자에게 엄청난 비극이 될 것이다"라고 명시적으로 경고했으나, 그의 말은 철저히 무시됐다. 결국 그는 이렇게 푸념했다. "전쟁

**게오르그 브란데스** 유럽의 전쟁은 모두에게 비극이 될 것이라고 말했다.

의 우매함을 보여주는 통계는 거의 무용지물이다. 그것은 생각하는 방법을 아는 사람들만 납득시킬 수 있을 뿐이다(일반인 중 극소수만 납득시킬 수 있고, 권력자 중 그 누구도 납득시킬 수 없다)."[10]

## 독일의 오판

경제적 자멸, 역내 정치, 불타는 복수심, 편집증적 야심 같은 배경 속에서 주지의 사실을 외면하려는 태도, 숨 막힐 듯한 애국적 열의, 평화 지향적 자세 등이 완전한 실수로 이어졌다.[11] 즉 오스트리아는 싸움을 원했지만, 많은 싸움에 가담하는 과정에서 무분별한 정도의 게르만적 오만에 휩쓸렸다. 다시 말해 정치적·사업적 이익과 인종적 저의를 파시즘으로 결합한 독일의 '권력 의지'를 실현하려면 프랑스를 제거하고 영국을 제압해야 했다. 하지만 독일은 당장의 적과 잠재적 적의 전투 능력을 오판했고, 결국 그 모든 계획은 수포로 돌아갔다.[12]

사실 많은 사람의 의식에는 '커스터 콤플렉스Custer complex(적의 능력을 제대로 평가하지 못하는 경향)'가 뿌리 박혀 있다. 군국주의자들의 경우, 그런 약점이 두드러질 때가 많다. 제1차 세계대전이 벌어지는 동안, 특히 황제 빌헬름 2세와 휘하의 장군들인 루덴도르프Ludendorff와 힌덴부르크Hindenburg는 그런 증상에 계속해서 시달렸다. 그들은 연합국들이 너무 어리석은 나머지 독일의 비범한 의도를 알아채지 못할 것이라고 생각했다. 또한 군대를 소집하고 유럽으로 파견할 수 있는 미국의 능력을 완전히 과소평가했다.[13] 제

좌 | 힌덴부르크와 루덴도르프
우 | 프리드리히 폰 베른하르

1차 세계대전을 하나의 상수로 설명할 수 있다면 아마 그것은 전쟁 전에 독일이 펼친 정책에 내포된 판단 착오, 즉 어리석음일 것이다. 이런 오산은 고질적인 무지에서 비롯됐고, 스스로에 대한 과대평가와 상대방에 대한 과소평가(외부 세계에 대한 정치적 무지에 의해 악화된 두려움, 오만, 불안 등의 독특한 조합)로 이어졌다.[14]

## 연합국의 오판

연합국들이 독일의 의도를 알아채지 못할 것이라는 그들의 가정은 옳았다. 프랑스인들은 독일의 퇴역 장군 프리드리히 폰 베른하르티Friedrich von Bernhardi가 1912년에 펴낸 책 《독일과 차후의 전쟁Germany and the Next War》을 무시했다. 그는 독일이 예방 전쟁을 통해 영국, 프랑스, 러시아의 동맹을 분쇄해야 한다고 주장했다. 실제로 그것은 1912년 12월 독일 황제와 그의 군사 고문들이 추진한 공격적 합병 계획을 시작으로 구체화됐다.[15]

스스로 오판을 범하고 있다는 뚜렷한 증거가 드러난 데다 그나마 유능한 인물인 빅토르 미셸Victor Michel 장군이 프랑스군의 전략적 실수를 경고했다. 하지만 프랑스인들은 전쟁이 일어나면 독일군이 어느 부분을 집중적으로 공격할 것인가라는 점에서 완전히 잘못 생각했다.

1911년, 빅토르 미셸은 프랑스군의 로렌 방어선이 난공불락이기 때문에, 만일 독일군이 침공한다면 벨기에를 통과하는 북쪽 경로를 선택할 것으로 확신한다는 점을 최고군사회의에 통보했다.[16] 영국군도 그와 동일한 결론을 내렸지만, 프랑스군 지휘관들의 생각은 달랐다. 그들은 독일군이 알자스로렌을 통과하는 남쪽 경로를 선택할 것이라고 확신했다. 왜냐하면 첫째, 1870년 프로이센군도 알자스로렌을 공격했다. 둘째, 알자스로렌은 전쟁이 발발할 경우 프랑스군이 공격을 개시할 지역으로 이미 결정된 곳이다. 셋째, 북쪽 경로는 벨기에와 조약을 맺은 영국의 개입을 초래할 위험이 있다는 이유에서였다.[17]

전쟁이 목전이던 그 기간에는 정규환적 집단사고가 프랑스인들의 오만이 형성되는 데 중요한 역할을 맡았다. 최고군사회의 참가자들은 서로에게 악영향을 미치면서 미셸 장군의 경고를 무시했다. 뿐만 아니라 독일이 프랑스군의 대규모 병력이 집결한 알자스로렌이 아니라 벨기에와의 국경선을 중심으로 슐리펜 계획Schlieffen Plan에 따라 군사적 태세를 갖췄다는 명백한 사실마저 무시했다. 그들은 프랑스인의 기세에 매우 단순한 구호에 집착하고, 프랑스의 막강함에 대한 착각에 빠져 있었다.

아마 그것은 과거 독일에 당한 굴욕에서 비롯됐을 것이다. 그런 집착과 착각은 프랑스군이 독일의 가장 든든한 서쪽 국경을 정면으로 공격하는 비현실적인 제17계획을 채택하기로 결정하는 데 영향을 미쳤다.[18]

제17계획은 독일의 벨기에 관통 작전의 가능성을 무시하다시피 했을 뿐만 아니라, 잘못된 정보에 근거했다는 점에서 엉터리였다. 독일의 정규 사단만 고려하고 예비 병력을 무시함으로써 프랑스는 로렌 반대편의 방어

**1차 마른 전투** 공격을 기다리고 있는 프랑스 군인

력을 절반 정도로 과소평가했다. 그리고 결과적으로 단단히 방어 태세를 갖춘 적군을 공격할 계획을 세우게 됐다.[19] 그런 오판의 핵심적인 원인은 독일이 예비 병력을 최전선에 배치하지 않을 것이라는 확고한 믿음이었다.[20] 1913년부터 프랑스군 참모본부로 흘러 들어간 정반대의 증거는 무시됐다. 결국 전쟁이 시작되고 슐리펜 계획이 실행됐을 때, 프랑스군은 완전히 무방비 상태였다. 프랑스군은 일단 후퇴한 뒤 재편성해야 했고, 이후 영국군의 도움으로 마른 전투 Battle of the Marne(1914년 9월 6~10일)에서 독일군을 겨우 밀어붙이고 전쟁은 교착상태에 빠졌다.

그때 단 하루만 먼저 전투가 시작됐더라면 독일군 전체를 섬멸할 수 있었을 것이다. 영국군이 적절한 복장에 신경 쓰는 것만큼 시기적절한 행동에 전념했더라면 전투는 하루 먼저 시작될 수 있었다. 그러나 불행히도 파리 사령관으로서 그 전투 계획을 구상한 조지프 시몽 갈리에니Joseph Simon Gallieni 장군은 검정색 단추가 달린 장화를 신고, 노란색 각반을 차고, 안경을 쓰고, 지저분하고, 털이 많은 사내였다. 그런 '빌어먹을 희극 배우'에게 말을 거는 영국군 장교는 한 사람도 없었다. 그렇게 의사소통이 이뤄지지 않은 채로 전투는 하루 늦게 시작됐고, 결국 전쟁은 4년을 더 끌었다.[21]

그것은 대실패였다. 모두가 실패와 재앙을 향한 어리석음을 겨루는 것 같았다. 스스로의 광기를 숭배하는 수많은 미치광이 사이에서 온전한 정신은 길을 잃었다.[22] 1916년, 어느 프랑스군 장교는 일기장에 이렇게 썼다.

"인간은 미쳤다! 지금 하는 일은 틀림없이 미친 짓이다. 아, 정말 끔찍한 학살이여! 피비린내 나는 공포의 현장이여! 지옥도 이보다 끔찍할 수 없을 것이다. 인간들은 미쳤다!"

이튿날 그는 전사했다.[23]

**조지프 시몽 갈리에니** 마른 전투를 기획한 사령관

광기까지는 아니어도 어리석음에 흠뻑 빠진 채 영국인들은 그럭저럭 헤쳐 나갔을 것이고, 프랑스인들은 특유의 기세에 힘입어 승리를 거뒀을 것이고, 독일인들의 오만은 통했을 것이고, 러시아 농민들은 총알받이 역할을 했을 것이다. 그것은 명백한 사실을 지적하는 행위가 배신으로 간주될 수 있는 세계였다. 잘못된 부분을 언급하고, 전쟁 무용론을 주장하는 한 명의 내부고발자가 행진에서의 환호와 호전적인 선전의 외침으로 그 고발을 들을 수 없는 수백만 명을 상대해야 했다.

그러나 순전히 전술적인 차원의 어리석음에 초점을 맞춰본다면 이미 오래전에 신식 무기류의 등장으로 구식으로 전락한 '공격' 전술을 고집한 양측 장군들의 어리석음이 단연 돋보인다(사실 우리는 이 교훈을 남북전쟁이 벌어지기 50년 전에 이미 배웠어야 했다. 남북전쟁을 통해 머스킷총 시대에 개발된 공격 전술이 상대방의 라이플총 앞에서는 자살 행위나 다름없는 것으로 드러났지만, 병사들(목표물) 외에는 아무도 그 점을 알아차리지 못했다. McPherson, 472~474). 정면 공격이 효과 없는 전술이라는 사실을 수많은 병사가 실전에서 수없이 입증했다. 고위 지휘관을 빼고는 모두가 그 점을 알고 있었다. 실패의 원인을 늘 다른 곳에서 찾던 지휘관들이 정면 공격 무용론을 인정하기까지 몇 년 동안 수많은 병사가 목숨을 잃었다.

전투에서 살아남은 영관급 장교들이 수뇌부의 참모로 진급한 뒤 그간의 실전 경험에서 깨달은 바를 실천하지 않았다면 정면 공격 무용론은 빛을 보지 못했을 것이다. 틀림없이 그런 장교들 가운데 일부는 1916년 7월 1일에 솜 강에서 공격에 나섰다가 다행히 피해를 입지 않은 소규모 영국군 병력에 속해 있었을 것이다. 그리고 그들이 배운 교훈 중 하나는 공격에 참가한 신형 전차 33대보다 더 많은 수의 전차를 사용해야 했다는 점이었다 (이 부분은 역사적 사실과 상이하다. 영국은 1916년 9월 15일 솜강 전투에 처음으로 9대의 전차를 사용했다. 저자가 언급한 1916년 7월 1일은 솜강 전투가 시작된 날로, 이날 영국군은 독일군의 기관총 공격으로 엄청난 피해를 입었다.-역주). 그들은 기병대가 말을 선호했기 때문에 전차를 더 많이 투입하지 않았다는 사실을 알게 된 이후 틀림없이 원통해했을 것이다.[24]

치명적인 실수로 점철된 전쟁에서 갈리폴리Gallipoli 상륙작전만큼 끔찍한 재앙은 드물다. 갈리폴리 상륙작전에서 발생한 재앙 가운데 어리석음이 가장 돋보이는 사례는 1915년 8월 6일에 안자크 만에서 연합군이 시도한 진격이었다. 연합군 병사들은 종대로 능선의 400미터 반경까지 접근했다. 그들 앞에는 불과 20

전투 중 포기된 채 가라앉는 영국 해군 전함 HMS 이리지스터블호

명의 터키군 병사들이 있었다. 잘만 했으면 그들은 쉽게 유리한 고지를 차지함으로써 상륙작전을 멋지게 성공시킬 수 있었을 것이다. 그렇게 된다면 터키는 전쟁에서 완전히 손을 뗐을 것이고, 불가리아는 동맹국에 가담하지 않았을 것이다. 오스트리아는 약점이 드러났을 것이고, 독일은 고립됐을 것이고, 전쟁은 끝났을 것이다. 그렇다면 과연 연합군 병사들은 종대로 전진하다가 무슨 일을 했을까? 그들은 아침을 먹기 위해 멈춰 섰다.[25]

그나마 차를 마시려고 행군을 중단하지 않아서 다행이었다고 할까? 이는 행동에 나설 알맞은 때의 중요성을 이해하지 못하는 영국인의 무능력을 보여주는 한 가지 사례다.[26]

작전을 단지 몇 분이나 몇 시간 연기하는 바람에 손쉬운 승리 대신 치명적 패배를 초래한 경우가 전쟁 기간 동안 여러 차례 발생했다. 영국인들도 전쟁이 크리켓 경기가 아니라는 점은 알고 있었다. 하지만 준비를 마친 상태에서 한가롭게 움직이는 태도에서 비롯된 느긋한 시간 관념에서 벗어나지 못했다. 그들은 시기가 적절할 경우 50명이 할 수 있는 일을 한 시간 뒤에는 1,000명을 동원해도 해낼 수 없다는 점을 깨닫지 못했다. 갈리폴리에서 아침을 먹는 동안 영국 병사들은 때를 놓쳤다. 이때 터키군은 능선의 방비를 강화했고, 아침을 푸짐하게 먹은 연합군 병사들은 언덕을 터벅터벅 내려와 평범한 점심을 먹어야 했다.


## 독일의 자충수

하지만 연합군에게는 다행스럽게도 독일 해군이 자충수를 뒀다. 1915년 9월, 알프레트 폰 티르피츠Alfred von Tirpitz 제독이 잠수함전 제한 조치에 항의했다는 이유로 해군 수뇌부에서 축출됐다. 그는 아서 코난 도일 경Sir Arthur Conan Doyle이 1913년에 내놓은 기발한 소설《데인저Danger》의 내용(영국인들이 적국의 잠수함 공격에 따른 보급 차단으로 항복하게 된다)에 푹 빠져 있었다. 정작 영국인 독자들에게는 외면받은 그 소설의 열혈 독자였던 티르피츠는 해상의 모든 적국 선박과 전쟁 수역의 모든 중립국 선박을 침몰시켜야 한다고 주장했다.[27] 그의 요구는 1917년에 이르러서야 채택됐다. 티르피츠는 부적절한 시점에 적절한 정책을 요구하는 바람에 해임된 셈이다.

1916년, 그의 후임인 에두아르트 폰 카펠레Eduard von Capelle 제독은 조선소의 잠수함 건조량을 5배로 늘리자는 제안을 거부했다. 그가 제시한 반대 근거는 역사상 가장 어리석은 발언 중 하나로 꼽을 만하다. "전쟁 이후에 그토록 많은 잠수함으로 무엇을 할지 아무도 모를 것이다."[28] 독일의 처지에서 그것은 정말 뼈아픈 착각이었다.*

1917년, 독일군 최고사령부는 지상에서의 승리가 불가능하다고 판단하고, 미국이 효과적으로 개입하기 전에 군수 물자 지원을 차단함으로써 영국의 숨통을 조일 수 있을 거라는 기대를 품은 채 잠수함을 이용한 무제한 적 공격을 재개했다. 특유의 낙관론을 뽐내듯 독일군 제독들은 약 4개월 안에 영국이 무너질 것이기 때문에, 미국이 개입할 가능성을 완전히 부정할 수는 없어도 무시할 수 있다고 주장했다. 그들이 볼 때 영국이 강화를 제의하기 전에 미군이 지상전에서 결정적인 역할을 맡을 만한 시간이 충분하지 않을 것 같았다.[29]

좋게 말해 그것은 도박이었고, 나쁘게 말해 그것은 오판이었다. 승리에 집착하고 현실을 부정하는 독일인의 고질적 태도를 감안할 때 다른 선택은 없었다. 우드로 윌슨Woodrow Wilson이 제안한 승리 없는 평화는 조절이나 타협이 아니라 강압적 목표 달성에 익숙한 독일군 수뇌부의 사고에 맞지 않았다. 또한 독일 해군은 영국이 1918년까지 전쟁을 이어갈 것이라는 가능성을 감안하면서 스스로의 한계를 인정하는 태도를 보였어야 했는데 그렇게 하지 못했다. 그리스 비극의 분위기를 흉내 내듯 독일은 성격이 곧 운명임을 입증했고, 독일의 이미지를 과시하듯 어뢰 공격을 감행했다.[30]

## 미국의 참전 : 도덕적 정화의 기회

군사적 사안은 별도로 하고, 일단 미국이 참전하자 이상주의적 성향의 미국 지식인들은 전쟁을 후방에서의 도덕적 정화에 나설 기회로 여겼다.[31]

---

• 독일 군부는 여기서도 아무것도 배우지 못했다. 역사상 두 번째로 어리석은 발언의 주인공으로 베를린 항공부Berlin Air Ministry를 지목할 수 있다. 1940년 베를린 항공부는 2년 후에는 사용할 수 없는 모든 비행기에 대한 연구를 보류하도록 명령하면서 이렇게 밝혔다. "그런 유형의 비행기는 전쟁이 끝난 뒤에 수요가 없을 것이다." 마찬가지로, 그리고 아마 똑같은 어리석은 이유에서 1942년 봄 히틀러는 6주 후에는 사용할 수 없을 듯한, 모든 신형 무기 체계(원자폭탄도 포함됐다)에 대한 연구를 취소했다. 세 번째로 어리석은 발언은 에이브러햄 링컨의 1860년 논평("남부에는 상식과 온화한 성질이 팽배해 있기 때문에 연방을 탈퇴할 수 없다.")이다. 네 번째는 디지털 이큅먼트Digital Equipment의 사장 켄 올슨Ken Olson의 1977년 발언("개인이 자택에 컴퓨터를 갖고 있을 이유가 전혀 없다")이다. 다섯 번째는 우리 할아버지인 프레더릭Frederic이 옛 양키 스타디움Yankee Stadium을 건설하는 문제에 관해 한 발언("야구 경기를 보러 거기까지 갈 사람은 아무도 없을 거야")이다. 여섯 번째는 조지 워싱턴의 1774년 9월 5일 발언("북아메리카의 분별 있는 사람은 아무도 독립을 바라지 않는다")이다. 일곱 번째는 모리스 셰퍼드Morris Shepard 상원 의원의 1930년 9월 발언("수정 헌법 제18조Eighteenth Amendment(금주법)를 폐지할 가능성은 벌새가 워싱턴 기념탑Washington Monument에 꼬리가 묶인 상태에서 화성으로 날아갈 가능성과 같다")이다. 여덟 번째는 허버트 후버Hubert Hoover 대통령의 1929년 1월 발언("오늘날 미국인은 세계 역사상 유례없이 빈곤의 최종적 퇴치에 가장 근접해 있다")이다. 아홉 번째는 윌버 라이트Wilber Wright의 1901년 8월 발언("인간은 1000년이 지나도 결코 하늘을 날 수 없을 것이다!")이다. 열 번째는 9장의 각주 3을 참고하라.

전쟁이 미국적 정신에 대한 전쟁으로 변모하자 〈뉴욕 월드New York World〉 기자 윌슨 콥Wilson Cobb은 이렇게 예고했다. "무자비한 야만성이 우리 국민의 생활에 파고들어 의회, 법원, 순찰 경관, 행인 등을 감염시킬 것이다. 순응이 유일한 미덕이 될 것이다. 그리고 순응을 거부하는 자들은 모두 대가를 치러야 할 것이다." 전쟁은 민주주의, 평등, 자유 같은 기본적인 신조를 다시 생각해볼 기회를 제공할 뿐 아니라 바람직한 정치적 · 경제적 · 사회적 프로그램[32]의 실행에도 도움이 될 것 같았다.[33]

특히 자유는 공교롭게도 자유를 위한 전쟁이 벌어지고 있는 상황에서 곱씹어봐야 할 대상이었다. 왜냐하면 민주주의 세계의 안전을 확보하기 위해 경제적 독재가 전체주의적 선전에 입각한 배급제와 고정가격제를 확립했기 때문이다.[34] 민주주의 세계의 안전을 확보하고자 선전 활동에 기울인 정부의 노력은 간첩법Espionage Act(1917년)과 반정부선동금지법Sedition Act(1918년)의 형태로 반대 의견을 탄압한 노력에 버금갔다. 그 두 가지 법은 전쟁 기간에 심지어 자기 집에서 정부를 비판하는 행동이나 국기, 군대, 국가 등에 관한 불충스럽거나 모독적이고, 상스럽거나 폭력적인 언어를 구사하는 행동을 범죄로 간주했다.[35]

또한 간첩법과 반정부선동금지법에 의거해 체신부 장관은 이른바 '한계'를 넘는 모든 출판물의 우송 권리를 부정할 수 있는 권한을 부여받았다. 체신부 장관이 말하는 한계란 특정 출판물이 '현재의 정부가 잘못된 전쟁에 휘말렸다고, 즉 잘못된 목적을 위한 전쟁 혹은 정부의 참전 동기가 의심되는 취지의 전쟁에 임하고 있다고 말하기 시작할' 때였다.[36]

당시 민권의 옹호자로 인식되던 클래런스 대로Clarence Darrow는 "이 같은 위기에 대통령을 지지하지 않으려는 자는 반역자보다 나쁘다"[37]라고 말했다. 그의 말은 일단 총탄이 날아가면 시민들은 참전 문제를 공개적·사적으로 토론할 권리는 고사하고 그 문제를 논의할 권리조차 없다는 것을 의미했다.

**클래런스 대로** 민권의 옹호자

바로 그 점에서 클래런스 대로는 "시민의 처지에서 묵종은 의무가 됐다"[38]라고 생각했고, 주전론자\*들은 군사적·국수주의적 기류에 편승하기를 학수고대했다.[39] 진실이 전쟁의 첫 번째 희생자였다면 관용은 두 번째 희생자였고,[40] 이해심은 세 번째 희생자였다. 하지만 어리석음은 승승장구할 것 같았다.

군인과 언론인, 성직자가 사회의 모든 구성원에게 일사불란한 침묵과 복종을 강요할 때가 바로 항의가 가장 절실한 때이지만,[41] 당시 미국 사회에 팽배한 불관용적 분위기는 개인주의의 종말과 집단주의의 도래를 선언했다.[42] 개인주의는 야만적인 것, 집단주의는 필수적인 것으로 인식됐다.[43] 바람직한 집단주의를 촉진하기 위해 법무부는 민간인 간첩단인 미국수호연맹American Protective League을 창설했다. 그 단체의 회원들은 배지를 지급받고

---

• 개인적인 이야기이지만, 제1차 세계대전 기간에 뉴저지 주의 도시 패터슨에 있던 우리 어머니 집 앞마당에서 성조기가 불탔다. 외할아버지가 반전 의지를 표명하기 위한 행위였다. 외할아버지는 모든 것의 배후에 군수업자들이 도사리고 있다고 생각했고, 그런 요지의 발언을 했다. 그런 견해는 1930년대 미국 상원의 군수업조사위원회Nye Committee(Persica, p. 25)의 관점과 S. 버틀러s. Butler뿐만 아니라 H. 반스H. Barnes, C. 그라탄c. Grattan, W. 밀리스w. Millis 같은 작가들의 시각과 일맥상통하는 것이었다. JFW

동료, 이웃, 지인 등의 전화 통화를 엿듣고 우편물을 검열할 자격을 얻었다.* 아울러 그들은 징병 기피 주동자들을 격퇴하고 반정부적 거리 연설을 단속하기도 했다.⁴⁴ 전시하의 국민 협력을 비판하는 학자들도 화를 입었다. 컬럼비아대학 총장은 전시동원 체제에 비판적 태도를 취한 학자 3명을 해고했다.

시대적 기준의 변화로 인해 '과거에는 잘못된 생각(어리석음)으로 간주되던 것이 이제는 반정부적 선동이 됐고, 예전에는 어리석은 짓이었던 것이 이제는 반역이기' 때문이었다.⁴⁵ 하지만 반대자들이 치러야 할 대가는 '린치 같은 과도한 행위에도 불구하고' 국민적 각성을 건전하고 유익한 것으로 평가한 〈워싱턴 포스트Washington Post〉 사설에서 언급됐다.⁴⁶ 과연 난폭한 집단주의자들 사이에서 통용되는 사소한 린치란 과연 무엇이었을까?

이성을 근거로 삼았지만, 주관적 모호성 때문에 붕괴의 길을 걷게 된 '근대(1700~1914년)'는 대체로 제1차 세계대전을 통해 후기 근대 세계(1914~, 오랜 적수들이 서로 대립하는 양극성 세계)에 자리를 내줬다.⁴⁷ 하지만 전쟁 직후, 유럽은 경제적 소진으로 고통당했을 뿐 아니라, 진보의 가치를 믿을 만한 의지나 역량이 완전히 고갈된 데 따른 정신적 소진으로도 아픔을 느꼈다. 예술적 취향⁴⁸이 추상에서 보수적 상징주의로 돌아갔듯, 진보에 대한 믿음도 과거로 회귀했다. 절망에 빠진 신에 대한 믿음도, 교육 수준이 높은 기독교인들이 그토록 최근에 그처럼 자랑스럽게 초래한 대학살을 품

---

* 정부에 의한 이 위헌적 행위의 전통은 제1차 세계대전 이후에도 파머 검거 작전Palmer Raids을 통해 계승됐다. 그 작전에서 '체제 전복(공산주의)' 단체들은 피의자에 대한 기본적인 절차적 권리가 철저히 배제된 채 괴롭힘을 당하고 투옥됐다(Murphy. The Constitution in Crisis Times, 1972, p. 28).

어 안을 수 없었다.

그런 시각은 카를 바르트<sub>Karl Barth</sub>가

그럴싸하게 설명했다. 그는 인간의 본

성은 변하지 않으며, 도덕적 진보는

없다고, 삶의 중심적인 사실은 죄와

악이라고 말했다. 그는 제1차 세계대

전의 참상을 증거로 내세우면서 쇼펜

**카를 바르트 우표**

하우어 풍의 설득력 있는 주장을 펼쳤다. 그가 보기에 인간의 원죄적 본성에 따른 결과로 인간은 영원한 위기 속에서 살게 되었다. 그런데 엉뚱하게도 그는 기능장애에 시달린 과거에 얽매였고, 성경에 나오는 글자 그대로의 진실을 믿음으로써 구원(?)을 얻을 수 있다고 주장했다![49] 그는 이렇게 물은 것이다. "뭐라고, 전쟁?"

국제 경제 부문에서는 누구도 1914년으로 이어진 1913년을 재현하는 것 외의 독창적인 방안을 생각해내지 못했다. 당시의 금융 용어는 재건<sub>reconstruction</sub>, 복구<sub>recovery</sub>, 배상<sub>reparation</sub>, 긴축<sub>retrenchment</sub>, 보상<sub>repayment</sub>, 재평가<sub>revaluation</sub>, 부흥<sub>restoration</sub> 같은 're'가 포함된 단어가 주류를 이뤘다.[50] 불분명한 이상주의와 완고함 사이의 병적 동요로 인해 악화된 지나친 근시안적 경향이 모든 나라에 팽배했다.[51] 특히 독일에서는 사람들이 정부의 문제 해결 능력을 믿지 않게 되면서 심리적 붕괴가 일어났고, 소외된 중산층의 공포와 이상 흥분에 대한 기억은 10년 뒤 히틀러가 권좌에 오를 수 있는 토대가 됐다.[52]

미국은 감정적 방종에 탐닉하는 한편, 다소 이상한 형태의 청교도적 독선을 드러내고 있었다. 미국의 광신적 행위는 재즈시대Jazz Age(제1차 세계대전 이후부터 대공황 이전까지의 시기-역주) 벽두에 최고조에 이르렀다. 부활한 KKK단Ku Klux Klan은 대다수 미국인과 '지적 측면에서 잡종화된 자유주의자들'53의 갈등을 대변하면서 전국으로 세력을 넓혔다.54 연방정부는 젊은 J. 에드거 후버J. Edgar Hoover를 급진분자들, 즉 공산주의 사상을 지닌 이민자들을 근절해야 하는 법무부 광역수사국 국장에 임명했다.55

1920년 4월, 뉴욕 주 의회는 러스크 법안Lusk bills을 통과시킴으로써 미국 정치계의 다양한 견해를 의심하거나 용납하지 못하는 은밀하고 수완 좋은 민간인들을 이용해 정보를 캐는 비밀경찰 조직을 결성했다. 같은 해 진보적인 위스콘신 주는 '미국독립전쟁War of Independence이나, 1812년의 미영전쟁(War of 1812)을 둘러싼 사실을 왜곡하거나, 건국의 아버지들의 명예를 훼손하거나 그들이 쟁취하고자 투쟁한 이상(표현의 자유)과 명분(정부의 압제에 대한 저항)을 제대로 전달하지 않는 듯한 혐의가 있는' 모든 교과서에 대한 청문회를 의무화한 '순수역사법'을 제정했다.56

하지만 그 방탕한 시절의 가장 억지스럽고 부자연스러운 사회적 실책

워싱턴 D.C.에서 시위 행진하는 KKK 단원들 1982

은 금주법이다. 그 '고상한 실험'에서 미국인은 비열한 실패자라는 사실이 증명됐다. 더할 나위 없이 선량한 의도를 품은 도덕주의 성향의 개혁가들은 청교도 가치를 사회에 강요함으로써 사람들을 구제하기 위한 성전에 뛰어들었다.57 시카고 화이트삭스Chicago White Sox 선수 시절 도루의 귀재였고, 훗날 알코올 중

독을 극복한 목사 빌리 선데이Billy Sunday는 이렇게 말했다. "눈물의 시대는 끝
났다. 빈민가는 곧 추억이 될 것이다. 우리는 교도소를 공장으로, 구치소를
창고와 옥수수 저장소로 바꿀 것이다. 이제 남자들은 비틀거리는 대신 똑
바로 걷고, 여자들은 미소를 짓고, 아이들은 소리 내 웃을 것이다. 지옥은
영원히 텅 비어 있을 것이다."[58]

선데이 목사나 그의 뜻에 동조한 부류의 목표는 미국에 새로운 도덕적
분위기를 조성하는 것이었다. 이들은 일단 새로운 분위기를 만드는 데는
성공했다. 하지만 결과적으로 새롭기만 할 뿐, 원래 취지와 정반대의 분위
기가 조성됐다. 역사를 통틀어 의도는 좋았지만, 잘못된 이상과 발상이 초
래할 실질적 영향을 그 정도로 완벽하게 오판한 사람들은 드물다(토머스 제
퍼슨의 통상 금지 조치가 근소한 차이로 2위를 차지할 것이다).

그들은 지나친 알코올 소비는 나쁜 것이라며 주류의 판매와 운송을 불
법으로 여겼다.* 하지만 결과적으로 술 소비량은 감소하지 않았고, 오히려
대다수의 사람이 술을 계속 마신 데다 범죄를 발판으로 삼은 지하세계가
형성되면서 상당수가 범죄자로 전락했다. 문제에 대한 과잉 반응의 전형적
인 사례로, 미수에 그친 과잉 통제로 인해 원래의 문제보다 확실히 더 심각
한 여러 가지 문제가 발생했다.**

---

* 그들은 대다수의 미국인이 금주법의 합법성에 관심을 쏟는다고 생각했다. 하지만 배심원들이 증거물
을 마셔버린 뒤 피고를 석방한 사례가 있다(McWilliams, p. 70f). 밀주 판매를 부업으로 삼은 법무부 장
관이 관심을 쏟은 것도 아니었다(Fawcett, 2012, p. 232).
** 아직도 그런 잔재가 남아 있다. 1990년 6월, 여론조사기관 로퍼 오거니제이션Roper Organization의 설문
에 응답한 1,500명의 미국인 가운데 20퍼센트가 금주법을 다시 제정하는 데 찬성했다(20퍼센트의 바보들
은 역사를 통틀어 주목할 만한 상수다. JFW).

아주 이상하게도, 제1차 세계대전과 제2차 세계대전 사이에 미국이 직면한 최악의 문제는 제어장치가 없는 탓에 악화되고 있었다. 1920년대의 경제는 전체적인 지침이 될 만한 스키마나 규제 수단이 없었기 때문에 추락을 향해 달리고 있었다. 당시 미국의 기본적인 정치적·경제적 스키마에는 제약이 없었다. 다만 그것의 근거는 개인이 사업적 문제와 관련해 정부의 규제를 받지 않는다는 이유로 자본주의는 좋은 것이라는 가정이었다.[59] 누구에게나 저절로 좋은 일이 생기게 마련이었기 때문에 아무도 사회 전반에 주목하지 않았다. 성격이 곧 운명이라는 관점에서 볼 때 최적의 인물들(가장 유능한 기업가들)이 가장 많은 돈에 힘입어 승자로 떠오르고, 최적의 발상(가장 유익한 정책)이 당연히 경쟁에서 이길 것 같았다. 그 숭고한 신화는 다른 자본가들과 자유롭게 경쟁할 수 있도록 내버려둔다면 자신이 행복과 진보를 모든 사람에게 선사할 것이라고 허풍을 떨고 물질적 정의의 오만한 계승자로 자처하는 미국 사업가의 신화였다.[60]

과연 그것은 신화에 불과했다. 왜냐하면 미국 경제계에는 예전부터 통제된 경쟁을 둘러싼 정부의 지원 및 관리 조치를 요청해 실현시키는 오랜 전통이 있었다. 마치 19세기의 노련한 야구 심판처럼 정부는 모두가 반드시 규칙에 따라 행동하도록 신경 썼고,[61] 이때 규칙은 기업이 자신에게 유리하도록 정한 것이었다. 일반적으로 19세기 후반기에는 궁핍한 개인들을 보호하기 위해 마련된 모든 헌법 조항이 결과적으로 기업 지배 체제의 보호막으로 전락했다.[62]

예를 들어 원래 해방된 노예들을 보호할 목적으로 채택된 수정 헌법 제14조는, '법인'이 어떤 알 수 없는 이유로 투표의 권리, 소득세를 납부할 의

무, 배심원을 맡을 의무, 징병에 응할 의무 등을 갖지 않은 채 '개인'의 법적 지위를 부여받는 과정에서[63] 경제계에 유리한 방향으로 변질됐다(그러나 법인은 다른 법인과 결혼(합병)할 수 있었다. 그리고 작은 회사를 낳아(번식시켜) 큰 법인으로 성장할 수 있었다).

게다가 20세기로 넘어올 무렵 대기업은 공정한 경쟁을 피할 수 있도록 해달라고 정부를 설득했다. 진정한 자유가 자칫 과잉 생산과 가격 하락을 통한 체계 전체의 붕괴로 이어질 것 같았기 때문이다. 석유회사, 보험회사, 목재업자, 정육업자, 철도회사, 식료 잡화상, 약재상 등 모두가 해당 업계를 규제함으로써 자유방임적 관행의 무정부 상태를 방지할 수 있는 연방 차원의 입법 조치를 원했다.[64] 당시 자본가들은 기업을 위한 정부의 기업 규제가 훗날 사회를 위해 기업을 규제하는 데 활용될지에 대해 알지 못했다.

1920년대에 정부가 대기업을 지원하는 법을 시행하는 데 집중하면서 경제는 기껏해야 자체의 직접적 복리 외의 고려 사항과 무관하게 스스로의 존재를 규정하는 자기 홍보적 실체가 됐다. 그 결과, 사회 전반과 경제는 불균형적이고 일방적인 관계를 맺게 됐다.

비록 미국인의 삶과 가치를 구체화했지만, 기업은 스스로에 직접 영향을 미치는 시장 요인(공급, 수요, 자원, 노동 등)에만 그리고 단기적 이익일 듯한 방식으로만 대응했다. 그런 조건하에서(2007년의 은행가들처럼) 기업가들은 사회 전반에 대한 책임을 무시하게 됐고, 기업에 좋은 것이 미국에도 좋다고 여겼다.

얼핏 황금기 같던 1924년에도 법무부 차관 제임스 벡James Beck은 "오늘날 헌법은 미국 역사상 유례없는 심각한 위기에 처해 있다"[65]라고 말했다. 그가 언급한 위기가 정확히 무엇인지는 불확실하지만, 그것은 아마 무법 상태, 재즈, 현대 미술, 공산당원 등의 기막힌 조합이었을 것이다.[66] 제임스 벡의 주장은 시대를 막론하고 옳다. 자, 특정 연도와 그때 발생한 위기를 꼽아보자. 1788년 권리장전에 대한 요구, 1833년 연방법 거부론Nullification 문제, 1863년 남북전쟁, 1911년 반트러스트 운동, 1937년 법원 개편안, 1952년 매카시즘McCarthyism, 1973년 워터게이트Watergate, 1998년 모니카게이트Monicagate, 2012년 오바마케어Obamacare. 사람들에게 거룩한 말씀의 참뜻을 알려주는 고위 성직자 역할을 맡은 연방 재판관들조차 문제를 과감히 해결하기보다는 불화를 일으켰다. 그들의 정의 개념은 임의적이고 다양했으며, 거기에 맞춰 말씀의 뜻을 왜곡했다.

5개월 전에 코델 헐Cordell Hull(훗날 프랭클린 D. 루스벨트 대통령 밑에서 국무부 장관으로 일한 인물이다)이 예측한 대로 1929년 10월 주식시장이 붕괴한 뒤에도,[67] 그리고 이어진 대공황의 와중에도 끝으로 지침이 될 만한 모종의 스키마가 꼭 필요해 보이는 상황에서도 경제계에 대한 정부 규제의 해악을 둘러싼 미국적 신화는 지속됐다. 정부의 규제는 유해하다기보다는 무능했다.[68] 또한 후버 대통령은 자유기업제도가 정부의 개입 없이 문제를 자체적으로 해결할 것이라는 신념을 고수했지만, 다가오는 위기[69]에 대처할 능력은 없었다.[70]

1932년 대선에서 그와 겨룬 야당 후보는 객관적인 시선에서 위기를 '경제적 마비, 산업적 혼돈, 빈곤, 고통'[71] 등으로 규정했지만, 후버는 제1차 세계대전의 탓으로 돌리는 우를 범했다.[72] 정치인들도 유권자들도 당장의 재난에 대처하기보다는 저축에 관심이 더 많았고, 실업자들에게 일자리를 제공하기보다는 관료제적 독재의 폐해를 방지하는 데 주의를 더 기울였다.[73]

사고를 바꾸고 효과적인 정책을 개발하기 위한 모든 노력이 미신과 민간전승의 방해를 받았기 때문에 뉴딜 정책New Deal의 첫 번째 시도(연방 지출 축소[74]를 비롯한 위험 요인을 줄이기 위한 연방정부 차원의 노력)[75]는 우유부단하고 소극적이고 무력했다.* 그럼에도 불구하고 연방대법관 윌리스 반 드반터Willis Van Devanter는 연방 정부의 첫 번째 적자 지출 시도를 다음과 같은 우려를 담아 비난했다. "우리는 1세기 동안 갚을 수 없는 빚을 질 것이다. 우리는 전혀 실용적이지 않은 것을 향해 떠내려가고 있다."

지금도 겪어야 할 20년이 남아 있지만, 우리는 적자 지출을 매년 1조 달러씩 증가하는 과도한 금융적 정귀환 방식으로 전락시키는 바람에 1930년대의 뉴딜 정책으로 인한 빚을 21세기의 경기 후퇴로 인한 17조 달러의 빚(1인당 5만 3000달러)로 변모시켰다. 현 시점에서 수지균형에 대한 전망은 기껏해야 잿빛이고, 공산 중국Red China이 미국의 국채를 보유하고 있다. 이렇게 볼 때 반 드반터 대법관은 선견지명이 있었던 것 같다.[76]

기본적인 문제는 제1차 세계대전, 시장 붕괴, 불경기 등이 너무 급속도로 잇달아 발생하는 바람에 많은 사람이 경쟁의 효과를 부정하게 됐다는 점이다. 대다수의 사람이 복지국가도 효과가 없기는 마찬가지라는 결론을

---

* 대공황에 대한 자유주의적 해법은 소크라테스적·플라톤적 정직성이었다. 즉 아무도 일부러 죄를 짓지는 않으므로 모든 사람이 해야 할 일은 진실을 말하는 것이고, 그렇게만 한다면 만사가 잘 풀릴 것 같았다. 즉 진보주의자들이 시장이 내부의 자체적인 명령에 따라 운영되도록 방임을 선호한 것처럼 시장에 대한 직접적인 규제는 전혀 없을 것이다. 규제의 대상은 소비자들에게 제공되는 정보일 것이다.

내린 1980년까지는 협력이 새로운 귀감이 됐다. 아무것도 효과가 없다는 결론을 내린 사람은 없었지만, 자유시장 기업자본주의로 돌아가려는 움직임이 있었다.[77] 경제 이론의 시계추는 다시 앞뒤로 흔들렸다. 유사합리적으로 행동하고, 대체로 손쉽게 입수한 정보를 근거로 단기적 이익에 입각해 움직이는 사람들 때문에 지적 사고가 저해되면서 개인의 결정이 때로는 집단의 재앙적 결과를 초래했다.[78]

하지만 1930년대 초반, 미국인들은 수지균형을 맞추기 위해서가 아니라 미국식 수사법으로 경제 현실을 상쇄하는 데 관심이 있었다. 마치 중세의 사제처럼 민주자본주의라는 정치적 종교의 파멸적 위기에 대한 단편적인 해법을 짜내는 실리적 정치인들에 의해 체제가 완전히 바뀌는 상황에서도 헌법상 자본주의를 둘러싼 장황한 전문 용어는 유지되어야 했다.

사회주의(정부가 생산수단을 소유하는 체제)는 대다수 사람들에게 너무 극단적으로 보였기 때문에 기업 통제와 규제에 대한 파시스트적 계획[79]이 발전했다. 그런 계획은 현실적으로는 일상적 행동의 관점에서 수용됐고, 인지부조화를 줄이는 통상적인 재해석 수단(일명 자유주의)을 통해 헌법상 전문 용어의 비현실적 영역에 진입함으로써 허구적으로도 수용됐다.

모든 당사자가 각자의 처지에 맞게 주관적으로 해석하는 상황에서 헌법은 더 이상 최종적인 의미를 갖지 못했다. 그리고 국가의 최고법으로 대접받기보다는 모든 사람이 마음대로 숭배하고 찬양하고 신중히 선택하고 무시할 수 있는 국가 상징으로 자리 잡았다.[80] 헌법을 숭배한 사람들 중에 자유연맹Liberty League의 창설자인 윌리엄 스테이턴 선장Captain William Stayton이 있다. 자유연맹은 '헌법을 오해하고 남용하고 악용하는 사람들로부터' 헌법을 지키기 위해 1934년에 결성된 단체다.[81] 1935년의 군인성경클럽Minute Men은 언론 특유의 과장법을 쓰면, '특권, 빈곤, 위험, 함구령, 파업 가담자용 강제수용소, 압류 등의 동의어'인 헌법을 수호하겠다고 서약했다.[82] 1936년에 이르러 헌법은 모든 사람에게 모든 일을 말하기 때문에 모든 문제를 해결할 것 같은 일종의 국가적 점괘판이 됐다. 심지어 KKK단도 헌법을 지지했고, 그들이 비미국적인 부류로 간주한 사람들에 대한 박해를 정당화하는 데 헌법을 활용함으로써 헌법이라는 문서가 얼마나 무의미해졌는지를 보여줬다.

헌법적 맥락에서 볼 때 미국은 케인스 경제학의 각색을 통한 경제 개혁을 진행했다. 보수 성향의 경제적 관점을 지니고 있던 프랭클린 D. 루스벨트는 '인간 정신의 파괴자 겸 마취제'인 상시 실업수당의 위험을 경고했다.[83] 그러나 약물에 취한 응급병동의 환자처럼 경제는 적자 확대를 수반하는 정귀환 방식이 됐고, 선의의 자유주의자들은 적극적인 신봉자들에게 경제학적 근거(균형예산을 '지지하는 경제 이론이 없다')를 제공했다.[84] 적자 지출은 비상조치로서는 필요했지만, 생활양식으로서는 자멸을 부르는 어리석은 짓이었다.

일찍이 기원전 63년에 키케로Cicero는 이렇게 말했다. "예산은 균형을 이뤄야 하고, 금고는 다시 채워야 하고, 공공부채는 줄여야 하고, 관리들의 오만은 누르고 막아야 한다. 로마(달리 말해, 워싱턴)가 파산하지 않으려면 말이다."[85] 거둬들인 세금보다 더 많이 지출해야 차기 선거에서의 승리 가능성이 높아지는 민주주의 사회에서는 가장 실천하기 힘든 도덕주의적 '당위'

가 아마 관료들의 오만*을 억제하고 통제하는 작업일 것이다. 연방의회 의원들은 나폴레옹과 파우스트 방식의 거래를 통해 단기적 재임 수단을 확보하고자 영혼을 팔았다.

1930년대 중반까지 적자 지출 자체가 좋은 것이라는 견해는 비상식적으로 간주됐다. 하지만 존 메이너드 케인스John Maynard Keynes(1883~1946)의 예측대로 균형예산 고수 조치 때문에 1937년에 완만한 수준의 경기 회복이 중단되었다. 그리고 또다시 부진에 빠지자 케인스를 지지한 사람들은 바로 연방의회 의원들이었다.[86] 결국 적자 지출 지지자들은 물을 만났지만, 여전히 그들의 방안은 제2차 세계대전에 의해 극단으로 치닫게 될 때까지 국가 경제를 침체에서 구해내지 못했다.[87] 제2차 세계대전 동안에 적자 지출이 야기한 인플레이션은 위협으로 다가왔지만, 구세주에게는 준비된 답이 있었다. 케인스에 의하면 해야 할 '전부'는 모든 것을 뒤바꾸는 작업이었다. 즉 지출을 따라잡기 위해 세금을 올려야 하고, 노동자는 임금 상승을 포기해야 했다.[88] 이 방법은 옳았다(하지만 말보다 실천하기가 어려웠다)!

그것은 몽상가들(개혁지향적 경제학자들)에게는 훌륭한 해법이었지만, 어느 시점에서도 효력을 발휘하기 힘든 정치적으로 부적절한 처방으로 드러났다. 1942년, 장기적으로 느릿느릿 작동하는 적자 민주주의의 자멸적 복합체가 확립되고 인플레이션이 자제력을 잃었지만,[89] 제2차 세계대전의 발발로 제어장치의 활용 방안을 전혀 고려할 수 없게 됐다. 그리고 결과적으

---

* 이 점은 프랭클린 D. 루스벨트가 자신에게 달러의 가치를 떨어트릴 권리가 있는지 여부를 몇몇 보좌관들에게 물었을 때 가장 뚜렷하게 드러났다. 보좌관들이 길거리에서 누군가를 폭행하고 그 사람의 옷을 벗길 권리도 있다고 하자 대통령은 포복절도했다(Shesol, p. 42).

로 제어장치는 한 번도 활용되지 않았다.

전쟁 기간 동안에는 고정가격제와 배급제 같은 파시스트적 통제가 필요해졌고, 그런 조치가 전쟁의 종식과 더불어 폐지된 뒤에 인플레이션은 현대 생활의 변함없는 사실로 굳어졌다. 자유를 설계하느라[90] 발버둥친 정치인들은 경제학자들의 예상과 달리 달러 지출에 따른 단기적·즉각적 보상(처음에는 존재하지 않았으나 이후 계속 확대되어 점점 가치가 떨어졌다)의 획득이라는 신경과민적 역설에 사로잡히게 됐다(하나의 문화는 스스로 만족시킬 수 없는 기대치를 높일 때 쇠퇴한다(운명이 다한다). 그런 현상은 16세기 초 기독교와 19세기 말 프랑스에서도 나타났다. 오늘날 미국은 하루살이 복지국가에 필요한 자금을 조달하지 못하는 정부를 가질 만한 여유가 없다는 점을 깨닫고 있다. 다음을 참고하라: Howard, P. The Death of Common Sense. Warner; New York, 1994).

## 마이너스 진보

1981년, 연방예산국장 데이비드 스톡먼David Stockman은 각종 수치를 둘러싼 현상을 아무도 이해하지 못했으며, 자신을 비롯해 예산 편성 과정에 연루된 사람들이 스스로 무슨 일을 하고 있는지 알지 못했다고 인정했다.[91] 미국이 당시의 광범위한 경기 후퇴에서 회복하기 시작한 1983년의 수치 중 하나는 2,000억 달러의 연방 적자였다. 그로부터 27년 뒤, 그때보다는 양호한 경기 후퇴에서 회복하고 있던 국면에서의 수치는 1조 5,600억 달러(전체 예산의 42퍼센트)였다. 그것은 완곡하게 말해 마이너스 진보였다.

우리가 정치적·사회적 문제를 해결할 만한 여유가 없는 원인 가운데 하나는 개인 소득세의 40퍼센트 이상이 이자 상환에 충당되기 때문이다. 다시 말해 이전 세대는 빚으로 미래를 샀고, 지금 우리는 이전 세대의 빚을 갚는 중이다. 안타깝게도 후손들이 이자를 갚지 못해 달러가 숨을 거둘 때까지 그리고 자본주의의 보루인 중국이 미국의 국채 매입을 중단해 파산할 때까지 앞으로 정귀환 방식의 러닝머신 위에서 미국은 뒤처질 것이고, 한껏 늘어난 청구 금액을 후손들에게 물려줄 것이다. 물론 중국이 미국의 상환 능력을 제어하는 현재 상황이 불편하기는 해도 우리가 파산하면 중국인들도 미국의 빚에 투자한 모든 것을 잃을 것이기 때문에 세계 차원의 이 잠재적인 금융 대란의 무도극에는 모종의 아름다운 균형이 자리 잡고 있다.

알코올 문제나 경제 문제와 마찬가지로 노사관계에서도 문제의 해결책으로 보이던 것이 극단으로 치달으면서 결국 또 다른 문제를 야기했다. 1930년대 이전에는 법원이 노동자의 조직화를 막는 중요한 방어막이었다. 물론 자산에는 어느 정도까지 조직화 권리가 부여됐다. 기업은 합법적이었다. 하지만 트러스트, 즉 기업 합병은 불법이었다. 그래도 기업에 대한 편애는, 연방정부의 축복에 힘입어 모든 사람, 특히 기업과 국가를 경영하는 사람들의 경제적 복리를 책임지는 '기업 국가'를 만들어낼 수 있었다.[92]

기업 국가가 대공황이라는 재앙에 휩쓸리면서 뉴딜 정책을 계기로 노동조합 결성이 촉진됐고, 대형 노동조합이 대기업에 대항하는 평형추 역할을 맡았다. 그런 추세는 전국노동관계법National Labor Relations Act(1935)으로 노동자의 단체교섭권이 보장되는 한도 내에서 합리적이고 도덕적인 현상처럼 보였다. 하지만 자제력을 잃은 노동운동은 일은 적게 하는 대신 임금은 더 많이 받겠다는 터무니없는 요구를 하기에 이르렀다.[93] 전국 차원의 인플레이션을 부채질하는 노동조합의 점점 지나친 요구가 통하면서 그런 현상은 신경과민적 역설의 고전적 사례가 됐다.[94] 결과적으로 사업 규모가 축소되고, 실업이 발생했고,[95] 대규모의 밀입국자 고용과 해외에서의 일자리 상실이 초래됐다.

제2차 세계대전 이후 세계경제의 현실은 다음과 같았다. 시간당 26달러를 버는 미국의 철강 노동자들은 외국의 저임금 노동자들의 상대가 되지 못했고, 따라서 기업은 해외로 눈을 돌렸다. 1960년대에는 일하지 않을 권리를 위해 노동자들이 파업하고, 행진하고, 시위했다. 반면 1970년대의 행진과 시위의 목표는 일할 권리였다.[96] 물론 일할 권리라는 발상은 국제 노동시장에서 지나치게 높은 값을 불렀다는 사실에 직면한 노동자들이 기꺼이 받아들인 허구였다(수당을 합할 경우, 21세기 초반 미국 노동자는 시간당 최고 70달러의 임금을 받는다. 2010년, 미국의 제조업 부문 임금 노동자는 시간당 30달러를 받지만, 중국의 동일 부문 노동자는 시간당 8센트를 받는다). 1980년대에야 비로소 노동조합은 기존 요구를 철회하기 시작했고, 미국 노동자들에게 피해를 입히는 것이 아니라 그들을 돕는 노동조합 본연의 역할로 돌아왔다.[97]

## 모든 이상은 오용될 수 있다

1930년대에 미국이 헌법, 경제, 노사관계 등의 분야에서 세속적 개혁을 경험하기 시작하는 동안 세계는 러시아와 독일에서의 정치 혁명에 따른 결과와 씨름하고 있었다. 러시아 혁명은 농민들의 마음속에 그 뿌리를 내리고 있었지만, 지식인들이 지루하고 묵직한 책에서 꿈을 드러내자 비로소 구체적인 형태를 띠기 시작했다. 그들의 책은 대부분 칼 마르크스에 대한 상세한 설명으로 구성됐고, 반란을 미심쩍은 심리학이면서도 철저한 연구라는 고상한 학문적 토대 위에 올려놓았다. 물론 그런 모든 박학다식은 얼마 지나지 않아 실리적 정치인들의 독재에[98] 그리고 레닌과 스탈린이라는 새로운 종교의 교황들에게 무릎을 꿇었다.[99]

인간 지성의 공통적인 불가사의 중 하나는 전통적인 사상에 부합하지 않는 사실을 거부하도록 유도하는 능력이다. 이런 관점에 맞서는 일종의 평형추는 자유주의적 전통에 따라 모든 사상의 발전이 허용됨으로써 결국 사실에 가장 부합하는 사상이 주도권을 확보한다는 점이다. 하지만 모든 이상은 오용될 수 있다. 특히 자유주의적 전통은 자유주의자들의 후원에 힘입어 1917년 공산주의자들이 러시아에서 정권을 잡을 길이 열리면서 세계 곳곳의 자유주의가 타격을 입었을 때 확실히 오용됐다.[100]

러시아 황제 치하에서 자유주의자들은 현재의 생활조건이 더없이 끔찍하다는 점을 자신을 포함한 모든 사람에게 납득시켰다. 하지만 공산주의자들은 자유주의자들의 예상이 틀렸음을 입증하기 시작했다. 애초(16년 뒤, 1933년) 러시아에서 일어난 사건에서 아무것도 배우지 못한 독일의 자유주의자들은 히틀러가 집권하는 데 일조했다(Haywar, 2001, 217). 자유주의자들은 제1차 세계대전 이후의 연합국에 의한 봉쇄 조치와 내전에 대한 혁명 세력의 과격한 접근법을 방관했다.[101] 그들은 공산주의자들이 가장 선호하는 과격한 접근법 중 하나가 관용적인 자유주의에 대한 탄압이라는 점을 너무 늦게 깨달았다.

러시아 자유주의자들의 어리석음은 알렉산드르 케렌스키Alexander Kerensky

가 집약적이고 상징적으로 보여줬다. 역사를 통틀어 선의에서 비롯된 실수를 케렌스키보다 더 일관성 있게 저지른 사람을 찾아보기는 어렵다.[102] 민주적인 러시아인의 국가를 이끌어 나가고자 했던 그는 잘못된 이상주의의 시대에 활동한 잘못된 이상주의자의 한 사람으로서 우드로 윌슨과 어깨를 나란히 한다.[103]

반면 역사를 통틀어 레닌만큼 철저하게 자유주의를 부정한 사람을 찾아보기도 힘들다. 1917년, 케렌스키는 어리석게도 레닌의 입국을 허용했고, 러시아로 돌아온 레닌은 케렌스키를 정치 무대에서 추방해버렸다.[104]

레닌은 잔인함을 최고의 미덕으로 평가했고, 결코 실수를 용납하지 않았다. 일단 행동 방침(마르크스주의)을 결정한 뒤 그는 토론을 무시했다. 그의 단순한 세계에는 단 두 가지 세력(부르주아와 사회주의자)만 존재하므로 토론할 거리가 많지 않았다는 점에서 레닌의 그런 태도는 이치에 맞았다.[105] 그는 극단으로 치달았고, '객관적 진리'[106]에서 벗어나지 않는 이상 마르크스주의의 '본질적인 부분'을 단 하나도 제거할 수 없다고 여길 정도로 교조적이었다. 그 진리 중 하나는 노동자들이 독자적으로 움직이도록 방치할 수 없다는 것이었다. 즉 그들에게는 혁명을 지도할 엘리트 집단(공상에 빠진 지식인이 아니라 신념이 확고한 정당원)이 필요했다.[107] 그리 명백하지 않은 또 하나의 진리는, 위기 상황이 단호하고 확고한 행동을 요구할 때 레닌처럼 편협한 광신자는 어리석지 않을 수 있다[108]는 것이었다.*

---

* 오늘날의 테러분자들과 같은 광신자들은 어리석게도 극단적 행위를 정당화하기 위해 위기를 조장하고, 결과적으로 정귀환 방식의 광신적 행위를 되풀이하고 있다.

블라디미르 타틀린Vladimir Tatlin이 러시아 사회주의 운동의 기념물을 디자인하는 작업을 맡았을 때 예술상의 위기가 야기됐다. 1920년에 디자인 계획이 발표됐을 때 그 기념물은 프롤레타리아적·사회주의적 예술을 지향했다. 에펠탑보다 90미터 정도 더 높은 약 400미터 높이의 비스듬한 탑은 훗날 구성주의가 탄생하는 데 결정적인 영향을 미쳤다. 그 탑은 한 가지 세부적인 부분을 제외하고는 평범한 건축 자재인 유리와 강철로 건설할 예정이었다.

하지만 당시에는 공사하는 데 필요한 유리나 강철이 부족했기 때문에 모형 단계에 머물고 말았다. 그것은 어리석음은 아니어도 비실용성[109]을 집약적으로 보여주는 건설 불가, 작동 불가, 기능 장애 등의 은유로서 공산주의의 본질을 상징하고 포착한다는 점에서 볼 때 위대한 작품으로 평가할 수 있다. 아울러 공산주의는 판단의 개념, 범위, 착오 등의 측면에서 기념비적인 사상으로 규정할 수 있다.[110]

블라디미르 레닌Vladimir Lenin의 정치 경력에서 배울 만한 단 하나의 담백한 교훈이 있다면, 그것은 구호의 영리한 활용법이다. 구호는 경험에 대한 사람들의 인식을 구체화함으로써 경험에 대한 이해를 제어한다. 혁명 직전에 볼셰비키는 '인민에게 모든 땅을'이라는 구호를 외쳤다.

그러나 1916년 현재 전체 경작지의 89퍼센트와 가축의 94퍼센트가 농민의 소유였다. 일찍이 마르크스가 무시했던 농민의 땅을 스탈린이 다시 빼앗아 농노제를 복원[111]한 1929년에는 '인민에게 모든 땅을'이 적절한 구호였을 것이다.[112] 그것은 무도한 행위였을 뿐 아니라 믿을 수 없을 정도로 어리석은 짓이었다. 왜냐하면 집산화는 농업 체계화를 위한 효율적인 방식이 아니기 때문이다. 하지만 집산화는 공산주의 이념이 요구한 것이었고, 권력과 잔인한 억압을 좋아하는 스탈린의 성향[113] 때문에 시행됐다(1924년 때 이른 죽음을 맞이하기 직전, 레닌은 부적절하고 자의적인 행동을 이유로 스탈린을 소련 공산당 서기장General Secretary의 자리에서 해임할 것을 권고했다. 수많은 사람들에게는 불행한 일이었지만, 안타깝게도 그의 권고는 무시됐다. McWilliams, 643).

수많은 농민이 살해되거나 시베리아 강제노동수용소로 추방되는 동안 전체 가축의 숫자는 절반으로 감소하고 농작물 생산량이 급락했다.[114] 대체로 스탈린은 경제를 제어하는 정치권력을 활용해 기존 경제 체제를 파괴함으로써 경제가 정치를 결정한다는 마르크스주의적 주문呪文을 조롱했다.[115]

권력 남용은 대大 공포시대Great Terror(1934~1937)에 최고조에 이르렀다. 수많은 희생자와 더불어 83명의 생물학자와 23명의 물리학자가 처형됐다.[116] 생물학자들 가운데 9명은 트로핌 리센코Trofim Lysenko의 노선을 따르지 않은 것으로 추정되는 유전학자였다. 마르크스주의 유전학을 신봉한 리센코는 농작물이 정부의 정책을 따를 때 발생할 결과를 소련 공산당 정치국Politburo에게 설명한 인물이다.[117]

그런 정부 정책의 비교적 사소한 결과 중 하나는 1937년 소련 인구가 1920년대의 예측과 달리 1억 7,000만 명에 도달하는 데 실패한 것이다. 스탈린은 1억 5,600만 명이라는 수치를 내놓은 인구 조사원들을 총살형에 처했다. 2년 뒤에 실시된 인구 조사에서 소련 인구는 무려 10퍼센트가 증가한 1억 7,000만 명에 이르렀다.[118]

제2차 세계대전이 끝난 지 한참이 지났어도 공산당 치하의 러시아는 황제 치하에 있을 때보다 훨씬 더 열악한 상황에 놓이게 되었다. 그럼에도 불구하고 혁명 직후부터 모든 면이 개선됐다는 신화가 여전히 팽배해 있었다. 그것은 인식의 형성과 이해의 구조화에 미치는 선전의 위력을 보여주는 생생한 증거다. 물론 러시아 공산주의자들은 일종의 야만스러운 성공을 거뒀다(일례로 소련이 단 1년 동안 처형한 정치범 수가 이전의 황제들이 92년 동안 처형한 것보다 많았다. Flynn, p. 178).

이전의 황제들이 무색할 정도의 무자비함과 폭정이라는 대가를 치른 뒤 930년대의 인위적인 기근을 통해[119] 600만 명의 우크라이나인들이 아사하고 난 후 러시아인들은 유례없이 높은 수준의 물질적 생활수준을 누리게 됐다.[120] 하지만 그런 성공을 누린 90여 년은 경제적 사안에서 각자의 이익을 추구하는 인간의 기본적인 성향과 끊임없이 충돌한(그런 성향에 무관심한) 체제에서 러시아인들이 감내할 수 있는 전부였다.[121]

가장 확연한 점 그리고 마르크스와 엥겔스의 예언을 정면으로 반박하는 점은 공산주의 정권 치하의 러시아에서는 항상 두 계급(고급 승용차를 몰고 시골 별장으로 향하는 엘리트와 쓸 돈이 없고 돈을 쓸 데도 없는 빈민)이 남아 있었다는 사실이다. 또한 비유물론적 국가는 쇠퇴할 것이라는 두 사람의 예언은 더 이상 어긋날 수 없을 정도로 빗나갔다. 지도자들이 권력에 취해 타락하는 동안 억압적 전체주의가 유례없이 기승을 부리고 심화됐기 때문이다.

루터가 교황의 이단성을 질타하고 제퍼슨이 왕의 비非영국적 처신을 고발했듯, 1950년대의 고결한 비판자들은 지배 엘리트의 지도자인 이오시프 스탈린Joseph Stalin을 이단자, 변절자 그리고 신성한 마르크스레닌주의 사상의 명분을 배반한 자로 지목했다. 유고슬라비아의 반체제 인사 밀로반 질라스Milovan Djilas도 비판에 가담했다가 3년의 '조건부 구금형'을 선고받았는데, 외국 출판사를 통해 체제 비판서인《새로운 계급The New Class》[122]을 출간하는 바람에 7년이 추가됐다. 단순한 비판에 머물지 않은 소련 육군 소장 표트르 그리고렌코Pyotr Grigorenko는 1960년대에 진정한 레닌주의를 복원하려고 시도했다. 그는 풍족한 급료와 특권을 누리는 공산당 간부들에게 저항하다가 6년 동안 정신병원에 갇히게 되었다.[123]

만약 "역사는 우리 편이다. 우리는 당신들을 묻어버릴 것이다"[124]라고 했던 흐루시초프Khrushchev의 허황된 자랑이 이치에 맞는 것이라고 본다면 역사가 얼마 뒤 편을 바꿨다고 평가할 수 있다.

개혁가 미하일 고르바초프는 모범적인 볼셰비키로서 통치를 시작하면서 소련의 붕괴를 재촉했다. 1986년 그는 사적 소득을 불법화했지만, 사적 소득 금지령이 시행되고 개인 텃밭이 폐쇄되면서 신선한 농작물의 생산량이 감소하자 금지령을 취소할 수밖에 없었다. 그는 알코올과의 전쟁에 나서기도 했지만, 미국의 금주 찬성론자들보다도 못한 성과를 거뒀다. 수많은 사람이 항공유, 향수, 탈취제 따위를 마시다가 목숨을 잃었다.

알코올에 부과한 세금으로 알코올중독이나 입 냄새가 줄어들기는커녕 관련 조세 수입만 크게 감소했다. 고르바초프의 정치 개혁도 신통치 않았다. 체제 자체가 문제인 상황에서 체제를 땜질해본들 소용없었기 때문이다.[125] 체제 내부에는 그것을 개혁할 기제가 전혀 없었고, 따라서 미봉책에 급급한 개혁론자가 아니라 진심을 다하는 루터 같은 혁명가가 필요했다.

1989년의 소련은 근육이 경직된 거인이었다. 군부가 사회의 나머지 분야를 붕괴시킬 정도로 막강한 지배권을 휘두르면서 정치를 제외한 나머지 제도는 기능이 마비됐다. 곳곳에서 뚜렷한 낌새가 보였지만, 어느 누구도 그리 기분이 좋지 않아 보이는 붉은 괴물의 내부에서 무슨 일이 벌어지고 있는지에 관한 실마리를 뚜렷이 제시하지 못했다. 아마 그 까닭은 우리의 적색공포증을 유지하기 위해 그리고 미국의 안보에 필수적이라고들 하는 권력기관의 존재 및 활동을 합리화하기 위해서였을 것이다. 서유럽의 거의 모든 정보기관과 전문가에 의해 소련의 입안 기관은 높은 점수를 받았고,[126] 군사력은 과장됐고, 공공보건 실태는 과대평가됐다.[127] 그리고 경제의 규모와 건전성은 과대포장됐다.

그러나 사실 소련의 입안 기관은 난장판이었고, 군비 지출은 2배나 과소평가됐다. 그리고 보건 시설은 냉소적 익살의 대상이었고, 낙태와 영아 사망률, 알코올 소비량 등은 증가했고, 기대수명은 하락했다.[128] 노동자들은 그들의 천국에서 파업을 일으켰다. 고립된 국가 지도부는[129] 스탈린이 1930년대에 저지른 무자비한 숙청의 장기적 작용이 반영된 결과물이었다.[130] 1989년 당시 소련의 현실은 이러했다.

그 후 1990년의 현실은 다음과 같았다. 미하일 고르바초프의 혁명은 그가 감당할 수 없을 정도로 자제력을 잃었다. 그는 보수적인 공산당 지도자들과 손을 잡았지만, 그들은 고르바초프와 그의 혁명에 대항하는 혁명을 부추겼다. 그러나 그들의 혁명은 수포로 돌아갔다. 쿠데타를 일으킬 관료들 apparatchiks은 규칙 없이는 기능을 발휘할 수 없었기 때문이다. 다시 말해, 그들은 모순적인 '합법적 혁명'을 단행하고자 했다. 그런 우유부단한 태도를 눈치챈 보리스 옐친Boris Yeltsin은 가라앉는 배의 선장을 자처했고, 소련이 해체되는 와중에 권력의 정점에 올랐다.[131] 소련은 본질상 조국을 수렁에서 건져낼 만한 인민의 활력을 발산시킬 수 없었기 때문에 해체될 수밖에 없었다.[132]


## 공산주의 이론의 상호기만

공산주의 이념은 확실히 비신론(비유신론, 무신론의 대안으로)적이지만, 그것은 마취를 통해 유대감을 조성하고 비판을 차단하는 잠재적 종교의 논리적 표현이기도 하다. 공산주의 이념은 강력한 관례적 요소를 포함하고 있으며, 올바른 행동에 관한 지침을 제공한다. 그 상세한 지침은 결국 상호 기만으로 요약할 수 있다. 즉 인민은 일하는 척하고, 국가는 인민에게 대가를 지불하는 척한다.[133]

마오쩌둥의 어록Little Red Book을 지루하게 암송하는 행위와 마찬가지로 레닌 묘소 참배의 교훈적 효과에 대한 믿음은 그에 대한 존경심을 강화했다. 그런 모든 방식은 믿음을 강화하기 위해, 열혈 지지자에게 정의감을 제공함으로써 사회적 결속력을 다지기 위해,[134] 실제로 일어나는 일에 대한 이해와 비판을 막기 위해 구호와 상징을 활용한다. 이념은 설명의 탈을 쓴 채행위를 성문화할 뿐 아니라, 정신을 일체화하고, 사람들에게 동기를 부여하거나, 그들의 정신과 행위를 구속하는 데 도움을 준다. 그런 구속 가운데 하나가 중국의 문화 대혁명이었다.

1960년대 중후반에 맹위를 떨친 문화 대혁명 때는 결혼식, 남녀간의 손잡기, 연날리기 등이 금지됐고(문화대혁명 기간에 결혼식이 금지됐는지 여부는 확실히 알 수 없다. 다만, 전통적인 방식의 결혼식에 제약이 가해졌던 것으로 보인다.-역주), 약 40만 명이 처형됐다.[135]

리센코 유전학이 부활했고,[136] 빨간색이 더 이상 정지를 의미하지 않도록 신호등의 색깔을 바꾸는 문제가 검토됐다.[137] 흔히 그렇듯 정통성을 지킨다는 명분으로 책이 불태워졌지만,[138] 그런 전체주의적 수단은 결코 정보를 완벽히 통제하지 못했다. 따라서 일부 정보가 스며들면서 변화와 개선에 대한 획일적 공포를 가라앉혔다. 국가가 초래한 어리석음의 규모를 동기부여의 척도로 본다면, 안타깝게도 공포는 자본주의적 이윤보다 더 강력한 자극제임에 틀림없다.

편집증 환자가 다른 요인의 타당성을 외면하고 망각하는 동시에, 상황의 한 가지 특징에 집착한다는 점에서 다른 감정처럼 공포도 사고를 차단한다기보다는 사고를 고착시킨다. 제1차 세계대전 이후 프랑스의 대對독일 정책은 어리석음을 동반한 공포의 고전적인 사례다.[139]


독일에 대한 프랑스인들의 공포는 베르사유 조약Versailles Treaty의 조항에 따라 괴물이 탄생하는 데 일조했다. 전문가들의 제각각인 조언과 설익은 정보[140]에 근거한 그리고 상황에 딱 어울리게도 거울의 방[141]에서 체결된 베르사유 조약은 독일의 군비 확장을 막지 못했다. 뿐만 아니라 훗날 히틀러가 권좌에 오르기 위해 활용한 선전의 논리적 근거를 제공했다.[142]

베르사유 조약과 1930년대의 세계적인 경제 불황은 히틀러에게 유리하게 작용했다. 뿐만 아니라 히틀러는 본인이 이미 잘 알고 있는 윤리, 객관성, 정확성 등의 한계를 무시하면서 여건을 노련하게 활용할 줄 알았다. 그는 일종의 역방향형 천재였다(그는 파괴할 수 있기 전에 먼저 건설해야 했다). 그는, 1908년 조르주 소렐이 밝혔듯이, 진실은 잘 속는 얼간이 무리의 마음을 사로잡는 데 무관하다는 점을 알고 있었다.[143] 따라서 특별히 진실에 관심을 쏟지 않았다.

히틀러가 관심을 기울인 것은 권력이었다.[144] 그는 권력을 쟁취하려면 독일인들이 듣고 싶어 하는 말(히틀러 자신도 어쨌든 믿게 된 말)을 들려줘야 하고, 그들이 믿을 수 있는 대상(파시즘)과 인물(히틀러 자신)을 내세워야 한다는 점을 알고 있었다.

자기혐오[145]와 무의미에 근거한 그의 개인적 스키마는 배신감과 수치심을 느끼는 사람들의 입맛에 맞았다. 자수성가하고 자멸적이고 능력 이상의 성공을 거둔 정치 예술가로서 그는 독일인에게 제1차 세계대전의 비참한 결과에서 벗어날 탈출구를 제시했다. 그 탈출구가 문화적 대학살로 접어드는 내리막길이라는 점은 너무나 늦게 드러났다.


## 문화적 대학살로의 탈출구를 찾다 : 히틀러

1930년대 독일에서는 '혁명'이 기존의 민주적 정치구조 안에서 달성됐다. 하지만 혁명은 사회의 쓰레기들이 특권 계급으로 변모시키고, 종래의 모든 인간적 가치를 끔찍한 형이상학적 외설로 전락시키면서 사회를 발칵 뒤집어놓고 문화를 완전히 엉망으로 만들었다.[146] 히틀러가 스스로 주장한 그대로의 인물이라는 방대한 증거에도 불구하고 그를 위험한 인물로 바라

본 사람은 거의 없었다.[*]

독일에 대한 프랑스인들의 공포를 고려할 때 그것은 이상한 현상이었지만, 그보다 더 압도적이고 일반적인 공산주의에 대한 공포 때문이라고 설명할 수 있다. 당시 프랑스인들은 러시아 혁명을 프랑스 혁명의 직계 자손쯤으로 여겼다.[147] 한편 영국은 나치를 정당화하기보다는 나치에 일말의 기대를 품고 있었다. 즉 낙관적이게도 영국 정부는 나치를 가공할 만한 공산주의의 위협으로부터 서유럽을 구해줄 헌신적인 민족주의자들로 바라봤다.[148] 실각한 술고래였던 윈스턴 처칠Winston Churchill은 정치적 황무지에서 곧 다가올 파국을 목 놓아 외쳤다.[149]

히틀러는 제1차 세계대전에서 독일이 패배한 이유를 설명하면서 민족적 자부심을 자극했다. 독일인들은 모든 부분에서 다른 민족보다 우월하다고 생각하도록 조련됐기 때문에 패배를 납득하기 어려웠다. 이런 이유에서 독일인들이 유대인 은행가들에게 배신당했다고 주장한 히틀러는 뜨거운 호응을 얻었다.

그의 주장은 결과적으로 게르만족의 신화를 수호하는 효과가 있었다. 그리고 제1차 세계대전 이후 인플레이션에 따른 독일 경제의 붕괴로 조성

---

[*] 이 부분과 관련해 히틀러가 정권을 잡은 지 3개월 뒤인 1933년 4월에 국무부 장관 코델 헐Cordell Hull의 발언을 주목할 필요가 있다. "독일에서의 유대인 학대는 사실상 없어진 것으로 볼 수 있다."(McWilliams, p. 652) 아마 그는 장래성 있는 단체인 베를린 독일인권연맹Berlin German League of Human Rights의 성공을 기대한 것 같다(Hechi, p. 447). 코넬 헐의 낙관론은 〈빌리지 보이스Village Voice〉의 편집자들이 보여준 낙관론보다는 나은 편이다. 그들은 1959년 5월에 "이제 더 이상 인종차별이 세상의 이치라는 관념에 대한 실질적인 믿음은 없다"라고 썼지만, 4개월 뒤에 미시시피 주 연방상원의원 제임스 이스틀랜드James Eastland와 사우스캐롤라이나 주 연방 상원의원 스트롬 서먼드Strom Thurmon는 의사당에서 인종 차별이 세상의 이치라는 취지의 발언을 쏟아냈다(Kaplan, pp. 134~135).

된 막연한 적대감을 금융계로 향하도록 유도했다. 그 모든 상황은 베르사유 조약으로 부과된 막대한 배상금 때문에 초래됐다. 케인스는 통찰력 있게도 그것을 '정치적 무모함(금융적 어리석음)'이라고 질책했다.[150]

만일 독일인들이 패전의 원인을 궁금해했다면 그것은 히틀러에게 던진 유일한 질문이었을 것이다. 일반적으로 독일의 지적 전통의 계승자는 대중이 아니라 소수의 철학자들이었다. 독일의 지적 전통은 폭이 무척 좁고 대체로 깊이는 터무니없이 깊다. 또한 독일 사상가들 사이에서도 지적 전통은 질문을 던지는 작업이 아니라 해답을 제시하거나 세계의 이론적 작동 원리에 관한 거창하고 관념론적이고 독선적이고 논리적인 진술을 분명히 하는 작업이었다.* 그런 두 가지 요인 모두 히틀러에게 유리하게 작용했다. 그는 자신이 조장한 홉스주의적인 만인에 대한 만인의 문화적 투쟁을 통해 이념적 매력을 정치적 권력으로 탈바꿈시켰다.[151]

서로 충돌하는 20세기의 수많은 분자처럼 유럽 각국은** 가공의 국제정치적 틀(국제연맹) 안에서 별로 중요하지 않는 지역은 제1차 세계대전이 발발한 뒤 이리저리 뒤섞였다. 즉 폴란드인과 체코인, 세르비아인과 불가리아인, 루마니아인과 헝가리인 등이 각각 충돌했고, 그들의 충돌이 잠잠해질 때까지 오스트리아인은 늘 복수심에 불타고 공격적인 독일계 사촌과 충돌

---

• 독일의 둔감한 지적 전통은 18세기 프리드리히 대왕 치세의 검열에 대한 반응으로 시작됐다. 저자들은 의도적으로 검열관들이 헛갈리도록 일부러 복잡한 문장을 썼고, 결국 지식인도 대중도 이해할 수 없는 문장이 통용됐다.

•• 구시대적 개념인 '국민'은 20세기 내내 분리주의, 이민, 내정 간섭 등의 공격에 시달렸다(Barzun, 774-775). 그리고 21세기에는 국경 없는 사이버 세계라는 적을 만났다(Haseltine).

했다.[152]

1928년, 선의의 지식인들은 켈로그브리앙 조약Kellogg-Briand Pact을 군비 축소를 촉진하고 전쟁을 단념시키는 국제적 수단으로 평가했다. 존 듀이는 켈로그브리앙 조약에 반대한 사람들(무력을 통한 평화를 옹호한 사람들)을 가리켜 '정신적 무력증을 앓는 자들의 고리타분한 어리석음'을 드러낸다고 호되게 비난했다.[153] 히틀러가 듀이를 어떻게 생각했는지는 알 수 없지만, 여기서 그것을 언급할 수 있다면 좋겠다.

### 히틀러에 대한 영국의 오판

제2차 세계대전 이전에 영국이 히틀러를 달래려고 시도한 것은 안타깝게도 집단사고의 전형적인 사례다. 구체적으로 말해, 그것은 희망적 관측에 입각해 정책을 세우는 바람에 의도하지는 않았지만 결과적으로 전쟁 발발에 일조한 반전反戰 집단이 저지른 실수의 한 가지 사례였다.[154] 1938년, 체임벌린Chamberlain 정부는 순진하게도 히틀러가 평화를 지향한다고 추측했다. 거기에 반대되는 정보에는 전혀 관심이 없었다.

독일군 장성들은 히틀러에게 단호한 태도를 취하는 영국인들에게 외교 역사상 전례가 없는 행동을 통해 세 가지 메시지를 보냈다.[155] 하지만 주독駐獨 영국 대사 네빌 헨더슨Neville Henderson은 반론을 차단하는 '집단초병' 역할을 맡아 독일 측의 메시지를 무시하라고 조언했다. 기본적으로 영국 정부는 히틀러를 공산주의와 맞서 싸울 민족주의자로 오해했다.[156] 어쩌면 그 때문에 영국 정부는 '검은 관현악단Die Schwarze Kapelle' 지도자들이 제안한 반反

히틀러 쿠데타 계획을 무시했을 수도 있다.[157] 이처럼 사태를 바라보는 공식적 관점은 완전히 비뚤어져 있었다. 1938년의 그 악명 높은 뮌헨 평화회의Munich Peace Conference에서 국토의 절반을 히틀러에게 넘겨주는 데 반대한 체코인들은 평화를 위협하는 세력으로 매도됐다. 그나마 영국 외무부에는 체임벌린의 정책을 비판하는 사람들이 있었지만, 심각한 어리석은 짓을 거듭하는 내각의 고집불통 때문에 무시되고 말았다.[158]

## 히틀러의 어리석은 실수

히틀러는 전쟁을 시작하자마자 변명의 여지가 없어 보이는 몇 가지 전략적·전술적 실수를 범했다. 첫 번째 실수는 1940년 5월 하순 독일 공군이 케르크에서 영국군을 재빨리 쓸어버리도록 허락해달라는 괴링Goring의 요청을 들어준 것이다. 괴링은 육군 장성들을 질투했고, 그들이 지나치게 많은 공로를 차지할 것이라며 히틀러를 설득했다. 사실 히틀러는 적군을 전멸시키려면 공군과 육군이 협력해야 한다는 점을 주지시켰어야 했다. 그리고 다가올 영국 본토 항공전Battle of Britain에서 공군의 활약을 기대한다며 괴링의 기운을 북돋아줄 수도 있었다. 하지만 히틀러는 편협한 측근의 말에 너무 귀를 기울였고, 결국 기상이 악화되는 바람에 영국군이 기적적으로 철수하는 데 성공할 시간을 주고 말았다.

히틀러의 두 번째 실수는 훨씬 더 심각했다. 영국을 침공하려면 제공권이 필수였기 때문에 그는 독일 공군에게 영국 공군을 격멸할 임무를 맡겼다. 독일 공군은 일단 임무를 수행했다. 만일 영국 공군이 베를린을 몇 차

**제2차 세계대전 바르바로사 작전** 1941년 6월

례 공습한 것에 대해 히틀러가 그토록 광분하지 않았더라면 틀림없이 임무를 완수했을 것이다.[159] 물론 런던에 대한 보복 공습은 적절한 것이었고, 독일인의 분노를 가라앉힐 만큼 충분했어야 했다. 하지만 히틀러는 계속해서 전략적으로 중요하지 않은 영국의 수도를 공습하도록 명령했다. 독일군 폭격기들이 1940년 9월 런던을 공습하는 동안, 뜻밖에도 영국인들의 사기가 치솟아[160] 영국 공군은 전력을 회복하고 영국 상공의 제공권을 확보했다. 따라서 영국 본토 침공은 연기, 아니 취소될 수밖에 없었다.[161]

스웨덴의 칼 12세(1709년)[162]와 프랑스의 나폴레옹(1812년)[163]이 맞이한 운명에서 아무런 교훈도 얻지 못한 히틀러는 가장 치명적인 세 번째 실수를 저질렀다. 그는 러시아를 침공하는 바람에 독일군이 감당할 수 없는 두 개의 전선을 만들었다. 히틀러의 러시아 침공도 어리석었지만, 스탈린은 더 어리석었다.[164] 그는 독일이 그토록 빨리 침공할 줄 알았으면서도 그것을 받아들이려 하지 않았다.[165] 참모들은 그가 듣고 싶어 하는 말만 했고, 그가 보고 싶어 하는 것만 보여줬다. 아무리 부정확하고 부당해도 참모들이 만들어낸 그림은 스탈린이 좋아하는 이미지에 부합해야 했다.[166] 스탈린은 이미 파다해진 침공 임박설을 무시했을 뿐만 아니라, 침공 당일인 1941년 6월 22일까지 군수물자를 독일에 제공함으로써 히틀러를 달

래려고 애썼다.*167 독일군이 공격을 감행한 뒤 며칠 동안 스탈린은 무슨 일이 일어났는지 갈피를 잡지 못했고,168 확실한 지시를 받지 못한 러시아군 지휘관들은 어리석게도 독일군의 협공 작전에 말려들어 포위되는 전술적 실수를 반복했다.169

물론 그것은 어리석은 짓이었지만, 러시아군은 어리석음의 측면에서 일류가 아니었다. 우크라이나로 진격했을 때 독일군은 스탈린주의적 압제로부터 주민들을 구해줄 해방자로 환영받았다. 주민들은 공산주의 치하의 삶보다 더 나쁜 것은 없을 것이라고 생각했지만, 나치는 그들의 생각이 틀렸음을 입증해주었다. 게르만 민족의 자부심으로 똘똘 뭉친 냉혹하고 오만한 침략자들은 승리 자체에서 특별한 만족을 느끼지 않았고, 얼마 지나지 않아 불필요한 만행을 자행함으로써 주민들의 심각한 반감을 샀다.170 1941년의 침공이 실패로 돌아간 뒤 히틀러는 책임을 자신 외의 모든 사람에게로 돌렸고, 어리석게도 자신의 과대포장된 의지력 덕분에 파국을 막았다는 결론을 내리면서 승리를 위한 헛된 노력을 계속했다.171

결국 철수할 기회가 왔을 때 독일군이 스탈린그라드에서 물러나도록 지시하지 못한 것은 히틀러가 저지른 최악의 어리석은 짓이었다(미국에 선전포고를 한 점과 어깨를 나란히 한다. Ambrose, 1992). 독일 제국의 운명을 거의 결정지은 그 어리석은 짓의 원인은 그가 전쟁 초기의 승리에 고무된 나머지 자신의 군사적 안목을 과대평가하고 독일군 참모 본부의 역량을 폄하

---

• 스탈린은 독일과의 전쟁이 불가피함을 알고 있었지만, 제1차 세계대전이 일어나기 전에 황제 니콜라이 2세Nicholas II가 내린 총동원령에서 얻은 교훈(초조한 상태의 독일은 그런 행동을 위협으로 받아들일 수 있고, 결국 공격에 나설 수 있다)에 너무 집착했다.

하는 과대망상증에 빠졌기 때문이었다. 즉 과대포장된 그의 의지력이 바로 그의 치명적인 약점이었다. 그것은 처음에는 악화되다가 나중에는 위험해지고 종국에는 파멸을 선사하는 그리고 환경에 적응하지 못하도록 방해하고 배움을 가로막는 망상적 장애물이었다.[172]

### 전쟁으로 드러난 집단사고의 허점

한편 태평양으로 확대된 전쟁에서 드러난 몇 가지 사실은 충격적이었다. 예를 들어 싱가포르는 취약한 요새 도시로 드러났는데, 싱가포르 함락은 그곳이 난공불락이라는 믿음 때문에 더더욱 일어날법한 일이 됐다. 만일 예상대로 일본군이 해상에서 공격했다면 싱가포르는 함락되지 않았을 것이다. 하지만 일본 황군은 그리 만만한 존재가 아니었다. 그들은 육로로 침공했다. 난공불락으로 추정되는 요새 도시였던 싱가포르는 마지노선 Maginot Line처럼 상상, 책략, 공격 등에만 무릎을 꿇는 곳으로 전락했다.[173]

앞에서 설명한 세 가지 요소와 방어를 책임진 사람들의 과도한 희망적 관측과 자기만족적 예견이 뒤섞이면서 진주만의 대재앙[174]이 일어났다. 진주만의 참사는 정부가 흔히 저지르는 실책으로 평가할 수 있다.[175] 상상하지 못한 일이 실현되기까지는 집단사고[176]가 핵심적 역할을 맡았다.

1941년 1월 24일 해군부 장관 프랭크 녹스Frank Knox가 전쟁부 장관 헨리 스팀슨Henry Stimson에게 한 "적대 행위는 진주만의 해군 기지나 함대에 대한 기습공격을 통해 시작될 것이다"[177]라는 여러 경고는 하와이에 "그런 일은 일어나지 않을 것이다"[178]라는 일반적인 믿음에 배치되면서 계속 무시됐다. 1941년 3월 두 명의 공군 장교가 일본군 항공모함에서 시작된 진주만에 대한 새벽 공격이 완벽한 기습이 될 것이라는 내용의 보고서를 제출했지만, 일본군이 그렇게 할 만한 기회가 없을 것이라고 생각한 진주만의 지휘관들은 눈을 감았다.[179]

　워싱턴은 사안을 명확하게 정리하는 데 도움이 되지 못했다. 워싱턴에서 나온 모든 경고는 모호한 것이었고, 서로 모순되거나 무의미한 여러 가지 조짐의 배경'소음'에 가려 전달됐을 뿐이다. 그래도 기지 방어는 지휘관의 임무다. 상황이 불분명한 경우, 분별 있는 지휘관이라면 조심하게 마련이다. 태평양함대 사령관 허즈번드 키멀Husband Kimmel 제독의 근본적인 실수는 일본이 진주만을 공격하지 않을 것이라고 추측한 점이었다. 비록 변변치 못한 수준의 경고였어도 거기에 귀를 기울이지 않은 것은(이 문제에 관한 가장 권위 있는 설명에 의하면 워싱턴의 해군 정보부는 하와이에 대한 일본의 관심을 둘러싼 중요한 정보를 태평양함대 사령관에게 알려주지 않았다). 자신의 예상을 뒷받침하는 자료와 메시지를 주목하고 신뢰하는 인간적 성향과 자료나 메시지에 대한 주류적 견해를 확증하는 쪽의 해석을 선택하는 분석가적 성향 때문이었다.[180] 인식도 해석도 일본이 동남아시아의 다른 어딘가(다시 말해 하와이에서 서쪽으로 수천 킬로미터 떨어진 곳)를 공격할 것이라는 자기확인적 스키마에 의존했다.[181]

　하지만 진주만에 주둔한 사령관들은 '모든 방향에서' 일본군의

**진주만 공격** 미국 전함 애리조나는 일본군의 폭탄에 피격 받은 뒤 이틀 동안 불타올랐다. 함선 일부는 나중에 인양되었으나, 나머지 부분은 지금까지도 남아 있다.

공격 가능성을 알고 있었고,[182] 워싱턴의 참모 회의에서 그들에게 위험을 경고했다. 그러나 안타깝게도 그들이 안일한 판단을 바꿀 만큼 결정적이고 명확한 경고는 없었다. 진주만은 적군의 목표물이 될 가능성이 낮다는 유력한 스키마를 정면으로 반박하는 경고는 없었다.[183] 따라서 사령관들은 희망적 관측이라는 값비싼 사치에 탐닉했다.[184] 그들은 상황의 위험성 여부를 따지거나 다른 예방 조치를 취하는 대신에[185] 원통하고 절망스럽게도 적군의 공격이 다른 곳에서 이뤄질 것이라는 가정에 사로잡힌 판단을 내렸다.

사령관들이 진주만 피습 가능성을 제대로 인식하지 못한 원인을 찾기 위해선 기본적으로 그들이 던지지 않은 질문과 그들이 내놓을 수 없는 해답으로 거슬러 올라가야 한다. 질문은 다음과 같다. "만일 우리와 전쟁을 시작할 생각이라면 일본이 우선적으로 공격할 가장 중요한 목표물은 무엇일까?" 사령관들이 이런 질문을 던졌더라도 그들은 아마 잘못된 해답에 도달했을 것이다. 왜냐하면 그들은 일본의 시각에서 미 해군 함대를 바라보려고 시도하지 않았고, 미 해군 함대를 목표물이 아니라 군사적 억제력으로 인식했기 때문이다. 진주만 기지의 가치를 고려할 때 그들은 공격 가능성을 더 높게 잡았어야 했다.

하지만 키멀 제독은 일본이 얻을 이익보다는 일본이 부담할 위험의 관점에서 판단했고, 일본이 손실을 각오하고 항공모함과 항공기를 수천 킬로미터 떨어진 하와이로 보내는 도박에 나설 만큼 어리석지 않다고 여겼다.[186] 덕분에 일본의 공격은 뜻밖이면서도 아주 안전한 작전이 될 수 있었고, 최소한 전술적으로는 무척 성공적인 작전으로 판명됐다.[187]

진주만 공격 작전의 성공 가능성은 미국이 태국으로 향하는 일본의 항공모함 호송 선단에 관심을 쏟은 덕분에 더 높아졌다. 하와이 정보 당국의 일부 요원이 두 번째 호위 선단의 행방에 주목했지만,[188] 어느 누구도 두 개의 일본군 함대가 두 곳을 한꺼번에 공격할 가능성을 고려하지 않았다.[189] 사실 12월 1일 상선 러라인 호$_{Lurline}$가 하와이로 향하던 일본군 함대 근처의 러시아 트롤선이 보낸 저주파 무선 신호를 탐지했고, 관련 사실이 12월 3일 하와이의 해군 정보 당국에 보고됐다.[190] 하지만 잘만 했으면 '전쟁 영웅이 됐을지도 모르는 사람들' 중 그 누구도 정찰기를 보내 사실을 확인하지 않았다. 12월 4일 해군부 장관 프랭크 녹스는 미 해군은 절대로 방심하는 일은 없다고 호언장담하기도 했다.[191]

12월 7일, 자기만족적 집단사고를 배경으로[192] 두 가지 경고가 무시됐다. 하와이로 다가오는 항공기들이 레이더에 포착되어 육군사령부에 보고됐지만, 비슷한 시각에 본토에서 도착할 예정인 B-17 폭격기 편대로 오인됐다.[193] 또 다시 유력한 예상에 따라 자료가 해석됐다. 아무도 레이더에 포착된 항공기들이 정말로 B-17 폭격기 편대인지 확인하지 않았다.

단지 B-17 폭격기 편대라고 여겼을 뿐이다. 미군 구축함의 장교들이 항구로 잠입하려는 소형 잠수정을 발견[194]해 공격한 뒤 해군사령부에 보고했지만, 해군사령부는 구축함 장교들의 착각으로 치부했다.[195]

집단사고가 진주만의 재앙에 미친 일반적 영향은 집단사고 때문에 관계자들이 이견을 표명하지 못한 채 기지가 안전할 것이라고 단언했다는 점이다. 이견 표명은 집단 규범에 위배됐고, 쓸데없는 의사 표시로 간주됐다. 일반적으로 사람들은 집단 가설과 상반된 시나리오를 주의 깊게 검토하지 않는다. 그렇게 조성된 공동의 심적 경향은 사기를 진작하지만, 만족스러운

이미지를 위해 인식을 왜곡함으로써 거짓 안도감을 이끌어낸다.[196]

한편 일본은 공격에 따른 위험부담을 받아들일 수밖에 없었다. 그 정귀환 성향의 제국은 지도자들이 야심의 노예로 전락함에 따라 팽창과 패망 중 하나를 선택해야 했다. 하지만 그 오판의 전쟁에서 진주만 공격은 가장 치명적이고 어리석은 실수 중 하나로 꼽을 수 있다.[197] 의심의 여지없이 진주만 공격의 배경은 대다수 일본인의 마음에 단단히 뿌리박힌 믿음, 즉 하나가 되어 살고 일하고 싸우는 통합된 국가로서의 일본이 천하무적이라는 믿음이었다.[198]

게다가 목총으로 훈련하는 미군의 모습을 찍은 영상을 보았을 때 일본 군국주의자들은 미국과의 전쟁에서 승리할 수 있다고 확신했다. 사실 그들의 가장 심각한 오판은 일단 그들이 태평양함대를 격파한 뒤에 잇따라 일어날 전쟁을 예상하지 못한 점이다. 그들은 미국이 그저 서태평양을 일본에게 내준 채 굴욕적인 평화를 받아들일 것이라고 생각했다.

태평양함대의 괴멸은 미국인들을 일치단결시켜 전쟁에 나서도록 자극하는 얼마 안 되는 시나리오 중 하나였지만, 일본 군국주의자들은 그 점을 간과했다. 그들은 미국을 제국주의 기준에서 바라보다가 오판에 이르렀고, 루스벨트가 마음대로 미국을 전쟁으로 이끌 수 있다고 추측했다. 그들은 훗날 더 큰 화를 부를 행동을 하고 있다는 점을 깨닫지 못했다.[199]

나중에 드러났듯이 진주만은 경고를 무시하는 연합군의 성향을 여실히 보여준 사례이다. 1944년 9월 아른헴Arnhem에서 '머나먼 다리Bridge too far'를 둘러싼 전투가 벌어지기 전에 네덜란드의 저항 단체는 영국군 낙하산병들이 독일군 전차 바로 위에 떨어질 것이라고 경고했다.[200] 불행히도 영국의 몽고메리Montgomery 장군은 나름대로 계획이 있었다. 독일군 기갑부대가 그곳에 주둔하지 않았기 때문에 타협점을 찾아야 했고, 결국 절충안이 만들

**벌지 전투** 제2차 세계대전 벌지전투 중 아르덴을 방어하던 75사단 소속 미군병사

어졌다. 독일군 전차는 연료가 떨어진 것으로 추측됐고, 그렇게 대재앙은 예정대로 진행됐다.

몇 달 뒤, 벌지 전투Battle of the Bulge가 일어나기 전에 피난민들이 연합군의 시야에서 벗어난 곳에 독일군이 대규모로 집결했다고 말했을 때도 비슷한 경고의 목소리가 있었다. 하지만 피난민들이 전해준 정보는 검증되지 않은 채 일축되고 말았고, 다가올 공격에 관한 또 다른 정보도 당국의 귀에 들어갔지만(영국의 역사학자 F. H. 힌슬리F. H. Hinsley에 의하면) '적군의 의도에 대한 한 가지 시각에만 매몰되는 정보 당국의 고질적인 경향(주류적 믿음에 따라 인식이 형성되도록 방관하는 어리석은 성향)[201]' 때문에 별다른 주목을 받지 못했다.[202] 다행히 군인들은 아른헴에서의 경험에서 교훈을 얻었고, 적군이 묘안을 짜내기 전에 전투에서 이길 방법을 찾아냈다.

하지만 이것으로 장교 양성 과정 중 하나가 '경고를 무시하는 방법'에 대한 장기 강좌라는 결론을 내리면 곤란하다. 1944년 1월 안치오Anzio(이탈리아 라치오 주의 항구도시-역주)에 상륙한 미군 사령관 존 루카스John Lucas

소장은 우회적인 방식으로 정반대 결론을 증명해보였다. 그는 살레르노 Salerno(이탈리아 캄파니아 주의 항구도시-역주)에 상륙한 적이 있는데, 거기서 서로 나뉜 연합군이 적군의 공격으로 다시 바다로 내몰릴 뻔했다.[203]

그런 경험 때문에 그는 관련 경고나 확실한 증거가 없고, 오히려 적군의 저항이 미미하다는 보고가 있었는데도 아군이 내륙으로 이동하자마자 근처에 있던 독일군이 달려들 것이라고 확신했다. 그것은 자기실현적 망상이었다. 있지도 않은 적군에 대한 루카스 소장의 공포, 제2의 갈리폴리 사태를 피하고 싶은 그의 욕구, 그가 내린 명령에 대한 보수적 해석 같은 요인으로 인해 독일군은 미군을 해안으로 몰아붙일 시간을 얻었다.[204] 결과적으로 하루면 충분했을 로마의 해방은 넉 달 후에야 실현됐다.

1945년 연합군이 승리를 거뒀지만, 놀랍게도 달라진 것은 별로 없었다. 진정한 거악인 나치는 사라졌지만 불의, 침해, 부패, 무지, 어리석음 등의 인간적 문제는 그대로 남아 있었다. 초강대국 간의 '냉전'[205]이 도래한 상태에서 그런 문제의 심각성을 인지한 미국인들은 지성과 산업화의 모범인 서양인들이 외교적 무능, 정치적 부패, 사회적 불의, 환경의 기술적 세속화 같은 해묵은 문제에 대한 현명하고 도덕적인 해법으로 여기는 것을 다시 찾아 나섰다.

미국의 외교적·정치적 어리석음은 피그스만 침공, 베트남 전쟁, 워터케이트 사건 등의 순서로 빠르게 등장했다. 피그스 만 사태는 민심 이반의 측면에서 베트남 전쟁과 각종 '게이트'에 비할 바가 못 되지만, 미국의 어리석음 서랍장의 맨 밑 서랍에 고이 간직되어 있다. 집단사고의 전형적인 사레인 쿠바 침공 결정은 순수하고 명료하고 투명하고 이상적인 양질의 어리석음이었다. 세월이 흘렀지만 대통령의 실수를 감정하는 전문가가 볼 때, 그 작은 보물은 특유의 의심스러운 광채를 전혀 잃지 않았다. 모두에게 무척 다행스럽게도 그 수치스럽고 불운한 모험에 건 판돈은 매우 적었다. 안타깝게도 당시 케네디 대통령이 주어진 정보를 토대로 침공을 명령한 것은 정당화할 수 있는 행동이었다.[206]

잘못은 그의 결정 자체가 아니라 그에게 제출된 자료와 그것을 둘러싼 논의가 이뤄진 환경에 있었다.[207] 보좌관들은 모두 영리하고 기민한 인물이었고, 객관적이고 합리적인 분석의 중립적 조건에서는 누구 못지않게 유능한 사람들이었다. 그럼에도 불구하고 하나의 집단을 이뤘을 때 그들은 걷잡을 수 없는 대실패에 빠져들고 말았다.[208]

전체가 개별 부분보다 훨씬 더 미숙하다는 점이 드러났고, 머피Murphy를 낙관론자로 단정한 플래니건의 격언Flanagan's Precept이 입증됐다.[209] 대통령에게 제출된 자료가 침공을 건의할 만한 것이었다 해도 확실히 케네디는 상황을 균형감 있게 파악할 만한 청사진을 확보하지 못했다. 관련 정보는 중앙정보국CIA 간부들이 제공했는데, 그들은 미국 국무부와 영국 정보기관의 전문가들이 제출한 쿠바의 군사력에 관한 보고서를 무시했다.[210] 그들은 입맛에 맞지 않는 자료는 추려내고, 가혹하고 철저한(정당한) 비판을 피할 속셈으로 소수의 사람끼리만 침공 계획을 구상했다. 근본적인 문제는 중앙정보국 간부들이 침공 계획과 정서적으로 연관되는 바람에 객관적인 판단을 내릴 수 없었다는 점이다.[211]

그들은 침공 계획에 대해 객관성을 유지할 수 없었을 뿐만 아니라 다른 누군가가 객관성을 유지하는 것도 바라지 않았다. 때가 됐을 때 그들은 백악관에 침공 계획을 제시했다기보다는 판매했다. 불행히도 그리고 정말 유감스럽게도 백악관[212]은 그것을 구매했다.* 내집단 구성원들이 하나로 뭉치고, 침공 계획에 대한 믿음으로부터의 이탈을 용납하지 않으면서 대통령 보좌관들은 집단사고에 빠져들었다. 목표는 효과적인 계획의 수립에서 집단 합의의 도출로 바뀌었다.[213] 아서 M. 슐레진저 주니어Arthur M. Schlesinger, jr.가 반대 의사를 전달했을 때 로버트 케네디는 반대하기에는 너무 늦었다는 반응을 보였다.[214] 하지만 어느 순간이든 토론하고, 결정하고, 행동할 시간적 여유는 있는 법이다. 그러므로 다음과 같은 질문이 가능하다. "잘못된 계획에 반대하기에 너무 늦은 때는 언제인가? 착오를 깨닫고 실수를 교정하기에 너무 늦은 때는 언제인가? 잘못된 결정을 수정하거나 아예 철회하는 것보다 그대로 밀고나가는 것이 더 나은 때는 언제인가? 굳이 나락으로 떨어질 필요 없이 부실한 계획을 교정하는 것보다 함께 나락으로 떨어지는 것이 더 중요한가?"

국무부 차관 체스터 볼스Chester Bowles는 침공 계획을 비판적으로 바라

---

* 1년 반 뒤, 쿠바 미사일 위기Cuban Missile Crisis는 어리석음을 연구하는 사람들에게 우리가 살고 있는 신기한 선전의 세계를 이끄는 지도자들의 사례를 제공했다. 물론 러시아는 군사적으로 한 발 뺐다. 하지만 케네디 대통령은 쿠바를 침공하지 않을 것이라고 천명했을 뿐 아니라, 비밀리에 구형 주피터 미사일을 터키에서 철수시켰다. 따라서 선전에 능숙한 케네디는 승리자처럼 보인 반면, 니키타 흐루시초프의 이미지는 악화됐고, 결국 2년여 뒤 실각하고 말았다(Hayward, 2001, p. 268). 시간을 돌려 2006년의 이라크로 돌아오면 거기 연루된 모든 사람이 이른바 '멋진 사나이'로 통했기 때문에 조지 케이시George Casey 장군의 실패한 전쟁 계획을 아무도 책임지지 않았다는 사실을 발견할 수 있다. 더 기막히는 사실은 실제로 그들이 모두 멋진 사나이였다는 것이다. 하지만 그 전쟁의 관건은 참전한 장군들의 매력이 아니라 능력이었다(E. Cohen, 다음의 279쪽에 인용되어 있다: Woodward's The War Within.//Woodward, B. The War Within. Simon and Schuster; New York, 2008).

본 국무부의 몇 안 되는 구성원 중 하나였다.[215] 하지만 안타까운 정치 과정에 휘말리면서 피그스만 사태 이후 가장 먼저 해임되고 말았다. 그의 해임은 다른 모든 사람이 틀린 상황에서 바르게 행동한 대가였다.[216] 한편 볼스의 전적으로 정당하고 타당한 의심을 묵살한 국무부 장관 딘 러스크Dean Rusk는 유임됐다. 그는 무척 멋진 사나이로 통했고(아마 실제로 멋진 사나이였을 것이다), 게다가 집단사고의 협력자였기 때문이다(그로부터 10년 전, 시어도어 화이트Theodore White는 마오쩌둥의 승리를 제대로 예측했다가 《타임Time》에서 해직됐다(1975/2000. p. 87). 40년 뒤, 신원불명의 인물 '마이크Mike'는 빈 라덴Bin Laden에 관한 불투명한 정보가 중앙정보국에서 연방수사국FBI으로 넘어가지 않도록 막은 덕분에 9·11 테러 사건 이후 승진했다(Mayer, p. 16). 케네디 대통령은 간부들을 해임함으로써[217] 중앙정보국을 쑥대밭으로 만들었지만,[218] 거기서 한 걸음 더 나갔어야 했다. 1963년 11월 22일, 중앙정보국은 그를 없애버렸다.[219] 아니, 마피아가 그랬던가?[220]).

피그스 만 침공은 우리가 늘 보고 싶어 하는 이상적인 사례라고 할 수 있지만,[221] 규모와 범위의 측면에서는 우리가 베트남에서 경험한 대실패의 상대가 되지 못한다.*

미국이 베트남에서 펼친 정책과 활동은 오랫동안 실수로 간주됐지만,[222] 그것의 주체와 과정과 원인[223]은 여전히 논란의 여지가 있다.[224] 그리고 그것은 아마 앞으로도 명쾌하게 밝혀지지 않을 것이다. 기본적으로 베트남 문제에 연루된 것은 무시된 경고, 희망적 집단사고, 미리 결정된 잘못

---

* 미묘한 문제이지만, 카스트로Castro는 국제연합 감독관들이 쿠바를 방문해 대량살상무기를 조사하도록 허용할 경우 침공하지 않는다는 데 합의할 수 있었다. 하지만 카스트로는 그렇게 하지 않았고, 따라서 케네디는 1963년 12월 1일의 쿠바 침공 계획을 세웠다(Waldron, 2009, p. 9).

된 정책을 뒷받침하는 시스템 분석 등이 뒤엉킨 복합적 어리석음의 한 가지 사례였다.[22]

악명 높은 '펜타곤 페이퍼Pentagon Papers'[226]에는 유감스럽게도 30년에 걸쳐 미국 정부의 외교적 완패 그리고 부실한 정보, 착오, 착각 등의 미숙한 해석에 근거해 저지른 실책, 고의적 기만, 노골적 거짓말 등을 둘러싼 왜곡된 이야기가 실려 있다(주의 요망: 살인과 그것에 대한 거짓말이 훈장과 승진의 지름길이었다. 살인과 거짓말에 대한 진실을 말하는 것은 반역 행위까지는 아니어도 범죄 행위였다. Alexrod, 196). 결과적으로 그 부도덕한 전쟁은 이길 수 없는 전쟁이었을 뿐만 아니라, 미국과 베트남의 인명[227]과 자원을 낭비한 전쟁이었다.

1962년 5월, 케네디 대통령은 캐나다 총리 레스터 피어슨Lester Pierson에게 베트남 문제에 대한 조언을 구했다. 그러나 총리가 내놓은 해답인 '빠져나오기'를 어리석은 방안으로 일축했다. 사실 그는 이미 그렇게 해야 한다는 것을 알고 있었다. 당시 그의 관심사는 빠져나오기 위한 '구체적인 방법'이었다.[228] 케네디는 재선이 유력했던 1964년에 미군을 철수시키는 방안을 은밀하게 추진하고 있었지만,[229] 1960년대 중반에 그의 후임자 린든 존슨Lyndon Johnson은 대다수 사람의 강력한 경고에도 불구하고 사태를 악화시켰다. 물론 책임을 지지 않는 사람들에게 경고는 전혀 소용 없었다. 그들은 고의적으로 계획한 어리석은 짓의 군사적·정치적·도덕적 결과에 정당한 우려를 표명한 전문가와 일반인 모두를 무시했다.[230] 베트남을 공산당에 넘겨준 책임을 지고 싶은 사람은 아무도 없었기 때문에, 당시 미국 정치계에서의 내부 비판은 아주 쉽게 잠재울 수 있었다.[231] 베트남은 결코 잃을 수 없는 것이라는 사실이 대부분의 사람이 책임을 회피하려는 이유 중 하나였다.

그럼에도 불구하고 미국 정부는 한 번도 갖지 못한 것을 잃지 않기 위해 베트남 사태를 오해하는 바람에 수렁에 빠지고 말았다. 베트남 전쟁은 전쟁의 목적을 둘러싼 전쟁이었다. 미국은 공산주의와 싸운 반면, 베트남은 식민지주의와 싸웠다. 1945년 이래 변함없이 민족주의의 온갖 증거와 베트남의 독립을 위한 열정을 잘못 해석해왔다.[232] 다시 말해 사실을 무시했다기보다는 사실을 적절한 맥락에서 인지하지 못했다. 또한 세계를 지배하려는 공산주의의 의도적 음모라는 포괄적 관점에서 베트남 사태를 바라보며 오해를 자초했다.[233]

그런 오해는 신성모독적이고 자멸적인 명분을 정당화하는 문구를 고안함으로써, 그리고 행위를 있는 그대로 묘사하는 용어를 회피함으로써 촉진됐다. 1962년 여름, 합동참모본부는 '철수'라는 용어를 사용하지 않은 채 미군을 베트남에서 철수시키려는 계획을 짰다.

권력자들이 자신이 구사하는 용어와 수사법의 신봉자 겸 포로로 전락함에 따라 '국가 안보'(기로에 선 것은 우리의 신뢰성이었다(Hayward, 2001, p. 79)'라는 '필수적 이익'에 '전념'하는 태도는 '신속하고, 적절하고, 신중한(혹은 '어울리는')' 폭격*을 통한 '전략적 설득'으로 이어지는 독자적 정귀환 방식

---

* 윌리엄 셰익스피어의 설은 군사전략가처럼 표현하자면 폭탄이 다른 이름으로 불려도 향기롭고 파괴적이기는 매한가지 아닐까?(문학가 윌리엄 셰익스피어를 익살스럽게 지칭한 것이다. 이 부분은 셰익스피어의 희곡 《로미오와 줄리엣》의 대사 "장미가 다른 이름으로 불려도 향기롭기는 매한가지다A rose by any other name would smell as sweet"를 인용한 것이다.-역주

이 됐다.[234]

　1967년 가을에 린든 존슨이 다음과 같이 인정했을 때 중요한 돌파구가 열렸다. "아이젠하워Eisenhower가 옳은 것 같다. 적은 적으로 간주해야 한다."[235] 어이쿠! 이제 와서 적을 '적'으로 간주하겠다(그럼에도 불구하고 국방부 장관 맥나마라McNamara는 적을 적으로 간주하는 것을 불쾌하게 여겼다. Hayward, 2001, p. 114)?

　나중에 드러났듯이 '국익'의 이름으로 자기 생성적 재난에 투입한 온갖 노력은 역효과를 냈다. 우리의 주장과 달리 사실 미국은 베트남에 특별한 관심이 없었다.[236] 하지만 리처드 닉슨Richard Nixon은 만에 하나 베트남을 잃으면 세계적으로 언론의 자유가 상실될 것이고, 태평양이 붉은 바다가 될 것이라는 허풍을 늘어놓았다.[237] 비록 전쟁에서는 졌지만, 우리는 여전히 전쟁에 졌다고 자유롭게 말할 수 있고, 전쟁의 잔해가 흩뿌려진 태평양은 여전히 푸르게 빛나고 있다.

　1960년대 후반, 미국의 지도자들이 대對 베트남 정책과 관련한 상투적 수단을 점점 더 신봉함에 따라(히틀러와 괴벨스Goebbels도 러시아 침공 기간에 자신들이 선전한 내용을 믿게 됐다. Goebbels, II/I, pp. 30-39, July 9, 1941) 무효한 가짜 낙관론이 무효한 진짜 낙관론으로 대체됐다.[238] 결과적으로 존슨 대통령 시절의 백악관은 베트남을 아시아의 알라모Alamo 요새로 바라본 그의 시각 때문에 지나친 야심과 과도한 낙관론에 사로잡혔고, 비현실적인 계획을 자주 수립했다.[239] 늘 그렇듯 어리석음의 핵심은 믿음과 현실의 불일치에 있었다. 미국의 공식적인 스키마는 베트남의 현실과 맞지 않았을 뿐 아니라 아예 그것과 계속 어긋나도록 체계적으로 설정됐다. 그 결과, 미국 정부

는 베트남에서 무슨 일이 벌어지는지 전혀 이해하지 못했다.[240]

베트남에서 대실패의 열매가 무르익는 동안, 존슨 행정부는 시선을 안으로 돌려 군사 전문가들의 의견을 점점 더 많이 물었다. 사실 그들은 언제나 문제에 대한 단 하나의 해답(단계적 확전[241])만 내놓았다. 정부 내부에는 외부와 격리된 채 스스로를 성찰하지 않는 자들이 무조건 수용한 정책을 견제할 만한 기제가 없었기 때문에 확전은 걷잡을 수 없는 정귀환 방식의 완벽한 사례가 됐다.•[242] 기본적인 계획은 사람보다 맥나마라McNamara의 수치 우선 정책[243]에 의해 더욱더 그럴듯해졌고, 자신의 결정을 국방부 고위층에 명확하게 전달하지 못한 린든 존슨 때문에 한층 더 부실해졌다.[244]

물론 사안 자체가 혼란스럽기는 했지만, 질문을 던지고 새로운 사실을 알게 될수록 사태를 이해하기 어려워진 시민들은 베트남 전쟁을 받아들일 수 없었다.[245] 정부의 발표는 걸핏하면 거짓으로 드러났다.[246] 따라서 의심은 전쟁을 의사소통 수단으로 여기는 존슨식 태도의 근본적인 부조리에 대한 각성으로 변모했고,[247] 특권 계급이 집단적으로 정신이 나갔다는 불쾌한 깨달음이 점차 퍼져나갔다.[248] 그나마 수백만 명의 회의론자와 수십 명의 부지런한 저술가, 기자들의 상식으로 지도자들의 광기를 제어할 수 있었던 것은 국가적으로 다행스러운 일이었다.

일반적으로 지도자들은 권력에 대한 그런 내재적 제약을 충분히 인식

---

• 악명 높은 구정 대공세Tet Offensive가 북베트남의 기대 이하의 패배로 끝나는 과정에서도 잘못된 학습의 결과가 일조했다. 공격 예봉이 케산Khe Sanh의 고립된 전초 기지를 향했고, 양동 작전의 일환으로 다른 곳에서 여러 전투가 벌어졌기 때문에 미군 정보기관은 제2의 디엔비엔푸 전투Dien Bien Phu를 예상했다. 그러나 케산을 공격한 것이 오히려 눈속임이었고, 나머지 전투가 구정 대공세의 본령이었다 (Hayward, 2001, p. 183).

하지 못한다. 예를 들어 닉슨 대통령은 행정부가 새로운 농도의 정치적 (부)도덕성으로 추락한 사실이 대중매체를 통해 분명히 드러나고, 결국 대중의 분노와 의회 권력에 의해 추락을 멈추는 과정에서 점점 초조해졌다. 역설적이게도 닉슨은 1968년에 '법과 질서'를 내세우며 입후보했다. 하지만 4년 뒤 그의 선거운동은 주거 침입, 뇌물 수수, 위조, 사법 방해, 위증 등으로 요약할 수 있다.[249] 대통령 집무실에서의 비공개 간부회의를 녹음하지 않았거나 녹음테이프를 제출하지 않았다면 그런 여러 가지 범죄조차 정치적으로 무마됐을 것이다.[250] 궁극적으로 대통령의 치욕스러운 사임을 초래한 것은 범죄와 실책의 조합이었다.

워터게이트 사건에서도 집단사고가 핵심적인 역할을 맡았다. 백악관 참모들은 집단사고에 휩쓸린 자들의 공통적인 증상인 과도한 낙관론과 자신감을 공유하였다. 흔히 그렇듯이 사람들은 계획, 명분, 동료의 의견 따위에 완전히 심취한 채 정귀환 방식에 매몰되면 임박한 재앙을 경고하는 목소리를 무시하는 법이다.[251]

닉슨이 경고에 귀를 기울이지 못한 까닭은 그의 뛰어난 지성[252]이 닉슨적 스키마의 본질과 참모들이 그것을 관철하면서 보여준 집착뿐만 아니라, 그의 부족한 양심에 굴복했기 때문이다. 닉슨적 도식은 일종의 신화, 구체적으로 말해 윤리성이 결여된 행정부의 이미지를 조작하기 위해서는 온갖 섬뜩한 수단도 동원할 수 있다는 신화다.* 그것은 닉슨의 참모진이 공유한, 그리고 그들이 워터게이트 사건을 홍보 문제로 인식하도록 유도한 잠재의식적 전략 및 행동 지침이었다.[253] 그런 스키마의 한계에 따른 파장은 대통령 참모들이 명백한 결함에도 불구하고 스키마를 악착같이 고수하는 바람에 더 악화됐다. 워터게이트 사건의 모든 단계에서 관련자들은 반박할 수 없다는 점이 분명히 드러났을 때조차 사실을 직시하지 않았다.[254] 임박한 실패를 예고하는 신호에도 불구하고 참모들은 신호를 검증하고자 했다.

## 인간이 창조한 이질적이고 적대적인 세계

더 폭넓은 차원에서 보면 사실 주변의 모든 신호를 이해하고 검증하려고 애쓰는 사람들이 일부 존재한다. 그런데 그것은 정말 어리석은 짓이다! 철학자들은 대개의 경우 낱말 풀이를 포기하고, 집합론이나 수학적 분석,[255] 베르그송 철학의 직관적 지식, 하이데거와 야스퍼스가 제시한 주관성의 괴로운 무익함 같은 데서 재미를 느꼈다.[256] 흄의 관점에서는 아무것도 확실히 알 수 없기 때문에 모든 것은 상대적이다. 게다가 우리가 제2차 세계대전과 홀로코스트의 참상에 대해 간접적으로 알게 된 사실은 논리실증주의[257]에 대한 신뢰의 상실을 초래했고, 결과적으로 버트런드 러셀Bertrand Russell이 1912년에 한 "생각은 절망에 이르는 관문이다"[258]라는 말과 일맥상통한 하이데거의 파시스트적인 발언 "사고는 이해의 불구대천의 원수다"[259]가 등장했다. 그런데 하이데거는 생각을 너무 많이 한 것 같다. 왜냐하면 그는 자신이 이질적이고 적대적인 세계에 던져진 인간을 언급하는 잘

---

• 믿기 어렵겠지만, 주거침입자들의 인색함을 고려할 때 대통령의 지위는 또 다른 측면에서도 추락했다. 그들은 문이 잠기지 않도록 하려고 눈에 잘 띄는 값싼 테이프를 사용했다. 길 건너에서 망을 보는 사람들의 경고를 듣기 위해 휴대용 무선 송수신기를 지니고 있던 남자는 배터리를 아끼려고 볼륨을 낮췄다. 그 바람에 그는 경찰이 다가온다는 연락을 듣지 못했다(Sturgis). 어떤 추산에 의하면 그 3명의 주거침입자들은 약 21번의 실수를 범했다. 그들이 적발되지 않은 것이 오히려 기적이다(Simkin).

못을 저지른 점을 이해하지 못한 것 같기 때문이다.[260] 인간은 그런 세계에 던져지지 않았다. 인간은 그것을 창조했다.

우리의 거룩한 정신요법사인 맥도날드狂에 대한 일방적이고 우발적인 호소에도 불구하고 말이다. 신의 도움이 제한적이었다면 가톨릭교회는 1960년대 초반에 열린 제2차 바티칸 공의회Vatican Ecumenical council의 개혁 시도를 좌절시키고자 최선을 다했다고 볼 수 있다. 제2차 바티칸 공의회의 요지는 교회가 현실에 더 많이 참여해야 한다는 것이었지만, 신학적 요소가 걸림돌로 작용했다. 교회는 산아 제한에 대한 기존 견해를 고수함으로써 '지성의 가장 심각한 좌절'[261]을 초래했다. 이혼율이 올라가고, 여성들이 이른바 생식적 사안을 장악했다.

신학자들이 신과 산타클로스의 차이는 산타클로스가 존재한다는 점이라는 비非허무주의적 명제조차 거들떠보지 않았다. 그동안 지성의 횃불은 아무것도 확신할 수 없다는 사실만 보장하는 과학자들에게로 넘어갔다.[262] 그러나 우리가 알고 있는 바에 근거한 우리의 과학적 승리는 정말 충격적이면서도 고무적이었다. DNA, 장기 이식, 양자, 전자공학 같은 대단한 것들은 우리에게 책임을 요구하지 않아도 어느 정도 부과한다. 과학은 원자를 쪼갬으로써 아주 작은 것을 아주 커다란 근심으로 변질시켰다.

기술의 인상적인 승리는 대인관계를 악화시키는 반면, 자연의 관계를 뚜렷하게 규명하지는 않는다. 기술의 승리는 자기 구성적이고, 탈근대적이고, 단편적이고, 상대론적이고, 주관적이고, 해체적인 이 세계에서 우리가 누구인지 그리고 우리가 어떻게 해야 서로 더 좋은 관계를 맺을지 해명해 주지 않는다.[263] 20세기 비평가들은 모호성, 역설, 불일치, 번민, 불명료성 등이 결여됐다는 이유로 19세기의 시인 헨리 롱펠로Henry Longfellow를 폄하했다.[264] 그들은 그런 요소들을 위대한 시나 시인의 척도로 여겼고, 간결하고 명확한 표현을 미숙한 것으로 바라봤다.

그런 점에서 우리는 햄릿Hmalet의 불멸의 대사 "그것이 문제로다"에서 적절하게 표현된 신르네상스적 심리상태로 회귀했다고 볼 수 있다. 그때도 문제가 해명되지 않았고, 지금도 그대로라는 사실을 아무도 알아차리지 못한 것 같다. 오늘날은 사기꾼, 이성으로 확인할 수 없는 모순적 진리로 이어지는 사고방식에 의해 결정되는 경험, 의심받는 종교, 자의적인 권한은 르네상스적 특징을 지닌 시대다.[265] 독재자들이 통합적 해방자인 체할 수 있고, 가장 지독한 범죄가 필수적이고 고결한 조치로 합리화될 수 있는 배경이 바로 신新 르네상스적 심리 상태다.[266]

기본적인 문제는 철저한 본성론자로서 의심을 지식의 토대로 삼고(오늘날 과학은 '확실성의 정도'를 토대로 삼고 있다. 따라서 지구가 평평하다고 믿는 사람들도, 지구가 완전히 둥글다고 믿는 사람들도 틀렸지만, 전자가 후자보다 더 틀렸다. Asimov, p. 170 of Livraghi), 의심을 정신의 본래적 요소로 간주한 데카르트에게서 찾을 수 있다. 하지만 그는 대다수의 사람이 자기가 알고 있고 바와 믿고 있는 바를 의심하지 않는다는 사실을 놓쳤다. 사람들은 그냥 알고 있고, 믿고 있을 뿐이다.

양육론자인 로크는 경험을 지식의 원천(아마도 외부적 원천)으로 꼽았고, 사람들이 각기 다른 경험을 한다는 사실에 입각해 주관성의 원조가 됐다. 모든 것을 세밀히 검토하기 위한 지적 운동인 계몽주의는 아무것도 해명하지 못했다. 그 어떤 것도 신성하지 않았고, 모든 것이 검토되고 분석되고 평가됐다. 그러나 마침내 분석과 평가를 분석하고 평가했을 때 우리는 검토를 검토한 뒤 검토, 이성, 의심, 경험, 사실 등으로는 부족하다는 점을 깨달았다. 신이 무지의 대리인 노릇을 하는 상태에서 우리에게 필요한 것은 역사와 삶의 순환이 시작되는 기본 출발점이다(출발점의 정체가 궁금한 사람은 이 책의 맺음말로 건너뛰기 바란다). 그리고 흄은 실망하겠지만, 현재 우리가 보유한 최고의 모형은 빅뱅에서 출발해 불확실성의 시대를 거쳐 또 다른 빅뱅으로 이어지는, 영원히 반복되는 우주의 팽창 및 수축이다.

지금까지 그래왔듯, 오늘날에도 사실과 사물은 사실과 사물로 이뤄져 있다.[267] 그리고 사실과 사물에 관한 이런 통찰은 모든 것이 다른 모든 것과 서로 동등하다는 사고방식과 맥을 같이한다. 그것은 절대적으로 옳은 말이다. 본래적 가치를 지닌 것은 아무것도 없지만, 문화의 기능은 당장의 임무에 따라 사물, 행동, 사람 등에 가치를 부여한다. 따라서 망치는 평등주의와 주관성의 관점에서 톱만큼 훌륭하지만, 어떤 사람이 원하는 바에 따라 망치가 더 훌륭할 수도, 톱이 더 훌륭할 수도 있다.

황당한 실제 사례에서 요점을 확인하기 위해 1972년 민주당 부통령 후보로 거론된 자들의 밀집 대형을 살펴보자. 그 정치 분파의 하위 집단에 속한 누군가는 마오쩌둥이나 편협하고 독선적인 백인 노동자로 간주되어야 했다.[268] 그것은 광기를 띤 자유주의적 평등의 한 가지 사례였다. 덕분에 거기 포함된 모두가 흡족해했을지도 모르지만, 전체 과정은 상원의원 토머스 이글턴Thomas Eagleton을 후보로 선택하는 것과 무관하게 진행됐다. 이글턴은 정신과 치료를 받은 적이 있다는 이유로 후보직에서 사퇴했다. 정신과 병력이 마치 고위직의 결격 사유라도 되는 것 같았다.

안타깝게도 사회과학과 예술은 근본적인 철학적 쟁점을 해결하거나 명료화하는 데 크게 기여하지 못하는 것 같다. 사회과학은 모순적인 해답은 아니어도 혼란스러운 해답을 제시하는 바람에 문제를 해결하는 만큼 문제를 초래하고 있다. 예술은 망연자실한 채 시원기에서 유년기 쪽으로, 거기서 다시 무의미성 쪽으로 계단을 밟아 내려왔다. 초현실주의는 충격과 우연, 상징과 암시를 통해 의식을 넘어서는 미학적·도덕적 기준인 과격하고 걷잡을 수 없는 이성의 간헐적 부재를 표현했다.[269] 결국 인간뿐만 아니라 대상도 예술에서 추출됐다.[270]

정신분열증적인 서양 문명 전체를 구체적으로 표현하는 다음과 같은 공식은 최소한 지난 2세기 동안 이어진 과학적 오만의 심화와 예술의 반비례적 변질의 역사를 아우른다. '기술적 역량×아름다움에 대한 헌신= k'.[271] 과학자들이 주관성에 내재된 편견을 양심적으로 극복하기 위해 애쓰는 동안 예술가들은 편견에 탐닉했다. 200년 전에는 증기기관과 허드슨 강 파 Hudson River School(19세기 중엽 미국의 낭만주의적 풍경화가들-역주)가 있었고, 100년 전에는 기관차와 애시캔 파Ashcan School(20세기 초반 미국의 도시생활을 묘사한 풍경화가들-역주)가 있었다. 얄궂게도 오늘날에는 컴퓨터와 자연, 미래, 사람 등에 대한 우리의 태도뿐만 아니라 우리의 조건을 아주 정확하게 표현하는 뒤죽박죽 파Fucked Up School(예술품으로 알려진 것을 보자마자 이렇게 언급한 어느 익명의 비평가의 입에서 나온 표현이다. "저것은 훌륭한 그림이다. 저것은 마치 현대의 삶 같다. 모든 것이 뒤죽박죽이다")가 있다.

미국 정보기관에 종사하는 친중국 성향의 '정세 분석가들'에게는 권력도 안전도 가장 중요한 문제가 아니었다. 국가 안보보다 무역을 촉진하기 위해 결론을 왜곡하는 데 전념한 사람들의 편향된 정보 분석을 통해 자연스럽게 타협 정책이 도출됐다. 2005년, 그동안 정보와 정책을 주무르던 소집단이 결국 정체를 드러냈고, 그들은 중국의 공격용 잠수함 신규 배치 같은 기본적인 신호를 여러 차례 놓쳤다는 점을 인정할 수밖에 없었다(그들은 중국 잠수함 사진이 인터넷에 뜰 때까지 관련 사실을 알지 못했다). 물론 내부 관계자들은 재빨리 정보원情報源인 현장 요원들에게 책임을 떠넘겼다. 하지만 그들은 평소 현장 요원들의 보고를 조직적으로 경시했다. 그런 실수를 상세히 설명한 정부 보고서는 비밀리에 보관됐다. 의회 관계자가 그것을 입수한 뒤 인지 일관성으로 정보 조직(지휘부를 제외한 모든 사람들에게 무척 건전한 것으로 보였다)의 적절한 개혁을 요구하지 않도록 말이다.[272]

비극적인 9·11 참사에 관해 말하자면, 실패의 첫 번째 요소는 새로운 종류의 위협(테러 행위[273])에 맞춰 사고방식을 바꾸지 못한 냉전주의자들의 무능함이었다.*

두 번째 요소는 중앙정보국이 맞수인 연방수사국과 정보를 공유하지 않은 점이다. 마지막 요소는 중앙정보국 대對테러센터Counterterrorist Center의 빈 라덴 전담반Bin Laden Unit이 무질서 상태에 있었다는 점이다. 빈 라덴 전담반 직원들이 서류를 잘못 보관하는 바람에 일어난 오해가 의사소통의 왜곡을 낳았고, 그것이 다시 무능력[274]과 어리석음으로 이어졌다. 이런 식의 사태

---

* 구체적으로 말하자면 2001년 8월 29일 어느 연방수사국 요원은 며칠 뒤 항공기 공중 납치를 감행할 칼리드 알미드하르의 소재를 파악하기 위해 자신의 직원 한도 내의 모든 수사 역량을 활용하려고 했다. 그러나 뜻을 이루지 못했다. 왜냐하면 당시 칼리드 알미드하르는 범죄 수사의 대상이 아니었기 때문이다. 당시 그 요원은 이렇게 말했다. "언젠가 누군가 죽을 것이다. 그리고 사람들은 왜 우리가 온갖 수단을 강구하지 않았는지 이해하지 못할 것이다." 그 '언젠가'가 바로 9월 11일이었다(Babbitt, 301f).

악화는 '이 나라가 개인의 자유에 대한 터무니없는 감정적 고려에서'[275] 벗어나는 데는 '아주 좋은 공포'가 필요할 것이라는 경고의 맥락에서 언급할 법하다. 경고의 주인공이 1907년의 조지프 콘래드Joseph Conrad(폴란드 출신의 영국 소설가-역주)이고,

사진 좌측의 남쪽 타워에 유나이티드 항공 175편이 충돌해 불타고 있다. 그에 앞서 우측의 북쪽 타워에는 아메리칸 항공 11편이 충돌했다.

그가 말한 나라가 영국이라는 점만 제외하면 말이다. 하지만 안타깝게도 그의 경고는 우리에게도 적용된다. 우리는 아주 좋은 공포보다 더 나쁜 상황을 겪었고, "모두 알다시피 방심은 인간의 가장 큰 적이다"[276]라는 셰익스피어의 격언을 마음에 새길 정도로 개인의 자유에 대한 감정적 고려에서 많이 벗어났다.

체니·부시 행정부의 과두 지배세력(국무부 장관 콜린 파월Coli Powell은 부시 대통령을 어리석다고 보지 않았다. 다만 다루기 쉽다고 생각했을 뿐이다(Mayer. po. 125)은 안보의 이름으로 이라크 침공을 결정했다.[277] 그 조치의 유일한 근거는 만화책 수준의 심리 상태에 놓인 지도자들의 침공에 대한 편견[278]을 뒷받침하는 사실이었다. 그들은 필요한 모든 사실을 확보할 때까지 기다릴 여유가 없다고 생각했다.[279] 그 재앙을 둘러싼 다양한 의견을 한마디로 요약하면 다음과 같다. "그 전쟁에 대한 모든 논리적 근거는 설득력이 없다." 즉 사담 후세인Saddam Hussein에게는 대량살상무기(이라크를 침공한 지 3년 뒤에도 부시 대통령은 여전히 사담 후세인이 대량살상무기를 갖고 있다고 주장했다(Draper, p.

388). 하지만 침공 이전에 이미 그는 후세인에게 대량살상무기가 없다는 사실을 알고 있었다(Suskind, 2008, p. 184). 틀에 박힌 스키마로 인한 오해에서 통상적인 어리석음이 비롯됐다. 그것은 지적 범죄였다)도, 그것으로 대외적 목표물을 타격할 능력도 없었다.

그는 알카에다Al Qaeda와 직접적인 유대 관계를 맺지 않았다. 새빨간 거짓말쟁이인 '커브볼Curve ball'라피드 아메드 '알완 알자나비Rafid Ahmed Alwan al-Janabi'[80]의 엉터리 제보와 달리 후세인에게는 이동식 생화학 무기 공장도 없었다. 이라크와 국제 테러분자들 사이의 연관성도 없었다. 이라크를 점령하기까지는 미국은(삽입) 10년 넘게[281] 상당한 규모의 군사적 노력을 기울여야 했다.* 미국 정보기관은 완전히 헛다리를 짚었다.

군부는 앞서 언급한 모든 내용이 대중의 전쟁 정신병을 조장하기 위해 의도적으로 조작된 것이라는 점을 알고 있었다. 하지만 군부는 결함이 있는 정책이 테러와의 전쟁이라는 구호가 무색해질 만큼 부자연스러운 전쟁으로 비화되는 과정[282]을 묵인했다.[283] 이라크 재건사업에 투자한 530억 달러와 4500명의 전사자와 1만 명(1만 명은 2005년까지의 부상자 수치다. 최종 수치는 3만 2000명이다.-역주)의 부상자로 대변할 수 있는 엄청난 낭비를 무시한다면 군부의 처신을 이해할 만하다. 이스라엘은 무사했고, 미국 기업들은 이라크의 원유를 차지할 기회를 얻었다. 사실 원유는 그 전쟁의 본질이자, 부시 대통령이 경기 후퇴에 시달리는 미국 기업계에게 남길 유산이었다.

---

* 사담 후세인 자신에게도 문제가 있었다. 그는 아무도 감히 자신에게 진실을 말하지 못하는 지적 벙커에 숨어 있었다(Chirac). 우리가 그를 심각하게 오해하기는 했지만, 그는 우리를 더 심각하게 오해했다(Suskind, 2008, p. 195). 오해 만세!

오바마 대통령이 아프가니스탄 전쟁에 필요한 병력 규모를 결정할 때 실망감을 느끼면서 깨달았듯이 부시의 유산은 끈질기게 남아 있었다. 베트남과 이라크에서 우리가 반복한 실책이 다시 기승을 부렸다. 대통령은 화들짝 놀라고, 세부 사항을 놓치고, 우선순위를 정하지 못하고, 자신의 결정과 조치에 담긴 의미를 이해하지 못했다.[284] 다행히 오바마 대통령은 '그런 대통령들(아마도 린든 존슨과 조지 부시처럼 어리석은 대통령들)을 닮지' 않고 '내 자존심이나 정치 활동에 근거한 실패를 고수하지' 않기로 마음먹었다.[285] 오바마 대통령은 최소한 어리석음을 지양하면서 현지의 상황 변화에 적응하려고 했다.[286]

한편 테러와의 전쟁이 전개되면서 근거 없는 책임 공방이 만연했다. 우마르 압둘무탈라브Umar Abdulmutallab가 성탄절에 디트로이트로 향하던 비행기에서 속옷에 감춘 폭발물을 터뜨리려다 실패하고 승객들에게 붙들렸을 때 국토안보부 장관 재닛 나폴리타노Janet Napolitano는 어이없게도 이틀 뒤에 "시스템이 작동했다"[287]라며 우쭐댔다. 하지만 시스템은 전혀 작동하지 않았다. 2주 뒤, 국가 안보 담당 부보좌관 존 브레넌John Brennen은 최대한 먹이사슬의 저 아래까지 책임을 전가하는 보고서를 내놓았다. 국가정보국National Intelligence의 수장인 데니스 블레어Dennis Blair 제독은 유효한 여러 개의 점을 서로 연결하지 못한 책임을 모두(국가정보국, 중앙정보국, 국가안보국NSA, 연방수사국, 국무부, 국가대對테러본부National Counterterrorism Center 백악관)에게 골고루 떠넘기면서 아무것도 인정하지 않으려고 했다. 그는 자신에게도 책임을 지우면서 그 가식적인 익살극을 마무리했지만,[288] 해임되지는 않았다. 알다시피 홍보 책략의 일환으로 당당히 책임을 지는 자세를 취하는 사람에게는 책임을 묻지 않는 법이다.

그런 전반적인 정치적 부조리는 예나 지금이나 마찬가지다. 2013년, 미국이 재정 절벽에서 떨어져 예산 자동 감축이라는 궁핍한 해협에 빠졌을 때, 사람들은 다음과 같은 글이 당시의 곤경을 적절히 묘사한다고 여겼다. "탕진된 국고, 마비된 정부, 쓸모없는 대표자 등을 보라. 가장 비열하고 한심하고 심술궂고 비굴하고 굽실거리고 비겁한 당파심이 삶의 모든 측면에 침입하는 모습을 보라." 다행스럽게도 이것은 1842년 찰스 디킨스Charles Dickens가 워싱턴을 묘사한 글이었다.[289] 오늘날의 정당은 평소대로 정부를 이끌어갈 뿐이다.


**어리석음은 계속된다 : 무엇을 해야 하는가**

지금까지 우리는 20세기 중심의 막연한 인적 관계에 초점을 맞췄다. 이제 21세기 '우리의' 환경에 개입하려는 단호한 노력에 내재된 위험을 명심하는 차원에서 기술적 전문지식을 다시 살펴보기로 하자. 그 위험은 현재 불분명하고 모호하다. 산업혁명을 계기로 믿음에 대한 우리의 역사적 믿음이 지식에 대한 믿음으로 탈바꿈했지만, 아직 우리는 스스로 무엇을 하고 있는지 모르기 때문이다.

우리가 지닌 힘에도 불구하고 우리는 점점 강력해지는 기계나 컴퓨터와의 밀접한 연계를 통해 문화 구속적 경향을 띠고 있다. 우리는 역사적으로 소도시 생활의 일부분을 차지하던 안도감, 확신, 자긍심 등을 상실했다. 그러므로 어떤 일을 할 수 있는 우리의 능력에도 불구하고, 또한 우리가 재난을 초래할 가능성 때문에 초인적 완벽성을 지향해야 한다는 사실에도 불구하고, 우리는 아직 무엇을 어떻게 해야 할지 잘 모른다.[290]

만일 우리에게 확실한 것이 하나 있다면 그것은 어리석음을 우주까지 확대할 것이라는 점이다. 오랫동안 양호한 상태를 유지한 미국 우주 계획의 공식 기록에도 불구하고, 1986년 1월 28일 발생한 우주 왕복선 챌린저호Challenger 폭발 사고에서는 지식보다 민낯의 기술을 신뢰하는 사람들의 오만이 드러났다. 항공우주국National Aeronautics and Space Administration의 우주 왕복선 개발 통제 계획에는 '성공 지향적 관리Success Oriented Management'라는 완곡한 명칭이 붙었다. 그런 관리 기법의 기본적인 전제는 누군가가 반대 결과를 보여주지 않는 이상 만사가 잘 돌아간다고 본다는 것이다. 즉 모든 것이 비용과 염원에 맞춰 진행됐다.

그런 시스템은 대규모의 작업 지체, 당황스러운 사고, 많은 비용이 소요되는 재설계, 일관성 없는 직원 배치 같은 부정적 결과를 낳았다. 하지만 무엇보다도 만사가 잘 굴러간다는 착각을 초래했다. 그에 따른 최종적인 결과는 현실적 계획의 부재, 문제에 대한 부적합한 이해, 누적되는 비가시적 능률상의 결함 및 가시적 일정관리상의 어려움 등이었다.[291] 그렇지 않았다면 정말 아무런 이상도 없었을 것이다. 애석하게도 챌린저호가 스스로를 파괴하고 항공우주국의 흔들림 없는 강박관념을 그리고 책임자들의 환상을 깨뜨리기 6년 전에 그런 모든 문제는 알려진 사실이었다.

챌린저호의 발사를 결정하는 구조는 행정적 어리석음에 관한 최고의 사례연구 주제다. 발사 결정을 둘러싼 당시의 기본적인 합의는 각 도급업체가 자사 제품의 부적합성을 인정하고 항공우주국 관계자들에게 부적합성의 이유를 입증해야 한다는 것이었다. 그런데 각 업체의 간부들은 자사 장비의 품질에 문제가 있다고 인정하기를 꺼렸고, 빠져나갈 구멍을 찾기 바빴다. 게다가 그 특별한 날에 우주 왕복선 챌린저호는 다른 이유 때문에 이틀 동안 발사가 연기됐다. 항공우주국 관계자들은 대중에게 보이는 이미지가 손상된 것을 만회하고 전체 계획의 일정을 맞추기 위해 일단 발사하는 데 집착했다. 발사에 관련된 모든 사람은 그런 사정은 물론, 방침을 따라야 한다는 점도 알고 있었다. 즉 절대로 필요한 경우를 제외하고는 어느 누구도 발사 절차를 연기할 수 없었다.[292]

책임자들은 갑작스러운 한파로 발사 당일 아침 기온이 영하로 떨어진 점을 발사 연기의 사유로 간주하지 않았다. 유일하게 이의를 제기한 사람은 로켓 부스터의 마디 이음매를 감싸는 원형 고무 밀봉재를 담당한 모턴 티오콜Morton Thiokol 소속 기술자들이었다. 그들은 밀봉재가 낮은 기온에서 어떻게 작용할지 확신이 서지 않았다.[293] 모턴 티오콜 경영진이 기술자들의 합당한 이의 제기를 묵살했을 때 챌린저호에 탑승할 우주 비행사들의 운명이 정해졌다. 모턴 티오콜 경영진은 굳이 발사를 연기해야 한다고 고집하기를 원치 않았다. 항공우주국과의 계약 갱신일이 다가오고 있었기 때문에 간부들은 되도록 난처한 상황을 피하고 싶었다. 경영진은 발사해도 심각한 결과가 초래되지는 않을 것이라며 과감히 승부를 걸었다. 경영진은 담당 기술자들의 완강한 반대에도 불구하고 총체적 재앙 같은 확률 낮은 사건이 일어날 가능성을 계산에 넣지 않았다.[294]

간부들의 시각에서 세상은 산업 정치, 관행, 고무도장 등으로 이뤄진 것이었다. 그들은 관련 서류에 적혀 있는 대로 밀봉재가 제대로 작동할 것이라고 생각했다. 경영진과 기술진의 회의에서는 결정의 근거로 삼을 만한 자료가 없었기 때문에 근거 없는 믿음이 토론 과정을 지배했다.

경영진은 "모르겠습니다. 발사하면 안 됩니다!"라고 솔직히 말했어야 했다. 하지만 밀봉재가 적절히 작동할 것*이라는 근거 없는 추정**과 희망적 관측이 우세한 상황에서 모턴 티오콜의 재난 관리 부사장은 발사 권고안에 서명했고, 챌린저호는 아주 값비싼 대가를 치른 선례가 됐다.

### 원자력에 대한 기술적 오만

우리는 기술적 오만을 우주 공간까지 확대했을 뿐만 아니라 그것을 아주 작은 원자에도 적용했다. 바보스럽고 과도한 군비 경쟁은 논외로 하더라도 안전한 미래는 말할 것도 없이 일단 미래를 기대하는 모든 사람은 원자력의 평화적 사용에 관심을 기울여야 한다.[295]

안타깝게도 우주 왕복선 프로젝트의 성공률 98퍼센트조차 원자력 산업 분야에서는 재앙적 수치로 간주된다. 원자력에 집착하는 사람들은 원자력의 안전성을 너무 확신한 나머지 1986년 4월 26일 러시아의 체르노빌에서

---

• 이런 식의 전도된 사고방식은 20년 뒤 텍사스 주 산림청 부청장의 발언에서 다시 나타났다. "지구의 기후 변화는 정책입안자들이 그렇게 말하므로 사실이다." 즉, 그것이 진실이기 때문에 정책입안자들이 그렇게 말하는 것이 아니다. 그들이 그렇게 말하기 때문에 진실인 것이다(Bonner, 2007). 지금은 그것이 힘이다. 그런 식의 오만은 〈60분〉의 레슬리 스탈Leslie Stahl이 통계적 문제를 제기했을 때 CNN의 허풍쟁이 루 돕스Lou Dobbs가 보여준 반응에서도 찾아볼 수 있다. 루 돕스는 이렇게 응수했다. "일단 보도됐다면 사실이다." 사실이니까 보도됐다는 말이 아니다(Baker, 1989, p.79).

•• 무슨 교훈을 얻었는지 불분명하다. 17년 뒤, 우주 왕복선 컬럼비아호Columbia가 대기권에 재진입하는 도중 폭발하면서 7명의 우주 비행사가 사망했다. 의회는 컬럼비아호 폭발 사건의 수석 조사관을 통해 항공우주국의 안전 조치가 이론적으로만 '완벽'했다는 사실을 알아냈지만, 이미 때는 늦었다Spear.

일어난 노심 용융 사건 이후의 엄청난 사고율에도 불구하고 원자력 산업이 본질적으로 위험한 업종이라는 점을 깨닫지 못했다. 체르노빌 사고는 다른 식으로 설계된 원자로에서는 일어날 수 없는 사고로 치부되고 말았다. 하지만 확실히 그것만큼 심각하거나 그것보다 훨씬 심각한 사,고가 언제든 일어날 수 있다.

남 탓으로 돌린 사람들이 옳았다고 본다면 체르노빌 사고의 원인은 설계 결함, 잘못된 설비, 부실한 계획, 부적절한 훈련, 느슨한 관리, 불운 등일 것이다. 공식적인 각종 규제에도 불구하고 체르노빌에서는 발전기에서 더 많은 전기를 얻기 위한 의도적인 안전수칙 위반, 서투른 관리 감독, 발전소 가동 규정 위반 같은 관행이 만연했다.[296] 사실 그런 관행만큼 자신이 다루는 기술과 상호작용하는 사람들 혹은 상호작용하지 못하는 사람들의 문제를 적나라하게 드러내는 것은 없다. 일어날 확률은 낮아도 매우 심각한 파장을 일으킬 수 있는 사건은 비극적 현실로 변모할 수 있는 법이다. 모쪼록 이 점을 가장 소중한 교훈으로 삼아야 할 것이다.

러시아인들은 챌린저호나 심지어 타이타닉호의 사례에서도 그런 교훈을 배울 수 있었다. 하지만 그것은 선뜻 배우고 싶지 않은 교훈이기 때문에 사람들은 업종별로 그리고 세대별로 쓰라린 경험을 한 뒤에야 비로소 배우게 됐다. 첨단기술 문화를 선도하는 사람들은 대체로 경각심을 유지하고 꼼꼼하게 일을 처리해야 한다. 하지만 그들은 우리가 인간인 이상 이 세상에 존재하는 온갖 안전 설계와 공식적 규정으로도 어리석은 실수라는 예측 불가능한 요인을 제거할 수 없다는 점을 인정하지 않는다.

따라서 대중은 업계 홍보 담당자들이 천명하는 원자력의 안전성을 선뜻 믿지 못한다. 어느 관계자는 이렇게 말했다. "용융이 일어날 확률은 1만 년에 1회다. 발전소에는 3가지 안전장치를 통해 각종 고장에도 영향 받지 않는 안전하고 믿음직한 통제 장치가 있다. 각각의 안전선은 독립적으로 작동한다. 기술적 공정 폐쇄회로를 갖춘 밀폐 건물이 외부 환경으로의 방출을 예방하기 때문에 환경은 확실히 보호된다."

어떤가? 안심되는가? 이렇게 장담한 사람은 바로 우크라이나 동력전기부 장관 비탈리 스클라로프Vitali Sklyarov다. 이 발언이 4,000명(사망자 추정치는 9,000명, 1만 6,000명, 2만 5,000명 등으로 다양하다. 사망자 추정치는 정확히 집계된 바 없다)이 넘는 목숨을 앗아간 체르노빌 사고가 일어나기 불과 두 달 전인 1986년 2월 잡지 〈소비에트 라이프Soviet Life〉에 실렸다는 사실을 알 때까지는 안심될지도 모르겠다.[297] 하긴 비탈리 스클라로프가 옳았을 수도 있다. 1986년이 바로 1만 분의 1의 확률로 발생한다는 용융이 일어난 해였다면 말이다.

비탈리 스클라로프의 발언이 실린 기사에서 체르노빌 발전소의 수석 기술자 니콜라이 포민Nikolai Fomin은 인간도 자연도 완전히 안전하다는 신념을 피력했다. 그에 의하면 콘크리트 격납고에 설치된 거대한 반응로는 환경 보호 장치와 비상 노심 냉각 장치 같은 여러 가지 기술적 안전 기능을 갖추고 있었다. 설령 엄청난 사고가 발생해도 자동 통제 및 안전장치가 작동해 몇 초 만에 반응로가 차단될 수 있었다.[298] 그리고 만일 담당자가 실험을 위해 임의대로 자동 차단 장치와 비상 노심 냉각 장치를 정지시키지만 않았다면 반응로는 실제로 차단됐을 것이다.[299]

물론 체르노빌 사고의 비참한 결과는 충격적이지만, 사고를 은폐하려고 발버둥친 소련 정부의 냉혹함도 그에 못지않았다. 폭발 이후, 당국은 주민들에게 실내에 머물도록 주의를 주었을까? 주지 않았다.

사고 당일 계획도시인 프리피야티에 소개령을 내렸을까? 내리지 않았다. 음식을 장만할 때 조심하라고 경고했을까? 경고하지 않았다. 갑상선암 예방 효과가 있는 요오드화칼륨 제제를 대중에게 지급했을까? 지급하지 않았다. 반응로에서 1.6킬로미터도 채 떨어지지 않은 곳에서 진행 중이던 축구 경기를 취소시켰을까? 취소시키지 않았다. 당국이 한 일이라곤 외부와의 전화 연결을 거의 모두 차단한 것 그리고 사고 당일 프리피야티에서 열린 16쌍의 결혼식 소식을 알린 것뿐이었다.[300]

홍보 문제는 논외로 하고, 안전 수칙에 대한 무관심은 2010년 4월 20일 멕시코 만에 막대한 피해를 입힌 유출 브리티시 석유회사British Petroleum, BP의 굴착 장치 화재 사건의 간접적인 원인이 됐다. 근로자들은 예정대로 작업을 완수해야 하는 압박감을 느꼈고, 작업 현장에는 안전 문화가 아니라 자기도취의 문화가 팽배해 있었다. 몇몇 치명적 위험 요인이 포착되지 않았고, 설령 위험해 보이는 요인도 심각한 것으로 평가되지 않았다.[301] 경고의 징후를 놓치거나 무시한 브리티시 석유회사와 협력업체들의 안일한 태도는 비극적 결과로 이어졌다.[302]

2011년 3월 11일, 충동적인 대자연의 강력한 연속 공격이 일본의 후쿠시마 제1원자력 발전소를 강타했고, 원자력 산업에 또 다시 위기가 찾아왔다. 안전 설비에 전력을 공급하는 역할을 맡은 예비 발전기는 첫 번째 지진에는 무사했지만, 저지대에 설치되어 있었기 때문에 지진 이후 발생한 해일로 침수됐다(당시 발전소 관계자들은 지진 해일의 위험을 2분의 1로 과소평가했다. 발전기를 언덕 근처에 설치했더라면 아마 그런 끔찍한 재난은 일어나지 않았을 것이다). 노심에 냉각수를 늦게 공급하는 바람에 사태는 더욱 악화됐다. 직원들은 이미 몇 차례 경고의 징후가 나타났는데도 냉각 장치에 이상이 없다고 생각했다.[303] 체면에 민감한 일본인들은 후쿠시마 참사를 체르노빌의 노심 용융 사고에 버금갈 정도로 끔찍한 사건이라고 여기고 있다.[304]

미국의 경우에는 원자력 지지자들의 이중적 태도가 문제다. 이는 그들이 원자력 발전소가 재난에 미칠 법한 잠재적 영향을 평가할 때 사용하는 기준에서 드러난다. 보험담보 범위를 고려할 때 원자력업계 관계자들은 만에 하나 노심 용융이 발생하면 해당 보험회사가 감당할 수 없을 만큼의 피해가 초래될 것이라는 점을 인정한다. 실제로 원자력 사고의 법적 보상 한도는 71억 달러로 정해져 있다(엄청난 액수이기는 하지만, 1,000억 달러 이상으로 알려진 체르노빌 사고 비용과 비교하면 10분의 1에도 미치지 못한다). 하지만 그들은 공공 안전 문제를 고려할 때는 노심 용융이 발생할 가능성이 거의 없으므로, 걱정할 필요가 없다고 큰소리를 친다. 만일 원자력업계의 대변인들이 일관성을 지키고 두 가지 문제에 대해 하나의 태도를 고수한다면 더 설득력 있을 것이다. 그러나 노심 용융이 사고 이후의 보험금 청구로 인해 보험회사가 백기를 들 정도로 심각한 문제라면 주변 지역사회를 초토화시킬 수도 있을 것이다. 반대로 그런 만일의 경우가 일어날 가능성이 그토록 낮다면 보험회사도 일반인들처럼 위험을 기꺼이 부담할 수 있을 것이다. 따라서 우리는 다음과 같은 쓸쓸한 결론을 내릴 수밖에 없다. 원자력 산업 관계자들이 이중적 기준을 통해 보여주는 것은 그들이 보험회사 고객의 생명보다 보험회사의 돈에 더 신경을 쓴다는 점이다.

안타깝게도 원자력업계에 만연해 있는 태도는 '타이타닉호 심리 상태'로 요약할 수 있다. 타이타닉호를 건조한 사람들은 그것이 침몰할 리 없다고 믿었지만, 우리 모두는 무슨 일이 일어났는지 알고 있다. 같은 맥락에서 모든 원자로는 용융 가능성이 있다. 자신이 차지할 이익을 위해 대중이 부담할 위험의 수준을 낮게 평가하는 사람들은 여전히 원자력의 안전성을 둘러싼 상투적인 이야기를 늘어놓으면서 원자력을 강요하고 있다.

✝

오만의 시대는 산업의 시대Age of Industry와 오보誤報의 시대Age of Misinformation를 잇는 과도기였다.[305] 그러므로 오늘날의 오만은 과거 여러 시대에 이미 존재했던 경향이 더 두드러지게 나타난 것이라고 볼 수 있다. 현재 오만은 우리의 양심에서 다소 벗어나 있고, 무정한 컴퓨터에 의존하는 우리의 태도에 힘입어 새 옷을 갈아입었다. 그래도 서양이 지난 세기에 이룩한 굉장한 물질적 성공은 아마 대자연이나 우리 자신과 잘 어울려 지내는 것 빼고는 무엇이든 할 수 있다는 서양인 특유의 거만한 확신을 정당화하고 있다.

20세기의 교훈은 과학과 기술이 우리의 자기파괴를 막을 수 없을 것이라는 점이다. 사실 과학과 기술은 자멸적 착취로 그리고 우리 삶을 뒷받침하는 환경에 대한 산업 차원의 약탈로 이어지고 있다.[306] 우리는 미신과 종교에 의해서도 구원을 받지 못할 것이다. 구원이 있다면 그것은 아마 우리의 주관적 본성의 실질적 함정에 대한 진심 어린 평가에서 비롯될 것이다. 그리고 그런 구원의 토대는 보편적 인권, 국제법 그리고 자연환경(우리를 용서하는 창조주[307])에 대한 존중심일 것이다(창조주는 이미 은퇴했지만 언뜻 생각하면 지금도 시간제로 일하고 있는 듯하다).

우리에게 닥친 위험은 단기간의 기술적 발전이 예술과 인문학에 대한 장기간의 관심과 균형을 이루지 못한 채 앞으로도 우리 사회에 부를 선사할 것이라는 점이다. 우리는 더 많은 일을 더 잘해낼 수 있지만, 그렇게 해야 하는 이유를 모를 것이다. 객관적 진리에 대한 사랑과 사회적 미덕[308]을 함양하지 못하면 문화적 진보와 혜택을 타인과 공유할 수 없을 것이고, 오히려 이 세상에 더 많은 문제만 일으킬 것이다. 우리는 총체적인 인간 환경에 초점을 맞춰야 한다. 앞으로도 모든 것을 당장의 기술적 역량과 금전적 가치의 관점에서만 평가하면 아주 손쉽고 값비싼 영구적 소멸만을 자초할 것이기 때문이다.

원래 사람들은 자신의 능력을 느끼고 싶어 한다. 서양인들은 기술을 통해 우월감을 느낀다. 이해할 만한 경향이다. 하지만 서양인들이 기업과 컴퓨터를 이용해 안전한 세상을 만드는 데 매진했다는 것은, 결국 우리가 기술적 전문지식에 대한 자부심에 사로잡힌 나머지 어리석게도 그런 쟁점에 무관심했기 때문이다. 즉 인간관계상의 일부 문제를 등한시한 채 새로운 문제를 초래해왔다는 의미다. 사실 기계류는 노동쟁의를 해결하지도, 인종 간의 긴장상태를 감소시키지도 못할 것이다. 자동 학습기는 사람을 교육할 수도 없고, 피임 기구는 인구 증가를 막지도 못할 것이다.

기술 덕분에 세상은 몇몇 측면에서 더 좋은 곳이 됐고, 앞으로 여러 측면에서 더 좋은 방향으로 발전할 수도 있다. 하지만 이제 우리는 우리 자신을 직시해야 한다. 아울러 우리는 자신에게만 해당하는 이해관계를 극복하고, 모두의 이익을 위해 서로 협력하는 방법을 이해하지 못한다는 사실과 그 어떤 컴퓨터도 서로 협력하는 방법을 가르쳐줄 수 없다는 사실을 직면하고 있다.

원래 사람들은 자신의 삶을 스스로 제어하는 듯한 기분을 느끼고 싶어 한다. 20세기에는 자연을 통제하는 수단이 비약적으로 발전했지만, 아직 우리는 스스로를 제어할 수 없다. 왜냐하면 기본적으로 우리의 타고난 믿음과 뿌리 깊은 편견이 우리만의 특별한 문화적 맹점('이해'가 있어야 할 자리를 대신 차지하고 있다)을 지속적으로 만들어내기 때문이다. 모쪼록 우리가 기술적 전문지식과 함께 그리고 다른 사람들과 함께 살아가는 요령을 배울 수 있었으면 좋겠다.

앞으로 몇 년 뒤 누군가가 대담하게도 21세기의 어리석음을 주제로 짧고 말랑말랑한 글을 쓰기로 작정할 수 있도록 말이다. 당분간 우리는 현대(서기 2000년 전후)의 어리석음에 대한 교차 조사와 그의 미래상에 대한 고찰에 만족해야 할 것이다.

# 마치는 글

이 책의 최종 결론은 우리가 인간이라는 점이다. 이 심오한 통찰의 근거는 우리가 실수를 저지를 뿐 아니라, 너무 어리석은 실수를 저지른다는 사실이다. 우리가 그토록 어리석은 실수를 범하는 까닭은 우리의 스키마가 환경을 인지하고 접촉하는 방식을 규정하는 동시에 우리가 환경과 스스로에 대한 깨달음을 얻는 방식에 지장을 주기 때문이다.

설령 그런 사고 체계가 우리의 인식, 가치관, 믿음, 행위 등을 구조화함으로써 의식 세계를 지배하게 되더라도 우리에게는 길잡이 스키마가 필요하기 때문에 어리석음은, 좋게 말하자면, 필요악이다.

어리석음의 역사에 대한 개략적 검토가 암시하는 바는 우리가 말을 스키마의 결정적 요소로 과대평가한 점이다. 예컨대 갈릴레오는 '원circle'에 해당하는 이탈리아어나 라틴어가 아니라 완벽한 형태로서의 원이라는 심상에 매료됐다. 말은 우리의 믿음과 사고를 어느 정도 형성할 수 있지만, 우리가 심상과 관념에 붙이는 위장용 꼬리표일 수도 있다.

더 폭넓은 의미에서 말하자면 언어는 우리의 행위를 평가하고, 그것에 대해 생각하고, 말하는 방식을 통해 간접적으로 우리의 행위를 형성한다.

더 중요한 점은 어리석음의 개략적 검토 작업은 우리의 도덕관념이 학습적 성향과 상호작용하는 방식을 겨냥하고 있다. 인간의 보편적 특성 중 하나는 자신이 행하는 바와 깨닫는 바를 판단하는 기준을 갖고 있다는 것이다. 물론 구체적인 판단 기준은 문화별로 다르지만, 모든 집단과 개인은 그런 판단을 내리는 나름의 주관적인 기준을 갖고 있다. 절대적 원리에 대한 지식이 결여된 서양 문화는 물질적 성공을 모든 사안을 판단하는 척도로 사용하고 있다.

하지만 물질주의의 맥락에서도 우리는 단기적 이익과 목표를 추구할 때의 기술적 자기 중심성이 환경에 미치는 부정적 영향을 인식해야 한다. 마찬가지로 전능한 국가가 신을 대신해 스키마의 중심을 차지한 상황에서 우리는 스스로를 국제사회의 일원으로 인식하는 데 걸림돌이 되는 민족주의적 자기 중심성을 경계해야 한다.

희망의 징조가 있다면 확실히 사람들의 행동뿐만 아니라 문제 제기도 허용된다는 점일 것이다. 행동과 문제 제기의 조합 덕분에 우리 문명은 자기 교정이 가능할 것이다. 왜냐하면 행동과 문제 제기의 조합이 학습을 촉진하기 때문이다. 그리고 적어도 이론적으로는 우리가 이 세계에 미치고 있는 영향을 이해할 수 있도록 유도하기 때문이다(로마제국과 중세 교회는 자신이 세계에 미치는 영향을 이해하지 못했다). 그런 가능성을 최대화하는 정도에 따라 우리는 어리석음을 감소시키면서 자기 유발적 생존을 촉진할 것이다.

결국 앞으로의 지적·도덕적 책무는 간섭의 축소와 균형의 확대를 지향할 것이다. 에덴보다는 아마겟돈Armageddon을 맞이할 가능성이 조금 더 크지만, 어리석음과 어리석음의 사악하고 타락한 협력자인 불의는 아마 우리를 끊임없이 괴롭히는 동반자가 될 것이다. 과학은 우리가 어떻게 해야 할지 알려주지 못하고 인간적 특성 역시 너무 주관적이라서 그렇게 하지 못하기 때문에 앞으로도 우리는 느릿느릿 전진할 것이다. 각 문명을 하향식 실패(권력이 부패를 낳고 부패가 어리석음을 낳고 어리석음이 실패를 낳는 과정)로 이끈 역사의 영속적이고 부정적인 보편성을 초월하기 바란다면 앞으로 우리는 세계에 억지로 간섭하지 말고 서로에게 자신의 가치관을 강요하지 말아야 할 것이다. 아울러 신화에 대한 수요, 도덕적 질서에 대한 모색, 이해에 대한 욕구 등과 명백한 역사적 교훈("우리는 함께 살아야 한다")*을 배울 필요성과 사이의 균형을 적절히 맞춰야 한다. 그렇게 하지 못하는 것은 정말 어리석은 짓이다.

자, 혹시 이렇게 마무리하는 게 진부해 보이는 독자가 있다면 이 책의 표지에 나오는 부제를 다시 읽어보기 바란다.

---

* 베나지르 부토Benazir Bhutto가 2007년 12월 16일에 남긴 말이다. 다음의 358쪽에 인용되어 있다: Suskind, R. 2008. The Way of the World. Harper; New York. 부토는 그로부터 11일 뒤에 암살됐다.

## 주석

### 1장 어리석음이란 무엇인가

1. Hammond, P. An Introduction to Cultural and Social An-thropology, Macmillan; New York. 2nd ed. 1978. p. 334.
2. Phares, W. The War of Ideas, Palgrave; New York, 2007, p. 55.
3. Ramachandran, V. Phantom in the Brain. Harper Perenni-al; New York. 1991. p. 156.
4. Smith, R., Sarason, I. and Sarason, B. Psychology: The Frontiers of Behavior. Harper & Row; New York. 2nd ed. 1982. pp. 146-152. A good specific example can be found in Coram, R. Fighter Pilot John Boyd. In Lamb, B. (ed.) Booknotes on American Character. PublicAffairs; New York. 2004. p. 324.
5. Kelly, G. The Psychology of Personal Constructs. Norton; New York. 1955.
6. Hammond. op. cit. p. 429.
7. Victor, G. Hitler:The Pathology of Evil. Brassey's; Dul-les, VA. 2000. p. 113.
8. Koonz, C. The Nazi Conscience. Harvard University Press; Cambridge, MA. 2003. p. 73.
9. Welles, J. Societal Roles in Self-Deception. In Lockard, J. and Paulhus, D. (eds.) Self-Deception: an Adaptive Mech-anism? Prentice-Hall; Englewood Cliffs, NJ. 1988. Chap. p. 4.
10. Sherif, M. Superordinate goals in the reduction of inter-group conflicts. Am. J. Soc., 63, pp. 349-356. 1958.
11. Janis, I. Groupthink. Houghton Mifflin; Boston, MA. 1982. pp. 35-36.
12. Ibid. p. 174.
13. Ibid. pp. 174-175. For a brief discussion of a classic example(Vietnam) see: Rothkopf, D. Running the World. Public Affairs; New York. 2004. p. 105.
14. Janis. op. cit. p. 175.
15. Festinger, L. A Theory of Cognitive Dissonance. Stanford University Press; Stanford, CA. 1957(Toland. 1970. p 72.)
16. Ropp, T. War in the Modern World. Collier Books; New York. 1962. p. 246.
17. Mowrer, O. Learning Theory and Personality Dynamics. Roland Press; New York. 1950.
18. Suskind, R. The Price of Loyalty. Simon and Schuster; New York. 2004. p. 162. 19. Kelman, H. Compliance, identification, and internalization: three processes of attitude change. In Proshansky, H. and Seidenberg, B. (eds.) Basic Studies in Social Psychology. Holt, Rinehart and Winston; New York. 1965. p. 142.
20. Heck, Luber die Bildung einer Assoziation beim Regenwurm auf Grund von Dressurversuchen. Lotos Naturwiss. Zsch., 68, pp. 168-189. 1920.
21. Wilson, E. Sociobiology. Harvard; Cambridge, MA. 1975. p. 375.
22. Smith, N. The advantages of being parasitized. Nature, 219 (5155), pp. 690-694. 1968.
23. Wilson. op. cit. p. 159.
24. Lorenz, K. King Solomon's Rings. Thomas Y. Crowell Company; New York. 1952. p. 109. For a human take, see: Duhigg, C. The Power of Habit. Random House; New York. 2012.
25. Ibid. p. 110.
26. Skinner, B. 'Superstition' in the pigeon. J. Exp. Psyc., 38, pp. 168-172. 1948.
27. Goodall, J. In the Shadow of Man. Houghton Mifflin; Boston, MA. 1971. pp. 52-53.
28. Leakey, R. and Lewin, R. Origins. Dutton; New York. 1977. p. 208.
29. Kissinger, H. 1974. A comment to J. Reston cited on page 697 of W. Isaacson's Kissinger. Simon & Schuster; NY.
30. Smith, et al. op. cit. p. 368.
31. Toynbee, A. An undated quotation of page 201 of Huf-fington, A. 2008. Right Is Wrong. Knopf; New York(His-tory shows nations commit suicide).
32. Leakey and Lewin. op. cit. p. 248.

33. Wilson. op. cit. p. 550.

34. Ibid. p. 569.

35. Madison, J. 1787. Quoted in The Papers of James Mad-ison edited by Hutchinson, W. et al. University of Chicago Press; Chicago, IL. 1962-1991. Vol. 9, pp. 356-357; and Vol. 10(1977), p. 214.

36. Leakey and Lewin. op. cit. p. 208.

37. Roberts, J. The New History of the World. Oxford University Press; New York. 2003. p. 1.

38. Arnold, T. The Folklore of Capitalism. Yale University Press; New Haven, CT. 1937. p. 68.

39. Lyttleton, R. The Gold effect. In Duncan, R. and Weston-Smith, M. (eds.) The Encyclopedia of Delusions. Wallaby; New York. 1979. p. 192.

40. Kennedy, Pres. J. Quoted in Robert Kennedy and His Times by A. Schlesinger, Jr. Houghton Mifflin; Boston, MA. 1978. p. 623.

41. Schlesinger, Jr., A. The Imperial Presidency. Houghton Mifflin; Boston, MA. 1973. p. 164. T. 올리펀트(T. Oliphant)가 "클린턴은 억울해도 참아야 할 것이다. 그것이 틀렸기 때문이다" 라고 달리 표현한 바 있다(Sun-Sentinel. Fort Lauderdale, FL. Jan. 19, 1994. 23A. 깅그리치 이전의 자유주의적 좌파 입에서 나온 가장 독선적인 발언이다).

42. Gannon, M. 2006. Quoted on page 292 of Horwitz, T. A Voyage Long and Strange. Henry Holt; New York. 2008.

43. Bauer, S. The History of the Ancient World. Norton; New York. 2007. Khaldun, I. The Muqadimah: An Intro-duction to History. Translated by F. Rosenthal. Edited by N. Dawood. Princeton University Press; Princeton, NJ. 1969.

44. Wells, H. G. The Outline of History. 1920. (Cassel; Lon-don. 4th ed. Revised by R. Postgate 1961. pp. 168-169.)

45. Hanson, V. Carnage and Culture. Anchor; New York. 2001. p. 5.

46. Wells. op. cit. p. 164.

47. Durant, W. Our Oriental Heritage. Simon and Schuster; NY. 1935. p. 126.

48. Wells. op. cit.

49. Ansary, T. Destiny Disrupted. PublicAffairs; New York. 2009. p. 4.

50. Durant. op. cit. p. 120.

51. Ibid. p. 126.

52. Jastrow, M. The Civilization of Babylon and Assyria. Philadelphia. 1915. p. 130.

53. Durant. op. cit. pp. 120-121.

54. Ibid. p. 128.

55. Ibid. p. 126.

56. Cambridge Ancient History. Cambridge University Press; New York. 1924. Vol. I. p. 435.

57. Durant. op. cit. p. 123.

58. Ibid. pp. 121-122. Wells. op. cit. p. 165.

59. Bernstein, W. Masters of the Word. Grove Press; New York. 2013. p. 20.

60. Durant. op. cit. p. 134.

61. Ibid. pp. 123-124.

62. Cambridge Ancient History. op. cit. Vol. III. p. 237.

63. Durant. op. cit. p. 233.

64. Ibid. p. 234.

65. Hammurabi: ca. 1700 B.C. In Harper, R. Code of Hammurabi. University of Chicago Press; Chicago, IL. 1904. pp. 3-7. (For a general presentation of the Code see: Heer, F. Great Documents of the World. (McGraw-Hill; NY. 1977)

66. Dawson, C. Enquiries into Religion and Culture. Ayer; Stratford, NH. 1933. p. 107.

67. Durant. op. cit. pp. 222fn.

68. Schneider, H. History of World Civilization. New York. 1931. Vol. I. p. 166.

69. Durant. op. cit. p. 262.

70. Ibid. p. 263.

71. Maspero, G. The Dawn of Civilization: Egypt and Chal-dæa. Translated by M. McClur. London. 1897. pp. 566-572(F. Unger Pub. Co.; New York. 1968).

72. Ibid. pp. 780f. Jastrow. op. cit. pp. 250f.

73. Hammurabi. op. cit. Laws 215-218.

74. Tabouis, G. Nebuchadnezzar. New York. 1931. p. 365(Also published by Gordon Press; New York. 1977).

75. White, J. Ancient Egypt: Its Culture and History. Dover; New York. 1970. p. 134.

76. Ibid.

77. Ibid. pp. 143-144.

78. Ibid. p. 70.

79. Wells. op. cit. p. 171.

80. Akhenaton. Undated quotation on page 170 of The Power of Stupidity by G. Livraghi. M&A Publishers. Pescara, Italy. 2004. (In English, 2009)

81. White. op. cit. pp. 171-172. Durant op. cit. pp. 210-212.

82. Tignor, R. The history of Egypt. In Encyclopedia Americana. Grolier; Danbury, CT. 1986. Vol. X. p. 14.

83. Ibid. p. 15.

84. Ibid. p. 18.

85. Ibid. pp. 18-19.

86. Roberts. op. cit. pp. 425-426.

87. Durant. op. cit. p. 459. Davis, P. "The second battle of Tar-aori" in Decisive Battles from Ancient Times to the Present. Oxford; NY. 2001. pp. 132-134.

88. Durant. op. cit. pp. 454-455.

89. Ibid. pp. 459-460.

90. Ibid. pp. 582-583.

91. Ibid. p. 615.

92. Ibid.

93. Roy, R. Precepts of Jesus: A Guide to Peace and Happiness. 1820.

94. Durant. op. cit. p. 622.

95. Ergang, R. Europe Since Waterloo. Heath; Lexington, MA. 3rd ed. 1967. p. 273.

96. Durant. op. cit. pp. 622-623.

97. Lao-tze(?) Tao-Te-Ching (i.e., the Book of the Way and of Virtue) ca. 565 B.C.(?): II, lvi, 1-2. (Both authorship and dates are in dispute. See urant. op. cit. pp. 652-653.)

98. Durant. op. cit. p. 657.

99. Roberts. op. cit. p. 146.

100. Ibid. p. 144.

101. Confucius. Great Teachings. ca. 480 B.C. I, paragraphs 4-5. In Legge, J. The Chinese Classics Translated into Eng-lish. Vol. I: The Life and Teachings of Confucius. London. 1895. p. 266.

102. Bauer, S. History of the Medieval World. Norton; NY. 2010. pp. 17-18.

103. Zhang Yu. Analects of Confucius. Ca. 350 B.C.

104. Roberts. op. cit. p. 145.

105. Ibid. p. 146.

106. Durant. op. cit. p. 735.

107. Roberts. op. cit. p. 145.

108. Durant. op. cit. pp. 458 and 464.

109. Ibid. p. 821.

110. Roberts. op. cit. p. 1057.

111. Ibid. p. 817.

112. Ibid. p. 516.

## 2장 그리스적 사고의 어리석음

1. Russell, B. A History of Western Philosophy. Simon and Schuster; New York. 1945. p. 38.

2. Ibid. p. 39.

3. Muller, H. J. The Uses of the Past. Mentor; New York. 1952. pp. 129-130.

4. Fox, R. The Search for Alexander. Little, Brown & Co.; Boston, MA. 1980. p. 19.

5. Gruen, E. Personal communication.

6. Muller. Ibid. p. 132.

7. Wells, H. G. The Outline of History. 1920. (Cassel; London. 4th ed. Revised by R. Postgate 1961. p. 336.)

8. Russell. op. cit. p. 15.

9. Wells. op. cit. pp. 319-320. 헤로도토스의 직접적 영향은 제한적이었다. 그의 독자들은 역사적으로 사소한 일시적 사안에 대한 설명보다는 변함없는 영구적 법칙을 숙고하는 경향이 있었기 때문이다. (Boorstin. 1998. p. 141.)

10. Ibid. p. 336.

11. Boardman, J., Griffin, J. and Murray, O. Greece and the Hellenistic World. Oxford University Press; New York. 1986. pp. 32-42. Hanson, V.

No Glory That Was Greece. In What If? R. Cowley (Ed.). Putnam; New York. 2001. p. 21.

12. Russell. op. cit. p. 41.

13. Plutarch, L. Parallel Lives. Aristides. Ca. 100 A.D.

14. Russell. op. cit. p. 15.

15. Muller. op. cit. p. 131. Likewise, in Habits of the Heart (1985), Robert Bellah at UCal Berkeley headed a team of social researchers which concluded that individualism was threatening the survival of liberty in then contemporary America. 마찬가지로 캘리포니아 대학교 버클리 캠퍼스(UCal Berkeley)의 로버트 벨라(Robert Bellah)가 이끈 사회학 연구진은 『마음의 습관(Habits of the Heart)』(1985)에서 개인주의가 당시 미국에서의 자유의 존속을 위협한다는 결론을 내렸다. 16. Wells. op. cit. pp. 324-325.

17. Ibid. p. 327.

18. Russell. op. cit. p. 75.

19. Muller. op. cit. p. 131. (Like the oil companies getting us into Gulf War II.) (우리를 제2차 걸프 전쟁으로 몰아간 석유회사들처럼)

20. Durant, W. The Life of Greece. Simon and Schuster; New York. 1939. pp. 439-440.

21. Muller. op. cit. p. 132.

22. Russell. op. cit. p. 39.

23. Durant. op. cit. p. 280. Wells. op. cit. p. 337.

24. Russell. op. cit. p. 34.

25. Randall, J. The Making of the Modern Mind. Houghton Mifflin; Cambridge, MA. 1940. p. 233.

26. Wells. op. cit. p. 289.

27. Doby, T. (M.D.) Discoverers of Blood Circulation. Schuman; New York. 1963. p. 2. Greek gods lived in a democracy in which they negotiated and were open to persuasion which might change their minds. 그리스 신들은 민주주의 사회의 일원이었다. 그들은 협상했고, 설득을 통해 기존의 의사를 바꿀 수도 있었다 (Keane. pp. 15-18).

28. Russell. op. cit. p. 3.

29. Hecht, J. Doubt: A History. HarperOne; New York. 2003. p. 4.

30. Barnes, J. (Ed.) "Metaphysics" in The Cambridge Companion to Aristotle Cambridge University Press; Cam-bridge, England. 1995. p. 104.

31. Russell. op. cit. p. 208.

32. Dantzig, T. 1930. Number, The Language of Science. New York. p. 80.

33. Spengler, O. 1918. The Decline of the West. Edited by H. Werner. 1962. Modern Library; New York. p. 55.

34 . Durant, W. and Durant, A. The Age of Napoleon. Simon and Schuster; New York. 1975. p. 636.

35. Russell. op. cit. p. 28.

36. Ibid. p. 208.

37. Watson, P. 2011. The Great Divide. HarperCollins; New York. p. 371.

38. Farrington, B. Greek Science. Penguin; Baltimore, MD. 1953. p. 135. In one widespread Amerindian myth of creation, God is a trickster/buffoon who lets man down by limiting food supplies in an overpopulated world. 아메리카 원주민의 어느 유명한 창조 신화를 보면 신은 인구가 너무 많은 세상에서 식량 공급을 제한해 사람들을 실망시키는 수를 쓴다. (Rodin. p. 167.)

39. Roberts, J. The New History of the World. Oxford University Press; New York. 2003. p. 202.

40. Farrington. op. cit. p. 136.

41. Watson. op. cit. p. 370.

42. Russell. op. cit. pp. 28-29.

43. Ibid. op. cit. p. 26.

44. Watson. op. cit. p. 371.

45. Ibid.

46. Ibid. pp. 365 and 375.

47. Ibid. p. 372.

48. Durant. op. cit. p. 349.

49. Russell. op. cit. p. 73.

50. Ibid. p. 29.

51. Burgess, J. Introduction to the History of Philosophy. McGraw-Hill; New York. 1939. p.

33.

52. Farrington. op. cit. p. 47.

53. Lindberg, D. The Beginning of Western Science. University of Chicago Press; Chicago, IL. 1992. p. 34.

54. Ibid. p. 48.

55. Russell. op. cit. p. 37. Nevertheless, Pythagoras is credited with being the first to overcome the Homeric notion of the earth as a dish by replacing it with the image of a sphere. 하지만 피타고라스는 구체의 이미지를 통해 지구를 접시 모양으로 여겼던 호메로스식 관념을 최초로 극복한 인물로 인정받고 있다.(붉은색으로 표시되어있지 않았습니다만 옮깁니다, 역자) (Manchester, W. A World Lit by Fire. Back Bay Books; Boston, MA. 1992. p. 291.)

56. Roberts. op. cit. p 204.

57. Ibid. p. 203.

58. Van Doran, C. A History of Knowledge. Ballantine; New York. 1991. p. 37.

59. Sambursky, S. 1956. The Physical World of the Greeks. Routledge & Kegan Paul; London. 34.

60. Firestein, S. Ignorance. Oxford University Press; New York. 2012. p. 43.

61. Sagan, C. 1980. Cosmos. Random House; New York. p. 185.

62. Spengler. op. cit. p. 48fn(#3).

63. Sagan, C. op. cit. p. 184.

64. Spengler. op. cit. p. 48fn(#3).

65. Russell. op. cit. p. 37.

66. Taine, H. 1876. L'Ancine Régime. Paris. p. 262.

67. Russell. op. cit. p. 78.

68. Ibid.

69. Ibid. pp. 32-33.

70. Ibid. p. 48.

71. Farrington. op. cit. pp. 55-56.

72. Wells. op. cit. pp. 334-335.

73i. Ibid.

74. Russell. op. cit. pp. 61-62.

75. Ibid. He was – and may have been the first – executed for being an atheist. 그는 무신론자라는 이유로 최초로 처형된 인물이었을 것이다

76. Russell. op. cit. p. 63.

77. Ibid. p. 67.

78. Watson. op. cit. pp. 363 and 371.

79. Farrington. op. cit. p. 89.

80. Ibid.

81. Wells. op. cit. p. 329.

82. Hanson. V. A Nightmarish Retreat. (Plato's and Xena-phon's idealistic image of Socrates may have been created partly to overcome the slanderous caricature presented by Aristophenes. 플라톤과 크세노폰이 제시한 소크라테스에 대한 이상적 이미지는 아마 아리스토파네스가 신랄하게 묘사한 부정적 이미지를 극복하기 위해 만들어졌을 것이다.) In Cowley. op. cit. pp. 415-416.

83. Ibid. p. 421.

84. Durant. op. cit. p. 264.

85. Roberts. op. cit. p. 196.

86. Durant. op. cit. pp. 367-370.

87. Russell. op. cit. pp. 83-84. It is easy to overestimate the intellectual level of Sock's sessions with his devotees. On the topic of the need for knowledge in a specialty, he might start by asking the assembled, "If you want to get a shoe repaired, to whom would you go?" After some head-scratching, one of his acolytes would triumphantly proclaim, "A shoemaker, O Socrates." And so it would go. 소크라테스와 신봉자들의 모임의 지적 수준을 과대평가하기 쉽다. 전문 지식의 필요성이라는 주제를 다룰 때 그는 제자들에게 우선 다음과 같이 물었을 법하다. "구두를 고치고 싶으면 누구를 찾아가야 하는가?" 잠시 머리를 굴린 뒤 제자 한 사람이 자랑스레 외칠 것이다. "구두장이입니다. 스승님." 그런 식이었을 것이다.

88. Boorstin, D. 1998. The Seekers. Vintage; NY. p. 34.

89. Muller. op. cit. p. 155.

90. Russell. op. cit. p. 142.

91. Jasper, K. Vom Unsprung und Ziel der Geschichte. (On the Origin and Goal of

(Blom. p. 307.)

History.) 1949.

91. Roberts. op. cit. p. 145.

93. Plato. Phaedo. 360 B.C.

94. Plato. Protagoras. ca. 390 B.C. (Trans. W. Guthrie. Penguin Books; New York. 1956. pp. 345e-346a.) This fatuity was furthered by the enlightened French over 2,000 years later in P. Holbach's La Morale universelle (1776) and on page two of chapter 17 of Victor Hugo's Les Misérables. (1862.) To wit: Eliminating ignorance would eliminate crime. 이런 우둔함은 약 2000년 뒤에 P. 홀바흐(P. Holbach, 독일 출신이나 프랑스로 귀화한 인물입니다. 프랑스어식 인명은 돌바크(Paul Henri Dietrich D'Holbach) 입니다, 역자)의 『보편적 도덕(La Morale universelle)』(1776)에서, 그리고 빅토르 위고(Victor Hugo)의 『레미제라블(Les Misérables)』(1862) 17장 2페이지에서 더 심해졌다. 즉 무지를 일소하면 범죄가 일소될 것이라는 식이었다.

95. Russell. op. cit. pp. 91-92.

96. Ibid. p. 92.

97. Farrington. op. cit. p. 110.

98. Stone, I. From a taped interview with Andrew Patner. I. F. Stone: A Portait. New York. 1988. pp. 23-24.

99. Popper, K. The Open Society and Its Enemies. Rout-ledge; London. 1962.

100. Ibid. p. 80.

101. Ibid. p. 105.

102. Farrington. op. cit. p. 111.

103. Watson. op. cit. p. 364.

104. Russell. op. cit. p. 105.

105. Stone, I. In a Time of Torment. Random House; New York. 1967. p. 317.

106. Russell. op. cit. pp. 112-114.

107. Plato. ca. 355 B.C. Laws, III. (Harvard University Press; Cambridge, MA. 1967).

108. Hecht. op. cit. p. 16.

109. Muller. op. cit. p. 141.

110. Hecht. op. cit. p. 19.

111. Ibid.

112. Farrington. op. cit. p. 111.

113. Menand, L. The Metaphysical Club: A Story of Ideas in America. Farrar, Straus and Giroux; New York. 2001. p. 85. Jefferson, T. Letter to W. Short. Aug. 4, 1820. In The Works of Thomas Jefferson. Edited by H. Washington. Townsend, New York. 1884. Vol. 2, p. 217. John Dewey later condemned abstraction as dangerous for elevating ideas be-yond themselves.훗날 존 듀이(John Dewey)는 추상화가 개념을 지나치게 승격시킬 위험이 있다고 우려했다. (German Philosophy and Politics. 1915.)

114. Bugliosi, V. Reclaiming History: The Assassination of President John F. Kennedy. Norton; New York. 2007. p. 338.

115. Hecht. op. cit. p. 17.

116. Durant. op. cit. pp. 515-516.

117. Cantor, N. The Last Knight. Harper; NY. 2004. p. 134.

118. Hecht. op. cit. p. 18.

119. Roberts. op. cit. p. 204.

120. Muller. op. cit. p. 141.

121. Montaigne, M. Ca. 1576. The Complete Essays of Montaigne.(Translated by D. Frame. Stanford University Press; Stanford, CA. 1958. p. 300.)

122. Hecht. op. cit. p. 299.

123. Wells. op. cit. p. 331.

124. Durant. op. cit. p. 524.

125. Grant, E. God and Reason in the Middle Ages. Cambridge U. Press; Cambridge, England. 2001. pp. 160-164.

126. Muller. op. cit. p. 128.

127. Wells. op. cit. p. 332.

128. Russell. op. cit. p. 169.

129. Hecht. op. cit. p. 23.

130. Buridan, J. Ca. 1350. Quoted in Hecht. op. cit. p. 261.

131. Russell. op. cit. pp. 159-160.

132. Farrington. op. cit. p. 131.

133. Wells. op. cit. p. 372.

134. Durant. op. cit. p. 552.

135. Wells. op. cit. p. 373.

136. Ibid. p. 364.

137. Ibid.

138. Bolitho, W. Twelve Against the Gods. Garden City Publishing Co.; Garden City, NY. 1930. p. 48.

139. Wells. op. cit. p. 367.

140. Diogenes/Laertius, (?) Lives of Eminent Philosophers, Bk IX, Sec. 8, Line 121. Ca. 225 B.C. (Line written ca 500.)

141. Muller. op. cit. pp. 145-147.

142. Russell. op. cit. pp. 224-225.

143. Wells. op. cit. p. 380.

144. Hecht. op. cit. p. 22.

145. Manchester. op. cit. p. 292.

146. Watson, P. 2010. The German Genius. HarperCollins; New York. p. 172.

147. Russell. op. cit. p. 211.

148. Farrington. op. cit. pp. 214-215.

149. Ibid. p. 225. (Emphasis added.)

150. Russell. op. cit. pp. 214-215.

151. Ibid. pp. 227-228.

152. Ibid. pp. 226-227.

153. Ibid. pp. 229-230.

154. Hecht. op. cit. p. 31.

155. Wells. op. cit. pp. 333-334.

156. Hecht. op. cit. p. 41.

157. Hanson. op. cit. p. 413. They were the moral equivalent of our lawyers–brains for hire. 그들은 오늘날의 법조인, 즉 빌릴 수 있는 머리에 해당한다.

158. Muller. op. cit. p. 130.

159. Ibid. pp. 130-131.

160. Ibid. p. 126.

161. Davis, P. Decisive Battles from Ancient Times to the Present. Oxford; New York. 2001.

162. Muller. op. cit. pp. 126-127.

163. Ibid. pp. 127-129.

164. Ibid. p. 133.

165. Ibid. pp. 127-129.

166. Ibid. p. 133.

167. Russell. op. cit. p. 217.

168. Wells. op. cit. p. 338.

169. Russell. op. cit. p. 217.

170. Butler, E. The Tyranny of Greece over Germany. 1935.

## 3장 로마의 어리석음 : 지적 실패에 잠식당한 성공 이야기

1. Wells, H. G. The Outline of History. 1920. (Cassel; London. 4th ed. Revised by R. Postgate 1961. p. 421.)

2. Ibid. p. 424.

3. Ibid.

4. Ibid. pp. 425-426.

5. Ibid. p. 453.

6. Ibid. p. 428.

7. Ibid. p. 429.

8. Ibid. p. 430.

9. Ibid. p. 432.

10. Ibid. p. 437.

11. Ibid. p. 442.

12. Ibid. p. 443.

13. Ibid. pp. 444-445.

14. Davis, P. Decisive Battles from Ancient Times to the Present. Oxford; New York. 2001. p. 59.

15. Wells. op. cit. p. 446.

16. Gruen, E. The Hellenistic World and the Coming of Rome. University of California Press; Berkeley. 1984. p. 263.

17. Wells. op. cit. pp. 455-456.

18. Ibid.

19. Ibid. p. 457.

20. Ibid. p. 465.

21. Ibid.

22. Ibid. pp. 447-448.

23. Cannadine, D. The Undivided Past. Knopf; New York. 2013.

24. Wells. op. cit. p. 474.

25. Ibid. p. 459.

26. Pitkin, W. A Short Introduction to the History of Human Stupidity. Simon and Schuster; New York. 1932. pp. 391-392.

27. Russell, B. A History of Western Philosophy. Simon and Schuster; New York. 1945. p. 276.

28. Wells. op. cit. p. 473.

29. Ibid. p. 454.

30. Ibid. pp. 454-455.

31. Ibid. pp. 460-462.

32. Russell. op. cit. p. 272.

33. Wells. op. cit. pp. 476-477.

34. Ibid. p. 473.

35. Durant, W. Caesar and Christ. Simon and Schuster; New York. 1944. p. 117.

36. Wells. op. cit. p. 480.

37. Ibid. pp. 480-482.

38. Muller, H. J. The Uses of the Past. Mentor; New York. 1952. p. 226.

39. Russell. op. cit. p. 268.

40. Ibid. p. 264.

41. Ibid. p. 269.

42. Ibid.

43. Ibid. p. 264.

44. Ibid. pp. 262-263.

45. Wells. op. cit. p. 485.

46. Russell. op. cit. p. 279.

47. Ibid. pp. 274-275.

48. Ibid. p. 275.

49. Wells. op. cit. pp. 493-494.

50. Ibid. pp. 496-497. Rome had succeeded briefly in the first century but got creamed by Teutonic barbarians who were usually drunk, worshiped horses, kept their calendar by counting nights and roamed like wolves through fog and snow. 로마 제국은 1세기에는 잠시 성공을 거뒀지만 튜턴족 이방인들에 당하고 말았다. 그들은 흔히 술에 취해있었고, 말을 숭배했고, 밤의 횟수를 헤아리는 방식의 달력을 사용했으며, 마치 늑대처럼 안개와 눈 속을 헤매고 다녔다. Lapham, L. Furor Teutonicus: The Teutoburg Forest. A.D. 9. In What If? R. Cowley (Ed). 2001. pp. 57-69. Fawcett. 2010. pp. 58-60.

51. Wells. op. cit. pp. 508-511.

52. Ibid. p. 494.

53. Holbach, P. Le Christianisme déoilé. London. 1756. pp. 45-46.

54. Muller. op. cit. pp. 158-160.

55. Russell. op. cit. pp. 311-312.

56. Ibid. pp. 320-321. Based on Charles, R., et al., (eds.) The Apocrypha and Pseudepigrapha of the Old Testament in English. Clarendon Press; Oxford. 1966.

57. Ibid. p. 319.

58. Jefferson, T. In a letter to John Adams. Oct. 13, 1813.

59. Muller. op. cit. p. 165.

60. Lévy-Buhl, L. How Natives Think. Translated by L. Clair. George Allen & Unwin; London. 1926. pp. 69ff.

61. Reimarus, H. Apologia for the Reasonable Worshipers of God. Zur Geschichte und Literatur. 1777.

62. Muller. op. cit. p. 166.

63. Ibid. pp. 167-168.

64. Gibran, K. Jesus. Knopf; New York. 1930.

65. Russell. op. cit. p. 324.

66 . Muller. op. cit. pp. 171-172. Rosenberg, A. Der Mythus des 20. Jahrhunderts. (Myths of the 20th Century) Part Three. Rosenberg was Hitler's ideologue.

67. Muller. op. cit. p. 171. Durant. op. cit. p. 588.

68. Schramm. P. Hitler: The Man and the Military Leader. Academy Chicago Publishers; Chicago, IL 1999. p. 90. (Based on Adolf's take on Jesus.)

69. Muller. op. cit. p. 173.

70. Romans XIII, 1. Ca. 55 A.D.

71. Galatians III, 28. 56 A.D.

72. Muller. op. cit. p. 173.

73. Ibid. p. 169. (Now add gay marriage. JFW)

74. Roberts, J. The New History of the World. Oxford; NY. 2003. p. 274.

75. Cannadine. op. cit. p. 20.

76. Muller. op. cit. pp. 199-200 and 203.

77. Ibid. p. 202.

78. See Matthew 22:21. (Quotation: Render unto Caesar, etc.)

79. Watson, P. The Great Divide. HarperCollins; New York. 2011. p. 356.

80. Russell. op. cit. p. 366.

81. Muller. op. cit. p. 203.

82. Ibid. p. 364.

83. Ibid. p. 61.

84. Ibid. p. 216.

85. Ibid.

86. McLynn, F. Heroes & Villains. Pegasus Books; New York. 2009. p. 65.

87. Muller. op. cit. p. 239.

88. Ibid. pp. 232-233.

89. Ibid. p. 233.

90. Ibid. pp. 230-231.

91. Rostovtzeff, M. The Social and Economic History of the Roman Empire. Oxford. 1926.

92. Muller. op. cit. pp. 231-232.

93. Durant, W. The Age of Faith. Simon and Schuster; New York. 1950. p. 43.

94. Muller. op. cit. pp. 228-229.

95. Ibid. p. 228.

96. Wells. op. cit. pp. 489 and 496.

97 . Ibid. p. 490.( His disciples were the philosphes of the French Enlightenment.)

98. Muller. op. cit. p. 237.

99. Wells. op. cit. p. 491.

100. Ibid.

101. Russell. op. cit. p. 278.

102. Wells. op. cit. p. 487.

103. Muller. op. cit. pp. 250-251.

104. Ibid. p. 239.

105. Ibid. p. 233.

106. Ibid.

107. Ibid. p. 248.

108. Ibid. pp. 224-225.

109. Ibid. pp. 225, 238 and 245-246.

110. Ibid.

111. Ibid. p. 239.

112. Wells. op. cit. p. 491.

113. Ibid. p. 493.

114. Ibid.

115. Muller. op. cit. pp. 241-242.

116. Ibid. pp. 245-246.

117. Ibid. p. 226.

## 4장 중세의 어리석음 : 실수는 반복된다

1. Collins, P. The Birth of the West . PublicAffairs; New York. 2013. p. 58.

2. Referred to about 1,000 years later in an entirely different context (American radicalism of the 1960's) by Saul Alinsky in his Rules for Radicals. Vintage; New York. 1972. p. 13.

3. Russell, B. A History of Western Philosophy. Simon and Schuster; New York. 1945. p. 306.

4. Ibid. pp. 380-387.

5. Bauer, S. History of the Medieval World. Norton; New York. 2010. p. 256.

6. Muller, H. J. The Uses of the Past. Mentor; New York. 1952. pp. 211-212.

7. Bauer. op. cit. pp. 257-258.

8. Muller. op. cit. p. 213.

9. Cummins, J. History's Great Untold Stories. National Geographic; Washington, D.C. 2006. p. 15.

10. Muller. op. cit.

11. Manchester, W. A World Lit by Fire. Back Bay Books; Boston, MA. 1992. p. 20. (이 문제와 관련한 세부사항의 측면에서 타의 추종을 불허하는 책이다. JFW)

12. Muller. op. cit. p. 214. Worse yet, the fear was justified in so far as an unnamed extremist Roman theologian opined it was better the entire population of the world die in extreme agony due to starvation than that one soul should commit a single sin (Manchester. op. cit. 21.)–a posfeed system clearly gone to excess. Later on, Aquinas would continue the socratic coupling of reason with virtue. 설상가상으로 로마의 어느 이름 없는 극단주의적 신학자가 한 사람이 단 하나의 죄를 저지르는 편보다 세상의 모든 사람이 극단적 고통 속에서 굶어 죽는 편이 낫다는 견해를 피력함으로써 두려움은 정당화되었다. (Watson. 2001. p. 678.)

13. Manchester. op. cit. p. 117.

14. Vincent, St. (of Lérins). Commonitoria. (Memoranda. ca. 430).

15. Manchester. op. cit. p. 20.

16. Muller. op. cit. p. 214.

17. Russell. op. cit. p. 306.

18. Muller. op. cit. pp. 276-278.

19. Russell. op. cit. p. 408.

20. Luther, M. Question posed with the posting of his Theses on the door of the Church in Wittenberg. Oct. 31, 1517.

21. Russell. op. cit.

22 . Voltaire. Histoire de l'etablissement du christianisme. 1777. In The Complete Works of Voltaire. Paris. 1880. XXXI. p. 59.

23. Muller. op. cit. p. 89.

24. Michener, J. Recessional. Random House; New York. 1994. p. 217.

25. Muller. op. cit. pp. 254-255. If there is some logic here, it escapes me. JFW. 여기에 어떤 논리가 있다고 해도 내 주의를 끌지 못할 것이다. JFW

26. Mackay, C. Extraordinary Popular Delusions and the Madness of Crowds. 1852. [Reissued by Harmony Books; New York. 1980. p. 359.]

27. Russell. op. cit. p. 305. 한편 "지혜가 많으면 번뇌도 많으니 지식을 더하는 자는 근심을 더하느라." 전도서 1장 18절(지혜와 우둔함은 대체로 이 부분에서 다뤄진다). 최신 원고는 다음을 참고하라. Cook, G. The Dark Side of Happiness. Boston Sunday Globe. Oct. 16, 2011. K1.

28. Twain, M. The Mysterious Stranger and Other Stories. Harper and Brothers; New York. 1922. p. 4. (그러나 "아돌프 히틀러"의 경우는 누가 생각이나 했을까?)

29. Hecht, J. Doubt: A History. HarperOne; New York. 2003. p. 269.

30. Exodus: 20:1-10. 10th Century B.C. (Date in dispute.)

31. Muller. op. cit. p. 260.

32. Ibid. pp. 259-260.

33. Ibid. p. 259.

34. Durant, W. The Age of Faith. Simon and Schuster; New York. 1950. p. 575.

35. Lacey, R. and Danziger, D. The Year 1000. Back Bay Books; New York. 2000. p. 152.

36. Muller. op. cit. p. 252.

37. Wells, H. G. The Outline of History. 1920. (Cassel; London. 4th ed. Revised by R. Postgate 1961. p. 644.)

38. Wallace-Hadrill, J. The Frankish Church. 1983. pp. 413-414.

39. Bauer. op. cit. p. 390. 200년 뒤, 오토 3세(Otto III)도 예수에 대한 피상적 헌신을 보여줬다. 그는 패배한 정적들과 이단자들을 처리하는 경우에만 기독교인이었다. Ibid. p. 586.

40. Wells. op. cit.

41. Ibid.

42. Collins. op. cit. pp. 36-38.

43. Muller. op. cit. pp. 252-253.

44. Voltaire. Essai sur les Moeurs. (Essays on Morals) 1756.

45. Collins. op. cit. p. 268.

46. Russell. op. cit. p. 397.

47. Ibid. p. 399.

48. Reid, D. Trans. Ratherii Opusculum de nupta cuiusdam illicit. Quoted on pages 452 and 455 of The Complete Works of Rather of Verona. Medieval and Renaissance Texts and Studies. 1991.

49. Collins. op. cit. p. 82.

50. Cambridge Medieval History. Cambridge University Press; Cambridge, England. 1922. Vol. II. p. 455. (알렉산데르 6세(Alexander VI, 본문에는 알렉산더 6세로 나옵니다, 역자)는 교황청에서 거룩한 돈의 효과를 톡톡해 보곤 했다. 6장을 보라.)

51. Collins. op. cit. p. 84.

52. Russell. op. cit. p. 398. Peabody, Dr. Referred to by Franklin Roosevelt in a speech at Milton Academy, Milton, MA. 1926.

53. Wells. op. cit. p. 674.

54. Russell. op. cit. pp. 407-408.

55. Wells. op. cit. p. 674.

56. Ibid. pp. 674-675.

57. Russell. op. cit. p. 414.

58. Toynbee, A. A Study of History. Weathervane Books; NY. 1972. p. 202.

59. Muller. op. cit. pp. 280-281.

60. Wells. op. cit. p. 664.

61. Ibid.

62. Manchester. op. cit. p. 17.

63. Wells. op. cit. p. 664.

64. Ibid. p. 665.

65. Mackay. op. cit. pp. 362-368.

66. McLynn, F. Heroes & Villains. Pegasus Books; New York. 2009. p. 128.

67. Mackay. op. cit. p. 354. Riley-Smith, J. The Crusades: A Short History. Yale University Press; New Haven, CT. 2005. Somewhere between pp. 12-22.

68. Riley-Smith, J. Religious Warriors. Economist. Dec. 23, 1995. p. 67.

69. Babbitt, P. Terror and Consent. Knopf; New York. 2008. pp. 25-26.

70. Mackay. op. cit. p. 369.

71. Ibid. pp. 369-370.

72. Russell. op. cit. p. 434.

73. Ibid. p. 439.

74. Muller. op. cit. p. 270.

75. Watson, P. 2011. The Great Divide. HarperCollins; New York. pp. 445-446. Watson emphasizes the element of rationality in Christianity at the expense of miracles. 왓슨 (Watson)은 기적 대신에 기독교 신앙에서의 합리성을 강조한다.

76. Stark, R. The Victory of Reason. Random House; New York. 2005. pp.6-7.

77. Muller. op. cit. (footnote)

78. Watson. op. cit. p. 458.

79. Ibid. p. 446.

80. Ibid. p. 519.

81. Boorstin, D. 1998. The Seekers. Vintage; New York. p. 102.

82. Russell. op. cit. p. 435.

83. Ibid. p. 441.

84. Suskind, R. The Way of the World. Harper; New York. 2008. p. 114.

85. Russell. op. cit. p. 435.

86. Muller. op. cit. p. 271.

87. Russell. op. cit. pp. 453-454. Durant. op. cit. p. 966.

88. Muller. op. cit. p. 276.

89. Hecht. op. cit. pp. 258-259.

90. Ibid. p. 272.

91. Russell. op. cit. pp. 463-464. Durant. op. cit. pp. 1006-1015.

92. The Skeptic's Dictionary. http://skepdic.com/occam. html. "Entities should not be multiplied unnecessarily." Quo-dlibeta Septem. Ca. 1320.

93. Muller. op. cit. p. 276.

94. Russell. op. cit. pp. 303-304.

95. Magee, B. The Story of Philosophy. Dorling Kindersley; NY. 1998. p. 49.

96. Russell. op. cit. p. 304.

97. Zweig, S. Joseph Fouché. Viking; New York. 1930. p. 4.

98. Muller. op. cit. p. 269.

99. Russell. op. cit. p. 304.

100. Ibid.

102. Le Goff, J. Your Money or Your Life: Economy and Religion in the Middle Ages. Zone Books; New York. 1988. p. 29. (Quotation by Thomas Aquinas.)

102 . Muller. op. cit. pp. 268-269.(출애굽기 22장 25절과 마태복음 6장 24절, 그리고 특히 누가복음 6장 35절을 참고하라. "...아무것도 바라지 말고 빌려주어라..." 이것은 은행업자를 제외한 내과의사, 외과의사, 정육업자 등의 수호 성인에게 어울리는 말이다.)

103. Muller. op. cit. p. 269.

104. Ibid. p. 273.

105. Ibid. p. 275.

106. Russell. op. cit. p. 304.

107. Ibid. p. 443.

108. Durant. op. cit. pp. 763-764.

109. Wells. op. cit. pp. 682-683. O'Shea, S. The Perfect Heresy. Walker; New York. 2000.

110. Wells. op. cit. p. 683.

111. Ibid.

112. Muller. op. cit. p. 279.

113. Ibid. pp. 279-280.

114. Wells. op. cit. p. 681.

115. Survival Solution. Harmony Books; Mountain Home, NC. 1982. p. 12.

116. Augustine, A. St. Undated citation on page 415 of P. McWilliams's Ain't Nobody's Business If You Do. Prelude Press; Los Angeles, CA. 1993.

117. Watson. op. cit. p. 457.

118. Wells. op. cit. pp. 680-681.

119. Cicero, M. 45 B.C.< De Natura Deorum. (The Nature of the Gods. H. McGregor translation. Viking; New York. p. 145.)

120. Hecht. op. cit. p. 138.

121. Manchester. op. cit. p. 295.

122. Wells. op. cit. p. 678.

123. Ibid. p. 679.

124. Russell. op. cit. p. 449.

125. Durant. op. cit. p. 799.

126. Russell. op. cit. p. 450.

127. Durant. op. cit. p. 802.

128. Muller. op. cit. p. 267.

129. Russell. op. cit. p. 479.

130. Wells. op. cit. pp. 686-687.

131. Bernstein, W. Masters of the Word. Grove Press; New York. 2013. p. 128.

132. Wells. op. cit. p. 688. Russell. op. cit. pp. 484-486.

133. Bernstein. op. cit. p. 132.

134. Muller. op. cit. p. 264.

135. Ibid. pp. 258 and 266. (Close paraphrase.)

136. Ibid. p. 265.

## 5장 어리석음의 부활 : 르네상스, 다시 태어난 지성

1. Pater, W. The Renaissance. 1873. (Republished by Mentor; New York. 1959. p. 152.)

2. Tuchman, B. 1984. The March of Folly. Knopf; New York. p. 125.

3. Manchester, W. A World Lit by Fire. Back Bay Books; Boston, MA. 1992. pp. 113-114.

4. Tuchman. op. cit. p. 64.

5. Manchester. op. cit. p. 73.

6. Hecht, J. Doubt: A History. HarperOne; New York. 2003. p. 269.

7. Russell, B. A History of Western Philosophy. Simon and Schuster; New York. 1945. p. 498.

8. Tuchman. op. cit. p. 52.

9. Ibid. p. 64.

10. Durant, W. 1953. The Renaissance. Simon and Schuster; New York. pp. 398-399.

11. Jedin, H. 1957. A History of the Council of Trent. London. Vol. I, p. 126. In Plutarch's Parallel Lives(Ca. 100 A.D.), he makes pretty much the same point when discussing Dionysius in his essay on Timoleon as does Andrea Mitchell when discussing President-elect Clinton in Talking Back. 『영웅전(Parallel Lives)』(서기 100년경)의 저자 플루타르코스(Plutarch)는 안드레아 미첼(Andrea Mitchell)이 『대답(Talking Back)』(미출간도서, 역자)에서 대통령 당선자인 클린턴에 대해 논의할 때와 마찬가지로 티몰레온(Timoleon)에 관한 시론에서 디오니시우스(Dionysius)를 다룰 때 아주 흡사한 점을 지적한다. (2005. Viking; New York. p. 204.) 이 문제에 관한 새뮤얼 골드윈(Samuel Goldwyn)의 인용문이 유명하다. "나는 아첨꾼을 원하지 않는다. 설령 자리를 빼앗겨도 내게 진실을 말할 수 있다면 누구라도 좋다." (McWilliams. 304.) 반면 역사상 가장 대단한 아첨꾼 중 한 사람인 지네티 추기경(Cardinal Ginetti)은 우르바누스 8세(Urban VIII)에 의해 교황 대리에 임명되었다(1635년경). "...20년 동안 그는 .... 항상 우리와 동일한 견해를 밝혔고, 결코 우리와 뜻이 다르지 않았다." (Blanning. p. 357.) 그런 이기적인 충성은 보답을 받아야 한다.

12. Tuchman. op. cit. p. 52. In this age, Madonna usually got credit for whatever anyone did. 오늘날, 마돈나(Madonna)는 대체로 업적을 인정받았다(Manchester. 1992. p. 31.) .이 부분과 관련해 마돈다는 신의 은총을 입었다고 볼 수 있다. 그녀는 항상 그녀는 좋은 일은 인정받고 나쁜 일에는 책임지지 않는다.

13. Gilmore, M. The World of Humanism. Harper & Row; New York. 1952. p. 135.
14. Erasmus, D. 1516. Colloquies. (Unversity of Chicago Press; Chicago, IL. 1965.)
15. Tuchman. op. cit. 111.
16. Pater. op. cit. pp. 31-33.
17. McMahon, D. Divine Fury. Basic Books; New York. 2013. p. 11.
18. Muller, H. J. The Uses of the Past. Mentor; New York. 1952. pp. 283-284.
19. Ibid. p. 284.
20. Manchester. op. cit. p. 86.
21. Wells, H. G. The Outline of History. 1920. (Cassel; London. 4th ed. Revised by R. Postgate 1961. p. 767.)
22. Pater. op. cit. pp. 48-49.
23. Ibid. pp. 49-53. (이 점에 관해서는 루소보다 앞선다.)
24. Ibid. p. 74.
25. Durant. op. cit. pp. 216-217.
26. Ibid. p. 201.
27. McMahon. op. cit. pp. 63-64.
28. Ibid. p. 65.
29. Pater. op. cit. pp. 54-58.
30. McMahon. op. cit. p. 64.
31. Manchester. op. cit. p. 164.
32. Dante, A. 1311. De Monarchia. (독일의 왕 하인리히 7세(Henry VII)에 대한 찬사이다.)
33. Gilmore. op. cit. pp. 243-244.
34. Hecht. op. cit. p. 270.
35. Pater. op. cit. p. 37.
36 . Seznec, J. La survivance des dieux antiques. London. 1940. (Translated by Barbara Sessions and republished as The Survival of the Pagan Gods by Pantheon; New York. 1953. Reprinted by Princeton University Press; Princeton, NJ. 1995.)
37. Gilmore. op. cit. p. 239.
38. Russell. op. cit. pp. 500-501.
39. Ibid. p. 512.
40. Manchester. op. cit. p. 122.
41. Russell. op. cit. pp. 514-515.
42. Erasmus, D. Undated private letter quoted by Manchester. op. cit. p. 118.
43. Manchester. op. cit. p. 121.
44. McWilliams, P. Ain't Nobody's Business If You Do. Prelude Press; Los Angeles, CA. 1993. p. 127.
45. Russell. op. cit. pp. 519-521. Oddly, More was quite an intolerant, rigid Catholic in his private life. (Manchester. op. cit. p. 109.)
46. Petrarch, F. Ca. 1350. (Cited by Barzun. J. From Dawn to Decadence. Perennial; New York. 2000. p. 52.)
47. Muller. op. cit. p. 284.
48. Erasmus, D. A letter to Wolfgang Capito. Feb. 26, 1517. (Quoted in Gilmore. op. cit. p. 260.)
49. Santillana, G. de. The Age of Adventure. Mentor; New York. 1956. pp. 92-93.
50. Muller. op. cit. p. 284.
51. Russell. op. cit. p. 501.
52. Lucretius, T. On the Nature of Things. Ca. 50 B.C.
53. Russell. op. cit. p. 516.
54. Pater. op. cit. p. 79.
55. Farrington, B. Greek Science. Penguin; Baltimore, MD. 1953. p. 153.
56. Kaku, M. 2011. Physics of the Future. Doubleday; New York. p. 5.
57. Wells. op. cit. p. 756.
58. Sarton, G. The Life of Science, Essays in the History of Civilization. Ayer; Stratford, NH. 1949. p. 77. Durant. op. cit. pp. 221-226. 아인슈타인에 대해서도 이와 동일한 평가가 있었고 (Watson. 2010. p. 483), 이 때문에 루이스 리키 (Louis Leakey)는 제인 구달(Jane Good)을 전적으로 지원했다. (Watson. 2001. 609.)
59. Gilmore. op. cit. pp. 256-257.
60. Pater. op. cit. p. 81.
61. Butterfield, H. The Origins of Modern Science, 1300-1800. New York. 1950. pp. 38-39. (Republished by G. Bell; London. 1957.)
62. Gilmore. op. cit. p. 258.
63. Pater. op. cit. pp. 79-82.

64. Menzies, G. 1434. HarperCollins; New York. 2008. xiv. 멘지스(Menzies)는 르네상스의 출발점을 중국 함대가 이탈리아에 도착한 1434년으로 여긴다. 그것은 아마 과장일 것이다. 전통적인 르네상스의 출발점은 유럽이 흑사병에서 회복하기 시작한 1389년이나 페트라르카(Petrarch)가 키케로(Cicero)의 서간을 발견한 1345년이다(Hecht. op. cit. p. 269).

65. Ashe, G. Land to the West: St. Brendan's Voyage to America. Viking Press; New York. 1962.

66. Horwitz, T.. A Voyage Long and Strange. Henry Holt; New York. 2008. p. 112.

67. Manchester. op. cit. pp. 230-231.

68. Ibid. p. 231. 그가 지구의 크기를 과소평가한 것은 중국 지도나 프톨레마이오스 지도에서의 경도값을 잘못 계산한 탓인 듯하다(Fawcett. 2010. Chap. 33). 경도 사이의 거리가 위도에 따라 다르다는 사실을 몰랐을 수도 있다. 경도 사이의 거리는 남극과 북극보다 적도 근처에서 더 멀다. 어쨌든 실제 거리를 알았더라면 그는 모험에 나서지 않았을 것이다.

69. Diamond, J. Guns, Germs, and Steel. Norton; New York. 2005. p. 412.

70. Trager, J. The People's Chronology. Holt, Rinehart and Winston; New York. 1979. pp. 161-163. 콜럼버스는 자신의 업적을 결코 이해하지 못했지만, 아메리고 베스푸치(Amerigo Vespucci)는 달랐다. 1504년, 그는 자신의 책에서 그렇게 말했고(원문의 Modus vivas는 아메리고 베스푸치와 관련해 전혀 검색되지 않는 책 제목입니다.-역자), 덕분에 그의 이름이 지도에 올랐다. 훗날 민주주의 이상의 본산으로 자리 잡은 반구의 이름이 자칫 위대한 탐험가들이 이끈 선박에서 묵묵히 애쓴 수많은 무명의 선원들 중 하나로 묻힐 뻔했던 사람의 이름을 따서 명명된 것은 반어적 의미가 있다(Zweig. 1941. See also: DeMaria, R. The Decline And Fall of America. Saturday Review Press; New York. 1968. p. 99). 한편 콜럼버스는 무관심 속에서 쓸쓸히 세상을 떠났다(Watson. 2011. p. 524).

71. Merry, R. A Country of Vast Designs: James Polk, The Mexican War and the Conquest of the American Continent. Simon and Schuster; New York. 2009. p. 180.

72. Hanke, L. Conquest and the Cross. American Heritage; XIV, #2, pp. 5ff. Feb. 1963.

73. Tuchman. op. cit. p. 13. (맥린(McLynn)의 책에는 코르테스(Cortez)를 다룬 장이 있다.

74. Wells. op. cit. p. 778.

75. Gilmore. op. cit. p. 37.

76. Ibid. pp. 35-39.

77. Durant, W. Our Oriental Heritage. Simon and Schuster; NY. 1935. p. 729.

78. Ibid.

79. Ibid. pp. 729-730.

80. Gilmore. op. cit. pp. 188-189.

81. Boorstin, D. The Discoverers. Vintage; New York. 1983. pp. 271-272.

82. Muller. op. cit. p. 285.

83. Manchester. op. cit. p. 34.

84. Muller. op. cit. p. 285. 2003년 4월, 국방부 장관 도널드 럼스펠드(Donald Rumsfeld)는 바그다드 탈환 후의 혼란 상태에 대해 논평하면서 이 원칙을 상세히 언급했다. "자유를 되찾은 사람들은 자유롭게 실수와 범죄를 저지르기 마련이다."(See p. 151 of Fair Game by V. Wilson. Simon and Schuster; New York. 2007.) 자유를 되찾은 사람들의 행동에 관해서는 다음을 참고하라. Woodward, B. The War Within. Simon and Schuster; New York. 2008. p. 149.

85. Gilmore. op. cit. p. 142.

86. Ibid. pp. 144-147.

87. Burckhardt, J. The Civilization of the Renaissance in Italy. 1860. (Harper Torchbook; NY. 1958. Vol. I. p. 17.)

88. Gilmore. op. cit. p. 109.

89. Ibid. pp. 110-112.

90. Russell. op. cit. p. 500.

91. Bobbitt, P. Terror and Consent. Knopf; New York. 2008. pp. 125-126.

92. Gilmore. op. cit. pp. 143-145.

93. Ibid. pp. 149 and 153.

94. Ibid. p. 117.

95. Rice, E. The Foundations of Early Modern Europe, 1460-1559. Norton; New York. 1970. pp. 116-117. Fyi, loyalty to the state, rather than the individual king had developed in France by the mid-18th century. (Abbé de Véri.) 참고로 밝히자면 18세기에 이르러 프랑스에서는 개별적인 왕이 아니라 국가에 대한 충성 개념이 발전했다.

96. Gilmore. op. cit. p. 117.

97. Ibid. p. 152.

98. Ibid. p. 160.

99. Ibid. pp. 156-157. Durant. 1953. op. cit. p. 534. 질병에 걸리는 것보다 질병에 관해 논의하는 것이 더 부적절하다는 문화적 사실에 의해 질병 치료가 저해되었다. 1901년, 매독에 관한 연극인〈매독(Les Avariés, 원문에 나오는 Les Avartiés는 거의 검색되지 않습니다. t를 뺀 Avariés는 '매독'을 가리키는 프랑스어입니다. 이 책에는 영어 이외의 단어 철자법에 문제가 있습니다, 역자)〉이 상연될 때마다 매번 무대감독이 나와 여자들이 정숙하게 보이려고 굳이 모르는 척할 필요 없다는 점을 관객들에게 주지시켰다(Watson. 2001. p. 104).

100. Tuchman. op. cit. p. 82.

101. Gilmore. op. cit. pp. 83-84.

102. Ibid. p. 78.

103. Ibid. p. 88.

104. Schevill. F. History of Florence from the Founding of the City through the Renaissance. New York. 1936. pp. 354-389. (Darby Books; Darby, PA. 1985.)

105. Gilmore. op. cit. p. 232.

106. Ibid. p. 42.

107. Ibid. p. 99.

108. Ibid. 권위가 권력을 행사하는 수단의 차원을 뛰어넘어 확장되는 이 문제가 로마에서 일어났고, 20세기의 미국에서도 나타나게 된다. Nathan, R. 1975. The Plot That Failed: Nixon and the Administrative Presidency. Wiley; New York. p. 7. Tuchman, B. Quoted on page 51 of U.S. News and World Report. June 30, 1980.

109. Wells. op. cit. p. 790.

110. Ibid. p. 784.

111. Ibid. p. 786.

112. Gilmore. op. cit. pp. 107-108.

113. Ibid. p. 103.

114. Ibid. p. 102.

115. Ibid.

116 . Ibid. pp. 123-124. 몇 세기 뒤에 헨리 키신저의 다음과 같은 신랄한 평가에서 엿볼 수 있는 정서이다. "불법은 즉시 자행되고, 헌법 위반은 시간이 조금 더 걸린다." 미 육군 부대의 표어에는 다음과 같은 냉소적 표현이 있다. "어려운 일은 즉시 되고, 불가능한 일은 시간이 조금 더 걸린다(McWilliams. p. 127)." 오늘날의 사례는 테러 용의자에 대한 불법 조사의 희박한 법적 근거를 감추기 위한 체니(Cheney)와 부시(Bush)의 음모를 참고하라. (Mayer, J. p. 269.)

117. Gilmore. op. cit. p. 123.

118. Ibid. pp. 126-127.

119. Ibid. pp. 59-60.

120. Wells. op. cit. p. 795.

121. Ibid. pp. 779-780.

122. Ibid. p. 781.

123. Ibid. p. 780.

124. Bobbitt. op. cit. p. 126.

125. Santillana. op. cit. pp. 109-110.

126. Russell. op. cit. pp. 504-505.

127. Ibid. p. 509.

128. Hayward, S. The Age of Reagan: The Fall of the Old Liberal Order. 2001. Three Rivers Press; New York. p. 32.

129. Russell. op. cit. pp. 507-510.

130. Ibid. p. 505.

131. Ibid. p. 511.

132. Wells. op. cit. p. 782.

133. Machiavelli, N. The Prince. Penguin Books; Baltimore, MD. 1961. p. 96.

134. Wells. op. cit. p. 781.

135. Russell. op. cit. p. 507. 16세기 초반에 슈폰하임(Sponheim) 대수도원장 요하네스 트리테미우스(Johannes Trithemius)는 휘하의 수도승들을 다음과 같이 묘사했다. "하루 종일 불결한

대화를 나눈다. 모든 시간을 놀이와 폭식에 쓴다…. 영혼에 필요한 것보다 육체적 욕망을 선호한다…. 그들은 청빈 서약을 무시하고, 순결 서약을 모른다(Manchester. op. cit. pp. 128-129.)."

136. Wells. op. cit. p. 794.

137. Ibid.

138. Gilmore. op. cit. pp. 135-136.

139. Manchester. op. cit. 295.

140. Ibid. p. 268. Roberts, J. The New History of the World. Oxford University Press; New York. 2003. p. 633.

## 6장 개혁의 어리석음 : 교회 권위로부터의 자유

1. Bainton, R. The Reformation of the Sixteenth Century. Beacon Press; Boston, MA. 1952. p. 3.

2. 그는 1519년에 작센 공작 게오르크(Duke George of Saxony)에게 보낸 편지에서 이 용어를 처음 썼고, 덕분에 그가 주도하는 운동이 알려졌다(Manchester, W. A World Lit by Fire. Back Bay Books; Boston, MA. 1992. p. 157f.)

3. Wells, H. G. The Outline of History. 1920(Cassel; Lon-don. 4th ed. Revised by R. Postgate. 1961. p. 745).

4. Bainton. op. cit. pp. 3-4.

5. Ibid.

6. Wells. op. cit. pp. 744-745.

7. Ibid. p. 745.

8. Collins, P. The Birth of the West. PublicAffairs; New York. 2013. p. 266.

9. Bainton. op. cit. p. 17. For a researched refutation of the theory of cognitive dissonance, see Nyhan and Reifer. 2010.

10. Gilmore, M. The World of Humanism. Harper & Row; NY. 1952. p. 161.

11. Bainton. op. cit. p. 17.

12. Gilmore. op. cit. p. 162. (Unless otherwise noted, Gilmore's comments on the Renaissance popes are based on: Hughes, P. A History of the Church. Sheed and Ward; New York. 1947. Vol. III. pp. 386-535.) 그는 특히 프란체스케토 치

보(Franceschetto Cibo)라는 부랑자를 총애했다. 프란체스케토 치보는 그와 무명의 매춘부 사이에서 태어난 아들로 밤마다 깡패 무리와 함께 도시의 거리를 배회하면서 젊은 여자들을 윤간하고 폭행해 상처를 입혔다(Manchester. op. cit. pp. 41-42).

13. Manchester. op. cit. p. 37.

14. Tuchman, B. The March of Folly. Knopf; New York. 1984. p. 67.

15. Gilmore. op. cit. p. 162.

16. Russell. B. A History of Western Philosophy. Simon and Schuster; New York. 1945. p. 499.

17. Bainton. op. cit. p. 17.

18. Gilmore. op. cit. p. 162.

19. Manchester. op. cit. pp. 39 and 79-84. 알렉산데르 6세의 아름다운 딸 루크레치아(Lucrezia)의 처신이 특히 유별났다. 그녀는 여러 명의 남편을 뒀고, 심지어 두 오빠와 아버지와 정을 통했다는 의혹도 있었다. 확실히 교황의 타락 문제에서 그의 딸의 추악한 이미지를 능가하기는 어렵다. 그가 성탄절 전야에 교황청의 제단 뒤에서 성관계를 맺는 장면을 상상할 수 없다면 말이다.

20. Ibid. p. 74.

21. Tuchman. op. cit. p. 94.

22. Guicciardini, F. Storia d'Italia. 1561-1564.

23. Russell. op. cit. p. 499.

24. Gilmore. op. cit. p. 163. (Based on the satire Julius Exclusus probably written by Erasmus in 1509. Published in 1514.)

25. Tuchman. op. cit. p. 96.

26. Ibid. p. 97.

27. Ibid. p. 113.

28. Colet, J. In Renaissance Europe: 1480-1520 by J. Hale. 1971. Berkeley. 1513. p. 232.

29. Shaff, D. History of the Christian Church. Grand Rapids, MI. 1910. Vol. 6. p. 766. (The dubious basis for indulgences is found in Matthew 16:19 while Biblical images for the prac-tices appear in Isaiah 1:21 and Jeremiah 3:1.)

30. Gilmore. op. cit. pp. 163-164. Prelates of the age indulged in hedonistic banquets and orgies

worthy of ancient Romans. (Manchester. op. cit. pp. 38-39)

31. Manchester. op. cit. p. 193.

32. Tuchman. op. cit. p. 106.

33. Manchester. op. cit. p. 153.

34. Tuchman. op. cit. p. 111.

35. Ibid. p. 115.

36. Dickens, A. Reformation and Society in Sixteenth Century Europe. New York. 1966. 23.

37. Tuchman. op. cit. 119.

38. Manchester. op. cit. p. 40.

39. Hughes.. op. cit. p. 491.

40. Tuchman. op. cit. p. 126.

41. Gilmore. op. cit. p. 204.

42. Ibid.

43. Tuchman. op. cit. pp. 82-83.

44. Manchester. op. cit. p. 186.

45. Ibid. p 183.

46. Gilmore. op. cit. pp. 224 and 228.

47. Ibid. p. 226.

48. Ibid. p. 219.

49. Manchester. op. cit. p. 186. Zweig, F. Stefan Zweig. Crowell; New York. 1946. p. 157.

50. Gilmore. op. cit. pp. 177-178.

51. Ibid. p. 175.

52. Ibid. pp. 175-176.

53. Ibid. p. 222.

54. Manchester. op. cit. p. 296.

55. Russell. op. cit. p. 523. (Predestination is grounded in Ephesians 4:2. 62 A.D.)

56. Bainton. op. cit. p. 37.

57. Bacon, M. Miss Beecher in Hell. American Heritage; XIV, #1, p. 29. Dec. 1962.

58. Bainton. op. cit. pp. 32-33.

59. Ibid. pp. 33-35. 루터는 자신이 번역한 독일어 성경의 구절 "사람이 의롭다 하심을 얻는 것은 오로지 믿음으로 되는 줄 우리가 인정하노라."에서 "오로지"라는 단어를 추가했다 (Boorstin. 1998. p. 117).

60. Manchester. op. cit. p. 157.

61. Ibid. p. 186.

62. Ibid. p. 164.

63. Luther, M. Table Talk. Ca. 1530. 어릴 적에 그는 독실한 아버지에게 심한 학대를 당했다. (Manchester. op. cit. p. 137.) 때문에 아마 그의 잠재의식에는 증오하는 부권의 상징인 아버지의 신성한 교회나 교황에 대한 복수심이 생겼을 것이다.

64. Bainton. op. cit. p. 37.

65. Wells. op. cit. pp. 787.

66. Manchester. op. cit. p. 159.

67. Bainton. op. cit. p. 5.

68. Manchester. op. cit. p. 181.

69. Luther, M. De servo arbitrio. 1525.

70. Bainton. op. cit. p. 24.

71. Muller. H. J. The Uses of the Past. Mentor; New York. 1952. p. 286.

72. Luther, M. op. cit.

73. Barzun, J. From Dawn to Decadence. Perennial; New York. 2000. p. 18.

74. Romans 9:30-32. Ca. 56 A. D. (Faith trumps works.)

75. Manchester. op. cit. pp. 181-182.

76. Luther, M. "To the Christian Nobility of the German Nation concerning the reformation of the Christian Commonwealth". Wittenberg, Germany. 1520. As long as the Bible was written in Latin, priests were needed to tell the laity what it said. With the development of vernacular Bibles, this role of the priesthood was undercut and their self-justifying bias exposed. Further, reading the Bible was mostly a Protestant enterprise: Catholics were directed to reading commentaries by carefully schooled interpreters. 성경이 라틴어로 적혀 있었기 때문에 성직자들은 평신도들에게 성경의 내용을 해석해줘야 했다. 지방어 성경이 나오면서 성직자들의 역할이 축소되었고, 그들의 자기 합리화적 편견이 드러났다. 더구나 성경을 읽는 것은 대체로 신교도적인 활동이었다. 구교도들은 수준 높은 교육을 받은 번역자들의 해설서를 읽었다(Pagden. p. 103).

77. Brinton. C. The Shaping of the Modern Mind. Mentor; New York. 1953. pp. 62-63.

78. Wells. op. cit. p. 788.

79. Barzen. op. cit. p. 15.

80. Miller, D. German Peasants' War. Osprey; London. 2003.

81. Muller. op. cit. p. 287.

82. Watson, P. The Great Divide. HarperCollins; New York. 2011. p. 170.

83. Brinton. op. cit. p. 63.

84. Ibid. 기득권 세력에 대한 인쇄술과 교육의 위협은 1671년에 버지니아 총독 윌리엄 버클리(William Berkeley)가 분명히 언급했다. 그는 식민지에 무료 학교와 인쇄업자들이 없는 점에 대해 신에게 감사했다. 그에 따르면 학습은 반항, 이단, 분파 등을 낳고 인쇄술은 정부를 모욕하고 정부의 비밀을 폭로했다(Hening, Vol. II. p. 517). 안타깝게도 버클리 총독만 그런 견해를 피력하지는 않았다. 그의 후임인 컬페퍼 경(Lord Culpeper)은 식민지에서 인쇄술을 억압했다. 따라서 버지니아 지역에서는 1733년에 비로소 인쇄술이 최초로 등장했다(Ibid. p. 518). 게다가 학교교육 확대에 대한 왕당파의 반대는 바로 1611년의 프랜시스 베이컨(Francis Bacon)까지 거슬러 올라갈 수 있다(Cressy. Literacy and the Social Or-der. Cambridge University Press. 1980. p. 187). 국무부 장관을 지냈고 세 차례나 대통령 선거에 출마했던 윌리엄 브라이언(William Bryan)은 "지금까지 나온 모든 책을 없애버리고 창세기 1장부터 3장까지만 남겨두는 편이 나을 것이다."라고 말했다(Hofstadtler. p. 125).

85. Bainton. op. cit. p. 244.

86. Ibid. p. 245.

87. Bushman, R. From Puritan to Yankee. Harvard University Press; Cambridge, MA. p. 23.

88. Weber, M. The Protestant Ethic and the Spirit of Capitalism. Originally published as a two part article in 1904-1905. (Republished many times as a book —e.g., Allen and Unwin: London. 1976.) 베버(Weber)는 프랑스와 벨기에서 구교도들이 거둔 경제적 성공을 몰랐고, 유대인들을 가차 없이 무시했지만, 유대인들의 경제적 번영은 그의 주장을 비웃었다(Ferguson. 2011. p. 262).

89. Manchester. op. cit. p. 190.

90. Bainton. op. cit. p. 246.

91. Augustine, St. The City of God; 413-426. 아퀴나스(Aquinas)도 예정설에 공감했다(Notestein. p. 158).

92. Job 42:2. 단지 시험하려고 사람의 자식 열 명을 죽이려는 하느님에게 문제가 있다고 생각한다. (욥기 1장 18절) 아이들에게 부당한 일 같기 때문이다. 아이들을 납치해서 잠시 동안 브루클린(Brooklyn)이나 부쿠레슈티(Bucharest) 같은 곳에 살도록 한 다음 나중에 다시 데려올 수 있지 않을까? 그리고 이 점 때문에 욥의(혹은 기독교인의) 장수 지수도 궁금해진다. 홍수를 일으켜 노아(Noah)의 가족을 제외한 모든 사람을 집단살해한 점을 무시한 채 하느님은 얼마나 많은 죄 없는 아이들을 죽임으로써 자신의 계명 중 하나를 어겨야 할 것인가? 자신의 거룩한 독선적 성향 때문에 판단력이 흔들리고, 치료가 필요하고, 신앙의 대상이 될 만하지 않다는 점을 깨닫기 전에 말이다. 몇 명이든 간에 그 뒤로도 전능하신 하느님은 그들을 죽였거나, 적어도 그와 그들이 죽도록 방치했다. JFW

93. Brinton. op. cit. pp. 72-73.

94. Ibid. p. 73.

95. Ibid. p. 75.

96. Genesis 6-8. ca. 950 B.C.

97. Manchester. op. cit. 자연재해에서 살아남아 하느님에게 감사하는 생존자들을 볼 때마다 나는 깜짝 놀라지 않을 수 없다. 사람들은 얼마나 어리석어야 할까? 전차를 몰고 마을에 나타나 모든 건물을 날려버리는 미치광이를 상상할 수 있겠는가? 그 미치광이가 마을을 빠져나갔을 때 생존자들이 잔해를 헤치고 나오면서 자기 목숨을 살려준 그 미치광이에게 감사를 한다? 하느님이 스스로 거룩한 멍청이임을 증명하기 위해 할 수 있는 일(예를 들면 유대인 대학살)이 있을까? 없다. 모든 나쁜 것은 어떤 놀라운 기본계획의 일부이기 때문이다. 우리는 너무 어리석어서 그 계획을 이해할 수 없다. 이런 사고방식은 1930년대 중반

에 러시아의 강제 노동 수용소에 갇혔다가 모스크바의 지옥 같은 감옥을 거쳐 시베리아로 끌려갔는데도 훌륭한 공산주의자로 남은 채 자신의 고통 이면에는 어떤 논리와 정당성이 있다고 확신했던 에우게니아 긴즈부르크(Evgeniia Ginzburg)의 생각에 큰 영향을 미쳤다(Judt. p. 191). 더구나 "묻지 마라."라는 말은 모든 사람에게 최선인 것을 안다고 하는 정부 관리들에게 어울린다. 사실 우리는 지도자들에게 더 많은 질문을 던져야 한다. 그들 역시 사람이다. 즉 그들도 권력에 의해 타락하고 공공의 이익이 아니라 자신의 이익에 따라 행동한다(Judt. p. 312).

98. Watson, P. A Terrible Beauty: The People and Ideas That Shaped the Modern Mind–A History. 2001. Phoenix; San Diego, CA. p. 80.

99. Hooker, T. Ca. 1645. A True Sight of Sin. (Miller and Johnson. p. 294)

100. Bainton. op. cit. pp. 253-254. 편 미국, 덴마크, 노르웨이, 스웨덴 같은 신교도가 주류인 국가들은 다른 국가들에 비해 자살, 살인, 폭력, 약물 남용 등의 비율이 더 높다 (Fromm. 1956. pp. 5-9). 만일 이것이 상황의 호전이라면 당신은 누릴 자격이 있다. JFW.

101. Bainton. op. cit. p. 117.

102. Muller. op. cit. p. 291. 칼뱅의 제네바와 가장 가까운 현대의 사례는 올바른 믿음에 근거한 신정 국가인 이란이다. 혹시 다른 사례가 있는가? (Roberts, J. The New History of the World. Oxford U. Press; New York. 2003. p. 1121.)

103. Durant, W. The Reformation. Simon and Schuster; New York. 1957. p. 475.

104. Muller. op. cit. p. 291.

105. Bainton. op. cit. pp. 253-254. See also, Russel, T. A Renegade History of the United States. Free Press; New York. 2010. p. 49.

106. Durant. op. cit. p. 467.

107. Barzen. op. cit. p. 34.

108. Manchester. op. cit. p. 191. 여자는 정숙한 높이로 쓴 정숙한 모자의 각도를 정숙하지 않게 기울인 적이 있을까? JFW.

109. Bainton. op. cit. p. 119. Ergang, R. Europe from the Renaissance to Waterloo. Heath; Boston, MA. 1954. p. 201.

110. Manchester. op. cit. p. 190.

111. Bainton. op. cit. p. 120 and Manchester. op. cit.

112. Beard, C. The Reformation of the Sixteenth Century in Relation to Modern Thought and Knowledge. Based on the Hibbert Lectures, 1883. London. 1885. p. 492. (Republished by Greenwood; Westport, CT. 1980.)

113. Bainton. op. cit. p. 121

114. Manchester. op. cit. p. 190.

115. Ibid.

116. Bainton. op. cit. pp. 120-121.

117. Durant. op. cit. p. 489.

118. Tuchman. op. cit. pp. 118-119.

119. Ergang. op. cit. p. 154. Rao J. The Sack of Rome 1527, 1776. Seattle Catholic. Apr. 27, 2004. Guicciardini, L. The Sack of Rome. Translated and edited by J. MacGregor. Ithaca Press; New York. 1993.

120. Tuchman. op. cit. p. 123.

121. Manchester. op. cit. p. 199.

122. Pole, R. "Appeal to the Council of Trent" in his Eirenikon in The Renaissance Reader, edited by J. Ross and M. McLanghlin. NY. 1953. p. 666.

123. Wells. op. cit. p. 750.

124. Roberts. op. cit. p. 582.

125. Wells. op. cit. p. 749. MacCulloch, D. The Reformation. Viking; New York. 2003. pp. 212-219.

126. Muller. op. cit. pp. 279-280.

127. Ibid. p. 280.

128. Murphy, C. God's Jury: The Inquisition and the Making of the Modern World. Houghton Mifflin Harcourt. 2012.

129. Ergang. op. cit. pp. 213-214.

130. Manchester. op. cit. pp. 186-189.

131. Ibid. p. 190.

132. Ergang. op. cit. p. 211.

133. Ibid. p. 212. 비슷한 맥락에서 뷔퐁 백작(Count Buffon)을 제외한 18세기의 프랑스 지

식인들은 투옥을 영광으로 여겼고(Pagden. p. 172), 20세기 후반 러시아 문인들은 작가 동맹(Writers' Union)에서 제명되는 것을 자랑으로 생각했다. (Pospielovsky, D. From Gasizdat to Samizdat and Tamizd at. Canadian Slavonic Papers. XX:1. March 1978. Somewhere between pp. 44-62.)

134. Manchester. op. cit. p. 204.
135. Ergang. op. cit. p. 210.
136. Muller. op. cit. p. 288.
137. My reactions to a story on ABC News. Nov. 10, 1986. (JFW) Protestant rulers' commitment to enlightenment was likewise qualified: e.g., in 1604, James I rejected a call by Puritans for an educated clergy. 계몽에 대한 신교도 통치자들의 헌신적 태도도 잦아들었다. 예를 들어 1604년, 제임스 1세(James I)는 성직자 교육을 바라는 청교도들의 요청을 거부했다(Notestein. p. 157). 명예롭게도 청교도들은 신학, 특히 성경에 적용된 이성의 주창자들이었다(Miller and Johnson. p. 4).
138. Muller. op. cit. p. 288.
139. Bainton. op. cit. pp. 230-231.
140. Brinton. op. cit. pp. 58-59.
141. Bainton. op. cit. pp. 142-143.
142. Ibid. p. 142.
143. Ibid. pp. 142-143.
144. Ibid. p. 143.
145. Ergang. op. cit. Chap. VI.
146. Bainton. op. cit. pp. 153-155.
147. Zweig, S. Joseph Fouché. Viking; NY. 1930. p. 169.
148. Wells. op. cit. p. 793. Ergang. op. cit. p. 160.
149. Ibid. pp. 160-161.
150. Bainton. op. cit. p. 155.
151. Durant. op. cit. p. 456.
152. Wells. op. cit. p. 794.
153. Ibid. p. 746.
154. Durant. op. cit. p. 456.
155. Wells. op. cit. p. 746.
156. Bainton. op. cit. pp. 236-238.
157. Axelrod, A. Profiles in Audacity. Sterling; NY. p. 25.
158. Brinton. op. cit. pp. 69-71. The word "Stupidity" entered the English language in 1541. "어리석음(stupidity)"이라는 단어는 1541년에 영어 사전에 올랐다(Merriam-Webster Collegiate Dictionary. 11th Ed. 2003). 그 현상은 그 이전부터 있었다.
159. Bainton. op. cit. p. 242.
160. Brinton. op. cit. p. 61.
161. Muller. op. cit. p. 288.
162. Vernon, T. Unheavenly Discourses. Fayetteville, AR. 1968. p. 8.
163. Robertson, J. Short History of Freethought. London. 1914. Vol. II. p. 24.
164. Wood, G. Empire of Liberty. Oxford University Press; NY. 2009. p. 610.
165. Muller. op. cit. pp. 288-289.
166. Bull, W. To the Board of Trade, Nov. 30, 1770. Reprinted in Merrens, ed., Colonial South Carolina Scene, 254-270.
167. Wood. op. cit.
168. Barzun. op. cit. p. 28.
169. Muller. op. cit. p. 289.
170. Ibid. p. 286.
171. Ibid.
172. Manchester. op. cit. pp. 178-180.
173. Brinton. op. cit. p. 67.
174. Muller. op. cit. p. 290.
175. Ibid. pp. 292-293.
176. Sheldon, M. Orwell: The Authorised Biography. Heinemann; London. 1991. p. 187. 1930년대에 사회사업가들은 빈민들이 빈곤의 책임을 져야 한다고 생각했다(여기서 apoligive는 apologize의 오기로 추정합니다. 이 책에는 이런 식이 오기가 너무 많습니다, 역자) 빈곤이 본인들의 잘못이 아니라 체제의 실패 탓이라는 생각을 누구도 하지 않았다.
177. Brinton. op. cit. p. 60.
178. Bainton. op. cit. p. 261.
179. Muller. op. cit. p. 287.
180. Fromm, E. Escape from Freedom. Holt, Rinehart and Winston; NY. 1941.

181. Muller. op. cit. p. 287.

182. Bainton. op. cit. pp. 214-215.

183. Ibid. pp. 215-216.

184. Ibid. p. 211.

185. Shaw, G. Undated citation on page 424 of P. McWill-iams's Ain't Nobody's Business If You Do. Prelude Press; Los Angeles, CA. 1993. (나 같은 열성적인 무신론자조차 에스겔서 23장 20절의 내용에서 위안과 공감을 느낀다. 진정으로 위대한 책만이 타의 추종을 불허하는 그런 시적 아름다움을 통해 그런 불멸의 지혜를 표현할 수 있다. JFW)

186. Brinton. op. cit. p. 63.

187. Russell. op. cit. pp. 524-525.

188. Erasmus, D. Letter to Lorenzo Campeggio. Undated but probably 1519. (Cited by Manchester. 1992. p. 180.)

189. Vernon, T. The Age of Unreason. M&M Press; Fayetteville, AR. 1987. p. 3.

## 7장 이성의 시대, 비이성으로 전락한 어리석음

1. Mackay, C. Extraordinary Popular Delusions and the Madness of Crowds. 1852. (Republished by Harmony Books; New York. 1980. pp. 479-480.)

2. Demos, J. The Enemy Within. Viking; New York. 2008. Chap. 1.

3. Watson, B. Salem's dark hour: Did the Devil make them do it? Smithsonian; 23, #1, 119. Apr. 1992.

4. Blanning, T. The Pursuit of Glory. Penguin; New York. 2007. p. 464.

5. Mackay. op. cit. p. 540.

6. Keysler, J. 1729<. Cited on page 466 of Blanning. op. cit.

7. Roberts, J. The New History of the World. Oxford University Press; New York. 2003. p. 674.

8. Mackay. op. cit. pp. 552-555. (The last witchecution being in Ireland in 1895. Blanning. op. cit. p. 465.)

9. Sagan, C. The Demon-Haunted World: Science as a Candle in the Dark. Ballantine Books; New York. 1996. p. 413. (여기서 세이건(Sagan)은 다소 과장하는 경향이 있다.) 출애굽기 22장 18절에는 마녀 예방책이 등장한다. 더 폭넓은 의미에서 볼 때 이것은 정당한 명분을 위해 무력의 사용을 합리화하는 기독교판 무타질리주의(Mu'tazilism)이다(Bauer. 2010. pp. 450-451).

10. Frank, A. Ca. 1944. A quotation on page 773 of P. Mc-Williams's Ain't Nobody's Business If You Do. Prelude Press; Los Angeles, CA. 1993. (운이 나쁜 프랭크 씨(Ms. Frank)는 그 누구도 세상을 더 좋은 곳으로 만들기 위해 기다릴 필요 없다고 지적했지만, 히틀러가 좀 더 기다리지 않은 점은 그녀에게 너무 불행한 일이었다.)

11. Brinton, C. The Shaping of the Modern Mind. Mentor; New York. 1953. p. 110.

12. Hales, J. Quoted in English Political Thought, 1603 to 1660 by J. Allen. London. 1938. p. 237.

13. Brinton. op. cit. p. 99.

14. Russell, B. A History of Western Philosophy. Simon and Schuster; New York. 1945. pp. 557-560. 데카르트는 사실상 교회와 의견이 같았다. 교회는 그가 발견한 사실 대신에 그의 동의 방식에 반대했다. 교회는 스스로 옳다고 말했기 때문에 옳다고 자부했고, 교회의 정당성을 논리로 증명하려는 합리주의자를 좋아하지 않았다. 교회는 자체적인 권위에 근거해 옳았다.

15. Ibid. p. 563.

16. Fischer, K. Descartes and His School. Unwin; London. 1887. p. 231.

17. Blanning. op. cit. p. 457.

18. Brinton. op. cit. p. 97.

19. Roberts. op. cit. p. 687. The original "Naturist" was Greek poet Pindarca. 500 B.C. (McMahon, D. 2013. Divine Fury. Basic Books; New York. p. 16.)

20. Russell. op. cit. pp. 565-567.

21. Ibid. p. 568.

22. McMahon. op. cit. p. 68.

23. Boorstin, D. 1998. The Seekers. Vintage; New York. p. 167.

24. Russell. op. cit. pp. 585-588.

25. Ibid. p. 589.

26. Leibniz, G. Undated quotation on page 229 of Blanning. op. cit.

27. Russell. op. cit. p. 595.

28. Ibid. pp. 591-593.

29. Hecht, J. Doubt: A History. HarperOne; New York. 2003. p. 322.

30. Hobbes, T. Leviathan. Chap. 26. 1651.

31. Ibid. Chap. 44. pp. 33-34.

32. Burns, J. Fire and Light. St. Martin's Press; New York. 2013. p. 12.

33. Russell. op. cit. p. 546.

34. Middlekauff, R. The Glorious Cause. Oxford; New York. p. 15.

35. Russell. op. cit. p. 548.

36. Shaftesbury, A. Soliloquy, or Advice to an Author. In Characteristics of Men, Manners, Opinions, Times. (Ed.) L. Klein. Cambridge University Press; Cambridge, England. 1999. pp. 154-155n.

37. Ibid. p. 607.

38. Boorstin. op. cit. p. 180.

39. Locke, J. Essay Concerning Human Understanding. 1690. Book IV, Chap. XVI, Sec. 4. (Republished by the Clarendon Press; Oxford. 1894.)

40. Locke, J. Quoted on p. 130 of John Locke: Resistance, Religion and Responsibility edited by J. Marshall. Cambridge University Press; Cambridge, England. 1994.

41. Russell. op. cit. p. 606.

42. Ibid.

43. Watson, P. The German Genius. HarperCollins; New York. 2010. p. 68.

44. Burns. op. cit. p. 35.

45. Russell. op. cit. pp. 611-612.

46. Mansfield, H. May 2, 2007. The Wall Street Journal (online version). The case for a strong executive.

47. Athan. G. and J. Cox. The Boss: J. Edgar Hoover and the Great American Inquisition. Temple University Press; Philadelphia, PA.1988. pp. 169-171.

48 . Locke, J. 1690. Second Treatise on Government. Self-published. (Bobbs-Merrill; Indianapolis, IN. 1952.) Chap. XIV: paragraphs 159 and 160. 워터게이트 사건이 일어난 지 몇 년 뒤에 닉슨(Nixon)은 대통령이 하는 모든 일은 그 정의상 합법이라고 단언했다(The New York Times. 5/20/77).

49. Syrus, P. Maxim 244. Ca 50 B. C.

50. Katznelson, I. Fear Itself. Liveright; New York. 2013. p. 109.

51. Burns. op. cit. p. 12.

52. Brinton. op. cit. p. 89.

53. Burns. op. cit. p. 13.

54. Bacon, F. Novum Organum. 1620.

55. Burns. op. cit.

56. Bacon, F. op. cit. 애석하게도 셜록 홈즈(Sherlock Holmes)는 소설 속의 사례를 다루면서 "연역"이라는 용어를 잘못 사용했다. 그는 관철에서 가설로 넘어갈 때 "여보게 왓슨(Watson), 연역"이라고 말해야 했다.

57. Burns. op. cit.

58. Russell. op. cit. pp. 542-544.

59. Boorstin. op. cit. p. 161.

60. Genesis 1: 28-29. (Subdue the earth; rule over the animals; own the plants.)

61. Locke, J. Second Treaties on Civil Government. Chapter V. Section 40. 1690. (Providing an antigreen philosophical rationale for exploitation.)

62. Strauss, L. Natural Right and History. University of Chicago; Chicago, IL. 1950. Quotation by Locke. p. 315. 이런 점에서 볼 때 그는 쇼펜하우어(Shopenhauer)보다 앞섰다.

63. Russell. op. cit. p. 545.

64. Durant, W. The Story of Philosophy. Simon and Schuster; New York. 1926/ 1961. pp. 100-102.

65. Boorstin, D. The Discoverers. Vintage; New York. 1983. p. 294.

66. Muller, H. J. The Uses of the Past. Mentor; New York. 1952. p. 295.

67. Boorstin. op. cit. p. 294.
68. Brinton. op. cit. pp. 86-87.
69. Bacon, F. Undated. In The Advancement of Learning and the New Atlantis. (Oxford University Press; New York. 1956. pp. 84-85.)
70. Brinton. op. cit. p. 87. 하지만 과학자들은 이 신성한 기적의 시대에 의심스런 존재로 간주되었다(Manchester, W. A World Lit by Fire. Back Bay Books; Boston, MA. 1992. p. 291).
71. Boorstin. op. cit. p. 295.
72. Russell. op. cit. p. 526.
73. Axelrod, A. Profiles in Audacity. Sterling; New York. 2006. p. 70.
74. Hecht. op. cit. p. 277.
75. Ibid. p. 145.
76. Swerdlow, N. The Derivation and First Draft of Copernicus's Planetary Theory". Proceedings of the American Philosophical Society; 117, #6. Dec. 31, 1973. (Viewable on ISTOR.)
77. Luther, M. Table Talk (i.e., Tischrede. A collection of Luther's lectures/papers.) ca. 1530. #69. In Fosdick, H. Great Voices of the Reformation. Modern Library; New York. 1952. p. xviii.
78. Ergang, R. Europe from the Renaissance to Waterloo. Heath; Boston, MA. 1954. p. 361.
79. Menzies, G. 1434. HarperCollins; New York. 2008. p. 146.
80. Russell. op. cit. p. 527.
81. Durant, W. The Reformation. Simon and Schuster; New York. 1957. p. 861.
82. Russell. op. cit. p. 527. (러셀(Russell)은 갈릴레오(Galileo)의 관성의 법칙을 언급하지만 실제로 말하고자 한 것은 뉴턴의 법칙이었다.)
83. Ibid. p. 528.
84. Ritter, M. Scientists Solve 16th Century Sky Mystery. Science News. New York. 1:05 PM, Dec. 4, 2008. AP. AOL. For some reason, eleven reports of comets in the AngloSaxon Chronicle between 679 and 1114 (Collins, P. p. 338.) made no impact on prevailing astronomical theory.
85. Russell. op. cit. p. 529.
86. Regiomontanus. Folio 47 v. Ca. 1470. "열과 빛의 원천이기 때문에 태양은 왕국의 왕처럼, 신체의 심장처럼, 행성들의 중심에 있어야 한다." 과연 케플러(Kepler)가 이 말에서 힌트를 얻었을까? (아마 이것은 루이 13세(Louis XIII, 원문에는 루이 13세로 나오지만, 태양왕은 루이 14세의 별칭입니다. 저자의 착각이거나 오기입니다, 역자)의 별칭인 "태양왕"의 유래일 것이다)
87. Santillana, G. de. The Age of Adventure. Mentor; New York. 1956. p. 210.
88. Ibid. p. 205.
89. Boorstin. op. cit. p. 319.
90. Gillispie, C. The Edge of Objectivity. Princeton University Press; Princeton, NJ. 1960. p. 37.
91. Boorstin. op. cit. p. 311.
92. Kesten, H. Copernicus and His World. Ray; New York. 1945. p. 348.
93. Boorstin. op. cit. p. 319. 사실 갈릴레오는 조석운동의 원인을 지구와 달의 관계가 아니라 지구와 태양의 관계에서 찾는 실수를 저질렀다(Axelrod. op. cit. p. 71).
94. Durant, W. and Durant, A. The Age of Reason Begins. Simon and Schuster; New York. 1961. p. 603.
95. Boorstin. op. cit. pp. 320-321.
96. Ibid. p. 319.
97. Rogers, E. Physics for the Inquiring Mind. Princeton Uni-versity Press; Princeton, NJ. 1960. p. 281.
98 . Montaigne, M. Ca. 1576. The Complete Essays of Montaigne(Translated by D. Frame. Stanford University Press; Stanford, CA. 1958. pp. 320-321). Mills, C. Wright. Culture and Politics in the Fourth Epoch. The Listener. Mar. 12, 1959. 그는 20세기에 과도한 이성이 유대인 대학살과 핵무기 개발로 이어졌다고 주장했다.
99. Boorstin. op. cit. p. 321.
100. Redondi, P. Galileo Heretic. (Italian. 1983.) Translated by R. Rosenthal. Princeton University Press; Princeton, NJ. 1987. p. 132.
101. Greenblatt, S. The Swerve. Norton; New York.

p. 254.

102. Menzies. op. cit. p. 249.

103. Ibid.

104. Ibid. p. 250.

105. Boorstin. op. cit. pp. 323-325. 교회가 대부분 동의하는 갈릴레오의 결론뿐 아니라 그것을 고상한 라틴어가 아니라 일상적인 이탈리아 어로 발표한 덕분에 기존의 종교 기관을 약화 시키고 위협했다(물론 교회는 아직 갈릴레오 의 결론과 성경의 내용을 조화시킬 방법을 이 끌어내지는 못했다. Firestein, 170).

106. Russell. op. cit. p. 534. 19세기에 토머스 헉슬 리(Thomas Huxley)는 교회를 "과학과 현대 문 명의 발전을 저지할 수 있는, 그리고 저지해 야 하는 위대한 영적 기관"이라고 비난했다 (Manchester. op. cit. p. 117). 나는 이슬람교, 그 리고 아마 모든 신학도 마찬가지라고 생각한 다. JFW.

107. Davidson, N. "Unbelief and Atheism in Italy, 1500-1700" in Atheism from the Reformation to the Enlightenment edited by M. Hunter and D. Wooton. Clarendon; Oxford, England. 1992. p. 61.

108. Ibid. pp. 83-84.

109. Gillispie. op. cit. p. 51.

110. Santillana. op. cit. p. 227.

111. Brinton. op. cit. p. 95.

112. Boorstin. op. cit. p. 405.

113. Russell. op. cit. p. 535.

114. Blanning. op. cit. p. 470. 마찬가지로 이해는 상식적인 것이다. 즉 아인슈타인이 1936년에 지적했듯이 과학은 세련된 일상적 사고이다.

115. Gillispie. op. cit. p. 121.

116. Boorstin. op. cit. p. 407.

117. Clark, G. The Seventeenth Century. Oxford U. Press; Oxford. 1929. p. 249.

118. Gillispie. op. cit. pp. 124-125.

119. Hecht. op. cit. p. 326.

120. Ibid. p. 336.

121. Russell. op. cit. pp. 537-538.

122. Whitehead, A. Science and the Modern World. Free Press; New York. 1967.

123. Boorstin. op. cit. p. 338.

124. Saladin, K. Anatomy & Physiology. 6th Ed. McGraw-Hill; New York. 2012. p. 4.

125. Boorstin. op. cit. pp. 344-348.

126. Ibid. pp. 338-339.

127. Ibid. pp. 339-340.

128. Cantor, N. In the Wake of the Plague. Harper; New York. 2001. p. 119.

129. Boorstin. op. cit. p. 342. 억지스러워 보이지만 이 견해는 프레드 호일(Fred Hoyle)과 찬드 라 위크라마싱헤(Chanadra Wickramasinghe)가 함께 쓴 『(우주로부터의 질병Diseases From Space)』(1979)(미출간도서, 역자)과 『우주에 서의 우리 위치(Our Place in the Cosmos)』 (1993)(미출간 도서, 역자)에도 등장한다.

130. Boorstin. op. cit. p. 342.

131. Ibid. p. 344.

132. Ibid.

133. Ibid. p. 340. (See also Durant. 1957. op. cit. pp. 875-881.)

134. Ibid. pp. 351-355.

135. Hilton, B. Undated citation on page 337(f) McWilliams. op. cit.

136. Boorstin. op. cit. pp. 359-360.

137. Ibid. pp. 361-362.

138. Ibid. pp. 364-365.

139. Durant and Durant. op. cit. p. 168.

140. Boorstin. op. cit. p. 366.

141. Einstein, A. Undated quotation on page 774 of McWilli-ams. op. cit.

142. Boorstin. op. cit. p. 368.

143. Doby, T. Discoverers of Blood Circulation. Schuman; New York. 1963. p. 194.

144. Boorstin. op. cit. p. 367.

145. Durant and Durant. op. cit. p. 169.

146. Boorstin. op. cit. pp. 380-381.

147. Ibid. p. 382.

148. Ibid. p. 381.

149. Ibid. p. 330.

150. Al-Ma'arri. Ca. 1025. Cited in Reynolds, A. Studies in Islamic Poetry. Cambridge University Press; Cambridge, England. 1920. p. 176.

151. Manchester. op. cit. p. 291.

152. Fichte, J. Versuch einer Kritik aller Offengarung. 1792.

153. Wells, H. G. The Outline of History. 1920. (Cassel; London. 4th ed. Revised by R. Postgate 1961. p. 829.)

154. Ibid. pp. 827-828.

155. Ibid. p. 828.

156. Barzun. J. 2000. From Dawn to Decadence. Perennial; NY. pp. 393-395.

157. Wells. op. cit. p. 812.

158. Ibid. pp. 799-802. Motley, J. Rise of the Dutch Republic. (1856.) New York. 1906. II, p. 331.

159. Isreael, J. Empires and Entrepots. Hambledon Press; London. 1990. pp. 155-156.

160. Chua, A. Day of Empire. Doubleday; New York. 2007. p. 33.

161. Wells. op. cit. pp. 799-802.

162. The Encyclopedia Britannica. 1930. 14th ed. London.

163. Pitkin. op. cit. 254.

164. Fronde, J. 1892. Spanish Story of the Armada. New York. 메디나 시도니아 공작은 해군을 지휘해본 적 없는 장군이었다. 이런 점에서 볼 때 펠리페 2세는 1281년에 쿠빌라이 칸(Kublai Khan)이 일본 침공에 실패하면서 저지른 것과 똑같은 실수를 저질렀다(Fawcett. 2012. p. 77).

165. Zweig, S. Episode in Early Life. In Conflicts. Viking; New York. 1927. p. 185.

166. Wells. op. cit. p. 802.

167. Ibid. p. 806.

168. Ergang. op. cit. p. 387.

169. Wells. op. cit. p. 805.

170. Ibid. pp. 806-807.

171. Ibid. p. 807. And Fawcett. op. cit. Chap. 19.

172. Hume, D. History of England. Vol. I (of six). 1754. p. 250. (Republished by Liberty Fund; Indianapolis, IN. 1983.)

173. Churchill, W. The New World. Bantam; New York. 1956. pp. 222-223.

174. Wells. op. cit. pp. 809-810.

175. Barzun. op. cit. pp. 285 and 287.

176. Lynn, J. Undated citation in Blanning. op. cit. p. 537.

177. Ergang. op. cit. p. 3.

178. Wells. op. cit. p. 817.

179. Durant, W. and Durant, A. The Age of Louis XIV. Simon and Schuster; New York. 1963. p. 71.

180. Wells. op. cit. p. 818.

181. Ibid. pp. 818-819. See also: Blanning. op. cit. p. 506.

182. Durant and Durant. 1963. op. cit. pp. 162-163.

183. Mawson, C. Dictionary of Foreign Terms. Crowell; New York. 2nd ed. (Revised and updated by C. Berlitz) 1975. p. 211.

184. Pagden. A. The Enlightenment. Random House; New York. 2013. p. 298.

185. Russell. op. cit. pp. 597-598.

186. Ibid. p. 625.

187. Reichwein, A. China and Europe: Intellectual and Artistic Contacts in the Eighteenth Century(Translated from German by J. Powell) New York. 1925. pp. 79f. [1st edition reissued by Routledge & Kegan Paul; London. 1968). 이 견해는 훗날 합리주의에 바치는 루소의 낭만주의적 찬가인 『사회계약론(The Social Contract)』에 등장했다(Diamond. 2005. p. 283).

## 8장 계몽된 어리석음 : 혁명과 전제정치

1. Kant, I. Undated. The actual quotation–Sapere aude, (Horace)is translated as "Have the courage to know". Hecht, J. Doubt: A History. HarperOne; New York. 2003. p. 367. 원문의 번역은 한층 전통적이다. 칸트는 사실상 계몽을 자발적 후견으로, 즉 이른바 "자신으로부터의 자유"로 정의했다. 한편 사르트르는 "운명적으로 자유로운"이라는 비관적 문구를 통해 인간을 규정했다(Watson. 2001. p. 408). 원대한 생각이다!

2. Brinton, C. The Shaping of the Modern Mind. Mentor; New York. 1953. pp. 123-124. 스피노자(Spinoza)는 신에게 우주를 만지작거

릴 자유가 없다고 생각했다(Tractatus. 1670. Chap. 6). 이제 신은 우주 창조와 운행에 필요한 존재로 간주되지 않는다(Hawking and Mlodinow). 과학이 진보할수록 신은 퇴보한다. Or: God x Sci-ence=K.

3. Locke, J. Some Thoughts Concerning Education. Sec. 1; 88. 1693. ("세상의 유일한 장벽은 그것에 대한 철저한 지식이다.") 긍정적 맥락에서의 지식에 대한 믿음은 약 250년 뒤에 "새로운 지식은 말 그대로 모든* 문제를 해결할 수 있다."라고 생각한 어느 열성적인 거대사회 지지자에 의해 표현되었다. Davies, G. From Opportunity to Entitlement: The Transformation and Decline of Great Society Liberalism. University Press of Kansas; Lawrence, KS. 1996. p. 38. 아마 그것 때문에 생기는 문제는 빼고 JFW

4. Watson, P. 2010. The German Genius. HarperCollins; New York. p. 141.

5. Brinton. op. cit. p. 125.

6. Ibid. p. 139.

7. Paine, T. Common Sense. 1776. 몽상적 이상주의자 존 애덤스(John Adams)도 17776년 7월에 이런 취지의 조약문을 작성했지만, 뜻을 이루지 못했다. Spivak, B. Jefferson's English Crisis. Charlottesville. 1979. p. 1.

8. Brinton. op. cit. p. 138.

9. Roberts, J. The New History of the World. Oxford Uni-versity Press; New York. 2003. p. 686.

10. Brinton. op. cit. p. 126.

11. Isaiah. 1:18. Ca. 725 B.C. ("오라 우리가 서로 변론하자.")

12. Voltaire. Age of Louis XIV. 1735.

13. Jefferson, T. The Writings of Thomas Jefferson (Edited by A. Lipscomb. Thomas Jefferson Memorial Association. Washington, D.C. 1903. Vol. VI, p. 258.)

14. Jefferson, T. Notes on the State of Virginia. 1784. (Written: 1781) Query 17.

15. Franklin, B. Apology for Printers. Pennsylvania Gazette. June 10, 1731. In Franklin's Writings. p. 172.

16. Brinton. op. cit. p. 126. (구체적으로 말해 1735년에 프랑스 의회는 루이 15세(Louis XV)에게 프랑스의 기본법을 지켜야 한다는 점을 상기시켰다. 이에 어느 익살꾼은 다음과 같이 덧붙였다. "이제 우리에게 남은 일은 이 기본법의 내용을 정확히 아는 것이다.") (Marquis d'Argenson. Cited on p. 210 of Blanning.) 21세기의 경우 2003년이 일어난 미국의 이라크 침공은 비틀린 주관성의 좋은 본보기였다. 미국 군대는 전적으로 부당한 조치를 합리화하기 위해 꾸며낸 위협의 조작된 "현실"(예를 들면 대량살상무기)에 대응했다(Judt, T. Thinking the Twentieth Century. Penguin; New York. 2012. p. 311).

17. Tabor, C. Quoted on p. 34 of "Voting with the Heart" by C. Choi. Scientific American. Dec. 2006.

18. Madison, J. The Federalist Papers; #10. Nov. 23, 1787. (Edited by I. Kramnick. Penguin; New York. 2003. p. 124.) 철학적으로 볼 때 이 점은 흄(Hume)이 지적했다. 그는 열정을 이성의 동력으로 간주했다. 즉 이성은 감정적 목표를 실현하기 위한 방법이었다(MacIntyre. p. 304). 다소 터무니없는 사례는 1930년대의 대법원 판결에서 찾아볼 수 있다. 1936년 5월, 뉴욕의 세탁부는 최소임금을 받을 권리가 없었다(Morehead).; 10개월 뒤 워싱턴의 객실 청소부는 권리를 얻었다(웨스트코스트 호텔). 대법관 중 한 사람(로버츠(Roberts)이 경제적 과장을 고려해 마음을 바꼈기 때문이다(Justice Hughes's Parrish opinion. For a detailed account, see Shesol: pp. 403-415).

19. Kant, I. 1781. Kritik der reinen Vernunft. (Critique of Pure Reason.)

20. Jefferson, T. Quoted by J. Garraty in The Case of the "Missing" Commissions. American Heritage; XIV, #4, p. 9. June, 1963.

21. Brinton. op. cit. pp. 126-127.

22 . Diderot, D. and d'Alembert, J. Encyclopedia. Ca. 1760. 기본적으로 기적은 한물갔다. 이제 과학(합리주의)가 모든 것을 설명할 것

같았다.(Cited on p. 91 of McMahon, D. 2013. Divine Fury. Basic Books; New York).

23. Freeman, S. Biological Science. Benjamin Cummings; San Francisco, CA. 2011. p. 8.

24. Boorstin, D. The Discoverers. Vintage; New York. 1983. p. 446.

25. Klein, M. The Power Makers. Bloomsbury Press; NY. 2008. pp. 71-72.

26. Hills, R. Power from Steam: A History of the Stationary Steam Engine. Cambridge, England. 1989. pp. 164-168.

27. Irving, W. A History of New York. 1809.

28. New York Magazine. 5. 1794. pp. 472 and 474.

29. Muller, H. J. The Uses of the Past. Mentor; New York. 1952. p. 298.

30. Ibid. pp. 297-298.

31. Russell, B. A History of Western Philosophy. Simon and Schuster; New York. 1945. p. 606.

32. Ibid. pp. 611-612.

33. Ibid. p. 647.

34. Ibid. p. 702.

35. Hegel, G. Philosophy of Right. 1820.

36. Russell. op. cit. pp. 657-658.

37. Ibid. p. 653. 쿠르트 괴델(Kurt Gödel)이 1931년에 최종적으로 확증한 견해이다(Watson. 2000. p. 271). 괴델은 우리가 알 수 없는 어떤 것이 있다는 사실도 증명했다(Dawson, J. p. 55). 하지만 그것은 중요하지 않다. (Firestein. p. 42.) 개인적으로 나는 "일괄 논리"를 믿게 되었다. 즉 사고의 논리적 기차는 곡선형 우주에서 탈선하는 듯하다. JFW.

38. Russell. op. cit. pp. 702-703.

39. Ibid. p. 664.

40. Ibid. p. 669.

41. Ibid. p. 663.

42. Armstrong, K. A History of God. Knopf; New York. 1993. p. 187.

43. Berlin, I. The Age of Enlightenment. Mentor; New York. 1956. p. 180.

44. Durant, W. and Durant, A. The Age of Voltaire. Simon and Schuster; New York. 1965. p. 144.

45. Blom, P. 2010. A Wicked Company. Basic Books; New York. p. 241.

46. Hume, D. Treatise of Human Nature. 1739. Book I, Pt. III, Sec. IV.

47. Russell. op. cit. p. 673.

48. Ibid. pp. 671-672.

49. Santayana, G. Egotism in German Philosophy. M. Dent; London. 1916. p. 62. (나치가 정권을 잡기 약 20년 전에 산타야나(Santayana)는 독일 철학의 오만한 주관주의에서 엿보이는 사악하고 잔인무도한 도덕적 질병 같은 요소를 지적했다(p. 170. In 1918). 에드가 칠첼(Edgar Zilzel)은 20세기의 물질주의 숭배의 생생한 반례인 히틀러가 권력을 잡을 때 활용했던 천재 숭배의 위험성을 깨달은 독일어 사용자들이 부족한 점을 비난했다(Cited on p. 220 of McMahon. op. cit). 철학적 맥락에서 로크(Locke)는 신생아의 정신이 경험에 지대한 영향을 받는다고 주장한 반면 칸트(Kant)는 어떤 사람이 이성을 활용할 수 있을 때 의제나 도식이 생기기 때문에 그 사람의 이성은 순수하지 않다고 생각했다.

50. Kadarsky, A. Georg Lukas. Basil Blackwell; Oxford England. 1991. p. 195. During WWI, Hungarian Lukas carried absurdity another step forward by opining that one could lie his way to the truth (Gluck. p. 204.) in the same way one could gain legitimate power via terrorism. 제2차 세계대전 때 헝가리의 루카치(Lukas)는 거짓말로 진실에 다가갈 수 있다고 말함으로써 우매함이 한걸음 더 나아가게 했다. 말하자면 테러를 통해 합법적 권력을 쟁취할 수 있다는 주장이다(Ibid. p, 205).

51. Kant, I. 1795. Perpetual Peace: A Philosophical Sketch.

52. Brinton. op. cit. p. 135.

53. Hegel, G. Undated citation on page 456 of Blanning's The Pursuit of Glory.

54. McMahon. op. cit. p. 119.

55. Hecht. op. cit. p. 374.

56. Herzen, A. Undated quotation cited by I. Berlin in Sense of Reality. p. 60.

57. Russell. op. cit. p. 673.

58. Brinton. op. cit. p. 135.

59. Russell. op. cit. p. 677. 여기서는 모차르트 (Mozart)의 비극적 죽음이 좋은 사례이다. 그는 스스로에게 심취한 나머지 음악에서 합리주의를 극단적으로 추구했지만, 후원자들은 주정주의 쪽으로 시선을 돌리고 있었다.

60. Berlin, I. Freedom and Betrayal. Chatto & Windus; London. 2002. p. 60.

61. Richards, R. The Romantic Conception of Life. University of Chicago Press; Chicago, IL. 2002. p. 22.

62. Russell. op. cit. p. 600. For example: Novalis. "Christianity or Europe" in F. Beiser, ed., The Early Political Writings of the German Romantics. Cambridge University Press; Cambridge, England. 1996. pp. 59-81.

63. Zweig, S. Balzac. Viking; New York. 1946. p. 42.

64. McMahon. op. cit. p. 125.

65. Rosseau, J. Emile. 1762. (Opening.)

66. Russell. op. cit. p. 678.

67. Brinton. op. cit. p. 136.

68. Russell. op. cit. p. 681.

69. Ibid. p. 677.

70. McMahon. op. cit. p. 194.

71. Russell. op. cit. pp. 675-676. 이 사고방식은 독일의 게르하르트 하웁트만(Gerhart Hauptmann)의 연극에서 알 수 있듯이 20세기까지 지속되었다. 그는 빈민에 대한 착취에 낭만적으로 항의했지만 결코 해결책을 제시하지 못했다(Ergang. 1967. p. 208). 이렇게 볼 때 그는 인체를 괴롭히는 질병이나 사회적 해악에 관해 할 수 있는 일이 전혀 없다고 단정한 당대의 치유적 허무주의를 대표하는 인물이었다(Watson. 2001. p. 27.)

72. Russell. op. cit. pp. 681-682. Suskind, R. Without a Doubt. New York Times Magazine. Oct. 17, 2004. 51. 안타깝게도 서스킨드 씨(Mr. Suskind)는 과도하고 고압적이며 탈계몽적인 "수석 고문"을 인용한다. (Bonner.)

73. Russell. op. cit. pp. 682-684.

74. Ibid. p. 676.

75. Smith, A. The Theory of Moral Sentiments.

Edited by D. Raphael and A. Macfie. Clarendon Press; Oxford, England. 1976. p. 10.

76. Rousseau, J. Julie. 1761.

77. Burns, J. Fire and Light. St. Martin's Press; New York. 2013. pp. 100-101.

78. Wells, H. G. The Outline of History. 1920. (Cassel; London. 4th ed. Revised by R. Postgate 1961.) pp. 885-886. 100여 년 뒤에 이 주제에 주목한 헨리 애덤스(Henry Adams)는 "사회는 부도덕하다..... 사회는 온갖 종류의 바보짓을 범할 수 있고, 갖가지 악에 탐닉할 수 있다." 라고 썼다. (The Education of Henry Adams. 1907. Chap. 18.)

79. Ergang, R. Europe Since Waterloo. Heath; Lexington, MA. 3rd ed. 1967. p. 187. 루소가 세상을 떠난 뒤 약 100년 뒤에 페르낭 크노프(Fernand Khnopff)와 페르디낭 호들러(Ferdinand Hodler)도 억압적인 문명 사회에 대한 좌절감을 시각적으로 표현했다. (Watston. 2010. p. 508.)

80. Russell. op. cit. p. 694.

81. Tocqueville, A. de. 1835. Democracy in America. (Translated by Henry Reeve. Edited by Phillips Bradley. Knopf; New York. 1945.) 매사추세츠 주의 윈스럽 씨(Mr. Winthrope)는 가장 계몽적인 주들에서 가장 많은 범죄자들이 생겨난다고 말했다. p. 55.

82. Rousseau, J. Has the restoration of the Arts and Sciences had a purifying effect upon morals? (1750년의 디종 한림원(Dijon Academy) 현상 응모 당선작에서 루소는 문명의 해악에 대한 어리석음의 책임을 부정했다) 학문과 예술의 복원이 도덕의 정화에 기여했냐고요? 네, 그렇습니다. 루소 씨.

83. Wells. op. cit. p. 886.

84. Eckert, A. That Dark and Bloody River. Bantam; New York. 1995. p. 21. 예외는 적군의 전술과 지형에 적응하지 못한 에드워드 브래독(Edward Braddock) 장군이 1755년에 맛본 패배였다. 다행히 그가 전사하는 바람에 휘하의 많은 병력이 살아남았다. (Eckert. lxi.)

85. Russell. op. cit. pp. 687-688.

86. Blom. op. cit. p. 15.

87. Russell. op. cit. pp. 691-692. 올바르고 타당한 우주 모형에 대한 또 다른 걸림돌은 매독, 풍진, 후천성 면역 결핍증 따위를 유발하는 병원균이 임신부들에 의해 태아들에게 옮겨가는 현상이다(Diamond. 2005. p. 199). 하느님, 대단하시군요.

88. Russell. op. cit. pp. 694-696.

89. Blanning. T. The Pursuit of Glory. Penguin; New York. 2007. p. 342.

90. Burns. op. cit. p. 101.

91. Hayward, S. The Age of Reagan: The Fall of the Old Liberal Order. 2001. Three Rivers Press; New York. p. 148.

92. Brinton. op. cit. p. 134.

93. Rousseau, J. The Social Contract. 1762. Translation by Maurice Cranston. p. 89.

94. Bloom, A. The Closing of the American Mind. Simon and Schuster; New York. 1987. p. 299. For a modern qualification see: Gruber, J., Mauss, I. B., & Tamir. M. 2011 A dark side of happiness? How, when and why happiness is not always good. Perspectives on Psychological Science, 6(3), 222-233. Consistent with the "무지는 더없는 행복이다(Ignorance is bliss)"라는 주제에서 알 수 있듯이 어리석음과 행복은 상호관계가 있는 듯하다.

95. Rousseau. 1750. op. cit.

96. Brinton. op. cit. p. 127.

97. Ibid. p. 129.

98. 이 단락과 다음 단락은 토머스 제퍼슨(Thomas Jefferson)이 헨리 리(Henry Lee)에게 보낸 편지에서 윤곽을 그린 모형을 따른다. Aug. 10, 1824.

99. Comte, A. Course of Positive Philosophy. (Six volumes) 1830-1848.

100. Brinton. op. cit. p. 128.

101. Ibid. p. 130.

102. Ibid. p. 137.

103. Diderot, D. Quoted on p. xvi of A. Pagden's The Enlightenment. Random House; New York. 2013.

104. Freedman, L. Strategy. Oxford University Press; New York. 2013. p. 276. Levy, C. Errico Malatestra and Charismatic Leadership. in Stutje, J. (Ed.) Charismatic Leadership and Social Movements. Bergman Books; New York. 2012. pp. 89-90.

105. Brinton. op. cit.

106. Madison. op. cit. (Wood, G. Empire of Liberty. Oxford University Press; New York. 2009.)

107. Blackstone, W. Commentaries on the Laws of England (1765-1769).

108. Hegel, G. Philosophy of History. IV, 3, 3. 1832.

109. Jefferson, T. Letter to William Jarvis. Sept. 28, 1820.

110. Brinton. op. cit. p. 116.

111. Clinton, D. "An Introductory Discourse". Literary and Philosophical Society of New York. July 4, 1814. (Publish-ed in 1815) p. 8.

112. Jefferson, T. Letter to J. Banister, Jr. Papers of Thomas Jefferson. 8: 636. Oct. 15, 1785.

113. Boorstin. op. cit. p. 409.

114. Ibid. p. 410.

115. Ibid. p. 414.

116. Ibid. pp. 410-416.

117. Diderot, D. Letter from Diderot to Volland. 1759. In Diderot, Oeuvres. Vol. 5. Correspondence. p. 180.

118. Berzeviczy, G. Undated citation in Blanning. p. 170.

119. Boorstin. op. cit. p. 278. Rink, P. Nathaniel Bowditch: The Practical Navigator. American Heritage; XI, #5, p. 58. Aug. 1960.

120. Manchester. W. A World Lit by Fire. Back Bay Books; Boston, MA. p. 238.

121. Brinton. op. cit. p. 136.

122. Wells. op. cit. pp. 854-855.

123. Smith, A. Inquiry into the Nature and Cause of the Wealth of Nations. Two volumes. London. 1776. 그 역시 인구증가의 부정적 측면을 놓쳤다. (Roberts. op. cit. p. 699.) See: Malthus. 1798.

124. Hughes. North Country Life: The North East. p.

39. 이것은 비스마르크 시절의 독일에서 구체화되었다. (Chickering.)

125. Morris, R. and Irwin, G. (Eds) Harper Encyclopedia of the Modern World. Harper & Row; New York. 1970. p. 660.

126. Wells. op. cit. p. 865.

127. His Majesty's Proclamation for Suppressing Rebellion and Sedition. Aug. 23, 1775. (제목에서 모든 것을 알 수 있다. JFW)

128. Tuchman, B. The March of Folly. Knopf; New York. 1984. p. 209.

129. Franklin, B. The Autobiography of Benjamin Franklin. London. (Unfinished.1789) 1817. 연방 개념은 1776년에 되살아났지만, 때는 이미 늦었다.

130. Tuchman. op. cit. p. 151.

131. Morgan, E. and Morgan, H. The Stamp Act Crisis. University of North Carolina Press; Chapel Hill, NC. 1953. p. 58, n. 15.

132. Langguth, A. Patriots. Simon and Schuster; New York. 1988. p. 51.

133. Tuchman. op. cit. p. 152.

134. Durant, W. and Durant, A. Rousseau and Revolution. Simon an Schuster; New York. 1967. p. 712.

135. Chesterfield, P. 1766. In Letters edited by Bonamy Do-brée. 1932. London. VI, #2410.

136. Meredith, W. 1770. In Parliamentary History of England edited by T. Hansard. XVI, 872-873.

137. Fawcett. 2012. p. 104.

138. Pitt, W. Ca. 1765. Jensen, M. The Founding of a Nation: A History of the American Revolution, 1763-1776. Oxford University Press: New York. 1968. pp. 240-241.

139. Morris, R. "Then and There the Child Independence Was Born". American Heritage; XIII, #2, p. 82. Feb. 1962.

140. Tuchman. op. cit. p. 155.

141. Ergang, R. Europe from the Renaissance to Waterloo. Heath; Boston, MA. 1954. p. 554. Taylor, A. The Civil War of 1812. Knopf; New York. 2010. p. 31. 사실 음모의 내용은 아일랜드인들을 영국 의회에서 무의미한 존재로 치부함으로써 사태를 영국인들이 통제하는 동시에 아일랜드의 세력 강화를 막는 것이었다. Phillips, K. The Cousins' Wars. Basic Books; New York. 1999. p. 578.

142. Tucker, R. and Hendrickson, D. The Fall of the First British Empire: Origins of the War of American Independence. Cornell University Press; Ithaca, New York. 2005.

143. Ellis, J. American Creation. Vintage; NY. 2007. p. 83.

144. Tuchman. op. cit. p. 156.

145. Baylin, B. The Ordeal of Thomas Hutchinson. Harvard University Press; Cambridge, MA. 1974. pp. 62-63.

146. Tuchman. op. cit. p. 150.

147. Burke, E. Apr. 19, 1774<. Hansard. op. cit. XVII. Somewhere between pp. 1163 and 1277.

148. The Examination of Doctor Benjamin Franklin. London. 1766(당연히 그들은 파병했다.)

149. Tuchman. op. cit. p. 152.

150. Ergang. op. cit. p. 552.

151. Plumb, June, 1960. Our Last King. American Heritage; XI, #4, p. 95.

152. Paine. op. cit.

153. Waldegrave, J. Quoted in King George III by J. Brooke. 1972. New York.

154. Durant, W. and A. 1967. op. cit. pp. 687-688.

155. Maier, P. Declaring Independence. July 1, 1997. In Booknotes: Stories from American History. Edited by Brian Lamb. Penguin; NY. 2007. p. 9.

156. Churchill, W. 1957. The Age of Revolution. Bantam; New York. p. 108.

157. Plumb. op. cit. pp. 95-96.

158. Burke, E. Apr. 4, 1774. A speech in Parliament. Hansard. op. cit. XVII.

159. Tuchman. op. cit. p. 201.

160. Meredith. op. cit.

161. Phillips. op. cit. p. 239f.

162. Ibid. pp. 270 and 309. Also see: Ritcheson, C. Aftermath of the Revolution. Norton; New

York. 1971. p. 31.

163. Fleming, T. Feb. 1964. The Enigma of General Howe. American Heritage; XV, #2, 11ff. Fleming, T. 1975. 1776: Year of Illusions. Norton; New York. 245.

164. Pratt, C. (Earl of Camden): Speech in the House of Lords, 1775. Quoted in Keegan, J. Fields of Battle: The Wars for North America. Johns Hopkins University Press; Baltimore, MD. 1996.

165. Pitt, W. (Earl of Chatham): Speech in the House of Lords on December 11, 1777. In Donne, B. (ed.) Correspondence of George III with Lord North. London. 1867. Vol. II. p. 114. (Sort of like 43 leading the USA into Gulf War II.)

166. Valentine, A. Lord George Germain. Clarendon Press; Oxford. 1962. p. 275.

167. Tuchman. op. cit. p. 217.

168. Valentine. op. cit.

169. Tuchman. op. cit. p. 228.

170. Ibid. p. 229. 영국은 식민지의 농민군이 정규군을 격파할 수 있다는 가능성을 전혀 고려하지 못했고, 실제로 그런 일이 벌어진 뒤에도 교훈을 전혀 얻지 못한 것 같다. 120년 뒤에 영국은 보어 전쟁(Boer War)이 벌어졌을 때도 마찬가지 실수를 저질렀다. (Churchill. 1930. p. 235.)

171. Wells. op. cit. pp. 871 and 874.

172. Ibid. p. 877.

173. Ibid. p. 879. Tannen, D. The Triumph of the Yell. The New York Times. Jan. 14, 1994. p. A15.

174. Wells. op. cit. p. 879.

175. Ibid. p. 880.

176. Myrdal, G. 1942. Cited in An American Dilemma. 1944. New York. p. 7

177. Tuchman. op. cit. p. 7-8.

178. Ibid. p. 19.

179. Ibid. p. 23.

180. Treasure, G. 1966. Seventeenth Century France. New York. 368.

181. Tuchman. op. cit. 19. Providing grist for Beard's mill.

182. Hammond, P. 1978. An Introduction to Cultural and Social Anthropology. 2nd ed. Macmillan; New York. p. 159.

183. Arnold, T. 1937. The Folklore of Capitalism. Yale University Press; New Haven, CT. p. 38.

184. Wells. op. cit.. p. 884.

185. Ibid.

186. Pitkin, W. A Short Introduction to the History of Human Stupidity. Simon and Schuster; New York. 1932. p. 253.

187. Wells. op. cit. p. 853.

188. Ibid. p. 847. (Words in semiquotes paraphrased from Frederick II.)

189. Ibid. pp. 849-851.

190. Ibid. p. 858.

191. Ibid. pp. 884 and 886.

192. Ibid. pp. 886-887. Zweig, S. Marie Antoinette. The Portrait of an Average Woman. Viking; New York. 1933. Chaps. 7 and 9.

193. Wells. op. cit. pp. 887-888.

194. Goldberg, J. 2007. Liberal Fascism. Doubleday; New York. p. 38.

195. Wells. op. cit. p. 900.

196. Ibid. p. 901.

197. Blanning. op. cit. p. 625.

198. Wells. op. cit. p. 902.

199. Zweig, S. 1921. Romain Rolland. Thomas Seltzer; New York. p. 108.

200. Ibid. pp. 906-909.

201. Freedman. op. cit. p. 259.

202. Wikipedia. Robespierre/Reign of Terror.

203. Wells. op. cit. pp. 906-907. Still, the belief or its lack–lives on. Aritani, L. Miami Herald. Mar. 15, 2012. 4A. Sorry, God.

204. Schama, S. Citizens: A Chronicle of the French Revolution. Vintage; New York. 1990. p. 836.

205. Wells. op. cit. pp. 909-910.

206. Ibid. p. 911.

207. Ibid. p. 918.

208. Muller. op. cit. p. 300.

209. Tuchman. op. cit. p. 6.

210. Ferguson, N. 2011. Civilization: The West and the Rest. Penguin. New York. p. 156.

211. McMahon. op. cit. p. 116.

212. Hugo, V. Cited in J-B Decherf's "Napoleon and the Poets: etc." Studies in Ethnicity and Nationalism 10, #3, pp. 362-376. 2010.

213. Pitkin. op. cit. p. 284.

214. Goethe, W. Conversations with Eckermann. Mar. 2, 1831. p. 317.

215. McMahon. op. cit. p. 121.

216. Tuchman. op. cit. p. 6.

217. Kennedy, D. Freedom from Fear. Oxford University Press; New York. 1999. p. 659.

218. McMahon. op. cit. p. 119.

219. Courrier de l'armee d'Italie. 1797. (Cited on p. 117 of McMahon.)

220. McMahon. op. cit. p. 117.

221. Harvey, R. Maverick Military Leaders. Skyhorse; NY. 2008. p. 103.

222. Wells. op. cit. p. 928.

223. Ibid. p. 933.

224. Horne, A. Ruler of the World. In What If? R. Cowley (Ed.). Putnam; New York. 2001. p. 210. 나폴레옹(Napoleon)은 극단적인 정권환 방식에 대한 이상적 사례연구의 소재이다.

225. Zweig. S. Joseph Fouché. Viking; NY. 1930. p. 234.

226. Wells. op. cit. p. 933-934.

227. Davis. P. Decisive Battles from Ancient Times to the Present. Oxford; New York. 2001. p. 294.

228. Wells. op. cit. p. 934.

229. Pitkin. op. cit. p. 282.

230. Wells. op. cit. p. 928.

231. Durant, W. and A. The Age of Napoleon. Simon and Schuster; New York. 1975. p. 181.

232. Wells. op. cit. p. 928.

233. Talleyrand-Périgord, C. 1796. In a letter to Mallet du Pan from Chevalliar de Panat.

234. Gore, A. The Assault on Reason. Penguin; New York. 2007. p. 14.

235. Muller. op. cit. p. 304.

236. Brinton. op. cit. p. 143.

237. Roberts, M. The Modern Mind. Farber and Farber; Lon-don. 1937.

238. Watson, P. 2010. op. cit. p. 777.

239. Barzun, J. 2000. From Dawn to Decadence. Perennial; New York. p. 392.

## 9장 산업화와 어리석음 : 물질주의의 만연

1 . Mazzini, G. Towards a Holy Alliance of Peoples. 1849. In A Cosmopolitanism of Nations: Giuseppe Mazzini's Writings on Democracy, Nation Building and International Relations. Ed. and Trans. S. Recchis and N. Urbinati. Princeton University Press; Princeton, NJ. 2009. pp. 117-119.

2. Hegel, G. Elements of the Philosophy of Right. 1820. Trans. H. Nisbet. Cambridge University Press; Cambridge, England. 1991. p. 368.

3. Wells, H. G. The Outline of History. 1920. (Cassel; London. 4th ed. Revised by R. Postgate. 1961. p. 939).

4. Russell, B. A History of Western Philosophy. Simon and Schuster; New York. 1945. p. 677.

5. Hofstadter, R. 1963. Anti-intellectualism in American Life. Knopf; New York. p. 267.

6. Condorcet, M. Sketch of a Historical picture of the Progress of the Human Mind. 1795. Paris. 공교롭게도 이 책은 후작이 로베스피에르(Robespierre) 일파를 피해 도망치던 중에 집필한 것이었다. 애석하게도 그 진보의 주창자는 결국 귀족이라고 비난을 받았고, 투옥된 다음날에 독방에서 죽은 채로 발견되었다. 아마 독약을 먹고 자살한 듯하다. 이것은 자기 주변에서 일어나는 일을 이해하지 못한 위대한 지식인의 또 다른 사례이다. (이것과 비슷하면서도 더 전반적인 사례는 1938년에 영국의 체임벌린 총리가 선언해 열렬한 호응을 얻은 "이 시대의 평화"였다. Zweig, S. The World of Yesterday: An Autobiography. Viking; New York. 1943. pp. 415-417.) 진보의 본질에 관한 명료한 진술은 다음을 참고하라. Prairie Farmer. May 27, 1876.

7. Durant, W. Our Oriental Heritage. Simon and Schuster; New York. 1935. p. 803.
8. Roe, D. Dynamos and Virgins. Random House; New York. Chap. 1.
9. Wells. op. cit. p. 953.
10. Diamond, J. Guns, Germs, and Steel. Norton; New York. 2005. p. 244.
11. Braudel, F. The Structures of Everyday Life. Harper & Row; New York. 1981. p. 434. Klein, M. The Power Makers. Bloomsbury Press; NY. 2008. p. 20.
12. Burlingame, R. March of the Iron Men. Grosset & Dunlap; New York. 1938. pp. 52-53.
13. Dickenson, H. A Short History of the Seam Engine. New York. 1939. p. 91.
14. Burlingame. op. cit. p. 203.
15. Wells. op. cit. p. 948.
16. Klein. op. cit. p. 44.
17. Burlingame. op. cit. pp. 202-203.
18. Ibid. pp. 204-205.
19. Ibid. p. 212.
20. Blanning, T. The Pursuit of Glory. Penguin; New York. 2007. pp. 19-30.
21. Burlingame. op. cit. p. 238.
22 . Turnbull, A. John Stevens: An American Record. The Century Company; New York. 1928. p. 366.
23. Burlingame. op. cit. pp. 239-241.
24. Stover, J. The Life and Decline of the American Railroad. New York. 1970. pp. 14-17.
25. Burlingame. op. cit. p. 247.
26. Dunbar, S. A History of Travel in America. Etc. 4 Vols. The Bobbs Merrill Company; Indianapolis, IN. 1915. p. 928.
27. Burlingame. op. cit. p. 251.
28. Klein. op. cit. p. 59.
29. White, J. A History of the American Locomotive: Its Development 1830-1880. New York. 1968. pp. 4-6.
30. Klein. op. cit. p. 60.
31. Burlingame. op. cit. pp. 265-266.
32. Ibid. p. 266.
33. Ibid. p. 267.
34. Ibid. p. 268.
35. Ibid. p. 269.
36. Klein. op. cit. pp. 104 and 107.
37. Burlingame. op. cit. pp. 280-281.
38. Ibid. p. 285.
39. Ibid. p. 287.
40. Briggs, C. and A. Maverick. The Story of the Telegraph and the History of the Great Atlantic Cable. Rudd and Carleton; New York. 1858. p. 22.
41. Rembar, C. The End of Obscenity. pp. 131-132.
42. Grosse, C. Der Genius. (Horrid Mysteries) 1791-1795.
43. Russell. op. cit. p. 680.
44. Peter, W. The Renaissance. 1873. (Mentor; New York. 1959. pp. 152-154.) 사탄은 예수에게 "이 세상의 왕국들"을 두고 비슷한 거래를 제안 했지만, 예수는 거절했다. (마태복음 4장 8절) (Matt 4:8.) 여담이지만 총체적 지식을 동경한 파우스트(Faust)는 과학 대신에 마법을 선택 했다. (McMahon. D. 2013. Divine Fury. Basic Books; New York. p. 145.)
45. Russell. op. cit. p. 753.
46. Ibid. pp. 753-759.
47. Ibid. p. 756.
48. Ibid. pp. 757-758.
49. Lapore, J. The Story of America. Princeton University Press; Princeton, NJ. 2010. p. 56. 프랭클린(Franklin)의 삶은 그가 남긴 몇몇 금언 과 배치되었다.
50. Ibid. p. 758.
51. Kohler, J. Richard Wagner: The Last of the Titans. Yale University Press; New Haven, CT. 2004. p, 421-425.
52. Russell. op. cit. p. 760.
53. Nietzsche, F. Thus Spake Zarathustra. Ca. 1885. Pro-logue, Chap. 2.
54. Watson, P. The German Genius. HarperCollins; New York. 2010. p. 468.
55. Russell. op. cit. p. 761.
56. McGee, B. Wagner and Philosophy. Penguin;

London. 2000. p. 313.

57. Spencer, H. Principles of Biology. 1864. Vol. 1; Pt. III; Chap. 12. 스펜서가 1851년에 쓴 『사회 정학(Social Statics)』도 참고하라. (『사회 정학』에서 그는 국가는 인류의 정화를 저해하지 말아야 한다고 주장한다. Cited on p. 69 of Shesol, J. Supreme Power. Norton; New York. 2010). 홉스(Hobbes)의 입장은 자신이 런던에서 경험한 삶이 비록 루소의 자연상태와는 거리가 멀어도 빈곤하고 불쾌하고 잔인하고 궁핍했다는 사실에 근거했다(Clark, G. A Farewell to Alms. Princeton. 2007).

58. Russell. op. cit. p. 762.

59. Roosevelt, T. The Rough Riders: An Autobiography. The Library of America; New York. 2004. p. 692.

60. Jacobs, J. May 7, 1910. Works of Friedrich Nietzsche. New York Times.

61. Neske, G. and Kettering, E. (Eds.) 1990. Martin Heidegger and National Socialism: Questions and Answers. Paragon House; New York. p. 6. Ott, H. Martin Heidegger. HarperCollins; New York. 1993. p. 332.

62. Magnus, B. and Miggins, K. (eds.) The Cambridge Companion to Nietzsche. Cambridge University Press; Cambridge, England. 1996. p. 225.

63. Watson. op. cit. p. 824. 하지만 허무주의는 자기모순적이다. 즉 만일 아무 것도 의미가 없다면 허무주의도 의미가 없을 것이다. 따라서 사물에는 의미가 있을 수 있다.

64. Herman, A. The Idea of Decline in Western History. The Free Press; New York. 1997. p. 125.

65. Russell. op. cit. p. 762. 이렇게 볼 때 타락한 천사인 사탄을 신보다 훨씬 더 우월한 도덕적 존재로 제시했던 밀턴(Milton)(『실락원(Paradis Lost)』)과 셸리(Shelley)(『사슬에서 풀린 프로메테우스(Prometheus Unbound)』)는 그보다 앞섰다. (McMahon. op. cit.) 하지만 셸리는 히틀러가 그랬듯이 사탄이 역경에도 불구하고 명분을 고집했다는 이유로 사탄을 높이 평가

했다. (Ibid. p. 146.) 끈기 자체나 사악함을 고집하는 태도는 높이 평가할 수 없다. JFW

66. Goehr, L. "Schopenhaur as Educator". Quoted in "Schopenhaur and the Musicians". D. Jacquette, ed. Cambridge University Press; Cambridge. 1996. p. 216.

67. Russell. op. cit. p. 772.

68. Ibid. pp. 763-764.

69. Watson, P. A Terrible Beauty: The People and Ideas That Shaped the Modern Mind–A History. 2001. Phoenix; San Diego, CA. p. 39. Add Thomas Mann as well. p. 135.

70. Dewey, J. German Philosophy and Politics. 1915.

71. Russell. op. cit. pp. 730-731.

72. Ibid. p. 732. 훗날 명제는 반박만큼 많은 수정을 맞이하기 마련이라는 점을 지적한 칼 포퍼(Karl Popper)에게 비난을 받았다(Popper. 1962). 반면 동양의 종교와 철학은 해결할 수 없는 모순을 통해 성장하고 있다. 서양의 현재 추세에 따라 우리도 그런 방향으로 나아가고 있다.

73. Russell. op. cit. pp. 734-735.

74. Ibid. p. 735.

75. Ibid. p. 737.

76. Herman. op. cit. pp. 246-247.

77. Russell. op. cit. pp. 739-740.

78. Hamilton, A. Federalist No. 27. Dec. 25, 1787.

79. Russell. op. cit. p. 744.

80. Kant, I. Zum ewigen Frieden. (Toward Perpetual Peace) 1795.

81. Russell. op. cit. p. 741.

82. Ibid.

83. Hohenzollern, Kaiser Wilhelm II. Ca. 1905. Unpublished interview by W. Hale cited on page 210 of The Powers That Be by D. Halberstam. 2000.

84. Boorstin, D. 1998. The Seekers. Vintage; New York. Chap. 34. Rifkin, J. The European Dream. Penguin; New York. 2004. p. 5. 사르트르에 관해서는 『권력 당국(The Powers that Be)』(미출간도서, 역자)의 47쪽에 나오는 헨리 루스(Henry Luce)에 대한 핼버스탬(Halberstam)의

설명을 참고하라.

85. Watson. op. cit. p. 173.

86. Wikipedia. Georges Sorel. July 19, 2010.

87. Thomson, D. 1962. Europe Since Napoleon. Longmans; London. p. 405. Specifically see: Sorel, G. Reflections on Violence. 1908. 이것은 플라톤(Plato)에서 간디(Gandhi)에 이르는 지적 전통에 대한 전면적 부정을 가리킨다. 간디는 그것을 사티아그라하(Satyagraha, "진리의 힘")와 동일시했다(진리는 인간 책임의 원천인 신이다. Douglass. xix). the source of human responsibility. 긍정적으로 보자면 신학을 우회하는 진리는 우리를 해방시키지 않는다. 진리는 이성에게 기회를 줌으로써 우리에게 책임을 지운다.

88. Russell. op. cit. p. 791.

89. Comte, A. Plan of Scientific Studies Necessary for the Reorganization of Society. 1822.

90. Wallace, A. and Darwin, C. July 1, 1858. On the Tendency of Species to Form Varieties; and on the Perpetuation of Varieties and Species by Natural Means of Selection. Proceedings of the Linnaen Society.

91. Watson. op. cit. p. 577.

92. Wells. op. cit. p. 970. Channing, W. Sermon delivered at the Unitarian Church, Baltimore, MD. May 5, 1819. (Cited on page 613 of Howe.)

93. Wells. op. cit. p. 971.

94. Ibid. pp. 971-972.

95. Vermigli, P. Ca. 1550. Undated quotation in Manchester. 1992. p. 229.

96. Wells. op. cit. p. 972.

97. Ibid. pp. 973-974.

98. Huxley, T. "Mr. Balfour's Attack on Agnosticism I" in The Nineteenth Century; 217, 534. Mar. 1895.

99. Wells. op. cit. p. 972.

100. Cincinnati Catholic Telegraph. Mar. 19, 1853.

101. Thomson. op. cit. p. 300. Hobsbawm, E. The Age of Capital, 1848-1875. New York. 1976. p. 106.

102. Lannie, V. "Alienation in America: The Immigrant Catholic and Public Education in Pre-Civil War America." Re-view of Politics; 32, 515. 1970.

103. Desmond, A. and Moore, J. Darwin's Sacred Cause. HMH; NY. 2009.

104. Hecht, J. Doubt: A History. HarperOne; New York. 2003. p. 404.

105. Wells. op. cit. pp. 974-975.

106. McMillen, S. 1968. None of These Diseases. Fleming H. Revell Co.; Old Tappan, NJ.

107. Ibid.

108 . McCullough, D. 1977. The Path Between the Seas. Simon and Schuster; New York. 410-411.

109. Ibid. 442.

110. Ibid. 410.

111. Ibid. 414.

112. Ibid. 410.

113. Russell. op. cit. pp. 194-195.

114. Wells. op. cit. pp. 956-957.

115. Thelwall, J. The Politics of English Jacobinism. G. Claeys, ed. Pennsylvania State University Press; University Park, PA. 1995.

116. Wells. op. cit. p. 958. Freedman, L. Strategy. Oxford University Press; New York. 2013. p. 283.

117. Russell. op. cit. p. 195.

118. Brinton, C. The Shaping of the Modern Mind. Mentor; NY. 1953. p. 199.

119. Wilson, Pres. W. The New Freedom. New York. 1913. (Prentice-Hall; Englewood Cliffs, NJ. 1961. p. 164.) The Pew Global Attitudes Project. June 3, 2003. Views of a Changing World. p. 8.

120. Wells. op. cit. p. 964.

121. Ibid.

122. Ibid. p. 968. Marx, K. The Communist Manifesto. Sec. 1. 1848.

123. Wells. op. cit. pp. 967-968.

124. Russell. op. cit. pp. 784-785.

125. Trotsky, L. 1932. Quoted in What If? R. Cowley (Ed.). Putnam; New York. 2001. p. 624.

126. White, T. The Making of the President 1968. Atheneum; NY. 1969. p. 206.

127. Jamison, A. and R. Eyerman. Seeds of the Sixties. University of California Press; Berkeley, CA. p. 57.

128. Marcuse, H. Eros and Civilization. 1955.

129. Perhaps derived from J. Fichte's Einige Vorlesungen uber die Bestimmung des Gelehrtes. (Some Lectures on the Vocation of the Scholar.) 1794. Or from Godwin, W. Essay Concerning Political Justice. 1793. (London. 1842.)

130. Jamison and Eyerman. op. cit. p. 123.

131. Freedman. op. cit. p. 257.

132. Wells. op. cit. p. 968.

133. Judt, T. Thinking the Twentieth Century. Penguin; New York. 2012. p. 225.

134. Freedman. op. cit. pp. 260-261.

135. Ibid. p. 297.

136. Ibid. pp. 261 and 283.

137. Russell. op. cit. pp. 788-790.

138. Mazzini, G. "The International: Addressed to the Working Class." Part I Contemporary Review. 20 (June-Novem-ber, 1872.): pp. 155-168.

139. Leier, M. Bakunin: A Biography. St. Martin's Press New York. 2006. p. 119.

140. Ferguson N. Civilization: The West and the Rest. Pen-guin. New York. 2011. p. 210.

141. Thomson. op. cit. p. 369. Bernstein, E. Evolutionary Socialism. 1898.

142. Watson. 2010. op. cit. p. 708.

143. Russell. op. cit. pp. 784-785. Kissinger, H. Undated quotation on page 768 of P. McWilliams's Ain't Nobody's Business If You Do. Prelude Press; Los Angeles, CA. 1993. 제1차 세계대전이 발발한 점과 1968년 8월 20일에 프라하(Prague)에 진입한 바르샤바 조약기구의 전차들을 제외하고 마르크스에 대한 가장 철저한 논박은 L. 콜라코브스키(L. Kolakowski)가 1981년에 쓴 『마르크수주의의 주요 흐름(Main Currents of Marxism)』(미출간 도서, 역자)이다. (McMahon. op. cit. p. 206.)

144. Brinton. op. cit. pp. 146-148. Hugo, V. Speech at an international conference for peace in Paris. Aug. 1849. Quoted in Brown, W. The American Fugitive in Europe. New York. 1855. pp. 58-59.

145. Brinton. op. cit. p. 146.

146. Wells. op. cit. p. 946.

147. Acheson, D. Present at the Creation. Norton; New York. 1969. p. 7. Kissinger, H. Diplomacy. Simon & Schuster; New York. 1994. p. 79.

148. Wells. op. cit. p. 940.

149. Ibid. pp. 940-941.

150. Ibid. pp. 942-945.

151. Ergang, R. 1967. Europe Since Waterloo. Heath; Lexington, MA. p. 131.

152. Howard, M. Franco-Prussian War: The German Invasion of France, 1870-1871. Routledge; London. 2001.

153. Wells. op. cit. pp. 981-982.

154. Ergang. op. cit. p. 137.

155. Trevelyan, G. Grey of Sallodon. Houghton Mifflin Boston, MA. 1937. See also—Rapport, M. 1848: Year of Revolution. Basic Books; New York. 2008.

156. Mortimer, J. Poorhouses, Pamphlets and Marley's Ghost. The New York Times. Dec. 24, 1993. A13.

157. Wells. op. cit. p. 983.

158. Ibid. p. 985.

159. Ibid. pp. 961-962.

160. Mussolini, B. My Rise and Fall.1944. (DaCapo; New York. 1998. p. 36.) 무솔리니는 제1차 세계대전을 언급했지만, 1915년의 진실은 1800년대에 훨씬 더 생생하게 실감할 수 있었다.

161. Wells. op. cit. pp. 977-978. Benda, J. The Treason of the Learned. 1927. (Translated by R. Aldington. Beacon; Boston, MA. 1955.)

162. Zweig. op. cit. p. viii.

163. Wells. op. cit. pp. 978-979.

164. Ibid. p. 977.

165. Toynbee, A. Article in The Manchester Guardian. Apr. 9, 1935.

166. Wells. op. cit. p. 979.

167. Ibid.

168. Ibid. p. 1057.
169. Ibid. pp. 979-980.
170. Ibid. p. 1002.
171. Ibid. p. 1003.
172. Ibid. pp. 1057-1058.
173. Ibid. pp. 1045-1046.
174. Roosevelt, Pres. T. in a letter to F. Selous printed in American Heritage; XIV, #3, p. 92. April, 1963.
175. Wells. op. cit. pp. 1009-1010.
176. Caro, R. The Power Broker. Vintage; New York. 1974. p. 51. Buck, P. The race barrier that must be destroyed. New York Times Magazine. May 31, 1942. 국제연맹이 출범할 당시 영국과 미국은 영구적인 인종 억압을 위해 인종 평등 결의안에 반대표를 던졌다. (Toland. 1970. 578f.)
177. Ferguson. op. cit. p. 146.
178. Diamond. op. cit. pp. 14 and 20.
179. Wells. op. cit. p. 1010.
180. Tuchman, B. The March of Folly. Knopf; New York. 1984. p. 385.
181. Russell. op. cit. p. 720-721.
182. Wells. op. cit. p. 1039.
183. Iggers, G. Leopold von Ranke and the Shaping of the Historical Discipline. Syracuse University Press; Syracuse, NY. 1990.
184. Meinecke, F. Staat und Personlichkeit. E. S. Mitter & Sohn; Berlin, 1933.
185. Goethe, J. von. Faust II. 1832. See also Treitschke, H. von. 1915. (On line) 20세기에 히틀러는 "힘은 삶의 권리이다."라고 선언함으로써(Hitler, A. Speech in Wilhelshaven. Apr. 1, 1939. Quoted in Kershaw. 2000. p. 178.) 중세의 시인 발터 폰 데어 포겔바이데(Walther von der Vogelweide)의 "힘이 정의이다."라는 말을 한 단계 더 끌어올렸다(Millennium. Ca. 1200). to the next level by proclaiming, in paraphrase, 'Power is the right to life.'
186. Wells. op. cit. pp. 1039-1040. Hitler, A. Mein Kampf. Munich. 1925, 1927(Mifflin; Boston, MA. 1943. pp. 134-135, 285 and 289). 안타깝게도 제2차 세계대전 당시 학술원 회원들은 역사학자들과 더불어 동유럽에서의 독일 패권을 정당화함으로써 불명예를 자초했다(Burleigh. Chap 4).
187. Wells. op. cit. p. 986.
188. Ibid. pp. 988-989.
189. Large, D. Berlin. Basic Books; New York. 2000. p. 63.
190. Wells. op. cit. pp. 1041-1044.
191 . Hershey, A. "History of International Law since the Peace of Westphalia". American Journal of International Law. 6, No. 1. Jan. 1912. pp. 50-51.
192. Wells. op. cit. p. 1036.
193. Taylor, E. The Fall of the Dynasties. Doubleday; Garden City, NY. 1963.
194. Wells. op. cit. pp. 1033-1034.
195. Russell. op. cit. pp. 728-729.
196. Mann, A. Yankee Reformers in the Urban Age. Harper & Row; New York. 1954. p. 16.
197. Russell. op. cit.
198. Brinton. op. cit. p. 189.
199. Russell. op. cit. p. 729.

**10장 오만의 시대 : 어리석은 선택은 계속된다**

1. Lord, W. Maiden Voyage. American Heritage; VII, #1, p. 105. Dec. 1955.
2. Ibid.
3. Hobshawm, E. The Age of Extremism: The Short Twentieth Century, 1914-1991. Michael Joseph; London. 1994. p. 12.
4. Ward, A., G. Prothero and S. Leathes, eds. The Modern Age. Cambridge University Press; Cambridge, England. 1910. pp. 7-8.
5. Angell, N. The Great Illusion. London. 1910. p. 31. \20년 뒤, 그 비슷한 태도 때문에 전쟁 가능성이 더 높아졌다. 모든 전쟁을 끝낼 전쟁이 벌어졌고 승리가 찾아왔다. 조약이 체결되었고 무장해제 조치가 따랐다. 제2의 세계 전쟁은 상상하기 어려워졌고, 세계 전쟁을 예방하기 위한 노력은 불필요한 듯 보였다.)
6. Pitkin, W. A Short Introduction to the History

of Western Stupidity. Simon and Schuster; New York. 1932. p. 424.

7. Aaronovitch, D. Voodoo Histories. Riverhead Books; New York. 2010. p. 18.

8. Bogart, E. Direct and Indirect Costs of the Great World War. 1919. p. 299.

9. Pitkin. op. cit. pp. 476-477.

10. Brandes, G. The World at War. 1917. p. 34. 비록 허구이기는 하지만 사람들이 필연적인 충돌을 바라본 관점은 다음을 참고하라.: Ibanez, V. The Four Horsemen of the Apocalypse. Dutton; New York 1918. p. 31.

11. Pitkin. op. cit. p. 477.

12. Fischer, F. Griff nach der Weltmacht. ("제1차 세계대전 당시의 독일의 목표"로 옮길 수 있다. 하지만 "세계 권력을 갖기 위한 노력"이 더 나은 번역이다. JFW), 1967. Original source: Berghahn, V. Perspectives on History. Sept. 10, 2007.

13. Pitkin. op. cit. p. 243.

14. Stern, F. Failure of Illiberalism. p. 152. 이 사실의 관점에서 볼 때 베르사유 조약의 전쟁 범죄 조항(231항)은 정당화되는 듯하다. 모두가 반대로 생각했고, 특히 독일인들은 외무부 장관 울리히 브로크도르프란차우(Ulrich Brockdorff-Rantzau)가 참회를 거짓말이라고 비난한 독일에서는 특히 그랬다(Fawcett. 2012. p. 216). 그러나 사실은 달랐다. 황제의 호전적 정책은 아마 독일의 1911년에 모로코의 항구 아가디르(Agadir)에서 프랑스와 영국과 맞서다가 물러난 점에 기인했을 것이다. 서 전쟁은 피했지만, 독일은 심하게 모욕을 당했다. 축소된 전쟁 배상금도 완전히 지불하지 못한 독일인들은 베르사유 조약을 치욕으로 여겼다(Watson. 2001. p. 176). 이것은 사실에 대한 인식의 가장 심각하고 불행한 승리, 모두에게 끔찍한 결과를 안겨다준 역사적 승리 가운데 하나로 꼽힌다(Fawcett. 2012. p. 216).

15. Fischer, F. op. cit. Based on Berghahan. op. cit.

16. Tanenbaum, J. General Maurice Sarrail. University of North Carolina Press; Chapel Hill, NC. 1974. pp. 26-27.

17. Pitkin. op. cit. pp. 405-406.

18. Janis, I. Groupthink. Houghton Mifflin; Boston, MA. 2nd ed. 1982. p. 187.

19. Pitkin. op. cit. p. 405.

20. Tuchman, B. The March of Folly. Knopf; New York. 1984. p. 7.

21. Pitkin. op. cit. pp. 357-358.

22. Céline, L. In The American Heritage History of the 1920's and 1930's. 1970. New York. p. 13. Rolland, R. Aug. 3, 1914. Quoted by S. Zweig on page 265 of Romain Rolland. Thomas Seltzer; New York. 1921.

23. Joubaire, A. 1916. Cited on p. 223 of Profiles in Audacity by A. Axelrod. Sterling; New York. 2006.

24. Watson, P. A Terrible Beauty: The People and Ideas That Shaped the Modern Mind–A History. 2001. Phoenix; San Diego, CA. p. 146.

25. Taylor, A. 1963. The First World War. Putnam; New York. 95.

26. Churchill W. 1930. My Early Life. Scribners; New York. 235 and 308.

27. O'Connell, R. The Great War Torpedoed. In What If? R. Cowley(Ed.). Putnam; New York. 2001. p. 599. See endnote 158 below for a WWII equivalent.

28. Pitkin. op. cit. p. 489.

29. Tuchman. op. cit. p. 26.

30. Ibid. pp. 28-29. Ditto Hitler twentyfive years later re: negotiating(Kershaw. 2000. p. 540). On submarines, see: Buchanan, P. Where the Right Went Wrong. Thomas Dunne; New York. 2005. p. 157.

31. Rothbard, M. Spring, 2002. Richard T. Ely: Paladin of the Welfare-Warfare State. Independent Review; 6, #4, p. 587.

32. www.fff.org/freedom/fd0203c.asp Croly, H. Nov. 7, 1914. The End of American Isolation. The New Republic.

33. Steel, R. Nov. 20, 2003. The Missionary. New York Review of Books. McGerr, M. 2003. A

Fierce Discontent: The Rise and Fall of the Progressive Movement in America, 1870-1920. Free Press; New York. 59 and 66.

34. Goldberg, J. 2007. Liberal Fascism. Doubleday; New York. 111.

35. Katznelson, I. Fear Itself. Liveright; New York. 2013. 325.

36. Brands, H. 2001. The Strange Death of American Liberalism. Yale University Press; New Haven, CT. 40. Wheeler, W. and Becker, D. Discovering the American Past. Two volumes. Houghton Mifflin; Boston, MA. 1990.

37. The New York Times. Sept. 16, 1917. Charges Traitors in America Are Disrupting Russia. 3.

38. Darrow, C. Ca. 1917-1918. Cited in American Journal of Legal History. Apr. 1979. Vol. 23, #2, 116.

39. Mother Jones. Cited on page 69 of Populist Persuasion: An American History by M. Kazin. Cornell University Press; Ithaca, NY. 1998.

40. Aeschylus(Ca. 500 B.C.) on the first. Wilson, Pres. W. on the second. An undated quotation on page 660 of McWilliams's Ain't Nobody's Business If You Do. Prelude Press; Los Angeles, CA. 1993.

41. Norton, C. An undated quotation on page 772 of McWilliams. op. cit.

42. Perkins, G. Cited on p. 299 of M. McGerr. A Fierce Discontent: The Rise and Fall of the Progressive Movement in America, 1870-1920. Free Press; New York. 2003.

43. Abbot, L. Cited in McGerr. op. cit. 59. 15년 뒤, 뉴딜 정책이라는 전혀 다른 맥락에서 대법원장 찰스 에번스 휴즈(Charles Evans Hughs)는 동일한 의견을 표명했다. "독불장군은 곤란하다." Commencement address at the Deerfield Academy, Deerfield, MA. June, 1933. Cited by J. Shesol in Supreme Power. Norton; NY. 2010. p. 53.

44 . Zinn, H. 2003. The Twentieth Century: A People's History. HarperCollins; New York. 89-92.

45. Nore, E. 1983. Charles Beard: An Intellectual Biography. Southern Illinois University Press; Carbondale, IL. 80.

46. Washington Post. Apr. 12, 1918. Stamping Out Treason. Editorial.

47. Fussell, P. The Great War and Modern Memory. Oxford University Press; Oxford, England. p. 79.

48. Winter, J. Sites of Memory, Sites of Mourning. Cam-bridge University Press; Cambridge, England. 1995. p. 78ff.

49. Watson. op. cit. p. 576.

50. Thomson, D. 1962. Europe Since Napoleon. Longmans; London. 563.

51. Ibid. 571.

52. Ibid. 569.

53. The American Heritage History of the 1920's and 1930's. New York. 1970. p. 31.

54. Hofstadter R. 1963. Anti-intellectualism in American Life. Knopf; New York. pp. 124-125.

55. Perrett, G. America in the Twenties. Simon and Schuster; New York. 1982. p. 59. Feldman, N. Scorpions. Twelve; New York. p. 14.

56. Pitkin. op. cit. p. 233.

57. McWilliams. op. cit. pp. 61-81.

58. Sunday, B. Quoted on p. 240 of Fawcett. B. 100 Mistakes That Changed History. Berkley; New York.

59. Arnold, T. The Folklore of Capitalism. Yale University Press; New Haven, CT. 1937. pp. 14-15.

60. Ibid. p. 35.

61. Ibid. p. 108.

62. Ibid. p. 33.

63. Lundberg, F. Cracks in the Constitution. Lyle Stuart; Secaucus, NJ. 1980. p. 236.

64. Kolko, G. The Triumph of Conservatism. Free Press; NY. 1963. Chap. 4.

65. Beck, J. The Constitution of the United States: Yesterday, Today and Tomorrow? George H. Doran; New York. 1924. Chap. 22.

66. Beck, J. Presidential address before the American

Bar Association. 1921.

67. Hull, C. Congressional Record. May 12, 1929. p. 1208.

68. Powell, J. FDR'S Folly. Crown Forum; New York. 2003. p. 34.

69. Boller, P. Presidential Anecdotes. Oxford; New York. 1996. p. 252.

70. Fawcett. op. cit. p. 239.

71. Roosevelt, Gov. F. D. Speech in Baltimore in late October, 1932. Cited in Shesol. op. cit. p. 9.

72. Hoover, H. The Memoirs of Herbert Hoover: The Great Depression, 1929-1941. Macmillan; New York. 1952. p. 80. Temin, P. Lessons from the Great Depression. MIT Press; Cambridge, MA. 1989. p. 1.

73. Arnold. op. cit. p. 47.

74. Katznelson. op. cit. p. 34.

75. Fawcett. op. cit. p. 235.

76. Van Devanter, Justice W. Personal comment to Dennis Flynn. Apr. 6, 1933. W. V. Devanter Papers, Box 17. Library of Congress; WDC. Cited in Shesol. op. cit. p. 60.

77. Watson. op. cit. p. 646.

78. Krugman, P. Peddling Prosperity. W. W. Norton; New York. 1994. pp. 128 and 235.

79. Reagan, R. 1976. Cited on page 681 of Hayward, S. The Age of Reagan: The Fall of the Old Liberal Order. 2001. Three Rivers Press; New York. Hayek, F. 1944. The Road to Serfdom. University of Chicago Press; Chicago, IL. p. 184. Flynn, J. As We Go Marching. pp. 252-253. 서양 문명은 자본주의, 파시즘, 공산주의 등의 사상이 서로 다투는 동안 대체로 경제적 변혁을 겪고 있었다. 기독교의 개인적 자유 선택에 근거한 덕분에 수정 자본주의가 승리를 거뒀다(Watson. 2001. p. 754).

80. Arnold. op. cit. p. 79. And the tradition continues down to the present day–see: Dean, J. Conservatives Without Conscience. Viking; New York. 2006. p. 167. Schlesinger, A. Jr. Cited on page 120 of McWilliams. op. cit.

81. Stayton, Capt. W. The Revolt of the Conservatives by G. Wolfskill. Houghton Mifflin; Boston, MA. pp. 111-112. Quoted in Shesol. pp. 107-108.

82. New York Post, The. Editorial. Sept. 18, 1935. (Presumably) Cited in Shesol. op. cit. p. 168.

83. Hayward. op. cit. pp. 123 and 452. Murray, C. Losing Ground. 1984.

84. Myrdal, G. "The War on Poverty". The New Republic. Feb. 8, 1964. p. 16.

85. McWilliams. op. cit. p. 84. 네로(Nero)의 치세부터 시작된 물가상승 경제의 영원한 숙제에 대한 간결한 설명은 포셋(Fawcett)의 책 16장을 참고하라. op. cit.

86. Shales, A. The Forgotten Man. Harper Perennial; New York. 2007. p. 3. 또다른 이차 연속 하강 불황에 대한 공포는 70년 뒤에 J. 라차로(J. Lazzaro)가 너무 이른 균형예산의 오류가 반복될 가능성을 경고하면서 되풀이되었다. AOL. Will the US Repeat the Great Mistake of 1937? Dec. 19, 2009. 어쨌든 우리는 무언가를 배웠다.

87. Galbraith, J. The Age of Uncertainty. Houghton Mifflin; Boston, MA. 1977. pp. 218-221. 1940년, 1억 3,200만 명 중에서 1,500만 명(11.3%)이 실업자였다.

88. Ibid. p. 221. 애덤 스미스(Adam Smith)가 경제 체제를 망가트리는 탐욕스럽고 이기적인 소수의 위험을 제대로 이해하지 못했듯이 케인스(Keynes)도 축적된 적자가 나중에 청산되지 못할 정치적 가능성을 파악하지 못했다.

89. Ibid. pp. 222-223.

90. Merriam, C. The National Resources Planning Board. American Political Science Review. 38, p. 1086. 1944.

91. Greider, W. "The Education of David Stockman". Atlantic Monthly. Nov. 10, 1981.

92. Lundberg. op. cit. pp. 239f. 그러나 상당한 대가를 치렀다. 기업인은 수완가가 아니라 협력자에 가깝다는 점에서 볼 때 기업의 발전은 신교도 윤리의 실종을 의미했다(Whyte. p. 14).

93. Flew, A. Intended conduct and unintended consequences. In Duncan, R. and Weston-

Smith, M. (eds.) The Encyclopedia of Delusions. Wallaby; New York. 1979. p. 27. (플루 씨(Mr. Flew)는 영국의 노동운동을 다루지만, 그의 논평은 미국의 노동조합에 매우 적합한 듯하다.)

94. Hargraves, R. Superpower: A Portrait of America in the 1970's. St. Martin's Press; New York. 1970. p. 163.

95. Walker, P. Charity begins at home. In Duncan and Weston-Smith. op. cit. p. 222. (워커 씨(Mr. Walker)는 영국의 상황을 논의하지만, 그의 논평은 미국의 도시 상황에 딱 들어맞는 듯하다.)

96. Wilson, C. The right to work. In Duncan and Weston-Smith. op. cit. p. 8.

97. Wall Street Journal. "Economic Gloom Cuts Labor Union Demands for Big 1982". Sept. 1981.

98. Arnold. op. cit. pp. 92-93.

99. Freedman, L. Strategy. Oxford University Press; New York. 2013. pp. 297 and 333.

100. Welch, C. 1979. Broken eggs, but no omelette: Russia before the revolution In The Encyclopedia of Delusions edited by R. Duncan and M. Weston-Smith. Wallaby; New York. 59.

101. Wolfe, B. Feb. 1960. The Harvard Man in the Kremlin Wall. American Heritage; XI, #2, 102.

102. Pitkin. op. cit. 239. 공교롭게도 1948년의 선량한 체코슬로바키아 자유주의자들에 대한 기록이 흡사하다. 타인의 실수에서 교훈을 얻지 못한 점에 주목하자! Cronkite, W. A Reporter's Life. Knopf; New York. 1996. p. 303.

103. Reinsch, P. 1905. The negro race and European civilization. American J. Sociology, 11, 148. (저자의 논점은 19세기의 실수가 20세기에는 반복되지 않았다는 것이다. 하지만 그것은 승전국들은 과거의 군주국 독일이 경제적으로 피폐한 공화국이 되어야 한다고 주장했던 제1차 세계대전 이후에 일어난 일이고, 부시 2세 (Bush II) 행정부가 21세기에 이라크에서 시도했던 일이다. 다음을 참고하라. : Ferguson, N. 2004. Colossus. Penguin; New York. p. 26.)

104. Van Doren, C. 1991. A History of Knowledge. Ballantine; New York. 261. Feifer, G. No Finland Station. In What If? R. Cowley(Ed.). Putnam; New York. 2001. p. 610.

105. Freedman. op. cit. p. 291.

106. Lenin, V. What Is to Be Done. 1902.

107. Freedman. op. cit.

108. Pitkin. op. cit. p. 240.

109. Hughes, R. The Shock of the New. (2nd edition. 1990.) p. 92.

110. Radice, L. Beatrice and Sidney Webb: Fabian Socialists. Macmillain; London. 1984. p. 303. 웹 (Webb) 부부는 1930년대 초반에 소련을 방문했고, 소련 정부에게 기꺼이 속았고, 그 점을 결코 인정할 수 없었다(Watson. 2001. p. 294).

111. Welch. op. cit. p. 53.

112. Blauvelt, J. 1936. Forward to G. Record's How to Abolish Slavery. The George L. Record Memorial Association; Jersey City, NJ. p. 25.

113. McMahon, D. 2013. Divine Fury. Basic Books; New York. p. 207.

114. Thomson. op. cit. p. 621-622.

115. Roberts, J. The New History of the World. Oxford University Press; New York. 2003. p. 908. 아마 가장 공정한 시각은 그것이 상호적인 관계이라는 견해일 것이다. 그러나 스탈린 (Stalin)은 은행과 금융기관뿐 아니라 경찰과 군대도 손에 넣었다.

116. Josephson, P. Physics and Politics in Revolutionary Russia. University of California Press; Berkeley, CA. 1991. p. 308.

117. Watson. op. cit. p. 475.

118. Dolan, R. UFOs and the National Security State. Hampton Roads; Charlottesville, VA. 2002. p. 21.

119. Conquest, R. 1986. The Harvest of Sorrow: Soviet Collectivization and the Terror-Famine. Oxford University Press; New York. p. 303. 안타깝게도 기근을 보도한 말콤 머거리지 (Malcolm Muggeridge) 기자는 당대의 지배적 도식에 위배되는 진실을 알렸다는 이유로 비난을 받고 배척을 당했다.

120. Tuchman. op. cit. p. 6.

121. Djilas, M. May-June, 1988. Aspects of Communism.

122. Ergang. R. Europe Since Waterloo. Heath; Lexington, MA. 3rd ed. 1967. p. 792.

123. Wheen. F. Strange Days Indeed. PublicAffairs; New York. 2009. 160.

124. Khrushchev, N. Speech at the Polish Embassy in Moscow. Nov. 16, 1956. (이상하게도 이 말은 이튿날에 연설 전문을 게재한 《프라우다(Pravda)》나 《뉴욕타임스(New York Times)》에 등장하지 않았다. 나중에 누군가 몇 가지 이유를 덧붙였다. 또한 마지막 문장의 적절한 번역문 내용은 철저하게 무례하다. "우리는 당신들의 무덤을 짓밟을 것이다(McWilliams. p. 657)."

125. Hayward, S, The Age of Reagan: The Conservative Counterrevolution. 2009. Crown; New York. p. 423-424.

126. Berliner, J. "Planning and Mangement" in The Soviet Economy edited by Bergson and Levine. p. 360.

127. Rositzky, H. Cited in Informing Statecraft: Intelligence for a New Century by A. Codevilla. Free Press; New York. 1992. p. 217.

128. Eberstadt, N. Tyranny of Numbers: Mismeasurement and Misrule. AEI Press; Washington, DC. 1995. p. 130.

129. Almarik, A. Will the Soviet Union Survive Until 1984? 1970. 어리석음에 환호하는 사람들에게는 다행스럽게도 알마릭 씨(Mr. Almarik)는 현재 상태가 오래 지속될수록 몰락은 급속도로 단호하게 찾아올 것이라는 점을 지적한다(Hayward. 2009. Endnote 40. p. 655). 다시 말해 단기적 대응에 실패하면 장기적 붕괴가 찾아온다.

130. Hayward. op. cit. 113. 편집증에 사로잡힌 스탈린은 주도성을 보이거나 주체적으로 사고할 수 있거나 부하들에게 인기가 있거나 단지 유능해 보이는 군 장교를 모조리 처형했다(Fawcett. 2012. pp. 254 and 272). 전쟁 초기, 숙청에서 살아남은 지휘관들이 공포에 질려 제

역할을 못하게 되자 그는 처형을 담당한 비밀 경찰의 책임자를 처형했다(Ibid. p. 273).

131. Axelrod. op. cit. pp. 251-252.

132. Suskind, R. 2008. The Way of the World. Harper; New York. p. 135.

133. Judt, T. Thinking the Twentieth Century. Penguin; New York. 2012. p. 222.

134. Hammond. op. cit. 334-335.

135. Watson. 2001. op. cit. p. 540.

136. Johnson, P. A History of the American People. p. 557.

137. Yu Xiaoming. "Go on red! Stop on Green!" In Schoenhales, M. (ed.) China's Cultural Revolution 1966-1969. M. E. Sharp. New York. 1996. p. 331.

138. Johnson. op. cit.

139. Hammond. op. cit. 293.

140. Thomson. op. cit. 579.

141. Watson. op. cit. p. 174.

142. Ibid. 571. Kennedy, D. Freedom from Fear. Oxford University Press; New York. 1999. 7.

143. Hitler, A. Mein Kampf. Ralph Mannheim, Translator. Houghton Mifflin; Boston, MA. (1999.) 240–242.

144. Szasz, T. 1979. The lying truths of psychiatry. In Duncan and Weston-Smith. op. cit. 140.

145. Waite, R. 1971. Adolf Hitler's guilt feelings: a problem in history and psychology. Journal of Interdisciplinary History; 1, #2, 229-249. 비슷한 사례를 들자면 철학자 루트비히 비트겐슈타인(Ludwig Wittgenstein)은 (b. 1889) 다소 자기혐오적이었다. 그는 혈통상으로 75% 유대인이었고, 형제 중 셋이 자살했다(Hecht. 454-456). 히틀러는 자신이 25% 유대인이라는 점을 알고 있었고, 스스로의 가치를 증명하려던 노력 때문에 지지자들과 함께 파멸했다.

146. Biddle, F. Nuremberg: The Fall of the Supermen. American Heritage; XIII, #5, p. 66. Aug. 1962. Meacham, J. Franklin and Winston. Random House; New York. 2003. p. 355.

147. Judt. op. cit. p. 180. 마찬가지로 스탈린의 1936년 공개재판은 로베스피에르의 공포정

치와 유사한 것으로 인식되었다.

148. Janis. op. cit. pp. 190-191. Judt. op. cit. 64.

149. Manchester, W. Alone: 1932-1940. Little, Brown; Boston, MA. 1988. Churchill, W. While England Slept. 1936. Hayward. 2009. p. 100. Throw in also "Germany Report" of the Sopade, April, 1936. (Voice of the exiled Social Democrats. Cited in Kershaw. 2000. p. 33.)

150. Keynes, J. Quoted on page 215 of Fawcett. 2012. 부채는 결국 2010년에 상환되었다(Ibid). 조약 전반에 관해 말하자면 프랑스의 육군 원수 포슈(Foch)가 1919년 7월에 다음과 같이 말한 것은 약간 잘못이었을 뿐이다. "이것은 평화가 아니다. 이것은 20년 동안의 휴전이다(Op. cit. p. 216)."

151. Rosenbaum, R. Explaining Hitler. HarperPerennial; NY. 1998. p. 46.

152. Zweig, S. The World of Yesterday: An Autobiography. Viking; New York. 1943. 401. 국제연맹의 한 가지 문제점은 전쟁 자체가 아니라 현재 상태를 바꿀 것 같은 전쟁만 반대하는 점이었다(Somerset, F. aka Lord Raglan. 1933. Quoted by Baker. 1989. p. 212).

153. Dewey, J. May 16, 1928. Outlawing Peace by Discussing War. New Republic. 370.

154. Zweig, S. Beware of Pity. Viking; New York. 1939. 9.

155. Shirer, W. 1959. The Rise and Fall of the Third Reich. Simon and Schuster; New York. 380-381. Hersh, S. 1997. The Dark Side of Camelot. Little, Brown; New York. 69.

156. Janis, I. 1982. Groupthink. Houghton Mifflin; Boston, MA. 190-191.

157. Fawcett. 2010. Chap. 69.

158. Janis. op. cit. 187-188. 부분적으로는 히틀러가 약속을 지킬 것으로 순진하게 믿은 체임벌린 총리의 실수 때문이었다(Chamberlain. 1938). 치욕스럽게도 그는 "우리가 한 일은 체코슬로바키아의 합병을 막고 신생국가로 탄생할 기회를 제공하는 것이었다."라고 말했다(Parliamentary Debates. Session 1937-1938).

159. Mortimer, G. The Longest Night. Berkeley Caliber; New York. 2005. 5.

160. Gladwell, M. David and Goliath. Little, Brown; New York. 2013. p. 149.

161. Toland, J. Adolf Hitler. Doubleday; Garden City, NY. 1976. pp. 628-629.

162. Hattan, R. Charles XII of Sweden: Union, Disunion, and Scandinavian Integration. Weybright and Talley; New York. 1969.

163. Fawcett. op cit. 45 and 46. 저자는 러시아 침공이 불가능하지 않고 다만 침공에 성공하기는 무척 어려울 뿐이라고 본다. 바이킹족과 몽골족은 성공을 거뒀다. 아마 히틀러는 나폴레옹을 능가하고 싶었을 것이다(?!)

164. Burns, J. Roosevelt: The Soldier of Freedom 1940-1945. Harcort Brace Jovanovich; New York. 1970. p. 95. Hughes-Wilson, Col. J. Military Intelligence Blunders. Carroll & Graf; New York. 1999. p. 41. Bullock, A. Hitler and Stalin. London. 1991. pp. 791-793.

165. Persico, J. Roosevelt's Secret War. Random House; New York. 2002. p. 101. Boyd, C. Hitler's Japanese Confi-dant. University Press of Kansas; Lawrence, KS. 1993. p. 21.

166. Fawcett. 2012. op cit. p. 274.

167. Bethell, N. Russia Besieged. Time-Life Books; Alexandria, VA. 1977. pp. 26-27.

168. Freedman. op. cit. p. 213.

169. Glantz D. (ed.). Initial Period of the War on the Eastern Front. London. 1993. p. 31.

170. Ibid. p. 83. 그 지역에 대한 히틀러의 계획은 완전히 부적절했다. 그것은 제1차 세계대전 이후에 형성된 우크라이나에 대한 그의 왜곡된 견해 탓이었다. 이렇게 볼 때 그는 적어도 일관성이 있었다. 즉 대다수(주목할 만한 예외는 제1차 세계대전 직후에 나타난 그의 열렬한 반유대주의였다. 반유대주의의 씨앗은 아마 그의 아버지가 뿌렸을 것이다(Maser. p. 165)) 사안에서 그의 견해는 제1차 세계대전 이전에 정립된 것이었고, 그는 자신의 견해를 전혀 다듬지 않았다. 구체적으로 말하자면 식민지 지배에 관한 그의 생각은 철저히 19세기적이었다. 그는 이념적 편견이 전혀 작용하지

않은 전격전과 무기 생산 같은 사안에서만 혁신적이었다. 적어도 과학적 소양이 부족해 로켓과 핵무기 같은 신기술을 제대로 이해하지 못할 때까지는 그랬다. 또한 오스트리아에서 자란 그는 육지를 중시하는 사고방식을 드러냈고, 결국 해군의 진가와 역할을 제대로 이해하지 못했다. 마찬가지로 그는 러시아, 영국, 미국 같은 저항 세력의 투지를 너무 과소평가했다. 모든 사안에서 치명적인 영향을 미친 것은 그가 일단 결심하면 결코 마음을 바꾸지 않은 점이었다(Schramm. P. Hitler: The Man and the Military Leader. Academy Chicago Publishers; Chicago, IL 1999. pp. 77-78 and 102-106). 그는 대체로 독학으로 지식을 쌓았고, 사실을 심각하게 왜곡하는 독서를 통해 견해를 확립했고, 자신의 지적 가치에 도전할 만한 스승을 모시지 않았다(Maser. p. 154). 반유대주의의 온상이었던 전쟁 전의 빈(Vienna)에서 그는 무엇보다도, 표지에 어금꺾쇠 십자를 자주 실은 인종주의적 잡지인 《오스타라(Ostara)》를 접했다. 하지만 그의 인종주의는 전쟁 이후에 본격화되었다. 즉 그는 누군가 다음과 같은 질문을 던지기 전에 해답을 알고 있었을 것이다. 독일은 왜 전쟁에 패했는가?

171. Kershaw. I. 2000. Hitler: Nemesis: 1936-1945. W. W. Norton & Co. New York. p. 499.

172. Schramm. op. cit. pp. 109-117.

173. Wohlstetter, R. 1962. Warning and Decision. Stanford University Press; Stanford, CA. 397-398.

174. O'Toole, G. 1991. Honorable Treachery. Atlantic Monthly Press; NY. 382.

175. Schelling, T. 1962. Foreword of Wohlstetter. op. cit.

176. Janis. op. cit. 72-73.

177. Knox, F. Secretary of the Navy. Jan. 24, 1941. Communique to Secretary of War H. Stimson. 3일 뒤 주일대사 조지프 그루(Joseph Grew)는 대사관 직원이 "일본군이 진주만에 대한 대규모 기습공격을 계획하고 있다."라는 말을 들었다고 국무부에 보고했다(Cited in Ergang. 1967. 611). 헥터 바이워터(Hector Bywater)
가 1925년에 쓴 소설 『태평양전쟁(The Great Pacific War)』(미출간도서, 역자)을 읽은 독자들에게 진주만 공습은 기습이 아니었을 것이다. 그 소설에서 일본군은 진주만의 미국 함대를 기습하고, 괌과 필리핀도 동시에 공격한다. 진주만 공습을 기획한 야마모토 이소로쿠는 문제의 소설이 나왔을 때 워싱턴 주재 해군 무관이었고, 『태평양전쟁』의 서평을 읽었을지도 모른다(New York Times Book Review. p. 1). 서평의 제목은 "태평양에서 전쟁이 일어난다면"이었다.(Toland. 1970 190f.).

178. Earle, J. 1946. Hearing before the Joint Committee on the Investigation of the Pearl Harbor Attack. 79th Congress. U. S. Gov. Printing Office; Washington, D.C. Part 26, 412.

179. Ibid.

180. Wohlstetter. op. cit. 392-393.

181. Janis. op. cit. 81. Stinnett, R. 2000. Day of Deceit. Free Press; New York.

182. Janis. op. cit. p. 82.

183. Ibid. p. 92. 워싱턴의 해군 정보국은 진주만에 대한 일본군의 전술적 관심을 드러내는 두 가지 메시지를 현지 지휘관들에게 보내지 못함으로써 그들의 불확실한 판단에 일조했다. Layton, Adm. E, Peneau, Cpt. R. and Costello, J. 1985. And I Was There. Will-iam Morrow; NY.

184. Wohlstetter, R. Pearl Harbor: Warning and Decision. Stanford University Press; Stanford, CA. 1962. pp. 397-398.

185. Morison, S. The Rising Sun in the Pacific: 1931-1942. Vol. 3 of History of United States Naval Operations in World War II. Little, Brown; Boston, MA. 1950. p. 138.

186. Janis. op. cit. pp. 84-85.

187. Toland, J. The Rising Sun. Random House; New York. 1970. Chap. 8.

188. O'Toole. op. cit. p. 376.

189. Janis. op. cit. p. 94.

190. Farago, L. The Broken Seal. Bantam; New York. 1967. pp. 379-389. See also Stinnet, R. Day of Deceit: The Truth about Pearl Harbor. The Free Press; New York. 2000. pp. 196-198.

191. Knox, F. Dec. 4, 1941. Quoted on page 647 of McWill-iams. op. cit.

192. Morison. op. cit.

193. Wohlstetter. op. cit. 68. Brands, H. Traitor to His Class. Doubleday; New York. 2008. p. 4.

194. Prange, G. 1981. At Dawn We Slept. Penguin; New York. 495-496.

195. Wohlstetter. op. cit. 16-17.

196. Janis. op. cit. pp. 88-89.

197. Tansill, C. From an interview with J. Garraty. American Heritage; XXI, #2, p. 62. Feb. 1970. Alexander, B. How America Got It Right. Crown Forum; New York. 2005. p. 119. New York Re-view of Books. May 17, 2001.

198. Cardinal Principles of National Polity. A Japanese school book cited on page 221 of J. Dower's War without Mercy: Race and Power in the Pacific War. Pantheon; New York. 1986.

199. Tuchman. 1984. op. cit. 31. 톨랜드(Toland)에 의하면(1970. p. 187.) 태평양에서 전쟁이 일어난 원인은 서로간의 오해, 언어적 난점, 오역, 일본의 기회주의, 비합리성, 자존심, 오만, 공포, 미국의 인종적 편견, 불신, 무지, 경직된 태도, 독선, 자존심, 국가적 자부심, 공포 등이었다. 하지만 어리석음은 빠져 있었다.

200 Ryan, C. 1974. A Bridge Too Far. Simon and Schuster; New York.

201. Payne, R. 1973. The Life and Death of Adolf Hitler. Praeger; NY. p. 524.

202. Hinsley, F. and C. Skimkins. British Intelligence in the Second World War. Vol 3; p. 430.

203. Schlesinger, Jr., A. 1965. A Thousand Days. Houghton Mifflin; Boston, MA. Wallace, R. 1981. The Italian Campaign. Time-Life Books; Alexandria, VA. Chap. 2.

204. Ibid. pp. 130-132.

205. Ferguson, N. Colossus: The Rise and Fall of the American Empire. Penguin; New York. 2004. Chap. 2.

206. Kennedy, R. June 1, 1961. In a memorandum quoted in Robert Kennedy and His Times by A. Schlesinger, Jr. 1978. Ballantine Books; New York. 477. (케네디는 그의 형제와 팀원들을 보호하려고 애썼을 것이다. 하지만 그렇게 결정한 사람들에게는 일부분의 편파적인 정보가 제공되었다.)

207. Reeves, R. 1993. President Kennedy: Profile of Power. Simon and Schuster; New York. Chap. 6.

208. Janis. op. cit. 19.

209. Murphy, E. Capt. (USAF) 1949. ("If anything can go wrong, it will.")

210. Ibid. 23. 정말 어리석게도 1959년 쿠바에 좌파 정권이 수립되는 데 일조한 혼동과 우유부단은 20년 뒤에 니카라과에서 되풀이되었다 (Hayward. 2009. p. 566).

211. Hilsman, R. 1967. To Move a Nation. Doubleday; New York. 31.

212. Janis. op. cit. 46.

213. Hinckle, W. and Turner, W. Deadly Secrets: The CIA-MAFIA War Against Castro and the Assassination of J. F.K. Thunder's Mouth Press; New York. 1992.

214. Janis. op. cit. 40.

215. Schlesinger. 1965. op. cit. 250.

216. Janis. op. cit. 44.

217. Scott, P. Deep Politics and the Death of JFK. University of California Press; Berkeley, CA. 1993. (케네디 대통령과 중앙정보국에 대한 상세한 보고서이다. 더글러스(Douglass)의 책도 참고하라.)

218. The New York Times. C.I.A.: Maker of Policy, or Tool. Apr. 25, 1966.

219. Douglass, J. JFK and the Unspeakable. Touchstone; New York. 2008.

220. Waldron, L. The Hidden History of the JFK Assissination. Counterpoint; Berkeley; CA. 2013. 이것은 어리석음을 연구하는 사람들에게 일종의 난제이다. 진실을 말하고, 제3차 세계대전을 감수하는 편이 더 어리석었을까? 아니면 대통령을 살해한 범인에 관해 거짓말을 하는 편이 더 어리석었을까? 아마 린든 존슨(Lyndon Johnson)은 이렇게 말했을 것이다. "거짓말해." 따라서 워렌 위원회(Warren Commission)는 미리 결정된 결론에 도달하기

위한 방패막이였다.

221. Schlesinger. op. cit. 438.

222. Kerry, J. (Former Lieutenant and Senator) Apr. 22, 1971. Testifying before the Senate Foreign Relations Committee. Cited in The War Within: America's Battle over Vietnam by T. Wells. 1994. University of California Press; Berkeley, CA. 495. On Clark Clifford's anti-war stance see Wicker, T. "An Unwinnable War". New York Times. June 12, 1991. On Robert MacNamara's position see Mirsky, J. "Reconsidering Vietnam". New York Review of Books. Oct. 10, 1991. p. 44.

223. Clifford, C. 1991. Counsel to the President. Random House; New York. 612. Kissenger, H. Years of Renewal. Simon & Schuster; New York. 1999. 546.

224. Lamb, B. Booknotes: Stories from American History. Penguin; New York. 2001. 410.

225. Gertz, B. The Failure Factory. Crown Forum; New York. 2008. 15.

226. Ellsberg, D. History of the U.S. Decision Making Pro-cess in Vietnam. The New York Times. June 13+, 1971. (Published by Beacon Press; Boston, MA.)

227. Axelrod. op. cit. pp. 193-194. This also characterized the process of our involvement in Afghanistan in 2002-2003.

228. Chalmera, M. First Rough Draft. Praeger; New York. 1973. pp. 195-196.

229. Fawcett. op. cit. p. 338.

230. Janis. op. cit. p. 97. For an updated version of this phenomenon as applied to the war on terror, see: Scheuer, M. Imperial Hubris: Why the West Is Losing the War on Terror. Potomac Books; Washington, D.C. 2004.

231. Ellsberg, D. The quagmire myth and the stalemate machine. 1971. In the spring issue of Public Policy. p. 246. Marshall, G. Feb., 1947. Quoted by R. McMahon, "Toward a Post-Colonial Order: Truman Administration Policies Toward South and Southeast Asia" in Lancy (ed.),

Truman Presidency. 339-365. President Johnson quoted on page 176 of America in Our Time by G. Hodgson. Garden City, NY. 1976.

232. Tuchman. op. cit. p. 376.

233. King, L. Machismo in the White House. American Heritage; XXVII, #5, p. 12. Aug. 1976. Wicker, T. One of Us: Richard Nixon and the American Dream. Random House; New York. 1991. p. 124. Kennedy, Sen. J. 1956. Speech to the American Friends in Vietnam. Quoted in Herring's American's Longest War. p. 43.

234. Tuchman. op. cit. p. 374. Berman, L. 1989. Planning a Tragedy. Norton; New York. p. 42. Bundy, W. Cited on page 187 of McMaster, H. 1997. Dereliction of Duty. HarperCollins; New York.

235. Berman, L. Lyndon Johnson's War. Norton; New York. 1989. p. 84.

236. Ridgway, Gen. M. Indochina: disengaging. Foreign Affairs. July, 1971. For a clear-cut if fanciful statement to the contrary, see Bundy, M. Danger and Survival. Random House; New York. 1988. p. 244.

237. Nixon, R. Quoted in McWilliams, op. cit. pp. 296(free speech Oct. 27, 1965) and 659 (Red Sea Oct. 15, 1965).

238. Ellsberg. op. cit. p. 262.

239. Chafe, W. The Unfinished Journey: America Since World War II. New York. 1991. pp. 274-275.

240. Janis. op. cit. p. 129. Goldman, E. The Tragedy of Lyndon Johnson. Knopf; New York. 1969. p. 404.

241. Thomson, J. How could Vietnam happen? An autopsy. The Atlantic Monthly. April, 1968. 안타깝게도 탁상 전쟁 연습인 시그마시리즈 (Sigma Series)가 베트남 전략의 단점을 정확하게 예측했지만 사태를 피할 수 없었다. 시그마시리즈 담당자들은 연습 결과를 무시했다(Woodward, 2010. 244). 합동참모본부가 린든 존슨에게 정직하게 보고하지 않은 점은 맥

마스터(McMaster)의 책을 참고하라. op. cit.

242. McNamara, R. Aug. 7, 2007. Former Secretary of Defense quoted on page 435 of Bob Woodward's The War Within. Simon and Schuster; New York. 2008. See also Mc-Namara, R. In Retrospect. 1995. 애석하게도 "베트남"에서의 경험으로부터 아무 것도 배우지 못한 카터(Carter) 정부는 1970년대 후반의 이란 인질 사태에서도 초보적인 실수를 반복했다. 하지만 공정하게 말하자면 사실상 재난으로 이어지는 여러 가지 독립적인 사건의 구체적 결과를 예측하는 것은 어렵다(Hayward. pp. 549 and 552).

243. Freedman. op. cit. p. 546.

244. Goldstein, G. Lessons in Disaster.

245. Murrow, E. Undated remark cited on page 16 of D. Brinkley's Tour of Duty. William Morrow; New York. 2004. ("…당황하지 않은 사람은 누구나 그곳에서의 상황을 제대로 이해하지 못했다….") Marder, M. Cited on page 1286 of The Glory and the Dream by W. Manchester. 1973. Little, Brown; Boston, MA.

246. Patterson, J. Grand Expectations. Oxford University Press; New York. 1996. p. viii. The term was coined by D. Wise of the New York Herald Tribune and is discussed in S. Kutler's The Wars of Watergate. 1990.

247. Hayward. op. cit. p. 43.

248. McNaughton, J. A memorandum written in 1967 for the President in the Pentagon Papers: History of United States Decision Making on Vietnam. Senator Gravel edition. 4 Vols. and Index Vol. Boston, MA. 1971-1972. Vol. IV. p. 478.

249. Tuchman. op. cit. p. 370.

250. Patterson, J. Restless Giant The United States from Watergate to Bush v. Gore. Oxford University Press; New York. 2005. p. 1. 이상하게도 번지르르하고 진부하고 서투른 그의 언급에도 불구하고 대통령은 테이프가 행정부를 이끄는 자신의 역사적 위치를 보증할 것으로 생각했고, 실제로 그랬다(Wheen. op. cit.

pp. 35-36). 하지만 그는 그것이 명백한 증거일 줄 몰랐다.

251. Janis. op. cit. p. 220.

252. Friedman, M. and R. Two Lucky People. University of Chicago Press; Chicago, IL. 1998. p. 375.

253. Nixon, R. R.N.: The Memoirs of Richard Nixon. Grosset & Dunlap; New York. 1978. p. 773. Morganthau, T. President Nixon's alter ego. Newsweek; CXXII, #21, p. 49. Nov. 22. 1993. White, T. Breach of Faith: The Fall of Richard Nixon. Antheneum; New York. 1975. p. 118.

254. Haldeman, H. (with J. DiMona) The Ends of Power. Dell; New York. 1978. p. 62. Turner, Adm. S. Burn Before Reading: Presidents, CIA Directors, and Secret Intelligence. Hyperion; New York. 2005. p. 124.

255. Wittgenstein, L. Philosophical Investigations. Basil Blackwell; Oxford, England. 1958. p. 109.

256. Russell, B. A History of Western Philosophy. Simon and Schuster; New York. 1945. p. 829.

257. Thomson. op. cit. pp. 861-862.

258. Magee, B. Men of Ideas. Oxford University Press Ox-ford, England. 1978. pp. 59-60.

259. Monk, R. Bertrand Russell. Free Press; New York. 2001. p. 245.

260. Heidegger, M. Sein und Zeit. (Being and Time.) 1927.

261. Blanshard, P. Paul Blanshard on Vatican II. George Allen & Unwin; London. 1967. pp. 132-134.

262. Watson, P. The Modern Mind: An Intellectual History of the 20th Century. Perrenial; New York. 2000. p. 2.

263. Derrida, J. Undated reference to Deconstruction on page 469 of Hecht, J. Doubt: A History. HarperOne; New York. 2003. 이런 경향이 음악에 미친 영향의 맥락에서 볼 때 현대 음악은 약 300년 전에 조합교회로 거슬러 올라갈 수 있다. 노래를 부를 때 교구민들은 이성의 시대의 과잉편성된 문화적 삶의 합리적 질서와는 대조적이게 모두가 민주적으로 각자의

음조, 빠르기, 방식에 따라 불렀다. 음악보다
는 가사를 강조하면서 모두가 무섭고 혼란스
럽고 귀에 거슬리고 무질서하고 어긋나는 무
조(無調)의 비가(悲歌)를 "무턱대고" 불렀다.
저항적이고 독립적인 뉴잉글랜드 정착민들은
희한하게도 그것에서 감동을 느꼈고, 그것을
다듬으려는 일체의 시도를 적극적으로 막았
다(Haraszti. pp. 61-71). 그렇게 멋진 탈근대적
"음악"은 문화적 수렴의 사례에 해당한다. 어
떻게 전혀 다른 사회심리적 환경들이 동일한
결과로 이어질 수 있을까? 할렐루야.

264. Lepore, J. The Story of America. Princeton University Press; Princeton, NJ. 2012. p. 221.

265. Hecht. op. cit. p. 305.

266. Lilla, M. The Reckless Mind: Intellectuals in Politics. New York Review of Books; New York. 2001. p. 198.

267. Oakeshort, M. 1962. "On Being Conservative". Rationalism in Politics and Other Essays. (Liberty Fund; Indian-apolis, IN. 1991. p. 436.

268. Hayward. op. cit.. p. 355.

269. Roberts. op. cit. p. 946.

270. Watson. 2001. op. cit. p. 65.

271. Ikeuchi, S. "Science's Arrogance". The New York Times. Mar. 20, 2011. Sunday Opinion–in "The Week in Re-view" section. p. 12.

272. Gertz. op. cit. pp. 181-182.

273. Bobbitt, P. Terror and Consent. Knopf; New York. 2008. pp. 146-147. (Actually, the whole book.)

274. Mayer, J. The Dark Side. Doubleday; New York. 2008. p. 10. (Add, some ignorance. When candidate W was asked about the Taliban, he thought it was a rock group. p. 27.)

275. Conrad, J. The Secret Agent. 1907. Penguin; London.

276. Shakespeare, W. Macbeth 3;5. Ca. 1606.

277. Baker, R. Family of Secrets. Bloomsbury Press; New York. 2009. p. 3.

278. Mayer. op. cit. p. 177. A clear case of self-deception.

279. Draper, R. Dead Certain. Free Press; New York. 2007. p. 175. (Based on a remark attributed to Veep Dick Cheney.)

280. Collins, H. Iraqi defector 'Curveball' says he lied about WMD. AOL. Feb. 15, 2011 – 3:35 PM.

281. Webb, J. Sen. A Time to Fight. Broadway Books, New York. 2008. p. 155. See also: Woodward, B. Obama's War. Simon and Schuster; NY. 2010.

282. Newbold, G. Gen. Editorial. Time. 2006.

283. Sly, L. $53B later in Iraq, lessons learned. Tribune Newspapers. (Sun-Sentinel. Ft. Lauderdale, FL. 3A.) Aug. 30, 2010. 이라크인들은 프로젝트의 20%만 이해했다. 나머지는 부적절하고 불필요한 것으로 간주되었다. 그 모든 것은 우리의 현실을 이라크인들에게도 강요하기 위해 도널드 럼스펠드가 추진한 정책의 결과였다(Suskind. op. cit. p. 380). 불행히도 우리의 현실은 대량살상무기의 부재에 관한 의도적 무지에 근거했고, 부당한 침공을 정당화하기 위한 문서 위조에 의해 심화되었다 (Ibid. p. 371).

284. Woodward. op. cit. p. 313.

285. Obama, President B. Nov. 29, 2009. Ibid. p. 324.

286. Gates, Sec. of Defense R. Nov. 30, 2009. Ibid. p. 331.

287. Napolitano, J. (Sec. of Homeland Security). Dec. 27, 2009. CNN. Candy Crowley's State of the Union.

288. Woodward. op. cit. p. 341.

289. Dickens, C. A letter to W. Macready, April 1, 1842. In Letters of Dickens. 3:175-176.

290. Diamond, J. Collapse: How Societies Choose to Fail or Succeed. Viking; New York. 2005. Chap. 14.

291. Smith, R. Shuttle problems compromise space program. Science. Nov. 1979. pp. 910-911. (Note the date!)

292. Kolcum, E. Morton Thiokol Engineers Testify NASA Rejected Warnings on Launch. Aviation Week and Space Technology. Mar. 3, 1986. p. 18.

293. Ibid.

294. Ibid. p. 19.

295. O'Neill, G. 2081. Simon and Schuster; New York. 1981. pp. 89-91.

296. Greenwald, J. Judgement at Chernobyl. Time; 130, #3, p. 45. July 20, 1987.

297. CNN News. Apr. 12, 2011.

298. Legasov, A., Feoktistov, L. and Kuzmin, I. Nuclear Power Engineering and International Security. Russian Life. Feb. 1986. p. 13. Kovalevska, L. Literaturna Ukrania. Feb. 1986.

299. Marples, D. The Chernobyl Disaster. Current History; Vol. 86, pp. 325-328. Oct. 1987.

300. Bernstein, W. Masters of the Word. Grove Press; New York. 2013. pp. 254-255.

301. Banerjee, N. Series of errors cited in Gulf spill. Tribune Washington Bureau. Nov. 10, 2010. (Sun-Sentinel. Ft. Lauderdale, FL. p. 3A.)

302. Cappielloap, D. Experts ignored warning signs on doomed well. Daily Finance. AOL. Nov. 17, 2010.–10:57 AM.

303. Kageyma, Y. Japan Fukushima disaster: Probe finds Response Failed. Associated Press/ Huffpost/AOL. Dec. 26, 2011–5:57 AM ET.

304. Nakashima, R. and Y. Kegeyama. Japan Equates Nuclear Crisis Severity to Chernobyl. AOL. Apr. 12, 2011. 11:34 AM.

305. For an example of what negative blogging can accom-plish, see Novak, R. The Prince of Darkness. Crown Forum; New York. 2007. p. 610.

306. Junger, F. Die Perfection der Technik. 1953.

307. Wright, F. Undated citation on page 413 of McWilliams. op. cit.

308. Berrigan, D. Undated citation on page 769 of McWilliams. op. cit.

# 인간은 어리석은 판단을
# 멈추지 않는다

초판 1쇄 인쇄  2017년 10월 13일
초판 1쇄 발행  2017년 10월 27일

지은이 제임스 F. 웰스
옮긴이 박수철
발행인 김우진

발행처 이야기가있는집
등록  2014년 2월 13일 제2014-000062호
주소  서울시 마포구 월드컵북로 375, 2306(DMC 이안오피스텔 1단지 2306호)
전화  02-6215-1245 | 팩스 02-6215-1246
전자우편  editor@thestoryhouse.kr

ⓒ 2017 James F. Welles

ISBN 979-11-86761-18-2   03900

이 도서의 국립중앙도서관 출판예정도서목록(CIP)은 서지정보유통지원시스템 홈페이지
(http://seoji.nl.go.kr)와 국가자료공동목록시스템(http://www.nl.go.kr/kolisnet)에서
이용하실 수 있습니다.(CIP제어번호: CIP2017025631)